COMUNICAÇÃO EM PROSA MODERNA

OTHON M. GARCIA
DA ACADEMIA BRASILEIRA DE FILOLOGIA

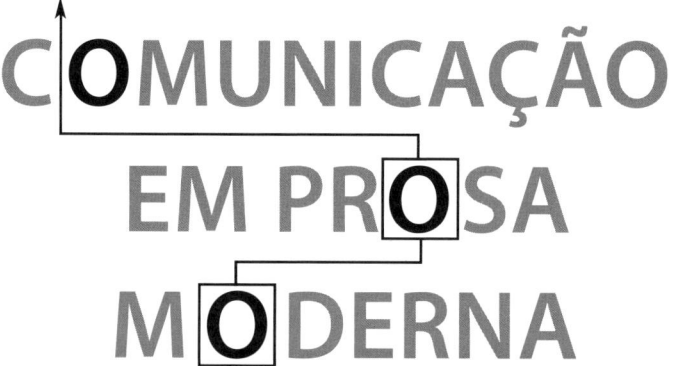

COMUNICAÇÃO EM PROSA MODERNA

Aprenda a escrever, aprendendo a pensar

27ª EDIÇÃO

ATUALIZADA E COM A NOVA
ORTOGRAFIA DA LÍNGUA PORTUGUESA

Copyright © 1967 Othon M. Garcia

EDITORA FGV
Rua Jornalista Orlando Dantas, 37
22231-010 | Rio de Janeiro, RJ | Brasil
Tels.: 0800-021-7777 | 21-3799-4427
Fax: 21-3799-4430
editora@fgv.br | pedidoseditora@fgv.br
www.fgv.br/editora

Todos os direitos reservados. A reprodução não autorizada desta publicação, no todo ou em parte, constitui violação do copyright (Lei nº 9.610/98).

Os conceitos emitidos neste livro são de inteira responsabilidade do(s) autor(es).

Grafia atualizada segundo o Acordo Ortográfico da Língua Portuguesa, em vigor no Brasil desde 2009.

27ª edição — 2010; 1ª e 2ª reimpressões — 2011; 3ª reimpressão — 2012; 5ª e 6ª reimpressões — 2013; 7ª e 8ª reimpressões — 2014; 9ª, 10ª e 11ª reimpressões — 2015; 12ª reimpressão — 2017; 13ª reimpressão — 2018; 14ª reimpressão — 2019; 15ª reimpressão — 2020; 16ª reimpressão — 2021; 17ª e 18ª reimpressões — 2022; 19ª reimpressão — 2023; 20ª reimpressão — 2024; 21ª reimpressão — 2025.

PREPARAÇÃO DE ORIGINAIS E ATUALIZAÇÃO DE NORMAS TÉCNICAS | SANDRA FRANK
REVISÃO | ALEIDIS DE BELTRAN, FATIMA CARONI E TATHYANA VIANA
DIAGRAMAÇÃO | FA EDITORAÇÃO
CAPA | ADAPTAÇÃO DE ADRIANA MORENO SOBRE PROJETO GRÁFICO ORIGINAL DE TIRA LINHAS STUDIO

Impresso no Brasil | *Printed in Brazil*

Ficha catalográfica elaborada pela Biblioteca
Mario Henrique Simonsen/FGV

Garcia, Othon M. (Othon Moacyr), 1912-2002
    Comunicação em prosa moderna : aprenda a escrever, aprendendo a pensar / Othon M. Garcia – 27. ed. – Rio de Janeiro : Editora FGV, 2010.
    548 p.

    Inclui bibliografia e índice.

    ISBN: 978-85-225-0831-0

    1. Comunicação. 2. Língua portuguesa – Gramática. 3. Língua portuguesa – Retórica. I. Fundação Getulio Vargas. II. Título.

CDD – 808

*À memória de
minha Mãe,* Júlia Costa Garcia,
e de meu Pai, Feliciano Peres Garcia

Explicação necessária

Este livro, devemo-lo aos nossos alunos, aqueles jovens a quem, no decorrer de longos anos, temos procurado ensinar não apenas a escrever, mas principalmente a pensar — a pensar com eficácia e objetividade, e a escrever sem a obsessão do purismo gramatical mas com a clareza, a objetividade e a coerência indispensáveis a fazer da linguagem, oral ou escrita, um veículo de comunicação e não de escamoteação de ideias. Estamos convencidos — e conosco uma plêiade de nomes ilustres — de que a correção gramatical não é tudo — mesmo porque, no tempo e no espaço, seu conceito é muito relativo — e de que a elegância oca, a afetação retórica, a exuberância léxica, o fraseado bonito, em suma, todos os requintes estilísticos preciosistas e estéreis com mais frequência falseiam a expressão das ideias do que contribuem para a sua fidedignidade. É principalmente por isso que neste livro insistimos em considerar como virtudes primordiais da frase a *clareza* e a *precisão* das ideias (e não é possível ser claro sem ser medianamente correto), a *coerência* (sem *coerência* não há legitimamente clareza) e a *ênfase* (uma das condições da clareza, que envolve ainda a elegância sem afetação, o vigor, a expressividade e outros atributos secundários do estilo).

A correção — não queremos dizer *purismo gramatical* — não constitui matéria de nenhuma das lições desta obra, por uma razão óbvia: *Comunicação em prosa moderna* não é uma gramática, como não é tampouco um manual de estilo em moldes clássicos ou retóricos. Pretende-se, isto sim, uma obra cujo principal propósito é ensinar a pensar, vale dizer, a encontrar ideias, a coordená-las, a concatená-las e a expressá-las de maneira eficaz, isto é, de maneira clara, coerente e enfática. Isto quanto à comunicação.

Mas o título do livro é *Comunicação em... "prosa moderna"*, moderna e não quinhentista ou barroca. Os padrões estudados ou recomendados são os da língua dos nossos dias — ou daqueles autores que, mesmo já seculares ou quase seculares, como um Alencar, um Azevedo ou um Machado, continuam atuais —, da língua que está nos cronistas do século XX e não nos do século XV, romancistas, ensaístas e jornalistas de hoje. As abonações que se fazem com excertos de autores mais recuados — um Vieira, um Bernardes, um Matias Aires — devem-se ao fato de serem amostras de expressão eficaz e não de requintes estilísticos estéreis. Incluem-se também trechos de alguns "requintados" do nosso tempo — um Rui Barbosa, um Euclides da

Cunha —, mas as razões da escolha foram as mesmas: são exemplos que se distinguem pela eficácia da comunicação e não pelo malabarismo estilístico desfigurador de ideias.

Mas por que esse nosso interesse quase obsessivo (esses "ss" ressonantes, por exemplo, não constituem uma daquelas virtudes de estilo tão consagradas pelos manuais...) pelo teor da comunicação com aparente desprezo pela sua forma? Forma e fundo, como sabemos... Bem, não há necessidade de desenvolver isso. Mas a verdade é que uma das características de nossa época, uma das fontes ou causas das angústias, conflitos e aflições do nosso tempo parece que está na complexidade, na diversidade e na infidedignidade da comunicação oral ou escrita, quer entre indivíduos quer entre grupos. Sabemos dos mal-entendidos, dos preconceitos, das prevenções, das incompreensões e dos atritos resultantes da incúria da expressão, dos seus sofismas e paralogismos. São as generalizações apressadas, as declarações gratuitas, as indiscriminações, os clichês, os rótulos, os falsos axiomas, a polissemia, a polarização, os falsos juízos, as opiniões discriminatórias, as afirmações puras e simples, carentes de prova... Enfim, linguagem falaciosa, por malícia, quando não por incúria da atividade mental, ou por ignorância dos mais comezinhos princípios da lógica. Esses óbices ou barreiras verbais e mentais impedem ou desfiguram totalmente a comunicação, o entendimento entre os homens e os povos, sendo não raro causa de atritos e conflitos.

Em face, pois, desse aspecto da linguagem, é justo que nós professores nos preocupemos apenas com a língua, que cuidemos apenas da gramática, que nos interessemos tanto pela colocação dos pronomes átonos, pelo emprego da crase, pela flexão do infinitivo verbal, pela regência do verbo assistir? Já é tempo de zelarmos com mais assiduidade não só pelo polimento da frase, mas também, e principalmente, pela sua carga semântica, procurando dar aos jovens uma orientação capaz de levá-los a pensar com clareza e objetividade para terem o que dizer e poderem expressar-se com eficácia.

Esse ponto de vista, que nada tem de novo ou de original, norteou a elaboração de *Comunicação em prosa moderna*. Em todas as suas 10 partes torna-se evidente esse propósito de ensinar o estudante a desenvolver sua capacidade de raciocínio, a servir-se do seu espírito de observação para colher impressões, a formar juízos, a descobrir ideias para ser tanto quanto possível exato, claro, objetivo e fiel na expressão do seu pensamento, e também correto sem a obsessão do purismo gramatical.

Já desde a primeira parte — sobre a estrutura sintática e a feição estilística da frase —, sente-se que a "nossa tomada de posição" é diversa da tradicional: procuramos ensinar a estruturar a frase, partindo das ideias e não das palavras (como é hábito no ensino estritamente gramatical). Esse método salienta-se sobretudo nos tópicos referentes à indicação das circunstâncias. No que se refere ao vocabulário, procuramos, acima de tudo, orientar o estudante quanto à escolha da palavra exata, de sentido específico. Tentamos mostrar — principalmente no capítulo sobre "generalização e especificação" — a importância da linguagem concreta, não propriamente a necessidade de evitar generalizações ou abstrações, mas a conveniência de conjugá-las com as especificações, a importância de apoiar sempre as declarações, os juízos, as opiniões, em fatos ou dados concretos, em exemplos, detalhes, razões. Semelhante critério adota-se também no estudo do parágrafo, que é uma das partes mais desenvolvidas da obra. Isso porque, considerado como uma unidade de composição, que realmente é, ele pode servir — como de fato serviu — de centro de interesse e de motivação para numerosos ensinamentos sobre a arte de escrever.

Mas é sobretudo nas partes subsequentes à do parágrafo — 4. Com. — "Eficácia e falácias da comunicação", 5. Ord. — "Pondo ordem no caos", 6. Id. — "Como criar ideias", e 7. Pl. — "Planejamento" — que mais nos empenhamos em oferecer ao estudante meios e métodos de desenvolver e disciplinar sua capacidade de raciocínio. Essas quatro partes representam as principais características da obra. O desenvolvimento que lhes demos tem, ao que parece, inteira razão de ser, tanto é certo e pacificamente reconhecido que os jovens, por carecerem de suficiente experiência, não sabem pensar. E, se não sabem pensar, dificilmente saberão escrever, por mais gramática e retórica que se lhes ministrem. Portanto, ao se admitir que a arte de escrever pode ser ensinada — e pode, até certo ponto pelo menos —, o melhor caminho a seguir é ensinar ao estudante métodos de raciocínio. Daí, as noções de lógica — em certo sentido muito elementares — que constituem, ou em que se baseia, a matéria dessas quatro partes. Mas o leitor alerta há de perceber que tais noções vêm expostas com certa ousadia e até com certa indisciplina formalística; é que se tratava tão somente de aproveitar da lógica aquilo que pudesse, de maneira prática, direta, imediata, ajudar o estudante a pôr em ordem suas ideias. Não se surpreendam, portanto, os entendidos na matéria com a feição assistemática dada a essas noções: não tínhamos em mente escrever um tratado de lógica.

Essas e outras características da obra (convém assinalar, de passagem, a oitava parte, relativa à redação técnica) tornam-na mais indicada a leitores que já disponham de um mínimo de conhecimentos gramaticais, ao nível pelo menos da nona série do ensino fundamental. Por isso, acreditamos que *Comunicação em prosa moderna* venha a ser mais proveitosa aos alunos do segundo ciclo e, sobretudo, das nossas faculdades de letras, de economia, finanças e administração. Uma das razões dessa crença está na natureza das informações relativas à preparação de trabalhos de pesquisa — teses, ensaios, monografias, relatórios técnicos —, inclusive a documentação bibliográfica e a mecânica do texto, isto é, a preparação dos originais.

Foi talvez essa orientação referente aos problemas da comunicação eficaz que levou a Escola Brasileira de Administração Pública da Fundação Getulio Vargas a encomendar-nos a elaboração definitiva do livro, quando dele lhe apresentamos algumas partes acompanhadas do plano geral, no qual se fizeram posteriormente algumas alterações de comum acordo com os diretores do Serviço de Publicações daquela instituição.

Seria falsa modéstia negar que há neste livro uma considerável contribuição pessoal, quer no seu planejamento quer no desenvolvimento da matéria. Mas, como não temos o hábito de pavonear-nos com plumagem alheia, é de justiça reconhecer que a melhor parte destas quinhentas e poucas páginas é resultado do que aprendemos ou das sugestões que colhemos em abundante bibliografia especializada. Dois ou três dos mais expressivos exemplos dessa influência revelam-se no tratamento dado a alguns tópicos sobre a estrutura da frase (especialmente o capítulo quarto), nos exercícios de vocabulário por áreas semânticas — duas lições de alguns autores franceses — na importância atribuída ao estudo do parágrafo e no que respeita, em linhas gerais, à redação técnica — duas lições de autores americanos. As demais influências ou fontes de sugestão vêm devidamente apontadas nos lugares competentes.

Aí estão os esclarecimentos considerados indispensáveis: muitos até certo ponto explicam, mas nenhum desculpa os defeitos reais ou aparentes da obra. Defeitos graves, de que somos os primeiros a ter, de muitos deles pelo menos, plena consciência, mas que procuraremos corrigir na hipótese de uma outra edição, principalmente se contarmos com as bem-vindas sugestões do leitor.

Rio de Janeiro, 10 de julho de 1967
Othon M. Garcia

Agradecimentos

Quero deixar aqui meus agradecimentos aos amigos que, de uma forma ou de outra, me prestaram inestimável ajuda no preparo desta obra: a Délio Maranhão, pelo empenho em vê-la publicada; a Rocha Lima, pelas judiciosas e proveitosas observações feitas à margem da "Primeira parte"; a Jorge Ribeiro, pela leitura atenta e perspicaz que fez da quase totalidade dos originais; a Maria José Cunha de Amorim, pelo precioso e gracioso trabalho das cópias datilografadas; e aos meus alunos, candidatos ao Instituto Rio Branco, pelo interesse com que assistiram às minhas aulas e pela disposição de servirem de cobaia dos métodos com eles ensaiados e agora aqui postos em letra de forma.

Othon M. Garcia

Nota sobre a 27ª edição

Comunicação em prosa moderna, decorridos 43 anos da sua primeira edição, já é reconhecidamente um clássico. Constitui obra pioneira na sistematização dos elementos lógicos e linguísticos imprescindíveis à boa organização do pensamento para a elaboração de textos consistentes, claros e coerentes. Corretos, enfim, na sua mais ampla acepção, que vai muito além da noção restrita de correção gramatical. O livro, que atende a uma vasta gama de interessados no assunto, servindo a estudantes de variados níveis e áreas, a professores de língua portuguesa no seu trabalho didático e, cada vez mais, a estudiosos da importantíssima especialidade de produção textual, mantém-se plenamente atual.

Nada havia que se devesse ou pudesse alterar no que se refere aos aspectos conceituais do livro e às suas consagradas lições. Mas, no que diz respeito à sistematização de trabalhos acadêmicos e científicos, como algumas normas foram alteradas pela ABNT, e a "invasão" dos computadores impôs reajustamentos na forma de elaborar e apresentar textos, julgamos conveniente atualizar, para esta nova edição, trechos das partes oitava (Redação técnica) e nona (Preparação dos originais). Impôs-se, igualmente, adequar o texto às novas regras ortográficas da língua portuguesa. Ambos os trabalhos foram esmeradamente realizados pela copidesque Sandra Maciel Frank, respeitando-se toda e qualquer reflexão ou afirmação do autor que não estivessem meramente vinculadas a normas técnicas alteradas e à superação das tradicionais máquinas de escrever pelos novos processadores de textos da informática.

No restante da obra, obedeceu-se, com todo rigor, ao texto das edições anteriores, tantas vezes revisto e perseverantemente retocado pelo autor.

Eduardo Garcia

Nota sobre a 11ª edição

Nesta nova edição de *Comunicação em prosa moderna*, graças à inestimável ajuda de meu querido amigo e colega Antônio de Pádua, me foi possível corrigir recalcitrantes erros que sobreviveram a expurgos anteriores. Impunha-se a sua correção, apesar de serem — suponho — irrelevantes e de, por isso, não prejudicarem as características fundamentais da obra, que tem tido uma gratificante acolhida do público leitor.

Othon M. Garcia
15 set. 1983

Nota sobre a 3ª edição

Já decorreram sete anos desde que saiu publicada a 1ª edição desta *Comunicação em prosa moderna*. A imprevista aceitação da obra, que levou, entre outubro de 1969 e junho de 1974, a cinco tiragens da 2ª edição, estava a impor uma terceira, em que não apenas se corrigissem falhas e erros das anteriores mas também se atualizassem e se ampliassem vários tópicos, se refundissem alguns e se acrescentassem outros, pois, nestes últimos oito ou 10 anos, muitas novidades surgiram no campo da linguística e da comunicação. Entretanto, se, em relação a certos aspectos particulares, se tornavam necessárias algumas adaptações a essas novas tendências, em linhas gerais, esta 3ª edição de *Comunicação em prosa moderna* mantém inalteradas as características originais da obra, que continua fiel ao seu modesto propósito de ensinar a escrever, ensinando a pensar.

Othon M. Garcia

Nota sobre a 2ª edição

A presente edição sai um pouco mais saneada do que a primeira, se não quanto a falhas intrínsecas, pelo menos quanto aos desesperadores erros de revisão (mais de 100!). Quanto à estrutura da obra, entretanto, esta edição em nada difere da precedente, salvo no que respeita aos acréscimos de alguns tópicos, ao desenvolvimento de outros e à adjunção de maior número de notas de rodapé sobre fontes bibliográficas.

Dos acréscimos, limitados ao mínimo indispensável para que a obra não se avolumasse ainda mais, merecem destaque sobretudo os que se referem à "Generalização e especificação" (2. Voc. — 2.0), a meu ver um dos fatores mais importantes da eficácia da comunicação, à "Análise" e à "Classificação" (5. Ord. — "Pondo ordem no caos"), matéria igualmente relevante para a objetividade e organicidade do planejamento e ordenação de ideias e, por fim, o tópico 1.5.2.1 — "Exemplo de parágrafos com estrutura silogística dedutiva", in: 6. Id. — aparentemente deslocado da parte referente ao parágrafo (3. Par.), mas assim situado em obediência ao plano da obra, já que seria impossível ensinar a desenvolver ideias por dedução ou indução sem ter previamente esclarecido o leitor a respeito de métodos de raciocínio, de que trato na 4ª parte (4. Com.). Os demais acréscimos são menos relevantes e mais reduzidos.

Entre outras inovações que, embora muito me tentassem, não pude fazer para não aumentar demasiadamente o número de páginas, incluem-se a de um índice remissivo por ordem alfabética e a tradução de alguns trechos citados em língua estrangeira — ambas sugestões de Paulo Rónai, a quem peço desculpas por não ter podido levá-las em consideração pelos motivos expostos.

Quanto aos erros tipográficos da 1ª edição, corrigidos (espero) nesta, cumpro com prazer o dever de deixar aqui bem claros os meus agradecimentos a Olavo Nascentes, que me mostrou, *bem presto*, muitos deles, além de erros meus, e a Paulo Rónai, que, além de me distinguir sobremodo com um magnânimo artigo sobre a 1ª edição, teve a pachorra de ler com atenção, zelo e beneditina paciência não apenas o texto e os exercícios mas também — e isso é de espantar e de me deixar perdidamente grato — até mesmo a lista bibliográfica final. A ele devo a maior coleção de erros de revisão e de descuidos meus. Ora, como eu mesmo não tive essa beneditina paciência de reler pela *enésima vez*, e prontamente, estas quinhentas e tantas páginas, não pude preparar a tempo a necessária errata. Quando pude fazê-lo, graças sobretudo à contribuição daqueles prestimosos amigos, já uma grande parte da edição tinha sido vendida ou distribuída. Para não lograr alguns leitores, logrei a todos, deixando de incluir a errata nos exemplares remanescentes na editora.

Muito agradeço igualmente não só aos que, por escrito ou de viva voz, se manifestaram sobre a 1ª edição, mas também aos leitores que me distinguiram e que espero tenham tirado algum proveito da leitura. Fiz quanto pude no sentido de lhes oferecer um livro que lhes fosse útil de alguma forma.

Othon M. Garcia

Plano sucinto da obra

Dedicatória	5
Explicação necessária	6
Agradecimentos	10
Nota sobre a 27ª edição	11
Nota sobre a 11ª edição	12
Nota sobre a 3ª edição	13
Nota sobre a 2ª edição	14
Plano sucinto da obra	16
Sumário	17
PRIMEIRA PARTE — 1. Fr. — A frase	27
SEGUNDA PARTE — 2. Voc. — O vocabulário	171
TERCEIRA PARTE — 3. Par. — O parágrafo	217
QUARTA PARTE — 4. Com. — Eficácia e falácias da comunicação	301
QUINTA PARTE — 5. Ord. — Pondo ordem no caos	325
SEXTA PARTE — 6. Id. — Como criar ideias	337
SÉTIMA PARTE — 7. Pl. — Planejamento	361
OITAVA PARTE — 8. Red. Téc. — Redação técnica	391
NONA PARTE — 9. Pr. Or. — Preparação dos originais	419
DÉCIMA PARTE — 10. Ex. — Exercícios	437
Bibliografia	516
Índice de assuntos	531
Índice onomástico	544

Sumário

Primeira parte — 1. Fr. — A frase		27
	Advertência	29
	Capítulo I	
1.0	**Estrutura sintática da frase**	32
1.1	Frase, período, oração	32
1.1.1	Frase, gramaticalidade e inteligibilidade	33
1.2	Frases de situação	37
1.3	Frases nominais	38
1.4.0	**Processos sintáticos**	42
1.4.1	Coordenação e subordinação: encadeamento e hierarquização	42
1.4.2	Falsa coordenação: coordenação gramatical e subordinação psicológica	46
1.4.3	Outros casos de falsa coordenação	49
1.4.4	Coordenação e ênfase	51
1.4.5	Coordenação, correlação e paralelismo	52
1.4.5.1	Paralelismo rítmico ou similicadência	59
1.4.5.2	Paralelismo semântico	60
1.4.5.3	Implicações didáticas do paralelismo	62
1.5.0	**Organização do período**	63
1.5.1	Relevância da oração principal: o ponto de vista	63
1.5.2	Da coordenação para a subordinação: escolha da oração principal	66
1.5.3	Posição da oração principal: período "tenso" e período "frouxo"	71
1.6.0	**Como indicar as circunstâncias e outras relações entre as ideias**	75
1.6.1	A análise sintática e a indicação das circunstâncias	75
1.6.2	Circunstâncias	76
1.6.3	Causa	77
1.6.3.1	Área semântica	77
1.6.3.2	Vocabulário da área semântica de causa	78
1.6.3.3	Modalidades das circunstâncias de causa	78
1.6.4	Consequência, fim, conclusão	81
1.6.4.1	Vocabulário da área semântica de consequência, fim e conclusão	86

1.6.4.2	Causa, consequência e raciocínio dedutivo	87
1.6.5	Tempo e aspecto	87
1.6.5.1	Aspecto	88
1.6.5.2	Perífrases verbais denotadoras de aspecto	89
1.6.5.3	Tonalidades aspectuais nos tempos simples e compostos	91
1.6.5.4	Partículas denotadoras de tempo	94
1.6.5.5	Tempo, progressão e oposição	95
1.6.5.5.1	Vocabulário da área semântica de tempo	95
1.6.6	Condição	96
1.6.7	Oposição e concessão	99
1.6.7.1	Antítese	99
1.6.7.2	Estruturas sintáticas opositivas ou concessivas	102
1.6.7.3	Vocabulário da área semântica de oposição	104
1.6.8	Comparação e símile	105
1.6.8.1	Metáfora	106
1.6.8.1.1	Metáfora e imagem	110
1.6.8.2	Catacrese	111
1.6.8.3	Catacrese e metáforas naturais da língua corrente	111
1.6.8.4	Parábola	112
1.6.8.5	Animismo ou personificação	113
1.6.8.6	Clichês	113
1.6.8.7	Sinestesia	114
1.6.8.8	Metonímia e sinédoque	114
1.6.8.8.1	Metonímia	115
1.6.8.8.2	Sinédoque	116
1.6.8.9	Símbolos e signos-símbolos: didática de alguns símbolos usuais	117
1.6.8.10	Antonomásia	121

Capítulo II

2.0	**Feição estilística da frase**	123
2.1	Estilo	123
2.2	Frase de arrastão	123
2.3	Frase entrecortada	125
2.4	Frase de ladainha	129
2.5	Frase labiríntica ou centopeica	131
2.6	Frase fragmentária	135
2.7	Frase caótica e fluxo de consciência: monólogo e solilóquio	138
2.8	Frases parentéticas ou intercaladas	144

Capítulo III

3.0	**Discursos direto e indireto**	147
3.1	Técnica do diálogo	147

3.2	Verbos *dicendi* ou de elocução	149
3.3	Omissão dos verbos *dicendi*	151
3.4	Os verbos e os pronomes nos discursos direto e indireto	153
3.5	Posição do verbo *dicendi*	158
3.6	A pontuação no discurso direto	161

CAPÍTULO IV

4.0	**Discurso indireto livre ou semi-indireto**	164

SEGUNDA PARTE — 2. VOC. — O VOCABULÁRIO — **171**

CAPÍTULO I

1.0	**Os sentidos das palavras**	173
1.1	Palavras e ideias	173
1.2	Vocabulário e nível mental	174
1.3	Polissemia e contexto	175
1.4	Denotação e conotação: sentido referencial e sentido afetivo	178
1.5	Sentido intensional e sentido extensional	181
1.6	Polarização e polissemia	183

CAPÍTULO II

2.0	**Generalização e especificação — o concreto e o abstrato**	185

CAPÍTULO III

3.0	**Famílias de palavras e tipos de vocabulário**	195
3.1	Famílias etimológicas	195
3.2	Famílias ideológicas e campo associativo	196
3.3	Quatro tipos de vocabulário	199

CAPÍTULO IV

4.0	**Como enriquecer o vocabulário**	200
4.1	Paráfrase e resumo	200
4.2	Amplificação	203
4.3	Outros exercícios para enriquecer o vocabulário	206

CAPÍTULO V

5.0	**Dicionários**	208
5.1	Dicionários analógicos ou de ideias afins	209
5.2	Dicionários de sinônimos	214
5.3	Lexicologia e lexicografia: dicionário e léxico	215

5.4	Dicionários da língua portuguesa mais recomendáveis	215

TERCEIRA PARTE — 3. PAR. — O PARÁGRAFO 217

CAPÍTULO I

1.0	**O parágrafo como unidade de composição**	219
1.1	Parágrafo-padrão	219
1.2	Importância do parágrafo	220
1.3	Extensão do parágrafo	220
1.4	Tópico frasal	222
1.4.1	Diferentes feições do tópico frasal	224
1.5	Outros modos de iniciar o parágrafo	226
1.5.1	Alusão histórica	226
1.5.2	Omissão de dados identificadores num texto narrativo	227
1.5.3	Interrogação	228
1.6	Tópico frasal implícito ou diluído no parágrafo	228

CAPÍTULO II

2.0	**Como desenvolver o parágrafo**	230
2.1	Enumeração ou descrição de detalhes	230
2.2	Confronto	231
2.3	Analogia e comparação	232
2.4	Citação de exemplos	234
2.5	Causação e motivação	237
2.5.1	Razões e consequências	238
2.5.2	Causa e efeito	240
2.6	Divisão e explanação de ideias "em cadeia"	242
2.7	Definição	244

CAPÍTULO III

3.0	**Parágrafo de descrição e parágrafo de narração**	246
3.1	Descrição literária	246
3.1.1	Ponto de vista	247
3.1.2	Ponto de vista físico: ordem dos detalhes	247
3.1.3	Ponto de vista mental: descrição subjetiva e objetiva ou impressionista e expressionista	248
3.1.4	Descrição de personagens	249
3.1.5	Descrição de paisagem	251
3.1.6	Descrição de ambiente (interior)	253
3.2	Narração	254
3.2.1	A matéria e as circunstâncias	254

3.2.2	Ordem e ponto de vista	256
3.2.3	Enredo ou intriga	256
3.2.4	Tema e assunto	258
3.2.5	Situações dramáticas	258
3.2.6	Variedades de narração	258
3.2.6.1	Anedota	259
3.2.6.2	Incidente	259
3.2.6.3	Biografia	259
3.2.6.4	Autobiografia	259
3.2.6.5	Perfil	260
3.2.7	Dois exemplos de parágrafos de narração	260
3.3	Roteiro para análise literária de obras de ficção	262

Capítulo IV

4.0	**Qualidades do parágrafo e da frase em geral**	267
4.1	Unidade, coerência e ênfase	267
4.2	Como conseguir unidade	270
4.2.1	Use, sempre que possível, tópico frasal explícito	270
4.2.2	Evite pormenores impertinentes, acumulações e redundâncias	270
4.2.3	Frases entrecortadas (ver 1. Fr., 2.3) frequentemente prejudicam a unidade do parágrafo; selecione as mais importantes e transforme-as em orações principais de períodos menos curtos	272
4.2.4	Ponha em parágrafos diferentes ideias igualmente relevantes, relacionando-as por meio de expressões adequadas à transição	272
4.2.5	O desenvolvimento da mesma ideia-núcleo não deve fragmentar-se em vários parágrafos	273
4.3	Como conseguir ênfase	276
4.3.1	Ordem de colocação e ênfase	276
4.3.2	Ordem gradativa	283
4.3.3	Outros meios de conseguir ênfase	284
4.3.3.1	Repetições intencionais	284
4.3.3.2	Pleonasmos intencionais	285
4.3.3.3	Anacolutos	286
4.3.3.4	Interrupções intencionais	286
4.3.3.5	Parênteses de correção	286
4.3.3.6	Paralelismo rítmico e sintático	287
4.4	Como obter coerência	287
4.4.1	Ordem cronológica	287
4.4.2	Ordem espacial	289
4.4.3	Ordem lógica	289
4.4.4	Partículas de transição e palavras de referência	291
4.4.5	Outros artifícios estilísticos de que depende a coerência e, em certos casos, também a clareza	295

4.4.5.1	Omissão do sujeito de uma subordinada reduzida gerundial ou infinitiva, quando ele não é o mesmo da principal	295
4.4.5.2	Falta de paralelismo sintático	296
4.4.5.3	Falta de paralelismo semântico	296
4.4.5.4	Falta de concisão (redundâncias)	297
4.4.5.5	Falta de unidade	298
4.4.5.6	Certas estruturas de frase difíceis de bem caracterizar	299

QUARTA PARTE — 4. COM. — EFICÁCIA E FALÁCIAS DA COMUNICAÇÃO — 301

CAPÍTULO I

1.0	**Eficácia**	303
1.1	Aprender a escrever é aprender a pensar	303
1.2	Da validade das declarações	304
1.3	Fatos e indícios: observações e inferência	305
1.4	Da validade dos fatos	306
1.5	Métodos	307
1.5.1	Método indutivo	308
1.5.1.1	Testemunho autorizado	310
1.5.2	Método dedutivo	311
1.5.2.1	Silogismo	311
1.5.2.2	Silogismo do tipo *non sequitur*	313
1.5.2.3	Epiquirema: premissas munidas de prova	314
1.5.2.4	O raciocínio dedutivo e o cotidiano: o entimema	315

CAPÍTULO II

2.0	**Falácias**	318
2.1	A natureza do erro	318
2.2	Sofismas	318
2.2.1	Falsos axiomas	319
2.2.2	Ignorância da questão	319
2.2.3	Petição de princípio	320
2.2.4	Observação inexata	321
2.2.5	Ignorância da causa ou falsa causa	321
2.2.6	Erro de acidente	323
2.2.7	Falsa analogia e probabilidade	323

QUINTA FARTE — 5. ORD. — PONDO ORDEM NO CAOS — 325

1.0	*Modus sciendi*	327
1.1	Análise e síntese	327
1.1.1	Análise formal e análise informal	328

1.1.2	Exemplo de análise de um tema específico	328
1.2	Classificação	329
1.2.1	Coordenação e subordinação lógicas	331
1.2.2	Classificação e esboço de plano	331
1.3	Definição	332
1.3.1	Estrutura formal da definição denotativa	334
1.3.1.1	Requisitos da definição denotativa	334

Sexta parte — 6. Id. — Como criar ideias 337

1.0	**A experiência e a pesquisa**	339
1.1	Experiência e observação	339
1.2	Leitura	341
1.3.0	Pesquisa bibliográfica	341
1.3.1	Classificação bibliográfica	341
1.3.2	Obras de referência	344
1.3.3	Catalogação	344
1.4.0	Como tomar notas	346
1.4.1	O primeiro contato com o livro	346
1.4.2	Notas	346
1.4.3	Fichas	346
1.4.3.1	Ficha de assunto	347
1.4.3.2	Fichas de resumo	348
1.5.0	Outros artifícios para criar ideias	350
1.5.1	Plano-padrão *passe-partout* ou plano-piloto	352
1.5.2	Silogismo dedutivo, criação, planejamento e desenvolvimento de ideias	353
1.5.2.1	Exemplo de parágrafos com estrutura silogística dedutiva	357

Sétima parte — 7. Pl. — Planejamento 361

Capítulo I

1.0	**Descrição**	363
1.1	"O Ginásio Mineiro de Barbacena"	368

Capítulo II

2.0	**Narração**	370
2.1	"O cajueiro"	370
2.2	Análise das partes	371
2.3	Função das partes	373
2.3.1	O que a "história" ou "estória" proporciona	373
2.4	Plano de "O cajueiro"	374

Capítulo III

3.0	**Dissertação**	376
3.1	"Meditações"	376
3.2	Análise das partes e plano de "Meditações"	378

Capítulo IV

4.0	**Argumentação**	380
4.1	Condições de argumentação	380
4.2	Consistência dos argumentos	381
4.2.1	Evidência (fatos, exemplos, dados estatísticos, testemunhos)	381
4.3	Argumentação informal	383
4.3.1	Estrutura típica da argumentação informal em língua escrita ou falada	384
4.4	Normas ou sugestões para refutar argumentos	387
4.5	Argumentação formal	388
4.5.1	Proposição	388
4.5.2	Análise da proposição	389
4.5.3	Formulação dos argumentos	389
4.5.4	Conclusão	390
4.5.5	Plano-padrão da argumentação formal	390

Oitava parte — 8. Red. Téc. — Redação técnica — 391

Capítulo I

1.0	**Descrição técnica**	393
1.1	Redação literária e redação técnica	393
1.2	O que é redação técnica	394
1.2.1	Tipos de redação técnica ou científica	395
1.3	Descrição de objeto ou ser	395
1.4	Descrição de processo	397
1.5	Plano-padrão de descrição de objeto e de processo	399

Capítulo II

2.0	**Relatório administrativo**	401
2.1	Estrutura do relatório administrativo	401

Capítulo III

3.0	**Dissertações científicas: teses e monografias**	405
3.1	Nomenclatura das dissertações científicas	405
3.2	Estrutura típica das dissertações científicas	406
3.3	Amostras de sumário de dissertações científicas	415

NONA PARTE — 9. PR. OR. — PREPARAÇÃO DOS ORIGINAIS   **419**

1.0	**Normalização da digitação e da bibliografia**	421
1.1	Normalização da documentação	421
1.2	Uniformização da digitação	422
1.2.1	Papel	422
1.2.2	Margens	422
1.2.3	Espaçamento	423
1.2.4	Numeração das páginas	423
1.2.5	Numeração das seções	423
1.2.6	Alíneas e subalíneas	424
1.2.7	Uso de itálico, negrito e versal	424
1.2.8	Citações	424
1.2.9	Notas de rodapé	425
1.2.10	Referências e listas bibliográficas	426
1.2.10.1	Autor	426
1.2.10.2	Título	427
1.2.10.3	Edição	428
1.2.10.4	Local de publicação	428
1.2.10.5	Editora	429
1.2.10.6	Data da edição	429
1.2.10.7	Indicação de páginas	430
1.2.10.8.	Ordenação	430
1.2.11	Expressões latinas usuais	430
1.3	Revisão de originais e provas	431
1.3.1	Códigos de correção de texto	432
1.3.2	Códigos de correção tipológica e visual	433
1.3.3	Exemplo de aplicação dos sinais de correção	434

DÉCIMA PARTE — 10. EX. — EXERCÍCIOS   **437**

100 — A frase (100 a 115)	439
Frases de situação, frases nominais e fragmentárias (101)	439
Paralelismo gramatical (102)	441
Da coordenação para a subordinação — organização de períodos (103 a 105)	442
Subordinação enfadonha (106)	447
Indicação das circunstâncias (107 e 108)	448
Causa, consequência, conclusão (109 a 111)	450
Oposição (contrastes ou antíteses) (112 e 113)	452
Frase centopeica (desdobramento de períodos) (114)	453
Períodos curtos e intensidade dramática (115)	454
200 — O vocabulário (200 a 252)	456
O geral e o específico — o concreto e o abstrato (201 a 208)	456
Conotação (209 a 217)	458

Famílias etimológicas (218 e 219)	462
Áreas semânticas (220 a 249)	465
Vocabulário mediocrizado (250 a 252)	476
300 — O parágrafo (300 a 314)	479
Tópico frasal, desenvolvimento, resumo, titulação e imitação de parágrafos (301)	479
Reestruturação de parágrafos para confronto (302)	483
Redação de parágrafos baseada em modelos (303)	484
Tópicos frasais (descrição, narração e dissertação) para desenvolvimento e confronto com o original (304 a 307)	488
Transição e coerência (308 e 309)	490
Parágrafos incoerentes (310)	492
Unidade e coerência: paralelismo semântico (311)	492
Clareza e coerência (312)	494
Ordem de colocação, ênfase e clareza (313)	494
Pleonasmo enfático (314)	496
400 — Eficácia e falácias do raciocínio (400 a 408)	498
Fatos e inferência (401)	498
Identificação de sofismas (402)	498
Identificação de falácias (403 e 404)	499
Indução, dedução e teste de silogismo (405 e 406)	500
"Invenção" de premissa maior para desenvolvimento de ideias pelo método silogístico (407 e 408)	502
500 — Pondo ordem no caos (500 a 509)	503
Análise e classificação (501 a 504)	503
Definição denotativa ou didática (505 a 507)	504
Definição conotativa ou metafórica (508 e 509)	505
600 — Exercícios de redação: temas e roteiros (600-606)	506
Bibliografia	516
Índice de assuntos	531
Índice onomástico	544

PRIMEIRA PARTE

1. Fr. — A frase
Estrutura sintática e feição estilística

Advertência

Nesta primeira parte (1. Fr.) estuda-se a frase sob o ponto de vista da sua *estrutura sintática* (1.0 a 1.6.8.10) e da sua *feição estilística* (2.0 a 4.0), com ocasionais interpolações.

Quanto ao primeiro aspecto, convém advertir, de saída, que a intenção do autor foi evitar se transformasse o capítulo em mais um manual de análise sintática, o que não significa seja esta inútil ou execrável. Tanto não é inútil, que muitas apreciações sobre a estrutura da frase não puderam dela prescindir, pelo menos em certa medida.

A análise sintática tem sido causa de crônicas e incômodas enxaquecas nos alunos de ensino médio. É que muitos professores, por tradição ou por comodismo, a têm transformado no próprio conteúdo do aprendizado da língua, como se aprender português fosse exclusivamente aprender análise sintática. O que deveria ser um instrumento de trabalho, um meio eficaz de aprendizagem, passou a ser um fim em si mesmo. Ora, ninguém estuda a língua só para saber o nome, quase sempre rebarbativo, de todos os componentes da frase.

Vários autores e mestres têm condenado até mesmo com veemência o abuso no ensino da análise sintática. Não obstante, o assunto continua a ser, salvo as costumeiras exceções, o "prato de substância" da cadeira de português no ensino fundamental. Apesar disso, ao chegar ao fim do curso, o estudante, em geral, continua a não saber escrever, mesmo que seja capaz de destrinchar qualquer estrofe camoniana ou qualquer período barroco de Vieira, nomenclaturando devidamente todos os seus termos. Então, "pra que análise sintática?" — perguntam aflitos alunos e mestres por esse Brasil afora.

Já em 1916, ao responder à consulta de um padre pernambucano, Mário Barreto fazia, com a lucidez que lhe era habitual, uma clara censura ao abuso e ao mau aproveitamento da *análise lógica*:

> Leva-me, pois, o senhor padre para essas regiões nevoentas da análise lógica a que tanto gostam de guindar-se os professores brasileiros. É um dos defeitos do nosso ensino gramatical a importância excessiva que se dá nas classes a isso que se chama análise lógica. Certo que é necessário saberem os alunos o que é um sujeito, um atributo, um com-

plemento; certo que também é bom que eles saibam distinguir proposições principais e subordinadas, e vejam que estas acessórias ou subordinadas não são mais que o desdobramento de um dos membros de outra proposição e se apresentam como equivalente de um substantivo, de um adjetivo ou de um advérbio: *proposições substantivas, adjetivas, adverbiais* — nomenclatura que tem a duplicada vantagem de evitar termos novos e de fazer da análise lógica uma continuação natural da análise gramatical. Qualquer outra terminologia que se adote para a classificação das proposições dependentes levanta discussões entre os professores (...).

Passar daí será nos embrenharmos no intrincado labirinto das sutilezas da análise. *A análise lógica pode ser de muito préstimo, se a praticarmos como aprendizado da estilística, como meio de conhecermos a fundo os recursos da linguagem e de nos familiarizarmos com todas as suas variedades.*

(Barreto, 1954:61)

A lição é das melhores e das mais oportunas, apesar de longeva; pena é que nem todos a tenham aprendido, principalmente aquela parte contida no último período, por nós grifado. Pois bem, este capítulo sobre a estrutura da frase, que não visa, de forma alguma, ao ensino da análise sintática ou lógica, embora aí se assentem algumas das suas lições, leva muito em conta a sábia advertência de Mário Barreto, por mostrar "os recursos da linguagem" a fim de permitir ao estudante familiarizar-se "com todas as suas variedades".

No que respeita à *feição estilística* da frase, ver-se-á que nosso propósito foi, acima de tudo, mostrar e comentar alguns padrões válidos no português moderno. Ver-se-á também que não nos moveu nenhum preconceito de purismo gramatical: alguns dos modelos comentados apresentam até mesmo deslizes gramaticais que talvez repugnem a muitos entendidos; mas só quando a falha é grave, ou se torna oportuno, é que fazemos a necessária advertência. É que a nossa "tomada de posição" — digamos assim — em face dos textos apresentados, comentados, censurados ou louvados, foge inteiramente ao âmbito restrito da gramática, para cair no da estilística, mas de uma estilística sem pretensões, em moldes exclusivamente didáticos. Não se trata assim de crítica literária mais ou menos hedonista e parasitária como temos feito em outros lugares. Não; aqui nos propomos humildemente ser úteis aos estudantes de ensino médio, aos alunos das faculdades e a todos aqueles que, dispondo já de alguns conhecimentos básicos, ao nível da oitava série do ensino fundamental, queiram não apenas melhorar sua habilidade de redigir, mas também apurar o senso crítico, familiarizando-se com alguns moldes frasais da língua escrita do nosso tempo. Mas o próprio leitor notará que alguns desses moldes se caracterizam por certas singularidades (*frase de ladainha, frase de arrastão, frase entrecortada, frase caótica*...), o que talvez o leve a indagar: "Mas, e os padrões normais?" Com os padrões normais o leitor se familiarizará ao longo de outras páginas desta obra, principalmente na parte que trata do parágrafo.

Por outro lado, ao correr os olhos pelo sumário desta primeira parte, o leitor talvez se surpreenda por ver tratados em "Estrutura sintática" alguns aspectos da frase que, na realidade, são de natureza estilística (os tópicos referentes às figuras: antítese, metáfora, metonímia, etc.). Ao chegar, entretanto, ao texto, verificará que essa interpolação encontra sua justificativa no critério que adotamos de desenvolver todas as ideias relacionadas por associação. É assim que a ideia de oposição, implícita nas orações concessivas, nos levou à antítese; a de comparação e de orações comparativas, à de metáfora, e esta, por sua vez, a outros tropos e figuras (ver 1. Fr. — 1.6.8). O mesmo método, a um só tempo associativo e estrutural, orientou, na medida do cabível, a exposição da matéria das outras partes.

1.0 Estrutura sintática da frase

1.1 Frase, período, oração

Frase é todo enunciado suficiente por si mesmo para estabelecer comunicação. Pode expressar um juízo, indicar uma ação, estado ou fenômeno, transmitir um apelo, uma ordem ou exteriorizar emoções. Seu arcabouço linguístico encerra normalmente um mínimo de dois termos — o sujeito e o predicado — normalmente, mas não obrigatoriamente, pois, em português pelo menos, há, como se sabe, orações ou frases sem sujeito: *Há muito tempo que não chove* (em que *há* e *chove* não têm sujeito).[1]

Oração, às vezes, é sinônimo de frase ou de período (simples) quando encerra um pensamento completo e vem limitada por ponto final, ponto de interrogação, de exclamação e, em certos casos, por reticências. O período que contém mais de uma oração é composto.

Um vulto cresce na escuridão. Clarissa se encolhe. É Vasco.

(Veríssimo, 1953:118)[2]

Nesse trecho há três orações correspondentes a três períodos simples ou a três frases. Cada uma delas encerra um enunciado expresso num arcabouço linguístico em que entram um sujeito (*vulto*, claro na primeira, mas oculto na última, e *Clarissa*) e um predicado (*cresce, se encolhe, é Vasco*).

Mas nem sempre oração (diz-se também *proposição*) é frase. Em "convém que te apresses" há duas orações mas uma só frase, pois somente o conjunto das duas é que traduz um pensamento completo; isoladas, constituem simples fragmentos de frase (ver 1. Fr., 2.6), pois uma é parte da outra: "que te apresses" é o sujeito de "convém".

---

[1] Segundo Cohen (1966:73), a frase pode ser definida em dois níveis: o semântico e o fônico. O nível semântico, único que nos interessa aqui, desdobra-se em dois planos: o psicológico e o gramatical. No primeiro, a frase é "a unidade que apresenta um sentido completo". Quanto ao segundo, o gramatical, ela é "o conjunto de palavras que estão sintaticamente solidárias". A seguir, cita o autor a definição de Martinet (1969:73): "um enunciado cujos elementos se prendem a um ou a vários predicados coordenados".

[2] Os trechos citados como exemplos vêm geralmente com referência bibliográfica sumária. Para indicações completas sobre as fontes, consulte-se a bibliografia no fim do volume.

Quanto à sua estrutura sintática, *i.e.*, quanto à característica da integridade gramatical explícita (existência de um sujeito e um predicado), a frase pode ser *simples* (uma só oração independente) ou *complexa* (várias unidades oracionais). Esse agrupamento de orações é que merece legitimamente o nome de *período* (do grego *periodos*, circuito). É o *ambitus verborum*, segundo Cícero, isto é, o circuito de palavras encadeadas para formar um sentido completo. Entretanto, pela nomenclatura gramatical (brasileira ou não) vigente e tradicional, também a frase simples se diz *período simples*, e a complexa, *período composto*. Mas alguns professores distinguem o *período composto*, constituído só por orações coordenadas, do *período complexo*, formado por orações coordenadas e subordinadas.

1.1.1 Frase, gramaticalidade e inteligibilidade

Dentro da liberdade de combinações que é própria da fala ou discurso — liberdade que permite a cada qual expressar seu pensamento de maneira pessoal, sem ter de repetir sempre, servilmente, frases já feitas, já estereotipadas — há certos limites impostos pela gramática, limites que impedem a invenção de uma nova *língua* cada vez que se fala. Nossa liberdade de construir frases está, assim, condicionada a um mínimo de gramaticalidade — que não significa apenas nem necessariamente correção (há frases que, apesar de, até certo ponto, incorretas, são plenamente inteligíveis). Carentes da articulação sintática necessária, as palavras se atropelam, não fazem sentido — e, quando não há nenhum sentido possível, não há frase, mas apenas um ajuntamento de palavras.

> Cada qual é livre para dizer o que quer, mas sob a condição de ser compreendido por aquele a quem se dirija. A linguagem é comunicação, e nada é comunicado se o discurso não é compreendido. *Toda mensagem deve ser inteligível.*
> (Cohen, 1966:105-106).

O seguinte agrupamento, por ser totalmente caótico, isto é, totalmente agramatical, é totalmente ininteligível: *de maus tranquilos se nunca instintos os jovens sentem*. Só reagrupadas segundo as normas gramaticais vigentes na *língua*, podem essas palavras tornar-se *fala* ou *discurso*, assumindo então feição de frase: *Os jovens de maus instintos nunca se sentem tranquilos*.

Não obstante, um conjunto de palavras pode ter aparência de frase, por apresentar certo grau de gramaticalidade e ser dificilmente inteligível, como o seguinte exemplo de Oswald de Andrade (1964:153): "Romarias escadais de horas *bureaus* assinadores do conhecimento tomado e lavrado dos vencimentos invencíveis". Apesar dos tênues vestígios de gramaticalidade — ou justamente por serem muito tênues esses vestígios —, a frase de Andrade depende quase que exclusivamente da interpretação que lhe possa dar o leitor. Ela não é autossuficiente, não pode ser claramente entendida, mesmo que situada no seu contexto (capítulo "145. Criação de papagaios", em que o autor faz a crônica mordaz da "sala verde das audiências no Fórum Cível Paulista"), a menos que o leitor se encarregue de "mentalizar" os possíveis enlaces lógicos, sintáticos e semânticos entre os seus componentes.[3]

Portanto, ausência de gramaticalidade ou gramaticalidade muito precária significam ausência de inteligibilidade. Mas a simples gramaticalidade, o simples fato de algumas palavras se entrosarem segundo a sintaxe de uma língua para tentar comunicação não é condição suficiente para lhes garantir inteligibilidade. A célebre e assaz citada e comentada frase de Chomsky — "*Colorless green ideas sleep furiously*" (incolores ideias verdes dormem furiosamente) — apresenta os traços de gramaticalidade integral; no entanto, constitui (fora, evidentemente, do plano metafórico, onde todas as interpretações são possíveis) um enunciado incompreensível no plano referencial-denotativo, pois há incompatibilidade lógica entre os seus componentes, que se isoladamente têm sentido, no conjunto não têm: *ideias* não podem ser *verdes* nem *incolores*, e muito menos ser uma coisa e outra ao mesmo tempo. É claro que metaforicamente poderiam ser isso ou algo muito diverso; mas, então, um desses adjetivos ou ambos estariam desvinculados do seu traço semântico habitual, isto é, do seu sentido próprio; denotando cor ou ausência de cor, um exclui o outro, e nenhum deles se ajusta a *ideias*, entidade abstrata. E se *ideias* não podem, no plano da realidade, ser *verdes* nem *incolores*, tampouco podem *dormir* (a menos que este verbo metaforicamente signifique algo diferente). *Furiosamente*, por sua vez, tem um significado tal que só se aplica, denotativamente, a ser animado, da mesma forma que o verbo *dormir*.[4] Assim, por questões de impertinência semântica entre os seus componentes, esse conjunto de palavras só é frase na sua estrutura gramatical, mas só é mensagem no plano metafórico (ver 1. Fr., 1.6.8 e 2. Voc., 1.4), só poderá ser entendida como um contexto poético, que depende fundamentalmente, predominantemente, da cultura e da subjetividade do leitor ou ouvinte, pois, como diz I. I. Revzin (citado por Todorov, 1966b:119), *"le*

---

[3] Predominante não apenas em *Memórias sentimentais de João Miramar* (1924) mas também em *Serafim Ponte Grande* (1933), essa estrutura de frase reflete aquele experimentalismo estilístico rebelde e irreverente da segunda e da terceira décadas deste século (impressionismo, que, aliás, vem de muito antes, dadaísmo, surrealismo, "escrita automática"). Fragmentada e intencionalmente antidiscursiva, pictórica e visual à maneira da técnica cinematográfica pela sua justaposição de planos, essa frase revela o propósito de romper com os moldes tradicionais, de investir ironicamente, desdenhosamente até, contra a verbosidade oca, elitista, e engravatada que, não apenas entre nós mas também alhures (ou sobretudo alhures), acabara estiolando o estilo daquela prosa (e também daquele verso) cuidada, pomposa, apolínea, preciosista e elegante, purista e canônica — herança parnasiana — que precedeu a "revolução" estilística desencadeada pelo advento dos vários "ismos" gerados pelo futurismo marinetiano. Se é válida como experiência, válida sobretudo por ter rompido os grilhões rigidamente gramaticais e retóricos do passado imediato ou remoto, não constitui, em virtude dos seus excessos, nem padrão nem modelo. Tendo rompido com um passado, está hoje sepultada em outro. Mas deixou as suas pegadas, por onde outros seguiram e têm seguido com menos radicalismo.

[4] Cf. o comentário que, a próposito dessa frase de Chomsky, faz Jakobson (1969:94-95).

poète crée un univers dans lequel se trouvent justifiées des phrases qui n'avaient pas de sens dans sa langue".

Em suma: fora desse "universo" a que se refere Revzin, não basta que a frase seja gramatical para ser inteligível; importa, ainda, que ela preencha outras condições, apresente outras características, entre as quais sobressaem as que apontamos a seguir com propósito exclusivamente didático; importa, enfim, que ela, além da condição de gramaticalidade:

1. *exclua duplicidade de informação* (ambiguidades léxicas — homofonias e homografias — e sintáticas, *i.e.*, anfibologias propriamente ditas): "O ciúme da mulher levou-o ao suicídio" (quem tinha ciúmes? a mulher ou o suicida?). "Conheci-o quando ainda criança" (quem era criança? o sujeito (eu) ou o objeto (o) de "conheci"?);

2. *exclua tautologias nulificadoras de significado*, quer as que resultam da ignorância da significação de determinada palavra, em frases do tipo "os oculistas são mais competentes do que os oftalmologistas",[5] quer as que se configuram como círculo vicioso ou petição de princípio (ver 4. Com., 2.2.3): "Fulano morreu pobre porque não deixou um vintém", "o fumo faz mal à saúde porque prejudica o organismo". No primeiro caso, só não haverá nulificação total do significado, se, por hipótese, o termo "oftalmologistas" se revestir de certa conotação irônica, a traduzir possível repugnância a termos técnicos menos pedestres. No segundo, só há comunicação na oração principal: a causal, ou explicativa, nada diz porque nada acrescenta ao que se declara antes; é pura tautologia;

3. *exclua incongruências* (incompatibilidades, impertinência, incoerência) *semânticas*, configuradas em ou resultantes de:

a) *contradição lógica literal*: "os quadrúpedes são bípedes", "esta mesa redonda é quadrada", "seus olhos azuis são negros". É certo que frases desse tipo só são contraditórias se tomadas "ao pé da letra", desprezando-se toda possibilidade de um "subentendimento" quer de uma declarada contestação ("esta mesa, que se supõe ser redonda, é, na verdade, quadrada", "seus olhos, que parecem azuis, são, na verdade, negros"), quer de um sentido metafórico subjacente em algum ou alguns dos seus termos: "os quadrúpedes, isto é, as pessoas estúpidas, são bípedes". É o "subentendimento" do sentido metafórico subjacente que dá validade aos paradoxos do tipo "falo melhor quando emudeço", aos oxímoros, ou aliança de contrários (obscura claridade, triste contentamento, deliciosa desventura, doce amargura) e às sinestesias (rubras clarinadas, voz acetinada, cor berrante);

---
[5] Exemplo inspirado por Chomsky (1975:111).

b) *impropriedade ou ausência de partículas ou locuções de transição entre os segmentos de uma frase*: "A paz mundial tem estado constantemente ameaçada, posto que a humanidade se vê dividida por ideologias antagônicas." "Posto que" não é "porque" nem "visto que", mas "embora", "se bem que". "— O progresso da ciência e da tecnologia tem resultado em extraordinário desenvolvimento dos meios de comunicação; os homens se desentendem cada vez mais." O que o autor da frase pretendia era mostrar o contraste entre o desenvolvimento dos meios de comunicação e o desentendimento entre os homens, contraste que deveria vir explicitamente indicado por partícula de transição adequada, como "no entanto", por exemplo; o simples ponto e vírgula não é suficiente para estabelecer essa relação, de forma que os dois segmentos do texto não chegam a constituir uma unidade frasal, mas apenas duas declarações desconexas (ver 3. Par., 4.0);

c) *omissão de ideias de transição lógica*: "O progresso tecnológico apresenta também seu lado negativo: a incidência de doenças das vias respiratórias torna-se cada vez maior em cidades como Tóquio, Nova York e São Paulo." A omissão de referência à poluição do ambiente, provocada pelos gases venenosos expelidos por veículos, fábricas, incineradores, etc. das grandes cidades, torna as duas declarações, contidas nas duas orações justapostas, se não incompatíveis, pelo menos desconexas ou dissociadas. A omissão de certas ideias, de certos estágios do raciocínio pode levar a estabelecer falsas relações: "Verdadeira revolução na área dos transportes e das comunicações levou ao desenvolvimento de novas fontes de energia, e recentes conquistas da eletrônica e da física nuclear modificaram profundamente o conceito de guerra." É certo que a "revolução na área dos transportes e das comunicações levou ao desenvolvimento de novas fontes de energia", mas é preciso explicar *como*, o que o autor não fez por ter omitido certas ideias de transição, certos estágios da seguinte relação de causa e efeito: revolução nos transportes > aumento do consumo de combustíveis > possível escassez ou exaustão deles > necessidade de novas fontes de energia (combustíveis, etc.). Difícil ainda de perceber é a relação entre "revolução na área dos transportes" e "recentes conquistas da eletrônica e da física nuclear" que modificaram o conceito de guerra. No caso, uma locução como "por outro lado", em vez de um simples "e", correlacionaria mais adequadamente as duas declarações, mostrando que elas correm paralelas e vão ser desenvolvidas a seguir;

d) *subversão na ordem das ideias*: "Apesar dos conflitos ideológicos, raciais e religiosos que marcam inconfundivelmente as relações entre os indivíduos nos dias de hoje, é extraordinário o progresso alcançado pelos meios de comunicação." A ordem das ideias parece subvertida, do que resulta uma inadequada relação de oposição entre elas: o que o autor queria dizer é que "apesar do extraordinário progresso dos meios de comunicação" as relações entre os indivíduos se caracterizam por conflitos ideológicos, raciais e religiosos;

4. *revele conformidade com a experiência geral de uma dada comunidade cultural*: "O Sol é gélido", "A Lua é quadrada", "A Terra é cúbica", "Os répteis são mamíferos" constituem enunciados de gramaticalidade integral e indiscutível, mas de significado absurdo ou falso, porque contrários a toda a nossa experiência cultural e linguística;

5. *constitua um enunciado que, no plano denotativo — frise-se bem — encerre um mínimo de probabilidade*: "A águia conhece a mecânica dos corpos." Será que conhece?;

6. *seja estruturada de tal forma que não exija a remanipulação dos seus componentes para se tornar inteligível*: "Creio que já lhe disse que a ação de despejo que o advogado que o proprietário do apartamento que eu desconheço mandou me procurar me disse que me vai mover é uma causa perdida." Apesar dos seus enlaces sintáticos indiscutíveis (é possível, com algum esforço, destrinchar, classificar e analisar as orações que compõem o período), essa frase se enleia e se embaralha nas artimanhas das suas múltiplas incidências, tornando-se caótica e extremamente confusa.[6]

(Para outros aspectos sintáticos e estilísticos da frase, ver, a seguir, 1.2, 1.3 e 2.5 a 2.8. Quanto a gramaticalidade e incongruência, ver também 1.4.5.2, "Paralelismo semântico".)

1.2 Frases de situação

Do ponto de vista da integridade gramatical, a frase é, como vimos, uma unidade do discurso em que entram sujeito e predicado. Mas nem sempre é assim. Já vimos, de passagem, que há orações ou frases sem sujeito. Existem também as que não têm ou parecem não ter nem um nem outro desses termos, ou os têm de maneira puramente mentalizada.

Às vezes, no contexto da língua escrita — *i.e.*, no "ambiente linguístico onde se acha a frase" — ou na situação da língua falada — *i.e.*, no "ambiente físico e social onde é enunciada" —,[7] um desses termos ou ambos estão subentendidos. Uma advertência ou aviso (*Fogo!, Perigo de vida, Contramão*), um anúncio (*Leilão de obra de arte, Apartamentos à venda*), uma ordem (*Silêncio!*), um juízo (*Ladrão, i.e., Você é um ladrão*), um apelo (*Socorro!, Uma esmolinha pelo amor de Deus!*), a indicação

---
[6] Quanto à essência dos itens 4, 5 e 6, cf. Dubois (1973).
[7] Câmara Jr. (1959:103).

de um fenômeno (*Chuva! i.e., Está chovendo*), um simples advérbio ou locução adverbial (*Sim, Não, Sem dúvida, Com licença*), uma exclamação (*Que bom!*), uma interjeição (*Psiu!*) são ou podem ser considerados como frases, embora lhes falte a característica material da integridade gramatical explícita. Só mentalmente integralizados, com o auxílio do contexto ou da situação, é que adquirem legítima feição de frase.

A esse tipo de frase chamam alguns autores "frase de situação",[8] e outros "frases inarticuladas",[9] entre as quais se podem ainda incluir, além das acima indicadas, as saudações (*Bom dia*), as despedidas (*Até logo*), as chamadas ou interpelações, isto é, vocativos desacompanhados (*Joaquim!*) e fragmentos de perguntas ou respostas. No discurso direto (diálogo), se alguém nos diz "Ele chegou", é provável que peçamos um esclarecimento sob a forma de um fragmento de pergunta representado por um simples pronome interrogativo — Quem? — em que se subentende "Quem chegou?" — ou um advérbio interrogativo — Quando? *i.e.*, "Quando chegou?" São frases de situação ou de contexto, insubsistentes por si mesmas, se destacadas do ambiente linguístico ou físico e social em que são enunciadas.

1.3 Frases nominais

Há outro tipo de frase que também prescinde de verbo, constituída que é apenas por nomes (substantivo, adjetivo, pronome): C*ada louco com sua mania, Cada macaco no seu galho, Dia de muito, véspera de nada*. Nessas frases, chamadas nominais — e também, mas indevidamente, elípticas —, na realidade não existe verbo, o qual, entretanto, pode ser "mentado": *cada louco* (tem, revela, age de acordo) *com sua mania, cada macaco* (deve ficar) *no seu galho, dia de muito* (é, sempre foi), *véspera de nada*. A frase, em si mesma, não é elíptica; o máximo que se poderia dizer é que o verbo talvez o seja.

Característica de muitos provérbios e máximas, comum na língua falada, ocorre com frequência na língua escrita, em prosa ou em verso. É uma frase geralmente curta, incisiva, direta, que tanto indica de maneira breve, sumária, as peripécias de uma ação quanto aponta os elementos essenciais de um quadro descritivo, quer em prosa:

> Dá dois passos e abre de leve um postigo. A luz salta para dentro. E o quarto de Vasco se revela aos olhos dela [Clarissa].

---

[8] Cf. Francis (1958:374).
[9] Cf. Marouzeau (1946:146). Cf. ainda Ali ([s.d.]:48 e segs.).

— Não disse? Não há mistério.

A cama de ferro, a colcha branca, o travesseiro com fronha de morim. O lavatório esmaltado, a bacia e o jarro. Uma mesa de pau, uma cadeira de pau, o tinteiro niquelado, papéis, uma caneta. Quadros nas paredes.

(Veríssimo, 1953:220)

quer em verso:

Sangue coalhado, congelado, frio
    Espalmado nas veias...
Pesadelo sinistro de algum rio
    De sinistras sereias.

(Cruz e Souza, "Tédio", Faróis [Souza, 1944])

Sobre o capim orvalhado e cheiroso...
Maciez das boninas,
espinho de *rosetas*,
cricris sutis nesse mundo imenso,
tão pequenino...

(Augusto Meyer, "Sombra verde", Poesia [Meyer, 1957])

...E as minhas unhas polidas —
Ideia de olhos pintados...
Meus sentidos maquilados
A tintas desconhecidas...
....
Fitas de cor, vozearia —
Os automóveis repletos:
Seus chauffeurs — os meus afetos
Com librés de fantasia!

(Mário de Sá-Carneiro, "Sete canções de declínio",
Poesias [Sá-Carneiro, 1953])

No primeiro exemplo, a enumeração relativamente longa, se bem que não caótica, pois arrola apenas os elementos afiliados por contiguidade no conjunto do quadro (o quarto de Vasco), poderia vir "enfiada" num ou mais verbos, mas verbos, por assim dizer, anódinos, verbos de existência, de estado ou repouso, facilmente mentáveis: *havia, existia, estava* e seus associados semânticos ocasionais (*encontrava-se, via-se, estendia-se*). Trabalhada à maneira tradicional, a frase ficaria mais ou menos assim: Havia uma cama de ferro (sobre a qual se estendia) uma colcha branca e (onde repousava) um travesseiro com fronha de morim... etc. — com um só verbo (haver) a servir de madrinha a toda a tropa de nomes, ou um para cada unidade do trecho (repousava, estendia-se, etc.). Mas, qualquer que fosse ele ou eles, seriam verbos de "encher", e a consciência — ou presciência — de que seriam desse teor levou o autor a evitá-los, por presumíveis, contribuindo assim para a economia da frase, já que não era seu propósito deter-se na descrição detalhada do quarto, nem lhe interessava fantasiar ou animar os seus componentes. Tratava-se apenas de uma visão inicial rápida, de um simples correr d'olhos sem mais detença.

Nos exemplos em verso, mais ainda do que no anterior, a presença do verbo é praticamente — perdoem-nos o adjetivo e a grafia — "inmentável". O que os três poetas queriam expressar eram puras sensações — de asco e tédio, em Cruz e Souza; de volúpia sensorial, em Augusto Meyer; e de imagens que se gravaram na retina e na memória do poeta, em Sá-Carneiro. Neste, aliás, como nos simbolistas e impressionistas de um modo geral, são muito frequentes as frases nominais: no poema de que extraímos o exemplo há 22 estrofes assim constituídas.

No caso dos provérbios, o verbo é facilmente mentável. Num exame rápido de cerca de 300 deles, dos mais comuns, verificou-se que 26 eram constituídos por frases nominais do tipo "cada macaco no seu galho" (uma unidade) ou "dia de muito, véspera de nada" (duas unidades em paralelismo). Desses 26, 16 — mais de 60% — poderiam admitir o verbo *ser* ou correlatos; oito — cerca de 30% —, *haver* ou correlatos, e somente dois admitiriam verbos de outras áreas (um *ir*, o outro, *ter*).

Ora, nos provérbios de estrutura frásica não nominal, a variedade dos verbos é inumerável, o que nos leva a presumir que nominais são, na quase totalidade dos casos, aquelas frases cujo verbo, "mentável", *i.e.*, "pensável" é *ser* ou da área de *ser*, excepcionalmente *haver* e rarissimamente outros.

A tradição das frases sem verbo data do próprio latim (*Ars longa, vita brevis*), particularmente na linguagem familiar, como nas comédias de Plauto. Entretanto, mesmo os clássicos puristas como César e Cícero, para não citar outros, delas se serviam habitualmente.

Todavia, ao classicismo dos séculos XVI a XVIII, principalmente na literatura francesa, parecia repugnar esse tipo de construção, que, em certa medida, só se generalizou no decurso do século XIX, a partir do romantismo, ou mais exatamente, a partir de Victor Hugo: "*Dans les lettres comme dans la société, point d'étiquette, point d'anarchie des lois. Ni talons rouges, ni bonnet rouge*".[10]

---

[10] Apud Cohen (1954:93).

Na literatura brasileira contemporânea, quase todos os novelistas e cronistas delas se servem em maior ou menor grau — mas é preciso frisar bem: de preferência ou quase exclusivamente no estilo descritivo. Veja-se o exemplo de um cronista muito em voga, um daqueles cinco ou seis contemporâneos que manipulam a crônica com habilidade e senso artístico inexcedíveis:

> Um calor danado em Roma, Nápoles em farrapos.
>
> ....
>
> Abismos em Cosenza; primeiras notícias de Giuliano: os *banditti* acabam de explodir um caminhão com oito *carabinieri*.
>
> (Campos, 1963:170)

O segundo trecho ("Abismos em Cosenza...") constitui um período híbrido: parte com verbo (acabam de explodir), e parte sem ele. É o processo talvez mais comum: só algumas orações, quase sempre as primeiras do período, são nominais, seguindo-se-lhes outra ou outras (subordinadas) com verbo claro. Veja-se o exemplo que nos oferece Cecília Meireles:

> — Chuvas de viagens: tempestades na Mantiqueira, quando nem os ponteiros dos para-brisas dão vencimento à água; quando apenas se avista, recortada na noite, a paisagem súbita e fosfórea mostrada pelos relâmpagos. Catadupas despenhando sobre Veneza, misturando os céus e os canais numa água única, e transformando o Palácio dos Doges num imenso barco mágico (...)
>
> Chuvas antigas, nesta cidade nossa, de perpétuas enchentes: a de 1811, que, com o desabamento de uma parte do morro do Castelo, soterrou várias pessoas (...)
>
> Chuvas modernas, sem trovoada, sem igrejas em prece mas com as ruas igualmente transformadas em rios, os barracos a escorregarem pelos morros (...)
>
> (Meireles, 1963:59)

As subordinadas que se seguem às nominais são na sua maioria orações reduzidas de gerúndio; mas Cecília Meireles nos dá exemplos de outras: "quando os ponteiros... nem dão vencimento à água", "quando apenas se avista..." (a de 1811) "que... soterrou várias pessoas", "os barracos a escorregarem...", além das gerundiais "despenhando sobre Veneza" e "transformando o Palácio dos Doges..."

1.4.0 Processos sintáticos

1.4.1 Coordenação e subordinação: encadeamento e hierarquização

Num período composto, normalmente estruturado — isto é, não constituído por frases de situação ou de contexto —, as orações se interligam mediante dois processos sintáticos universais: a *coordenação* e a *subordinação*. A *justaposição*, apesar de legitimamente abranger uma e outra, é ensinada no Brasil como variante da primeira, e a *correlação*, como variante da segunda.[11]

Na coordenação (também dita *parataxe*), que é um paralelismo de funções ou valores sintáticos idênticos, as orações se dizem da mesma natureza (ou categoria) e função,[12] devem ter a mesma estrutura sintático-gramatical (estrutura interna) e se interligam por meio de conectivos chamados *conjunções coordenativas*. É, em essência, um processo de *encadeamento* de ideias (ver, a seguir, 1.4.5.2).

As conjunções coordenativas (algumas das quais ligam também palavras ou grupos de palavras — sintagmas — e não apenas orações) relacionam ideias ou pensamentos com um grau de travamento sintático por assim dizer mais frouxo do que o das subordinativas. *E* e *nem* (= e não) são as mais típicas das conjunções e também as mais vazias de sentido ou teor semântico, pois sua função precípua[13] é juntar ou aproximar palavras ou orações da mesma natureza e função. São

---

[11] A Nomenclatura Gramatical Brasileira, ao tratar da composição do período, ignorou tanto a justaposição quanto a correlação. É que, segundo orientação linguística mais atualizada, a justaposição, como processo sintático, consiste em encadear frases sem explicitar por meio de partículas coordenativas ou subordinativas a relação de dependência entre elas. Nesse sentido, dá-se-lhe também o nome de *parataxe*. A correlação é uma construção sintática de duas partes relacionadas entre si de tal modo que a enunciação da primeira prepara a enunciação da segunda (ver 1. Fr., 1.5.3). No Brasil, seguindo-se a orientação de José Oiticica (cf. *Teoria da correlação*, passim) e de outros autores, considera-se a correlação ora como um processo autônomo ora como uma variante da subordinação.

[12] Esse é o conceito tradicional e ortodoxo, entretanto já sujeito a revisão (ver, a seguir, 1.4.2).

[13] Em alguns contextos ou situações, a partícula *e* parece imantar-se do significado dos membros da frase por ela interligados, insinuando assim ideias de distinção, discriminação, oposição ou contraste, inclusão, simultaneidade, realce e, ocasionalmente, outras. Em "há estudantes e estudantes...", *e* contagia-se da distinção implícita (sugerida não apenas pelo contexto em que se insira a frase mas também pelas reticências ou pelo tom reticencioso da sua enunciação) entre os atributos de duas categorias de "estudantes": os verdadeiros, *i.e.*, assíduos, estudiosos, e os outros, que se dizem tais. Nesse caso, *e* indica *adição com discriminação* ou *distinção* e, mesmo, *oposição*. Em frases semelhantes, o segundo elemento da coordenação (palavra ou sintagma) geralmente se reveste de certo matiz pejorativo: "há mulheres e mulheres..." significa "há mulheres boas, dedicadas, honestas, e mulheres que não se distinguem por essas virtudes". Assim também em "há jovens e jovens...", "há velhos e velhos...", sente-se, nítida, a distinção entre duas espécies da mesma classe (de *jovens* ou de *velhos*). Contaminada pelos polos semânticos entre os quais se situe, a conjunção *e* traduz frequentemente a ideia de contradição, oposição ou contraste,

conjunções de *adição* ou de *aproximação*; daí, o nome de *aditivas* (ou *aproximativas*, denominação adotada no Brasil até certa época).

A alternativa típica — *ou* — relaciona ideias que se excluem ou se alternam, podendo repetir-se antes de cada um dos elementos por ela encadeados: "*Ou* vai *ou* racha." As outras alternativas vêm obrigatoriamente repetidas, em pares: *ora... ora, quer... quer, já... já, seja... seja*. Às vezes o par *quer... quer* se interpola com *seja... seja*, dando lugar a uma estrutura aparentemente híbrida alternativa-concessiva, pois, nesse caso, *seja* é mesmo o verbo *ser*, tanto assim que não só concorda com o nome (sujeito ou predicativo) que se lhe posponha como também pode ser substituído por outro verbo: "Hão de pagar o prejuízo, quer *sejam* (culpados) quer não *sejam* culpados." "Hão de pagar o prejuízo, quer lhes *caiba* (a culpa) quer não lhes *caiba* a culpa." Quanto ao valor concessivo de *quer... quer*, ver, a seguir, 1.4.2.

As adversativas (*mas, porém, contudo, todavia, no entanto, entretanto*) marcam oposição (às vezes com um matiz semântico de restrição ou de ressalva). Por serem etimologicamente advérbios — traço já muito esmaecido em *mas* e *porém*, mas ainda vivo nas restantes —, as adversativas, como também as explicativas e as conclusivas, são menos gramaticalizadas, quer dizer, menos despojadas de teor semântico, do que *e*, *nem* e *ou*. Sua função de conjunção é, aliás, fato relativamente recente na língua portuguesa, fato de ocorrência posterior ao século XVIII. Ainda hoje, os dicionários, registram *entretanto, (no) entanto* e *todavia* como advérbios, embora lhes anotem igualmente a função de conjunções. No *Dicionário da língua portuguesa*, de Antônio de Moraes Silva, quer na 1ª edição (1789) quer na 6ª (1858), até mesmo o *porém* aparece como advérbio, com a ressalva, entretanto, de que "hoje usa-se como conjunção restritiva", dando-a o autor como sinônimo de *contudo* e *todavia* (mas não averba *contudo* e registra *todavia* como advérbio).

---

equivalente a *mas* ou *porém*, a *e não obstante* ou a *mas, apesar disso*: "Ficou de vir e (= mas) não veio"; "Falou muito e (= mas) não disse nada que se aproveite"; "Era mais forte do que o adversário e (= *e não obstante, mas, apesar disso*) foi derrotado". (É comum pôr *não obstante* entre vírgulas.) Entre palavras antitéticas ou que expressem ideias mutuamente excludentes, *e* pode exprimir simultaneidade: "É um escritor clássico e (ao mesmo tempo) romântico." Em outros casos, quando entre palavras de sentido relativo (como, por exemplo, certos nomes de parentesco em linha colateral), sugere reciprocidade: "Pedro e Paulo são primos" (entre si); "Esaú e Jacó eram gêmeos e rivais" (um do outro, reciprocamente); "A e B são linhas paralelas" (entre si). Ocasionalmente, indica inclusão e realce, como no conhecido verso de Camões — "Os doze de Inglaterra e o seu Magriço" (*Lus.*, I, 12) — que se entende como "os doze de Inglaterra e (= inclusive, principalmente) o seu Magriço". Se denotasse apenas adição, seriam *treze* os *doze* de Inglaterra, pois Magriço era um deles, o que mais se *realçava* pela bravura e feitos. Em agrupamentos tais como *Joaquim Nabuco e a abolição, Rui Barbosa e a República, Castro Alves e o Romantismo*, *e* equivale, em essência, à locução prepositiva *em face de*. (Algumas dessas observações, devo-as a troca de ideias com o prof. Rocha Lima.)

Por isso, *i.e.*, por serem essencial e etimologicamente advérbios, é que *no entanto*, *entretanto*, *contudo* e *todavia* vêm frequentemente precedidos pela conjunção *e*: "Vive hoje na maior miséria *e* (,) *no entanto* (,) já possuiu uma das maiores fortunas deste país." A ser *no entanto* simples conjunção, simples utensílio gramatical (conectivo), torna-se difícil a classificação da oração: coordenada aditiva, em função do *e*, ou adversativa, em função do *no entanto*? É evidente que não poderá ser uma coisa e outra. A ortodoxia gramatical aconselharia a supressão do *e*, em virtude de, modernamente, se atribuir a *no entanto* valor de conjunção. Mas, aceitando-se o agrupamento, a oração será aditiva, e *no entanto*, advérbio, caso em que costuma (ou deve) vir entre vírgulas. O que se diz para *no entanto* serve para *entretanto*, *todavia*, *não obstante*. Também *mas* aparece às vezes junto a *contudo* e *todavia*, dando como resultado uma construção que os cânones gramaticais vigentes condenam por pleonástica, como o fazem com o exemplo clássico (ainda comum em certa camada social) *mas porém*. É certo que, quando, por descuido ou não, *mas* e *contudo*, *mas* e *todavia* (e até *mas* e *entretanto* e *mas* e *no entanto*) ocorrem na mesma oração, costumam vir distanciados pela intercalação de outro(s) termo(s) da oração, por sentir o emissor que se trata de partículas mutuamente excludentes, sinônimas ou equivalentes que são.

As explicativas (*pois, porque*) relacionam orações de tal sorte que a segunda encerra o motivo ou explicação (razão, justificativa) do que se declara na primeira. Em virtude de afinidade semântica entre motivo e causa, *porque*, explicativa, confunde-se com *porque*, subordinativa causal (ver, a propósito, 3. Par., 2.5). Quanto à opção entre *pois* e *porque*, ver 1. Fr., 1.6.3.3, letra *c, in fine*.

As conclusivas (*logo*, *pois*, *portanto*) entrosam orações de tal modo que aquilo que se afirma na segunda é consequência ou conclusão (resultado, efeito) do que se declara na primeira: "Penso, logo existo." "Ouviste a advertência; trata, portanto (ou *pois*), de acautelar-te." "Cumpriste o dever; portanto, não há motivo para que te censurem." As locuções adverbiais *por consequência*, *por conseguinte*, *por isso* funcionam também como conjunções conclusivas: "Penso, logo (*por consequência, por conseguinte, por isso*) existo." (Ver 1. Fr., 1.6.4.)

As explicativas e conclusivas, mais até do que as adversativas, estabelecem tão estreitas relações de mútua dependência entre as orações por elas interligadas, que a estrutura sintática do período assume características de verdadeira subordinação (ver, a seguir, 1.4.2).

Na *subordinação* (também chamada *hipotaxe*), não há paralelismo, mas desigualdade de funções e de valores sintáticos. É *um processo de hierarquização*, em que o enlace entre as orações é muito mais estreito do que na coordenação. Nesta, as orações se dizem sintática mas nem sempre semanticamente *inde-*

pendentes; naquela, as orações são sempre *dependentes* de outra, quer quanto ao sentido quer quanto ao travamento sintático. Nenhuma oração subordinada subsiste por si mesma, *i.e.*, sem o apoio da sua principal (que também pode ser outra subordinada) ou da principal do período, da qual, por sua vez, todas as demais dependem. Portanto, se não podem subsistir por si mesmas, se não são independentes, é porque fazem parte de outra, exercem função nessa outra. Isto quer dizer que qualquer oração subordinada é, na realidade, um *fragmento de frase*, mas fragmento diverso daquele que estudamos nas frases de situação ou de contexto e em 1. Fr., 2.6. "Se achassem água por ali perto" é uma oração, mas não uma frase, pois nada nos diz de maneira completa e definida; é apenas uma parte, um termo de outra ("beberiam muito") na qual exerce a função de adjunto adverbial de condição.[14]

---

[14] São várias as funções que as orações subordinadas exercem em outra (sujeito, complemento, adjunto adnominal, adjunto adverbial). À guisa de revisão, até certo ponto necessária ao desenvolvimento deste capítulo, damos a seguir amostras dessas funções, manipulando sempre que possível o mesmo agrupamento de ideias. As três famílias de orações subordinadas (A — substantivas, B — adjetivas, C — adverbiais) podem ser *desenvolvidas* (exemplos de letra *a*), quando têm conectivo, ou *reduzidas*, quando o verbo está numa das suas formas nominais: *infinitivo* (exemplos de letra *b*), *gerúndio* (exemplos de letra *c*) e *particípio* (exemplo de letra *d*).

A — *Substantivas* (valor de substantivo):

1. FUNÇÃO DE SUJEITO:
   a) É preciso *que digamos a verdade*.
   b) É preciso *dizermos a verdade*.

2. FUNÇÃO DE OBJETO DIRETO:
   a) Peço-te *que digas a verdade*.
      Não sei se *ele disse a verdade*.
      Quero saber *quem diz a verdade*.
   b) Peço-te *dizer a verdade*.

3. FUNÇÃO DE OBJETO INDIRETO:
   a) Tudo depende *de que digas a verdade*.
   b) Tudo depende *de dizeres a verdade*.

4. FUNÇÃO DE COMPLEMENTO NOMINAL:
   a) Tenho a certeza *de que ele dirá a verdade*.
   b) Ele dá a impressão *de estar dizendo a verdade*.

5. FUNÇÃO DE PREDICATIVO:
   a) O melhor é *que digas a verdade*.
   b) O melhor é *dizeres a verdade*.

1.4.2 Falsa coordenação: coordenação gramatical e subordinação psicológica

Segundo a doutrina tradicional e ortodoxa — como já assinalamos —, as orações coordenadas se dizem independentes, e as subordinadas, dependentes. Modernamente, entretanto, a questão tem sido encarada de modo diver-

B — *Adjetivas* (valor de adjetivo):

FUNÇÃO DE ADJUNTO ADNOMINAL

a) Há verdades *que não se dizem*.
b) Há muita gente *a passar fome*.
c) Há muita gente *passando fome*.
d) Há verdades *ditas de tal modo* que parecem mentiras.

C — *Adverbiais* (valor de advérbio):

FUNÇÃO DE ADJUNTO ADVERBIAL

1. *Concessivas* (ou de oposição, pois marcam um contraste semelhante ao que, em grau diverso, se expressa com a coordenada adversativa):
a) *Embora diga a verdade*, ninguém lhe dá crédito.
b) *Apesar de dizer a verdade*, ninguém lhe dá crédito.
c) *Mesmo dizendo a verdade*, ninguém lhe dá crédito.

2. *Temporais* (indicam tempo simultâneo, anterior ou posterior):

I — Fatos simultâneos:
a) *Enquanto disser a verdade*, todos o respeitarão.
b) *Ao dizer a verdade*, todos o respeitarão.
c) *Dizendo a verdade*, saberemos o que houve.

N.B.: O sentido das reduzidas de gerúndio depende muito do seu contexto: no caso da letra c, "dizendo" tanto pode expressar causa quanto condição ("porque disse", "como disse" ou "se disse").

II — Fato posterior a outro:
a) *Depois que disse a verdade*, arrependeu-se.
b) *Depois de dizer a verdade*, arrependeu-se.
c) *Tendo dito a verdade*, arrependeu-se.

III — Fato anterior a outro:
a) *Antes que digas a verdade*, pensa nas consequências.
b) *Antes de dizeres a verdade*, pensa nas consequências.

3. *Causais*:
a) *Como disseste a verdade*, nada te acontecerá.
    Nada te acontecerá, *porque disseste a verdade*.
b) *Por teres dito a verdade*, nada te acontecerá.
c) *Tendo dito a verdade* (dizendo), nada te acontecerá.
d) *Interrogado habilmente*, ele confessou a verdade.

so.[15] Dependência semântica mais do que sintática observa-se também na coordenação, salvo, apenas, talvez, no que diz respeito às conjunções "e", "ou" e "nem". Que independência existe, por exemplo, nas orações "portanto, não sairemos"? e "mas ninguém o encontrou"? Independência significa autonomia, autonomia não apenas de função mas também de sentido. Que autonomia de sentido há em qualquer desses dois exemplos? Nenhuma, por certo. A comunicação de um sentido completo só se fará com o auxílio de outro enunciado: "*Está chovendo*; portanto, não sairemos"; "*Todos o procuraram*, mas ninguém o encontrou".

O par alternativo "quer... quer", incluído nas conjunções coordenativas, tem legítimo valor subordinativo-concessivo quando se lhe segue verbo no subjuntivo: "Irei, quer chova, quer faça sol" corresponde a "irei, mesmo que chova, mesmo que faça sol". Até a vírgula que se impõe antes do primeiro "quer" (mas é facultativa antes do segundo) insinua a ideia de subordinação, uma subordinação concessivo-condicional, como se pode sentir melhor no seguinte exemplo, de nota aposta aos originais desta parte pelo prof. Rocha Lima.

    Irei, quer queiras, quer não queiras.

equivale a

    Irei, *se* quiseres ou (e) *mesmo que* não queiras.

---

4. *Finais* (consequência desejada ou preconcebida):
a) *Para que dissesse a verdade,* foi preciso ameaçá-lo.
b) *Para dizeres a verdade,* é preciso ameaçar-te.

5. *Condicionais* (condição ou suposição):
a) *Se não podes dizer a verdade,* é preferível que te cales.
b) *A não dizeres a verdade,* é preferível que te cales.
c) *Não dizendo a verdade,* nada conseguirás.

6. *Consecutivas* (efeito ou consequência de fato expresso em oração precedente):
a) Disse tantas verdades, *que muitos ficaram constrangidos.*
N.B.: A respeito das reduzidas de infinitivo com valor consecutivo, ver 1.6.4.

7. *Conformativas*:
a) Disse a verdade, *conforme lhe recomendaram.*

8. *Proporcionais*:
a) *À medida que cresce,* menos verdades diz.
   Quanto mais velho fica, menos verdades diz.

9. *Comparativas*:
a) Disse mais verdades *do que mentiras*.
   Mente *como ninguém*. Mente tanto *quanto você.*
Obs.: A Nomenclatura Gramatical Brasileira não reconhece a existência de orações modais. Mas como classificar "chorando" no seguinte período: "Saiu *chorando*"? Ou é modal ou tem valor de predicativo, equivalente a "saiu *choroso*". (Cf. Ali [s.d.]a:354 e segs.)

[15] Cf. Antoine (1958:144 e segs.)

Portanto, quando se diz que as orações coordenadas são da mesma natureza, cumpre indagar: que natureza? lógica ou gramatical? As conjunções coordenativas que expressam motivo, consequência e conclusão (*pois, porque, portanto*) legitimamente não ligam orações da mesma natureza, tanto é certo que a que vem por qualquer delas encabeçada não goza de autonomia sintática. O máximo que se poderá dizer é que essas orações de "pois", "porque" (ditas explicativas) e "portanto" são limítrofes da subordinação. Em suma: coordenação gramatical mas subordinação psicológica.

Por isso, muitas vezes, um período só aparentemente é coordenado. Vejamos outros casos, examinando os três pares de frases seguintes:

a) Não fui à festa do seu aniversário: não me convidaram.

b) Não fui à festa do seu aniversário: passei-lhe um telegrama.

c) Não fui à festa do seu aniversário: não posso saber quem estava lá.

São frases construídas segundo o processo particular da coordenação chamado *justaposição* (recordem-se as observações da nota 8, retro): orações não ligadas por conectivo, separadas na fala por uma ligeira pausa com entoação variável, marcada na escrita por vírgula, ponto e vírgula ou, mais comumente, por dois pontos.

É outro caso de coordenação ou justaposição gramatical, mas de subordinação psicológica, tanto é certo que o segundo elemento de cada par de frases não goza de autonomia de sentido. A relação entre as duas orações de cada período é de dependência, nitidamente insinuada pelos dois pontos na escrita, e na fala, por uma entoação da voz que indica:

a) *explicação ou causa*: Não fui à festa do seu aniversário porque (pois) não me convidaram.

b) *oposição* (ressalva, atenuação ou compensação): Não fui à festa do seu aniversário, mas (em compensação) passei-lhe um telegrama.

c) *conclusão ou consequência*: Não fui à festa do seu aniversário; portanto (por consequência) não posso saber quem estava lá.

Situação idêntica — de falsa coordenação — é a que se verifica no raciocínio dedutivo (ver 4. Com., 1.5.2 e 1.5.2.1), em que as orações de "ora" e "logo", na segunda premissa e na conclusão, são absolutamente dependentes da primeira premissa:

Primeira premissa (maior):   Todo homem é mortal;
Segunda premissa (menor):   ora, Pedro é homem;
Conclusão........................: logo, Pedro é mortal.

1.4.3 Outros casos de falsa coordenação

Esse tipo de justaposição — também dito *coordenação assindética* — é muito comum nas descrições sumárias:

> O céu se derrama em estrelas, a noite é morna, o desejo sobe da terra em ondas de calor.
>
> (Amado, 1944:118)

ou nas narrativas breves:

> O grito da gaivota terceira vez ressoa a seu ouvido; vai direito ao lugar donde partiu; chega à borda de um tanque; seu olhar investiga a escuridão, e nada vê do que busca.
>
> (Alencar, 1948:XII)

No primeiro exemplo, as orações estão separadas por vírgula, inclusive as duas últimas, com o que o autor parece insinuar que não arrolou todos os aspectos do quadro descrito, deixando a série como que aberta, em virtude da omissão de um "e" entre as duas últimas orações. No segundo, as unidades estão separadas por ponto e vírgula, salvo as duas últimas, que vêm ligadas pela conjunção "e", com a qual o autor parece "fechar" a série, como se tivesse enumerado todos os detalhes dignos de menção.

Mas esse aspecto da justaposição[16] não nos interessa neste tópico. Voltemos à falsa coordenação. Em: "O dia estava muito quente e eu fiquei logo exausto", só existe coordenação quanto à forma, não quanto ao sentido, pois, na realidade, a partícula "e" não está aproximando ou concatenando dois fatos independentes: entre "estar muito quente" e "ficar logo exausto" existe uma coesão íntima, uma relação de causa e efeito. A independência é sintática, mas não semântica ou psicológica. O mesmo pensamento poderia ser traduzido pelo processo da subordinação:

> Como o dia estava (ou estivesse) muito quente, eu fiquei logo exausto.
>
> Fiquei logo exausto porque o dia estava muito quente.

---

[16] Há outros tipos de justaposição, inclusive na subordinação, como nos ensina Evanildo Bechara em suas excelentes *Lições de português* (Bechara, 1961). É verdade que alguns casos que o ilustre professor considera como de justaposição (o das substantivas introduzidas por pronomes ou advérbios interrogativos indiretos, por exemplo), parecem-nos discutíveis. É a justaposição a que, modernamente, se dá o nome de *parataxe* (que também designa a coordenação).

Pode-se ainda avivar a relação de causa e efeito na coordenação, empregando-se, como é frequente, uma partícula adequada:

O dia estava muito quente; *por isso* (ou "e por isso") fiquei logo exausto.

No seguinte período também há coordenação aparente entre as duas primeiras orações:

A turma terminou a prova e o professor disse que podíamos sair.

A ideia mais importante, a que constitui o núcleo da comunicação, é "o professor disse que podíamos sair"; coordenada à anterior, que encerra ideia de tempo, portanto, de circunstância, de fato acessório, ela fica no mesmo nível quanto à ênfase. O processo da subordinação permitiria que se sobressaísse:

Quando a turma terminou a prova, o professor disse que podíamos sair.

A ideia de oposição ou contraste tanto pode ser expressa por uma coordenada adversativa (conjunção "mas" ou sua equivalente) quanto por uma subordinada concessiva, dita também "de oposição" (conjunção "embora" ou equivalente). Mas a opção pela subordinada concessiva fará com que a oração de que ela dependa ganhe maior realce (ver 1.5, "Organização do período"). Confrontem-se:

COORDENAÇÃO	SUBORDINAÇÃO
O Brasil é um país de grandes riquezas, mas o padrão de vida do seu povo é um dos mais baixos do mundo.	Embora o Brasil seja um país de grandes riquezas, o padrão de vida do seu povo é um dos mais baixos do mundo.

A ideia mais relevante nas duas versões é o "padrão de vida do seu povo é um dos mais baixos do mundo"; na coordenação, ela praticamente se nivela à anterior; na subordinação, ao que nos parece, sobressai (ver 3. Par., 4.3).

Muitas vezes, uma oração adjetiva aparece camuflada sob a forma de coordenada. Confrontem-se:

Coordenação	Subordinação
O São Francisco é o rio da unidade nacional; ele banha vários estados do Brasil e depois deságua no Atlântico.	O São Francisco, que é o rio da unidade nacional, banha vários estados do Brasil e depois deságua no Atlântico.

Na subordinação há possibilidade de mais duas ou três versões, assumindo forma de oração principal o enunciado digno de maior realce:

a) ênfase em "rio da unidade nacional":

> O São Francisco, *que banha vários estados e deságua no Atlântico*, é o rio da unidade nacional.

b) ênfase em "deságua no Atlântico":

> O São Francisco, *que banha vários estados e é o rio da unidade nacional*, deságua no Atlântico.

c) ênfase em "banha vários estados":

> O São Francisco, *que é o rio da unidade nacional e deságua no Atlântico*, banha vários estados.

A simples coordenação nem sempre permite essa gradação no realce das ideias: em qualquer das três versões sente-se, nitidamente, que o pensamento contido nas orações adjetivas não mereça o mesmo relevo do da principal. (Ver, a propósito, em 1.5.2 e 1.5.3, o que se diz a respeito da escolha e da posição da oração principal.)

1.4.4 Coordenação e ênfase

Na coordenação, por ser ela, como já assinalamos, um paralelismo de funções e valores sintáticos idênticos, costumam ser mais limitados do que na subordinação os recursos estruturais disponíveis para dar a devida ênfase a determinada ideia no conjunto do período. Niveladas as orações no seu valor (ressalvadas as observações feitas em 1.4.2), o realce que se queira atribuir ao teor de qualquer delas passa a depender, quase exclusivamente, da sua posição no período, quando não, evidentemente, de outros meios como a seleção vocabular e o apelo à linguagem figurada. Confrontem-se, à guisa de exemplo, as duas versões seguintes do mesmo pensamento:

Coordenação	Subordinação
Eram três horas da madrugada de domingo; a cidade dormia tranquilizada pela vigilância tremenda do Governo Provisório, e o Largo do Paço foi teatro de uma cena extraordinária, presenciada por poucos (...)	Às três da madrugada de domingo, enquanto a cidade dormia tranquilizada pela vigilância tremenda do Governo Provisório, foi o Largo do Paço teatro de uma cena extraordinária, presenciada por poucos (...)

(Raul Pompéia, apud Barreto e Laet, 1960:145)

No período composto por coordenação, a oração "eram três horas da madrugada de domingo", por ser a inicial e culminante do período, pode parecer que encerra a sua ideia nuclear; no entanto, expressa apenas uma circunstância de tempo, circunstância relevante, sem dúvida (o episódio histórico — embarque de d. Pedro II a caminho do exílio — se tivesse ocorrido às três horas da *tarde*, talvez não se revestisse da mesma dramaticidade aos olhos de Raul Pompéia), mas ideia secundária em relação às demais. A mais importante, aquela da qual dependem as outras do período, está na oração final ("e o Largo do Paço foi..."). Ora, essa *desigualdade de valores semânticos* pode encontrar expressão mais adequada numa estrutura em que se evidencie também uma *desigualdade de valores sintáticos*, traço que distingue a subordinação da coordenação. Na versão à direita, original do autor, a circunstância de tempo assume a forma de simples adjunto adverbial, termo acessório da frase, de modo que o pensamento nuclear, o mais relevante ("o Largo do Paço foi teatro...") ressalta do conjunto, justamente por estar na oração principal.

É evidente que esse preceito — de que na oração principal deve estar, ou convém que esteja, a ideia principal — não se impõe com rigidez absoluta, em virtude da concorrência de outros fatores e em face da existência de outros recursos para dar ênfase a determinada ideia, como veremos em 1.5.1 e em 3. Par., 4.3.

1.4.5 Coordenação, correlação e paralelismo

Se coordenação é, como vimos, um processo de encadeamento de valores sintáticos idênticos, é justo presumir que quaisquer elementos da frase — sejam orações sejam termos dela —, coordenados entre si, devam — em princípio pelo menos — apresentar estrutura gramatical idêntica, pois — como, aliás, ensina a gramática de Chomsky — não se podem coordenar frases que não comportem constituintes do mesmo tipo. Em outras palavras: a ideias similares deve corresponder forma verbal similar. Isso é o que se costuma chamar *paralelismo* ou simetria de construção.

Entretanto, o paralelismo não constitui uma norma rígida; nem sempre é, pode ou deve ser levado à risca, pois a índole e as tradições da língua impõem ou justificam outros padrões. Trata-se, portanto, de uma diretriz, mas diretriz extremamente eficaz, que muitas vezes saneia a frase, evitando construções incorretas, algumas, inadequadas, outras.

Em alguns casos, como no seguinte trecho de Carlos de Laet, a ausência de paralelismo não invalida a construção da frase: "Estamos ameaçados de um livro *terrível e que pode lançar* o desespero nas fileiras literárias". Os dois adjuntos de "livro" — o adjetivo "terrível" e a oração adjetiva "que pode lançar..." — coordenados pela conjunção "e" não têm estrutura gramatical idêntica. Isso não impede que a construção seja vernácula, inatacável, embora talvez fosse preferível tornar os dois adjuntos paralelos:

Estamos ameaçados de um livro { que é terrível / e / (que) pode lançar... }

ou

Estamos ameaçados de um livro { terrível / e / capaz de lançar... }

Também seria cabível omitir a conjunção "e", mantendo-se a oração adjetiva ou substituindo-a por um adjetivo equivalente: "...um livro terrível, que pode lançar..." ou "...um livro terrível, capaz de lançar..."

Qualquer dessas formas é sintaticamente inatacável; todavia, a que observa o paralelismo parece, do ponto de vista estilístico, mais aceitável. O mesmo julgamento se pode fazer, quando se coordenam duas orações subordinadas:

Não saí de casa *por estar chovendo e porque era* ponto facultativo.

Aqui também se aconselha o paralelismo de construção, se bem que a sua falta não torne a frase incorreta. Do ponto de vista estilístico, seria preferível que as duas orações causais ("por estar chovendo" e "porque era ponto facultativo") tivessem estrutura similar: "por estar chovendo e por ser ponto facultativo" ou "porque estava chovendo e (porque) era ponto facultativo".

Caso se adotasse o processo correlativo aditivo ("não só... mas também"), o paralelismo seria ainda mais recomendável:

> Não saí de casa não só *porque* estava chovendo mas também *porque* era ponto facultativo.

ou

> Não saí de casa não só *por estar chovendo* mas também *por ser* ponto facultativo.

No primeiro caso, as duas orações causais são desenvolvidas; no segundo, ambas são reduzidas. Observou-se assim o princípio do paralelismo gramatical estrito.

Aliás, esse par correlato — "não só... mas também" — exige quase sempre paralelismo estrutural das expressões que se seguem a cada um dos elementos que o constituem. O seguinte período é, quanto a isso, imperfeito na sua estrutura:

> Sua atitude foi aplaudida não só *pelo povo* mas também *seus companheiros* de farda lhe hipotecaram inteira solidariedade.

Diga-se, de preferência, adotando-se o paralelismo: "(...) não só *pelo povo* mas também *pelos seus companheiros* de farda, que lhe hipotecaram inteira solidariedade" — estrutura em que os dois elementos do par correlato vêm seguidos por termos de valor sintático idêntico, traduzidos em forma verbal idêntica (ambos iniciados até pela mesma preposição "per").

Às vezes, a falta de paralelismo nas correlações passa despercebida, o que acontece mais frequentemente quando a distância entre os dois membros correlatos é relativamente longa:

> Senti-me deprimido pela angústia, *não tanto* por causa do perigo que corria meu velho amigo, *mas também* devido à relação que meu espírito artificialmente estabelecia entre a sua saúde e meu amor.

Além da ausência de paralelismo ("não tanto *por causa*... mas também *devido à*"), caso, aliás, absolutamente irrelevante, ocorre ainda — isto, sim, é grave — ruptura da própria correlação: "não tanto" exige obrigatoriamente "quanto" e não "mas também". Houve aí o que a gramática chama de cruzamento ou contaminação sintática: de duas formas ou estruturas equivalentes ou similares resultou uma terceira:

    não só... mas também ⎫
                          ⎬ não tanto... mas também
    não tanto... quanto   ⎭

Ocasionalmente, essa terceira forma se fixa também na língua; mas, em geral, a gramática a condena, como no caso em pauta.

Pode-se, por uma questão de ênfase, separar por ponto e vírgula — e até mesmo por ponto período — o conglomerado do "não só" do segundo termo da correlação, como no seguinte exemplo:

> Não só (somente, apenas) os irracionais agem por instinto; também os homens o fazem, e com frequência.

Nesse caso, omite-se a conjunção "mas", como se viu. As outras variantes do segundo termo correlato ("mas ainda", "senão que", "senão ainda") não admitem essa pontuação, mas apenas vírgula.

No seguinte exemplo rompeu-se totalmente o enlace correlato, não porque se usou ponto período entre os dois elementos, mas porque se deu ao segundo uma estrutura sintática não correlata do primeiro:

> A energia nuclear não somente se aplica à produção da bomba atômica ou para fins militares. Sabe-se que pode ser empregada na medicina, comunicações e para outras áreas.

Além de outros defeitos, que discutiremos a seguir, a estrutura do segundo período é inteiramente inadequada ao contexto, por não lembrar de forma alguma o enlace correlato, imposto pelo "não somente". Quanto a isso — e somente a isso —, a seguinte versão é mais aceitável:

> A energia nuclear não somente se aplica à produção da bomba atômica ou para outros fins militares, mas também pode ser empregada na medicina, comunicações e para outras áreas.

Os outros defeitos de construção decorrem igualmente da não observância do paralelismo gramatical (ou sintático). A primeira preposição "para" ("para outros fins militares") deve ser substituída por "a", a mesma do termo idêntico precedente ("à produção da..."), já que exerce na oração a mesma função dele, *i.e.*, objeto do mesmo verbo "se aplica": "...não somente se aplica à produção da bomba atômica ou (a) outros fins militares..." (com a segunda preposição "a" clara ou oculta). Caso idêntico é o do termo final "e para outras áreas", que tem a mesma função dos outros dois elementos da série iniciada por "na medicina". Dizendo-se "pode ser empregada *na* medicina", há de se dizer também "*nas* comunicações e (em) outras áreas", pois o complemento do verbo "empregar" não admite, no texto em pauta, a preposição "para". Assim, portanto, pode-se dizer que foi o princípio geral do paralelismo que norteou a correção.

Também, numa série de complementos ou adjuntos agregados ao mesmo predicado, é sempre aconselhável adotar-se forma gramatical idêntica, quer dizer, paralela ou simétrica. No seguinte exemplo, coordenam-se indevidamente um objeto indireto, constituído por um nome regido de preposição, e uma oração gerundial:

> Nosso destino depende em parte *do determinismo* e em parte *obedecendo* à nossa vontade.

Frase grosseiramente incorreta, por falta de paralelismo. Forma adequada, mais simples e mais fácil: "...depende em parte do determinismo e em parte da nossa vontade".

Locução adverbial e advérbio podem vir coordenados sem paralelismo:

> Vai o autor delineando *ao mesmo tempo* e *gradativamente* o retrato da personagem.

Dois ou mais objetos do mesmo verbo aconselha-se que tenham também estrutura similar; em vez de: "Ele gosta de conversar e principalmente de anedotas", prefira-se: "Ele gosta de conversar e principalmente de ouvir (ou contar) anedotas" ou "Ele gosta de conversa e principalmente de anedotas."

Quando um dos objetos direto ou indireto do mesmo verbo é pronome pessoal átono (o, a, te, lhe, nos, vos) e o outro, substantivo, o paralelismo é parcialmente conseguido com o auxílio da preposição "a", do que decorre com muita frequência uma forma pleonástica:

> Abraço-o a você e aos seus amigos.
>
> Peço-te a ti e aos teus amigos que me procurem (ou procureis).

Se o pleonasmo repugna (sem razão), pode-se omitir qualquer dos termos reiterados, sendo, entretanto, preferível manter a forma regida pela preposição: "abraço a você e aos seus amigos", "abraço-o e aos seus amigos". Todavia, a forma pleonástica parece mais elegante e é a mais usual.

Também se aconselha o paralelismo gramatical, quando se coordenam dois ou mais sujeitos do mesmo verbo. No exemplo

> É necessário chegares a tempo e que tragas ainda a encomenda.

"é necessário" tem como sujeito "chegares a tempo" (oração substantiva reduzida) e "que tragas" (oração com o mesmo valor da precedente, mas desenvolvida, quer dizer, introduzida por conjunção). Como se vê, têm estrutura gramatical diferente, apesar de sua função ser a mesma em relação ao mesmo termo — o predicado "é necessário". A construção paralela parece mais elegante:

É necessário { que chegues a tempo
e
(que) tragas... }

ou

É necessário { chegares a tempo
e
trazeres... }

Convém lembrar que a situação seria a mesma com as conjunções *ou*, *nem*, *mas*: "É necessário que chegues a tempo *ou* que tragas a encomenda", "É necessário que chegues a tempo *mas* que tragas...", "Não é necessário que chegues a tempo *nem* que tragas..."

A falta de paralelismo pode dar à frase uma feição de aparente anacoluto, como no seguinte exemplo:

> Fiquei decepcionado com a nota da prova e quando o professor me disse que eu não sei nada.

A conjunção "e" está indevidamente coordenando um adjunto adverbial ("com a nota da prova") a uma oração subordinada adverbial ("quando o professor me disse..."), isto é, coordenando valores sintáticos idênticos (ambos os termos coordenados têm função adverbial), mas expressos em forma gramatical diversa (um adjunto e uma oração). Em consequência disso, ao se ler a frase, tem-se a impressão de que aquele "e" vai introduzir, depois da oração de "quando", uma outra da mesma natureza de "fiquei", pois se espera normalmente essa coordenação, o que não ocorre.

Outro exemplo de coordenação sem paralelismo gramatical é a que se faz, com frequência, entre um objeto constituído por oração reduzida e outro, por oração desenvolvida:

> O governador negou estar a polícia de sobreaviso e que a visita da oficialidade da PM tivesse qualquer sentido político.

Seria preferível tornar paralelos os dois elementos que constituem o objeto direto de "negou": "...negou *que* a polícia *estivesse*... e *que* a visita da oficialidade *tivesse*..." ou "...negou *estar* a polícia de sobreaviso e *ter* a visita da oficialidade..."

Também falta de paralelismo gramatical se observa no período seguinte, em que se coordenam uma oração que pode ser objeto de um verbo e outra que não o pode:

Peço-lhe que me escreva a fim de informar-me a respeito das atividades do nosso grêmio e se a data das provas já está marcada.

A oração "que me escreva" pode ser objeto direto de "peço-lhe", mas a que a ela se coordena — "se a data das provas já está marcada" — não, pois não se diz "peço-lhe se...", e sim "peço-lhe que..." É verdade que se pode admitir, para justificar ou tentar justificar a construção, que o verbo de que a última oração seria o objeto direto — "diga", por exemplo — está oculto: "...e (me diga) se a data das provas já está marcada." Mas tal interpretação nos parece um "arranjo", que não torna a frase mais aceitável.

As partículas ditas explicativas — "isto é", "ou seja", "quer dizer", "vale dizer" e seus equivalentes — exigem normalmente paralelismo gramatical nos termos por elas ligados. Isso não ocorre no seguinte exemplo:

> A psicologia tende, atualmente, a se constituir como uma ciência independente, isto é, tendo objeto e sentido próprios.

A frase estaria mais "saneada", se o autor tivesse escrito "isto é, com objeto e sentido próprios", pois há maior paralelismo entre "independente" (adjetivo) e "com objeto e sentido próprios" (expressão com valor de adjetivo), do que entre "independente" e "tendo" (gerúndio, empregado discutivelmente no caso em pauta, pelo menos, com função adjetivante, dada a identificação entre os dois termos imposta pelo "isto é"). A hipótese de "tendo" coordenar-se à oração de "tende" é inteiramente descabida.

O mesmo defeito aparece no trecho abaixo:

> Não vinham os colonizadores com espírito pioneiro, isto é, a fim de se estabelecerem no Novo Mundo.

A partícula "isto é", como as suas equivalentes, não pode ou, pelo menos, não deve igualar duas estruturas gramaticais diversas (o adjunto adverbial "com espírito pioneiro" e a oração reduzida final "a fim de se estabelecerem"), embora ambas expressem intenção ou propósito. Seria preferível, sem dúvida: "Não vinham... com espírito pioneiro, isto é, com a intenção (ou fim, propósito) de se estabelecerem..." — dois adjuntos adverbiais, ambos introduzidos pela mesma preposição "com".

Em suma: o que se deduz dessas observações a respeito de coordenação e paralelismo pode ser consubstanciado neste princípio (que Chomsky subscreveria): não se podem coordenar duas ou mais orações, ou termos delas, que não comportem constituintes do mesmo tipo, que não tenham a mesma estrutura interna e a mesma função gramatical (em 1.4.5.2, a seguir, *in fine*, apontamos um caso excepcional — ou de tipo excepcional —, em que dois termos têm a mesma função gramatical — aliás, sintática — e não podem semanticamente, logicamente, ser coordenados).

1.4.5.1 Paralelismo rítmico ou similicadência

Paralelismo é, assim, uma forma de construção simétrica. Ora, simetria é também proporção, é isocronismo. Diz-se que há isocronismo quando segmentos de frase (termos, orações) ou frases íntegras têm extensão igual ou quase igual, quer dizer, mais ou menos o mesmo número de sílabas. Mas, além da duração igual (isocronismo), frases ou segmentos delas podem ter ainda ritmo ou cadência igual. Neste caso, denominam-se *similicadentes*. De qualquer forma, isocronismo e similicadência são aspectos do paralelismo ou simetria.

O princípio do paralelismo tem, como se vê, implicações não apenas gramaticais mas também estilísticas e — como se mostrará mais adiante — igualmente semânticas. A similicadência, por exemplo, constitui recurso estilístico de grande efeito, do qual alguns autores se servem, às vezes, até com certa "afetação"; muitos "caprichavam" no emprego dessas potencialidades rítmicas da frase com o propósito de dar maior realce ao pensamento. Por exemplo: contrastes, confrontos, comparações, antíteses, quando vazados em estrutura verbal isócrona ou similicadente, dão às ideias novo relevo:

>...quando pensava em ti, via-te
>
>delicada *como todas as flores*,   (sete sílabas)
>voluptuosa *como todas as pombas* (sete sílabas)
>luminosa *como todas as estrelas*   (oito sílabas)
>
>(Eça de Queirós, *Prosas bárbaras* apud Cal, 1954:277)

Nesse exemplo de Eça — um dos prosadores que mais se deliciam com a escolha de padrões rítmicos — não só a estrutura verbal das comparações é idêntica; também sua cadência e duração.

Repetições intencionais e antitéticas tornam-se mais enfáticas quando observam o paralelismo rítmico. Os sermões de Vieira abundam em construções desse tipo:

>Se os olhos veem com amor, o corvo é branco; se com ódio, o cisne é negro; se com amor, o demônio é formoso; se com ódio, o anjo é feio; se com amor, o pigmeu é gigante.
>
>(Vieira, "Sermão da quinta quarta-feira", *Sermões e lugares seletos* apud Viana, 1945:214)

Referindo-se a Cupido, diz Vieira que o tempo

> (...) Afrouxa-lhe o arco com que já não atira; embota-lhe as setas, com que já não fere; abre-lhe os olhos, com que vê o que não via; e faz-lhe crescer as asas, com que voa e foge.
>
> (Vieira, "Sermão do mandato", *Sermões e lugares seletos* apud Viana, 1945:243)

Expressivo exemplo de paralelismo rítmico é o seguinte trecho de Bernardes (1964):

> Nenhum doutor as observou com maior escrúpulo, nem as esquadrinhou com maior estudo, nem as entendeu com maior propriedade, nem as proferiu com mais verdade, nem as explicou com maior clareza, nem as recapacitou com mais facilidade, nem as propugnou com maior valentia, nem as pregou e semeou com maior abundância.

Note-se, além do polissíndeto (repetição da conjunção "nem") a similicadência ou paralelismo rítmico das orações, principalmente dos adjuntos adverbiais introduzidos pela preposição "com", que não só têm a mesma estrutura gramatical mas também, todos eles, quase o mesmo número de sílabas.

Essas construções simétricas — isócronas ou similicadentes —, em que muitos autores se esmeram, sobretudo os de estilo barroco, muito contribuem para a expressividade da frase; mas convém não abusar dos seus "encantos" para evitar se torne o estilo artificioso e pedante.

1.4.5.2 Paralelismo semântico

Em certos casos, há paralelismo gramatical, mas não correlação de sentido ou conveniência de situações:

> Fiz duas operações: uma em São Paulo e outra no ouvido.

"Em São Paulo" e "no ouvido", apesar de paralelamente estruturados, não indicam circunstâncias de lugar correlatas quanto ao valor semântico. Só por descuido, ou por gracejo ou humor é que se poderia construir uma frase com essa feição.

A falta de correlação semântica desse tipo constitui uma espécie de ruptura de sistema lógico resultante da associação de elementos ou, melhor, de ideias desconexas (*em São Paulo* e *no ouvido*). A referência geográfica ou topográfica "São Paulo" faz esperar, por associação lógica, que o outro adjunto adverbial de lugar, coordenado (e... *no ouvido*) seja também referente à situação geográfica, e até mesmo de igual extensão semântica: a *cidade* São Paulo corresponderia a outra cidade — Rio, Paris — e não país ou qualquer outro acidente topográfico. Mais chocante, portanto, se torna aquele inesperado "no ouvido". Mas o ser chocante ou inesperado pode, muitas vezes, constituir-se num excelente recurso de ordem enfática.

Não é difícil encontrar tanto na poesia quanto na prosa modernos exemplos de ruptura de paralelismo semântico, sobretudo naqueles autores, como Carlos Drummond de Andrade, de cuja obra transpiram ironia, sátira ou humor:

Cardíaco e melancólico, o
amor ronca na horta entre
pés de laranjeira *entre*
uvas meio verdes e desejos
já maduros.

(Carlos Drummond de Andrade, "O amor bate na aorta",
Fazendeiro do ar..., [Andrade, 1955:91])

Esse tipo de falta de paralelismo semântico na coordenação está entre aqueles casos de *anomalia semântica* estudados por Todorov (1966b:100-103) ou de *impertinência semântica*, a que Jean Cohen dá o nome específico de "inconsequência", isto é, de coordenação de ideias "que não têm aparentemente nenhuma relação lógica entre si", pois "a coordenação exige homogeneidade a um só tempo morfológica e funcional dos termos coordenados" (Cohen, 1966:172).

Ora, a estrofe de Carlos Drummond de Andrade apresenta uma série de anomalias (ou impertinências) semânticas ("o amor ronca", "ronca na horta", "entre pés de laranjeira"...), isto é, uma série de alogismos, perfeitamente admissíveis (e admiráveis) na poesia, sobretudo moderna, e também em certa prosa dos corifeus e seguidores do chamado "realismo mágico", mas que repugnam ao raciocínio frio. Detenhamo-nos, entretanto, no estudo apenas dos dois últimos versos. Um dos corolários do conceito de coordenação é o de que os termos coordenados devem pertencer ao mesmo universo do discurso, ou, com outras palavras: à homogeneidade formal exigida pela gramática deve corresponder uma homogeneidade de sentido exigida pela lógica. No caso em apreço, cumpriu-se apenas a primeira exigência: a partícula *e* está coordenando dois termos com igual função de adjunto adverbial de lugar (onde o "amor ronca na horta"), mas carentes de coerência lógica, de pertinência semântica: no contexto, desprezada a permissividade poética, associam-se uma palavra de sentido concreto ("uvas") e outra de sentido abstrato ("desejos"), inconciliáveis à luz da lógica por sugerirem uma situação ou lugar inconcebível, surrealista.

Casos de ruptura ou ausência de paralelismo semântico (inconsequência, impertinência ou anomalia semântica) dessa ordem marcam também a prosa de alguns "clássicos" como Machado de Assis, por exemplo, que a ele recorre com certa frequência, denunciando ou não intenções de fazer gracejo ou humor. É à conta do seu humor e malícia que se podem atribuir os dois exemplos, já notórios, encontrados em *Memórias póstumas de Brás Cubas* (cap. XV e XVII, respectivamente):

> Gastei trinta dias para ir *do Rocio Grande ao coração de Marcela*.
>
> Marcela amou-me durante *quinze dias e onze contos de réis*.

Caso semelhante aparece também em *D. Casmurro* (cap. I):

> ...encontrei no trem da Central um rapaz aqui do bairro, que eu conheço *de vista e de chapéu*.

Mas, às vezes, a falta de paralelismo semântico configura-se como incongruência de tal ordem, que a frase se revela agramatical (ou, pelo menos, de gramaticalidade discutível). É o caso, por exemplo, de frases do tipo da seguinte: "Fulano é cordial e alfaiate." Não é fácil explicar por que ela é inaceitável. Mas é certo que o "sentimento linguístico" — a "competência" do falante ou ouvinte — rejeita essa coordenação entre "cordial" (adj.) e "alfaiate" (subst.). No entanto, como nomes que são, podem integrar o núcleo do predicativo (é; é surpreendente; mas nós ainda adotamos a Nomenclatura Gramatical Brasileira, aprovada pela Portaria Ministerial nº 36, de 28 de janeiro de 1959). Se, isoladamente, podem ser predicativos ("Fulano é cordial" e "Fulano é alfaiate"), em conjunto, isto é, ligados pela mesma cópula ao mesmo sujeito, não o podem. Por quê? A gramática gerativa transformacional (GGT) diria (ou dirá): a coordenação está bloqueada porque "cordial" e "alfaiate" (*i.e.*, X e Y) não têm a mesma estrutura interna, não são constituintes do mesmo tipo (X = adj., Y = subst.). Explica? Explica satisfatoriamente? E a elipse (essa panaceia retórico-gramatical, que, com frequência, escamoteia dificuldades mas nem sempre resolve todas) de "é também" — "Fulano é cordial e é também alfaiate" — explicaria? Também não, a nosso ver. Trata-se de questão relativa à lógica e à linguística, cuja discussão este tópico não comporta.

1.4.5.3 Implicações didáticas do paralelismo

Temos consciência de que muitos dos casos de falta de paralelismo gramatical comentados em 1.4.5 representam formas de expressão legítimas no que respeita à sua correção. Os mais flagrantes, porém, parecem repugnar tanto à índole da língua e às suas tradições quanto aos princípios da lógica referentes à ordenação e coordenação de ideias. Mas, mesmo que nenhum dos casos examinados seja condenável, o valor didático do princípio do paralelismo se revela, sem dúvida, inestimável. Muitas vezes, ao corrigir ou comentar a redação de um aluno, o professor se vê em dificuldades para fundamentar a censura ou o louvor a certas frases cuja estrutura não pode ser encarada ou discutida no âmbito exclusivo da gramática, digo melhor, da sintaxe ortodoxa. Se não recorrer ao princípio do paralelismo, ver-se-á na contingência de servir-se de subterfúgios ("Há uma elipse aí..." "É uma espécie de anacoluto") ou de juízos peremptórios, dogmáticos, que não explicam nem justificam coisa alguma ("Não se diz porque... não se diz, ora essa! A frase está errada; é absurda, incoerente.") Quanto ao estudante, se o professor lhe mostrar implicações proveitosas decorrentes desse princípio de paralelismo, poderá ele aplicá-lo a casos semelhantes e assim evitar a incidência no mesmo erro ou erros da mesma natureza. Haveria então possibilidade de generalizar, vale dizer, de deduzir dele uma regra ou diretriz bastante eficaz.[17]

1.5.0 Organização do período

1.5.1 Relevância da oração principal: o ponto de vista

Em face do exposto em tópicos precedentes, a respeito da coordenação e da subordinação, pode-se afirmar que, em tese, a oração *principal* encerra quase sempre a ideia *principal*, seja porque constitui o núcleo da comunicação seja porque, simplesmente, desencadeia as demais do período. Muitas vezes, entretanto, a ideia mais importante está ou parece estar numa oração subordinada, especialmente quando substantiva ou adjetiva.

Ora, como a subordinada substantiva exerce a função de sujeito ou de complemento de outra, e a adjetiva, de adjunto adnominal de termo de outra, se essa outra for a oração principal, a ideia mais importante estará no conjunto das duas, e não exclusivamente numa delas.

No seguinte trecho de Carlos Drummond de Andrade:

> Pediram-me que definisse o Arpoador
>
> (Andrade, 1963:129)

há duas orações que se completam mutuamente. Não se pode dizer que a ideia mais importante — a de definir o Arpoador — esteja apenas na subordinada substantiva: está em ambas, pois, na realidade, o que existe aí é, como queria Said Ali, uma oração composta, equivalente a "pediram-me a definição do Arpoador". No entanto, a primeira é que desencadeia a segunda: sem o "pedido" não existiria nem o período nem... a crônica.

Continuando, diz ainda o autor:

> É aquele lugar, dentro da Guanabara e fora do mundo, aonde não vamos quase nunca, e onde desejaríamos (obscuramente) viver.

---

[17] Em 5. Ord., 1.2.1, "Pondo ordem no caos", estudam-se ainda outros aspectos da coordenação e do paralelismo, mas já não do ponto de vista gramatical e sim apenas lógico.

Ninguém dirá que qualquer das duas orações iniciadas por (a)*onde* encerra a ideia mais importante do período, a qual está, realmente, na principal: (O Arpoador) é aquele lugar dentro da Guanabara e fora do mundo...

Mais adiante, diz o cronista:

> Há os namorados, que querem dar a seu namoro moldura atlântica, céu e onda por testemunhas.

Aqui também pode parecer que o mais importante é querer dar ao namoro moldura atlântica. Na verdade, essa oração adjetiva constitui simples adjunto de "os namorados", objeto direto de "há". Corresponde a um adjetivo: há os namorados *desejosos* de dar moldura... Ainda assim, o fato mais importante, o fato que se quer comunicar, que desencadeia os demais, é mesmo a existência de namorados no Arpoador; querer ou não dar moldura atlântica ao namoro é dele consequência.

Se, no caso da oração substantiva, a definição do Arpoador representa a ideia de maior valia, embora esteja numa subordinada, no caso da adjetiva, a existência dos namorados é, de fato, mais importante do que estarem eles desejosos de moldura atlântica para seu namoro. Aqui, portanto, a oração subordinada adjetiva encerra ideia secundária. Exatamente por isso é que está entre vírgulas, como oração explicativa que é, praticamente desnecessária à essência do pensamento contido na principal.

Mas às vezes a oração adjetiva não é nem mais nem menos importante do que a principal:

> Há os que seguem o rito pequeno-burguês de domingo e feriado...

Legitimamente, a oração deveria ser — e assim muitos a consideram — todo o trecho transcrito, como se se dissesse (na verdade assim se pensa, mas se escreve outra coisa): há os seguidores do rito pequeno-burguês...

Neste caso, a situação é diferente: na oração adjetiva anterior, o substantivo "namorados" é suficiente por si mesmo, transmite uma ideia bastante definida, tornando-se "desejosos de dar moldura..." fato acessório; na que estamos agora comentando, o pronome "os" é por demais indefinido, impreciso, para traduzir ou comunicar seja o que for, se não vier devidamente expandido, quer dizer, acompanhado de um adjunto especificador. Por isso, a oração "que seguem o rito...", dita restritiva, é indispensável, encerra uma ideia relevante. Dada, entretanto, a sua função de adjunto, ela pode ser considerada como parte da outra, a principal. De forma que a ideia mais importante não está numa só oração, mas nas duas, como no caso da substantiva.

Coisa muito diversa ocorre quando se trata de orações adverbiais, que encerram ou devem encerrar ideias secundárias em relação à da principal. Quando tal não acontece, é porque o período está indevidamente estruturado ou o ponto de vista do autor não coincide com o do leitor no que se refere à relevância das ideias.

Em certos casos, é verdade, a oração subordinada constitui condição ou circunstância indispensável à eficácia comunicativa da principal. Examinemos o seguinte trecho de Rui Barbosa (Barbosa, 1952):

> Quando as leis cessam de proteger os nossos adversários, virtualmente cessam de proteger-nos.

A oração principal, se isolada num só período, encerraria um enunciado aparentemente descabido: "as leis virtualmente cessam de proteger-nos". Só a condição expressa na subordinada temporal, de valor restritivo, torna aceitável o enunciado contido na principal. Trata-se de uma situação global, de uma estrutura, em que o sentido não está numa das partes, mas no conjunto.

Não obstante, o teste da relevância da oração principal pode estar num dos seus termos apenas. Se invertermos a relação entre as duas orações, transformando a principal em subordinada e vice-versa, com mudança do ponto de vista, alterar-se-á também substancialmente o teor da declaração:

> Quando as leis cessam de proteger-nos, cessam virtualmente de proteger nossos adversários.

Aqui, a ideia posta em foco, por ser considerada a mais importante, deixa de ser "nós" para ser "nossos adversários". É o que se poderia chamar de nova *perspectiva semântica* do texto; o ponto de vista em que o autor se coloca é que vai determinar a escolha da oração principal, inclusive a sua posição no período. Ora, esse ponto de vista decorre do próprio contexto ou situação e da conclusão a que se queira chegar.

No seguinte período de Rebelo da Silva:

> Quando o nobre mancebo passou a galope por baixo do camarote, diante do qual pouco antes fizera ajoelhar o cavalo, a mão alva e breve de uma dama deixou cair uma rosa, e o conde, curvando-se com donaire sobre os arções, apanhou a flor do chão sem afrouxar a carreira, levou-a aos lábios e meteu-a no peito.
>
> (Silva, 1960)

as ideias mais importantes, as que realmente condensam o teor da comunicação, estão nas quatro orações independentes (deixou cair..., apanhou..., levou-a..., meteu-a...), constituindo as demais, isto é, as subordinadas, fatos secundários, se bem que não desprezíveis. Mas, ao contrário do que ocorre no trecho de Rui Barbosa, a eliminação dessas subordinadas não subverteria, em sua essência, o pensamento do autor.

Se, entretanto, se fizesse uma troca de funções, transformando em subordinadas as quatro orações coordenadas independentes, o sentido do trecho assumiria outra configuração, como resultado da mudança do ponto de vista. Apresentemos, à guisa de ilustração, uma das versões possíveis, fazendo as adaptações necessárias:

> Quando a mão alva e breve de uma dama deixou cair uma rosa, que o conde, curvando-se com donaire sobre os arções, apanhou sem afrouxar a carreira, levando-a aos lábios e metendo-a no peito, ele (conde) passava por baixo do camarote, diante do qual pouco antes fizera ajoelhar o cavalo.

A narrativa é conhecida (aparece em quase todas as antologias): trata-se de a "Última corrida de touros em Salvaterra", em que o marquês de Marialva assiste à morte do filho, o conde dos Arcos. O período citado precede de pouco aquele em que o jovem conde cai ferido de morte pelo touro. Mas o nobre fidalgo estava apaixonado, e foi a mulher amada que deixou cair a rosa. A breve cena idílica tem assim importância especial, muito mais do que a simples passagem "por baixo do camarote".

Entretanto, com a nova estrutura do período, o fato que se focaliza mais de perto, aquele para o qual se quer chamar a atenção, é a passagem do conde por baixo do camarote. O que era, na versão original, fator secundário, apenas uma circunstância de tempo a que se juntava a indicação do local da cena, ficou, por assim dizer, em primeiro plano, em *close-up*, como se fosse o incidente mais importante. Mas o ponto de vista que permitiu essa nova perspectiva da cena seria o mais adequado? Passar a galope por baixo do camarote ou no meio do picadeiro deve ser coisa normal numa tourada; no entanto, a queda de uma rosa que o toureiro apanha, leva aos lábios e mete no peito não deve ser incidente corriqueiro nesse esporte ibérico. Dar-lhe ênfase é que seria normal. Ora, na versão original, a ênfase não decorre senão da condição de orações independentes, que não seria descabido dizer principais, se bem que em desacordo com a ortodoxia da nossa nomenclatura gramatical mais renitente. Nesse período — como em outros similares — há realmente quatro orações principais em relação às subordinadas restantes. E nessas orações *principais* é que estão as ideias *principais*.

Em conclusão, repetimos: na oração principal deve estar a ideia predominante do período, segundo a intenção do autor, segundo o ponto de vista em que ele, e não o leitor, se coloca.

1.5.2 Da coordenação para a subordinação: escolha da oração principal

Em face do que ficou dito no tópico precedente, pode-se concluir que a escolha da oração principal não é ato gratuito, e que o ponto de vista e a situação devem servir de diretrizes para essa escolha.

Vejamos agora, de maneira prática, como uma série de enunciados simples, coordenados e relacionados pelo sentido, pode articular-se para formar um período complexo sob a égide de um deles, que será a oração principal.

Consideremos esta série de enunciados:

Vieira chegou ao Brasil em 1615.[18]
Ele não contava ainda oito anos de idade.
Ele teve de acompanhar a família.
Após a chegada, matriculou-se logo no colégio dos jesuítas.

A simples coordenação não permite estabelecer a verdadeira relação entre os diferentes fatos enunciados nem realçar o mais relevante, segundo o ponto de vista. Só com a subordinação isso é possível.

Primeira hipótese — Ideia mais importante: a chegada de Vieira

Admitamos que o fato considerado mais importante seja a chegada de Vieira, escolha natural, evidentemente. A versão do período poderia ser a seguinte:

a) Vieira, que não contava ainda oito anos de idade, *chegou em 1615 ao Brasil*, para onde teve de acompanhar a família, matriculando-se logo no colégio dos jesuítas.

Da oração principal — "Vieira... chegou em 1615 ao Brasil" — dependem as demais. O fato de não contar ainda oito anos de idade relaciona-se ao sujeito — Vieira —, de que é atributo; reveste por isso a forma de oração adjetiva (função de adjunto adnominal), separada por vírgula em virtude de ser um atributo não indispensável à identificação de Vieira, que, como nome próprio, já está suficientemente definido, é inconfundível, a não ser que se trate de outro indivíduo com o mesmo nome, ou que se queira assinalar características diferentes da mesma pessoa: *o Vieira que chegou ao Brasil em 1615 não fazia prever o Vieira que desafiaria a própria Inquisição.*

A terceira oração — "para onde teve de acompanhar a família" —, também adjetiva, tem sentido locativo, que lhe vem da locução "para onde". A simples coordenação entre "chegou ao Brasil" e "teve de acompanhar a família" seria desaconselhável por se tratar de ideias de valor diferente, já que a segunda é uma decorrência da primeira. Coordená-las seria anular essa relação de dependência.

A quarta oração — "matriculando-se logo no colégio dos jesuítas" —, reduzida de gerúndio, constitui também o enunciado de um fato secundário em relação à chegada de Vieira ao Brasil. Se, aqui também, nos servíssemos da coordenação — *Vieira chegou ao Brasil e matriculou-se logo no colégio dos jesuítas* — estaria atenuada

---

[18] Para essa fragmentação em períodos simples, servimo-nos do trecho de João Francisco Lisboa, que está na *Antologia nacional* (Barreto e Laet, 1960), onde se diz que Vieira chegou ao Brasil em 1615, e não em 1614, como acreditam muitos.

a ideia de subsequência que relaciona os dois fatos. Mas por que se adotou a forma reduzida? Ora, como o sentido dessa oração é temporal, a articulação por meio de conectivos exigiria uma conjunção que indicasse tempo posterior (depois que, logo que). Mas, nesse caso, subordinada passaria a ser a ideia que deveria estar na oração principal: "*depois que chegou ao Brasil*, Vieira matriculou-se no colégio dos jesuítas" —, o que equivaleria a alterar o propósito inicial de atribuir maior relevância à ideia de chegar ao Brasil. O conectivo "quando", também temporal, não permitiria melhor articulação, pois nele não está contida a ideia de subsequência, mas de concomitância. Além disso, ocorreria um distanciamento entre duas orações intimamente relacionadas, ocasionado pela intercalação da temporal "quando", a qual só poderia ficar após o adjunto adverbial de tempo "em 1615". O resultado seria um período canhestro, em que as ideias não se sucederiam naturalmente, com interpolações prejudiciais à clareza e à fluência da frase. O período tomaria a seguinte feição, descabida:

> b) Vieira, que não contava ainda oito anos de idade, chegou ao Brasil, em 1615, quando se matriculou no colégio dos jesuítas, para onde teve de acompanhar a família.

Ora, o antecedente natural de "para onde" é Brasil, sendo a aproximação entre ambos a melhor maneira de evitar ambiguidade ou contra-senso. Pospondo "para onde" a "colégio dos jesuítas", também referente a lugar, estabelecer-se-ia uma nova relação, não prevista: o colégio seria o lugar para onde Vieira teve de acompanhar a família.

Outra construção poderia ser igualmente tentada, usando-se um conectivo conglomerado "depois do que". Mas ainda assim a relação de dependência seria inadequada:

> c) Vieira, que não contava ainda oito anos de idade, chegou em 1615 ao Brasil, para onde teve de acompanhar a família, *depois do que* se matriculou no colégio dos jesuítas.

O antecedente natural da oração de "depois do que" não é "acompanhar a família" e sim "chegou ao Brasil", razão por que conviria aproximar tanto quanto possível os dois enunciados; mas aproximá-los seria desencadear outra dissociação, já que nos veríamos forçados a pospor a "colégio dos jesuítas" a oração adjetiva de "para onde". O resultado seria igualmente inaceitável, como está na versão *b*.

Segunda hipótese — Ideia mais importante: a idade de Vieira

Suponhamos agora que o mais relevante desse conjunto de enunciados seja não a chegada de Vieira mas a sua idade. Nesse caso, presume-se, o desenvolvimento das ideias subsequentes ao trecho, pelo menos no mesmo parágrafo ou no imediato, teria de continuar ressaltando a imagem do Vieira menino, das peripécias naturais nessa idade ou de fatos daí decorrentes. Assim, o período assumiria a seguinte versão:

> d) Vieira, que chegou em 1615 ao Brasil, para onde teve de acompanhar a família, *não contava ainda oito anos de idade*, matriculando-se logo no colégio dos jesuítas.

O que era atributo do nome Vieira passou à condição de ideia predominante, configurada como está na oração principal, ao passo que a chegada ao Brasil desceu a segundo plano ao assumir a feição de oração adjetiva. Dada a participação de Vieira na vida política e cultural do Brasil, a sua chegada aqui pode parecer fato mais importante num período em que se inicie a narrativa dessa fase de sua biografia. Tudo depende, entretanto, do ponto de vista do autor. No caso presente, o que se pretende é focalizar de perto o Vieira menino. De forma que "chegar ao Brasil" deixa de ser um atributo dele, para indicar apenas uma circunstância episódica: *chegar ao Brasil* é muito menos característica de Vieira do que *ter oito anos de idade*. Por isso, seria melhor negar-lhe a feição de atributo, *i.e.*, de adjunto adnominal sob a forma de oração adjetiva, para frisar-lhe o sentido de circunstância sob a forma de uma oração adverbial, preferivelmente reduzida:

> e) Vieira, ao chegar em 1615 ao Brasil (ou "chegando", "quando chegou"), para onde teve de acompanhar a família, *não contava ainda oito anos de idade*, matriculando-se (apesar disso) logo depois no colégio dos jesuítas.

Se, entretanto, se deseja dar um pouco mais de ênfase à ideia de chegar ao Brasil, deve-se iniciar o período com a oração que lhe corresponda: *Ao chegar ao Brasil..., Vieira não contava...*, pois é sabido que, de modo geral, as posições mais enfáticas num período são quase sempre os seus extremos: no meio ficam as ideias que não parecem merecer o necessário realce. Segundo esse critério, a melhor versão seria:

> f) *Ao chegar em 1615 ao Brasil*, para onde teve de acompanhar a família, matriculando-se logo depois no colégio dos jesuítas, *Vieira não contava ainda oito anos de idade*.

Terceira hipótese — Ideia mais importante: matricular-se no colégio dos jesuítas

Nas versões seguintes, o que se considera como ideia predominante é a de se ter Vieira matriculado no colégio dos jesuítas:

> g) *Vieira*, que não contava ainda oito anos de idade quando chegou em 1615 ao Brasil, para onde teve de acompanhar a família, *matriculou-se logo no colégio dos jesuítas*.

ou

    g') Não contando ainda oito anos de idade (ou "apesar de não contar"), quando chegou em 1615 ao Brasil, para onde teve de acompanhar a família, *Vieira matriculou-se logo no colégio dos jesuítas.*

ou

    g") *Vieira matriculou-se no colégio dos jesuítas*, apesar de não contar ("embora não contasse") ainda oito anos de idade, quando chegou em 1615 ao Brasil, para onde teve de acompanhar a família.[19]

Seria possível tentar ainda outras estruturas, invertendo-se apenas a ordem das orações; mas as melhores seriam sempre aquelas em que as duas ideias postas em relevo (a da oração principal e a outra que lhe ficasse em segundo plano) ocupassem as extremidades do período, caso em que g e g' seriam as preferíveis.

Quarta hipótese — Ideia mais importante: acompanhar a família

Se o autor pretendesse apresentar, em períodos subsequentes, as razões de ordem doméstica pelas quais Vieira chegou ao Brasil, poderia adotar a seguinte estrutura:

    h) *Vieira*, que não contava oito anos de idade, *teve de acompanhar a família para o Brasil*, aonde chegou em 1615, matriculando-se logo depois no colégio dos jesuítas.

ou esta, em que a idade de Vieira deixa de ser atributo, sob a forma de oração adjetiva, para expressar uma oposição à ideia de acompanhar a família, sob a forma de subordinada concessiva:

    h') *Não contando* (embora não contasse, apesar de não contar) *ainda oito anos de idade*, Vieira teve de acompanhar a família para o Brasil em 1615, matriculando-se logo depois no colégio dos jesuítas.

Aqui, "ter menos de oito anos" constitui uma condição que *se opõe* à ideia de ter de vir para o Brasil, de fazer uma viagem tão *longa*, nessa idade tão *curta*.

Mas, ao se admitir que exatamente por ter menos de oito anos é que Vieira teve de acompanhar a família, da qual certamente não se poderia separar, a ideia de oposição deve ser substituída pela de causa ou de explicação:

---

[19] Em g" omite-se o advérbio "logo", porque a referência à chegada ao Brasil vem posposta.

h") *Como não contava* (ou não contasse) *ainda oito anos de idade*, Vieira teve de acompanhar a família para o Brasil...

ou

Vieira teve de acompanhar... porque não contava ainda... (ou... "*pois*[20] não contava ainda...")

Como se vê, a organização sintática de um período complexo não é tarefa gratuita. A articulação das orações (ou enunciados) exige faculdades de análise, de discriminação, de raciocínio lógico, enfim. O autor deve ter presente ao espírito a concorrência de fatores e elementos diversos (termos, agrupamentos de termos, orações, ordem de uns e outras, grau de relevância das ideias segundo o ponto de vista, etc.). Deve procurar dar a cada um desses elementos e fatores, assim como ao seu conjunto, uma estrutura e disposição que estejam de acordo não apenas com as normas sintáticas mas também com a hierarquia entre eles, combinando-os de maneira que expressem o pensamento com a necessária clareza, objetividade, precisão e relevo.

1.5.3 Posição da oração principal: período "tenso" e período "frouxo"

Se a escolha da oração principal parece não ser, como vimos, tarefa gratuita, sua posição dentro do período tampouco deve resultar apenas do puro acaso, a menos que as ideias se encadeiem a esmo, niveladas no seu valor. Sabemos como na língua falada a situação *impõe* a ordem dos termos e das orações. Na língua escrita, mesmo no estilo narrativo, em que a sucessão dos fatos serve como diretriz para o escalonamento das orações, mesmo aí se devem levar em conta certos princípios de ordem geral. *Não se trata, evidentemente, de regras inflexíveis, mas de normas ou tendências inspiradas pela lógica do raciocínio e pelo propósito de dar à frase o máximo de expressividade.*

Uma dessas normas — a que já nos referimos de passagem — recomenda que se coloque, sempre que possível, nas extremidades do período, os termos ou orações a que se queira dar maior relevo. Confrontem-se as duas versões do mesmo trecho dadas a seguir; na primeira, a mais enfática, a oração principal vem no fim; na segunda, precede as subordinadas:

---

[20] A propósito do emprego de "pois", de preferência a "porque", ver 1.6.3.3, em 1. Fr.

Embora seja reconhecido o que aqui se classifica de extraordinária coragem e firmeza do Governo (...), a experiência passada dos fracassados programas anti-inflacionários e a falta de continuidade no combate à inflação pesam como fatores negativos.

(*O Globo*, 8 mar. 1963)

A experiência passada dos fracassados programas anti-inflacionários e a falta de continuidade no combate à inflação pesam como fatores negativos, embora seja reconhecido o que aqui se classifica de extraordinária coragem e firmeza do Governo (...)

Na segunda versão, ao chegarmos a "fatores negativos", já teremos apreendido o núcleo significativo do período, a sua ideia mais importante, expressa, como está, na oração principal; de forma que o que se segue, a começar de "embora...", se bem que contenha ideias menos importantes, se encontra em posição de maior destaque. O que acontece então é o seguinte: como o essencial já foi dito, o secundário torna-se, apesar da posição, quase desprezível, sendo bem provável que o leitor "passe por cima". No entanto, essa parte encerra ideias indispensáveis ao verdadeiro sentido da primeira: a experiência passada e a falta de continuidade pesam *de qualquer forma, apesar* da coragem e da firmeza do governo. Não há atenuantes; a ideia de "pesar" não está sujeita a condições. Entre as duas partes existe uma ideia de oposição, capaz de ser expressa também, de maneira mais atenuada, por uma oração adversativa. Por isso é que, anteposta à principal, como na primeira versão, a oração de "embora..." seria de leitura forçada, seria — digamos assim — o "caminho obrigatório" para se chegar ao fato primordial, que ganharia, pela posição no período, o destaque à sua relevância.

É esse um processo de correlação, "uma construção sintática de duas partes relacionadas entre si, de tal sorte que a enunciação de uma, dita *prótase*, prepara a enunciação da outra, dita *apódose*".[21] A primeira é *condicionante*, a segunda, *condicionada*.

A condicionante típica é, como o nome diz, a representada pela subordinada condicional: *se chover*, não sairei. Mas, como o processo implica uma correlação em sentido mais lato, o termo condicionante aplica-se também a outras subordinadas adverbiais, ou aos adjuntos correspondentes. Até mesmo na coordenação há correlação, como a que se obtém com os pares conectivos *não só* (não somente, não apenas)... *mas também* (também, senão que, como também): *não só planejou a obra mas também a executou com perícia*.

Também com os termos da oração se pode praticar esse tipo de correlação, pospondo-se, por exemplo, a um adjunto adverbial o agrupamento formado pelo sujeito e o predicado. É o que ocorre com frequência nas construções paralelísticas,

---

[21] Cf. Câmara Jr. (1956b), verbetes "condicional" e "correlação".

típicas da maioria dos provérbios: "De hora em hora (prótase ou condicionante), Deus melhora" (apódose ou condicionada), "De noite (prótase), todos os gatos são pardos" (apódose). A ênfase, mesmo nesse tipo de frases curtas — ou principalmente nelas —, decorre do "suspense" que as caracteriza: enunciada a primeira parte, o leitor ou ouvinte fica em expectativa até o desfecho, quando só então se completa o pensamento. Desse processo é que resulta, em grande parte, sem dúvida, a eficácia expressiva dos provérbios. Experimente-se inverter a ordem das suas partes: *Deus melhora de hora em hora, todos os gatos são pardos de noite*. Não é só a mudança do ritmo da frase que lhe retira o, por assim dizer, encantamento; é principalmente a ausência daquele resquício de expectativa que a desfigura e empalidece.

O período em que há prótase e apódose — como na primeira versão do trecho transcrito de *O Globo* e nos provérbios de modo geral — é *coeso* ou *tenso*. É o verdadeiro período no sentido clássico: *ambitus verborum*, circuito de palavras encadeadas de tal forma, que o sentido só se completa no fim, quando "se fecha" o circuito.

A outra versão, sem prótase, constitui, pelo contraste com o anterior, o período *frouxo* ou *lasso*, em que o pensamento se completa antes do fim, sem circuito.

Como nas peças dramáticas, o período *tenso* deve apresentar fases sucessivas: a *prótase* (início ou introdução), a *epítese* (conflito) e *catástrofe* (no drama) ou *apódose* (desfecho, desenlace). Mas, é evidente, isso nem sempre ocorre, pelo menos com essa rigidez. Característica da maioria dos clássicos, o período tenso sobreviveu ao romantismo e outras correntes, chegando até nós com feição atenuada. Entre os clássicos, alguns se servem predominantemente desse tipo de estrutura: um Vieira mais do que um Bernardes; em Frei Luís de Sousa com mais frequência do que em Rodrigues Lobo; é comum em A. F. de Castilho e Herculano; usual em Camilo, mas não tanto em Rebelo da Silva. Perto de nós, Rui, Euclides e Coelho Neto o praticam mais do que outros contemporâneos seus.

A prótase e a apódose aparecem com mais frequência no estilo oratório assim como na argumentação de um modo geral. Não caracterizam, senão excepcionalmente, como já assinalamos, o estilo narrativo e o descritivo, a menos que se considere como prótase a simples anteposição de adjuntos adverbiais à oração principal. Isto, sim, é comum.

Numa pesquisa rápida, e por isso provisória e inconclusiva, que fizemos em quatro sermões de Vieira e em vários discursos de Rui, verificamos que, na maioria dos casos, quando há prótase, ela é constituída por orações adverbiais temporais (de *quando*), condicionais (de *se*), concessivas (de *embora*), e reduzidas de gerúndio, com predominância, ao que nos parece, das primeiras e das últimas. Fora disso, talvez se possa dizer que em Rui — não em Vieira — a estrutura protática aparece em cerca de 50% dos casos. Nos demais, a ordem é: oração principal seguida por subordinadas, *i.e.*, P + S. Nos clássicos quinhentistas e seiscentistas, a fórmula predominante é S + P, subordinadas(s) antes da principal. Mas, repetimos, trata-se de conclusões provisórias que traduzem apenas impressão resultante de análise superficial da questão. O assunto, entretanto, está a exigir dos mais capazes e pacientes um levantamento sistemático.

Rui Barbosa reduz com frequência a obscuridade de um período em que aparece uma série de termos condicionantes ou protáticos, servindo-se de um travessão, com que marca o início da apódose:

> Por entre as trevas que velam a face da nossa Bahia, a mãe forte de tantos heróis, a antiga metrópole do espírito brasileiro, com pés assentados na história do seu passado luminoso e a cabeça a cintilar dos astros ainda não apagados na noite das suas tristezas, como aquela imagem dos livros santos, calçada de lua e coroada de estrelas — as associações abolicionistas representam a plêiade do futuro...
>
> (Vianna Filho, 1953:68)

Na realidade, a prótase, nesse trecho, é constituída apenas pelo adjunto adverbial *"por entre as trevas"* com a oração adjetiva que a ela se segue. Esse condicionamento, entretanto, se alonga através de uma cadeia de outros adjuntos e apostos, até o desfecho da apódose na oração principal precedida pelo travessão.

Não raro se marca o início da apódose com partículas tais como *então, então é que, assim, é então que, é aí que* e outras:

> Quando eles [os eleitos do mundo das ideias] atravessam essa passagem do invisível, que os conduz à região da verdade sem mescla, *então é que* começamos a sentir o começo do seu reino, dos mortos sobre os vivos.
>
> (Id., ibid.)

Uma espécie de prótase atenuada — esta, sim, comuníssima também no português moderno — consiste em antepor-lhe um dos termos (quase sempre sujeito) da oração principal, isto é, da apódose. Trata-se de um recurso de... *suspense*, que torna ainda mais tensa a relação entre as duas partes do discurso:

> O *esforço da vida humana*, desde o vagido do berço até o movimento do enfermo, no leito de agonia, buscando uma posição mais cômoda para morrer, é a *seleção do agradável*.
>
> (Pompéia, [s.d.], cap. VI)

> O *homem*, por desejo de nutrição e de amor, *produziu a evolução histórica da humanidade*.
>
> (Id., ibid.)

> *Franco*, no domingo da véspera, aproveitando a largura da vigilância no dia vago, *fora vadiar no jardim*.
>
> (Id., ibid.)

Note-se a posição inicial do sujeito, e a final do predicado da oração principal. Se a distância entre esses dois termos não ultrapassa os limites razoáveis da resistência da atenção, o resultado é um período *tenso*, cuja expressividade advém ainda do fato de se encontrarem nos extremos as ideias mais relevantes. Por isso, os exemplos de Raul Pompéia são modelares, dignos de imitar: o autor manteve a necessária tensão no período sem que disso resultasse uma frase reptante ou confusa.

1.6.0 Como indicar as circunstâncias e outras relações entre as ideias

1.6.1 A análise sintática e a indicação das circunstâncias

A experiência nos ensina que os defeitos mais comuns revelados pelas redações de colegiais resultam, na maioria das vezes, de uma estruturação inadequada da frase por incapacidade de estabelecerem as legítimas relações entre as ideias. Quando se restringem a períodos coordenados, as falhas são menos graves, mas a coordenação, como vimos, nem sempre é o processo sintático que mais convém adotar. Mesmo nas situações simples, temos de recorrer com frequência ao processo da subordinação. Ora, é exatamente aí que os principiantes atropelam as palavras e desfiguram as mútuas relações que elas entre si devem manter.

A análise sintática, praticada como um meio e não como um fim, ajuda o estudante a melhorar sensivelmente a organização da sua frase. Mas, como aproveitá-la sem que os exercícios se tornem, além de inúteis, enfadonhos e áridos, por rotineiros? Supomos que tal seja possível, principalmente no que respeita à subordinação, partindo-se da *ideia que se quer expressar para a forma que se procura*, isto é, *da noção ou impressão para a expressão*, e não em sentido inverso, que é o caminho percorrido pela análise sintática segundo o método costumeiro.

Portanto, em vez de "mandar" o estudante descobrir e classificar, num período, termos e orações que expressem circunstâncias e relações, deveríamos rumar em sentido contrário: das ideias que ele tem em mente para os termos e orações capazes de traduzi-las. Por exemplo: em lugar de pedir ao aluno que classifique uma oração causal apontada num texto, seria mais rendoso sugerir-lhe que traduzisse a ideia de causa em estruturas sintáticas equivalentes, que não precisariam ser obrigatoriamente apenas orações subordinadas. Mas, para isso, torna-se indispensável, antes de mais nada, definir ou conceituar claramente o que é *causa*, o que é *motivo*, o que é *explicação*, depois dar o vocabulário (inclusive o de sentido figurado ou metafórico) e os padrões com que indicar a mesma circunstância. Em seguida, por associação natural de ideias, surgirá oportunidade de mostrar a relação entre causa e consequência, e os moldes frasais adequados à sua expressão. De "consequência", ainda por associação, se pode partir para ideias de fim e conclusão, dado o parentesco entre elas, como procuramos mostrar em 1.6.2 a 1.6.4.

O método é, assim, como que *irradiante* nas suas implicações: de um centro de interesse (causa, por exemplo) se passa a outro, concêntrico ou aparentado (de causa para consequência, de consequência para fim, de fim para conclusão). Esse critério justificaria, por exemplo, que se incluíssem num capítulo sobre expressão das circunstâncias informações que, de outro modo, lhe seriam estranhas, como é o caso de breves noções sobre raciocínio dedutivo (silogismo e alguns sofismas), naquilo em que se relacionassem com a ideia de causa e consequência (no caso do silogismo, premissas e conclusão). Pela mesma razão, não será estranhável que, nos tópicos sobre as circunstâncias de tempo, se trate do sentido de algumas formas verbais em que a categoria de aspecto está muito viva. Por igual motivo ainda, não deverá o leitor surpreender-se por encontrar na parte destinada à comparação referências aos principais tropos, usualmente estudados em lugar muito diverso nas gramáticas.

Através desse processo de exposição, o estudante não sente que esteja fazendo análise sintática (e, de fato, não está), mas se vai servindo dela, suavemente, sem nomenclatura complicada, para assimilar as principais formas de expressão capazes de traduzir a mesma ideia que tenha em mente. A variedade dos padrões oferecidos se fixa assim mais fácil e mais prontamente, mesmo que o aluno ignore estar empregando uma *oração subordinada adverbial conjuncional ou desenvolvida causal* para dizer coisa tão simples como "os operários fizeram greve *porque desejavam aumento de salário*", ou que se está servindo de uma oração *subordinada adverbial reduzida de infinito final*, quando enuncia quase o mesmo pensamento ao declarar que "os operários fizeram greve *para conseguir aumento de salário*".

1.6.2 Circunstâncias

Chama-se *circunstância* (do lat. *circum*, em redor; *stare*, estar, o que está em redor ou em torno) a condição particular que acompanha um fato, o acidente que o atenua ou agrava. Em retórica, entende-se por circunstância a própria ação (o quê? lat. *quid*?), a pessoa (quem? lat. *quis*?), o lugar (onde? lat. *ubi*?), o tempo (quando? lat. *quando*?), a causa (por quê? lat. *cur*?), o modo (como? lat. *quomodo*?) e os meios (com quê? lat. *quibus auxiliis*?). (Ver 3. Par., 3.2.1.)[22]

No âmbito da análise sintática, a *pessoa* e a *ação*, que deixam de ser circunstâncias, correspondem, respectivamente, ao *sujeito* (ou ao *objeto*) e ao *verbo* (ou nú-

---
[22] Cf. Suberville ([s.d.]:68-70).

cleo do predicado). Mas incluem-se outras circunstâncias, preexistentes a ela, análise, como as de fim ou consequência, oposição, condição, etc. Todas, salvo a *pessoa* e a *ação*, assumem uma forma gramatical a que se dá o nome de *adjuntos adverbiais* ou de *orações adverbiais* (causais, finais, temporais, concessivas ou de oposição, etc.).

Quando se diz que "aprender a escrever é aprender a pensar", pressupõe-se, evidentemente, que o aprendiz adquira também certos padrões de estruturas frasais de que a língua possa dispor para expressar de várias maneiras a mesma ideia claramente concebida e suas relações com outras.

São esses padrões de estruturas frasais, ou pelo menos alguns deles, que nos propomos examinar com o leitor nos tópicos que se seguem (1.6.3 a 1.6.8.10), onde procuraremos apresentar a matéria do modo prático e objetivo, seguindo o mesmo critério adotado ao longo destas páginas: amostragem de exemplos e comentários marginais. Esse método explica e, até certo ponto, desculpa a feição esquemática de alguns itens, que valem mais como exercícios ou modelos de exercícios capazes de levar o estudante a descobrir por si mesmo outros moldes de expressão.

1.6.3 Causa

1.6.3.1 Área semântica[23]

Um grupo de palavras faz parte da mesma área semântica, quando elas, num determinado contexto, são equivalentes pelo sentido ou têm em comum um traço semântico que as aproxime. Assim, ideias ditas *analógicas* ou *afins* (ver 2. Voc., 5.1), verbos e nomes de coisas ou seres que se filiem por similaridade (base da metáfora), contiguidade ou causalidade (bases da metonímia e da sinédoque) e ideias específicas subordinadas a uma de ordem geral, constituem áreas semânticas. Por exemplo: *causa* e *mãe*, empregadas no seu sentido próprio, não se equivalem, mas, num determinado contexto ou situação, podem ter o mesmo significado, pois possuem um elemento comum: a ideia de *origem*, de fato ou condição determinante, como se vê na frase "a ociosidade é a *mãe* de todos os vícios". Quanto a esse aspecto, portanto, ambas as palavras podem fazer parte da mesma área semântica, o que não quer dizer que sejam sinônimas, caso em que pertenceriam à mesma família ideológica (ver 2. Voc., 3.2). Assim também, as palavras que denotam as diferentes sensações podem ser agrupadas em áreas correspondentes aos cinco sentidos: área da visão, da audi-

---

[23] Preferimos a expressão "área semântica" a "campo semântico", em virtude de outras implicações no sentido desta última, segundo nos ensina o estudo de Apresjan (1966:44 e segs.). Com o sentido que atribuímos a "área semântica", servem-se alguns autores das expressões "campos nocionais" ou "campos associativos".

ção, etc. (ver exercícios 220 a 247), na parte final desta obra. A ideia geral de *ver*, por exemplo, compreende uma série numerosa de ideias específicas, *i.e.*, de diferentes modos de *ver* (entrever, relancear, avistar, perceber, presenciar, etc.), que constituem a sua área semântica. Termos específicos de uma ciência ou técnica (nomenclatura médica, farmacêutica, botânica, metalúrgica...), de uma arte ou ofício (nomenclatura das artes plásticas, nomenclatura de carpintaria, de alvenaria...) incluem-se nas áreas semânticas respectivas.

1.6.3.2 Vocabulário da área semântica de causa

Podemos expressar as circunstâncias de causa de vários modos. O processo mais comum é o de nos servirmos de adjuntos ou orações adverbiais. Mas há outros, como, por exemplo, estruturas de frase que encerram relação causal ("O trabalho é a fonte de toda a riqueza") ou palavras que significam causa, origem ou motivo, como:

a) *substantivos*: motivo, razão, explicação, pretexto, mola, desculpa, móvel, fonte, mãe, raízes, berço, base, fundamento, alicerces, germe, embrião, semente, gênese, o porquê, etc.;
b) *verbos*: causar, gerar, originar, produzir, engendrar, parir, acarretar, provocar, motivar, etc.;
c) *conjunções*: porque, pois, por isso que, já que, visto que, uma vez que, porquanto, etc.;
d) *preposições e locuções*: a, de, desde, por, per; por causa de, em vista de, em virtude de, devido a, em consequência de, por motivo de, por razões de, à míngua de, por falta de, etc.

1.6.3.3 Modalidades das circunstâncias de causa

Pode-se expressar a causa por meio de um adjunto adverbial introduzido por preposição:

Muitos homens morrem *de fome por causa do egoísmo* de alguns.
Os sitiados renderam-se *por falta de munição*.
Muitos recém-nascidos morrem *à míngua de tratamento* médico adequado.

Às vezes, a causa, o modo e o meio ou instrumento se confundem em estruturas frasais sujeitas a múltiplas interpretações: morto a pauladas, feito à mão, escrito à máquina, barco (movido) à vela (ou a vela, "a" sem crase). A ambiguidade de função desaparece quando o agente da passiva vem claro: morto a pauladas *pelo dasafeto*, escrito à (ou "a" sem crase) máquina *pelo próprio autor*.

No português moderno, não se expressa o agente quando o verbo está na voz passiva dita pronominal, *i.e.*, com o pronome "se". Mas, no português quinhentista, tal construção era usual: "(mar) que dos feios focas se navega" (*Lus.*, I, 52), "terra toda, que se habita / dessa gente sem lei" (Id., X, 92); vale dizer: "é navegado pelos feios focas", "é habitada por essa gente sem lei". Entretanto, às vezes, um adjunto encabeçado por *com* pode ser considerado como agente dessa passiva:

As comemorações se iniciam *com um desfile* de escolas de samba.

Orações reduzidas de gerúndio têm frequentemente valor causal:

Sabendo que você só chegaria depois das 10 horas, não vi necessidade de apressar-me.

Também se poderia considerar "sabendo" como expressão de tempo: *quando soube que...*

O mesmo acontece com as reduzidas de particípio passado, que tanto podem indicar a causa como o tempo:

Apanhado em flagrante, o "puxador" de carro não teve outro remédio senão confessar (apanhado: quando foi ou porque foi apanhado).

Reduzidas de infinitivo introduzidas pela preposição "por" constituem formas comuns de indicar a causa:

O jornalista acabou sendo preso, *por se negar a prestar depoimento.*

Anteposto à oração principal, o adjunto adverbial de causa ganha maior relevo. Confronte-se com o exemplo precedente:

Por se negar a prestar depoimento, o jornalista acabou sendo preso.

Quando a indicação da causa, anteposta à oração principal, assume a forma de uma oração introduzida por conjunção, é preferível usar "como" em vez de "porque":

Mas, *como os policiais não traziam mandado de prisão* assinado por juiz competente, o jornalista resistiu à intimação.

Note-se que o verbo das causais de "como" pode vir no indicativo ("como não traziam") ou no subjuntivo ("como não tivessem trazido", "como não trouxessem"), o que é mais comum na língua culta.

Outra maneira de dar ênfase à causa consiste na adjunção de um advérbio que frise ou realce essa circunstância:

> Resistiu *principalmente* porque não se considerava culpado de crime algum. E foi *precisamente* por isso que ele acabou sendo espancado.

Quando posposta a uma oração condicional, a ideia de causa pode ser expressa com o auxílio das partículas "é que" ou "foi porque", matizadas de certa intensidade enfática:

> Se não recebi cartas suas, *é que* você não escreveu, e, se você não escreveu, *foi porque* não quis.

O chamado aposto circunstancial não raro traduz a ideia de causa:

> *Cioso de suas obrigações*, nada mais lhe cabia fazer senão recusar o pedido. ("Cioso", isto é, "por ser cioso", "porque era cioso", "como era cioso").

Mas convém não confundir esse aposto com a simples anteposição do predicativo:

> Arquiteto do Mosteiro de Santa Maria, já o não sou, *i.e.*, Já não sou arquiteto do Mosteiro de Santa Maria.

A justaposição e a simples coordenação também às vezes encerram uma relação causal, como já mostramos em 1.4.2 com os exemplos:

> Não fui à festa do seu aniversário: não me convidaram.
>
> O dia estava muito quente e eu fiquei logo exausto.

Duas circunstâncias de causa concorrentes para o mesmo efeito são mais adequadamente expressas em processo correlativo:

> Resistiu à ordem de prisão *não só porque* se considerava absolutamente inocente, *mas também porque* não lhe exibiram o mandado assinado pelo juiz.

Há outros torneios ainda para indicar:

a) *exclusão de uma causa*: Foi preso *não* por ser culpado, *mas* por se negar a prestar depoimento;
b) *gradação entre causas*: Foi preso não tanto por ser culpado, *quanto* por se negar a prestar depoimento (ou: menos por ser culpado do que por se negar... ou mais por se negar a depor do que por ser culpado);
c) *causa* (motivo, explicação) *notória*: Foi preso, *pois* se negou a prestar depoimento (o "pois" indica que a causa — ou motivo — é conhecida, que ninguém deve ignorá-la).

No último caso (letra *c*), há resíduo de um raciocínio silogístico. É sabido (ou deve sê-lo) que todos os que se negam a prestar depoimento estão, de acordo com a lei, sujeitos a prisão. Essa é a causa notória, que, por isso, deve ser de preferência expressa por meio da partícula "pois". Com o "pois" (explicativo-causal) quase sempre se indica que determinado fato ou ato provoca normalmente outro, numa relação habitual e sabida. No verão, às seis horas da manhã, o Sol já está "de fora". Isso é um fato normal e conhecido de todos. Se alguém não dispõe de relógio, olha para o céu e diz: "Já deve passar das seis horas, *pois* o Sol já está de fora". O "pois" aí não expressa a causa, evidentemente, mas a explicação da afirmativa que se faz. Fulano e Sicrano são muito amigos; sempre que se encontram, cumprimentam-se e se detêm para uma troca de palavras. Isso é um fato habitual. Se, em determinado dia, Fulano passa por Sicrano e nem sequer o cumprimenta, a única *explicação* possível é a de que ou Fulano não viu Sicrano ou está zangado com ele. Diz então Sicrano: "Ou Fulano não me viu ou está zangado comigo, *pois* nem sequer me cumprimentou." "Pois" introduz a explicação ou motivo natural, notório, que se sobrepõe a qualquer outro, inesperado ou desconhecido. Há nessa partícula um sentido misto de explicação e conclusão ao mesmo tempo: "Sempre que Fulano passa por mim, me cumprimenta. Ora, hoje não me cumprimentou. Logo, só *posso concluir* que ou não me viu, ou está zangado comigo." Há, portanto, no emprego de "pois" um resíduo de raciocínio silogístico (ver 4. Com., 1.5.2 a 1.5.2.4).

1.6.4 Consequência, fim, conclusão

Se o fato determinante de outro é a sua causa, esse outro é a sua consequência. A consequência desejada ou preconcebida é o *fim* (propósito, objetivo). Comparem-se os dois períodos seguintes:

Causa: Os motoristas fizeram greve *porque desejavam aumento de salário*.
Fim: Os motoristas fizeram greve *para conseguir aumento de salário*.

No segundo período, está claro que os motoristas fizeram greve com o *propósito*, com a *intenção* de conseguir aumento de salário: a consequência da greve era, assim, *desejada* ou *preconcebida*; trata-se, portanto, de *circunstância de fim*.

A consequência não preconcebida é geralmente expressa numa oração *consecutiva*, encabeçada pela conjunção "que" e posposta a outra, sua principal, onde se encontram quase sempre as partículas de intensidade *tal, tão, tanto*:

> São *tantos* a pedir e *tão poucos* a dar, *que* em nada nos surpreende sejam a fome e a miséria os males do nosso tempo.

A intensidade (*tantos, tão*) com que se indica a numerosidade dos que pedem e a escassez dos que dão desencadeia a consequência: "em nada nos surpreende sejam a fome e a miséria os males do nosso tempo". Assim também, se no exemplo anterior o fato enunciado na oração principal ("os motoristas fizeram greve") viesse intensificado por algumas dessas partículas, a oração seguinte expressaria a sua consequência:

> Os motoristas fizeram *tanta(s) greve(s)*, que conseguiram aumento de salário.
> Os motoristas fizeram a greve de *tal maneira*, que...

Muito frequentemente, essa ideia de resultado obtido à custa de esforço continuado vem intensificada ainda pelo verbo auxiliar aspectual "acabar" ou "acabar por":

> Os motoristas fizeram *tanta(s) greve(s)*, que *acabaram* conseguindo aumento de salário.

Em sentido inverso, "partindo-se" da consequência, "chega-se" à causa:

> A miséria e a fome são os males do nosso tempo, *porque são muitos a pedir e poucos a dar...*
> Os motoristas conseguiram aumento de salário, *porque fizeram greve*.

Quando o sentido da oração principal está completo, podem-se usar apenas as expressões *de modo que, de maneira que, de sorte que, de forma que*, destituídas do intensivo *tal*:

> Não estive presente à reunião, *de modo que* não sei do que se tratou.

"Não estive presente à reunião" tem sentido completo. Nesse caso, a pausa entre as duas orações é às vezes tão acentuada, que se torna possível marcá-la por ponto e vírgula ou ponto, "valendo assim a expressão conjuntiva por um advérbio de oração para avivar ao ouvinte o pensamento anterior, com o sentido aproximado de *por conseguinte, consequentemente, daí*:

As alegrias da vida quase sempre são rápidas e fugidias, ainda que disto não tomemos conhecimento. *De modo que* elas devem ser aproveitadas inteligentemente.

(Bechara, 1961:165)

"De modo que" equivale a "por conseguinte" ou "por isso", entrecruzando-se assim as ideias de consequência e conclusão, como se entrecruzam também as de consequência e fim, segundo se pode ver pelos dois exemplos seguintes, dados ainda por Evanildo Bechara, na obra citada:

Chegou cedo ao serviço, *de maneira que pudesse ser* elogiado pelo patrão.

Correu *de sorte que os inimigos não o pudessem alcançar*.

Quando, nessas construções, se tem viva a ideia de finalidade, de permeio com a de consequência, o modo do verbo é o subjuntivo: *pudesse, pudessem*.

Nos seguintes versos de "A mosca azul", de Machado de Assis, é possível mostrar essa equivalência:

Dissecou-a a tal ponto e com tal arte, que ela,
    Rota, baça, nojenta, vil,
Sucumbiu; e com isto esvaiu-se-lhe aquela
    Visão fantástica e sutil.

O poema é dos mais conhecidos: um *poleá* ("homem de casta inferior na Índia, ao qual se opõe o *naire*, que é o nobre"), deslumbrado com a beleza da mosca azul, põe-se a dissecá-la para "saber a causa do mistério". Ora, sua intenção não era matar o inseto, mas descobrir a causa do mistério de tanta beleza, satisfazer a curiosidade. Se não houve intenção de matar, de fazer sucumbir, esta ideia não poderia ser expressa como circunstância de fim, mas de consequência:

Dissecou-a a tal ponto e com tal arte, que ela
....
Sucumbiu...

Mas, se se quisesse fazer sentir que o propósito do poleá era matar a mosca azul, a estrutura sintática deveria ser a de um adjunto ou oração adverbial de fim:

Dissecou-a *para que* ela sucumbisse...

Dissecou-a *para fazê-la* sucumbir...

ou, na construção ainda condenada por alguns gramáticos:

Dissecou-a *de modo a* fazê-la sucumbir...

Note-se que, com a locução *de modo a*, é preferível que o sujeito das duas orações seja o mesmo; seria desaconselhável dizer: *dissecou-a de modo a ela sucumbir*.

Com a locução "de modo que", ou qualquer das suas equivalentes, e o verbo "sucumbir" no subjuntivo, sobressairia a ideia de fim:

Dissecou-a de modo que ela *sucumbisse*.

Também "ao ponto de" ou "a ponto de" tem valor consecutivo. Parece ser a forma preferível, quando se encadeiam duas ou mais consequências, para evitar a repetição da mesma estrutura "tão... que" ou "tanto... que". Comentando o verso de Gonçalves Dias — "Que também são recíprocos os agravos" —, diz Cassiano Ricardo:

> A acentuação da sílaba tônica na palavra proparoxítona "recíprocos", é, aí, *tão forte que* esmaece e desvaloriza as duas átonas, *ao ponto de* poderem ser pronunciadas, estas, brevissimamente, numa só sílaba rítmica.
>
> (Ricardo, 1964:77)

As três consequências sucessivas são: ("a acentuação... é tão forte) *que esmaece e desvaloriza* as duas átonas" e "*ao ponto de poderem ser pronunciadas*". Para evitar aquela repetição ("é tão forte que esmaece e desvaloriza... e esmaece e desvaloriza tanto que as duas átonas podem ser pronunciadas numa só sílaba"), o autor preferiu "ao ponto de". No entanto, a repetição poderia ser usada como recurso enfático bastante eficaz. É uma forma muito frequente, apesar da censura de alguns gramáticos[24] que a preferem no sentido de "prestes a" ou "quase a" ("a casa está a ponto de cair"). Mas, no seguinte trecho de Rui Barbosa (apud Freire [1939-1945], verbete *ao ponto de*), o sentido é claramente consecutivo: "...exagerando os direitos dos governados, ao ponto de suprimir o dos governantes". Subentende-se prontamente: *exagerando os direitos a tal ponto que* ou *de tal modo que*...[25]

---

[24] Hoje, felizmente, muito raros. Leia-se o testemunho insuspeito de Oiticica (1952:49): "Do mesmo modo que escritores francelhos foram dizendo *de modo a, de maneira, de molde a, de forma a*, etc., também passaram a dizer *ao ponto de*. Castilho ainda usava *a ponto que*; mas *ao ponto de* venceu em toda linha, como vão vencendo *de modo a* e seus análogos, dado o absoluto desamparo oficial à língua padrão."

[25] Outras formas de indicar consequência sem partícula intensiva são as do tipo "trabalharam *de não se poderem ter em pé*", "gritavam *de ensurdecer*", "correu *de cair*", "dancei *de enjoar*" (exemplos colhidos na obra de Oiticica, supracitada).

Outra ideia de consequência, limítrofe da de causa e de conclusão, está na última oração dos quatro versos citados:

> Dissecou-a a tal ponto (...) que ela
> Sucumbiu; e com isto esvaiu-se-lhe aquela
> ....
> Visão fantástica e sutil.

"Com isto", quer dizer, "em consequência disso", "por isso", "por causa disso", cruzamento semântico que se pode deslindar nas seguintes possíveis versões:

a) *consequência*: (de modo que) esvaiu-se-lhe aquela visão...
b) *conclusão*: (portanto) esvaiu-se-lhe aquela visão...
c) *causa*: (razão por que) esvaiu-se-lhe aquela visão...

Como se vê, as orações causais, finais, consecutivas e conclusivas podem constituir torneios sintáticos da mesma relação de ideias, mais ou menos equivalentes quanto ao sentido: a escolha de um ou de outro depende da ênfase que se queira dar a qualquer delas.

A locução "tanto (assim) que" pode iniciar um período para indicar a consequência de fatos expressos no anterior:

> Não adiantava fingir naturalidade, de maneira a ser confundido com os demais acompanhantes: o jeito, o olhar, e sobretudo a colocação especial no grupo da frente o denunciavam. *Tanto assim que* das calçadas e janelas a direção dos dedos, os olhares, as exclamações eram só para ele, o renegado, o filho da Liberata.
>
> (Machado, 1965:92)

Subentenda-se:

> Tanto (*tudo isso era*) assim (*verdade*), que das calçadas e janelas a direção dos dedos...

ou

> ...denunciavam-no *tanto, que* das calçadas e janelas a direção dos dedos...

ou ainda:

> *Era por isso que* das calçadas e janelas a direção dos dedos...

Essa construção semelha-se, quanto ao critério da pontuação e quanto ao sentido, a "de modo que", como se fosse também um advérbio de oração; a única diferença é que nela se sente mais viva, mais intensa, a relação de causa e consequência entre as ideias expressas nos dois períodos.

Observe-se ainda, a propósito, que o autor emprega a forma "de maneira a ser confundido com os demais acompanhantes", oração reduzida de infinitivo equivalente a uma final: "para ser confundido..."

Caso idêntico a esse, em que uma oração, a todos os títulos subordinada, se isola da sua principal, ocorre também com a introduzida por "porque", quando expressa causa ou explicação de uma série de fatos enunciados em período(s) ou parágrafo(s) anterior(es):

> Os gênios estão, para a mocidade, para lá do bem e do mal. O critério de valor, não apenas intelectual, mas político e moral é a inteligência, e, muitas vezes, a simples inteligência verbal.
>
> *Porque* a palavra exerce sobre a mocidade um prestígio decisivo. É pela palavra, principalmente nos primeiros anos da mocidade, que se confundem com os últimos da adolescência, que os moços se rendem.
>
> (Lima, 1958:65)

Abrindo com essa conjunção "porque" um novo parágrafo, quis o autor ressaltar as ideias de causa, explicação ou motivo do que acabara de declarar nas 30 linhas precedentes (o parágrafo seguinte, página 66, inicia-se também com outro "porque").

1.6.4.1 Vocabulário da área semântica de consequência, fim e conclusão

Como acabamos de ver, os torneios sintáticos apropriados à expressão das circunstâncias de consequência e fim são relativamente numerosos. Mas, é óbvio, existe ainda o processo normal de traduzir essas ideias com vocabulário próprio, com palavras que, em sentido denotativo (*i.e.*, não metafórico) ou conotativo (metafórico), exprimam:

I – *Fim, propósito, intenção*

a) *substantivos*: projeto, plano, objetivo, finalidade, desígnio, desejo, desiderato, alvo, meta, intuito, pretensão, aspiração, anseio, ideal, escopo, (por) cálculo, fito, intento;

b) *verbos*: desejar, almejar, aspirar, alimentar esperanças, ansiar, intencionar, planejar, projetar, pretender, estar resolvido a, decidido a, ter em mente, ter em vista, ter em mira;

c) *partículas e locuções*: com o propósito de, com a intenção de, com o fito de, com o intuito de, de propósito, propositadamente, intencionalmente — além das preposições *para, a fim de*, e as conjunções finais.

II – *Consequência, resultado, conclusão*

a) *substantivos*: efeito, produto, sequência, corolário, decorrência, fruto, filho, obra, criação, reflexo, desfecho, desenlace;

b) *verbos*: decorrer, derivar, provir, vir de, manar, promanar, resultar, seguir-se a, ser resultado de, ter origem em, ter fonte em;

c) *partículas e locuções*: pois, por isso, por consequência, portanto, por conseguinte, consequentemente, logo, então, por causa disso, em virtude disso, devido a isso, em vista disso, visto isso, à conta disso, como resultado, em conclusão, em suma, em resumo, enfim.

Como *causa* e *consequência* (fim, efeito, resultado, conclusão) constituem, por assim dizer, os extremos de uma cadeia semântica em mútua relação, é natural que muitos nomes, verbos e partículas circulem nas duas áreas. Quanto aos adjetivos dessa área, basta lembrar que são, em grande parte, derivados dos substantivos (*desejoso, intencional, ansioso*) ou dos verbos (*aspirante, pretendente, decorrente, resultante*) arrolados nos itens I e II, supra.

1.6.4.2 Causa, consequência e raciocínio dedutivo

A enunciação de causa, consequência, fim e conclusão implica raciocínio dedutivo. Mas, por questões de ordem didática, o assunto vem desenvolvido em capítulo à parte (4. Com., 1.5.2), onde o estudante encontrará as noções de lógica indispensáveis à disciplina do raciocínio, traduzidas em linguagem acessível, de maneira eminentemente prática.

1.6.5 Tempo e aspecto

A gramática nos ensina que há três tempos fundamentais — o presente, o passado ou pretérito e o futuro — e vários derivados ou secundários.

O presente é aquele momento fugidio que separa o passado do futuro. Teoricamente, não tem duração; mas, na realidade, pode ser concebido como um lapso de tempo mais ou menos longo, se bem que indivisível, e nisto se distingue do passado e do futuro, que admitem fases ou épocas, mais próximas ou mais remotas do momento em que se fala. Há um passado anterior a outro, e, portanto, mais distante do presente, que se traduz no pretérito mais-que-perfeito: quando você chegou, ele já *havia saído* (sair é anterior a *chegar*). Há um futuro do passado: se você tivesse telefonado, ele não *teria saído* (*sair* é posterior ao momento em que se deveria ter telefonado; portanto, futuro do pretérito ou do passado). Há também um futuro anterior a outro: quando você chegar, *ele já terá saído* (*sair* é anterior a *chegar*: é futuro anterior, usualmente dito *futuro composto*, nomenclatura com que não se traduz bem o seu verdadeiro sentido).

São noções consabidas, que não pretendemos desenvolver aqui, pois o objetivo destes tópicos é, sobretudo, estudar as categorias de *tempo* e *aspecto*, num plano que escapa ao âmbito das gramáticas de ensino fundamental. As observações que mais adiante fazemos sobre as diferentes acepções de alguns tempos não pretendem esgotar o assunto, mas apenas chamar a atenção do estudante para certas sutilezas da mesma forma verbal.

1.6.5.1 Aspecto

Além da categoria de *tempo*, existe também a de *aspecto*; são coisas diferentes, embora se inter-relacionem e até mesmo se confundam muitas vezes numa só forma verbal, como é o caso do pretérito imperfeito do indicativo, que indica *tempo passado*, mas *aspecto durativo*.

Aspecto é a representação mental que o sujeito falante faz do processo verbal como duração, como *durée*: "*On appelle du nom d'aspect la catégorie de la durée*" (Vendryes, 1921:117). É a modalidade da ação, a sua maneira de ser, que não se deve confundir com o modo verbal propriamente dito (indicativo, imperativo, etc.). As gramáticas de nível médio raramente se referem a *aspecto*, e, se o fazem, é de passagem, na parte dedicada às locuções ou perífrases verbais. Mas o assunto merece tratamento mais adequado. Por isso, num capítulo em que se pretende fornecer ao estudante alguns padrões para a expressão das circunstâncias de tempo, não será descabido reservar-lhe alguns itens.

Se a categoria do tempo encontra formas ou flexões próprias em todas as línguas, o mesmo não acontece com a de aspecto, que parece exercer papel subsidiário: raras são as que dispõem de flexões próprias para essa função. No entanto, a maneira de ser do processo verbal é tão importante quanto o próprio tempo. Há, por exemplo, uma grande diferença entre estas duas formas que indicam ação praticada no presente: eu *trabalho* e eu *trabalhando*. Na segunda, a ideia de *duração* é muito mais viva do que na primeira. O pretérito imperfeito, por exemplo, que expressa fato passado, encerra também a ideia de duração, de contemporaneidade ou simultaneidade com outro: enquanto eu *trabalhava*, você se *divertia* (ver 1.6.5.3, II). O próprio pretérito perfeito composto, apesar de indicar fato consumado, concluso, revela muito claramente a ideia de continuidade da ação, desde certo tempo até o momento da comunicação: *tenho trabalhado* muito este ano, *i.e.*, "trabalhei continuamente durante este ano, até agora". Isso é *aspecto*.

1.6.5.2 Perífrases verbais denotadoras de aspecto

Aquelas línguas que, como o português, não dispõem, no quadro da sua conjugação verbal, de formas exclusivas para indicar o *aspecto*, ou as têm em número insignificante, servem-se de construções subsidiárias, como as chamadas perífrases ou locuções verbais, quando não de certos utensílios gramaticais adequados a esse mister. Em português há uma grande variedade delas, as mais comuns das quais denotam:

I – *Duração* (progressão, decurso, frequência) — Quase todas as gramáticas se referem às formas perifrásticas chamadas *frequentativas* ou *progressivas*, constituídas pelo verbo auxiliar *estar* (ou outros que acidentalmente exerçam essa função — *andar, viver, continuar, ficar* —, ditos, então, auxiliares *modais*, ou, preferivelmente, *aspectuais*), seguido por um gerúndio ou por um infinitivo regido pela preposição "a", construção esta mais comum em Portugal: *estou trabalhando* (ou *a trabalhar*), ele *anda falando* mal de você, ela *vive reclamando*, nós *continuamos esperando*. Trata-se do aspecto *durativo*, que frisa a continuidade ou duração do processo, da ação, a qual pode intensificar-se cada vez mais (aspecto *progressivo*) ou desenvolver-se simplesmente (*cursivo*). O imperfeito e o gerúndio são as formas típicas do aspecto durativo.

II – *Iteração* (repetição) — É um aspecto variante do de duração, traduzido mais comumente numa locução verbal em que entram os auxiliares *tornar a, voltar a*, e seus equivalentes: *tornou a* dizer, *voltou a* tocar no assunto. O prefixo *re* muitas vezes acrescenta ao sentido do radical a ideia de repetição: *re*fazer, *re*ler, *re*transmitir.

III – *Incoação* — A ideia de ação iniciada, mas ainda não concluída, é, de regra, expressa numa perífrase formada pelo auxiliar *começar a* (ou seu equivalente), seguido de infinitivo: eles *começaram a* discutir. É o aspecto *incoativo* ou *inceptivo*. O sufixo — *ecer* ou *escer* — tem sentido incoativo: amanh*ecer*, envelh*ecer*, amadur*ecer*, conval*escer*, recrud*escer*. *Envelhecer,* por exemplo, é *começar a ficar velho.*

IV – *Cessação ou termo de ação recente* — Para se dizer que uma ação terminou, usam-se, geralmente, como auxiliares aspectuais *acabar de, cessar de, deixar de, parar de*: só *acabou de* escrever a carta na manhã seguinte; o coração *cessou de* pulsar; ele *deixou de* (ou *parou de*) beber. É em *acabar de* que se insinua claramente a ideia de "terminação recente": ele *acaba de* chegar (*i.e.*, chegou há pouco, é recém-chegado).

Esse é o aspecto *cessativo* ou *concluso*, segundo Brügmann (1905:522), ou *efectivo, perfectivo* ou *transicional*, segundo Gray (1939:207).[26]

---

[26] Ver também Câmara Jr. (1959:167-176; 1956, passim).

V – *Causação* — Para expressar a ideia de que uma ação é causa de outra, emprega-se o verbo *fazer* seguido de um infinitivo ou de uma oração substantiva, regida ou não pela preposição *com*: ele *fez* (com) que eu me arrependesse, você *está fazendo* o menino chorar. É conhecido o exemplo de Camões (*Lus.*, VIII, 98): "Este [o dinheiro] a mais nobres *faz fazer* vilezas." Também o verbo *mandar* pode exercer essa função causativa: *mande* entrar o pretendente, *mande* a turma sair. Esse é o aspecto *causativo* ou *factivo*, que se relaciona ou se confunde com o de obrigação: *obriguei-o* a sair, *forcei-o* a entrar. (Ver item seguinte.)

VI – *Obrigação, compromisso, necessidade* — O dever, a promessa, o compromisso de praticar determinada ação podem ser expressos em perífrases em que entram os auxiliares *ter de, dever, precisar de, necessitar de* (obrigação, necessidade) e *haver de* (mais adequado à ideia de compromisso). Frases como "eu tenho de sair", "eu preciso de sair" denotam imposição externa (aspecto obrigatório); mas em "*hei de* conseguir o que desejo" subjaz a noção de compromisso comigo mesmo, uma espécie de obrigação de ordem moral. É assim que está nas letras promissórias (*i.e.*, "que prometem"): "*Hei de pagar...* etc."[27]

VII – *Volição* — O auxiliar típico para expressar desejo, vontade ou intenção de praticar determinada ação é *querer*: muitos *querem* saber, mas poucos *querem* estudar. Mas seus equivalentes são muito comuns: não *desejo* prejudicar ninguém, *pretendo* ser útil, ele se *propôs* (a) concluir o trabalho dentro do prazo estipulado. Esse é o aspecto *desiderativo*, *volitivo* ou *intencional*.

VIII – *Permissão* — Os auxiliares mais comuns para denotar o aspecto permissivo são *deixar, permitir* e *autorizar*: "Não nos deixeis cair em tentação", "Deixai vir a mim as criancinhas", "Não permita Deus que eu morra/sem que eu volte para lá".

IX – *Possibilidade e capacidade* — Normalmente reveste a forma de uma perífrase de que participam os verbos *poder* e *saber*: nem todos *sabem* o que querem, e poucos *podem fazer* o que desejam. É o aspecto a que Gray, na obra citada, dá o nome de *potencial*.

X – *Conação* — Exprime o esforço, a tentativa, o impulso ou o movimento para realizar determinada ação. O auxiliar mais empregado para isso é *tentar*: "O velho *tentou responder*." Mas *ir* e *vir* também denotam, às vezes, ideia similar: *vamos* ver o que é possível fazer, *venha* procurar-me amanhã, *vou*-me preparar. Trata-se do aspecto *conativo*,[28] que, em certos casos, confina com o volitivo

---

[27] Convém notar que a classificação de Gray é mais minuciosa do que a de Brügmann, e que a opinião de um nem sempre coincide com a do outro. Meillet (1921:183-190) também discute o assunto.
[28] Jakobson (1974:219) emprega "conativo" (na expressão "função conativa") no sentido de "suplicatório ou exortativo".

ou desiderativo: em "vou estudar" tanto se pode perceber a intenção quanto o esforço ou tentativa. Outros verbos que sugerem conação: *tratar de, procurar, ousar, atrever-se a, esforçar-se por: trate de* estudar, *procure* cumprir o dever, *atreveu-se a* responder-me, *esforcei-me por* satisfazê-lo.

XI – *Iminência* — Pode-se expressar a ideia de ação próxima ou iminente com o auxílio dos verbos *ir* e *estar para* seguidos de infinitivo: ele *vai* (ou *está para*) casar. Com *ir*, o infinitivo vem, às vezes, regido pela preposição *a*: "Ia a entrar na sala, quando ouvi proferir o meu nome (...)" (Machado de Assis, em *Dom Casmurro*, cap. III). A perífrase de *ir* e um gerúndio pode expressar iminência (o carro *ia atropelando* o menino) ou progressão (ele *vai indo* bem; *vai vencendo* graças ao seu esforço).

XII – *Resultado ou termo de uma ação* — Pode-se expressar o resultado de uma ação ou o seu termo, usando-se geralmente como auxiliares aspectuais *acabar por, chegar a, chegar ao ponto de, vir a* seguidos de infinitivo (ou, no caso de *acabar*, também gerúndio): "No ardor da discussão, *acabaram por* (*chegaram a, chegaram ao ponto de*) se agredir (ou *acabaram se agredindo*). Mas eu só *vim a* saber disso ontem." Nessas perífrases aspectuais, quase sempre se infiltra a ideia de consequência (aliás, *resultado* é *consequência*) de algo expresso ou apenas mentado: "A discussão foi tão ardorosa, que eles *acabaram por* (*chegaram a* ou *ao ponto de*) se agredir. Mas depois *acabaram se desculpando*."

São essas as principais perífrases que em português denotam alguns aspectos verbais. É claro que há outras estruturas, verbais ou não; Gray (1939:203-208), arrola ainda: o *aparencial* (*apparitional*), que em português se traduz com o auxílio de verbos ou locuções como *parecer, dar a impressão de, lembrar, sugerir, semelhar*; o *benefectivo* (algo feito em benefício de outrem), dito também *acomodativo*; o *comitativo* (ação praticada em associação com outrem); o *distributivo* ou *mútuo*; o *inferente* ou *putativo*, etc.

1.6.5.3 Tonalidades aspectuais nos tempos simples e compostos

Muitos tempos, simples ou compostos, aparecem às vezes claramente ou levemente matizados de aspecto. Em alguns casos, a ideia de tempo, característica de determinada forma verbal, está, por assim dizer, subvertida, por exemplo, o presente histórico (presente em lugar do pretérito) ou o presente para indicar futuro próximo. Nem sempre é muito fácil saber se se trata realmente de aspecto ou de diferentes acepções da mesma forma temporal. Os itens que se seguem podem assim referir-se a aspecto ou a tempo, o que não importa muito distinguir, agora, pois sua finalidade é mostrar ao estudante as diferentes acepções de algumas (e não de todas) formas verbais.[29] Omite-se, por ser consabida, a significação normal, dando-se apenas as excepcionais.

I – O *presente do indicativo* pode indicar:

a) *habitualidade* ou *frequência*: *chove* muito no verão. É o presente chamado *universal* ou *acronístico*, com que se expressam fatos habituais, perenes, notórios, doutrina firmada, conceitos filosóficos ou morais, em tom sentencioso ou proverbial: o homem *é* mortal, quem casa *quer* casa, o Sol *nasce* para todos, a Terra *é* um planeta;

b) *ação próxima* e, em certos casos, *decidida*: amanhã não *há* aula; será que ele *vem*?;

c) *promessa*, *advertência* ou *ameaça* (em lugar do futuro): se *continuam* a importunar-me *perco* a paciência (*i.e.*, se *continuarem... perderei...*);

d) *maior realce para fatos passados*. É o chamado *presente histórico*, em que um fato passado é descrito ou narrado como se estivesse ocorrendo no momento em que se fala. Exemplo clássico é o de Camões (*Lus.*, V, 37), no episódio do gigante Adamastor: os seis primeiros versos da estrofe inicial dessa narrativa têm os verbos no pretérito, mas os dos dois últimos vêm no presente: "Porém já cinco sóis eram passados, / que dali nos partíramos (...) / quando uma noite, (...) uma nuvem, que os ares *escurece*, / sobre nossas cabeças *aparece* (*i.e.,* que *escureceu* ou *escurecia... apareceu*);

e) *citação*: *diz* Vieira que, "se os olhos veem com amor, o corvo é branco". Usa-se assim o *presente de citação* quando se quer reproduzir, textualmente ou não, opinião alheia que tem ou pode ter validade permanente. Às vezes, se emprega também o imperfeito: "Dizia Vieira que...";

f) ação condicional hipotética no passado (em lugar do pretérito mais-que-perfeito do subjuntivo): se *chego* cinco minutos antes, pegava-o em flagrante (= se tivesse chegado...)

II – O *pretérito imperfeito do indicativo* pode expressar:

a) *simultaneidade, concomitância* ou *duração no passado*, *i.e.*, ação (fato, estado, fenômeno) que se realizou ou ocorreu no passado, concomitantemente com outra (ou outro): "Quando cheguei, ainda *dormias*." É a acepção mais comum do pretérito imperfeito, dito, então, *durativo* ou *cursivo*;

b) *habitualidade no passado*: "Antigamente, a vida *era* mais fácil". É o imperfeito dito *habitual*;

---

[29] Para informações mais completas, recorra-se a Ali ([s.d.]a:310 e segs.), e também a Brandão (1963:495-520).

c) *futuro do pretérito*: na linguagem familiar, é muito comum empregar-se o pretérito imperfeito em lugar do futuro do pretérito: "Disseste que *vinhas* (= virias) e não vieste." "Se pudesse, *fazia-lhe* (= far-lhe-ia) uma visita." Ocorre também na linguagem escrita, literária, mas quase sempre em tom coloquial: "O alfaiate vizinho venceu dificuldades para vesti-lo de improviso no último apuro, visto que os seus baús *chegavam* tarde" (Camilo apud Brandão, 1963:503);

d) *vontade* ou *desejo*, mas em tom delicado, cortês e um tanto tímido, como que para despertar simpatia do interlocutor: "*Queria* que o senhor me informasse, por favor, se..." "*Podia* usar o seu telefone?" Com essas conotações, é muito frequente na linguagem coloquial, com os verbos *poder* e *querer*;

e) *em discurso indireto implícito*, ideias, opiniões, sentimentos alheios, num contexto em que se subentende um verbo *dicendi* (verbo de elocução; ver 1. Fr., 3.2): "O padre Amaro esclareceu-a com bondade. [Disse que] O inimigo *tinha* muitas maneiras, mas a habitual *era* esta: fazia descarrilar um trem de modo que morressem passageiros..." (Eça de Queirós, *O crime do padre Amaro* apud Cal, 1954:213).

III – *O pretérito mais-que-perfeito* (simples), além do seu sentido fundamental (de fato passado anterior a outro), pode, com certos verbos, conotar desejo ou esperança (linguagem optativa): "Ah! quem me *dera* recuperar o tempo perdido! *Prouvera* a Deus que tal coisa fosse possível! *Quisera* ter hoje a idade de meus filhos!" Às vezes, tem sentido difícil de bem caracterizar, valendo como uma estrutura: "Você foi reprovado. *Pudera!* Não estuda!" Subentende-se o "pudera" como: nem poderia ser de outra forma, era coisa de prever. Em estilo arcaizante, de feitio oratório, o mais-que-perfeito equivale ao imperfeito do subjuntivo e ao futuro do pretérito, como no seguinte exemplo de Vieira: "Se Deus não *cortara* (= cortasse) a carreira ao Sol, com a interposição da noite, *fervera* (= ferveria) e *abrasara-se* (= abrasar-se-ia) a Terra, *arderam* (= arderiam) as plantas..."

IV – *O futuro do presente*, além do seu sentido usual, pode indicar ainda:

a) *probabilidade, incerteza, cálculo aproximado:* ele *terá* no máximo 40 anos; *haverá* uns 15 dias que não nos vemos... É o chamado *futuro problemático*;

b) *hipótese* (fato provável no momento em que se fala): quantos não *estarão* lastimando agora a escolha que fizeram?; muitos *pensarão* que somos os culpados... *Futuro hipotético*;

c) *observância a preceitos ou normas* (valor de imperativo) — É o tempo-aspecto a que alguns gramáticos dão o nome de *futuro jussivo*, usual nos mandamentos, códigos, regulamentos, leis em geral: Não matarás. Honrarás a teu pai e a tua mãe. Não cometerás adultério. "E depois de saudarem, te darão eles dois pães, e tu os *receberás* das suas mãos./ Depois *virás* ao outeiro de Deus..." (I *Reis*, X, 4-5). Neste último exemplo, *darão* indica apenas fato futuro, mas *receberás* e *virás* encerram ainda ideia de ordem ou mando. É um dos traços do estilo bíblico (leia-se, por exemplo, *Jeremias*, cap. 13 a 23). Artigos de leis, decretos, regulamentos, empregam com frequência esse futuro jussivo: "O pagamento da contribuição prevista na Verba 3 (...) *será* feito em apólices da Dívida Pública Interna (...)";

d) *ordem atenuada, pedido ou sugestão* — É o futuro dito *sugestivo*, que se confunde às vezes com o *jussivo* mas que se emprega quando se procura induzir alguém a agir depois de se lhe apresentarem razões para tal. Brandão (1963:511) dá alguns exemplos, dois dos quais colhidos em Said Ali: "E se eu viver, *usarás* comigo da misericórdia do Senhor; se, porém, for morto, não *cessarás* nunca de usar de compaixão com a minha casa" (I *Reis*, 14 e 15).

O futuro do presente pode ter ainda outras acepções. O *eventual* exprime o que pode ou não acontecer. "Ora (*direis*) ouvir estrelas!"; o *deliberativo*, usado em frases interrogativas, serve para indicar dúvida sobre o que se há de fazer, sobre a resolução ou deliberação a tomar: "Que *faremos* agora, se todos rejeitam a proposta?" "Que nota lhe *darei*, se você não fez os deveres?" O *gnômico* ou *proverbial*, comum nas frases sentenciosas ou proverbiais que encerram verdades de ordem geral, expressa a ideia de que um fato pode ocorrer ou repetir-se a cada instante: "O dinheiro *será* teu senhor, se não for teu escravo." "O homem *será* vítima dos seus desatinos."

Como se vê, os tempos podem ter tão variadas conotações à margem do seu sentido fundamental, tantos matizes semânticos sob a camada da mesma desinência temporal, que não seria descabido falar em *tempos-aspectos*, denominação que talvez cause estranheza, pois tempo é uma coisa, e aspecto, outra.

1.6.5.4 Partículas denotadoras de tempo

As mais importantes dessas partículas são as conjunções e locuções conjuntivas, que exprimem:

a) *tempo anterior:* antes que, primeiro que (raro no português atual; entretanto, o exemplo de Rui Barbosa é conhecido: "Ninguém, senhores meus, que empreenda uma jornada extraordinária, *primeiro que* meta o pé na estrada, se esquecerá de entrar em conta com as suas forças..." Brandão (1963:140) dá um exemplo de Aveiro: "*Primeiro que* de casa saíssemos, fomos tomar a bênção ao santo Presépio");

b) *tempo posterior:* depois que, assim que; logo que;

c) *tempo imediatamente posterior:* logo que, mal, apenas, que (raro);

d) *tempo simultâneo* ou *concomitante:* quando, enquanto;

e) *tempo terminal* ou *final:* até que, até quando;

f) *tempo inicial, i.e.,* tempo a partir do qual se inicia a ação: desde que, desde quando;

g) *ações reiteradas* ou *habituais:* cada vez que, toda vez que, todas as vezes que, sempre que.

A algumas dessas locuções conjuntivas agregam-se com frequência partículas ou advérbios de valor intensivo: *pouco* antes que, *muito* antes que, *imediatamente* depois que, etc.

O pronome relativo entra em vários conglomerados de sentido temporal: depois do *que*, durante o tempo em *que*, até o dia (hora, momento) em *que*, no instante em *que*, etc.

1.6.5.5 Tempo, progressão e oposição

A ideia de progressão, ou de simultaneidade na progressão, traduz-se também com o auxílio das chamadas conjunções proporcionais: *à medida que, à proporção que, ao passo que:* aprendemos *à medida que* vivemos. Em "ao passo que" palpita às vezes a ideia de oposição: "ao passo que ia durando e crescendo a guerra, se ia juntamente com os anos diminuindo a causa dela" (exemplo de Vieira, colhido em Freire, 1940, verbete *ao passo que*); "ao passo que ele subia, se desvelava Satanás pelo derribar" (Vieira apud Brandão 1963:726).

Os pares correlatos "quanto mais (ou menos)... tanto mais (ou menos)", "tanto mais (ou menos)... quanto mais (ou menos)", "quanto maior... tanto maior (ou menor)" acumulam as ideias de simultaneidade, progressão e oposição: "Quanto mais alto se sobe, maior é a queda", "Quanto menos se pensa (tanto) mais se fala". O segundo elemento da correlação (tanto) costuma vir omisso; mas não se deve prescindir do primeiro (quanto) sob pena de se adotar construção afrancesada. Assim, é considerado incorreto dizer: "mais estudo, menos aprendo", em lugar de "quanto mais estudo (tanto) menos aprendo".

1.6.5.5.1 Vocabulário da área semântica de tempo

Tempo em geral: idade, era, época, período, ciclo, fase, temporada, prazo, lapso de tempo, instante, momento, minuto, hora...

Fluir do tempo: o tempo passa, flui, corre, voa, escoa-se, foge...

Perpetuidade: perenidade, eternidade, duração eterna, permanente, contínua, ininterrupta, constante, tempo infinito, interminável, infindável... Sempre, duradouro, indelével, imorredouro, imperecível, até a consumação dos séculos...

Longa duração: largo, longo tempo, longevo, macróbio, Matusalém...

Curta duração: tempo breve, curto, rápido, instantaneidade, subitaneidade, pressa, rapidez, ligeireza, efêmero, num abrir e fechar d'olhos, relance, momentâneo, precário, provisório, transitório, passageiro, interino, de afogadilho, presto...

Cronologia, medição, divisão do tempo: cronos, calendário, folhinha, almanaque, calendas, cronometria, relógio, milênio, século, centúria, década, lustro, quinquênio, triênio, biênio, ano, mês, dia, tríduo, trimestre, bimestre, semana, anais, ampulheta, clepsidra...

Simultaneidade: durante, enquanto, ao mesmo tempo, simultâneo, contemporâneo, coevo, isocronismo, coexistente, coincidência, coetâneo, gêmeo, ao passo que, à medida que...

Antecipação: antes, anterior, primeiro, antecipadamente, prioritário, primordial, prematuro, primogênito, antecedência, precedência, prenúncio, preliminar, véspera, pródromo...

Posteridade: depois, posteriormente, a seguir, em seguida, sucessivo, por fim, afinal, mais tarde, póstumo, *in fine...*

Intervalo: meio tempo, interstício, ínterim, entreato, interregno, pausa, tréguas, entrementes...

Tempo presente: atualidade, agora, já, neste instante, o dia de hoje, modernamente, hodiernamente, este ano, este século...

Tempo futuro: amanhã, futuramente, porvir, porvindouro, em breve, dentro em pouco, proximamente, iminente, prestes a...

Tempo passado: remoto, distante, pretérito, tempos idos, outros tempos, priscas eras, tempos d'antanho, outrora, antigamente, coisa antediluviana, do tempo do arroz com casca, tempo de amarrar cachorro com linguiça...

Frequência: constante, habitual, costumeiro, usual, corriqueiro, repetição, repetidamente, tradicional, amiúde, com frequência, ordinariamente, muitas vezes...

Infrequência: raras vezes, raro, raramente, poucas vezes, nem sempre, ocasionalmente, acidentalmente, esporadicamente, inusitado, insólito, de quando em quando, de vez em vez, de vez em quando, de tempos em tempos, uma que outra vez...

1.6.6 Condição

As orações subordinadas condicionais mais comuns podem expressar:

a) *um fato de realização impossível* (hipótese irrealizável), quando o verbo da subordinada e o da principal estão em tempo *perfectum, i.e.*, tempo de ação completa: "Se me tivessem convidado, teria ido" (o pretérito mais-que-perfeito do subjuntivo — *tivessem convidado* — e o futuro do pretérito composto — *teria ido* — são tempos de ação completa, ação terminada);

b) *um fato cuja realização é possível, provável ou desejável*, quando o verbo da subordinada e o da principal exprimem ação incompleta, *i.e.*, são tempos do *infectum*: "Se me convidassem, iria"; "se me convidarem, irei";

c) *desejo, esperança, pesar* (geralmente em frase exclamativa e reticenciosa, em que a oração principal, quase sempre subentendida, traduz um complexo de situações mais ou menos indefinível ou não claramente mentado): "Ah, se eu soubesse!..." "Se ele deixasse!..." "Se a gente não envelhecesse!..."

A conjunção condicional típica é "se", que exige o verbo quase sempre subjuntivo (futuro, imperfeito ou mais-que-perfeito). Mas razões de ordem enfática podem levá-lo ao indicativo, sobretudo quando a oração principal encerra ideia de ameaça, perigo, fato iminente ou fato atuante no momento em que se fala: "Se não me ouvem em silêncio, calo-me"; "Se não te acautelas, corres o risco de ferir-te"; "Se não me ouves, como queres entender-me?"; "Se não queres ir, não vás".

A conjunção "caso" exige modo subjuntivo (presente ou pretérito): "Irei, caso me convidem". "Contanto que", menos comum do que "se", parece dar à condição valor mais imperativo ou mais impositivo; o verbo da oração por ela introduzida deve estar no presente do subjuntivo, quando se faz referência a fato que ainda não se verificou: "Irei, contanto que me convidem" ("contanto que" sugere que a condição de ser convidado é indispensável, é mais imperiosa do que a conjunção "se" poderia denotar). Tratando-se de ação já realizada, ou supostamente realizada, o tempo deve ser do *perfectum*, no caso, pretérito perfeito ou mais-que-perfeito do subjuntivo: "Irei contanto que me tenham convidado."

As conjunções "uma vez que", "desde que" (esta, usada também como temporal), "dado que" equivalem a "contanto que" quando o verbo da oração que encabeçam está no subjuntivo: "Irei, desde que (uma vez que, dado que) me convidem." Mas, se estiver no indicativo, elas passam a ter sentido causal: "Irei, desde que (uma vez que) me convidaram" — *i.e.*, "porque me convidaram". A locução "com tal que", equivalente a "contanto que", é hoje desusada.

Com o valor negativo, "sem que" é sinônimo de "se não", mas parece tornar a condição mais imperiosa: "Não irei sem que me convidem"; "Não teria ido sem que me tivessem convidado". Neste sentido, pode-se empregar "a menos que": "Não irei, a menos que me convidem" (ou "que me tenham convidado", quando se pensa no convite como fato possivelmente ocorrido).

A não ser que e *a menos que* ligam orações que se opõem pelo sentido: se uma é negativa, a outra será afirmativa. Mas a ideia de negação não precisa ser obrigatoriamente expressa pela partícula "não"; pode sê-lo por outras formas: um sujeito "ninguém", "nada", "nenhum", um adjunto adverbial com preposição "sem", palavras em que entrem prefixos negativos ou privativos (*in, des*) ou opositivos (*contra*, *anti*), verbos ou nomes que indiquem privação, cessação, oposição, impedimento, impossibilidade, ou ainda pela simples antinomia entre o verbo da principal e o da subordinada. Compare-se:

Negação na principal	Afirmação na subordinada
Não irei	a menos que, a não ser que me convidem.
Ninguém irá	a menos que, a não ser que convidem.
Deixarei de ir	a menos que, a não ser que seja convidado.

Afirmação na principal	Negação na subordinada
Irei	a menos que, a não ser que não me convidem.
Irei	a menos que, a não ser que me impeçam (ideia de oposição ou obstáculo)
Irei	a menos que, a não ser que seja impossível (prefixo negativo).

A preposição "sem", seguida por um infinitivo, tem valor condicional negativo: "Não irei sem me convidarem" (*i.e.*, "sem que me convidem", ou "se não me convidarem").

O adjunto adverbial de condição é normalmente introduzido pela preposição "sem", quando a principal é negativa: "Não irei sem convite." Sendo ela afirmativa, a locução em que entra o "sem" passa a ter, segundo parece, valor concessivo: "Irei sem convite" corresponde a "irei mesmo que não tenha (ou apesar de não ter) convite, embora não seja convidado", em que se subentende que "ser convidado" não constitui condição para ir. Sugere-se, assim, *ausência* de condição. Agora se pode compreender por que algumas gramáticas ensinam que as concessivas exprimem ausência de condição (veremos em 1.6.7.2 que elas são essencialmente opositivas). No presente caso — "irei sem convite" —, as ideias de ausência de condição (o convite não é necessário, a *condição* de ser convidado é dispensável) e de oposição (*ir* e *ser convidado* são coisas que se ajustam, que se conciliam, mas *ir* e *não ser convidado* opõem-se) se entrecruzam.

Também a preposição acidental "mediante" pode introduzir um adjunto adverbial de condição; mas, neste caso, a oração principal vem não raramente acompanhada de alguma partícula intensiva que revele ou sugira a ideia de condição exclusiva ou imperiosa: "*Só irei mediante convite*", *i.e.*, só irei sob a condição (imperiosa, indispensável) de ser convidado ou de receber convite. Não será necessário acrescentar que a preposição "mediante" entra muito frequentemente nos adjuntos adverbiais de meio: "Só se aceitam reclamações *mediante* apresentação desta nota de venda" (note-se a presença da partícula intensiva "só"). Mesmo neste último exemplo, não estará mais viva a ideia de condição do que a de meio?

1.6.7 Oposição e concessão

Por uma espécie de automatismo psíquico, uma ideia ou imagem quase sempre nos evoca outra que se lhe opõe ou se lhe assemelha. Constitui por assim dizer uma operação normal do espírito estabelecer contrastes e analogias: os primeiros traduzem-se principalmente em *antíteses*, e as segundas, em *comparações* e *metáforas*.

1.6.7.1 Antítese

Antítese é uma figura de retórica que consiste em opor a uma ideia outra de sentido contrário. É um dos recursos de expressão mais empregados em todos os tempos, tanto na língua falada e popular quanto na literária e culta. Certas épocas literárias chegaram mesmo a caracterizar-se pelo abuso no emprego dessa figura. É o caso, por exemplo, do barroco ou gongorismo, que abrangeu a parte final do século XVI e quase todo o XVII, cujos vultos mais representativos foram — para não sair da literatura luso-espanhola — Luís de Góngora, Lope de Vega e o padre António Vieira.

O apelo à antítese e às suas variantes (oxímoro e paradoxo) parece reflexo da própria realidade, que, por ser múltipla, é em si mesma contrastante. Se fosse homogênea, não poderia o homem captá-la, compreendê-la e senti-la em todas as suas dimensões. Só fazemos ideia do que é preto porque sabemos o que é branco. À imagem de anão opõe-se a de gigante. A ideia de rapidez da lebre contrasta com a de lentidão da tartaruga. Tudo, afinal, se resume num jogo de contrastes: "Sem os contrastes que a Natureza apresenta, os homens não poderiam conhecer nem avaliar as coisas e sucessos deste mundo" (Maricá, 1958).

Acusado de abusar de antíteses, assim se defendeu Victor Hugo:

> A natureza procede por contrastes. É por meio de oposições que ela dá realce aos objetos e nos faz sentir as coisas: o dia pela noite, o calor pelo frio... Toda claridade projeta sombra. Daí, o relevo, o contorno, a proporção, as relações, a realidade... O poeta, esse pensador supremo, deve fazer como a natureza: proceder por contrastes... Se um

homem um pouco letrado se der ao trabalho de sondar a sua memória, de aí rebuscar tudo quanto se gravou através da leitura dos grandes poetas, dos grandes filósofos, dos grandes escritores, há de ver que, em cinquenta citações que lhe ocorram, quarenta e nove pertencem ao que se convencionou chamar antítese.

(*Tas de pierres* apud Courault, 1957:196)

Falando sobre as paixões do coração humano, diz o padre Antônio Vieira que as 11 em que as dividira Aristóteles "reduzem-se a duas capitais: amor e ódio" — e o grande orador sacro da literatura luso-brasileira prossegue, muito à vontade, nesse clima de ideias contrastantes:

> E estes dois afetos cegos são os dois polos em que se resolve o mundo (...). Eles são os que enfeitam ou descompõem, eles os que fazem ou aniquilam, eles os que pintam ou despintam os objetos, dando e tirando a seu arbítrio a cor, a figura, a medida e ainda o mesmo ser e substância, sem outra distinção ou juízo que aborrecer e amar. Se os olhos veem com amor, o corvo é branco; se com ódio, o cisne é negro; se com amor, o demônio é formoso; se com ódio, o anjo é feio; se com amor, o pigmeu é gigante, se com ódio, o gigante é pigmeu...
>
> (Vieira, "Sermão da quinta quarta-feira" apud Viana, 1945:214)

Todo ele constituído de metáforas antitéticas, e até mesmo contraditórias, é o soneto de um autor quase desconhecido, tipicamente barroco:

> Baixel de confusão em mares de ânsia,
> Edifício caduco em vil terreno,
> Rosa murchada já no campo ameno,
> Berço trocado em tumba desde a infância;
>
> Fraqueza sustentada em arrogância,
> Néctar suave em campo de veneno,
> Escura noite em lúcido sereno,
> Sereia alegre em triste consonância;
>
> Viração lisonjeira em campo forte,
> Riqueza falsa em venturosa mina,
> Estrela errante em fementido norte;
>
> Verdade que o engano contamina,
> Triunfo do amor, troféu da morte
> É nossa vida vã, nossa ruína.

O autor desse "divertimento" — Francisco de Vasconcelos — é um dos poetas incluídos na *Fênix renascida* (coletânea constituída por cinco volumes e publicada entre 1716 e 1728 sob a direção de Matias Pereira da Silva).

A antítese é tanto mais expressiva quanto mais concisa, isto é, quanto menor o número de palavras em que se traduz, como se pode observar na maioria das máximas e provérbios. Basta ler La Rochefoucauld ou o nosso marquês de Maricá.

> As virtudes são econômicas, mas os vícios dispendiosos.
> Quando os tiranos caem, os povos se levantam.
> O louvor acha incrédulos, a maledicência muitos crentes.
>
> (Maricá, 1958)

Se, além da oposição de sentido, há identidade de sons, maior ainda é o efeito da antítese:

> A riqueza envilece os homens, a pobreza os enobrece.
> Os afortunados não sabem desculpar os desgraçados.
> A maldade supõe deficiência, a bondade, suficiência.
>
> (Maricá, 1958)

O paralelismo métrico ou isocronismo, quer dizer, mais ou menos a mesma extensão ou número de sílabas nos dois termos antitéticos (rever 1.4.5.1), muito contribui também para a expressividade. Eça de Queirós manipula com habilidade esse padrão de antítese:

O amor { espiritualiza o homem
         e
         materializa a mulher.

Quem { se mostra facilmente seduzido
       facilmente se mostra sedutor.

Variante da antítese é o oxímoro ou oximóron, uma espécie de paradoxo ou contradição, pois os termos que o compõem não apenas contrastam mas também se contradizem: *suave amargura, doce tormento, delicioso sofrimento, obscura claridade*. Camões e outros poetas do século XVI, assim como também todos os gongóricos do século XVII, deleitavam-se com essas expressões contraditórias ou paradoxais, do tipo "falo melhor quando emudeço, que de matar-me vivo". O célebre soneto camoniano — "Amor é fogo que arde sem se ver" — é quase todo ele constituído por oxímoros.

Também na poesia contemporânea se pratica o oxímoro, porém com estruturas mais flexíveis e variadas:

> Adeus: *vamos para a frente,*
> *recuando* de olhos acesos.
>
> (Carlos Drummond de Andrade, "O medo",
> *Rosa do povo* [Andrade, 1945])

> e se essa forma pura, *degradando-se*
> mais perfeita *se eleva*, pois atinge
> a tortura do embate, no arremate
> de uma exaustão suavíssima...
>
> (Carlos Drummond de Andrade, "Rapto",
> *Claro enigma* [Andrade, 1951])

1.6.7.2 Estruturas sintáticas opositivas ou concessivas

É claro que, além da antítese, há outros modos de indicar oposição ou contraste entre ideias, embora as orações adversativas e as concessivas constituam os torneios de frase mais comuns e mais adequados a isso. Tomemos, para exemplificar, dois verbos não antagônicos pelo sentido — "esforçar-se" e "conseguir" — mas capazes de expressar contraste, se nos servirmos de construções sintáticas apropriadas, tais como:

a) *oração adversativa*: Esforçou-se *mas* (porém, entretanto) nada conseguiu;

b) *oração concessiva* (ou de oposição): *Embora* (se bem que, ainda que, posto que) se tenha esforçado, nada conseguiu;

c) *oração coordenada aditiva*: Esforçou-se *e* nada conseguiu;

d) *oração concessiva intensiva*: *Por mais que* (por muito que) se tenha esforçado, nada conseguiu;

e) *oração reduzida de gerúndio concessiva*: *Mesmo* esforçando-se, nada conseguiu;

f) *oração reduzida de infinitivo concessiva*: *Apesar de* (a despeito de) se ter esforçado, nada conseguiu;

g) *adjunto adverbial de concessão* (ou de oposição): *Apesar do* (não obstante o) esforço, nada conseguiu;

h) *oração justaposta* (geralmente reforçada por uma partícula intensiva e esclarecedora): Esforçou-se *em vão* (inutilmente, debalde): nada consegui.[30]

Às vezes, até mesmo uma subordinada condicional ou uma subordinada temporal pode sugerir ideia de oposição:

O arrependimento, se não repara o feito, previne a reincidência.

Subentenda-se também:

O arrependimento, embora não repare o feito, previne a reincidência.

A frase, que é do marquês de Maricá, poderia traduzir mais ou menos a mesma ideia, se, em vez da condicional "se", empregássemos a temporal "quando":

O arrependimento, quando não repara o feito, previne a reincidência.

Para expressar concomitância de ações, fatores ou atributos que se opõem, frequentemente nos servimos de uma construção paralelística em que entram a conjunção "se" e os adjuntos adverbiais "por um lado" (na oração subordinada introduzida pelo "se") e "por outro" (na principal):

Se, por um lado, os filhos nos causam imensas alegrias, por outro, nos enchem de preocupações constantes.

A mesma coisa se poderia dizer com duas orações coordenadas pela conjunção "mas" acompanhada pela partícula "também", com que se indica igualmente adição ou concomitância:

Os filhos nos causam imensas alegrias, mas também nos enchem de preocupações constantes.

No caso de "mas também", quase sempre a frase se desdobra num par correlato, com a anteposição de "não só", "não somente", "não apenas":

---

[30] O pensamento concessivo pode ser expresso também por meio de locuções do tipo *haja o que houver, seja como for, aconteça o que acontecer, dê no que der, custe o que custar, seja lá o que for, em que pese a*, etc. Consulte-se Bechara (1954).

Os filhos *não só* nos causam imensas alegrias *mas também* nos enchem de preocupações constantes.

Convém lembrar, entretanto, que esse par correlato pode indicar apenas concomitância ou adição, sendo a ideia de oposição decorrente do teor das orações por ele interligadas.

A conjunção "ao passo que", classificada nas gramáticas como proporcional (equivalente a "à proporção que" ou "à medida que") também se sobrecarrega frequentemente de função opositiva:

> Os tolos e néscios, por vaidade ou presunção, falam muito do que ignoram, *ao passo que* os sábios, por modéstia, calam o muito que sabem.

Nessa frase parece predominar claramente a ideia de oposição, pois nela não se insinua que os tolos e néscios falam *na mesma proporção* ou *medida* em que os sábios se calam, mas que os primeiros fazem o *contrário* do que fazem os segundos.

Pode-se traduzir o mesmo pensamento opositivo, substituindo-se "ao passo que" por "enquanto" (conjunção dita *temporal* ou *concomitante*):

> *Enquanto* os tolos e néscios, por vaidade ou presunção, falam muito do que ignoram, os sábios, por modéstia, calam o muito que sabem.

Observe-se, de passagem, que, nessas estruturas paralelas de sentido opositivo, a oração de "enquanto" geralmente se antepõe à principal, e a de "ao passo que" a ela se pospõe, como se deve ter notado nas duas versões.

É desnecessário relembrar que, além dessas estruturas típicas, há outros modos de indicar oposição, que, entretanto, quase sempre consistem no emprego de palavras antinômicas ou de partículas opositivas.

1.6.7.3 Vocabulário da área semântica de oposição

Palavras ou expressões que, em sentido figurado ou não, podem indicar oposição ou contraste, inclusive algumas de tonalidade afetiva (como *hostilidade, rivalidade, concorrência, competição*) e outras que encerram a ideia geral de "obstáculo":

a) *substantivos*: antagonismo, polarização, tendência contrária, reação, resistência, competição, hostilidade, ânimo hostil, animosidade, antipatia, relutância, teimosia, rivalidade, emulação, pirraça, contraposição, contradição, antípoda, obstáculo, empecilho, óbice, muralha, trincheira, represa, impedimento, contrapeso, contratempo, contrariedade, força maior, objeção...;

b) *verbos*: defrontar-se com, ir de encontro a, ser contrário a, fazer frente a, enfrentar, reagir, embargar, impedir, estorvar, empecer, obstar, objetar, pear, travar, frear, refrear, sofrear, opor-se a, contrapor-se a — além de outros, na sua maioria cognatos dos substantivos de igual sentido;

c) *adjetivos*: contrário, oposto, oponente, antagônico, relutante — além de outros, cognatos dos verbos ou substantivos da mesma área semântica;

d) *preposições, locuções prepositivas e adverbiais*: apesar de, a despeito de, sem embargo de, não obstante, malgrado, ao contrário, pelo contrário, muito pelo contrário, antes pelo contrário, em contraste com, em oposição a, contra, às avessas...;

e) *conjunções adversativas*: mas, porém, contudo, todavia, entretanto, no entanto, senão, não obstante (que também funciona como preposição);

f) *conjunções subordinativas, na sua maioria concessivas*: embora, se bem que, ainda que, posto que, conquanto, em que pese a, muito embora, mesmo que, mesmo assim (= mesmo que seja assim); enquanto, ao passo que;

g) *prefixos latinos*: contra- (também preposição), des-, in- (seguido de radical nominal);

h) *prefixos gregos*: anti-, a-, an-.

1.6.8 Comparação e símile

Mas a realidade não é constituída apenas por contrastes; também o é por semelhanças. Perceber semelhanças entre coisas, seres, ideias leva naturalmente a estabelecer comparações ou analogias.

Comparam-se qualidades isoladas (*negro* como o carvão, *rápido* como a lebre, *forte* como um touro), comparam-se fatos, fenômenos, acontecimentos, ações (*corre* como a lebre, *queima* como fogo, *estourou* como uma bomba, *agiu* como um tolo) assim como se comparam situações mais complexas.

Alguns autores, como Konrad (1958:149-150) distinguem a *comparação propriamente dita*, a comparação estritamente gramatical — "ele é (tão) forte como o pai" —, em que os objetos ou seres comparados pertencem ao mesmo nível de referência, da *comparação metafórica* ou *símile*. Nesta, não apenas os objetos comparados pertencem a níveis de referência diferentes, mas também o segundo deles é o representante *por excelência* do atributo que se quer ressaltar no primeiro, o que permite dizer que o símile se distingue da simples comparação por ser um exagero, uma hipérbole:[31] *Fulano é forte como um touro* (exagera-se a força de Fulano ao se compará-la com a do touro).

---

[31] Ver também Marques (1956:33), e, especialmente sobre o símile, o excelente estudo de Zagury (1970:21-28).

Todo processo de comparação metafórica (ou símile), que pressupõe a existência de semelhanças em qualquer grau, visa, sobretudo, a tornar mais clara, mais compreensível uma ideia nova, desconhecida do receptor, mediante o cotejo ou confronto com outra mais conhecida, cuja característica *predominante* ou atributo *por excelência* se evidencie de maneira ostensiva, concreta, mais sensível. Na declaração "Fulano é muito forte", a ideia de *força* raia pela abstração: há mil coisas fortes assim como há mil graus de força ou fortaleza. A ideia nova e desconhecida que o emissor quer transmitir — *a força de Fulano* — pode ser mais facilmente, mais concretamente apreendida no seu exato matiz, se expressa através de uma comparação com outra mais conhecida, mais evidente — *a força do touro*: "Fulano é forte como um touro."

A comparação supre assim, até certo ponto, a insuficiência de palavras, a indigência verbal para exprimir com exatidão e clareza todos os possíveis matizes de ideias ou sentimentos. Ora, a realidade concreta oferece uma variedade quase infinita de coisas e seres capazes de traduzir, por particularização e concretização (ou concretude), ideias gerais e abstratas, pois uma das deficiências do espírito humano está na sua incapacidade de abstração absoluta, na incapacidade de isolar conceitos ou conceber ideias desgarradas de todo contato com o mundo objetivo. É conhecida a sentença de Locke: "*Nihil in intellectu quod prius non fuerit in sensu*" (nada nos chega ao espírito sem ter sido antes apreendido pelos sentidos). Por isso, procuramos sempre traduzir noções ou conceitos abstratos por meio (exemplos, comparações) de referências aos objetos das nossas percepções sensíveis. *Muito forte* é abstração: *forte como um touro* é concreção. Quanto mais concreta e objetiva é a nossa linguagem, tanto mais precisa, tanto mais clara se torna (ver 2. Voc., 2.0).

1.6.8.1 Metáfora[32]

A existência de similitudes no mundo objetivo, a incapacidade de abstração, a pobreza relativa do vocabulário disponível em contraste com a riqueza e a numerosidade das ideias a transmitir e, ainda, o prazer estético da caracterização pitoresca constituem as motivações da metáfora (ver 2. Voc., 1.4).

> A metáfora é um dos meios mais importantes para a criação de denominações de complexos de representações para os quais não existem ainda designações adequadas. Mas sua aplicação não se limita aos casos em que ocorre tal necessidade externa. Mesmo quando se dispõe de uma denominação já existente, um impulso interior incita a pre-

---

[32] Relembre-se o leitor do teor do último parágrafo da "Advertência".

ferência por uma expressão metafórica. (...) É evidente que, para a criação da metáfora, na medida em que ela é natural e popular, recorre-se em geral àqueles círculos de representações que estão mais vivos na alma. O que está mais distante da compreensão e do interesse torna-se mais intuitivo e familiar por meio de algo mais próximo.

(Paul apud Bühler, 1950:388)

Isso quer dizer que a metáfora é não apenas um recurso de que se lança mão por falta de *expressão adequada* mas também um meio de *caracterização pitoresca*, afirma Karl Bühler, comentando o conceito expresso por Hermann Paul, acima transcrito.

Em síntese — didática —, pode-se definir a metáfora como a figura de significação (tropo) que consiste em dizer que uma coisa (A) é outra (B), em virtude de qualquer semelhança percebida pelo espírito entre um traço característico de A e o atributo *predominante*, atributo *por excelência*, de B, feita a exclusão de outros, secundários por não convenientes à caracterização do termo próprio A. Ora, a experiência e o espírito de observação nos ensinam que os objetos, seres, coisas presentes na natureza — fonte primacial das nossas impressões — impõem-se-nos aos sentidos por certos traços distintos. A pedra preciosa "esmeralda" tem como atributo predominante a sua cor verde, de brilho muito particular. Então, uns olhos com essa mesma tonalidade podem levar a uma associação por semelhança, da qual resulta a metáfora: *seus olhos* (A) *são duas esmeraldas* (B). Assim, pelo mesmo processo e com motivação idêntica, dir-se-á: *seus dentes são um colar de pérolas; seus lábios, duas pétalas de rosa; suas mãos, dois lírios muito brancos; suas lágrimas, contas de um rosário.* Se os dois termos — o comparado (a coisa A) e o comparante (a coisa B) — estão expressos, como nos exemplos precedentes, diz-se que é metáfora *in praesentia*; se apenas o termo comparante está explícito, trata-se de metáfora *in absentia* (ou *pura*, como também se diz): *duas esmeraldas* cintilavam-lhe na face; seus lábios entremostravam um *colar de pérolas*.

Do ponto de vista puramente formal, a metáfora é, em essência, uma comparação implícita, isto é, destituída de partículas conectivas comparativas (*como, tal qual, tal como*) ou não estruturada numa frase cujo verbo seja *parecer, semelhar, assemelhar-se, sugerir, dar a impressão de* ou um equivalente desses. Assim "seus olhos são *como* (parecem, assemelham-se a, dão a impressão de) duas esmeraldas" é uma comparação ou símile.

Poderíamos figurar o processo metafórico como dois círculos secantes de igual diâmetro, superpostos de tal maneira que a área de um não cubra inteiramente a do outro. O primeiro círculo representa o *plano real*, quer dizer a coisa A, a ideia nova a ser expressa ou definida; o segundo, o *plano imaginário* ou *poético*, isto é, a coisa B, aquela em que a imaginação do emissor percebeu alguma relação ou semelhança com a coisa A:

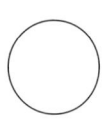

1º Círculo	2º Círculo	Círculos secantes
Plano real (A): ideia ou coisa a ser definida ou expressa.	Plano imaginário (B): a outra ideia ou coisa em que a imaginação percebe alguma relação ou semelhança com a do plano real.	A zona sombreada figura a relação de semelhança entre os dois planos.

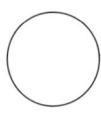

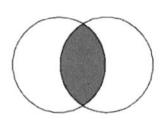

Exemplifiquemos com um verso de Castro Alves:

O incêndio — leão ruivo, ensanguentado.

("A queimada", *Cachoeira de Paulo Afonso* [Alves, 1960])

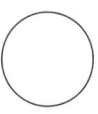

1º Círculo	2º Círculo	Zona sombreada
Plano real: incêndio (A).	Plano imaginário: *leão ensanguentado* (B)	Área de semelhança entre os dois planos (A é B)

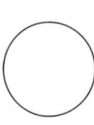

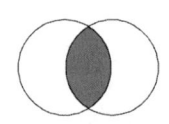

A cor avermelhada das labaredas e a ideia de ímpeto destruidor e mortífero, implícita em *incêndio*, sugeriram ao poeta, evocaram-lhe, a imagem de *leão* (ímpeto destruidor e mortífero) *ruivo* (avermelhado) *ensanguentado* (violência, destruição, morte). Quanto maior essa área de semelhança, tanto mais expressiva, tanto mais congruente é a metáfora.[33]

À luz da semântica estruturalista, o processo metafórico diz respeito à organização sêmica da mensagem. A palavra, ou *lexema*, compõe-se de unidades mínimas de sentido (*semas*); o conjunto dessas unidades é que dá o siginificado da palavra

---

[33] Essa figuração em círculos secantes inspira-se nos "filtros duplos" imaginados por Bühler (1950:392). Segundo a terminologia adotada por Richards (1950:96), o plano real, a "ideia original", "aquilo de que se está realmente falando" é o *teor* (*tenor*), e o plano imaginário, e aquilo a que algo é comparado, constitui o *veículo*.

(*semema*).³⁴ Assim, no caso em pauta, o semema "leão", isto é, o termo comparante (Cte) "leão", encerra, entre outros, os semas (S) — culturalizados e codificados, além dos de ordem puramente denotativa (animal, mamífero, quadrúpede, etc.) — ímpeto, ferocidade, destruição, mortífero, cor avermelhada (juba ruiva). Por outro lado, o semema do termo comparado (Cdo) "incêndio" encerra também alguns semas idênticos: cor avermelhada das labaredas, destruição, morte, ímpeto das chamas. Pode-se, então, dizer que, num processo metafórico, há entre o termo comparante ("leão", Cte) e o comparado ("incêndio", Cdo) um sema ou mais de um sema comum, o que se pode assim esquematizar:

Cdo..................................S ....Cte
(incêndio)   (mortífero,   (leão)
                         cor avermelhada,
                         ímpeto, destruição)

Normalmente, o termo de sentido próprio (A = olhos, lábios, incêndio) e o de sentido metafórico (B = esmeraldas, pétalas de rosa, leão ruivo ensanguentado) pertencem à mesma classe de palavras: as exceções são raras e, mesmo assim, parecem constituir antes simples mecanismo gramatical, simples mudança de função imposta pelo contexto, como é o caso, por exemplo, de certos substantivos empregados com função adjetiva: vestido *creme*, blusa *laranja*, sapato *chocolate*, crime *monstro*, chapéu-*coco*, saia *balão*.

Embora predominem as metáforas constituídas por substantivos, são frequentes também as que se fazem com adjetivos (palavras *torrenciais, apocalípticas, proféticas*, voz *cristalina*, silêncio *sepulcral, tumular*, horas *moribundas*, dia *sonolento*, vida *tempestuosa*) ou com verbos (o dia *nasce*, a tarde *morria*, as artes *florescem*, o regato *murmura*, as ondas *beijam* a praia, os violões *choram*). Também os advérbios em *mente*, por se derivarem de adjetivos, admitem metaforização: o hóspede atirou-se *caninamente* ao assado, o adversário reagiu *leoninamente*, "...nariz em cuja ponta repoisava *pedagogicamente* o aro de ouro dos seus óculos burocráticos" (exemplo de Eça de Queirós, apud Cal, 1954:174). É evidente que as locuções adverbiais com núcleo substantivo podem ser igualmente metaforizadas: "A neblina, roçando o chão, cicia *em prece*" (Olavo Bilac, "Vila Rica", *A tarde* [Bilac, 1919]).

Alguns autores, como Konrad (1958:129), costumam distinguir a metáfora *estética* (outros preferem dizer *estilística*), que é a criação pessoal, inovadora, estilisticamente individualizada, da metáfora *linguística*, aquela que, por inópia verbal, se torna forçada e, instaurando-se na língua, acaba estiolada como patrimônio de to-

---
³⁴ Ver 5. Ord., 1.3.1, nota 6.

dos, como vocábulo dicionarizado, como léxico, enfim. Da palavra assim empregada nem sempre se tem viva consciência de que é o resultado de um processo metafórico (ver "Catacrese", 1.6.8.2).

1.6.8.1.1 Metáfora e imagem

Em psicologia, a palavra *imagem* designa toda representação ou reconstituição mental de uma vivência sensorial que tanto pode ser visual — caso mais comum — quanto auditiva, olfativa, gustativa, tátil ou, mesmo, totalmente psicológica. Em semiologia e comunicação, é a "representação concreta que serve para ilustrar uma ideia abstrata".[35] Em teoria literária, é frequente o uso dessa palavra com um sentido equivalente ao de metáfora ou de símile. John Middleton,[36] por exemplo, julga preferível seu emprego com esse sentido abrangente, para pôr em relevo a identidade fundamental entre aqueles dois tropos.

Mas vários autores — como Herbert Read, C. Day Lewis, Wellek, Warren e outros — têm tentado estabelecer diferença entre *imagem*, por um lado, e metáfora e símile, por outro, tentativa, ao que nos parece, infrutífera, pois, na realidade, a distinção é antes psicológica do que propriamente formal. Paul Reverdy, citado por Read (1951:98-99), diz que a imagem "é pura criação mental" e "não pode emergir de uma comparação mas apenas da associação entre duas realidades mais ou menos distantes". Para Lewis (1958:18, 22), "a imagem poética é mais ou menos uma representação sensorial, traduzida em palavras até certo ponto metafóricas". Como se vê, esses dois autores se mostram imprecisos na conceituação de *imagem* ("*é mais ou menos*", "*até certo ponto*").

Richards (1952:119) preceitua que "aquilo que confere eficácia a uma imagem (...) é seu caráter de evento mental peculiarmente relacionado com uma sensação". Essa é outra conceituação puramente psicológica que, necessariamente, não inclui nem exclui a possibilidade de *imagem* abranger ou não abranger a metáfora e o símile.

Em face da opinião desses autores, será válido dizer que a imagem: (a) é uma representação (reconstituição, reprodução) mental de resíduos[37] de sensações ou impressões predominantemente mas não exclusivamente visuais, que o espírito reelabora, associando-as a outras, similares ou contíguas, e (b) pode assumir a forma de uma metáfora ou de um símile e, mesmo, de outros tropos (metonímia, alegoria, símbolo). Assim, com maior ou menor rigor, é perfeitamente cabível empregar — e

---

[35] Cf. Lalande (1962), verbete *image*, C.
[36] Cf. *Shakespeare criticism*, p. 227 apud Marques (1956:27).
[37] "A imagem é a persistência do que desapareceu" (Schefer, 1970:219).

geralmente empregamos — a palavra *imagem* para designar qualquer recurso de expressão de contextura metafórica, comparativa, associativa, analógica, através do qual se representa a realidade de maneira transfigurada.

1.6.8.2 Catacrese

Quando a *translatio* (transferência ou transposição, sentido etimológico de *metáfora*) do nome de uma coisa (A) para com ele designar outra (B), semelhante, se impõe por não existir termo próprio para a segunda (B) e/ou resulta de um abuso no emprego da palavra "transferida", o que se tem é uma *catacrese* (que, etimologicamente, significa "abuso"). O fundamento e o processo de formação dessa figura (tropo) são os mesmos da metáfora: ambas se baseiam numa relação de similaridade; mas a diferença entre ambas reside ainda no fato de que a catacrese, além de estender o sentido de uma palavra levando-o para fora do seu âmbito estrito e habitual, deixa de ser sentida como metáfora, dado o seu uso corrente.

Se não se dispõe de palavra própria para designar com exclusividade as colunas que sustentam o tampo da mesa, que fazer? Criar um neologismo ou aproveitar palavra já existente que designe coisa semelhante, como a *perna* ou o *pé* que sustentam o corpo humano; daí a catacrese *perna* (ou *pé*) da mesa. Assim também, faz-se catacrese quando se diz: *enterrar* uma agulha na pele (pele não é *terra*), *embarcar* no trem (trem não é *barco*), *espalhar* dinheiro (dinheiro não é *palha*), o avião *aterrissou* em alto-mar (mar não é *terra*), o *azulejo* é branco (*azulejo* deveria ser sempre *azul*), *sacar* dinheiro do banco (banco não é *saco*), *encaixar* uma ideia na cabeça (cabeça não é *caixa*), *amolar* a paciência (paciência não é instrumento cortante para ser *amolado*)... Faz-se ainda catacrese quando se diz *bico* da pena, *folha* de zinco, de papel, *braço* da cadeira...

A catacrese é, portanto, uma espécie de metáfora *morta*, em que já não se sente nenhum vestígio de inovação, de criação individual e pitoresca. É a metáfora tornada hábito linguístico, já fora do âmbito estilístico.

1.6.8.3 Catacrese e metáforas naturais da língua corrente

Além da metáfora estética, revivificadora da linguagem, há outro tipo muito comum: o das *metáforas naturais da língua corrente*, em geral clichês metafóricos, que podem ser ou não ser catacreses. Comuns e numerosas em todas as línguas, elas têm como fontes geradoras o próprio homem, seu ambiente e seu cotidiano. Formam-se geralmente com nomes de:

♦ *partes do corpo humano* (catacreses, na sua maioria): *boca* do túnel, *olho* d'água, *cabeça* do prego, *cabelo* do milho, *língua* de fogo (labareda), *mão* de direção, *pé* da mesa, *pé* de árvore, *dente* de alho, *braço* de rio, *barriga* da perna, *costa(s)* do Brasil (litoral), *coração* da floresta, *miolo* da questão, *ventre* da terra...

- *coisas, objetos e utensílios da vida cotidiana*: *tapete* de relva, *cortina* de fumaça, *espelho* da alma (olhos), *roda* da vida, *berço* da nacionalidade, *leito* de um rio, *laços* matrimoniais...

- *animais*: esta mulher é uma *víbora*, uma *piranha*, uma *raposa*, uma *fera*, ele é um *touro*, uma *águia*, um *quadrúpede*, um *cão*...

- *vegetais*: este menino é uma *flor*, *tronco* familiar, *raízes* da nacionalidade, *ramo* das ciências, *árvore* genealógica, *maçã* do rosto, *fruto* da imprevidência, *pomo* da discórdia...

- *fenômenos físicos, aspectos da natureza, acidentes geográficos*: *aurora, primavera, ocaso* da vida, *explosão* de sentimentos, *torrente* de paixões, *vale* de lágrimas, *monte, montanha* de (papéis, absurdos, asneiras...), *tempestade* de injúrias, *dilúvio* de impropérios... (ver 10. Ex., 209 a 217 e 508 a 509).

1.6.8.4 Parábola

A parábola é também uma forma de comparação (para os antigos retóricos, esses termos eram até sinônimos). Fala-se por parábolas, como fez Jesus, quando os elementos de uma ação se referem ao mesmo tempo a outra série de fatos e objetos. É uma espécie de alegoria que sugere, por analogia ou semelhança, uma conclusão moral ou uma regra de conduta em determinado caso. As parábolas mais conhecidas são as do Evangelho: a do filho pródigo, a do joio entre o trigo, a do bom Samaritano, a do juiz iníquo, a da palha e da trave, e outras.

Chama-se "corpo" da parábola a narrativa imaginada, ao passo que a lição moral que dela se tira é a sua "alma". Na parábola que transcrevemos a seguir, "trave" está por defeito que não percebemos em nós mesmos, e "palha" por aquele que estamos sempre apontando nos outros:

> Como vês a palha no olho do teu irmão, e não vês a trave no teu?
>
> Ou como ousas dizer a teu irmão: Deixa que eu tire a palha do teu olho, tendo tu uma trave no teu?
>
> Hipócrita: tira primeiro a trave do teu olho, e então tratarás de tirar a palha do olho do teu irmão.
>
> (Mateus, VII, 3-5)

O "corpo" dessa parábola é a narrativa cujos elementos são a *palha*, a *trave* e o *olho*: sua "alma" é a regra de conduta, que se pode traduzir em "olha primeiro o teu defeito, e aponta depois o alheio". Numa versão moderna, abrasileirada, isso significa: "macaco, olha o teu rabo e deixa o rabo do vizinho" — que é também uma parábola.

1.6.8.5 Animismo ou personificação

Há uma infinidade de metáforas constituídas por palavras que denotam ações, atitudes ou sentimentos próprios do homem, mas aplicadas a seres ou coisas inanimadas: o Sol *nasce*, o dia *morre*, o mar *sussurra*, mar *furioso*, ondas *raivosas*, dia *triste*... É uma espécie de "animismo" ou personificação. O poema brasílico *Cobra Norato*, de Raul Bopp, está repleto de metáforas desse tipo: "um riozinho vai para a escola estudando geografia", "os rios vão carregando as queixas do caminho", "águas assustadas", "águas órfãs fugindo", arvorezinhas "bocejam sonolentas" e "grávidas cochilam", as árvores "mamam luz escorrendo das folhas" e "nuas tomam banho". Ver Garcia (1962:44), onde se arrolam outros exemplos.)

1.6.8.6 Clichês

Quando a metáfora se estereotipa, se vulgariza ou envelhece, acaba como que embotada, perde a sua vivacidade expressiva tal como perde o gume uma faca muito usada. Surge então o *clichê metafórico*, que caracteriza o estilo vulgar, medíocre, dos principiantes ou dos autores sem imaginação: a *estrada serpenteia* pela planície, o *mar beija a areia*, *brisa rumorejante*, *luar prateado*, *silêncio sepulcral*, *aurora da vida*, *flor dos anos*, *primavera da vida*, *mais uma página da vida*...

Muitas vezes, o clichê não tem estrutura metafórica:[38] é uma simples "série usual" ou "unidade fraseológica" — como diz Rodrigues Lapa — *i.e.*, um agrupamento de palavras surrado pelo uso, constituído quase sempre por um substantivo e um adjetivo: doce esperança, amarga decepção, virtuoso prelado, ilustre professor,

---

[38] Não se deve confundir o *clichê metafórico* (metáfora surrada do tipo "o Sol é o astro rei" ou "a Lua é a rainha da noite") e o *fraseológico* (do tipo "virtuoso prelado") com a *frase feita* (locuções, ditados, rifões) de genuíno sabor popular e tradicional, do tipo "alhos e bugalhos", "onde a porca torce o rabo", "coisas do arco-da-velha", "falar com os seus botões", "camisa de onze varas", "cavalo de batalha", "cobras e lagartos", "fôlego de sete gatos" e muitas outras expressões populares de origem desconhecida ou hermética, em que se refletem a alma, a filosofia e os costumes populares. O leitor curioso há de achar interessante e muito proveitoso o livro de João Ribeiro, *Frases feitas*. Muitas expressões de *gíria* poderiam ser igualmente incluídas na área da metáfora, já que quase todas têm sentido figurado, às vezes até mesmo sibilino ou hermético, só compreendido pelos membros do grupo social em que circulam. É o caso da gíria dos malfeitores, cuja característica é camuflar o verdadeiro sentido, de forma que só os "iniciados" possam entendê-las (e não outros, principalmente, *et por cause,* a polícia...).

eminente deputado, infame caluniador, poeta inspirado, autor de futuro, viúva inconsolável, filho exemplar, pai extremoso, esposa dedicada...[39]

1.6.8.7 Sinestesia

Nos dois primeiros exemplos (*doce esperança* e *amarga decepção*) há vestígios de uma variedade de metáfora que recebe o nome de *sinestesia*. A sinestesia consiste em atribuir a uma coisa qualidade que ela, na realidade, não pode ter senão figuradamente, pois o sentido por que é percebida pertence a outra área. Por exemplo: *doce* e *amargo* são sensações do paladar, ao passo que *esperança* e *decepção* são sentimentos. Há sinestesia, portanto, quando se cruzam sensações: *rubras* (sensação visual), *clarinadas* (sensação auditiva); *voz* (auditiva), *fina* (tátil); voz *áspera* (tátil), cor *berrante* (auditiva). A poesia de Carlos Drummond de Andrade oferece uma infinidade de sinestesias singularíssimas, de que damos a seguir alguns exemplos colhidos em *Fazendeiro do ar & poesia até agora* (Andrade, 1955). Os números entre parênteses indicam as páginas: insolúvel flautim (87), as cores do meu desejo (95), séculos cheiram a mofo (20), sino toca fino (27), sonata cariciosa da água (44), balanço doce e mole das suas tetas (63), cantiga mole (69), sombra macia (118), cheiro de sono (134), olhos escutam (149), áspero silêncio (279)...

1.6.8.8 Metonímia e sinédoque

Duas outras figuras de significação (ou de pensamento) são a *metonímia* e a *sinédoque*. A distinção entre ambas sempre foi muito sutil; por isso, nem todos os autores concordam na conceituação de uma e de outra. Lausberg (1936)[40] ensina que elas se baseiam numa relação real e não mentada, portanto, não comparativa, como é o caso da metáfora. Na metonímia essa relação é *qualitativa*, e na sinédoque, *quantitativa*. Para outros, tais relações são de *contiguidade* na metonímia, e de *causalidade* na sinédoque. Outros ainda só veem em ambas relação de contiguidade. Magne (1953)[41] não se refere a esse tipo de relações, limitando-se a definir a metonímia como "a substituição de um nome por outro em virtude de uma relação extrínseca, qual é a que existe entre duas partes de um mesmo todo, ou duas modalidades de

---

[39] Alguns desses exemplos e muitos outros encontrará o leitor no excelente livro de M. Rodrigues Lapa — *Estilística da língua portuguesa* (Lapa, 1945), cap. 5, "Fraseologia e clichê" — obra que recomendamos com entusiasmo. A primeira edição (Seara Nova), data de 1945, mas há outra mais recente.
[40] Cf. v. II, §565-573.
[41] Cf. v. I, §82-85.

uma mesma coisa", e a sinédoque como "a figura que alarga ou restringe o sentido normal de uma palavra". Carreter (1953) diz ser a metonímia a figura que responde "a la fórmula lógica *pars pro parte*" (a parte pela parte), e a sinédoque a que responde à fórmula "*pars pro toto*" (a parte pelo todo). Para Wellek e Warren (1953), as relações que expressam a metonímia e a sinédoque ("figuras de contiguidade tradicionais") são "lógica e quantitativamente analisáveis".

À luz das lições desses autores, o que parece certo é que essas figuras apresentam como traço comum uma relação real de contiguidade, e que a diferença entre ambas não é de todo relevante. Por isso, a maioria prefere — como faz Jakobson (1969:34-62) — adotar apenas o termo "metonímia", raramente referindo-se à sinédoque. Essa é a orientação que seguimos, quando tratamos do símbolo em 1.8.8.9, o que não impede que, com propósito didático, tentemos indicar as características desses dois tropos.

1.6.8.8.1 METONÍMIA

As relações reais de ordem *qualitativa* que levam a empregar metonimicamente uma palavra por outra, a designar uma coisa com o nome de outra, traduzem-se no emprego:

I – do nome do autor pela obra: ler *Machado de Assis*;

II – do nome de divindades pela esfera de suas funções, atribuições ou atributos (metonímia dita *mitológica*): *Marte* = guerra, *Netuno* = mar, *Ceres* = agricultura, *Vênus* = beleza, *Cupido* = amor;

III – do atributo notório ou qualidade característica de uma pessoa por ela mesma (ver 1.6.8.10 — *Antonomásia*);

IV – do continente pelo conteúdo: tomar um *cálice* de vinho, comer uma *caixa* de bombons. O continente pode ser também lugar ou tempo, e o conteúdo, coisas, fatos ou pessoas: a *cidade* (= seus moradores) dormia; foi um *ano* triste (*i.e.*, os fatos ocorridos durante o ano é que foram tristes); *todo o mundo* sabe disso (*i.e.*, muitas pessoas que vivem no *mundo*, ou todas as pessoas). Este último exemplo pode ser considerado como metonímia hiperbólica;

V – do nome do lugar pela coisa aí produzida: uma garrafa de *porto*, de *xerez*, de *madeira* (*i.e.*, de vinho produzido na cidade do Porto, de Jerez de la Frontera, Esp., ou na ilha da Madeira, ou a ele semelhante), terno de *casimira* (lã ou tecido de lã produzido ou semelhante ao produzido em Caxemira, Índia); *bengala* (bastão feito originariamente com junco ou cana-da-índia de Bengala, outrora província da Índia). Note que por se tratar de metonímia, o nome do produto usualmente se escreve com inicial minúscula;

VI – da causa (aí compreendida a ideia de *meios* ou *instrumento*) pelo efeito (subentenda-se também: consequência, resultado, fruto, produto de), e vice-versa: ganhar a *vida* (= os meios de vida); viver do seu *trabalho* (= do fruto, produto do trabalho); ganhar a vida com o *suor* do rosto (suor = consequência do esforço, do trabalho);

VII – do abstrato pelo concreto: burlar a *vigilância* (= os vigilantes); dar-se bem com a *vizinhança* (= os vizinhos); *ó amizade* (= amigo, amigos);

VIII – do concreto pelo abstrato: *cérebro* (= inteligência), *coração* (bondade, bons sentimentos). É nesta categoria de relação real (o concreto pelo abstrato) que se inclui o símbolo, o qual, entretanto, pode ser também metafórico (ver 1.6.8.9).

1.6.8.8.2 Sinédoque

As relações reais de ordem *quantitativas* em que se assenta a sinédoque podem consistir no emprego:

I – da parte pelo todo (*pars pro toto*): mil *cabeças* de gado (= mil *reses*); mil *bocas* a alimentar (= mil pessoas); "já singram no mar as brancas *velas*" (= navios, barcos); falta-lhe um *teto* (= casa) onde acolher-se;

II – do todo pela parte: morar numa *cidade* (= numa casa, numa parte da cidade);

III – do gênero pela espécie: os *mortais* (= os homens);

IV – da espécie pelo gênero: "Não temendo de Áfrico e Noto a força" (*Lus.*, I, 17), isto é, a força dos ventos em geral, de que Áfrico e Noto são espécies;

V – do indivíduo pela classe: é um *Cícero*, um *Demóstenes* (= um grande orador); é um *Caxias* (= um grande soldado); é um *Harpagão* (= um avarento); um *Dom Quixote* (= um idealista insensato e pertinaz); uma *Capitu* (= uma mulher dissimulada como a heroína de *Dom Casmurro*); uma *Penélope* (= uma esposa fiel e paciente, como a de Ulisses, na *Odisseia*); uma *Laura*, uma *Beatriz* (= amada excelsa, como o foram a de Petrarca e a de Dante). O nome dos grandes vultos da história, das letras, das artes, assim como o de personagens-tipos da literatura, costuma ser empregado para designar aquela classe de indivíduos que agem ou se comportam como o seu modelo. Note-se, ainda, que, conforme o grau de habitualização desse tipo de sinédoque, o nome transladado pode: a) vir a escrever-se com inicial minúscula, tornando-se assim substantivo comum, como é o caso de "césar" (= soberano, governante, ditador), sobrenome do cônsul e *imperator* Caio Júlio *César*; b) tornar-se símbolo, quando não aferido à pessoa (ou personagem), mas a um dos seus atributos de natureza abstrata (ver 1.6.8.9). Observe que muitos autores consideram como metonímia esse caso de emprego do indivíduo pela classe.

VI – da matéria pelo artefato: "Já tangem ao longe os *bronzes*" (= os sinos de *bronze*); os *metais* (= os objetos, instrumentos de *metal*); um *níquel* (= uma moeda de *níquel*); *lenho, madeiro* (= navio de *madeira*), sacro madeiro (= a santa Cruz de *madeira*);

VII – do singular pelo plural e vice-versa: o *brasileiro* (= os brasileiros) é cordial; o *gentio* (= os pagãos, os indígenas); o *homem* (= os homens) é um ser racional.

1.6.8.9 Símbolos e signos-símbolos: didática de alguns símbolos usuais

Deixando de lado as sutilezas semióticas da distinção entre símbolo, ícone, signo, índice, sinal, podemos dizer, apenas com propósito didático, que símbolo é *lato sensu*, uma forma de comunicação em que o nome de uma coisa, ou ela mesma, substitui o de outra ou representa outra. Tal caracterização leva a admitir dois níveis ou duas categorias de símbolos: a) os *não linguísticos*, em que a coisa mesma — ou sua imagem figurativa — representa algo diverso dela, como é o caso das bandeiras, dos emblemas (escudos, logotipos, marcas de fábrica), da maioria dos sinais de trânsito urbano ou rodoviário, dos propriamente ditos símbolos teológicos ou litúrgicos (a cruz, a hóstia, o vinho); b) os *linguísticos* ou signos-símbolos, *i.e.,* a própria linguagem, quer falada quer escrita, e tudo quanto dela deriva (alfabeto fonético, alfabeto morse, alfabeto dos surdos-mudos, taquigrafia, os símbolos da matemática, da lógica, da química, as abreviaturas convencionais; em suma, os códigos).[42]

Em teoria literária, o símbolo, tido como variante da metonímia e, ocasionalmente, da metáfora, é uma figura de significação que consiste em atribuir a uma coisa (ser, objeto) *concreta* um sentido *abstrato*. O signo linguístico, essa entidade de duas faces (imagem acústica = significante, e conceito = significado) é arbitrário, ao passo que o símbolo — notação de uma relação (constante numa determinada cultura) entre dois elementos — é convencional mas nunca totalmente arbitrário:

> O símbolo tem como característica o fato de não ser jamais inteiramente arbitrário; ele não é vazio: há sempre um rudimento de liame natural entre o significante e o significado. O símbolo da justiça, a balança, não poderia ser substituído indiferentemente por qualquer outro, um carro, por exemplo.
>
> (Saussure, 1931:101)

Muitos símbolos, entretanto, parecem totalmente arbitrários, imotivados, tão sutis e tão distantes são as relações (de contiguidade, causalidade ou similaridade)

---
[42] Cf. Ullmann (1967:35 e segs.). Ver também Genette (1972:179-212).

entre a coisa e aquilo que ela representa, dando assim a impressão de resultar de pura e gratuita convenção entre os membros de uma dada comunidade ou uma dada cultura.

É costume, por exemplo, atribuir às cores determinado sentido figurado, de motivação nem sempre prontamente deduzível. Ligadas em todo o mundo a crenças e superstições, elas constituem verdadeira linguagem simbólica, de início provavelmente apenas ritualística. A Igreja Católica fixou nas cores dos paramentos litúrgicos algumas significações que depois também se dessacralizaram. Assim, o *branco* é símbolo de pureza, inocência, candura, imaculação; lembra a Virgem Maria e é (ou era) a cor do vestido de noiva. Mas também pode ser sinal de luto, mais frequentemente representado pelo *negro*, que, por sua vez, figura igualmente nos trajes de gala, de cerimônias solenes e protocolares.

O *verde* é símbolo de esperança, de salvação; e, se é de salvação, pode ser também de segurança, de ausência de perigo. E *verde* se fez sinal de trânsito livre (= siga, sem [grande] perigo). O *vermelho* era cor sagrada, adotada como defesa religiosa dos primitivos contra os maus espíritos, simbolizando sangue, o princípio da vida e a mais sublime oferenda aos deuses. Mas, sobretudo por lembrar *sangue*, *vermelho* tornou-se também símbolo de violência, de sanguinolência. A partir daí, não seria difícil perceber a motivação de *vermelho* como sinal de trânsito impedido (= pare). Admita-se: a cor vermelha sugere *sangue* (relação mentada, de similaridade ou metafórica), e *sangue* pode evocar *ferimento* (relação real, de contiguidade ou metonímica); *ferimento*, por sua vez, leva a pensar nas suas causas (acidente, violência) e possíveis consequências (morte, morte violenta). Então, o sinal vermelho, *i.e.*, o símbolo *vermelho*, teria sido motivado por uma série de associações metafórico-metonímicas, no fim da qual conotaria a advertência, *veicularia* a mensagem: "não prossiga, pois há perigo, pode ocorrer um acidente, você pode ferir-se ou morrer de morte violenta". A escolha de uma *cruz vermelha* como símbolo de assistência ou socorro médico, ou como emblema da instituição internacional a isso destinada em caso de guerra ou de outras calamidades, foi, sem dúvida, motivada por essa conotação de cor vermelha.

Amarelo, símbolo de tristeza? de ódio ou ira? Pense-se na bile, líquido amarelo ou amarelado, amargo e viscoso, secretado pelo fígado, e, quando excessiva, causadora de ira, segundo supunham os antigos. Pense-se também na bile negra ou *atrabilis*, um dos quatro humores cardinais de Hipócrates e Galeno, à qual se atribuíam (outrora?) as causas da tristeza. Daí, amarelo = tristeza, ódio, ira.

Usualmente, a palavra "cruz" designa um antigo instrumento de tortura, formado por duas peças de madeira, uma atravessando a outra, no qual se amarravam ou pregavam outrora os condenados à morte. A um desses instrumentos foi Jesus Cristo pregado. Quando a associação entre a morte de Cristo e o instrumento de sua agonia se tornou constante, habitual, a coisa "cruz" veio a representar ou significar o próprio sacrifício do Nazareno e, por ampliação semântica (metonímia), seus ensinamentos, sua doutrina, o cristianismo, enfim, tornando-se assim um símbolo teológico. O processo de formação foi, até mesmo, duplamente metonímico pois se baseou: a) numa relação material de contiguidade: Cristo *junto, pregado* à cruz > cruz a lembrar Cristo; b) numa relação real de causalidade: a doutrina pregada por Cristo foi a *causa* (ou uma delas) do seu suplício, e o instrumento desse suplício passou a representar a própria doutrina do Nazareno, o cristianismo. O cristianismo, aliás, como quase todas as religiões, conta com uma infinidade de símbolos, ditos teológicos ou litúrgicos. Numerosos são os da Igreja Católica: estrela, triângulo (= Trindade), letras (alfa e ômega), números (3, 7, 12), âncora (= fé), urna, balança, espada (apóstolo São Paulo), cálice, vinho e hóstia (= Eucaristia), navio (= a Igreja), chaves (São Pedro e o papado), espiga de trigo, oliveira, a água, águia (apóstolo São João), peixe, cordeiro, leão, fênix (= ressurreição), e outros.

Espada, símbolo de poder militar? Por quê? A coisa *espada* está (ou já esteve, antes dos mísseis) intimamente associada, ligada (relação real de contiguidade) à atividade dos militares e combatentes em geral. Graças a ela, os que a empunhavam (ou ainda empunham os seus sucedâneos modernos, mais eficazes, mais sofisticados, se bem que não igualmente românticos nem cavalheirescos) dispunham dos meios de mando, do instrumento capaz de fazer valer a autoridade e de manter o poder. Ao sentido denotativo de *espada* (= arma) sobrepôs-se o conotativo de "poder militar".

Pelo mesmo processo metonímico, o *báculo* (cujo antepassado remoto é o cajado dos pastores), empunhado pelo bispo (do grego *episcopos* = vigia, guarda, inspetor, *supervisor*), passou a designar o poder, a autoridade (vigilância, guarda) episcopal, ou pastoral. Símbolo.

O *cetro* (herdeiro também do cajado dos pastores e, no âmbito político, primo-irmão do báculo), empunhado pelos soberanos, passou a ser o símbolo da sua autoridade e, em seguida, do poder monárquico.

A *coroa* — sucessora daqueles ramos de louro dispostos em círculo sobre a cabeça dos que se distinguiam excepcionalmente, quer pela sua bravura (heróis guerreiros) quer pelos seus feitos atléticos (campeões olímpicos) ou pelos seus dons poéticos (poetas premiados em público, na Grécia antiga) — depois que se tornou adorno exclusivo da cabeça dos monarcas (os primitivos, pelo menos, eram vencedores de disputas nos campos de batalha, embora muitos dos seus pósteros só o fossem nos bastidores ou nas alcovas), transfigurou-se, também por metonímia, em símbolo do poder monárquico, da pessoa do próprio rei ou do Estado por ele governado e, por extensão, da realeza em geral e suas *regalias*.

Por sua vez, a mesma coroa de louros com que os gregos premiavam ou celebravam seus atletas e poetas, vencedores de prélios ou competições, acabou símbolo da própria *vitória*, e o louro mesmo, no âmbito exclusivo das letras, símbolo de distinção acadêmica, concorrendo, nessa função de premiar, com as *palmas*, ditas acadêmicas, e com as outras, as das mãos, mais espontâneas no aplaudir, mais ruidosas no festejar. O livro, por ser fonte de cultura e ilustração, passou, ainda por metonímia, a ser símbolo da própria cultura ou saber.

Mas os símbolos formam-se também pelo processo metafórico, quando entre a coisa e aquilo que ela significa existe qualquer relação de semelhança ou similaridade, mas relação mentada, e não real, como é o caso de *balança*, por exemplo. A ideia que primeiro nos sugere a característica material, extrínseca, da balança comum é a de equilíbrio, ideia provocada de imediato pela extensão igual dos dois braços do travessão. Ora, o que, por sua vez, distingue a justiça é a equidade, a disposição de dar a cada um a parte que lhe cabe por direito (seja pena seja prêmio). Portanto, a ideia comum que leva a tomar a coisa *concreta* (balança) pelo seu sentido *abstrato* (justiça) é a de igualdade, equilíbrio, equidade.

Os emblemas, nas suas numerosas variedades (escudos, logotipos ou qualquer figura ou desenho convencional), são símbolos, alguns claramente motivados, outros aparentemente arbitrários, pelo menos para o receptor da mensagem que veiculam.

Os guerreiros antigos serviam-se de uma chapa de metal, madeira ou couro, de forma circular, oval ou oblonga, que prendiam ao braço esquerdo para proteger o corpo contra os golpes do adversário. Essa arma defensiva, usada pelos cavaleiros medievais, trazia, inscritos, dizeres ou sinais que indicavam o chefe sob cujas ordens combatiam. Foi, assim, a ideia de grupo de indivíduos identificados por interesses e objetivos comuns, associados em luta pela mesma causa, sob o comando do mesmo chefe, que levou o escudo — depois da sua adoção como brasão heráldico — a ser usado como emblema por agremiações de várias espécies, tornando-se, portanto, símbolo de espírito associativo, de comunidade de interesses, ideias, propósitos e, igualmente, da própria instituição que os defende ou corporifica. Assim, um escudo em forma ogival de campo (= fundo) negro com uma estrela solitária branca = Botafogo; se listrado de vermelho e negro com iniciais entrelaçadas = Flamengo.

Signos convencionais, figuras ou desenhos, marcas de fábrica ou produto, logotipos, enfim, são emblemas, e emblemas são símbolos.

Até as criaturas humanas, personagens literárias, vultos históricos, lendários, entidades mitológicas, animais, tomados por um dos seus atributos típicos, característicos ou predominantes, podem tornar-se símbolos, quando atingem um alto grau de habitualização: Tiradentes e Caxias, símbolos nacionais de devotamento à pátria; Ulisses, símbolo de argúcia e astúcia; d. Quixote, de idealismo insensato; madame Bovary, de insatisfação feminina; Harpagão (personagem de *O avarento*, de Molière), de avareza; Shylock (personagem de *O mercador de Veneza*, de Shakespeare), de usura; d. João e Casanova, símbolos ou personificações do amor cínico, do conquistador cínico, como Otelo o é do ciúme.

Na galeria dos animais, quantos não são símbolos ou personificações de sentimentos, ideias, vícios e virtudes do homem? A *águia*, talento, perspicácia e também velhacaria; o *cágado* e a *lesma*, lentidão; o *cão*, servilismo e também fidelidade ao homem, seu senhor; o *chacal*, voracidade feroz; a *coruja*, sabedoria; o *camaleão*, mimetismo e versatilidade de opiniões; o *leão*, coragem e bravura; a *lebre*, ligeireza; o *rouxinol*, canto melodioso; o *touro*, força física; a *pomba*, inocência indefesa; a *víbora*, malignidade... Símbolos... Símbolos... (Ver 10. Ex., 209-217.)

1.6.8.10 Antonomásia

A antonomásia é uma variedade de metonímia[43] que consiste em substituir um nome próprio por um nome comum ou vice-versa. Normalmente, o nome comum expressa um atributo inconfundível e notório da pessoa (pode ser também uma divindade, uma entidade real ou fictícia, um povo, um país, uma cidade) ou um acontecimento a que esteja diretamente ligada. Entre os vários atributos de Castro Alves destaca-se o fato de ter escrito célebres e numerosos poemas em defesa dos escravos; daí a sua antonomásia o *poeta dos escravos*. Por razões de natureza idêntica, Gonçalves Dias é o *cantor dos índios*. Pela sua contribuição para a independência do Brasil, José Bonifácio é conhecido pela antonomásia de o *Patriarca da Independência* e Simón Bolívar, por causa das suas campanhas em prol da liberdade de antigas colônias espanholas da América, é chamado o *libertador*. Dos episódios que marcaram a vida de Rui Barbosa sobressai o de se ter distinguido como representante do Brasil nas conferências de Haia, o que lhe valeu a antonomásia de *águia de Haia*. Cristo é, por antonomásia, o *Salvador*, o *Redentor*, o *Nazareno*. Assim também: o *vencedor da esfinge* (Édipo), o *herói de Tróia* (Aquiles), o *cavaleiro da triste figura* (d. Quixote), o *hóspede de Santa Helena* (Napoleão), o *herói de Riachuelo* (Barroso), o *Tiradentes* (Joaquim José da Silva Xavier).

Na linguagem coloquial, antonomásia é o mesmo que apelido, alcunha ou cognome, cuja origem é um aposto (descritivo, especificativo, pejorativo, etc.) do nome próprio. Quando ambos, em consequência de um acentuado grau de habitualização, se evocam mútua e espontaneamente, omite-se o nome próprio, e o aposto torna-se, assim, antonomásia ou apelido. Pedro tem defeito numa das pernas, ou falta de uma delas? Então: Pedro, o *perneta*. Como decorrência da associação constante entre seu nome e o aposto dele, Pedro passa a ser designado antonomasticamente por *Perneta* (que então se escreve com maiúscula).

A antonomásia pode revelar intuito descritivo (*vencedor da esfinge*), laudatório (*águia de Haia*), pejorativo (*perneta*), irônico (*cavaleiro da triste figura*) ou eufêmico (*hóspede de Santa Helena*).

---

[43] Lausberg (1936, §576) considera-a como "uma espécie de sinédoque".

Quando consiste na substituição de um nome próprio por um nome comum, e não o contrário, ela frequentemente tem por base uma metáfora: *pérola das Antilhas* (Cuba), *rainha* do Adriático (Veneza), o *príncipe* dos poetas (Homero), o *cisne* de Mântua (Virgílio), o *gigante* do Norte (EUA), o *berço* do cristianismo (Jerusalém, Judeia), o *flagelo* de Deus (Átila).[44]

Sendo geralmente constituída por um agrupamento de palavras — conforme se pôde observar em alguns dos exemplos até aqui mencionados —, dá-se-lhe também o nome de *perífrase*. Numerosas são as perífrases desse tipo, já consagradas pelo uso e, na sua maioria, reduzidas à condição de clichês, de lugares-comuns, sobretudo quando designam:

♦ países, povos, cidades, regiões: a *terra dos faraós* (Egito), a *cidade dos jardins suspensos* (Babilônia), a *terra da promissão* (Canaã), o *povo eleito* (os judeus), o *berço do gênero humano* (a Ásia);

♦ divindades, entidades mitológicas: o *deus das riquezas* (Pluto), *das artes* (Apolo), *da guerra* (Marte), *dos infernos* (Plutão), *do comércio* (Mercúrio), *dos sonhos* (Morfeu), a *deusa da sabedoria* (Minerva), *da beleza* (Vênus), *das flores* (Flora), o *cantor da Trácia* (Orfeu), *princesa do mar, rainha do mar, sereia do mar* (Iemanjá; ver nota 44);

♦ vultos históricos: o *herói das Termópilas* (Leônidas), o *legislador dos hebreus* (Moisés), o *legislador de Atenas* (Sólon), o *legislador de Esparta* (Licurgo), o *pai* (ou o *príncipe*) *da medicina* (Hipócrates), o *pai da história* (Heródoto), a *donzela de Orleans* (Joana d'Arc)...

♦ grandes escritores: o *poeta de Weimar* (Goethe), a *águia de Meaux* (Bossuet)... Nesta categoria, são usuais as antonomásias "o poeta de...", "o cantor de...", "o autor de...": o poeta de "As pombas" (Raimundo Correia), o autor de *Iracema*.

---

[44] Por definição, as antonomásias dessa espécie (nome comum em lugar de nome próprio) legitimamente só se deveriam escrever com inicial minúscula; entretanto, muitas delas, por traduzirem certo grau de afetividade (louvor, respeito, consagração, sentimento bairrista, patriotismo), costumam vir com maiúscula, como é o caso de *Cidade Maravilhosa* (Rio), *Cidade Sorriso* (Niterói), o *Salvador*, o *Tiradentes*, o *Patriarca da Independência* e outros idênticos.

2.0 Feição estilística da frase

2.1 Estilo

Estilo é tudo aquilo que individualiza obra *criada pelo homem*, como resultado de um esforço mental, de uma elaboração do espírito, traduzido em ideias, imagens ou formas concretas. A rigor, a natureza não tem estilo; mas tem-no o quadro em que o pintor a retrata, ou a página em que o escritor a descreve.

Estilo é, assim, a forma pessoal de expressão em que os elementos afetivos manipulam e catalisam os elementos lógicos presentes em toda atividade do espírito. Portanto, quando falamos em "*feição estilística* da frase", estamos considerando a forma de expressão peculiar a certo *autor* em certa *obra* de certa *época*. Os exemplos que apresentamos não abrangem, evidentemente, todos os aspectos estilísticos da frase no português moderno, mas apenas aqueles que ou podem servir de modelo a principiantes ou devem ser evitados pelos menos experientes. Os ocasionais comentários que os acompanham ajudarão o estudante a julgá-los dignos de imitação ou de repúdio quanto à sua eficácia expressiva, sua objetividade, sua coerência e clareza, mais do que quanto à sua elegância oca ou seu purismo gramatical estéril. Se, em alguns casos, nos detemos mais demoradamente em um ou outro comentário, não é porque nos tente aqui uma espécie de análise estilística meio parasitária, mas porque nos move o propósito de tornar úteis, praticamente imitáveis, quando não repudiáveis, os exemplos que louvamos ou censuramos.

2.2 Frase de arrastão

No seguinte período composto por coordenação

Cheguei à porta do edifício, toquei a campainha e esperei algum tempo mas ninguém atendeu, pois já passava das 10 horas.

as orações se enfileiram na ordem de sucessão dos fatos, enunciados sem coesão íntima claramente expressa, a não ser entre as duas últimas.

Esse processo de estruturação de frase, que exige pouco esforço mental no que diz respeito à inter-relação das ideias, satisfaz plenamente quando se trata de situações muito simples. Por isso, é mais comum na língua falada, em que a situação concreta, isto é, o ambiente físico e social, supre ou compensa a superficialidade dos enlaces linguísticos. Atente-se para a linguagem infantil, para a linguagem dos adolescentes, dos imaturos ou incultos, mesmo escrita: o que se ouve, ou se lê, é uma enfiada de orações independentes muito curtas que se vão *arrastando* uma às outras, tenuamente atadas entre si por um número pouco variado de conectivos coordenativos: *e, mas, aí, mas aí, então, mas então*. Como são poucas para traduzir variadas relações, essas partículas se tornam polissêmicas, quer dizer, passam a ter vários sentidos, conforme a situação e as relações, como acontece principalmente com *e, aí* e *então*. Sobretudo no estilo narrativo, elas não se limitam a concatenar, a aproximar; marcam também uma coesão mais íntima, relações mais complexas, como as de tempo, causa, consequência e oposição.

O trecho anteriormente transcrito poderia prosseguir sob a forma de uma legítima *frase de arrastão:*

> *Então,* desisti de esperar e resolvi telefonar. *Mas aí* chegou o porteiro. *Então,* ele abriu a porta *e* eu entrei. *Mas* o elevador estava parado. *Então,* subi pelas escadas. *Aí* cheguei ao quarto andar. *Mas* não havia ninguém em casa. *Então,* escrevi um bilhetinho e botei por baixo da porta. *Mas aí* chegou a empregada. *Então,* eu perguntei a ela: d. Maria está? *Aí* ela respondeu: Não está, não senhor.

O trecho nem por ser forjado deixa de refletir a realidade da língua falada corrente em nossos dias na boca de imaturos ou incultos. O primeiro *então* tem o valor de *portanto:*[45] indica consequência ou conclusão. *Mas aí* introduz fato novo que sugere oposição e tempo — oposição no "mas" e tempo no "aí": tinha resolvido telefonar, mas a chegada do porteiro se *opôs* a essa decisão. (A partícula mais comum para indicar oposição é "mas" na coordenação e "embora" na subordinação.) O segundo e o terceiro "então" também sugerem consequência, com o sentido de "por isso". "Mas o elevador estava parado. Então (= por isso) subi pelas escadas" corresponde, na subordinação, a "Mas, *como o elevador estava parado,* subi pelas escadas" — causa anteposta, mais adequada à situação —, ou a "Mas subi pelas escadas *porque o elevador estava parado*". O "aí" antes de "cheguei" coordena como se fosse "e" mas indica também tempo: "subi pelas escadas *e depois* cheguei ao quarto andar." As demais partículas desse período de arrastão têm valor similar ao das anteriores, *mutatis mutandis.*

---

[45] É talvez por causa desse valor de partícula conclusiva (portanto, por isso) que "então" vem seguido de vírgula, ao contrário do que acontece com "mas aí", de sentido adversativo.

Essa estrutura da frase, típica da linguagem coloquial despretensiosa, apesar de monótona e cansativa — quando não irritante para o ouvinte — pode atender as necessidades da comunicação imediata nas situações muito simples, traduzíveis em estilo narrativo-descritivo. Mas, quando estão em jogo ideias abstratas, cuja expressão exige certa capacidade de raciocínio lógico, mais complexamente elaborado, ela se mostra ineficaz. Nesse caso, há que recorrer também — entre outras coisas evidentemente — ao processo sintático da subordinação. A coordenação reflete um raciocínio linear, retilíneo, em que as ideias se encadeiam sem incidências nem interpolações, ao contrário do que ocorre na subordinação, que é um processo, por assim dizer, sinuoso.

2.3 Frase entrecortada

Confrontando-se página de novelista ou cronista contemporâneo com a de qualquer de seus "colegas" do passado — de Castilho e Herculano para trás — nota-se diferença tão grande quanto à organização do período, que quase se pode dizer que a língua é outra. Em vez de períodos longos, caudalosos, enleados nas múltiplas incidências da subordinação, característicos do classicismo e de certa fase do romantismo, o que distingue o estilo moderno é a brevidade da frase, predominantemente coordenada.

Essa preferência pela coordenação, pelos períodos curtos, pela frase esportiva, desenleada, desenvolta, vem-se acentuando a partir da última fase do romantismo e dos primórdios do realismo, em toda a literatura ocidental, e não apenas na brasileira.

No que nos diz respeito, os primeiros sinais de reação contra a frase centopeica do classicismo já se encontram na obra de José de Alencar. No pós-escrito à segunda edição de *Iracema*, em 1870, o autor de *O guarani* assim se manifestava, por instinto ou por influência de leituras, a respeito do período clássico:

> No conceito do distinto literato [Henriques Leal, escritor maranhense que, em artigo, censurara o "estilo frouxo e desleixado" do autor de *O guarani*], os nervos do estilo são as partículas, especialmente as conjunções, que teciam a frase dos autores clássicos, e serviam de elos à longa série de orações amontoadas em um só período.
>
> Para meu gosto, porém, em vez de robustecer o estilo e dar-lhe vigor, essa acumulação de orações ligadas entre si por conjunções relaxa a frase, tornando o pensamento difuso e lânguido.
>
> As transições constantes, a repetição próxima das partículas que servem de atilhos, o torneio regular das orações a sucederem-se umas às outras pela mesma forma, imprimem em geral ao chamado estilo clássico certo caráter pesado, monótono e prolixo, que tem sua beleza histórica, sem dúvida, mas está bem longe de prestar-se ao perfeito

colorido da ideia. Há energias do pensamento e cintilações do espírito, que é impossível exprimir com semelhante estilo.

Para documentar a sua tese, o autor escolhe um trecho de *O guarani* ("A tarde ia morrendo. O sol declinava no horizonte...") caracterizado pelos períodos curtos, com parcimônia de subordinação, citando a seguir exemplos de alguns autores clássicos, que, "em certos casos, sentiram a necessidade de abandonar esse estilo tão alinhavado de conjunções por uma frase mais simples e concisa" (o autor transcreve a seguir um trecho de Lucena).

Essa reação, de que José de Alencar se faz porta-voz declarado, viria a acentuar-se, de modo geral, no realismo, sensivelmente em Machado de Assis, comedidamente em Aluísio de Azevedo, ocasionalmente em Raul Pompéia, que, aliás, é, antes, impressionista.

Todavia, foi depois do nosso movimento modernista que essa preferência pela frase curta, incisiva, desenleada, se tornou — digamos assim — avassaladora, passando a constituir mesmo padrão de excelência estilística. Nos áureos tempos da primeira fase desse movimento, período longo subordinado era uma espécie de tabu estilístico, era coisa velha que lembrava o parnasianismo, que lembrava Rui Barbosa, que lembrava Coelho Neto (que, diga-se de passagem, também se servia com frequência dos períodos curtos coordenados). Basta passar os olhos pelas obras — não apenas do gênero de ficção — das décadas de 1920 e 1930 para se ter uma ideia dessa ojeriza à frase acumulada de subordinações. Tomemos como exemplo *Os condenados* (escrito em 1922), de Oswald de Andrade, um dos porta-estandartes do modernismo. Nas 266 páginas da primeira edição, raros, raríssimos são os períodos compostos por subordinação; o que lá se encontra, em absoluta maioria, são períodos curtos coordenados, que se adicionam uns aos outros em unidades muito breves:

> Passou [o escultor] o dia estirado em um quarto de hotel. E a noite veio e foi... Ficou até meio-dia na cama alva e desconhecida. Fazia um calor de porto sul-americano. Levantou-se, vestiu-se com dificuldade, tomou o trem das duas horas, de regresso.
>
> No começo da serra chovia. Uma retardada fadiga caiu sobre ele. Olhou pela janela do "wagon"; embaixo, entre águas, viu uma casa de tijolos com chaminé e leu um letreiro longo até o fim.
>
> Um mosquito trouxe-lhe uma ferroada ardida à mão.
>
> (Andrade, 1941:201)

Amostras ainda mais expressivas desse feitio de frase asmática, pontilhada e telegráfica, despojada daquelas sinuosidades do período clássico, torneado e envolvente, austero e cerimonioso, apresenta-nos, a cada passo, a obra de Antônio de Alcântara Machado. No trecho a seguir, depois de admitir que o movimento modernista não teria provocado a reação indignada dos seus opositores, se tivesse despontado no Brasil "muito mais tarde como eco remoto do europeu", escreve o autor de *Brás, Bexiga e Barra Funda*:

> Mas tal como rebentou não. Os bocós estranharam. Sentiram-se mal. Davam-se tão bem com as velharias. Era tudo tão cômodo e tão fácil. Nem precisava pensar mais. A coisa já saía sem esforço. O realejo era herança de família e estava à disposição de qualquer um. Bastava estender a mão e virar a manivela. Pronto. A ária mil vezes ouvida contentava todos os ouvidos. Sem cansá-los nunca. Uma beleza.
>
> (Machado, 1940:306)

Mesmo quando a estrutura do período é de legítima subordinação, o autor procura disfarçar-lhe os enlaces sintáticos, isolando, entre pontos, termos e orações dependentes:

> A relação se fez de chofre. Sem ser esperada. De um momento para outro. Foi uma surpresa. Pregou um susto tremendo. O pessoal ficou espantado. Nunca havia visto coisa igual na vida. Nem sabido ou sonhado que pudesse existir.
>
> (Machado, 1940:305)

Desprezadas as redundâncias, que a estrutura fragmentária da frase parece disfarçar ou atenuar, o trecho assumiria a seguinte feição, se reduzido a um só período de molde clássico:

> A reação, que foi uma surpresa, se fez de chofre, sem ser esperada, de um momento para outro, de modo que pregou um tremendo susto, e o pessoal ficou espantado, pois nunca havia visto coisa igual na vida nem sabido ou sonhado que pudesse existir.

É evidente que nessa versão quase nada subsiste da leveza bem-humorada que se insinua na frase de Alcântara Machado. É que a austeridade engravatada do período de feitio tradicional talvez não se ajuste bem ao tom irônico e esportivo com que o assunto é tratado pelo autor, para quem "até então no Brasil a preocupação de todo escritor era parecer grave e severo. O riso era proibido" (Machado 1940:309).

Os trechos transcritos dão uma ideia satisfatória do que era a frase entrecortada e soluçante tão ao gosto da primeira fase do nosso movimento modernista. Moldada à imagem da *phrase coupée* dos franceses, ela foi alvo de chacotas e acerbos ataques dos críticos e representantes da literatura anterior ao modernismo, como José Oiticica, que a chamava, com incontida indignação, de "estilo picadinho" ou "frase picadinha".

Essa atomização do pensamento apresenta, é certo, a vantagem de lhe tornar mais fácil a compreensão. O leitor aprende prontamente o enunciado de cada unidade nas pausas que se intercalam. Se não há necessidade de mostrar a coesão íntima entre as ideias, suas relações de mútua dependência, esse tipo de construção se torna bastante expressivo. Por isso é que se ajusta satisfatoriamente às narrações e descrições, em que o autor focaliza de maneira sumária as fases de uma cena ou incidente ou os elementos de um quadro. Daí decorre, por certo, a sua predominância no romance e no conto modernos assim como na crônica. Mas será difícil encontrar exemplos de frase soluçante no ensaio crítico ou filosófico, na argumentação, nas dissertações doutrinárias, a não ser ocasionalmente.

No seguinte exemplo, de Érico Veríssimo, a frase entrecortada de pontos é forma adequada à descrição da cena e aos propósitos do autor:

> Cheguei em casa e perdi o sono. Li um pouco e depois fui deitar. Era mais de meia-noite e eu ainda não havia dormido. Ouvi um barulho na rua. Uma pessoa vinha meio cantando meio chorando. Parecia uma voz conhecida.
>
> (Veríssimo, 1953:161)

É claro que não se trata de nenhuma obra-prima digna de ser imitada. Mas a situação é por si mesma muito simples para a adoção de frase mais complexa. Seria forma inadequada transmitir as mesmas ideias num período subordinado pomposo, cheio de enleios, como na seguinte versão parafrástica:

> Cheguei em casa, mas, como perdera o sono, li um pouco, indo depois deitar e, embora já passasse da meia-noite, ainda não havia dormido, de forma que ouvi um barulho na rua, onde uma pessoa, cuja voz me parecia conhecida, vinha meio cantando meio chorando.

Entre um extremo e outro, *i.e.*, entre a frase chã e o período pomposo e petulante, a virtude deve estar no meio.

Quando fragmentos de frase, frases nominais e frases soluçantes se misturam, o resultado é um estilo como que estertorante ou convulsivo:

> Sou um homem, pensou. Riu satisfeito. O silvo. A mata escura que de repente se fechou sobre ele. Um homem. Maura deitada a seu lado, o corpo nu. As veiazinhas azuis nas virilhas. O ventre arredondado. Como é estranho e fechado um ventre que a gente alisa de mansinho. Pela primeira vez. Brilhante, os pelinhos eram como pele de pêssego. Precisava voltar lá. E se começasse a gostar dela? Parecia diferente das outras. Amanhã mesmo vou levar para ela um vidro de cheiro. Gostam dessas coisas.
>
> (Dourado, 1961:225)

A frase entrecortada ou soluçante é muito comum no discurso semi-indireto livre, uma forma híbrida dos discursos direto e indireto (ver 4.0):

Irritou-se. Porque seria que aquele safado batia os dentes como um caititu? Não via que ele era incapaz de vingar-se? Não via? Fechou a cara. A ideia do perigo ia-se sumindo. Que perigo? Contra aquilo nem precisava facão, bastavam as unhas. (...) Fabiano pregou nele os olhos ensanguentados, meteu o facão na bainha. Podia matá-lo com as unhas. Lembrou-se da surra que levara e da noite passada na cadeia. Sim senhor. Aquilo ganhava dinheiro para maltratar as criaturas inofensivas. Estava certo?

(Ramos, 1965:129)

Em maior ou menor dose, quase todos os escritores — sobretudo romancistas e cronistas — que surgiram entre a eclosão da Semana de Arte Moderna (São Paulo, fevereiro de 1922) e, praticamente, o advento da geração dita "de 45", revelaram acentuada preferência por essa estrutura de frase, que ainda hoje perdura — mas desbastada dos seus excessos — como um dos grandes legados do nosso modernismo.

2.4 Frase de ladainha

Variante da frase de arrastão é a que poderíamos chamar *frase de ladainha*. Dosado às vezes de certo lirismo ingênuo, em tom coloquial ameno, mas caracterizado por um primarismo sintático *à outrance*, esse tipo de construção, quando manejado por principiantes, pode tornar-se monótono e cansativo na sua interminável sucessão de orações coordenadas por "e", com pouquíssimas subordinadas que não sejam adjetivas introduzidas por "que".

No entanto, o molde dessa frase está na Bíblia, especialmente no Velho Testamento; parece ser traço da sintaxe hebraica, menos enleada em subordinação do que a grega ou latina:

E ele encarará contra as ilhas, e tomará muitas delas; e fará deter o autor do seu opróbrio e o seu opróbrio virá a cair sobre ele.

E voltará o seu rosto para o império da sua terra, e tropeçará e cairá e não será achado.

(Daniel, XI, 18-9)

Um cronista muito apreciado por certa camada de leitores — José Carlos Oliveira — proporciona-nos um exemplo vivo desse estilo bíblico, numa crônica a que ele, certamente por sugestão do exemplo evangélico em que se teria inspirado, deu o título de "Ladainha", denominação de que nos apropriamos:

Íamos num automóvel em alta velocidade ao longo da praia de Ipanema e era uma tarde meio cálida e meio cinza e meio dourada e estávamos alegres e o vento desenrolava os nossos cabelos e o ciciante mar estava da cor de um sabre visto no momento final pela própria pessoa em cuja carne está sendo enterrado — um sabre talvez manejado

> por um japonês que se submete ao haraquiri — e tudo era musicalidade e tudo de certo modo era triste como ficam tristes as coisas no momento mais agudo da felicidade e nós vimos sobre uma duna as freiras e eram cinco freiras que usam chapeuzinho com uma borla ou bordado branco e vestido marrom e eram cinco freiras alegres...
>
> (*Jornal do Brasil,* 15 maio 1963)

E a "ladainha" prossegue, nesse tom, sem um só ponto, ao longo de duas colunas, num total de 85 linhas e cerca de 500 palavras, em que entram 37 conjunções "e", 17 orações adjetivas, quatro reduzidas de gerúndio, três comparativas, uma temporal e uma substantiva (os dados estatísticos servem apenas para dar uma ideia do que é o estilo de ladainha levado ao extremo). Na pena de um inexperiente, esse primarismo sintático tem por vezes consequências deploráveis.

Mas, se o autor que dele se serve por fastio da sintaxe habitual, ou como exercício de estilo ou até mesmo com o propósito de *épater* a burguesia gramaticalizada, tem imaginação e vocação lírica, dispõe de agilidade mental e capacidade de associação livre, o resultado pode ser bastante apreciável. Desses dons dispõe sem dúvida o autor da crônica citada, mas receamos que os tenha malbaratado simplesmente porque não cuidou da resistência da atenção do leitor.

Espécie de frase de ladainha que se aproxima em certo grau da caótica está no trecho que transcrevemos abaixo. Para nos dar uma ideia do ramerrão da labuta doméstica, na sucessão monótona dos dias de par com um tempo que não flui, Aníbal Machado recorre a esse tipo de estrutura frasal:

> **EMBOLADA DO CRESCIMENTO** — Enquanto a criança crescia a mãe arrumava a casa esperava o marido dormia ia à igreja conversava dormia outra vez regava as plantas arrumava a casa fazia compras acabava as costuras enquanto a criança crescia as tias chegavam à janela olhavam o tempo estendiam os tapetes imaginavam o casamento ralavam o coco liam os crimes e os dias iam passando enquanto a criança dormia crescia pois o tempo parou para esperar que a criança crescesse.
>
> (Machado, 1965:16)

A criança é o João Ternura, herói erótico e irônico, parente espiritual, primo-irmão de Macunaíma. Concebido sob o signo do amor, esperado e nascido com anseio e ternura, era natural que João Ternura fizesse parar o tempo enquanto mãe e tias só pensavam em vê-lo adulto. E os dias passam, sucedem-se iguais, mas o tempo mesmo é de expectativa, o tempo mesmo estava parado à espera de que "a criança crescesse".

Essa ideia de sucessão dos dias está habilmente sugerida numa forma verbal eficacíssima para expressar continuidade: uma série de orações em fileira, em ladainha, justapostas, sem conjunções — na sua maior parte — nem vírgulas. Mas só os dias correm: o tempo, não. O tempo está "parado", o tempo é de expectativa, está em compasso de espera. Tudo isso está insinuado nas três orações iniciadas por "enquanto", orações que indicam tempo concomitante, duração: "enquanto a criança crescia", "enquanto a criança dormia crescia".

A atmosfera que aí se cria é como que "surrealista", ou melhor, bergsoniana: nela se distingue o tempo verdadeiro, o tempo psicológico ou interior ("o tempo parou para que a criança crescesse"), da sua tradução em espaço, *i.e.*, do tempo matemático, expresso em horas e dias sucessivos. A ideia de duração, a *durée* bergsoniana, sugerida nas orações de "enquanto", reflete o estado de espírito da mãe e das tias de João Ternura, ansiosas por que o menino se faça homem, entregues quase maquinalmente, quase sonambúlicas, às tarefas caseiras "com um olho muito vivo" no tempo que não flui, e com outro, "meio míope", nos dias que correm. Arrumar a casa, esperar o marido, dormir, ir à igreja, regar as plantas, fazer compras, acabar as costuras, estender os tapetes, chegar à janela, pensar no casamento, ralar coco, ler os crimes, tudo isso eram atividades corriqueiras de que a mãe e as tias nem se davam quase conta, de atentas que estavam no crescimento da criança.

Por trás desse "tempo-hora", desse tempo exterior, flui lentamente o outro, o "tempo-duração", o tempo interior. Essa dicotomia, Aníbal Machado expressa-a, com uma habilidade sortílega, num período de oito linhas, em que os dois planos da ideia de temporalidade se entrecruzam. Ao titular esse pequeno parágrafo de "embolada", teria o autor pensado em sugerir a ideia de "dois tempos", de compasso binário, que caracteriza a embolada nordestina? A estrutura da frase lembra nitidamente o ritmo e o tom dessa forma poético-musical do Nordeste. Mas o curioso é que, por associação com "embolada de coco", ou simplesmente "coco", de que há inúmeras variedades, o autor se tenha referido a "ralar coco", especificando uma atividade das tias, que não é característica da região (Minas) onde o herói João Ternura nascera e crescia.

De qualquer modo, a frase de "ladainha" constitui, no caso, uma eficaz forma de expressão para a ideia de dois tempos a fluir... "embolados".

2.5 Frase labiríntica ou centopeica

Na pena de certos escritores aquilo que chamamos de período "tenso" (ver 1.5.3) pode degenerar numa frase caudalosa e confusa. Se, por exemplo, a prótase se alonga em demasia por uma série de membros que afastam o desfecho (apódose) para além da resistência da atenção, o efeito pode ser — e geralmente é — negativo: um período reptante, centopeico, embaraçado nos seus numerosos "pés", à maneira proustiana. Mas, ao contrário dos miriápodes, não leva a lugar algum: perde-se nos meandros das suas artimanhas. Nesse erro incide Pedro Lessa:

Hoje, quando no seio de uma família numerosa há um jovem que, por falta de certa vivacidade de espírito e de outros predicados naturais, ou dos que se adquirem pelo esforço e pelo trabalho, não pode granjear os meios de subsistência, e menos ainda de obter qualquer colocação saliente, ou um ancião, vencido na vida, para quem a fortuna foi descaroável madrasta nas profissões que tentou, sem disposição alguma para o exercício de qualquer mister conhecido e lícito; dá-se não raro uma espontânea conspiração entre os conjuntos por parentescos de um ou de outro, os políticos militantes e os detentores do poder, para elevar o inclassificável às várias posições políticas, então, com o mais bem-aventurado júbilo dos chefes das agremiações assim enriquecidos, esse vai ser o legislador, esse vai ser o estadista.

(Pedro Lessa apud Passos, 1955:110)

É preciso ler e reler o trecho para lhe alcançar o sentido. Deixando de lado as incorreções de ordem sintática e outros defeitos de construção, a falha mais grave do texto resulta da série inumerável dos elementos da prótase, que se enleiam, se embaraçam uns nos outros de tal forma que se torna penoso deslindá-los para saber onde começa a apódose ("...dá-se não raro uma conspiração..."), descabidamente precedida por ponto e vírgula, único recurso que o autor supôs capaz de ajudar a compreensão do texto (ele próprio sentiu que a prótase estava demasiadamente longa). Além disso, o agrupamento "os políticos militantes e os detentores do poder", que leva o leitor a acreditar tratar-se do sujeito de outra oração, é apenas aposto de "conjuntos por parentescos" (essa é, pelo menos, a única maneira de interpretá-lo). A confusão talvez pudesse ser evitada, se o autor o pusesse entre travessões, pois há vírgulas demais no texto. Ainda por cima, as três últimas linhas apresentam uma construção anacolútica inadmissível, que talvez pudesse ser corrigida com um ponto ou ponto e vírgula antes de "então", que tem valor conclusivo: "dá-se (o próprio verbo é aqui inadequado) uma conspiração... para elevar o inclassificável (*i.e.*, jovem ou ancião) às várias posições políticas. Então, esse vai ser o legislador, esse vai ser o estadista". A clareza aconselharia "*um* vai ser..., o *outro* vai ser" ou "*este* vai ser..., *aquele* vai ser..." Mas, num período desse jaez, nem a pontuação ajuda muito: é inútil jogar com vírgulas, travessões, pontos e vírgulas, porque a obscuridade continua. Esse é o defeito mais grave e mais comum resultante dos períodos sobrecarregados de informações, períodos que são verdadeiras centopeias ou labirintos.

De forma que à frase entrecortada ou soluçante, cujos excessos podem ser condenáveis, se opõe a frase labiríntica, que esplendeu nos séculos XVI e XVII. É o período caudaloso, miriapódico, o legítimo período ciceroniano, em que exceleram Vieira e outros barrocos, inclusive alguns barrocos extemporâneos (ou contemporâneos), como Proust e Rui Barbosa, mas hoje excepcional na pena dos escritores modernos, se bem que frequente no estilo de muitos principiantes.

Marchetada de conectivos, plena de interpolações e incidências, coleante mas também rastejante, sonora e pomposa, às vezes, mas também prolixa e cansativa, essa espécie de frase torna-se com frequência indecifrável, ininteligível, como no seguinte exemplo:

> Quando às vezes ponho diante dos olhos os muitos (...) trabalhos e infortúnios (...) com muita razão que me posso queixar da ventura (...) Mas por outra parte quando vejo que do meio de todos estes perigos e trabalhos me quis Deus tirar sempre em salvo, e pôr-me em seguro, acho que não tenho razão de me queixar por todos os males passados, quanta de lhe dar graças por este só bem presente, pois me quis conservar a vida, para que eu pudesse fazer esta rude e tosca escritura, que por herança deixo a meus filhos (porque só para eles é minha intenção escrevê-la) para que eles vejam nela estes meus trabalhos e perigos da vida que passei no decurso de vinte e um anos em que fui treze vezes cativo, e dezessete vendido, nas partes da Índia, Etiópia, Arábia felix (Arábia Feliz), China, Tartária, Macáçar, Samatra e muitas outras províncias daquele oriental arcipélago, dos confins da Ásia, a que os Escritores Chins, Siameses, Gueos, Eléquios nomeiam nas suas geografias por pestana do mundo, como ao diante espero tratar muito particular e muito difusamente, e daqui por uma parte tomem os homens motivo de se não desanimarem cos trabalhos da vida para deixarem de fazer o que devem, porque não há nenhuns, por grandes que sejam, com que não possa a natureza humana, ajudada do favor divino, e por outra me ajudem a dar graças ao Senhor onipotente por usar comigo da sua infinita misericórdia, apesar de todos os meus pecados, porque eu entendo e confesso que deles me nasceram todos os males, que por mim passaram, e dela as forças, e o ânimo para os poder passar, e escapar deles com vida.
> (Fernão Mendes Pinto (1510-1583), *Peregrinação*
> apud Ferreira e Lins, 1956:63, V. I)

Nesse trecho encontram-se, elevados, porém, à sua mais alta potência, os traços característicos do período clássico: é uma interminável série de orações subordinadas, desfilando em cascata, inserindo-se umas nas outras, emaranhadas em numerosas incidências, de tal forma que as ideias se atropelam sem discriminação lógica. O resultado é uma frase lenta, sinuosa, cansativa, muito diversa da de outros clássicos, como o padre Manuel Bernardes, por exemplo, ou o nosso Matias Aires, que José de Alencar poderia ter posto ao lado de Lucena no pós-escrito de *Iracema*:

> Nascem os homens iguais; um mesmo e igual princípio os anima, os conserva, e também os debilita, e acaba. Somos organizados pela mesma forma, e por isso estamos sujeitos às mesmas paixões, e às mesmas vaidades. Para todos nasce o Sol; a Aurora a todos desperta para o trabalho; o silêncio da noite anuncia a todos o descanso. O tempo

que insensivelmente corre, e se distribui em anos, meses, e horas, para todos se compõe do mesmo número de instantes. Essa transparente região a todos abraça; todos acham nos elementos um patrimônio comum, livre, e indefectível; todos respiram o ar; a todos sustenta a terra; as qualidades da água e do fogo a todos se comunicam.

(Aires, [s. d.]:71)

Esse é um trecho "suave", formado por vários períodos que em nada lembram, quanto à extensão e à estrutura, a frase caudalosa e centopeica de Fernão Mendes Pinto. O processo sintático que neles predomina é o da coordenação (correm apenas duas orações subordinadas, e, assim mesmo, adjetivas, o que não é de somenos; rever 1.5.1, "Relevância da oração principal"), o que lhes dá um feitio de frase moderna, constituindo mesmo um exemplo que qualquer cronista ou novelista contemporâneo subscreveria sem corar. Aliás, *Reflexões sobre a vaidade dos homens*, do nosso primeiro filósofo moralista, apresenta inúmeros exemplos iguais a esse, em linguagem clara e fluente, em que os períodos compostos por subordinação raramente assumem estrutura labiríntica, o que parece decorrência da feição sentenciosa da sua frase: muitas orações ou períodos simples de Matias Aires são verdadeiras máximas.

Às vezes, um autor, cujo estilo é em geral simples, claro e conciso, deixa escapar um período labiríntico lamentável. Foi o que aconteceu a Renato de Almeida, no seu, sob todos os aspectos, excelente livro *Inteligência do folclore*:

> Sem ter portanto a tradição oral do passado, senão alguns retratos em cuja fidelidade não há que fiar muito, sobretudo porque não é de modo algum possível separar o erudito do popular e também o que de intencional se ajuntava nesses textos, a ciência folclórica esbarra diante da ausência de documentos, através dos quais seja possível reconstruir a tradição, que lhe parece, naquela incisa (*sic*) imagem de Carlyle, como uma enorme câmara escura amplificadora, na qual o homem morto se torna dez vezes maior do que era em vida.

(Almeida, 1957:73)

Há nesse trecho um acúmulo tal de informações, que o leitor fica desorientado; sua matéria daria para pelo menos dois períodos mais claros, com ligeiras adaptações que em nada falseariam o pensamento original:

> Sem ter, portanto, a tradição oral do passado, a ciência folclórica esbarra na ausência de documentos fidedignos, pois não é de modo algum possível separar o erudito do popular nem o que de intencional se ajuntava nesses textos [do séc. XII e XIII, em que se baseia a exegese da novelística popular]. A falta de tais documentos impossibilita

a reconstrução da tradição que é, para a ciência folclórica, na imagem incisiva (?) de Carlyle, como uma enorme câmara escura amplificadora, na qual o homem morto se torna dez vezes maior do que era em vida.

2.6 Frase fragmentária

Como assinalamos em 1.2, as frases de situação, do ponto de vista estritamente gramatical, poderiam ser consideradas como fragmentos de frase, se o contexto não lhes restaurasse a integridade semântica, *i.e.*, se não lhes desse um sentido completo.

Entretanto, o verdadeiro fragmento de frase é de outra ordem. Examinemos o seguinte trecho de Jorge Amado:

> Há muito que os médicos haviam descoberto que aquela febre que matava até macacos era o tifo.
>
> (Amado, 1944:69)

Existem aí quatro orações mas uma só frase íntegra, que, no âmbito restrito da análise sintática, se chama, como sabemos, período. Nenhuma dessas orações encerra um pensamento completo, pois qualquer delas é parte de outra. Isoladamente, constituem fragmentos de frase:

- *Há muito* [tempo] é uma oração, sem dúvida, mas não uma frase (rever 1.1), pois não é suficiente por si mesma para estabelecer comunicação, já que seu sentido só se completa no resto do período, especialmente na oração imediata, dita "temporal" "que [= desde que] os médicos haviam descoberto..." etc. Portanto, é um fragmento de frase, a expressar apenas uma circunstância de tempo, apesar de ser a oração da qual dependem sintaticamente as demais do período;
- *que os médicos haviam descoberto* é também uma oração mas não uma frase, pois seu sentido só se completa no resto do período, onde está o seu objeto direto ("que aquela febre... era o tifo"). Outro fragmento de frase;
- *que matava até macacos* é, da mesma forma, parte de outra oração, ou melhor, de termo ("febre", sujeito) de outra, funcionando como adjunto adnominal. Fragmento de frase;
- *que aquela febre... era o tifo* é, como vimos, o objeto direto de "haviam descoberto". Fragmento de frase.

Donde se conclui que toda oração subordinada é um fragmento de frase, tanto quanto os adjuntos.

Encaremos agora o fragmento de frase como resultado de uma estrutura verbal malograda, frustrada nos seus intentos por causa de falhas palpáveis de pontuação ou de vícios de raciocínio:

> O povo carioca pode gabar-se dos seus quatrocentos anos de vida. Vida bem vivida. Tendo por prêmio a natureza e o clima ameno.
>
> (Redação de aluno)

O primeiro período constitui uma frase íntegra. O segundo — "Vida bem vivida" — é aposto de "vida", aposto por reiteração, com propósito enfático. Poderia estar entre vírgulas, como é de regra, mas o autor deu-lhe maior realce, separando-o por ponto. É, em essência, um fragmento de frase, mas não vicioso, dada, inclusive, a possibilidade de entendê-lo também como construção elíptica ou como frase nominal. Entretanto, parece mais natural encará-lo como um recurso de estilo que se resolveu satisfatoriamente numa frase fragmentária.

Mas o terceiro trecho — de "tendo" até o fim — é um fragmento de frase, tido como vicioso pelos cânones gramaticais, já que se trata de uma oração dependente desligada da sua principal — que é também a principal do período ("o povo carioca pode gabar-se..."). Muitos veriam aí, pelo menos, uma falha de pontuação (ponto em lugar de vírgula), e falhas de pontuação dessa ordem é que provocam a maioria dos fragmentos de frase de feição anacolútica. No ensino fundamental, são frequentíssimas construções semelhantes a essa, constituídas por períodos a que falta a oração principal, porque o ponto está indevidamente colocado.

Ora, o estilo da literatura moderna, brasileira ou não, principalmente a do período entre as duas grandes guerras, distingue-se pelo feitio da sua frase fragmentária, em consequência quase exclusiva de um critério de pontuação não ortodoxo. Não obstante, são formas de expressão legítimas sob o aspecto estilístico e não estritamente gramatical. Quando intencionais e praticadas com habilidade, constituem virtudes estilísticas; quando resultam de incúria ou ignorância, tornam-se vícios lastimáveis.

No exemplo que acabamos de comentar, o fragmento de frase vicioso decorreu do isolamento da oração gerundial "tendo...", isolamento feito com inabilidade ou incúria. No trecho a seguir, de Gilberto Amado, há também uma série de gerúndios desacompanhados de oração principal, mas a habilidade e a experiência do autor deram como resultado uma frase bastante expressiva:

> A gente andando, comendo, bebendo, dormindo, vivendo, indo ao banho no rio, passeando na rua, procurando furtar os figos da velha Merência, paralisando-se de admiração diante do velho Faria, branco, com uma expressão de eternidade, e aquele rapaz bonito, de cabelos cacheados, deitado ali dormindo para sempre.
>
> (Amado, 1954:30)

Sob o aspecto gramatical, há nesse trecho dois grupos de fragmentos de frase: o primeiro constituído pela série de gerúndios, e o segundo, pela parte final, a partir de "e aquele rapaz...", cujo núcleo é o particípio passado "deitado". Falta aí pelo menos uma oração independente que sirva de principal do conjunto. O "remendo" mais fácil consistiria em enxertar um auxiliar ("vivia", ou "estava", por exemplo) para os gerúndios, e outro para o particípio passado ("continuava"). Com isso, o trecho se tornaria íntegro, ficaria sendo realmente um período, mas teria perdido grande parte do seu sortilégio, que provém do contraste entre o dinamismo daqueles gerúndios desacompanhados de auxiliar e a ideia de repouso daquele "deitado". Confronte-se a versão íntegra com a fragmentária, e ver-se-á quanto perdeu com isso o trecho:

> A gente *estava* (ou *vivia*) andando, comendo, dormindo, vivendo, indo ao banho no rio, passeando na rua, procurando furtar os figos da velha Merência, paralisando-se de admiração diante do velho Faria, branco, com uma expressão de eternidade, enquanto aquele rapaz bonito, de cabelos cacheados, *continuava* deitado ali, dormindo para sempre.

É um caso de conflito entre a rigidez gramatical e a excelência estilística. Só os autores experimentados, só os grandes escritores sabem quando e como desprezar certos preceitos gramaticais para obter efeitos estilísticos abonadores. Por isso, o melhor compêndio ou manual de redação é obra dos grandes escritores.

Rachel de Queiroz, naquele estilo todo seu, estilo delicioso no seu coloquialismo espontâneo, com as suas peculiaridades de expressão e de vocabulário, oferece-nos sempre exemplos de fragmentos de frase preciosos como recursos de estilo, muitos, dignos de imitar:

> Viver podia ser tão bom. *Ou bom não digo total*, mas podia ser sofrível. *Cada dia que amanhece. Cada noite com as suas estrelas. E os matos e os bichos e suas flores... E gente dos morros, igualmente com seus passarinhos. Porque tem muita gente de morro que*, embora na cidade, leva a sua existência natural, como índios. *Morando naqueles ninhos empoleirados nas pedras, cozinhando em trempe, apanhando água onde encontra, sem conhecer veículo que chegue lá em cima, nem luz elétrica...* Vivem em condições sub-humanas, alega-se. *É, sub-humanas e sobre-humanas, lá em cima, tão alto.* E não gostam, naturalmente.
>
> (*O Cruzeiro*, 28 mar. 1964)

Grande parte do trecho é constituída por fragmentos de frase (grifados na transcrição). Examinemos, por exemplo, aquele iniciado por "porque" depois do sexto ponto. A gramática "mandaria procurar" a oração principal desse período. Mas o trecho é, quanto a esse aspecto, inanalisável segundo os cânones gramaticais; não obstante, constitui forma de expressão legítima no português moderno. É tão usual essa maneira de pontuar, deixando num pseudo ou quase período só orações subordinadas, cuja principal pode vir ou não vir em período precedente, tão usual, que nem mesmo o mais caturra dos puristas, o mais ferrenho adversário dos anacolutos, teria coragem de censurá-la (a menos que se tratasse de exercício de redação).

O trecho que damos abaixo, adaptado de redação de aluno, dá bem uma ideia do que é frase fragmentária.

> A festa da inauguração da nova sede estava esplêndida. Gente que não acabava mais. Todos muito animados. Mas uma confusão tremenda. E um calor insuportável. De rachar. De modo que grande parte dos convivas saiu muito antes de terminar, muito antes mesmo da chegada do governador. Porque não era possível aguentar aquele aperto, aquela confusão. E principalmente o calor.

Está aí um exemplo de linguagem coloquial entrecortada, fragmentada ao extremo. Muitos trechos postos entre pontos são pedaços de períodos, "aparas" ou "lascas" de frase. Esse estilo ajusta-se perfeitamente à língua falada: é vivaz, espontâneo, desinibido. Mas seria necessário, ou pelo menos conveniente, "reajustá-lo" ao estilo da língua escrita, podando-lhe os excessos resultantes em grande parte de uma pontuação heterodoxa.

2.7 Frase caótica e fluxo de consciência: monólogo e solilóquio

Como se sabe, o século XX se tem caracterizado por acontecimentos que lhe vêm alterando radicalmente as estruturas políticas, econômicas, sociais e culturais herdadas do passado. A literatura não poderia ficar à margem dessas transformações; antes, pelo contrário, teria de refleti-las em grau acentuado, como espelho que é da própria sociedade.

Dos movimentos ou correntes literárias que proliferaram na primeira metade da presente centúria, alguns deixaram sinal mais duradouro do que outros, como a renovação estilística que se seguiu à I Guerra Mundial e repercutiu no Brasil por volta de 1920, eclodindo dois anos mais tarde na celebérrima Semana de Arte Moderna (São Paulo, 1922).

Com o advento do Modernismo, a língua literária sofreu tremendos abalos, que, para muita gente, se configuraram como verdadeiros "cataclismos" linguísticos. Embora esse movimento "sísmico" no território das letras não tenha tido seu "epicentro" nestas Terras de Santa Cruz, sua repercussão aqui — e José Oiticica, entre outros, o assinalou alarmado — foi a de legítimo "terremoto", que surpreendeu, chocou, irritou, desesperou uma legião de críticos desarmados, e, sobretudo, de gramáticos muito afeitos ainda à disciplina rígida do purismo em moldes parnasianos.

Mas depois a atmosfera se desanuviou um pouco, e os "tremores" deixaram de assustar a maior parte; demais, já não era novidade, e os excessos dos primeiros "abalos" já haviam perdido bastante a sua intensidade inicial.

Uma das heranças deixadas pelo Modernismo foi a renovação da própria língua literária — da literária, porque a popular, essa está se renovando todos os dias. O resultado disso é que a frase pós-modernista, como ninguém ignora, já era "outra coisa", muito diversa da que vigorava até a segunda década do século: diferente na estrutura, no vocabulário, nos padrões rítmicos. Algumas espécimes dessa frase rebelde aos moldes tradicionais (castilhianos, digamos assim) seriam inconcebíveis na literatura brasileira anterior a 1920. Hoje, passam como coisa corriqueira, sem alarma nem protesto, a não ser daqueles críticos desarmados ou de alguns ferrenhos tradicionalistas, que acham que a língua portuguesa da segunda metade deste século devia trazer ainda o signo camoniano para ser tida como padrão de excelência.

Em tópicos anteriores já comentamos alguns desses espécimes. Resta-nos agora dizer alguma coisa sobre a frase *caótica*, denominação que não tem nenhum sentido depreciativo. Trata-se de uma frase que muito nos lembra "depoimento" feito em divã de psicanalista, como expressão livre, desinibida, desenfreada, de pensamentos e emoções.

Sua feição mais comum é a do *monólogo interior*, em que o narrador (ela só aparece no gênero de ficção ou de literatura intimista) apresenta as reações íntimas de determinada personagem como se as surpreendesse *in natura*, como se elas brotassem diretamente da consciência, livres e espontâneas. O autor "larga" a personagem, deixa-a entregue a si mesma, às suas divagações, em monólogo com seus botões, esquecida da presença de leitor ou ouvinte. Daí, o seu feitio incoerente, incoerência que pode refletir-se tanto numa ruptura dos enlaces sintáticos tradicionais quanto numa associação livre de ideias aparentemente desconexas. O autor tenta assim traduzir o "fluxo de consciência", que Humphrey (1959) estuda em *Stream of consciousness in the modern novel*.

Apesar do seu frequente e intencional primarismo sintático, sua ascendência é das mais ilustres (*Ulysses* e *Finnegans' Wake*, de James Joyce, *Mrs. Dalloway*, de Virginia Woolf, *The sound and the fury* e *As I lay dying*, de William Faulkner), constituindo mesmo, em certos círculos, padrão de excelência estilística no gênero de ficção.

Esse aspecto alógico, incoerente ou difuso é o que distingue, segundo Robert Humphrey, o *monólogo interior* do *solilóquio dramático* do tipo hamletiano, que é coerente e lógico por presumir a presença de leitor ou ouvinte, a quem indiretamente se dirige. Mas tanto um quanto outro se servem de preferência do discurso direto ou do indireto livre (ver adiante 3.0).

Ainda que o solilóquio seja frequente no romance brasileiro contemporâneo, o seu revestimento linguístico nem sempre é caótico ou incoerente. Em geral, o fluxo do pensamento da personagem se exterioriza numa forma verbal mais ou menos policiada pelo autor, sendo os vestígios de alogismo sintático decorrentes, na maioria dos casos, de um critério de pontuação não ortodoxo.

Não seria cabível num capítulo como este rastrear a incidência do monólogo interior e do solilóquio dramático em toda a literatura brasileira contemporânea; por isso, temos de limitar-nos a algumas referências e a uma ou duas amostras comentadas com propósito didático.

Uma das obras de maior densidade introspectiva de que se tem notícia na literatura brasileira dos últimos 50 anos é, sem dúvida, *Fronteira* (1933), de Cornélio Pena. Nesse romance, realmente magistral sob vários aspectos, há muitos trechos de solilóquio inseridos nas falas dos diálogos. Sua estrutura, entretanto, nada tem de caótica no que respeita à sintaxe, apesar do seu molde de introspecção em profundidade raramente alcançada na literatura brasileira dos nossos dias. Por isso é solilóquio dramático, e não propriamente monólogo interior, distinção que desenvolveremos mais adiante.

Outra romancista igualmente introspectiva, em quem, aliás, se podem assinalar algumas semelhanças com o autor de *Fronteira*, é Clarice Lispector. Sua novela — *Perto do coração selvagem* — oferece-nos vários exemplos de monólogo em frases permeadas de relativo alogismo, mas não caóticas do ponto de vista sintático, se bem que, às vezes, fragmentárias (cf., por exemplo, páginas 19, 23, 31, 44, 102, 134 da edição de 1963). Em obra mais recente — *A legião estrangeira,* de 1964 — a autora depura e requinta essa técnica do monólogo interior, marcado de alogismo sintático e com interpolação frequente de frase fragmentária, como se pode ver, por exemplo, no conto que dá título ao volume.

Também Antônio Callado, em *Assunção de Salviano,* recorre ao monólogo interior como expressão do fluxo do pensamento, em frases até certo ponto caóticas. Para traduzir melhor a torrente de ideias que se vão avolumando na mente de Salviano (principalmente a partir da sua prisão, acusado de haver assassinado um americano), o autor põe seu herói a monologar, mas policiando-lhe sempre a linguagem, para evitar, pelo menos, os excessos que redundariam numa frase totalmente caótica. No caso de Callado, os exemplos de monólogo como expressão do fluxo do pensamento ou torrente da consciência revelam acentuada interferência do autor, que peneira o que deveria ser o legítimo solilóquio de um nordestino agitador e meio místico, com vocação para o autossacrifício. O máximo que faz o romancista é expor o pensamento de Salviano numa frase simples, solta, assim como que de embolada ou de ladainha, despovoada de vírgulas:

> Mas danação era outra coisa muito diferente danação era raiva de cão danado na alma da gente danação era ódio de Deus vontade de morder e de estraçalhar Deus como se fosse possível era enterrar as unhas e rasgar de ponta a ponta o céu de modo que à noite se pudesse ver o listrão de sangue latejando entre as estrelas e de dia a ferida se abrisse ao sol para que o danado tentasse entrar para estraçalhar Deus um verdadeiro horror.

Não danação era o pecado que não aparecia em estampas porque morre em si mesmo e não aguentaria seu reflexo em espelho ou santinho não aguentaria cópia de si mesmo porque mesmo sua sombra arde escarlate onde pousa.

(Callado, 1960:108)

Como se vê, a frase é sobriamente caótica: basta colocar nos devidos lugares algumas vírgulas e alguns pontos para que resulte sintaticamente bem ordenada. É monólogo de fluxo de consciência, mas fiscalizado muito de perto pelo autor, depurado, enfim, numa linguagem culta. O pensamento é de Salviano; as palavras, nem todas.

Também Josué Montelo em *A décima noite,* recorre com frequência ao solilóquio, servindo-se, entretanto, de uma estrutura de frase que nada tem de caótica, dado o tipo mental da personagem, que fala mais pelo autor do que por si mesma. Ao contrário do que fazem Callado e muitos outros, Montelo põe sempre entre aspas os trechos monologados, principalmente quando se serve de verbos *dicendi* (disse, dizia consigo, pensava):

Na iminência da crise, Abelardo não perdia o domínio de si mesmo. E *dizia* consigo, sereno, confiante, cigarro esquecido na ponta dos dedos: — "Daqui a pouco terás de deitar-te, Alaíde. E eu também. Crês que poderás fugir de mim, como se eu fosse um estranho? De modo algum. Teremos de partilhar a mesma cama, ali na alcova. Só nós dois ficaremos aqui. E então? Não usarei de violência contigo. Por esse lado, fica tranquila. Sei o que devo fazer. Se me quisesses ouvir com serenidade, eu te diria que esse receio de te entregares não é caso único no mundo. (...)"

(Montelo, 1960:205)

Vê-se que, mesmo sendo homem de certa cultura, Abelardo fala pela boca do autor, numa frase coerente, lógica, escorreita. Nada tem propriamente do fluxo de consciência; não se trata assim de monólogo interior, mas de solilóquio dramático de feição tradicional.

Poderíamos citar ainda outros autores que se servem ou do monólogo interior ou do simples solilóquio, como, por exemplo, Graciliano Ramos, José Lins do Rego, Lúcio Cardoso (sobretudo em *A luz no subsolo,* 1936) e, mais perto de nós, Fernando Sabino (*Encontro marcado,* 1960).

Entretanto, em nenhum deles a estrutura da frase em monólogo ou em solilóquio (estamos adotando a distinção que faz Robert Humphrey) é incoerente ou caótica em tão acentuado grau como em Autran Dourado, autor que dispõe de grandes recursos de fabulação e introspecção, e no qual se sente nítida influência de Joyce e Faulkner — sobretudo do Faulkner de *The sound and the fury,* que nos oferece uma visão do mundo através da sensibilidade elementar de um idiota ou débil mental, semelhante ao Fortunato de *A barca dos homens.*

Seu romance *A barca dos homens* (1961) é, em síntese, a crônica de um semi-louco, de um desajustado mental — Fortunato — que perambulava mais ou menos inocentemente pela ilha de Boa Vista, recanto de veraneio, onde nascera e se criara. Certo dia, tendo-se apossado de um revólver, viu-se acossado pelos policiais da ilha, cuja população se mantinha justamente alarmada com o perigo que significava uma arma de fogo em mãos de um desequilibrado. Ferido numa queda, Fortunado refugiara-se num recanto da praia. A partir daí, a história se desenrola em dois planos (técnica semelhante à adotada por Aldous Huxley em *Point counter point,* 1928, e seguida também, com adaptações, por Érico Veríssimo em *Olhai os lírios do campo,* 1938): o dos habitantes da ilha, principalmente Luísa, mãe de Fortunato, e Tonho, seu amigo, e o do drama íntimo de Fortunato com suas aflições entremeadas por evocações de experiências recentes.

As divagações do herói débil mental, os fiapos difusos das suas lembranças, tudo, enfim, que lhe vai passando pela mente conturbada e atônita, todo esse fluxo de consciência ou torrente do pensamento de Fortunato, Dourado simula reconstituí-lo em fragmentos de frases soltas e incoerentes, que se vão encadeando por simples associação livre de ideias. O autor serve-se, então, do legítimo monólogo interior, sob a forma de discurso direto, indireto e semi-indireto livre, tal, exatamente tal, como faz James Joyce em *Ulysses,* sobretudo nas suas 45 últimas páginas (738 a 783 da edição de The Modern Library, Nova York, 1961, na tradução de Antônio Houaiss, para a Civilização Brasileira, 1966, páginas 791 a 846), onde aparece o singular monólogo de Molly deitada na cama, enquanto Leopold, seu marido, ressona ao lado.

Em, *A barca dos homens* é o fluxo da consciência de Fortunato que se exterioriza como se o narrador o surpreendesse "por dentro" e não "por fora" em expressão linguística. Mesmo numa personagem de tipo mental equilibrado, essa torrente de pensamentos e emoções íntimas já se revestiria de uma roupagem idiomática fragmentária ou desconexa: na mente de um retardado, sua configuração assume aspectos surpreendentes, tipicamente joycianos. E, diga-se em abono do autor, esse revestimento linguístico adequa-se perfeitamente à situação e à natureza do conflito íntimo do protagonista.

Mas Autran Dourado "ajuda" o leitor, assinalando os trechos de *stream of consciousness* com uma linha pontilhada, trechos que em geral se alongam por uma página e meia, constituindo um total de cerca de 20, intercaladas no texto do primeiro plano. Desde a de número 147, onde se inicia o monólogo interior, até a de número 236, onde termina, há, se não nos enganamos, 13 interpolações, mas o trecho é um só, não interrompido por ponto (no monólogo de Molly, não há pontuação de espécie alguma; Dourado pinga pelo menos algumas vírgulas).

Vejamos um exemplo, colhido ao acaso para dar uma ideia do que é a frase caótica em monólogo interior como exteriorização do fluxo de consciência:

> Dizer muitas vezes seguidas paizinho, seu pai, muito mais que pai, porque tem gente que tem pai e não gosta dele, anda a vida inteira buscando um pai para gostar e se-

guir, era assim que devia ser um pai, como Tonho, quando saía com ele na Madalena pelo mar adentro, lhe dizia escolhe uma para sua madrinha, é bom, no mar sempre faz companhia, por que ele não vinha, meu Jesus, como a mãe dizia, está doendo muito a perna, levou a mão no lugar que mais doía, estava inchado, os urubus voando em torno dele, quando o dia clareasse, o cheiro da gangrena chamava muita atenção, nem precisava cheiro, que de longe não podiam sentir, os urubus tinham um faro muito fino, podiam ver de longe que tinha carne podre por perto, meu Jesus, não deixa eles chegarem primeiro que o Tonho, não deixa os soldados chegarem primeiro, não podiam chegar, ninguém sabia daquela grota, daquele esconderijo, só ele e Tonho, será que Tonho se lembraria, se lembraria, não podia esquecer (...)

Essa é uma amostra de frase caótica, em grau muito mais acentuado do que a do exemplo de *Assunção de Salviano*. Note-se que a linguagem do herói é cândida, de pura inocência, não porque ele seja ainda jovem, mas porque o monólogo interior, a "conversa com os nossos botões", se faz sempre revestida duma forma verbal de escassa contaminação de hábitos linguísticos socializados. É o pensamento na sua essência, na sua fluidez, em quase estado de inocência, desinibido, desordenado. Quem divaga em colóquio consigo mesmo não pensa de maneira coerente, não coordena suas ideias numa estrutura sintática rígida, em períodos e parágrafos pontuados: o pensamento simplesmente flui entregue a si mesmo, sem cogitar de ouvinte atento.

As três características desse fluxo de ideias que, por assim dizer, controlam a associação livre, estão presentes no monólogo de Fortunato: primeiro, a *memória* (evocação do pai e aventuras marítimas com Tonho); segundo, a *imaginação* (idealização de "um, pai para gostar", a antevisão dos urubus voando quando o dia clareasse, a perspectiva de gangrena); terceiro, os *sentidos* (a perna inchada doendo). São esses, de fato, os três ingredientes do monólogo interior em frase caótica. Da hábil manipulação deles pode resultar obra de mérito, ainda que insólita para quem está habituado aos padrões tradicionais.

Aparentemente fácil, a frase caótica exige do autor amadurecimento, experiência e alto grau de capacidade de introspecção. Com esses dons contaram certamente James Joyce, Virginia Woolf, Conrad Aiken, William Faulkner[46] para a criação da obra que nos legaram.[47] Autran Dourado, se não foi o primeiro entre nós a exercitar-se nesse tipo de frase caótica de monólogo interior (temos o exemplo, mais comedido, de Antônio Callado),[48] foi quem, entretanto, a praticou com maior ousadia, e não ficou longe de realizar obra de mérito.

---

[46] A propósito da obra desse autor, leia-se o excelente ensaio de Assis Brasil — *Faulkner e a técnica do romance* (Brasil, 1964).
[47] Essas (e outras) características estilísticas tornam a tarefa de traduzir esses autores um grande desafio, e o maior deles Antônio Houaiss enfrentou, com lucidez, criatividade e excepcional competência, ao nos dar em 1966 a magistral versão de *Ulysses*, de James Joyce.
[48] Cumpre agradecer aqui a sugestão de Assis Brasil, que, em bilhete muito simpático, nos chamou a atenção para o caso de Callado, que nos teria escapado, como escapou, quando este capítulo saiu publicado, com adaptações, no *Correio da Manhã*, de 6 fev. 1965.

2.8 Frases parentéticas ou intercaladas[49]

Existe, no âmbito da justaposição (rever 1.4.2 e 1.4.3), uma classe de orações que não pertencem propriamente à sequência lógica das outras do mesmo período, no qual se inserem como elemento adicional, sem travamento sintático e, frequentemente, se não predominantemente, com propósito esclarecedor. Múltiplas nas suas acepções, elas denunciam, na maioria dos casos, um como que segundo plano do raciocínio, uma espécie de pensamento em surdina. Habitualmente intercaladas no período e, via de regra, entre parênteses, elas se infiltram na frase pelo processo da justaposição; daí a sua tríplice denominação: *justapostas/intercaladas/parentéticas* (ao pé da letra, nem todas são, pelo menos materialmente, parentéticas — pois podem vir entre vírgulas ou travessões — ou legitimamente intercaladas — muitas vêm no fim e não no meio [entre, *inter*] do período).

Entre as de acepções mais facilmente identificáveis, destacam-se as que servem:

1. *para intercalação, ou aposição:*

I – *de um esclarecimento de valor circunstancial de:*

a) *tempo:* "Naquele mesmo dia (*era ao almoço*), ele achou o café delicioso..." (Machado de Assis, *Esaú e Jacob*, XXXII [Assis,1904]);

b) *concomitância* (às vezes com certo matiz de oposição): "É homem de sessenta anos feitos (*ela tem cinquenta*)..." (Machado de Assis, *Memorial de Aires*, 25 de janeiro de 1888 [Assis, 1946]);

c) *causa* (explicação ou motivo): "Parei na calçada a ouvi-lo (*tudo são pretextos a um coração agoniado*), ele viu-me e continuou a tocar" (Machado de Assis, *Dom Casmurro*, CXXVII [Assis, 1924]);

d) *conformidade:* "É certo que Capitu gostava de ser vista, e o meio mais próprio a tal fim (*disse-me uma senhora um dia* [*i.e., conforme* me disse...]) é ver também, e não há ver sem mostrar que se vê" (Machado de Assis, *Dom Casmurro*, CXIII [Assis, 1924]);

e) *comparação:* "Como estivesse frio e trêmulo (ainda o estou agora [*i.e., tal como* ainda estou agora]), ele, que o percebeu, falou-me com muito carinho..." (Machado de Assis, "Uma visita de Alcibíades", *Papéis avulsos* [Assis, 1882]);

II – *de um esclarecimento ou informação adicional com valor de adjetivo ou de aposto:* "Rubião compôs o rosto para que seus habituados (*tinha sempre quatro ou cinco* [*i.e., que* eram sempre...]) não percebessem nada" (Machado de Assis, *Quincas Borba*, XCI [Assis, 1926]). "Mas Humanitas (*e isto importa antes de tudo* [aposto catafórico, *i.e.,* referente ao que se *vai dizer,* e não ao que *já se disse*]), Humanitas precisa comer;" (Id., ibid., VI);

---

[49] Agradeço ao amigo e colega Antônio de Pádua a valiosa contribuição para a revisão deste tópico.

III – *de uma espécie de aparte afetivo-desiderativo* (com verbo no optativo): "Meu tio (*Deus lhe fale n'alma!*) respondeu que fosse beber ao rio ou ao inferno" (Machado de Assis, "O alienista", *Papéis avulsos* [Assis, 1882]). Nem sempre entre parênteses, essas intercaladas optativo-desiderativas (do tipo "benza-o Deus", "diabos o levem") são em geral exclamativas, e sua estrutura lhes permite autonomia sintática;

IV – *de uma escusa:* "Os seus eclipses (*perdoe-me a astronomia*) talvez não sejam mais que entrevistas amorosas" (Machado de Assis, *Quincas Borba*, XL [Assis, 1926]). — "Ou então (*releve-me a doce mana, se algum dia ler este papel*), ou então padeceu agora tais ou quais remorsos..." (Machado de Assis, *Memorial de Aires*, 25 de fevereiro de 1889 [Assis, 1946]);

V – *de uma ressalva ou observação denotadora de:*

a) *exclusão:* "Além disso (*e refiro-me sempre aos casos defesos* [*i.e., excluem-se* os demais]), quando ama outro homem, parece-lhe que mente a um dever..." (Machado de Assis, *Memórias póstumas de Brás Cubas*, CXXXI [Assis, 1899];

b) *correção:* "Achei-a outra; não triste, nem silenciosa, mas com intervalos de preocupação e cisma. Achei-a, *digo mal;* no momento..." (Machado de Assis, "Cantiga velha", *Relíquias de casa velha* [Assis, 1906]);

c) *hipótese:* "...os que houverem lido teu recente discurso (*suponhamos*) na sessão inaugural da União dos Cabeleireiros, reconhecerão... o autor dessa obra grave..." (Machado de Assis, "Teoria do medalhão", *Papéis avulsos* [Assis, 1882]);

d) *advertência:* "Titia disse lá em casa que D. Cláudia contara em segredo (*não diga nada*) que seu pai vai ser nomeado presidente da província" (Machado de Assis, *Esaú e Jacob*, LII [Assis,1904]);

e) *dúvida:* "...o doutor João da Costa enviuvou há poucos meses, e dizem (*não sei, o protonotário é que me contou*), dizem que os dois andam meio inclinados a acabar com a viuvez..." (Machado de Assis, *Dom Casmurro*, C [Assis, 1924]);

f) *apelo* (solicitação ou exigência), em estruturas tais que a parentética, ou intercalada, parece constituir um caso de oração principal transposta: "Não deixe de comparecer, *peço-lhe,* ao embarque do nosso amigo". — "Venha almoçar conosco, *faço questão*"; (Cf.: "*peço-lhe* que não deixe de comparecer", "*faço questão* de que venha almoçar".)

g) *desejo* ou *esperança:* "Você há de compreender, *espero,* que não tive intenção de ofendê-lo". (É outro caso de oração principal transposta: "Espero que você compreenda...");

h) *concessão* (ou simples concordância com hipotética ou explícita objeção): "Comíamos, *é verdade,* mas era um comer virgulado de palavrinhas doces..." (Machado de Assis, *Memórias póstumas de Brás Cubas*, LXXIII [Assis, 1899]). Essas parentéticas — ou intercaladas entre vírgulas —, que assumem geralmente feição estereotipada ("é verdade", "é certo"), infiltram-se num período que encerra pensamento concessivo, resultante da presença nele de uma oração adversativa (rever 1.6.7.2 — "Estruturas sintáticas opositivas ou concessivas").[50] Em estruturas da mesma natureza, costumam aparecer, em lugar de "é verdade", de "é certo", alguns verbos que expressam a ideia de anuência a ou concordância com hipotética ou explícita objeção, tais como "concordar", "confessar", "admitir", "reconhecer". Cf.: "Comíamos (reconheço, admito, concordo, confesso), mas era um comer...". Quando não há oração adversativa (quase sempre introduzida por "mas"), fica apenas a ideia de concordância ou de confirmação: "Encalveceu mais, *é certo,* terá menos carne, algumas rugas; ao cabo, uma velhice rija aos sessenta anos" (Machado de Assis, *Esaú e Jacob,* XXXII [Assis,1904]); — "Você também não era assim, quando se zangava com alguém... — Quando me zangava, *concordo;* vingança de menino" (Machado de Assis, *Dom Casmurro,* CXII [Assis, 1924]). — Por confinarem semanticamente com os de elocução, esses mencionados verbos entram — geralmente na terceira pessoa — como núcleo do predicado das orações intercaladas ditas "de citação", típicas do discurso direto (ver a seguir itens 2 e 3). Cf.: "Comíamos, é verdade (= reconheço, confesso, admito), mas era um comer virgulado de palavrinhas doces — *concordou* (admitiu, reconheceu, confessou) ele";

2. (servem) *para notações descritivas* (de um gesto, atitude, modo de falar), inseridas pelo narrador na fala de uma personagem: "Deus, disse ele, depois de dar o universo ao homem e à mulher, esse diamante e essa pérola da coroa divina (*e o orador, arrastava triunfalmente esta frase de uma ponta a outra da mesa*), Deus quis vencer a Deus, e criou D. Evarista" (Machado de Assis, "O alienista", *Papéis avulsos* [Assis, 1882]);

3. *para indicação, no discursos direto, do interlocutor que está com a palavra, bem como do autor ou fonte de uma frase citada* (trata-se aqui das parentéticas, justapostas ou intercaladas ditas "de citação", nucleadas sempre em verbos *dicendi,* ou vicários deles. Ver, a seguir, 3.0 e 4.0): "Você parece que não gosta de mim, *disse-lhe um dia Virgília.* —Virgem Nossa Senhora! *exclamou a boa dama...*" (Machado de Assis, *Memórias póstumas de Brás Cubas,* LXXIII [Assis, 1899.]).[51]

---

[50] Note-se que, não sendo intercalada, e sim a principal do período, "é verdade", como a sua equivalente "é certo", pode prescindir de uma oração adversativa para indicar a ideia de concessão, correspondendo assim a uma oração introduzida por "embora": "Ficou muito feliz quando recebeu a confirmação do convite para assessor de imprensa. *É verdade* que já tinha perdido grande parte do entusiasmo... (= embora já tivesse perdido...)".

[51] Há outra classe de justapostas ou intercaladas — constituídas pelos verbos impessoais "haver" ou "fazer", cujo complemento é uma expressão denotadora de tempo — as quais têm sempre valor adverbial: "quando o conheci, *já faz mais de dez anos,* ele ainda era inspetor de alunos"; "todos já saíram *há quase uma hora*". São, em essência, simples adjuntos adverbiais de tempo e, por isso, raramente vêm entre parênteses.

3.0 Discursos direto e indireto

3.1 Técnica do diálogo

Ao transmitir pensamento expresso por personagem real ou imaginária, o narrador pode servir-se do *discurso direto* ou do *indireto*, e, às vezes, de uma contaminação de ambos — o chamado *discurso indireto livre* ou *misto* ou *semi-indireto*.

No discurso direto — a *oratio recta* do latim —, o narrador reproduz (ou imagina reproduzir) textualmente as palavras — *i.e., a fala* — das personagens ou interlocutores:

> Carlota, que estava a meu lado, observou que, afinal, eu não tinha motivo para deixar de atender ao pedido de *Mère* Blandine (...)
> — Estou com preguiça este ano, disse-lhe.
> — Bom, é um motivo respeitável, respondeu; mas você não conseguirá escapar de *Mère* Blandine (...)
> — Quem sabe valeria a pena voltar? perguntei (...)
>
> (Anjos, 1956:197)

No primeiro parágrafo, o autor transmite com as suas próprias palavras apenas a essência do pensamento da personagem ou interlocutora Carlota: "Carlota (...) observou que, afinal, eu não tinha motivo para deixar de atender ao pedido de *Mère* Blandine". Trata-se de *discurso indireto*.

A parte restante do trecho está em *discurso direto:* as palavras que traduzem o pensamento das personagens (uma das quais é o próprio narrador) são as mesmas que teriam sido, presumivelmente, proferidas. As mesmas ideias poderiam, em essência, assumir a seguinte versão em discurso indireto:

> Eu *disse-lhe* [a Carlota] que estava com preguiça naquele ano, e ela me *respondeu* que era um motivo respeitável, mas que eu não conseguiria escapar de *Mère* Blandine. Então, *perguntei* se valeria a pena voltar.

Os verbos (*disse, respondeu, perguntei*), que no discurso direto indicam o interlocutor que está com a palavra, fazem parte de orações justapostas, independentes, já que o enlace com a fala da personagem prescinde de qualquer conectivo, havendo apenas, entre as duas orações, uma ligeira pausa, marcada ora por uma vírgula, ora por um travessão.

No discurso indireto — a *oratio obliqua* do latim —, esses verbos constituem o núcleo do predicado da oração principal: *eu disse..., ela me respondeu..., eu perguntei...,* cujo complemento (objeto direto) é representado pelas orações que se lhes seguem, introduzidas pelos conectivos *que* (para *dizer, responder* e seus equivalentes) e *se* (para *perguntar* e seus equivalentes). Em outras situações, funcionam também como partículas de ligação os pronomes e os advérbios interrogativos indiretos (quem, qual, onde, como, quando, por que, etc.):

Interrogação direta	Interrogação indireta
(discurso direto)	*(discurso indireto)*
Interrompi-o perguntando: — E o Gonzaga, *como* vai? (Barreto, 1956:145)	Interrompi-o perguntando-lhe *como* ia o Gonzaga.
...o simpático informante (...) perguntou-me: — Por que não se ouve a Secretaria de Propaganda, em Roma? (Id., ibid., p. 80)	...o simpático informante (...) perguntou-me *por que* não se ouvia a Secretaria de Propaganda, em Roma.
(Perguntou:) — Quem acreditará em sua consciência? (Id., ibid., p. 137)	(Perguntou) *quem acreditaria* em sua consciência.

A esses verbos que, no discurso direto, indicam o interlocutor e, no indireto, constituem o núcleo do predicado da oração principal, chamam os gramáticos verbos "de elocução", *dicendi* ou *declarandi,* e, a muitos dos seus vicários, *sentiendi*.[52]

No discurso direto, o narrador "emerge do quadro da história visualizando e representando o que aconteceu no passado, como se o tivesse diante de si" (Jespersen, 1929 apud Câmara Jr., 1941). Por isso é

---

[52] *Dicendi, declarandi* e *sentiendi* são genitivos do gerúndio dos verbos *dicere, declarare* e *sentire*, respectivamente, e significam: *de dizer, de declarar, de sentir.*

amplamente utilizado pelos romancistas modernos, convictos da vantagem da evocação integral dos fatos narrados sob a forma de quadros concretos, que se vão sucedendo, em contraste com o método de narração, abstraída de um momento e um lugar, definidos, em que se compraziam os primeiros novelistas do séc. XVIII.

(Câmara Jr., 1941)

O discurso direto permite melhor caracterização das personagens, com reproduzir-lhes, de maneira mais viva, os matizes da linguagem afetiva, as peculiaridades de expressão (gíria, modismos fraseológicos, etc.). No discurso indireto, o narrador incorpora na sua linguagem a fala das personagens, transmitindo-nos apenas a essência do pensamento a elas atribuído.

3.2 Verbos *dicendi* ou de elocução

Os verbos *dicendi* cuja principal função é indicar o interlocutor que está com a palavra, pertencem, *grosso modo,* a nove áreas semânticas, cada uma das quais inclui vários de sentido geral e muitos de sentido específico:

a) de *dizer* (afirmar, declarar);

b) de *perguntar* (indagar, interrogar);

c) de *responder* (retrucar, replicar);

d) de *contestar* (negar, objetar);

e) de *concordar* (assentir, anuir);

f) de *exclamar* (gritar, bradar);

g) de *pedir* (solicitar, rogar);

h) de *exortar* (animar, aconselhar);

i) de *ordenar* (mandar, determinar).

Esses são os mais comuns, de sentido geral; mas muitos autores, especialmente na literatura do nosso século, costumam servir-se de outros, mais específicos, mais caracterizadores da fala.[53] Chegam mesmo, os mais imaginativos, a empregar

---

[53] Eis alguns deles em lista caótica: sussurrar, murmurar, balbuciar, ciciar, cochichar, segredar, explicar, esclarecer, sugerir, soluçar, comentar, tartamudear, propor, convidar, cumprimentar, repetir, estranhar, insisir, prosseguir, continuar, ajuntar, acrescentar, arriscar, consentir, dissentir, aprovar, acudir, intervir, repetir, rosnar, berrar, vociferar, inquirir, protestar, contrapor, desculpar, justificar(-se), largar (Rebelo, 1935:168), tornar, concluir, escusar-se, ameaçar, atalhar, cortar (Amado, 1964:61), bramir, mentir (Érico Veríssimo), respirar (Assis, 1899:218), suspirar (Assis, 1924:277), rir ("...rira Joana", [Lispector, 1963:130]), lembrar... A língua portuguesa é riquíssima em verbos de elocução, ou vicários deles.

verbos que nenhuma relação têm com a ideia de elocução, o que, do ponto de vista da sintaxe, poderia ser considerado como inadmissível, pois os *dicendi* deveriam ser, teoricamente pelo menos, transitivos ou admitir transitividade. Mas a língua não é rigorosamente lógica, principalmente a falada, cuja sintaxe é ainda menos rígida. Nem precisa sê-lo para tornar-se expressiva; pelo contrário, quanto mais expressiva, quanto mais viva, quanto mais espontânea, tanto menos logicamente ordenada. A carga de expressividade, os matizes afetivos tão característicos na língua oral não teriam veículo adequado se os ficcionistas se limitassem, por uma questão de rigidez lógico-sintática, aos legítimos verbos *dicendi*.

É verdade que às vezes a "heresia lógico-sintática" em nada contribui para a expressividade dos diálogos, como é o caso, para citar apenas um exemplo, do emprego do verbo "fazer" como se fosse vicário de qualquer *dicendi* (ver 4.0 "Disc. ind. livre"): "Já era tempo, *fez* Carlos..." (Barreto, 1959:274), certamente por influência do francês.

Outras vezes, a situação que se cria chega a ser estranha, quando não absurda, como é o caso daquele autor que em vez de "disse Fulano" empregou "mergulhou Fulano seu biscoitinho no chá" (exemplo que cito de segunda mão e de memória, sem que me seja possível no momento identificar a fonte). Marouzeau (1946:158), comentando o abuso no emprego de variantes dos verbos *dicendi,* cita um exemplo de Alphonse Allais: "— Quel système? nous *interrompîmes-nous* de boire." Clarice Lispector usa alguns estranhos: "— A tortura de um homem forte é maior do que a de um doente — *experimentara fazê-lo falar.*" (Lispector, 1963:102); "— Mas não se assuste, a infelicidade nada tem a ver com a maldade, *rira Joana.*" (Ibid., p. 130). C. Heitor Cony, que, aliás, usa poucos verbos *dicendi,* às vezes se serve de alguns insólitos: "— Hotel Inglês — *atendem*" (em vez de *respondem* ao telefone) "— Hotel Inglês? — Cláudio *decifra* a charada." Com frequência emprega apenas um auxiliar: "Cláudio senta-se no meio da cama, abaixa a cabeça e *começa* (*i.e.,* começa a dizer): — Um ano era o Sol, outro o Vento" (Cony, 1960:101, 189). Lopes (1905) serviu-se de um *dicendi* metafórico bastante expressivo: "Sim — *violinara...*".

Mas há uma classe bastante numerosa de verbos de elocução, empregados com frequência a partir do realismo, que não são propriamente "de dizer" mas "de sentir", e que, por analogia, podem ser chamados *sentiendi:* gemer, suspirar lamentar(-se), queixar-se, explodir, encavacar, e outros, que expressam estado de espírito, reação psicológica de personagem, emoções, enfim:

— Qual! *gemia* ele, desamparam-me (Assis, [s. d.]:319).
Damasceno ouviu calado, abanou outra vez a cabeça, e *suspirou:*

— Mas viessem! (Id., ibid., p. 330).

— O coitadinho tem andado tão aborrecido! — *lamenta-se* ela (Veríssimo, 1953:129).

Mas João de Deus, vendo que Vasco não lhe dá atenção, *explode:*

—Você pensa, seu Vasco, que estou disposto a aturar suas malcriações (*sic*)? (Veríssimo, 1953:155).

...o bom Silvério *encavacou:*

— Ah! V. Ex^{as} riem?... (Queirós, 1901:290).

Esses e seus similares constituem uma espécie de vicários dos *dicendi*, com função predominantemente caracterizadora de atitudes, de gestos ou qualquer manifestação de conteúdo psíquico, e quando o narrador sente que não admitem de forma alguma a ideia de transitividade, eles vêm, de regra, antepostos à fala, como no caso de "encavacou" e "explode". Do ponto de vista lógico-sintático, esses verbos *sentiendi* presumem a existência de um legítimo *dicendi* oculto: "...o bom Silvério encavacou, *dizendo*", ou "explode, *dizendo*". Mas tal só é possível quando antepostos. Pospostos, é inadmissível, a menos que se alterne a forma dos verbos, pondo-se o *sentiendi* no gerúndio: "— O coitadinho tem andado aborrecido! — disse ela *lamentando-se* (seria insólito "lamenta-se ela dizendo").

Outra função dos *dicendi* — a principal, já anotamos, é a de indicar o interlocutor que está com a palavra — é permitir a adjunção de orações adverbiais (quase sempre reduzidas de gerúndio) ou expressões de valor adverbial com que o narrador sublinha a fala das personagens, anotando-lhes a reação física ou psíquica:

— Dá licença? perguntou *metendo a cabeça pela porta.*

(Assis, 1924:373)

— Está bom, acabou, disse eu *finalmente.*

(Id., ibid., p. 161)

O narrador hábil, que seja observador e analista da alma humana, saberá tirar proveito dessas oportunidades que lhe oferecem os verbos *dicendi* e *sentiendi*, juntando-lhes orações ou expressões breves e concisas com que vai pouco a pouco retratando o caráter de suas personagens. Mas convém não sobrecarregar todas as falas com essas adjunções, que não só cansam ou enfadam o leitor mas também prejudicam a espontaneidade dos diálogos.

3.3 Omissão dos verbos *dicendi*

Nem sempre os verbos *dicendi* estão expressos. É norma generalizada, por exemplo, omiti-los nas falas curtas entre apenas dois interlocutores, bastando, para orientar o leitor, a abertura de parágrafo precedido por travessão, como é de praxe na maioria das línguas modernas, com exceção do inglês, que usa aspas antes e depois de cada fala ou de cada fragmento de fala. O seguinte exemplo, de José de Alencar, é típico dessa norma; são apenas dois os interlocutores, e, com exceção da inicial, acompanhada do "perguntou", todas as falas vêm sem *dicendi:*

— Quantos são? perguntou o homem que chegara.
— Vinte ao todo.
— Restam-nos...
— Dezenove.
— Bem. A senha?
— Prata.
— E o fogo?
— Pronto.
— Aonde?
— Nos quatro cantos.
— Quantos sobram?
— Dois apenas.

(Alencar, 1948b:180)

A brevidade das falas e a tensão nervosa das duas personagens tornariam importuna a inclusão desses verbos: — imagine-se a monotonia da série "perguntou", "respondeu", "perguntou", "respondeu", repetição absolutamente desnecessária por se tratar de apenas dois interlocutores, cujo estado de espírito o narrador se "julga" incapaz de retratar, tão rápidas são as palavras que trocam na expectativa de um acontecimento dramático.

Nas falas longas, os verbos *dicendi* usuais, *i.e.,* os de sentido mais geral, aparecem quando o narrador acha conveniente sublinhar o estado emotivo das personagens, ou então quando lhe parece necessário ajudar o leitor a identificar o interlocutor.

Portanto, a inclusão pura e simples de apenas verbos *dicendi* de sentido geral, do tipo "disse ele", "perguntou ele", desacompanhados de orações ou adjuntos adverbiais, só se justifica quando tem propósito esclarecedor. Fora disso, o diálogo torna-se enfadonho.

Alguns autores modernos chegam ao extremo de omiti-los quase sistematicamente, como Carlos Heitor Cony: nas 237 páginas de *Tijolo de segurança* eles não vão, talvez, a três dezenas, quase todos insólitos. Outros contemporâneos, como Ciro dos Anjos, em *Abdias,* ou Érico Veríssimo, nos romances da primeira fase, deles se servem sem parcimônia. Entre os mais recuados do nosso tempo, Machado de Assis é mais parcimonioso do que José de Alencar no que respeita aos de sentido geral, e mais fértil quanto aos de sentido específico. Sob esse aspecto, Machado e Eça se aproximam bastante.

3.4 Os verbos e os pronomes nos discursos direto e indireto

I – Verbos

Salvo os casos sujeitos a variações decorrentes de torneios estilísticos da frase, em contextos singulares, a correspondência entre os tempos e os modos verbais nos discursos direto e indireto apresenta regularidade suficiente para permitir uma tentativa de sistematização com propósitos didáticos. É isso que se procura fazer nos tópicos seguintes.

Quando o verbo da fala está no presente do indicativo e o da oração justaposta, no pretérito perfeito, o primeiro vai para o pretérito imperfeito do mesmo modo, mas o segundo não sofre alteração:

Discurso direto	Discurso indireto
— *Estou* com preguiça este ano, disse-lhe.	Disse-lhe que *estava* com preguiça naquele ano.

Mantém-se, entretanto, o presente do indicativo no discurso indireto, se a ação declarada na oração integrante perdura ainda no momento em que se fala: "Disse-lhe que *estou* com preguiça este ano." Assim também quando a fala expressa um juízo, uma opinião pessoal ou tem feição de sentença proverbial, notória, tradicional; mas, então, já não se trata propriamente de diálogo, e sim de simples frase de citação:

Discurso direto	Discurso indireto
— O remorso é o bom pensamento dos maus, disse Garrett.	Garrett disse que o remorso *é* o bom pensamento dos maus.
— A noite é boa conselheira, diz a sabedoria popular.	Diz a sabedoria popular que a noite *é* boa conselheira.

Se ambos estão no presente do indicativo, continuam no mesmo tempo e modo no discurso indireto:

Discurso direto	Discurso indireto
— *Estou* com preguiça este ano, *diz* ele.	Ele *diz* que *está* com preguiça este ano.

Convém notar, entretanto, que o verbo *dicendi* só costuma aparecer no presente do indicativo quando um dos interlocutores serve de intérprete entre dois outros, porque a fala não foi ouvida ou entendida.

Quando uma interrogação direta, com o verbo no presente do indicativo, implica dúvida quanto a uma resposta afirmativa, no discurso indireto se usa o futuro do pretérito, em vez do imperfeito do indicativo, que seria o normal:

Discurso direto	Discurso indireto
— Repara, disse-me Gonzaga de Sá, como esta gente se move satisfeita. Para que iremos perturbá-la com nossas angústias e nossos desesperos? Não seria mal?	....
— É um caso de consciência.	
— De que me *vale* esse testemunho? Quem *tem* a certeza das suas revelações? Quem acreditará na sua consciência? Sou pela dúvida sistemática...	(Perguntou) de que lhe *valeria* aquele testemunho e (perguntou) quem *teria* certeza das suas revelações e quem *acreditaria* na sua consciência.
	(Barreto, 1956:137)

Note-se que os verbos "vale" e "tem" da terceira fala do discurso direto passaram a "valeria" e "teria" no indireto.

Quando o verbo da fala está no futuro do presente ("acreditará", no exemplo supracitado), no discurso indireto ele vai para o futuro do pretérito ("acreditaria", no mesmo exemplo).

Mas, se estiver no futuro do pretérito, não haverá alteração:

Discurso direto	Discurso indireto
— Quem sabe (se) *valeria* a pena voltar? — perguntei.	Perguntei se *valeria* a pena voltar.

Estando o verbo da fala e o *dicendi* no pretérito perfeito do indicativo, o primeiro assume a forma de mais-que-perfeito no discurso indireto:

Discurso direto	Discurso indireto
— *Foi* um motivo respeitável, *disse*.	Disse que *tinha sido* um motivo respeitável.

Usa-se o imperfeito do subjuntivo no discurso indireto, quando no direto o verbo da fala está no imperativo:

Discurso direto	Discurso indireto
— *Chora no meu peito* — disse ela comovida.	Ela disse comovida que (ele) *chorasse* no seu peito. (Camilo Castelo Branco [Branco, 1962:120])

Nesse caso — imperativo no verbo da fala — é comum aparecer no discurso indireto o auxiliar "dever" (e às vezes "poder"), quando o verbo de elocução é "dizer"; mas, via de regra, usa-se o subjuntivo (sem o auxiliar), quando o verbo *dicendi* pertence à área de "pedir" ou "ordenar":

Discurso direto	Discurso indireto
— Chora no meu peito, *disse* ela.	Ela disse que ele *deve* (devia, pode, podia) chorar no seu peito.
— Apertem os cintos, *pede* (manda, ordena) o ministro da Fazenda.	O ministro da Fazenda *pede* (manda, ordena) que *apertemos* os cintos.

O imperfeito do indicativo é substituído pelo futuro do pretérito, embora seja comum conservar-se como tal (rever 1.6.5.3, II, a):

Discurso direto	Discurso indireto
— *Ia* visitá-lo, mas não tive tempo, disse ele.	Ele disse que *iria* visitá-lo, mas (que) não teve tempo.

Note-se, de passagem, que aqui, ao contrário do que afirmamos antes, se mantém o pretérito perfeito, pois, no contexto, "ter tempo" indica fato *posterior* à intenção de visitar, de forma que não é cabível o mais-que-perfeito, que expressa um fato passado *anterior*, e não *posterior*, a outro também passado. Daí, "teve" em vez de "tivera".

Entretanto, se as ações expressas pelo verbo *dicendi* e pelo da oração integrante (no caso "dizer" e "ir visitar") são simultâneas, ou concomitantes, deve-se manter o pretérito imperfeito do indicativo no discurso indireto. Assim, em "Disse que *ia* visitá-lo" subentende-se "no momento em que disse, *estava indo*", e não "que pretendia ir", tanto assim que, se usarmos a locução "ter o propósito, ou a intenção, de ir", só poderemos empregar o pretérito imperfeito de "ter", e nunca o futuro do pretérito, tempo este que, no caso em pauta, já insinuaria a ideia de propósito ou intenção. "Disse que *teria* o propósito de ir (ou "que *pretenderia* ir") visitá-lo" é uma estrutura contrária à índole da língua.

Também o pretérito imperfeito do subjuntivo, assim como o futuro do pretérito, se mantém no discurso indireto:

Discurso direto	Discurso indireto
— Se *pudesse, iria* visitá-lo, disse.	Disse que, se *pudesse, iria* visitá-lo.

O futuro do subjuntivo pode manter-se ou ser substituído pelo imperfeito do mesmo modo:

Discurso direto	Discurso indireto
— Se *puder*, irei visitá-lo, disse ele.	Disse que, se *puder*, irá visitá-lo (hipótese realizável).
	Disse que, *se pudesse*, iria visitá-lo (hipótese irrealizável).

(É evidente que se deve manter a correlação: *puder-irá, pudesse-iria*.)

Os tempos compostos não sofrem alteração, salvo quanto à pessoa, que é sempre a terceira no discurso indireto:

Discurso direto	Discurso indireto
— *Tenho-o visitado com* frequência, disse:	Disse que o *tem visitado* com frequência.
— Já o *tinha visitado*, disse.	Disse que já o *tinha visitado*.

Discurso direto	Discurso indireto
— Tê-lo-ia visitado, se *tivesse tido* tempo, disse.	Disse que o *teria visitado* se *tivesse tido* tempo.
— Se o *tivesse visitado*, tê-lo-ia convidado, disse.	Disse que, se o *tivesse visitado*, o *teria convidado*.
— Amanhã à tarde já o *terei visitado*, disse.	Disse que amanhã à tarde já o *terá visitado*.

II – Pronomes

Os pronomes demonstrativos correspondentes à primeira pessoa, quer dizer, aqueles que apontam o objeto que está perto de quem fala ou, acompanhados de um substantivo de sentido temporal (ano, mês, dia), indicam o momento em que se fala ou se age (este, esta, isto; este ano, esta hora), são, no discurso indireto, substituídos pelos da terceira (aquele, aquela, aquilo; aquele ano, aquela hora) se o verbo *dicendi* está no pretérito perfeito.

Discurso direto	Discurso indireto
— Estou com preguiça *este* ano, *disse*.	Disse que estava com preguiça *naquele* ano.

Se o verbo de elocução está no presente, os pronomes demonstrativos continuam os mesmos:

Discurso direto	Discurso indireto
— Estou com preguiça *este* ano, *diz* ele.	Ele *diz* que está com preguiça *este* ano.

Também o locativo adverbial (ou advérbio pronominal) *aqui* e o advérbio de tempo *agora* sofrem as necessárias acomodações, passando, respectivamente, a *lá* e *naquele momento*:

Discurso direto	Discurso indireto
— Estou *aqui*, em casa, mas agora não posso recebê-lo, disse.	Disse que estava *lá*, em casa, mas que *naquele momento* não podia recebê-lo.

Os pronomes possessivos, sejam quais forem no discurso direto, irão, salvo raros casos excepcionais, para a terceira pessoa no discurso indireto. Confrontem-se as seguintes versões, adaptadas ("quarto" em vez de "peito") do trecho de Camilo Branco (1962):

Discurso direto	Discurso indireto
— Chora no *meu* quarto, disse ela (= pediu, ordenou)	Ela disse que chorasse no *seu* quarto (seu dela, referindo-se ao sujeito de *disse*).
— Chora no *teu* quarto, disse ela.	Ela disse que chorasse no *seu* quarto (seu dele, referindo-se ao sujeito de *chorasse*).
— Chora no quarto *deles,* disse ela.	Ela disse que chorasse no *seu* quarto (deles, referindo-se a personagens ausentes).
— Chora no *nosso* quarto, disse ela.	Ela disse que chorasse no *seu* quarto (deles, do sujeito de *disse* e de mais alguém que não o sujeito de *chorasse*).
— Chora no *nosso* quarto, disse ela, *i.e.,* no quarto pertencente aos sujeitos de *disse* e de *chora*.	Ela disse que chorasse no *seu* quarto (deles).

3.5 Posição do verbo *dicendi*

No discurso direto de moldes tradicionais, vale dizer, vigorantes até os primórdios da escola realista, o verbo *dicendi* vem em geral no meio ou no fim da fala, e excepcionalmente antes.

No fim, evidentemente, quando a fala é muito breve e/ou constitui uma unidade com entoação íntegra que lhe torne desaconselhável a ruptura em dois fragmentos com intercalação do *dicendi:*

— Quem morreu é rezar-lhe pela alma — atalhou com má gramática, mas com piedosa intenção, o tio padre Hilário.

(Camilo Castelo Branco [Branco, 1962:37])

— Isto é um insulto a todos — exclamou D. José de Noronha.

(Id., ibid., p. 94)

Nos exemplos supracitados, as duas falas têm entoação tal, que seria inadmissível sua partição, a menos que o autor quisesse dar maior ênfase a um desses fragmentos,

— Quem morreu — atalhou... — é rezar-lhe pela alma.

— Isto — exclamou D. José de Noronha — é um insulto a todos.

caso em que a primeira parte da fala, posta em suspenso porque seguida de uma pausa longa, sobressairia no discurso como o elemento mais enfatizado.

Além dessa intercalação entre dois termos mutuamente dependentes (como sujeito e predicado, verbo e seu complemento, nome e seu adjunto) com propósito enfático, o *dicendi* aparece com frequência logo após as duas ou três palavras iniciais a que na corrente da fala se segue uma pausa natural:

— Sr. Pereira, disse Cirino recostando-se a uma sólida marquesa, não se incomode comigo de maneira alguma (...)

— Pois então, retorquiu o mineiro, deite-se um pouco enquanto vou lá dentro ver as novidades (...)

(Taunay, [s. d.]:80)

O vocativo — "Sr. Pereira" — e a partícula de valor conclusivo — "pois então" — vêm sempre seguidos de uma ligeira pausa na língua falada.

Da mesma forma se interpõe o verbo *dicendi* entre duas unidades independentes ou dois períodos:

— Pudera! — exclamava o meu Príncipe. — Um livro escrito por judeus, por ásperos semitas (...)

— Não está cá! — acudiu Jacinto. — Vim a Tormes expressamente por causa do avô Galião (...)

— É curioso! — exclamou Jacinto. — Parece o meu presépio...

— Isto por aqui está lindo! — gritou ele de baixo. — E o teu palácio tem um soberbo ar...

(Eça de Queirós [Queirós, 1901:266, 247, 367, 339, 305])

Mas, quer intercalado quer posposto, o verbo *dicendi* raramente ultrapassa a terceira linha da fala;[54] o normal é vir na primeira, como pudemos verificar em alguns milhares de amostras em algumas dezenas de autores, desde o romantismo até os nossos dias.

Às vezes, com o propósito de reavivar a naturalidade e espontaneidade características da língua oral, o narrador intercala curtas orações do verbo *dicendi* nas

---

[54] No monólogo não é raro. Lembramo-nos de pelo menos um exemplo, em Pena (1935:157), com verbo *dicendi* na sétima linha.

falas muito longas, mas raramente o faz depois de mais de uma unidade de entoação, quer dizer, depois de um grupo de força, como se diz em fonologia.

Nos diálogos filosóficos, do tipo socrático ou platônico, raramente aparece verbo de elocução, talvez por se tratar de dissertações doutrinárias que nada têm que ver com a naturalidade da língua falada. Nesse caso, a indicação do interlocutor se faz como no gênero dramático, antepondo-se-lhe o nome à fala, tal como se pode ver em toda *A República* e na quase totalidade de *O banquete,* de Platão, pelo menos na versão de que disponho.

Muitos escritores contemporâneos, principalmente a partir do modernismo, preferem antepor o verbo *dicendi* ou um vicário seu, o que nos parece ser mais comum. Esse vicário é, de regra — como já assinalamos —, um verbo com que se apontam sintomas de reação psicológica: o gesto, a expressão do olhar, o tom de voz, a atitude, a posição do corpo:

> O meu Príncipe *espreguiçara* longamente os braços: — Não está claro! eu é que hei de visitar teu tio (...)
>
> (Eça de Queirós [Queirós, 1901:297])
>
> Jacinto *franzia* o nariz enervado:
> — Mas, ao menos, estão feitos os estudos? (...)
>
> (Ibid., p. 77)
>
> O doido *espalmou* a mão no ar, com o braço enfiado através da grade:
> —Vá! Vá com Deus!... com Deus, não, que eu já acabei com a necessidade de Deus...
>
> (Rachel de Queiroz [Queiroz, 1948:170])

Eça de Queirós foi quem, em língua portuguesa, mais explorou, com primazia, os recursos dessa técnica, principalmente em seu romance póstumo *A cidade e as serras*. Mas o precursor parece ter sido Flaubert, em *Madame Bovary* (1857), com a diferença de que, no estilista francês, o que se antepõe mais frequentemente é mesmo um verbo de elocução, e não um vicário, veículo do conteúdo psíquico.

De qualquer forma, parece certo que a predominância da anteposição dos verbos *dicendi* data do realismo. Numa novela tipicamente romântica como *Valentine* (1832), de George Sand, ou na série de três narrativas que constituem *Servidão e grandezas militares* (1835), de Alfred de Vigny, ambas da fase do apogeu do romantismo francês, menos de 5% dos verbos *dicendi* vêm antepostos à fala. Também *Le rouge et le noir* (1832), de Stendhal, assim como *Le Colonel Chabert* (1832), de Balzac, apesar de já considerados como de fase inicial do realismo, oferecem igualmente uma percentagem mínima de anteposições: mais ou menos 5%. No entanto, *Madame Bovary* já apresenta cerca de 45% de anteposições. No nosso José de Alencar, a percentagem é aproximadamente a mesma de *Valentine:* 5%. Mas em Manuel Antônio de Almeida, precursor do nosso realismo, apesar de contemporâneo de Alencar (*O guarani* é de 1857 e *As memórias de um sargento de milícias,* de 1855), encontramos já o verbo *dicendi* anteposto em mais de 25% dos casos. Entretanto, em Machado de Assis, mesmo nos romances e contos da fase realista, a proporção não vai além de 25% em *Memórias póstumas de Brás Cubas* (1881) e *Dom Casmurro* (1900).

Essa preferência pela anteposição parece que se acentuou mais ainda a partir de 1930, e de tal forma, que em *João Miguel* (1932), de Rachel de Queiroz, *Os Corumbas* (1933), de Amando Fontes, *O boqueirão* (1935), de José Américo de Almeida, *Música ao longe* (1935), de Érico Veríssimo, e *Eurídice* (1947), de José Lins do Rego, a percentagem de *dicendi* antepostos é de cerca de 65%.

3.6 A pontuação no discurso direto

O leitor deve ter notado que, nas citações que vimos fazendo, a oração do verbo *dicendi* vem separada da fala ora por vírgula, ora por travessão. De propósito não uniformizamos o sistema da pontuação, mesmo porque não nos cabia esse direito; mas não o fizemos principalmente para deixar claro que há certa indecisão quanto a esse aspecto.

Alguns autores, é verdade que raros, usam desnecessariamente além do travessão inicial também as aspas:

— "São as férias" — disse-lhe este. "As férias, às vezes corrompem a imaginação..."
  (Dinah Silveira de Queiroz, "Manhosando", *Quandrante 2*.[Queiroz, 1963:87])

Outros, como Cecília Meireles (esta, ocasionalmente), cercam por aspas a fala, usando o travessão apenas para separar a oração do verbo *dicendi:*

"Você costuma ler os jornais?" — perguntei-lhe.
  (Cecília Meireles, "Chuva com lembranças", *Quadrante 2* [Meireles, 1963:133])

Pôr entre aspas a fala ou fragmentos dela parece ser influência da literatura em língua inglesa, onde, como se sabe, as reticências são representadas por um traço (*dash*), o que torna contraindicado o emprego do travessão, que com elas se confundiria. No Brasil não se usam senão quando, ocasionalmente, o autor quer distinguir o diálogo do monólogo inserto num parágrafo de discurso indireto puro ou livre; nesse caso, é de regra omitir-se o travessão inicial:

Abelardo, calmo, paciente, dava-lhe ouvido, sem levantar os olhos dos papéis que ia separando e rompendo. "Eu sei onde ela quer chegar — dizia consigo. — Tudo isso é desabafo..."

(Montelo, 1960:171)

Também às vezes se põe entre aspas a fala isolada de um interlocutor, quando, inserida num parágrafo, não vem seguida de réplica, caso em que também se omite o travessão:

"A senhora não sabe o milagre que me aconteceu", contou-me com firmeza. "Comecei a rezar na rua, a rezar para que Deus me mandasse um anjo que me salvasse, fiz promessa de não comer quase nada amanhã. E Deus me mandou a senhora."

(Lispector, 1964:154)

No passado — e até mesmo no presente, mas de maneira esporádica —, era mais comum cercar-se a oração do verbo *dicendi* por meio de vírgulas, salvo se o sentido da fala exigia ponto de exclamação, de interrogação ou reticências:

— Sr. Pereira, disse Cirino recostando-se a uma sólida marquesa, não se incomode comigo de maneira alguma...

(Taunay, [s. d.]:35)

— Patrícios! Ó! gente! gritou ele em seguida...

(Id., Ibid., p. 36)

— Ainda não reparei, respondi.

(Barreto, 1956:127)

Atualmente, entretanto, é de praxe cercar a fala ou fragmentos dela por meio de travessões, para evitar, como acontece com frequência, que se confundam as palavras do autor com as da personagem:

— Obrigado. Não quero fumar — replicou, olhos caídos na mesa e guardando o cigarro que ia levar aos lábios. — Dê-me o problema. Não foi para isso que me chamou?

(Montelo, 1960:125)

Note-se que o travessão antes de "replicou" torna prescindível o ponto período que seria normal depois de "fumar". Raramente se usam os dois.

O travessão é indispensável quando a fala que o precede vem seguida de ponto de interrogação, de exclamação ou de reticências; neste caso, uma simples vírgula seria absurda:

— Vamos... — disse Jesuíno.
— Onde? — fez Otália.

(Amado, 1964:38)

— Marialva! — cortou Martim brusco, o rosto fechado.

(Id., ibid., p. 61)

Em suma: nas obras mais recentes, ou em muitas reedições atualizadas de antigas, se vêm firmando as seguintes normas, segundo pudemos observar em inúmeros autores:

a) travessão inicial em vez de aspas;
b) oração do verbo *dicendi* precedida por travessão ou vírgula;
c) aspas só para fala isolada dentro de parágrafo em discurso indireto, quando não seguida de réplica;
d) o travessão torna prescindível qualquer outro sinal de pontuação, salvo os pontos de interrogação, de exclamação e as reticências;
e) novo período de fala no mesmo parágrafo, após a oração do verbo *dicendi*, deve vir precedido por travessão, para que não se confundam palavras do autor com as da personagem;
f) a oração do verbo *dicendi*, quando intercalada na fala, pode vir também cercada por vírgulas, em vez de travessões, desde que o fragmento da fala que a preceda não exija ponto de interrogação ou de exclamação ou reticências;
g) quando a oração do verbo *dicendi* precede toda a fala, deve vir obrigatoriamente seguida de dois pontos;
h) qualquer que seja a posição da oração do verbo *dicendi*, não se costuma separá-la da fala por meio de um ponto.

São essas as normas geralmente seguidas pelos autores modernos, quer como resultado de um acordo tácito, quer como consequência de convenções adotadas pelas editoras mais importantes.

4.0 Discurso indireto livre ou semi-indireto

Se os discursos direto e indireto, como formas de expressão peculiares ao gênero narrativo, são tão antigos quanto a própria linguagem, o chamado discurso ou estilo indireto livre é relativamente recente. O latim e o grego desconheciam-no. Charles Bally (1912) encontrou traços dele no francês antigo, mas não no período do Renascimento. Rabelais dele se serviu ocasionalmente. Era, segundo ainda Bally, o processo favorito de La Fontaine. Mas os clássicos, dada a influência da sintaxe latina, não o empregaram. Na literatura luso-brasileira da era clássica, não há dele senão esporádicos exemplos, como, segundo nos lembra o prof. Rocha Lima, o de Camões (*Lus.* VIII, 1):

> Na primeira figura se detinha
> O Catual, que vira estar pintada,
> Que por divisa um ramo na mão tinha,
> A barba branca, longa e penteada:
> "Quem *era* e por que causa lhe *convinha*
> A divisa, que tem na mão tomada?"

Trata-se (versos quinto e sexto) de pergunta que faz o Catual a Paulo da Gama; portanto, discurso direto. No entanto, os verbos "era" e "convinha" (quinto verso), dada a situação, surgerem discurso indireto. O total da fala é, assim, um vestígio de discurso misto ou, pelo menos, de discurso *direto* livre.

O que é certo, porém, é que, a partir dos meados do século XIX, o estilo indireto livre começou a generalizar-se, por influência de Flaubert e Zola. No entanto, somente em 1912 foi que Charles Bally chamou a atenção para a nova técnica, até então ignorada pelas gramáticas,[55] à qual deu o nome por que é mais conhecida: *estilo indireto livre*. Dez anos mais tarde, Albert Thibaudet faria um estudo

---

[55] Porque, diz Bally (1912:605), "o estilo indireto livre é uma forma de pensamento, e os gramáticos partem das formas gramaticais".

sistemático desse processo na obra de Flaubert. Em 1926, Marguerite Lips escreveu sobre o assunto um ensaio que se tornou clássico: *Le style indirect libre*.

Como o nome sugere, o estilo ou discurso indireto livre ou semi-indireto apresenta características híbridas: a fala de determinada personagem ou fragmentos dela inserem-se discretamente no discurso indireto através do qual o autor relata os fatos.

No indireto puro, o processo sintático é o da dependência por conectivo integrante; no direto, é o da justaposição, como verbo *dicendi* claro ou oculto; no indireto livre, as orações da fala são, de regra, independentes, sem verbos *dicendi*, mas com transposições do tempo do verbo (pretérito imperfeito) e dos pronomes (terceira pessoa). Como não inclui nem admite *dicendi*, não é cabível sua transformação em objeto direto do verbo transitivo — e é isto que o distingue do direto e do indireto puro.

Vejamos um exemplo de José Lins do Rego:

> Os trabalhadores passavam para os partidos, conversando alto. Quando me viram sem chapéu, de pijama, por aqueles lugares, deram-me bons-dias desconfiados. Talvez pensassem que estivesse doido. Como poderia andar um homem àquela hora, sem fazer nada, de cabeça no tempo, um branco de pés no chão como eles? Só sendo doido mesmo.
>
> (Rego, 1934:62)

Aparentemente, todo o trecho está em discurso indireto puro: no entanto, há expressões que não poderiam ser atribuídas ao autor, senão a uma das personagens: a interrogação, por exemplo, não poderia ser feita por ele se se tratasse de estilo indireto.

O último período também: será do narrador, que fala na primeira pessoa, ou de um dos trabalhadores? A frase é ambígua, quanto a esse aspecto, e essa ambiguidade do indireto livre é mais frequente quando a narração se faz na primeira pessoa, como é o caso de *Banguê*.

No seguinte trecho de Graciliano Ramos, os limites entre o indireto puro e o indireto livre estão nitidamente marcados pelas interrogações, exclamações e as reticências:

> *Se não fosse isso... Ah! em que estava pensando?* Meteu os olhos pela grade da rua. *Chi! que pretume?* O lampião da esquina se apagara, *provavelmente o homem da escada só botara nele meio quarteirão de querosene.*
>
> (Ramos, 1965:39)

A oração condicional reticenciosa não pode ser atribuída ao narrador, pois denuncia o estado de espírito da personagem Fabiano, impotente na sua indignação, incapaz de reagir, porque, apesar de tudo, se sentia preso à Sinhá Vitória, aos filhos, à própria Baleia, que o impediam de praticar desatino como reação natural contra a injustiça de que era vítima. O mesmo se pode dizer quanto aos demais trechos em itálico. Em todo o parágrafo, enfim, só há duas orações em discurso indireto puro: "Meteu os olhos pela grade" e "O lampião da esquina se apagara". Até mesmo a oração final, a partir de "provavelmente", está em discurso indireto livre, pois, como, no caso, o narrador é onisciente, não seria admissível sua incerteza quanto à quantidade de querosene posta no lampião: a dúvida é da personagem Fabiano.[56]

Não cremos que haja outro romance brasileiro em que o discurso indireto livre seja tão frequente e tão habilmente empregado como em *Vidas secas*. Essa técnica, o autor já havia ensaiado timidamente em *S. Bernardo* (1934), desenvolvendo-a em *Angústia* (1936), até alcançar a sua plenitude na história dramática de Fabiano e Sinhá Vitória.

Às vezes, os três processos se mesclam no mesmo parágrafo. É o que faz, por exemplo, Fernando Sabino:

> Mafra o consolou, batendo-lhe nas costas: tirara o terceiro lugar [numa prova de natação]. Foi para casa sozinho, a cabeça num tumulto. Por que afinal tudo aquilo, Santo Deus? Que ideia descabida, que estranha teimosia aquela, esquecer tudo durante um mês, para dedicar-se como um louco a uma experiência tão dura que não lhe traria proveito algum! Vaidade, apenas? Solidariedade para com seu clube? Ora, sabia muito bem que essas coisas não existiam mais para ele. Por quê, então? O pai lhe dissera apreensivo: "Você está exagerando, meu filho. Isso não pode fazer bem".
>
> (Sabino, 1956:127)

Os dois primeiros períodos estão em discurso indireto puro. A partir de "Por que afinal?" até "Por quê, então?" é discurso indireto livre, pois as interrogações e exclamações não denotam perplexidade do narrador, mas da personagem Eduardo, numa espécie de monólogo. A parte final encerra discurso direto claramente expresso, com verbo *dicendi* anteposto. Examinemos, porém, mais de perto, o período iniciado por "ora". Esta partícula, na acepção em que está empregada, é exclusiva do discurso direto, mas o pronome "ele" no fim do período indica que se trata de discurso indireto. A frase é assim híbrida. Ora, esse hibridismo é uma das características do indireto livre.

Na literatura brasileira contemporânea, a técnica do discurso indireto livre apresenta matizes estilísticos muito variáveis, como, aliás, também no francês e no inglês, para só citarmos as línguas que nos são mais familiares. Em alguns autores ocorre apenas intercalação de discurso direto (às vezes, até mesmo entre aspas,

---

[56] Mudando o tempo do verbo — *botara* para *botou* —, a estrutura passa a ser até mesmo de discurso direto.

acompanhado de *dicendi* ou de vicário seu) dentro de um parágrafo de narração feita em discurso indireto puro. Em outros, um parágrafo inteiro assume a feição do monólogo, em geral, introduzido ou seguido por um verbo de elocução ("disse comigo", "disse consigo") ou um vicário ("pensou", "pensei"). Mas, nesses casos, não se pode falar de indireto livre, recurso de que o narrador se serve não só para minimizar a monotonia dos diálogos intermináveis mas também — e aqui está a sua mais relevante função — para exteriorizar fragmentos do fluxo de consciência de determinada personagem. Então, no relato dos fatos e na análise das reações psicológicas da personagem, traduzidos em palavras do autor, inserem-se frases ou expressões transpostas do discurso direto mas sem o auxílio dos conectivos integrantes. Só quando "as reflexões expostas são tão intensas que justifiquem uma formulação verbal nítida" (Câmara Jr., 1941) é que o autor se serve do discurso direto. Assim faz Rachel de Queiroz:

> E aquele caso do cabra em que — Deus me perdoe! — pela primeira vez tinha botado a mão em cima do alheio... E se saíra tão mal, e o homem o tinha posto até de sem-vergonha (...)
>
> (Queiroz, 1948:79)

A intercalada "Deus me perdoe" não pode ser atribuída ao narrador; mas seria descabido, dada a sua escassa relevância, abrir com ela um parágrafo em discurso direto, a que Rachel de Queiroz só recorre mais adiante, quando as reflexões das personagens são mais intensas, porque mais dramáticas as peripécias do relato feito pelo vaqueiro Chico Bento com palavras da autora. O parágrafo que precede imediatamente o diálogo entre Conceição e Chico Bento inclui um fragmento de discurso indireto livre:

> Agora felizmente estavam menos mal. O de que carecia era arranjar trabalho; porque a comadre Conceição bem via que o que davam no Campo mal chegava para os meninos.
> Conceição concordou:
> — Eu sei, eu sei, é uma miséria! Mas você assim, compadre, lá aguenta um serviço bruto, pesado, que é só o que há para retirante?!
>
> (Queiroz, 1948:80)

O primeiro parágrafo está, todo ele, em discurso indireto puro, como o denunciam os pronomes da terceira pessoa e os verbos no pretérito imperfeito; mas nele se insinua sutilmente um vestígio do indireto livre naquele "comadre", que a autora, se falasse por si mesma, não poderia de forma alguma empregar: a comadre é de Chico Bento, e não de Rachel de Queiroz. Esse exemplo, aliás, é semelhante ao que assinala Matoso Câmara (1941:21) em *Quincas Borba,* a propósito de "comadre Angélica".

Em Josué Montelo (*A décima noite*), o monólogo dramático de feitio tradicional e o discurso indireto livre frequentemente se mesclam em longos parágrafos de discurso indireto; mas o autor distingue sistematicamente o primeiro do segundo, pondo-o entre aspas, precedidas às vezes por travessão. No primeiro dos dois trechos dados abaixo, há intercalação de indireto livre (em itálico); no segundo, o que aparece é mesmo discurso direto sob a forma de monólogo indicado por travessão e aspas:

> Voltou-se então para o fundo da casa, atravessou a varandinha que acompanha o correr dos quartos e saiu à copa. *Alaíde estaria ainda no jardim?* Saltou ao quintal e veio contornando a casa (...)
>
> (Montelo, 1960:193)

> Na iminência da crise, Abelardo não perdia o domínio de si mesmo. E dizia consigo, sereno, confiante, cigarro esquecido na ponta dos dedos: — "Daqui a pouco terás de deitar-te, Alaíde. E eu também. Crês que poderás fugir de mim, como se eu fosse um estranho? (...)"
>
> (Id., ibid., p. 205)

A interrogação, no primeiro trecho, não expressa dúvida do autor, mas da personagem: trata-se de discurso indireto livre. Os períodos entre aspas, precedidos por um travessão, no segundo, denotam monólogo dramático, em discurso direto puro, com um verbo *dicendi* claro ("dizia consigo"). Mas, quando o autor quer impregnar suas palavras de certa tonalidade afetiva própria do discurso direto, quando, enfim, autor e personagem como que se fundem numa espécie de interlocutor híbrido, então aparece o legítimo indireto livre, sem aspas nem travessões:

> Por vezes, adiantava o braço, para ajudá-la a descer. E ela baixava sozinha, não raro saltando o último degrau com os pés unidos, como a dizer-lhe que só mais tarde, quando fossem marido e mulher, aceitaria o amparo que ele lhe oferecia. *E por que melindrar-se com os longos silêncios dela? Por acaso, ali junto ao relógio, com o seu livro e a sua caixa de costura, Sinharinha não fora também assim, esquiva e cismarenta?*
>
> (Id., ibid., p. 158)

Quanto à sua natureza e sentido, os trechos em itálico seriam verdadeiros monólogos, não fosse a presença daquele pronome de terceira pessoa, "se", em vez de "me". Por isso, não aparecem as aspas: o fluxo do pensamento da personagem Abelardo, o autor como que o surpreendeu *in natura,* exteriorizando-o como se o tivesse apenas gravado sem interferir na sua formulação verbal.

Em suma, o discurso indireto livre é uma técnica de narrativa muito fértil em recursos estilísticos. Os estudiosos encontrariam aí um veio rico para pesquisas capazes de revelar novas dimensões no romance brasileiro dos nossos dias. Os principiantes poderiam abrir caminho com a obra de Marguerite Lips, o artigo de Charles Bally e o artigo de Matoso Câmara atrás citados.

Segunda parte

1. Voc. — O vocabulário

1.0 Os sentidos das palavras

1.1 Palavras e ideias

Em pesquisa que realizou, o dr. Johnson O'Connor, do Laboratório de Engenharia Humana, de Boston, e do Instituto de Tecnologia, de Hoboken, Nova Jersey, submeteu a um teste de vocabulário 100 alunos de um curso de formação de dirigentes de empresas industriais (*industrial executives*), os executivos. Cinco anos mais tarde, verificou que os 10% que haviam revelado maior conhecimento ocupavam cargos de direção, ao passo que dos 25% mais "fracos" nenhum alcançara igual posição.

Isso não prova, entretanto, que, para *vencer na vida,* basta ter um bom vocabulário; outras qualidades se fazem, evidentemente, necessárias. Mas parece não restar dúvida de que, dispondo de palavras suficientes e adequadas à expressão do pensamento de maneira clara, fiel e precisa, estamos em melhores condições de assimilar conceitos, de refletir, de escolher, de julgar, do que outros cujo acervo léxico seja insuficiente ou medíocre para a tarefa vital da comunicação.

Pensamento e expressão são interdependentes, tanto é certo que as palavras são o revestimento das ideias e que, sem elas, é praticamente impossível pensar.[1] Como pensar que "amanhã tenho uma aula às 8 horas", se não prefiguro mentalmente essa atividade por meio dessas ou de outras palavras equivalentes? Não se pensa *in vacuo.* A própria clareza das ideias (se é que as temos sem palavras) está intimamente relacionada com a clareza e a precisão das expressões que as traduzem. As próprias impressões colhidas em contato com o mundo físico, através da experiência sensível, são tanto mais vivas quanto mais capazes de serem traduzidas em palavras — e sem impressões vivas não haverá expressão eficaz. É um círculo vicioso, sem dúvida: "...nossos hábitos linguísticos afetam e são igualmente afetados pelo nosso comportamento, pelos nossos hábitos físicos e mentais normais, tais como a observação, a percepção, os sentimentos, a emoção, a imaginação" (Gurrey, 1959:2). De

---

[1] "...não há pensar a não ser em termos de linguagem", diz Schaff (1968:163). "A forma linguística é [pois] não apenas a condição de transmissibilidade do pensamento mas também, acima de tudo, condição de realização do pensamento" (Benveniste, 1975:64, v. 1).

forma que um vocabulário escasso e inadequado, incapaz de veicular impressões e concepções, mina o próprio desenvolvimento mental, tolhe a imaginação e o poder criador, limitando a capacidade de observar, compreender e até mesmo de sentir.

> Não se diz nenhuma novidade ao afirmar que as palavras, ao mesmo tempo que veiculam o pensamento, lhe condicionam a formação. Há século e meio, Herder já proclamava que um povo não podia ter uma ideia sem que para ela possuísse uma palavra,

testemunha Paulo Rónai em artigo publicado no *Diário de Notícias*, do Rio de Janeiro, e mais tarde transcrito na 2ª edição de *Enriqueça o seu vocabulário* (Ferreira, 1965).

Portanto, quanto mais variado e ativo é o vocabulário disponível, tanto mais claro, tanto mais profundo e acurado é o processo mental da reflexão. Reciprocamente, quanto mais escasso e impreciso, tanto mais dependentes estamos do grunhido, do grito ou do gesto, formas rudimentares de comunicação capazes de traduzir apenas expansões instintivas dos primitivos, dos infantes e... dos irracionais.

1.2 Vocabulário e nível mental

Acreditam alguns que o nível mental, apurado segundo a técnica dos testes de Stanford-Binet — aquilo a que os americanos em geral dão tanta importância e que se traduz na sigla com aura meio cabalística I. Q. (*intelligence quotient*) —, se relaciona muito de perto com o domínio do vocabulário. São conhecidas as experiências levadas a efeito com grupos de colegiais para apurar essa relação entre o quociente de inteligência e o conhecimento de palavras. Tais experiências consistem em selecionarem-se dois grupos de estudantes da mesma comunidade, da mesma idade, do mesmo nível social (até onde seja possível pôr à prova tudo isso), dando-se a cada um tratamento diverso: o primeiro grupo recebe ensinamento normal, seguindo o currículo escolar; o segundo é especialmente treinado em exercícios de vocabulário, além das aulas em comum com o outro grupo. Ao termo de período convencionado, as notas são confrontadas, verificando-se então que o aproveitamento do segundo grupo é muito maior do que o do primeiro, e não apenas em inglês (para o caso das experiências realizadas nos Estados Unidos), mas também nas outras matérias, inclusive matemática e ciências.[2]

Para outros entendidos, entretanto, essa relação é falaciosa; consideram eles o elevado índice de vocabulário não como sintoma de inteligência e amadurecimento

---

[2] Cf. Funk e Lewis (1942), onde colhemos também o relato da experiência feita pelo dr. Johnson O'Connor.

mental, mas apenas como sinal de uma experiência variada. Vocabulário rico é, assim, manifestação e não fator de inteligência. Não há, segundo esses entendidos, fundamentos seguros para presumir que se possa estimular o nível mental através do ensino do vocabulário. Em suma: conhecemos palavras porque somos inteligentes, e não somos inteligentes só porque conhecemos palavras.[3]

Por outro lado, não é ocioso advertir ainda que apenas um grande domínio do vocabulário não implica necessariamente igual domínio da língua; se assim fosse, os que se dedicam ao passatempo das palavras cruzadas e os autores de dicionários seriam forçosamente grandes escritores ou oradores, o que nem sempre, ou raramente, ocorre, como se sabe. Se praticamente não se pode pensar sem palavras, é errôneo presumir que, dispondo apenas delas, se disponha igualmente de agilidade mental e de facilidade de expressão, pois é sabido que o comando da língua falada ou escrita pressupõe o assenhoreamento de suas estruturas frasais combinado com a capacidade de discernir, discriminar e estabelecer relações lógicas, de forma que as palavras não apenas veiculem ideias ou sentimentos, mas reflitam também a própria atitude mental.

A conclusão óbvia que se pode tirar dessas assertivas e objeções a respeito da importância do vocabulário é que, se apenas o conhecimento de palavras não é suficiente para a expressão do pensamento, torna-se igualmente estulto presumir que basta estudar gramática para saber falar e escrever satisfatoriamente. Nenhum professor ignora isso. Não obstante, quase todos nós, por vício, tradição ou comodismo, achamos mais fácil e mais simples dar e mandar decorar mil e uma regrinhas gramaticais malsinadas e inúteis, que vão muito além do mínimo indispensável ao manejo correto da língua. O que acontece é que não sobra *tempo* para o resto — e infelizmente é nesse *resto* que está o essencial.

1.3 Polissemia e contexto

A linguagem — seja ela oral ou escrita, seja mímica ou semafórica — é um sistema de símbolos,[4] signos ou signos-símbolos, voluntariamente produzidos e convencionalmente aceitos, mediante o qual o homem se comunica com seus semelhantes, expressando suas *ideias, sentimentos* ou *desejos*. Suas três primordiais funções são, assim,

---

[3] Cf. *Language in general education;* a report to the Committee on the Function of English in General Education, p. 48.
[4] Para C. K. Ogden e I. A. Richards, no seu hoje clássico *The meaning of meaning* (O *significado de significado*), *símbolo* corresponde ao que Saussure (1931:98-99) chama de *significante,* e *referente,* ao que o mestre genebrino denomina *significado.* A combinação do significante (imagem acústica) com o significado (conceito) constitui o *signo.*

a *representação* (ideias), a *exteriorização psíquica* (sentimentos) e o *apelo* (desejos, vontade), ou, como quer Karl Bühler, (1950:41), "expressão, apelo e representação".

A linguagem ideal seria aquela em que cada palavra (*significante*) designasse ou apontasse apenas uma coisa, correspondesse a uma só ideia ou conceito, tivesse um só sentido (*significado*). Como tal não ocorre em nenhuma língua conhecida, as palavras são, por natureza, enganosas, porque polissêmicas ou plurivalentes. Muitas constituem mesmo uma espécie de constelação semântica, como, por exemplo, *ponto* e *linha,* que têm (segundo o *Dicionário* de Laudelino Freire) cerca de 100 acepções.

Isoladas do seu contexto ou situação,[5] as palavras *quase* nada significam de maneira precisa, inequívoca (Ogden e Richards são radicais: "as palavras *nada* significam por si mesmas"):

> o que determina o valor (= sentido) da palavra é o contexto. A palavra situa-se numa ambiência que lhe fixa, a cada vez e momentaneamente, o valor. É o contexto que, a despeito da variedade de sentidos de que a palavra seja suscetível, lhe impõe um valor "singular"; é o contexto também que a liberta de todas as representações passadas, nela acumuladas pela memória, e que lhe atribui um valor "atual". Mas, independentemente do emprego que dela se faça, a palavra existe no espírito com todos os seus significados latentes e virtuais, prontos a surgir e a se adaptarem às circunstâncias que a evoquem.
>
> (Vendryes, 1921:211)

Assim, por mais condicionada que esteja a significação de uma palavra ao seu contexto, sempre subsiste nela, palavra, um núcleo significativo mais ou menos estável e constante, além de outros traços semânticos potenciais em condições de se evidenciarem nos contextos em que ela apareça.[6] Se, como querem Ogden e Richards, as palavras por si mesmas nada significam, a cada novo contexto elas adquiririam significação diferente, o que tornaria praticamente impossível a própria intercomunicação linguística.

Geralmente, quando queremos saber o sentido de uma palavra recorremos ao dicionário; mas pode acontecer: a) que ela não esteja averbada; b) que a definição dela não se ajuste ao sentido da frase que ouvimos ou lemos; c) que o dicionário dê mais de um significado ou acepção. Em qualquer hipótese, só mesmo o contexto é que nos pode ajudar.

---

[5] Ao tratarmos de frase de situação (1. Fr., 1.2), adotamos a definição de contexto que nos dá J. Matoso Câmara Júnior: "ambiente linguístico onde se acha a frase". Todavia, outros autores preferem atribuir a esse termo sentido mais amplo, incluindo nele o que Matoso Câmara chama de "situação" ("ambiente físico-social onde a frase é enunciada") e acrescentando ainda, alguns, o fator "experiência". Existem assim três espécies de contexto: o *verbal*, o da *situação* e o da *experiência* (do emissor e do receptor). Seja como for, é usual o emprego do termo *contexto* com o sentido amplo de qualquer ambiência em que se encontre a palavra.

[6] Aos traços significativos mínimos que entram na constituição de uma palavra dá a semântica estrutural o nome de *semas*. Há os semas *básicos* (núcleo significativo estável e constante) e os *virtuais* (ou potenciais), que indicam as possibilidades de aplicação num determinado contexto. O conjunto dos semas básicos e virtuais constitui o *semema* (também dito *semantema*).

No seguinte passo de Manuel Bernardes, só o contexto verbal nos permite saber em que sentido estão empregadas as palavras "explicando", "remos" e "golfo":

> Depois de um espaço, a seu parecer [do monge] mui curto, *explicando* o passarinho os breves *remos* de suas ligeiras peninhas, foi cortando esse *golfo* de ares, e desapareceu, deixando ao seu ouvinte assaz magoado, porque nada do que se possui com gosto, se perde sem desconsolação (...)[7]
>
> (Galvão, 1964:21)

A narrativa é conhecida (aparece em várias antologias): um religioso, reparando no Salmo 89, onde se lê que "mil anos diante de Deus são como o dia de ontem", saiu para um pomar ou jardim a fim de "penetrar o espírito desta admirável sentença". Estava o monge entregue às suas meditações, quando um passarinho se pôs a cantar tão maviosamente, que ele se esqueceu do tempo. Quando regressou ao mosteiro, ninguém o reconheceu. Recorrendo-se então "à fé das crônicas e memórias antigas", lá se achou nomeado que, no tempo do abade a que ele se referia, realmente desaparecera um monge, e, feito o cômputo dos anos, verificou-se que se tinham passado 300.

Não cremos que qualquer dicionário elucide o leitor quanto ao sentido das três palavras grifadas no trecho transcrito. Vejamos o "dicionário do Aurélio":

> *Explicar:* tornar inteligível ou claro (o que é ambíguo ou obscuro); justificar; lecionar; ensinar, significar; expressar; expor; explanar; dar a conhecer a origem ou o motivo de; exprimir-se; dar razão das suas ações ou palavras; dar satisfação ou explicação; pagar (gíria brasileira).
>
> *Remo:* instrumento de madeira que serve para fazer avançar na água pequenas embarcações; indígenas da tribo dos Remos (Javari).
>
> *Golfo:* porção de mar que entra profundamente pela terra e cuja abertura é muito larga; nome de planta.

Tomadas no seu sentido literal, referencial ou denotativo (ver a seguir), essas palavras deixariam o leitor perplexo. Só o contexto poderia esclarecê-lo, levando-o a tomar *explicando* no sentido de *desdobrando, abrindo* e a ver em *remos* e *golfo* duas metáforas (sentido figurado, conotativo ou afetivo) com que o autor procurou tornar mais vivas e pitorescas as ideias de *asas* e *imensidão do espaço aéreo*.

Estamos vendo assim que as palavras são elos numa cadeia de ideias e intenções, interligadas umas às outras por íntimas relações de sentido: dissociá-las da frase é

---

[7] *Como passam mil anos diante de Deus,* segundo o texto comentado por Jesus Belo Galvão (1964:21), onde, aliás, se fazem, com erudição e argúcia, oportunas observações sobre a importância do contexto como pauta para os valores semânticos das palavras.

desprovê-las da camada do seu significado virtual, *i.e.,* contextual. Isso é o que ocorre na língua viva, na língua de todos os dias, quer falada ou coloquial, quer escrita ou literária. Conhecer-lhes o significado dissociado do contexto não é suficiente. Portanto, exercícios de vocabulários que constem de listas de palavras para decorar pouca utilidade têm. Só através da leitura e da redação é que se pode construir um vocabulário vivo e atuante, incorporado aos hábitos linguísticos. Isso, entretanto, não impede, antes, pelo contrário, justifica que se lance mão de artifícios capazes de permitir a simulação de situações reais, de uma espécie de contexto *ad hoc*. É o que se faz às vezes, se bem que nem sempre com a necessária frequência, quando se abrem lacunas em frases completas para preencher, ou quando se propõem séries de palavras sinônimas ou não para escolha da(s) que se adapte(m) ao contexto verbal. Outro tipo de exercício também eficaz consiste em se criarem situações globais em torno de certas áreas semânticas, como, por exemplo, as dos sentidos, para a expressão de impressões (cores, formas, sons, odores, etc.). No entanto, o melhor processo para a aquisição de vocabulário é aquele que parte de uma experiência real e não apenas simulada, pois só ela permite assimilar satisfatoriamente conceitos e ideias que traduzam impressões vivas. É inútil ou, pelo menos, improfícuo tentarmos traduzir impressões ou juízos que a experiência, *lato sensu,* não nos proporcionou.

1.4 Denotação e conotação: sentido referencial e sentido afetivo

Por mais variados que sejam, os sentidos das palavras situam-se em dois níveis ou planos: o da *denotação* e o da *conotação,* duas antigas denominações,[8] que a lógica e a linguística moderna vêm remanipulando e reconceituando em termos nem sempre muito claros e nem sempre coincidentes, o que dá margem — como dizem os autores do *Dictionnaire de linguistique,*[9] no verbete *"connotation"* — a uma "desordem terminológica".

Para a semântica estrutural, *denotação* é aquela parte do significado de uma palavra que corresponde aos *semas específicos e genéricos, i.e.,* aos traços semânticos (rever nota 6) mais constantes e estáveis, ao passo que *conotação* é aquela parte do significado constituída pelos semas *virtuais, i.e.,* só atualizados em determinado contexto. A mesma conceituação pode ser expressa em termos um pouquinho mais claros: *denotação* é o elemento estável da significação de uma palavra, elemento *não subjetivo* (grave-se esta característica) e analisável fora do discurso (= contexto), ao passo que a *conotação*

---

[8] Já empregadas pela lógica escolástica e, mais tarde, por John Stuart Mill no seu *Sistema de lógica* (1843).
[9] Organizado por Dubois e outros (1973).

é constituída pelos elementos *subjetivos,* que variam segundo o contexto. De acordo com Eco (1971:22)

> Em alguns sistemas semânticos indica-se como *denotação* de um símbolo a classe das coisas reais que o emprego do símbolo abarca ("cão" denota a classe de todos os cães reais), e como *conotação* o conjunto das propriedades que devem ser atribuídas ao conceito indicado pelo símbolo (entender-se-ão como conotações de "cão" as propriedades zoológicas mediante as quais a ciência distingue o cão de outros mamíferos de quatro patas). Nesse sentido, a denotação identifica-se com a *extensionalidade,* e a conotação com a *intencionalidade (sic)*[10] do conceito."

O há pouco citado *Dictionnaire de linguistique* nos dá, no verbete "*connotation*", uma definição um pouco mais clara e mais acessível aos leigos: denotação é

> tudo aquilo que, no sentido de um termo, é objeto de um consenso na comunidade linguística. Assim, *rouge* (vermelho) denota uma cor precisa em termos de amplitude de onda, para a comunidade francesa. A conotação é, então, o que a significação tem de particular para o indivíduo ou um dado grupo dentro da comunidade; por exemplo, a conotação política de *rouge* não será idêntica para toda a coletividade de fala francesa.

Bem: a esta altura, o leitor não iniciado nessas sutilezas semânticas já deve ter assimilado os conceitos de denotação e conotação. Ainda assim, tentemos tornar a "coisa" mais clara, servindo-nos de uma linguagem mais acessível.

Quando uma palavra é tomada no seu sentido usual, no sentido dito "próprio", isto é, não figurado, não metafórico, no sentido "primeiro" que dela nos dão os dicionários, quando é empregada de tal modo que signifique a mesma coisa para mim e para você, leitor, como para todos os membros da comunidade sociolinguística de que ambos fazemos parte, então se diz que essa palavra tem sentido *denotativo* ou *referencial,* porque denota, remete ou se *refere* a um objeto do mundo extralinguístico, objeto real ou imaginário. A palavra assim empregada é entendida independentemente de interpretações individuais, interpretações de natureza afetiva ou emocional, o seu significado não resulta de associações, não está condicionado à experiência ou às vivências do receptor (leitor, ouvinte). O seu sentido é, digamos assim, "pão, pão, queijo, queijo".

Se, entretanto, a significação de uma palavra não é a mesma para mim e para você, leitor, como talvez não o seja também para todos os membros da coletividade de que ambos fazemos parte, e não o é por causa da interpretação que cada um de nós lhe possa dar, se a palavra não remete a um objeto do mundo extralinguístico mas, sobretudo, sugere ou evoca, por associação, outra(s) ideia(s) de ordem abstrata, de natureza afetiva ou emocional, então se diz que seu valor, *i.e.,* seu sentido, é *conotativo*

---

[10] Ver, a seguir, 1.5 e nota 11.

ou *afetivo*. Exemplifiquemos. A palavra "cão" tem sentido denotativo quando denota, aponta, designa o animal doméstico, mamífero, quadrúpede, canino; mas é pura conotação (e, no caso, também metaforização) quando expressa o desprezo que me causa uma pessoa sem caráter ou extremamente servil. *Verde,* no sentido de cor resultante da combinação do azul com o amarelo no espectro solar, de cor das ervas e das folhas da maioria das plantas, é pura *denotação:* se peço uma camisa *verde,* o lojista não me trará uma *vermelha* (a menos que seja daltônico). Mas, se *verde* me sugere esperança, se *verde* significa que algo ainda não se desenvolveu completamente, então seu sentido é *conotativo* ou *afetivo* (e, no caso, também metafórico). Branco = cor resultante da combinação de todas as cores no espectro solar = *denotação;* mas branco = inocência, pureza, imaculação = *conotação.* A palavra *rosa* não significa a mesma coisa (do ponto de vista afetivo, *lato sensu*) para o botânico interessado na classificação das espécies vegetais, para o jardineiro profissional incumbido de regá-la, para o amador que a cultiva como passatempo nos fins de semana e procura, por simples deleite, obter, através de enxertos e cruzamentos, uma espécie nova para exibir a amigos e visitas. Muito diversa há de ser ainda a conotação para a dona de casa que com ela adorne um centro de mesa, para o florista que vê nela apenas um objeto de transação comercial rendosa. Para o jovem que a oferece à namorada, a rosa é muito mais do que uma rosa; é assim como "uma rosa é uma rosa, é uma rosa", do consabido verso de Gertrude Stein...

Conotação implica, portanto, em relação à coisa designada, um estado de espírito, um julgamento, um certo grau de afetividade, que variam conforme a experiência, o temperamento, a sensibilidade, a cultura e os hábitos do falante ou ouvinte, do autor ou leitor. Conotação é, assim, uma espécie de emanação semântica, possível graças à faculdade de associação de ideias inerente ao espírito humano, faculdade que nos permite relacionar coisas análogas ou assemelhadas. Esse é, em essência, o traço característico do processo metafórico, pois toda metaforização é conotação (mas a recíproca não é verdadeira: nem toda conotação é metaforização).

A palavra "ouro", por exemplo, aparece em qualquer dicionário definida (*i.e.,* denotada) como "metal amarelo, brilhante, muito pesado e muito dútil, do qual se fazem moedas e joias de alto preço e que tem grande valor comercial". (*Dicionário* de Laudelino Freire). Não há nessa definição de "ouro" uma só característica que não seja de ordem material. Esse é o seu sentido denotativo ou referencial, sentido exato, inconfundível, porque relacionado com o objeto *concreto*.

Mas o mesmo dicionário indica mais adiante, no mesmo verbete: "riqueza, opulência, grande estima, grande valor", acepções a que poderíamos ainda acrescentar outras: ostentação, avareza, adorno. Neste caso, não se trata da coisa "ouro", mas da ideia, do juízo, da opinião a respeito dela ou que ela nos sugere, pela sua capacidade de evocar-nos, por associação ou por convenção, conceitos abstratos, ou de despertar-nos sentimentos ou emoções. Seu sentido será assim *afetivo* ou *conotativo,* vale dizer, sugestivo, evocador, metafórico. Da palavra "ouro" irradiam-se ou emanam ondas semânticas desgarradas da realidade *concreta*. Todos os escritores, principalmente os poetas, têm consciência dessa magia latente nas palavras, desse poder de evocar outras ideias além da que lhes é implícita pela sua relação com o objeto. Quem atribuísse às expressões "plumagem do galo" e "ouro pérfido", nos seguintes versos de Drummond, o sentido denotativo ou referencial, quem visse nelas, como diz outro grande poeta contemporâneo, João Cabral de Melo Neto, apenas "palavras de dicionários", não entenderia, por certo, a mensagem poética:

> Desiludido ainda me iludo.
> Namoro a plumagem do galo
> no ouro pérfido do coquetel.
>
> (Carlos Drummond de Andrade, "O procurador do amor",
> *Fazendeiro do ar...* [Andrade, 1955])

Nenhum leitor, por mais desprevenido que fosse, veria em "plumagem do galo" as penas do galináceo, ou em "ouro pérfido" o metal precioso com que se fazem joias e moedas. É que essas palavras, nesse contexto, ultrapassam a periferia do sentido exato ou concreto, desdobrando-se em ondas semânticas para serem captadas pelas antenas da sensibilidade do leitor. É o que acontece quase sempre na poesia, onde os símbolos verbais — palavras, termos, expressões, frases — evocam significados dependentes de uma infinidade de fatores de ordem pessoal e íntima (experiência, cultura, hábitos linguísticos, preconceitos, temperamento, sensibilidade), que levam à interpretação do texto, nem sempre a mesma para todos os leitores, sendo até, em certos casos, diferente para o mesmo leitor em momentos diversos. É por isso que Valéry (1953:68) dizia que *"il n'y a pas de vrai sens d'un texte; un texte est comme un appareil dont chacun peut se servir à sa guise et selon ses moyens..."* (não há verdadeiro sentido de um texto; um texto é como um aparelho de que cada qual se pode servir a seu talante e segundo seus meios...)

1.5 Sentido intensional e sentido extensional

Relembrando-nos que nenhum dicionário pode dar todos os sentidos das palavras, em virtude das inumeráveis situações (contextos) em que aparecem, Hayakawa (1952:58) chama-nos a atenção para a necessidade de distinguir sempre o valor denotativo do conotativo, que ele denomina de preferência, *extensional* e *intensional*, respectivamente. O exemplo que nos oferece para frisar a importância dessa distinção é bastante elucidativo, inclusive pelos seus corolários: a declaração de que "anjos velam à noite junto a meu leito" só tem sentido *intensional* (com "s", adverte o autor)[11] pois não nos é possível vê-los, tocá-los, fotografá-los, o que não significa que não existam, mas que apenas não se pode provar sua existência. Trata-se de uma declaração que não se refere a objeto tangível, que não se apoia em fato concreto. O resultado é que a discussão sobre a existência ou não dos anjos jamais chegará a uma conclusão satisfatória para qualquer dos interlocutores. É uma questão de opinião ou convicção. Tem sentido *intensional*. Por outro lado, quando se diz — o exemplo é ainda de Hayakawa — que esta sala tem 15 metros de comprimento, não haverá margem para disputas estéreis: basta alguém pegar a fita métrica e medi-la. Trata-se aqui de uma declaração de sentido *extensional*.

> Aí está, pois — citamos agora textualmente — a importante diferença entre sentido extensional e sentido intensional, a saber: quando as declarações têm sentido intensional, a discussão pode prosseguir indefinidamente, daí resultando conflitos irreconciliáveis. Entre indivíduos, pode provocar a ruptura de laços de amizade; na sociedade, ocasiona a formação de grupos antagônicos; entre as nações, pode agravar tão seriamente as tensões já existentes, que se criam obstáculos à solução pacífica dos desentendimentos
> (Hayakawa, 1952:59).

Essa imprecisão do sentido das palavras, que torna difícil ou às vezes impossível a compreensão entre os homens, decorre principalmente da falta de um referente concreto, pois "somente o mundo objetivo é que dá à linguagem significação específica", como diz Gurrey (1959:24), que acrescenta ainda o testemunho de Roger Fry: "o significado decorre do completo contato que a inteligência faz com as coisas, da mesma forma como a sensação resulta do contato que os sentidos fazem com as coisas". A não ser assim, as palavras expressam ideias vagas ou plurivalentes, situação agravada ainda por outras circunstâncias tais como os preconceitos e a polarização, que de um modo geral sempre marcaram a atividade mental e o comportamento social dos indivíduos.

É claro que, em certas situações e contextos, a linguagem intensional se impõe por si mesma como decorrência da própria natureza do assunto. É o que acontece com a filosofia, a moral e a religião, que abusam de abstrações. Já o velho Albalat (1921) dizia que *"ce qui rend, en effect, la philosophie ennuyeuse, c'est sa langue abstraite"*,

---

[11] O autor frisa a grafia com "s", mas, na p. 65, ao justificá-la, dá-lhe como étimo a palavra *intention* (intenção, propósito), o que levaria à forma (inglesa) com "t"; para propor "s", teria de admitir sua filiação etimológica com *intension* (cognato de *intenso, tensão, intensivo*), e, de fato, assim é: em Martinet (1969), conceitua-se a denotação como *"définition en extension"*, e a conotação como *"définition intensive"* (cf. p. 342). Entretanto, na citada obra de Umberto Eco (Eco 1971:22), a tradutora preferiu grafar "intencionalidade" (com "c"). A terminologia (*"intension"*, "intensional", "extensão", "extensional"), é como se sabe, de R. Carnap (cf. Carnap, 1966:108-123; ver também Todorov, 1966a:9; e Bar-Hillel, 1966:39).

ilustrando sua censura com inúmeros exemplos de filósofos do seu tempo, inclusive, e principalmente, Bergson:

> A rigor, poder-se-ia admitir, em algumas raras obras, a necessidade de uma língua especial destinada a um reduzido número de leitores iniciados. Mas abra-se qualquer livro de filosofia, sem exceção: o que aí se lê são coisas deste jaez: "*deficits da vontade, progenerescência das faculdades, taras fisiológicas,* que são os *adjutores possíveis* e não os *substitutos das faculdades*", sem esquecer as *suspeições,* as *transformações qualitativas,* as *idiossincrasias,* a *heterogeneidade,* a *existência numenal,* as *manifestações potenciais,* o *eu* e o *não eu fenomenal,* os *fenômenos superorgânicos...*
>
> (Albalat, 1921:178)

1.6 Polarização e polissemia

Outro óbice à comunicação é o que se costuma chamar de *polarização,* essa "tendência a reconhecer apenas os extremos, negligenciando as posições intermediárias", cujas raízes se encontram "nos sistemas de ética que exerceram influência sobre o mundo moderno. O cristianismo generalizou as palavras do Deus dos hebreus: *Quem não está comigo está contra mim*" (Penteado, 1964:124). Desde Abel e Caim o mundo se dicotomiza em antagonismos, agravados ainda mais pela complexidade da vida moderna. Hoje o mundo está ou parece estar dividido entre o Oriente e o Ocidente — que já não assinalam apenas contrastes geográficos —, entre comunismo e imperialismo, entre desenvolvidos e subdesenvolvidos. Essa polarização constitui o grande problema do nosso século, e a comunicação humana tem de sofrer o impacto desse conflito, impacto tanto mais grave e daninho quanto mais *intensional* for o sentido das palavras com que os homens procuram traduzir ideias, conceitos, opiniões. A polarização e o sentido intensional tornam a linguagem ainda mais polissêmica, agravando os conflitos e os desentendimentos. Que se entende exatamente por *nacionalista,* por *entreguista,* por *reacionário,* por *democrata,* por *imperialista,* por *comunista,* ou *socialista* ou *subversivo?* Há 30 anos ou menos, nazistas e fascistas, que se opunham, e ainda se opõem, a comunistas, diziam-se, e ainda se dizem, nacionalistas; hoje os nacionalistas são com frequência tachados de comunistas, e aqueles outros, de reacionários. Os partidários da estatização eram antes fascistas, hoje são comunistas, mas eles mesmos se dizem nacionalistas. Quem defende a iniciativa privada é anticomunista para uns, reacionário para outros, embora se considere democrata e progressista. Para muitos, nacionalismo é amor à pátria, para outros, xenofobia... Polarização e polissemia de mãos dadas.

No Brasil contemporâneo, uma das polêmicas mais extremadas foi a que se travou entre "nacionalistas" e "entreguistas". Whitaker Penteado, no seu excelente livro citado, transcreve um trecho de Guerreiro Ramos que nos permite fazer uma ideia mais exata do que é sentido intensional e dos riscos a que estão sujeitos os homens quando se servem de palavras desse tipo:

1. O entreguista não acredita no povo como *principal* dirigente do processo brasileiro.
2. Não acredita que o Brasil pode, com os recursos internos, resolver os seus problemas, e tende a considerar o desenvolvimento brasileiro *essencialmente* dependente da entrada de capitais estrangeiros e da ajuda externa.
3. Acredita que o destino do Brasil está *invariavelmente* vinculado ao dos Estados Unidos.
4. *O entreguista contribui objetivamente e com seu trabalho para o êxito de empreendimentos, lesivos ao interesse nacional.*
5. *O entreguista não participa conscientemente, pelo seu trabalho, de nenhum dos esforços coletivos tendentes a promover a emancipação nacional.*

(Guerreiro Ramos apud Penteado, 1964)

Comentando esse conceito de *entreguista,* diz Penteado (1964:131):

O que será uma pessoa que acredita no povo como um dos principais dirigentes do processo brasileiro? E que não acredita que o Brasil possa, com seus recursos internos, resolver seus problemas, tendendo a considerar o desenvolvimento brasileiro parcialmente dependente da entrada de capitais estrangeiros e da ajuda externa? E que acredita estar o destino do Brasil *intermitentemente* [*sic:* deve ser *invariavelmente* como está na transcrição do trecho de Guerreiro Ramos] vinculado aos Estados Unidos?

O que acontece com esse neologismo, "entreguista", ocorre com a maioria das palavras de sentido não referencial sujeitas ao impacto da polarização e dos preconceitos. Infelizmente, nem sempre é possível evitar — pelo menos em certas áreas do conhecimento humano — essa plurivalência semântica, essa imprecisão de linguagem. Em certos casos, entretanto, é possível diminuir esses riscos, como veremos.

2.0 Generalização e especificação — o concreto e o abstrato

Darwin, em seu livro *Sobre a origem das espécies* (1859), distribui os seres em filos, classes, ordens, grupos, famílias, gêneros, espécies e variedades. Mas, fora da sistemática, *i.e.*, da classificação racional, essa hierarquização não costuma ser assim tão rígida: normalmente designamos as coisas pelo gênero (ou classe) ou pela espécie. Quando temos de nomear um objeto ou ser, podemos servir-nos de um termo próprio, *i.e.*, que se aplique apenas a cada um deles de maneira tanto quanto possível inconfundível — *palmeira, sabiá* — ou indicá-los pela classe ou gênero que inclua também seus assemelhados — *árvore, pássaro*. Se, ao descrever ou evocar um aspecto da paisagem campestre, o autor se limita a uma referência generalizadora, falando apenas em "árvores onde cantam os pássaros", terá assinalado somente traços indistintos, comuns a uma classe muito ampla de coisas ou seres. Sua referência é incaracterística. Mas, se fizer como o poeta que se serviu de termos específicos, terá caracterizado de maneira mais precisa aquele aspecto da paisagem: "palmeiras onde canta o sabiá". No primeiro caso, empregou palavras de sentido *geral*; no segundo, serviu-se de termos de sentido *específico*. Ora, quanto mais geral é o sentido de uma palavra, tanto mais vago e impreciso; reciprocamente, quanto mais específico, tanto mais concreto e preciso. Cabe aqui o testemunho valioso de Paulo Rónai (1965):

> Quanto ao conhecimento do vocabulário concreto, será preciso encarecer-lhe a importância num país como o Brasil, mostruário imenso de espécies animais e vegetais, ao mesmo tempo que repositório de variado patrimônio sociológico e cultural, incessantemente ampliado pela contribuição das correntes imigratórias e do intercâmbio comercial?
>
> Se, pelo menos, os professores encarecêssemos bastante a importância do vocabulário concreto, específico, nossos alunos talvez aprendessem a "dar nome aos bois", evitando nas suas redações generalidades inexpressivas.

Há palavras que são mais específicas do que outras; *cão policial* é mais específico do que simplesmente *cão; mamífero*, mais do que *vertebrado*, e este, mais do que *animal; palmeira imperial* é mais específico que *palmeira*, e *palmeira* mais do que *árvore*, e *árvore* mais do que *planta* ou *vegetal. Trabalhador* é termo de sentido geral, muito amplo: constitui uma classe; *operário* tem sentido mais restrito e, adaptando-se à escala de Darwin, seria o gênero; *metalúrgico* seria a espécie; e *soldador*, a variedade. Ao descrever uma cena de rua, posso referir-me indistintamente a *transeuntes* (sentido geral), ou particularizar em escala descendente (do mais geral para o mais específico): homens, jovens, estudantes, alunos do colégio tal.

No entanto, generalização e especificação têm sentido relativo. A palavra *mesa*, por exemplo, tem sentido específico, quando com ela designamos ou apontamos determinado tipo de móvel constituído geralmente por um tampo sustentado por três ou quatro pés ou colunas; mas terá sentido geral, vale dizer muito próximo da abstração, quando se referir a uma classe de objetos assemelhados, sem se fixar em nenhum deles isoladamente. Existe acentuada diferença entre esse tipo de abstração e aquele outro em que as gramáticas incluem os substantivos abstratos propriamente ditos, como *liberdade, justiça, amor, dever, virtude, caridade*, nomes de entidades que não têm existência física, criadas que são pela mente humana como resultado da experiência em situações muito complexas. Por isso, preferem alguns teóricos a denominação sugerida por Bentham: "entidades fictícias" ou "nomes fictícios", reservando-se o termo "abstrato" para os nomes que designam *qualidades, ações* ou *estados (formosura, adoração, morte)*.

O grau de generalização ou de abstração de um enunciado depende do seu contexto. Na série de declarações que se seguem, a primeira, por ser de ordem geral, encerra um juízo falso ou inaceitável em face da experiência; no entanto, os termos essenciais que a constituem são os mesmos da última que, por ser mais específica, se torna incontestável.

1. A prática dos esportes é prejudicial à saúde.
2. A prática dos esportes é prejudicial à saúde dos jovens.
3. A prática dos esportes é prejudicial à saúde dos jovens subnutridos.
4. A prática dos esportes violentos é prejudicial à saúde dos jovens subnutridos.
5. A prática indiscriminada de certos esportes violentos é prejudicial à saúde dos jovens subnutridos.

As especificações expressas pelos adjuntos *dos jovens, subnutridos, violentos, certos, indiscriminada* tornam absolutamente aceitável a última declaração.

A linguagem é tanto mais clara, precisa e pitoresca quanto mais específica e concreta. Generalizações e abstrações tornam confusas as ideias, traduzem conceitos vagos e imprecisos. Que é que expressamos realmente com o adjetivo "belo", de sentido geral e abstrato, aplicável a uma infinidade de seres ou coisas, quando dizemos uma *bela* mulher, um *belo* dia, um *belo* caráter, um *belo* quadro, um *belo* filme, uma *bela* notícia, um *belo* exemplo, uma *bela* cabeleira? É possível que a ideia geral e vaga de "beleza" lhes seja comum, mas não suficiente para distingui-los, para caracterizá-los de maneira inconfundível. Praticamente quase nada se expressa com esse adjetivo aplicado indistintamente a coisa ou seres tão díspares. Seria possível assinalar-lhes traços singularizantes por meio de outros adjetivos mais especificadores: mulher *atraente, tentadora, sensual, arrebatadora, elegante, graciosa, meiga...*; dia *ensolarado, límpido, luminoso, radiante, festivo...*; caráter *reto, impoluto, exemplar...*; rapaz *esbelto, robusto, guapo, gentil, cordial, educado...* É certo que, ainda assim, o resultado não seria grande coisa, pois muitos dos adjetivos propostos são ainda bastante vagos e imprecisos, se bem que em menor grau do que "belo". No caso, o recurso a metáforas e comparações teria maiores possibilidades de salientar os traços mais característicos e pitorescos do que a simples adjetivação.

As palavras abstratas apelam menos para os sentidos do que para a inteligência. Por traduzirem ideias ou conceitos dissociados da experiência sensível, seu teor se nos afigura esmaecido ou impreciso, exigindo do espírito maior esforço para lhes apreender a integral significação. A sentença de Aristóteles, vulgarizada pela frase de Locke — *Nihil est in intellectu quod prius non fuerit in sensu* — é incontestável: realmente, nada nos chega à inteligência sem passar antes pelos sentidos. Isso não significa, entretanto, que a linguagem humana deve prescindir de abstrações para se fazer clara; muitas vezes, mesmo traduzida em termos exclusivamente concretos, ela se torna também obscura. Portanto, o que se aconselha é uma conjunção dos dois processos. É o que ocorre, por exemplo, nas ciências experimentais, em que hipóteses, conclusões, generalizações — vale dizer, abstrações — se apoiam, se esclarecem, se fundamentam em especificações — vale dizer, em fatos concretos. Tudo depende da natureza do assunto, do propósito da comunicação e do nível mental do leitor ou ouvinte.

A propósito da conveniência de se usar linguagem abstrata ou linguagem concreta, vale a pena citar a opinião de um grupo de professores e educadores expressa num relatório sobre o papel da língua inglesa na educação em geral, publicado em *Language in general education,* há pouco citado:

> Os estudantes são aconselhados a evitar "palavras de sentido geral" e a usar "palavras de sentido específico", sem levar em consideração o que está sendo dito, como se isso fosse uma regra para todos os casos, e sem mesmo deixar claro o que é que se entende por "geral" ou "específico". *Sir* Arthur Quiller-Couch (*On the art of writing,* Nova York, G. P. Putman's Sons, 1916, p. 122-124), por exemplo, no seu ensaio "On jargon" ("Sobre o jargão") diz que é um cânon da retórica preferir o termo concreto ao abstrato, o particular ao geral. Mas não se adverte que isso é verdade apenas em certos casos e com propósitos particulares; não se esclarece que em certas circunstâncias o geral talvez seja preferível; tampouco se chama a atenção para o fato de que o particular e o geral não são termos absolutos, já que um pode ser geral em relação a outro, e particular em relação a um terceiro (como, por exemplo, *quadrúpede,* particular em relação a *animal,* mas geral no que respeita a *cão*); mas, acima de tudo, não se adverte também que em quase todas as formas de discurso que não a simples descrição ou enumeração de detalhes físicos, o relativamente particular e o relativamente geral se

entrosam, antes em harmonia do que em oposição, tanto nas palavras do autor quanto na mente do leitor. A habilidade em passar fácil e seguramente de um para outro, sendo como são fonte de pensamento claro, base do raciocínio tanto indutivo quanto dedutivo, seria do maior proveito no estudo adequado de qualquer língua.

(Commission on Secondary School Curriculum, 1940:150-159)

Mesmo no estilo literário propriamente dito, essa conjunção é ou deve ser frequente. E os bons escritores sabem disso, e por sabê-lo é que recorrem, em maior ou menor grau, a comparações e metáforas de teor concretizante. O conceito de vida, por exemplo, é muito abstrato, ou muito vago para ser facilmente apreendido em toda a sua extensão; traduzido, entretanto, em linguagem concreta, torna-se mais claro. Foi o que fez o padre Antônio Vieira: "Que coisa é a vida, senão uma lâmpada acesa — vidro e fogo? Vidro, que com um assopro se faz; fogo, que com um assopro se apaga?" As ideias abstratas de fragilidade e fugacidade da vida aparecem aí expressas em termos concretos, de sentido metafórico (vidro, lâmpada acesa, assopro, fogo, se faz, se apaga), que nos lembram sensações físicas, oriundas da experiência do cotidiano; graças a isso, como que se materializam, tornando-se-nos mais familiares, mais conhecidas, mais facilmente apreensíveis.

A sabedoria popular traduzida nos provérbios é um exemplo de linguagem concreta, concisa, frequentemente metafórica e pitoresca. A sentença "onde impera a mediocridade ou a ignorância, os que têm algum merecimento se destacam facilmente" não tem o mesmo vigor nem a mesma concisão do conhecido provérbio "em terra de cego, quem tem um olho é rei". Confrontem-se a concisão, a exatidão e o pitoresco dos seguintes provérbios com a vaguidade e a imprecisão das sentenças que procuram traduzi-los ou interpretá-los em linguagem abstrata:

Mais concreto, mais preciso (conotativo ou metafórico)	Mais abstrato, mais vago (denotativo ou não figurado)
Cada macaco no seu galho.	Cada qual deve limitar-se às suas atribuições.
Água mole em pedra dura tanto bate até que fura.	A perseverança acaba levando à consecução dos objetivos colimados.
Longe dos olhos, longe do coração.	O afastamento afeta as afeições.
Quem tem telhado de vidro não joga pedra no do vizinho.	Quem está sujeito a críticas não tem o direito de censurar o comportamento alheio.
Mais vale um pássaro na mão do que dois voando.	O que nos parece pouco mas é certo e seguro é preferível ao que parece muito mas é duvidoso ou inacessível.

No gênero descritivo principalmente, impõe-se a preferência por palavras de sentido concreto, específico e metafórico. Nenhuma ideia nos daria de determinado jardim o autor que se limitasse a generalidades, dizendo apenas que é muito bonito, muito florido, com os seus canteiros cheios de viçosas flores, com algumas plantas rasteiras, uma grama bem-tratada e uma árvore muito frondosa. Flores? Que flores? Plantas rasteiras? Que plantas rasteiras? Uma árvore muito frondosa? Que árvore? Há que especificar tudo isso, para que a descrição do jardim se torne inconfundível.

Monteiro Lobato, ao descrever uma velha casa de fazenda, destaca-lhe os traços predominantes, traduzindo-os em termos específicos:

> Era o casarão clássico das antigas fazendas negreiras. Assobradado, erguia-se em alicerces o muramento, de pedra até meia altura e, dali em diante, de pau a pique. Esteios de cabriúva entremostravam-se, picados a enxó, nos trechos donde se esboroara o reboco. Janelas e portas em arco, de bandeiras em pandarecos. Pelos interstícios da pedra, amoitavam-se samambaias e, nas faces de noruega [não banhadas pelo sol], avenquinhas raquíticas. Num cunhal crescia anosa figueira, enlaçando as pedras na terrível cordoalha tentacular. À porta de entrada ia ter uma escadaria dupla, com alpendre em cima e parapeito esborcinado.
>
> (Monteiro Lobato apud Oliveira, 1961:22)

É uma descrição não apenas pitoresca mas principalmente singularizante, graças aos pormenores concretos, alguns de sentido metafórico: *muramento de pedra* e *de pau a pique* (e não apenas paredes), *esteios de cabriúva* (e não apenas esteios), *picadas a enxó* (pormenor bastante específico, sugeridor ainda mais de uma técnica de construção antiga), *donde se esboroara o reboco* (note-se o valor específico do verbo, mais preciso do que, por exemplo, *cair*), *janelas em arco* (e não apenas janelas), *bandeiras em pandarecos* (locução adjetiva a sugerir desleixo e ruína), *avenquinhas raquíticas* (e não apenas plantinhas, ou plantas rasteiras; assinale-se o sentido metafórico de *raquíticas*), *figueira anosa* (e não apenas árvore), *cordoalha tentacular* (observe-se aqui também o valor metafórico da expressão, muito mais evocadora do que o termo geral "raízes"). Ocorrem ainda outras palavras de sentido específico, metafórico ou não; atente-se, por exemplo, para alguns verbos: "entremostravam-se", "esboroara", "amoitavam-se", "enlaçando", e até mesmo "ia ter" e "crescia". Na pena de um principiante ou de um escritor medíocre, esses verbos seriam de sentido geral, *inexpressivos: viam-se* esteios, o reboco *estava esburacado, havia* ou *viam-se* samambaias, *cobrindo* as pedras, *havia* uma escada, *havia* uma figueira... As palavras de que o autor se serve têm, quase todas — principalmente os verbos e os substantivos —, grande valor descritivo, qualidade decorrente, em grande parte, do seu sentido específico.

Vaga e imprecisa é a ideia do trajar dos cariocas sugerida pela leitura de uma descrição como a seguinte:

> Os cariocas sempre se vestiram muito mal, com muito desleixo. Sempre foram muito displicentes na escolha do trajo. Ultimamente então esse desleixo se tornou ainda mais lastimável. É verdade que as mulheres se vestem um pouquinho melhor, mas mesmo assim revelam ainda mau gosto na escolha do penteado que fazem nos cabeleireiros.

Muito diversa é a impressão que nos deixa o trecho de Marques Rebelo, onde as coisas vêm ditas não apenas com certa graça e malícia, mas também com propriedade, pitoresco e precisão:

> O carioca veste-se como a cara dele, que não é primorosa, e é vício antigo que ele tem e bastantemente provado pelos visitantes estrangeiros, coloniais ou imperiais. Tempo houve em que o terno branco e o sapato de verniz preto constituíam o supremo chique popular — o traje a rigor para os saraus. Ultimamente adota o indigente refinamento do cabelo grande, da blusa colorida, do sapato cambaio e sem meias, e da calça de pescar siri com uma irritante etiqueta nos fundilhos. As mulheres, cuja rebolada graça supre perfeitamente a teórica beleza, vestem-se um pouco melhorzinho e têm abissal atração pelo afeminado mundo dos cabeleireiros, donde saem com penteados que jamais deviam usar.
>
> (Rebelo, 1965:388)

A primeira versão, forjada, poderia aplicar-se ao trajo dos habitantes de qualquer cidade, dada a ausência de traços individualizantes: no fim das cinco linhas, o leitor fica sabendo apenas que os cariocas se vestem mal. Ora, há mil maneiras de vestir-se mal, e é a uma delas que Rebelo se refere, distinguindo-a das demais, graças ao emprego de termos de sentido específico: *terno branco, sapato de verniz preto, refinamento indigente do cabelo grande, blusa colorida, sapato cambaio e sem meias, calças de pescar siri, irritante etiqueta nos fundilhos...* A descrição de Rebelo, ainda que não exemplar quanto a outros aspectos estilísticos e gramaticais, é, quanto à precisão e ao pitoresco, sem dúvida, digna de imitar. E note-se: o autor não se serve de palavras difíceis; seu vocabulário é simples mas adequado.

Outro modelo de descrição viva e expressiva é o que nos oferece Aluísio de Azevedo:

> Era um dia abafadiço e aborrecido. A pobre cidade de São Luís do Maranhão parecia entorpecida pelo calor. Quase que se não podia sair à rua: as pedras escaldavam; as vidraças e os lampiões faiscavam ao sol como enormes diamantes; as paredes tinham reverberações de prata polida; as folhas das árvores nem se mexiam; as carroças d'água

passavam ruidosamente, abalando os prédios, e os aguadeiros, em mangas de camisa e pernas [calças] arregaçadas, invadiam sem cerimônia as casas para encher as banheiras e os potes. Em certos pontos não se encontrava viva alma na rua; tudo estava concentrado, adormecido; só os pretos faziam as compras para o jantar, ou andavam no ganho.

(Azevedo, 1941)

É um excelente parágrafo descritivo: claro, simples, objetivo. A ideia-núcleo, expressa nos dois períodos iniciais, constitui uma declaração de ordem geral, e, por isso, por ser de ordem geral, não nos permite uma imagem precisa do aspecto da cidade de São Luís naquele dia de calor intenso. Somente os pormenores específicos e concretos, que o autor encadeia nas linhas seguintes, nos vão mostrando com nitidez o que era aquele "dia abafadiço e aborrecido". Comentemos alguns:

- "as vidraças e os lampiões faiscavam como enormes diamantes". — Já na escolha do verbo, de sentido específico — *faiscavam,* forma peculiar de brilho, de reflexo luminoso, de cintilação — se denuncia o propósito individualizante. Mas o autor particulariza ainda mais, por meio da comparação "como enormes diamantes". O diamante, coisa concreta, conhecida pela experiência, ajudava-nos a visualizar com mais precisão o faiscar das vidraças e lampiões.
- "as paredes tinham reverberações de pedra polida". — Não tinham "brilho" — ideia de ordem geral —, mas "reverberações" — sentido específico. Essa tonalidade particular de *brilho* torna-se ainda mais viva por estar reforçada pelo adjunto "de pedra polida", locução adjetiva de teor metafórico, equivalente à comparação anterior "como enormes diamantes". Note-se que o autor insiste em assinalar os traços predominantes da cidade ensolarada.
- "as folhas das árvores nem se mexiam". — Pormenor também bastante expressivo o dessa espécie de metonímia, em que se emprega o efeito pela causa ou o consequente pelo antecedente: se era um dia abafadiço, a ideia de que não corria nenhuma viração ou brisa (capaz de mover as folhas das árvores) reforça ou reaviva a impressão de abafamento e entorpecimento.
- *carroças d'água, aguadeiros, pretos no ganho* são outros tantos detalhes concretos, funcionando aqui, ainda mais, como uma espécie de *signos de indício* ou *de sugestão:* a ausência de sistema de canalização e regime de escravidão, o que leva o leitor a concluir que a cidade descrita não é a de hoje, mas a de uma época relativamente remota.

A expressividade do estilo de Euclides da Cunha, em que pese ao seu frequente preciosismo vocabular, decorre em grande parte da propriedade e da riqueza dos pormenores concretos que tornam vivíssimas as suas descrições. *Os sertões* encerram excelentes exemplos desse gênero, que o estudante pode e deve imitar, desbastando-os, é claro, de alguns dos seus excessos léxicos e sintáticos. O trecho antológico sobre a resistência física e moral do sertanejo ("O sertanejo é antes de tudo um forte") seria inconvincente, se o autor se restringisse às generalizações com as quais sintetiza o seu julgamento ou expressa sua opinião sobre o sertanejo. Só nos convence, só nos comunica realmente alguma coisa quando as desenvolve nos detalhes concretos e específicos com que as acompanha:

Generalização (ideias vagas)	Especificações (ideias precisas)
O sertanejo é antes de tudo um forte. Não tem o raquitismo exaustivo dos mestiços neurastênicos do litoral. A sua aparência, entretanto, ao primeiro lance de vista, revela o contrário. Falta-lhe a plástica impecável, o desempenho, a estrutura corretíssima das organizações atléticas. É desgracioso, desengonçado, torto. (A este trecho segue-se imediatamente o que está na coluna à direita.)	Hércules-Quasímodo reflete no aspecto a fealdade típica dos fracos. O andar sem firmeza, sem aprumo, quase gingante e sinuoso, aparenta a translação de membros desarticulados. Agrava-o a postura normalmente acurvada, num manifestar de displicência, que lhe dá um caráter de humildade deprimente. A pé, quando parado, recosta-se invariavelmente ao primeiro umbral ou parede que encontra; a cavalo, se sofreia o animal para trocar duas palavras com um conhecido, cai logo sobre um dos estribos, descansando sobre a espenda [parte da sela em que assentam as coxas do cavaleiro] da sela. Caminhando, mesmo a passo rápido, não traça trajetória retilínea e firme. Avança celeremente, num bambolear característico, de que parecem ser o traço geométrico os meandros das trilhas sertanejas.

Note-se, na especificação, o valor expressivo da metonímia compósita "Hércules-Quasímodo" com que o autor nos transmite a ideia de "forte" (Hércules) e "feio ou disforme" (Quasímodo, aqui personagem do romance *Notre-Dame de Paris,* de Victor Hugo, figura disforme, de grotesca aparência física). O recurso a essa metonímia de sentido concreto torna mais precisa a imagem que do sertanejo se forma na mente do leitor, apesar da aparente contradição entre a sugestão de força física e compleição atlética, implícita em Hércules, e a verdadeira aparência do sertanejo que conhecemos e que o próprio autor diz refletir a "fealdade típica dos *fracos*". Atente-se ainda para outros detalhes das diferentes posturas do sertanejo: o andar sem firmeza, sem aprumo, quase gingante e sinuoso, a postura normalmente acurvada, o recostar-se "invariavelmente ao primeiro umbral ou parede que encontra", o cair logo "sobre um dos estribos, descansando sobre a espenda" — referências de ordem concreta com que o autor procura traduzir as ideias abstratas de disformidade, indolência mórbida, cansaço doentio e deselegância na atitude e no caminhar.

GENERALIZAÇÃO	ESPECIFICAÇÕES
É o homem permanentemente fatigado. Reflete a preguiça invencível, a atonia muscular perene em tudo:	na palavra demorada, no gesto contrafeito, no andar desaprumado, na cadência langorosa das modinhas, na tendência constante à imobilidade e à quietude.

Aqui, Euclides desenvolve com outros detalhes a mesma ideia geral e abstrata de fadiga e preguiça, para logo a seguir mostrar o que há de enganoso nessa aparência do sertanejo:

Entretanto, toda essa aparência de cansaço ilude. Nada é mais surpreendente do que vê-la desaparecer de improviso. Naquela organização combalida operam-se, em segundos, transmutações completas. Basta o aparecimento de qualquer incidente exigindo-lhe o desencadear das energias adormecidas. O homem transfigura-se.	Empertiga-se estadeando novos relevos, novas linhas na estatura e no gesto; e a cabeça firma-se-lhe, alta, sobre os ombros possantes, aclarada pelo olhar desassombrado e forte; e corrigem-se-lhe, prestes, numa descarga nervosa, instantânea, todos os efeitos do relaxamento habitual dos órgãos; e da figura vulgar do tabaréu achamboado [abobado, simplório], reponta, inesperadamente, o aspecto dominador de um titã acobreado e potente, num desdobramento inesperado de força e agilidade extraordinárias.

Até o fim do trecho, que quase todas as antologias reproduzem (e o reproduzem justamente por essas qualidades estilísticas que vimos assinalando), pode o leitor observar esse processo de intercalar declarações de ordem geral com especificações de ordem concreta, processo, diga-se de passagem, não exclusivo desse texto, mas de quase toda a obra de Euclides da Cunha, mesmo os ensaios de *Contrastes e confrontos* e de *À margem da história*.

Todos os grandes estilistas recorrem com frequência a esse processo. Exemplifiquemos novamente com um dos maiores: Vieira torna, por assim dizer quase tangíveis, quase concretas, ideias abstratas, de ordem moral, religiosa, ou filosófica, que de hábito discute, analisa, interpreta. Veja-se como a ideia vaga de *ambição* se torna facilmente compreensível graças aos exemplos específicos:

Generalização	Especificações
Os instrumentos que criou a natureza, ou fabricou a arte, para o serviço do homem, todos têm certos termos de proporção, dentro dos quais se podem conservar e fora dos quais não podem.	Com a carga demasiada cai o jumento, rebenta o canhão e vai-se o navio a pique. Por isso se veem tantas quedas, tantos desastres e tantos naufrágios no mundo. Se a carga for proporcionada ao calibre da peça, ao bojo do navio e à força ou fraqueza do jumento, no mar far-se-á viagem, na terra e no mar tudo andará concertado.
Mas tudo se desconcerta e se perde, porque em tudo quer a ambição humana exceder a esfera e proporção do poder.	

O segundo trecho da generalização ("Mas tudo se desconcerta e se perde...") encerra a conclusão do parágrafo, a qual costuma ser também, quando ocorre, uma declaração de ordem geral, uma abstração, a que se deve obrigatoriamente chegar pelos argumentos apresentados nas especificações, como o mostra o exemplo de Vieira.

Estamos vendo assim o valor expressivo das especificações e concreções conjugadas com generalizações e abstrações. Os trechos que acabamos de comentar parecem bastante convincentes: o estudante pode tomá-los como exemplos dignos de imitar. A norma que deles se pode deduzir é válida para todos os gêneros literários, principalmente para a descrição e a dissertação (ver 10. Ex., 201-208).

3.0 Famílias de palavras e tipos de vocabulário

3.1 Famílias etimológicas

Como não se ignora, as palavras são formadas, geralmente, pela agregação de dois ou mais elementos: o *radical* (que frequentemente coincide com a própria raiz), os *afixos* (prefixos e sufixos), *vogal temática*, *consoantes de ligação e de apoio*, e *desinências*. São noções consabidas por todos aqueles que passaram pelo curso fundamental: repeti-las aqui seria desnecessário. Basta relembrar que o radical é o elemento básico de uma família etimológica, responsável pelo seu núcleo significativo, isto é, pela ideia comum a uma série de palavras formadas pela agregação de elementos subsidiários, principalmente os afixos e as desinências.

Se o estudante se lembra ainda do processo de formação das palavras, pode ter o seu vocabulário extraordinariamente aumentado. Conhecido o significado básico de certo radical e dos afixos comuns, ser-lhe-á possível, em muitos casos pelo menos, reconhecer pelo sentido um número às vezes bastante considerável de vocábulos novos sem necessidade de recorrer ao dicionário. Seja, por exemplo, o radical latino *loqu* (i) e sua variante *loc* (u), que significa "falar". Juntando-se-lhes prefixos e sufixos — e mesmo outros radicais — formam-se derivados e compostos facilmente identificáveis, visto ser conhecido o seu núcleo semântico. Obtêm-se assim cerca de 20 palavras novas:

- *locução*: maneira especial de falar; grupo de palavras equivalentes a uma só; expressão (radical + sufixo *ção* = condição, estado);
- *locutor*: aquele que fala; anunciador de programas de rádio ou televisão (o sufixo *tor* indica o agente, *i.e.*, o que pratica a ação de falar);
- *loquaz*: falador, palrador, verboso (o sufixo *az* indica aí abundância ou excesso: o que fala *muito*);
- *loquacidade*: qualidade do que é loquaz; verbosidade, tagarelice (o sufixo *idade* indica a qualidade; condição ou natureza de);
- *locutório*: literalmente, o lugar onde se fala (o sufixo *tório* e sua variante *douro* — cf. *matadouro*, *bebedouro*, *refeitório*, *dormitório* — indicam lugar onde se pratica a ação);

- *loquela*: fala, verbosidade (o sufixo *ela* tem sentido diminutivo, e às vezes pejorativo, o que acrescenta a essa palavra o matiz semântico de *falazinha*, conversa sem muita importância);
- *alocução*: discurso breve;
- *elocução*: forma de se exprimir, falando ou escrevendo (o prefixo *e* (ex) significa para fora, exteriorização);
- *elóquio*: fala ou discurso; sinônimo pouco empregado de alocução;
- *eloquência* (e eloquente): faculdade de falar de modo que se consegue dominar o ânimo de quem ouve (sufixos (*ê*)*ncia* — estado, qualidade, condição, ação — e (*e*)*nte* — agente);
- *circunlóquio*: rodeio de palavras; perífrase (prefixo *circum* — em torno, em redor);
- *colóquio*: conversação ou palestra (prefixo *co* (cum) — agrupamento, reunião). Cognatos: coloquial, coloquialismo;
- *colocutor*: aquele que fala com outro;
- *antelóquio*: literalmente, o que vem dito *antes*; prefácio, *prelóquio* (sinônimo pouco usado de antelóquio);
- *prolóquio*: provérbio, máxima, sentença, ditado (prefixo *pro* — para a frente);
- *grandíloquo*, *grandiloquente*, *magniloquente*: que tem linguagem elevada, nobre, pomposa; muito eloquente (radicais *grand* e *magn*, que são sinônimos).

3.2 Famílias ideológicas e campo associativo

Mas as palavras não se irmanam apenas pela sua comunidade de origem, como acabamos de ver em "famílias etimológicas": associam-se também pela identidade de sentido, constituindo então o que é de hábito chamar-se de "famílias ideológicas", isto é, séries de sinônimos afiliados por uma noção fundamental comum. Citemos o exemplo que nos dá Celso Cunha (Cunha, 1964:166):

a) casa, domicílio, habitação, lar, mansão, morada, residência, teto, vivenda;
b) mar, oceano, pego, pélago, ponto.

Acrescenta Celso Cunha:

> O estudo sistemático dos grupos de sinônimos é, como o das famílias de palavras, de capital importância para a aquisição e domínio do vocabulário da língua. Não se deve, porém, esquecer que esse estudo não consiste apenas em juntar palavras enlaçadas pelo sentido; é indispensável que nele se considerem também os matizes que as distinguem.

A seguir, transcreve o autor um trecho do *Dicionário de sinônimos,* de Antenor Nascentes, um dos melhores, se não o melhor, de que dispõe a nossa língua:

> Mar é uma vasta extensão de água salgada que cobre grande parte da superfície da Terra. Em sentido restrito, é parte do domínio marítimo geral, a que seus limites geográficos precisos ou certas particularidades de seu regímen, tais como marés, correntes, etc. constituem uma sorte de individualidade: *Mar do Norte, Mar Báltico.* / *Oceano,* em sentido geral, é a vasta extensão do mar e, em sentido restrito, grande espaço marítimo, cuja constituição é ou parece sensivelmente uniforme: "Já no largo *Oceano* navegavam," (*Lusíadas,* I, 19, 1). *Oceano Atlântico, Oceano Pacífico, Oceano Índico.* / *Pego,* forma popular do latim *pelagu,* é a parte mais profunda do mar: "Deitando para o *pego* toda a armada" (*Lusíadas,* v. 73, 4). / *Pélago,* palavra erudita, é o alto-mar. / *Ponto* é a designação do mar, de origem grega, aplicada especialmente ao Ponto Euxino, isto é, o mar Negro (*Eúxeios Póntos*).
>
> (Nascentes, 1957)

Mas as palavras se associam também por uma espécie de imantação semântica; muito frequentemente, uma palavra pode sugerir uma série de outras que, embora não sinônimas, com elas se relacionam, em determinada situação ou contexto, pelo simples e universal processo de associação de ideias, pelo processo de palavra-puxa-palavra ou de ideia-puxa-ideia. É o agrupamento por afinidade ou analogia, que poderíamos chamar de "campo associativo" ou "constelação semântica". A palavra *mar,* por exemplo, pode evocar-nos uma série de outras não necessariamente sinônimas, como nos ensina Souza da Silveira:

> Tomemos a palavra *mar* e vamos registrando as ideias que ela nos sugerir:
>
> *vastidão, amplidão, imensidade, infinito; mobilidade; horizonte; planície, campo,* e aqui se recordarão expressões como *azul-campina, cerúleo campo,* com que os poetas às vezes designam o mar, e, ainda dentro da comparação deste com um campo, indicaremos o verbo *arar,* em frases como *mares nunca arados de estranho ou próprio lenho.* E assim como a relha do arado abre um rego na face da terra, assim a quilha da embarcação rasga um sulco no dorso das águas; *é o friso, listão* ou *esteira.* Mas *esteira* é, além disto, aquela espécie de rede de prata ou de ouro que a lua e o sol estendem na superfície do mar; chama-se-lhe também *tremulina.*
>
> A superfície do mar ora ondula brandamente: o mar está *banzeiro;* ora empola-se em ondas, vagas, marouços, escarcéus, que por vezes se levantam tão alto, que os poetas os comparam a *serras,* e a *vales* as depressões que entre eles se cavam: o mar está *encapelado, agitado, revolto, crespo, alterado;* ora varejada de vento teso, a face das águas apenas se eriça em *carneirada,* que recorda um bando de ovelhas pastando.

Pode, debaixo de seu sorriso azul, esconder perigos aos nautas; mencionar-se-ão, a propósito, os *baixos* ou *baixios, bancos de areia, sirtes, vaus, marachões*; pode semear-se de *fragas, penhascos, rochedos, penedos, rochas, penhas, cachopos, abrolhos, recifes, parcéis*; pode crescer na *preamar*, minguar na *vazante*, na *baixa-mar*, que são movimentos da *maré*; agitar-se com as *ressacas*, com os *macaréus*, e com o encontro do caudal de um rio rebentar e rugir nas *pororocas*.

....

O vocábulo *mar* evoca-nos ainda um quadro comum: roçando a líquida esmeralda passam as gaivotas, e num bafejo de vento palpitam as velas brancas de um barco. Acodem-nos então expressões com que se designam as velas das embarcações: *pano, brim, grandes lenços, asas*...

....

De *asas*, significando velas, se passa, muito naturalmente, a *nadantes aves*, com que Camões designou *navios, embarcações*, a que os poetas chamam ainda *lenho, madeiro, pau, pinho, faia*. O mastro se diz *árvore*, o conjunto deles *arvoredo*, e daí a expressão *nau desarvorada*. Os movimentos que o bulir das águas imprime à embarcação enunciam-se com os verbos *balançar* ou *balouçar, arfar, zimbrar*. Se o barco inclina um lado, *aderna*, e está *varado* quando se acha em seco ou encalhado.

Do *mar* disse José Agostinho de Macedo "*vasto império do vento tormentoso*". Tem, pois, lugar referir os nomes de ventos: Bóreas, Áquilo, Aquilão, Noto, Austro, Euro, Zéfiro, que além de vento de oeste designa vento brando: África ou ávrego; vento galerno, ponteiro, soão, nortada, nortia; tufão, rajada, pegão, ou pé de vento; viração, terral, terreno ou terrenho, aragem, aura, brisa...

(Silveira, 1921:17-32)

Os professores nos impressionamos a todo momento com a pobreza do vocabulário dos nossos alunos, que se sentem incapazes de traduzir ideias ou sentimentos a respeito das suas relações sociais, a respeito do mundo que os cerca. São incapazes, por exemplo, de caracterizar o comportamento, a atitude, o caráter, os sentimentos dos colegas, porque lhes faltam palavras para isso. Por que, então, não lhes pomos ao alcance, em exercícios que não seriam assim tão numerosos, recursos de expressões para as impressões que a experiência cotidiana lhes fornece a todo instante? Tais exercícios não constituiriam, de forma alguma, *outro* dicionário analógico, porque abrangeriam apenas certas áreas semânticas relacionadas com a experiência e as necessidades de comunicação dos jovens (jovens e adultos cultos) de certo nível mental, na faixa dos 16 aos 20 anos. Eis aí uma tarefa que gostaríamos de realizar — e é possível que o façamos com o material que vimos reunindo nestes dois últimos anos. Mas, se não dispusermos de meios ou tempo para isso, os exercícios correspondentes a este capítulo (ver 10. Ex., 220-246) talvez sirvam de amostra ou padrão para outros que os professores queiram organizar.

3.3 Quatro tipos de vocabulário

Todo indivíduo medianamente culto dispõe de quatro tipos de vocabulário: o da língua falada ou coloquial, o da linguagem escrita, o de leitura e o de simples contato. Os incultos ou analfabetos conhecem certamente apenas o primeiro.

O vocabulário da linguagem coloquial, relativamente pequeno, é o de que nos servimos na vida diária para satisfazer as necessidades triviais da comunicação oral. Compõe-se, na sua grande maioria, de palavras de teor concreto, que, ligadas a coisas ou situações reais, fluem espontaneamente na corrente da fala. São em geral *aprendidas de ouvido*, constituindo moeda corrente de articulação franca na transação das ideias.

O segundo tipo é representado pelas palavras que usamos ocasionalmente na linguagem escrita, seja literária ou técnico-científica seja apenas didática. Seu acervo é constituído em parte por palavras do primeiro tipo, acrescidas de outras que raramente, ou nunca, circulam na linguagem coloquial.

O terceiro tipo compreende aquelas palavras que pessoalmente não empregamos nem na língua literária nem na coloquial, mas cujo sentido nos é familiar. O *vocabulário de leitura* nos permite entender facilmente uma página impressa sem necessidade de recorrer ao dicionário.

O quarto tipo, a que chamamos *vocabulário de contato*, abrange considerável número de palavras ouvidas ou lidas em situações diversas, mas cujo significado preciso nos escapa. São dessas palavras a respeito das quais costumamos dizer "conheço mas não sei exatamente o que significam". São palavras lidas ou ouvidas mas não apreendidas. É assim um vocabulário hipotético, anódino e inútil, não obstante, bem numeroso.

O primeiro e o segundo tipos constituem o nosso *vocabulário ativo*, que é muito menor do que o *passivo*, representado pelos dois últimos. O ativo serve à *expressão* do nosso pensamento, o passivo é responsável apenas pela *compreensão* do pensamento alheio.

4.0 Como enriquecer o vocabulário

Há vários modos de enriquecer o vocabulário; o mais eficaz, entretanto, é aquele que se baseia na experiência, isto é, numa situação real como a conversa, a leitura ou a redação.

É através da língua falada de um modo geral, inclusive a que se ouve no rádio, na televisão e no cinema, que se forma grande parte do nosso léxico ativo. As crianças e os incultos — assim como também os medianamente cultos que não se dediquem a atividades intelectuais — só excepcionalmente recorrem ao dicionário, e se o fazem é *a posteriori*: quer dizer, não em busca de palavras novas, mas à procura do sentido de palavra ouvida ou lida.

Entretanto, a leitura atenta de obras recomendáveis, a leitura que se faz, *literalmente*, de lápis na mão para sublinhar as palavras desconhecidas e, depois de consultar o dicionário, anotar-lhes o significado, esse é, sem dúvida, o melhor processo de aprimorar o vocabulário. Mas, para dominar realmente o sentido das palavras assim conhecidas, para transformá-las em vocabulário ativo, urge procurar empregá-las. Só assim elas se incorporaram, de fato, aos nossos hábitos linguísticos.

Daí a importância da redação nas suas mais variadas formas: a composição livre propriamente dita, a paráfrase, a amplificação, o resumo (condensação, sinopse), a mudança no torneio de frases e, até, a tradução. Mas, dado o propósito e dadas as limitações deste tópico, trataremos aqui apenas da paráfrase e da amplificação, sugerindo a seguir (4.3), sumariamente, esquematicamente, outros exercícios que o professor poderá propor a seus alunos, inspirando-se ainda nos de números 103 a 115 e 204 a 252, que se encontram em 10. Ex.

Quanto ao resumo (a tradução, é evidente, escapa aos moldes desta obra, embora nos refiramos, de passagem, a um equivalente dela — a *metáfrase* —, tradução de poesia), impunha-se deslocar o seu estudo para outra parte do livro, por nos parecerem indispensáveis certas noções prévias, tais como, sobretudo, as referentes à estrutura do parágrafo (3. Par.) e ao planejamento dos tipos tradicionais de composição em prosa (descrição, narração, dissertação e argumentação).

4.1 Paráfrase e resumo

A paráfrase constitui exercício dos mais proveitosos, pois não só contribui para o aprimoramento do vocabulário mas também proporciona inúmeras oportunidades de reestruturação de frases, sobretudo se ela se limita — como não deve, de fato, limitar-se — a simples substituições de palavras de um texto A (*explicandum*, isto é, o original a ser parafraseado) por outras, sinônimas, num texto B (*explicatum*, ou seja, a paráfrase propriamente dita).

Na Antiguidade clássica, assim como na Idade Média latina, a paráfrase consistia — segundo nos ensina Curtius (1957:153, 528) — essencialmente em transpor em prosa um texto em verso, ora desenvolvendo-o (*amplificatio*, amplificação) ora abreviando-o (*abbreviatio*, abreviação, isto é, concisão). No seu sentido usual — ou num deles — a paráfrase consiste no desenvolvimento explicativo (ou interpretativo) de um texto. É nesse sentido que se fala em "paráfrase(s) dos Evangelhos". Alguns autores, entretanto (estamos pensando em alguns autores americanos), empregam a palavra como sinônimo de condensação ou resumo; mas a maioria a entende mesmo como "desenvolvimento explicativo" de um texto, de uma expressão e, até, de outra palavra (neste último caso, a própria definição lexicográfica — que consta dos dicionários — pode ser entendida como uma paráfrase da... palavra-verbete). Entre nós (estamos agora pensando naqueles professores que ocasional ou habitualmente propõem esse tipo de exercício a seus alunos), paráfrase corresponde a uma espécie de tradução dentro da própria língua, em que se diz, de maneira mais clara, num texto B o que contém um texto A,[12] sem comentários marginais, sem nada acrescentar e sem nada omitir do que seja essencial, tudo feito com outros torneios de frase e, tanto quanto possível, com outras palavras, e de tal forma que a nova versão — que pode ser sucinta sem deixar de ser fiel — evidencie o pleno entendimento do texto original.

O português arcaico pode prestar-se a esse tipo de exercício, embora se exija do "parafraseador" o conhecimento da história da língua. Mas convém não confundir, no caso, paráfrase com simples atualização, ou modernização (gráfica, morfológica, sintática e semântica) de um texto arcaico. É atualização o que faz Leodegário de Azevedo Filho (1961:102) de uma cantiga de amor de Joan Garcia de Guilhade (trovador do século XIII), da qual transcrevemos, para servir de exemplo, apenas a primeira estrofe:

> Amigos, non poss'eu negar
> a gran coyta que d'amor ey,
> ca me vejo sandeu andar
> e con sandeçe o direy
> > Os olhos uerdes que eu ui
> > me fazen or'andar assi.

---

[12] Reduzida à fórmula "o texto B contém o texto A", a paráfrase constitui um dos fundamentos da gramática gerativa.

Versão atualizada:

Amigos não posso negar
a grande mágoa de amor que sinto,
pois me vejo como louco
e como louco é que digo:
      Foram uns olhos verdes que vi
      que me fizeram ficar assim.

Quando a paráfrase se distingue por sua versão de um texto em termos mais simples para facilitar a sua compreensão, dá-se-lhe também o nome de "metáfrase" (termo empregado igualmente para designar a tradução de poesia, e, a nosso ver, com grande propriedade, pois poesia não se traduz: "recria-se" numa língua o que em outra se "criou").

O exemplo a seguir não é simples atualização de outra cantiga medieval (de Paio Soares de Taveirós, em "Cantigas de amor"), mas verdadeira paráfrase (ou metáfrase, se quiserem):

Como morreu quen nunca ben
ouve da ren que mais amou
e quen viu quando reçeou
d'ela e foi morto por én:
      Ay, mha senhor, assi moyr'eu!

Como aquele enamorado que morreu de desgosto por amar a quem não lhe tinha a menor afeição, o que ele tanto receava e foi causa do seu grande sofrimento, assim, minha amada, morro eu.

Como se vê, a paráfrase segue, *pari passu*, com o máximo de fidelidade, a ordem das ideias contidas no original mas expressas em linguagem mais clara e, na medida do possível, com vocabulário e estrutura de frase que não sejam a repetição do que está no texto parafraseado. Mais ainda: paráfrase não é condensação, e o fato de não o ser é que a distingue do resumo. O conhecidíssimo soneto "Mal secreto", de Raimundo Correia (1958):

Se a cólera que espuma, a dor que mora
N'alma e destrói cada ilusão que nasce;
Tudo o que punge, tudo o que devora
O coração, no rosto se estampasse;

Se se pudesse o espírito que chora
Ver através da máscara da face,
Quanta gente, talvez, que inveja agora
Nos causa, então, piedade nos causasse.

> Quanta gente que ri talvez consigo
> Guarda um atroz, recôndito inimigo,
> Como invisível chaga cancerosa!
>
> Quanta gente que ri talvez existe,
> Cuja ventura única consiste
> Em parecer aos outros venturosa.

(Correia, 1958)

pode ser resumido nos seguintes termos:

> Se tudo quanto nos faz sofrer intimamente se refletisse na expressão do rosto, se traduzisse em gestos ou atitudes, veríamos que muitas pessoas que hoje nos causam inveja nos despertariam compaixão, tanto é certo que para elas a única felicidade consiste apenas em parecerem felizes.

4.2 Amplificação

Como figura de retórica, a amplificação (*amplificatio*) parece não ter desfrutado de grande prestígio entre os antigos, como não desfruta também entre os modernos (o que não significa a sua ausência em textos de todas as épocas). Uma espécie de "primo rico" da prolixidade e da redundância, ela consiste, essencialmente, em repetir, alongar, estirar uma ideia ou tema, por meio de circunlóquios, de diferentes torneios de frases, definições sinonímicas, metáforas e símiles excessivos e ociosos, além de outros adornos de linguagem que se esgotam em si mesmos. Levada a extremos na pena daqueles escritores verborrágicos (ou na boca de oradores ricos de palavras mas parcos de ideias), ela pode disfarçar-se em variadas formas de redundância (perissologia, tautologia, macrologia, pleonasmo). Opõe-se, assim, à concisão (*brevitas, abbreviatio*) e à sobriedade. Não obstante, podem-se encontrar — em todas as línguas, aliás — amplificações que não são puro exercício estéril de estilo: a mesma ideia é torneada, sim, mas com recursos de expressão de inegável valor estético-estilístico. Mas, seja como for, praticar amplificações pode ser útil ao "aprendiz de escritor" por levá-lo a tentativas de dizer a mesma coisa de maneiras diferentes, o que — e é isto que importa aqui neste tópico — acaba contribuindo para o enriquecimento do seu vocabulário. Os exemplos que a seguir apresentamos e comentamos (louvando ou censurando) podem dar uma ideia do que é a amplificação.

> A vida é o dia de hoje,
> A vida é o ai que mal soa,
> A vida é nuvem que voa.
> A vida é sonho tão leve,

Que se desfaz como a neve
E como o fumo se esvai.
A vida dura um momento.
Mais leve que o pensamento,
A vida, leva-a o vento.

A vida é folha que cai.
A vida é flor na corrente,
A vida é sopro suave,
A vida é estrela cadente,
Voa mais leve que a ave.
Nuvem que o vento nos mares,
Uma após outra lançou,
A vida — pena caída
Da asa de ave ferida —
De vale em vale impelida,
A vida, o vento a levou.

(João de Deus, "A vida", *Campos de flores* [Ramos, 1922])

Nesse belo exemplo de João de Deus, a amplificação se faz através de uma série de metáforas de "vida" e mais duas ou três comparações.

Exemplo de amplificação redundante típica (versos grifados) está na conhecida "Canção do tamoio", em *Últimos cantos*, de Gonçalves Dias (1959):

Não chores, meu filho;
Não chores, que a *vida*
É *luta renhida*:
Viver é lutar
A vida é combate,
Que os fracos abate,
Que os fortes, os bravos,
Só pode exaltar.

Não é outra coisa senão amplificação da ideia de "amor" o célebre soneto de Camões — "Amor é fogo que arde sem se ver", tão conhecido, que nos escusamos de aqui transcrevê-lo. Também o é a primeira estrofe de outro, que começa assim:

Mudam-se os tempos, mudam-se as vontades,
Muda-se o ser, muda-se a confiança;
Todo o mundo é composto de mudanças,
Tomando sempre novas qualidades.

Muitos parágrafos são verdadeiras amplificações feitas através de exemplos, ilustrações, confrontos, analogias, metáforas e comparações; mas o parágrafo se distingue da amplificação porque inclui ideias secundárias de ordem diversa da ideia-núcleo, mas a ela logicamente associadas. São amplificações os dois exemplos de parágrafos seguintes, nos quais se desenvolve a mesma ideia-núcleo de "pátria":

> A pátria não é ninguém, são todos; e cada qual tem no seio dela o mesmo direito à ideia, à palavra, à associação. A pátria não é um sistema, nem uma seita, nem um monopólio, nem uma forma de governo: é o céu, o solo, o povo, a tradição, a consciência, o lar, o berço dos filhos e o túmulo dos antepassados, a comunhão da lei, da língua e da liberdade. Os que a servem são os que não invejam, os que não infamam, os que não conspiram, os que não sublevam, os que não delatam, os que não emudecem, os que não se acobardam, mas resistem, mas esforçam, mas pacificam, mas discutem, mas praticam a justiça, a admiração, o entusiasmo.
>
> (Rui Barbosa)

> A pátria não é a terra; não é o bosque, o rio, o vale, a montanha, a árvore, a bonina: são-no os atos, que esses objetos nos recordam na história da vida; é a oração ensinada a balbuciar por nossa mãe, a língua em que, pela primeira vez, ela nos disse: — Meu filho!
>
> (A. Herculano)

Na Bíblia — sobretudo nos Salmos — encontram-se frequentes exemplos de amplificações feitas com o propósito de evitar interpretações equívocas, de mostrar a validade de uma declaração ou a veracidade de um fato — e a lição que dela se tira — e com a intenção de dar ênfase ao que se diz.

> Senhor, ouve a minha oração, e chegue a mim o teu clamor. Não apartes o teu rosto de mim. Em qualquer dia que me achar atribulado, inclina para mim o teu ouvido. Em qualquer dia em que te invocar, ouve-me prontamente.
>
> (Salmo [Davi], 101, 2-3)

Às vezes, a amplificação degenera em pura tautologia, pecado em que incorrem mesmo os melhores autores. O próprio Rui Barbosa — apesar de sua riqueza de ideias e dos seus incomensuráveis recursos de expressão — ou justamente por isso — dá mostras frequentes de deliciar-se na prática de amplificações que raiam pela perissologia:

> O sertão não conhece o mar. O mar não conhece o sertão. Não se tocam. Não se veem. Não se buscam.
> Política e politicalha não se confundem, não se parecem, não se relacionam uma com a outra. Antes se negam, se excluem, se repulsam mutuamente.

É uma tentação a que devemos resistir, essa de tomar a mesma ideia e repeti-la, repeti-la, apenas torneada e revestida de roupagem diferente, pelo simples deleite de manipular palavras que nada acrescentam ao que tenha sido dito antes, nem mesmo ênfase. Reduzida à condição de mero encadeamento emplumado de palavras e expressões sinonímicas, a amplificação só pode mesmo servir ao "aprendiz de escritor" como exercício de vocabulário e de reestruturação de frases.[13]

4.3 Outros exercícios para enriquecer o vocabulário

Além desses, outros exercícios podem ser feitos com o propósito de melhorar o vocabulário do estudante:

a) *série de definições diversas para a escolha da que se ajuste a determinada palavra a elas aposta.* Valiosos exercícios desse tipo encontram-se no delicioso livrinho de Aurélio Buarque de Holanda Ferreira (Ferreira, 1965), volume em que o autor reuniu grande parte do material publicado há vários anos por *Seleções do Reader's Digest,* em seção que deve ser, como é para mim, de leitura obrigatória por todos os que desejam realmente "enriquecer o seu vocabulário", de modo ameno e divertido;

b) *adaptação de textos com interpolação de sinônimos para escolha;*

c) *listas de coisas ou seres (sugeridos por situação real) de forma ou aparência inconfundível para caracterização concreta* (exercícios de adjetivação);

d) *caracterização de ações, gestos, atitudes, movimentos, em exercício do tipo "o pêndulo (oscila)", juntando-se ou não lista de verbos para escolha;*

e) *texto medíocre* ou *mediocrizado para aprimoramento do vocabulário;*

f) *ruptura de clichês* (substituição de clichês, frases feitas, metáforas surradas, lugares-comuns fraseológicos);

g) *busca ou escolha de impressões despertadas pela experiência de uma situação concreta, e procura das palavras adequadas à sua expressão;*

h) *definições claras e sucintas que permitam a identificação do termo a que se referem;*

i) *definições denotativas de determinados termos e sua conversão em conotativas ou metafóricas;*

j) *derivação e cognatismo* (exercícios sobre famílias etimológicas);

---

[13] Para outros detalhes sobre a paráfrase e a amplificação, consulte-se o excelente livrinho de Tavares ([s. d.]: 109-110, 121-123).

k) *redação de períodos ou parágrafos curtos, a partir de dados iniciais que sugiram situação real* (descrição de ambientes, paisagens, pessoas, narrações de incidentes, etc.);

l) *exercícios de substituição, escolha ou preenchimento de lacunas dentro de determinada área semântica*;

m) *leitura extraclasse e exigência de anotação à margem das palavras desconhecidas*; classificação dessas palavras quanto ao sentido (concreto ou específico, geral ou abstrato, denotativo ou conotativo);

n) *mudança do torneio de frases* (modos de afirmar, de negar, de pedir, de ordenar, de indicar as circunstâncias, etc.).[14]

---

[14] Para aplicação do que se recomenda nas alíneas desse tópico 4.3, ver, em 10. Ex., exercícios 103 a 115 e 204 a 252.

5.0 Dicionários

Quaisquer que sejam os exercícios para o aprimoramento do vocabulário, é óbvio que o dicionário constitui, por assim dizer, a última instância a que recorremos sempre que desejamos saber o sentido exato das palavras. Em si mesmo, entretanto, o simples manuseio dos léxicos, dissociado de situações reais, nem sempre nos traz grande proveito, em que pese à opinião de muitos, que acreditam ser esse o único e o melhor meio de adquirir vocabulário. Alguns chegam mesmo a recomendar, ou pelo menos a praticar, a leitura assídua dos *calepinos*, leitura que consideram não apenas imprescindível, mas também amena e divertida. É possível. A verdade, entretanto, é que as palavras procuradas nos dicionários só se incorporam de fato aos nossos hábitos linguísticos quando as ouvimos ou lemos. Listas de palavras, resultantes de leitura corrida de dicionários, podem não ser de todo inúteis, mas o que delas nos fica não paga o tempo gasto: valem quase tanto quanto o passatempo das palavras cruzadas.

Há duas classes de dicionários[15] unilíngues: os *comuns* e os *especializados* ou *técnicos*. Os comuns são geralmente de três tipos:

a) os usualmente ditos *de definições*, em que — como o nome diz — através de definições semânticas (ditas, no caso, *lexicográficas*) se dão, além dos significados das palavras (o significado básico, as diferentes acepções, o sentido figurado), outras informações sobre os signos (classe gramatical da palavra-verbete, e, às vezes, sua pronúncia e sua etimologia). Alguns acrescentam ainda exemplos ocasionais para esclarecer o emprego da palavra, e dão sinônimos;

b) os habitualmente ditos de *sinônimos*, em que, via de regra, não se define a palavra-verbete, dando-se apenas os seus sinônimos (alguns acrescentam também antônimos);

---

[15] "Dicionário" e "enciclopédia" são termos que, com frequência, se confundem e, mesmo, se cruzam, como na expressão comum "dicionário enciclopédico". No entanto, existe uma clara diferença entre ambos. O dicionário, que, incluindo as partes do discurso, define os *signos* e dá informações sobre eles, exclui os *nomes próprios* (atente-se para esta característica). A enciclopédia — que, *lato sensu*, significa o conjunto completo dos conhecimentos — dá informações sobre as *coisas* (e não sobre os signos), a rigor não define e só arrola *nomes próprios*. Via de regra, só as enciclopédias incluem ilustrações para os verbetes; os dicionários raramente o fazem, e quando isso acontece (salvo o caso das ilustrações puramente decorativas ou promocionais) é porque não se limitam à definição dos signos, incluindo também a descrição da coisa significativa e/ou informações técnicas sobre ela. Os dicionários desse tipo que arrolam também nomes próprios são usualmente chamados "enciclopédicos".

c) *os de ideias analógicas ou afins*: é o dicionário analógico propriamente dito, que constitui uma versão mais prestimosa do que o de sinônimos, como veremos adiante.

Os dicionários especializados ou técnicos — ditos também, às vezes, *vocabulários, glossários* ou *elucidários* — abarcam apenas determinado campo do conhecimento humano ou da experiência: dicionário de filosofia, de sociologia, de psicologia, de artes plásticas (pintura, arquitetura, etc.), dicionário de literatura, de gíria, de arte poética, dicionários bibliográficos, dicionário gramatical, etimológico, dicionário de botânica, de mitologia... A lista é numerosa. Muitas vezes, só um dicionário especializado é capaz de nos desfazer dúvidas a respeito do sentido exato de determinadas palavras. Isso acontece quando o termo procurado tem significado tão específico que não admite sua inclusão nos dicionários comuns.

Antes de utilizar-se do dicionário, o estudante deve certificar-se, primeiro, de que se trata de obra digna de crédito, e, segundo, de que sabe realmente como consultá-lo. Quanto à primeira condição, convém advertir os inexperientes a respeito de um grande número de dicionários ditos *populares*, cujo manuseio deve ser feito com muita cautela (no fim deste capítulo vem uma lista dos mais recomendáveis). Quanto à segunda exigência, não é demais aconselhar ao consulente a leitura não apenas dos prefácios ou notas prévias, onde o autor faz em geral observações a respeito do critério de averbação, mas também da lista de abreviaturas e sinais comumente adotados. Assim advertido, o leitor ficará sabendo, entre outras coisas, que nem todas as palavras vêm averbadas: será inútil, por exemplo, procurar um adjetivo pela sua forma feminina, se a acepção do masculino é a mesma, ou um advérbio terminado em — *mente*, se o significado do seu radical é o mesmo, sempre o mesmo, do do adjetivo de que se derive. As abreviaturas e sinais convencionais merecem igualmente muita atenção, pois não apenas indicam a classe da palavra (*s. m.* = substantivo masculino; *s. 2 gên.* = substantivo comum de dois gêneros; *v. t.* = verbo transitivo, etc.) mas dão também informações subsidiárias a respeito do vocábulo (*agr.* = termo técnico de agricultura; *arc.* = arcaísmo; *prov.* = provincianismo, etc.).

5.1 Dicionários analógicos ou de ideias afins

Muita gente que lida com palavras, servindo-se delas na linguagem escrita como tarefa cotidiana, desconhece, se não a existência, pelo menos a utilidade dos dicionários analógicos. Por isso merecem eles aqui uma referência especial.

Os dicionários de definições e de sinônimos só nos prestam realmente ajuda valiosa quando já *temos* a palavra cujo sentido exato desejamos saber ou para a qual procuramos um sinônimo que melhor se ajuste a determinado contexto. Nesse caso, "a luta pela expressão" parte *das palavras para as ideias*. Muito frequentemente, entretanto, só nos ocorrem ideias gerais, muito vagas, sem que nos venham as palavras de sentido específico capazes de traduzir nosso pensamento. Aqui, a luta pela expressão parte *das ideias para as palavras*.

Ora, os dicionários analógicos são os que mais nos ajudam a *achar* a palavra exata para a ideia imprecisa que nos ocorra. Eles são organizados de tal forma que permitem uma distribuição racional do vocabulário da língua, facilitando o encontro da palavra ignorada pela oportunidade que se oferece ao consulente de percorrer um grande número de outras que se lhe associem ideologicamente, que pertençam ao mesmo campo semântico ou associativo, o que pode redundar, até certo ponto, em fonte de novas ideias.

As obras desse gênero vêm, de regra, divididas em capítulos de ordem geral, correspondentes às categorias filosóficas (relações abstratas, espaço, matéria, faculdade cognoscitiva, faculdade volitiva, afetiva, etc.). Cada um desses capítulos se subdivide em títulos mais específicos, e estes, em verbetes, onde se encontram não apenas os sinônimos e antônimos mais comuns, mas também uma série de termos de sentido metafórico.

Suponhamos que o estudante esteja à procura de um verbo de sentido específico compreendido na ideia geral de *movimento*; trata-se de dizer que alguma coisa se move. Ora, todos os seres e objetos podem mover-se ou dar-nos a impressão disso, mas cada um deles, em determinado momento, mover-se-á de maneira especial: uns simplesmente *andam*, outros *correm, saltam, pulam, saltitam, saracoteiam, tremem, tremulam, trepidam*; alguns *voam, disparam, desembestam, arremessam-se, atiram-se, precipitam-se*; uns *deslizam, arrastam-se, rastejam, serpeiam, serpenteiam*; outros *volteiam* ou *planam* no espaço aéreo; há os que se *insinuam, se infiltram, enveredam*, muitos *oscilam, pendulam, balançam, circulam, rolam*; vários *galopam, troteiam, marcham*... A série é quase inumerável, o que nos permite admitir que nela se encontrará sem dúvida a palavra exata para a ideia que temos em mente. Mas como descobri-la? É possível que a tenhamos esquecida lá nos escaninhos da memória; mas como desencavá-la e pô-la em circulação, consultando apenas os dicionários de definições ou de sinônimos, se eles nos dão em cada verbete apenas os termos que mais de perto se relacionam pelo sentido específico, não pela ideia geral? Tomemos, por exemplo, o verbo *deslizar*:

> *Deslizar, v. t.* Passar em silêncio; omitir; *int.* escorregar brandamente; resvalar; *rel.* desviar-se; afastar-se pouco a pouco; desviar-se do bom caminho; *p. escorregar* suavemente; passar de leve; desviar-se. (Cf. *deslisar*.)
>
> (*Pequeno dicionário brasileiro da língua portuguesa*, supervisionado por Aurélio Buarque de Holanda Ferreira, 10ª edição)

Nesse verbete só se indicam dois ou três aspectos particulares da ideia geral de *movimento*; mas pode acontecer que nenhum deles se ajuste ao nosso contexto. Portanto, a palavra procurada, o termo específico, só pode ser encontrado, sem grande perda de tempo, nos dicionários analógicos.

Tomemos, como exemplo, o de Spitzer (1958), um dos mais conhecidos e mais acessíveis. Recorrendo ao índice remissivo, o leitor encontrará a "palavra mestra" ou "palavra-guia", seguida do número dos verbetes onde se relacionam os sinônimos e antônimos a ela correspondentes. No caso em apreço, ele encontrará alguns sinônimos ou cognatos de *mover*:

mobilidade, 104
móvel, 104 — 114 — 128
mover-se, *196* — 198 — 199
movimento, *212* — *213*

Os números em itálico (*196, 212* e *213*) indicam os principais verbetes, vale dizer, aqueles onde estão os termos mais intimamente relacionados à ideia geral, inclusive os de sentido figurado, distribuídos todos em três classes: *S*(ubstantivos), *A*(djetivos) e *V*(erbos). No verbete colateral enfileiram-se os antônimos correspondentes. Vejamos como amostra alguns termos respigados nos verbetes 196 e 197:

196. *Movimento* (v. 198-223) — *S*(ubstantivos). Locomoção, mobilidade, agilidade, azougue, nômade, vadiagem, viajar, ambulante, corrida, salto, marcha, voo...	197. *Imobilidade*; descanso — *S*. Fixação, pausa, alto, parada, travamento, estagnação.
V(erbos). Mover-se, não descansar, marchar, caminhar, trotar, escorregar, rastejar, patinar, deslizar, rebolear, colear, serpear, voltear...	*V*. Não mover, ficar quieto, plantar-se, estar fixo, firme, inabalável, emperrar, aquietar...
A(djetivos). Móvel, movediço, errático, inquieto, vivo, ágil, corrediço, corredio, semovente, removível...	*A*. Quieto, imóvel, fixo, quedo, parado, letárgico, estagnado, calmo, deitado, basbaque, entrevado, remansoso...

Mas, se do índice remissivo não constar como "palavra mestra" aquela para a qual o consulente está procurando um sinônimo mais específico, resta-lhe recorrer ao *plano de classificação*, onde as ideias gerais estão agrupadas de acordo com as categorias filosóficas e suas subdivisões. Ora a ideia de *movimento* implica a de *espaço*. Efetivamente, na categoria de *espaço* (Classe III, segundo o plano de Carlos Spitzer), encontram-se as seguintes subseções: I. *Espaço em geral*; II. *Dimensões*; III. *Forma*; IV. *Moção*. Ao lado de *Moção* vêm os números dos verbetes 196 a 223. Neles se acharão, por certo, se não todas, pelo menos a quase totalidade das palavras portuguesas que expressam *movimento* ou *imobilidade*.

O plano do dicionário de Spitzer coincide, em linhas gerais, com o da maioria das obras desse gênero. É o caso, por exemplo, do *Appendice* ao volume 2 do *Traité de stylistique française*, de Charles Bally, com a diferença de que deste se excluem as palavras *puramente concretas*, salvo as que, como diz o próprio autor, possam ter algum valor simbólico; do *Diccionario ideológico de la lengua española*, de Julio Casares, e ainda, em língua portuguesa, do *Dicionário analógico da língua portuguesa*, de Francisco Ferreira dos Santos Azevedo.

Seja, por exemplo, a ideia geral de *causa*. No *Appendice* de Bally não há índice remissivo onde o consulente possa encontrar a "palavra-guia", de forma que terá de recorrer aos títulos das categorias de ordem geral e suas subdivisões, onde achará o verbete *causalité*:

C. CAUSALITÉ

13. *Cause*: *Effet*. (Conclusion 133).[16] Avoir telle ou telle cause: — tel ou tel effet; venir, provenir de: aboutir à; naître, découler de, tenir à: resulter, s'ensuivre. — Être cause; causer, provoquer, susciter (cf. 80); faire (tomber en, etc.); influer, agir sur; contribuer à (cf. 14). — Attribuer la cause à: imputer à (accuser 291). — Cause, principe, origine, source: conséquence, résultat. Raison (motif 191 a). Influence, action, ascendant; actif: (passif). — Pourquoi?; c'est pourquoi, en conséquence; en effet, car: par conséquent, donc; parce que; de sorte que. (Mourir) de (faim, etc.).

14. *Causes concordantes*: *Causes opposées*. Concourir, conspirer: aller contre, contrarier, s'opposer (cf. 207); agir dans le même sens que, contribuer à: réagir, neutraliser (aider: entraver 206). Concordant: opposé. Concours: conflit; action concordante: réaction. Facteur. Résultante. — Malgré, en dépit de; cependant, toutefois; bien que, etc.

15. *Necessité, fatalité*: *Hasard*. Necessaire, fatal, inévitable: fortuit, accidentale (cf. 2a). Être destiné à. Determinisme (: libre arbitre 153). Destiné, destin, sort (cf. 153), etc.

Vejamos agora, no dicionário de Spitzer, uma amostra parcial dos verbetes relacionados com essa mesma ideia de causa. A palavra mestra — *causa* — encontra-se na Seção VIII da Classe I (Relações abstratas), verbetes 114 a 128, assim como no índice remissivo:

---

[16] Os números entre parênteses remetem para outros verbetes.

114. *Causa* — S(ubstantivos). Causa, origem, motivo, o porquê, razão, móvel, base, manancial, fonte, nascente... etc.

V(erbos). Causar, produzir, efetuar, gerar, acarretar, dar aso, ensejo, ocasião, motivar, lançar os fundamentos de... etc.

A(djetivos). Primeiro, básico, primordial, originário, original, radical, em embrião, causal... etc.

115. *Efeito* — S. efeito, consequência, resultado, produto, nascimento, produção, rebento, fruto, colheita, seara, criação... etc.

V. Ser resultado, resultar, provir, ser obra de, filho de, rebentar, germinar, desenvolver-se, ter fonte, origem em, vir de... etc.

A. Derivado, derivativo, embrionário (*sic*).

Os demais dessa área semântica de causa e efeito vêm encabeçados por palavras ou expressões mais específicas, como por exemplo:

116. *Indicação da causa eficiente* (derivação, filiação, genealogia... etc.)

118. *Força criadora, energia ativa, que pode atuar ou se manifestar* (força, potência, energia... etc.)

120. *Força violenta, viva, brutal* (impetuosidade, ímpeto... etc.)

117. *Falta de causas determinadas; acaso* (azar, sorte, fortuna... etc.)

119. *Inércia; improdutibilidade; preguiça; fraqueza* (impotência, cansaço... etc.)

121. *Força branda, suavidade* (calma, bonança, temperança... etc.)

E assim prosseguem os demais verbetes: *força destruidora, influência; falta de influência; dependência de algum influxo; tendência para influir; concurso de causas; ação contra, causa contrária ou efeito.*

Depois de consultar dicionários como esses, não é provável que o estudante fique decepcionado: a palavra que ele procura *tem* de estar lá. Mas, antes de "adotá-la", é aconselhável certificar-se do seu verdadeiro sentido específico. Se ela faz parte do seu vocabulário passivo, isto é, se lhe conhece o sentido exato não porque a use habitual ou ocasionalmente, mas porque está acostumado a lê-la ou ouvi-la, a escolha se faz sem maiores dificuldades ou sem prejuízo para a clareza da ideia a ser expressa. Em caso contrário, quer dizer, quando a palavra é inteiramente desconhecida, ou apenas o instinto linguístico ou outras razões às vezes misteriosas parecem recomendá-la, o melhor é recorrer então a um dicionário de definições para certificar-se do seu verdadeiro sentido antes de empregá-la.

5.2 Dicionários de sinônimos

A maioria dos dicionários ditos "de sinônimos" se limitam a dar as palavras de sentido equivalente ao da *entrada* ou *cabeça* do verbete; alguns, entretanto, reservam uma parte de suas páginas para elucidar as diferenças, às vezes sutis, entre várias de significação assemelhada, e não propriamente sinônimas, pois, na realidade, não há em qualquer língua duas palavras que signifiquem exatamente a mesma coisa: todas, já vimos, dependem do contexto. Existe quase sempre a palavra exata para traduzir nosso pensamento, mas só existe *uma*, e não mais. De forma que as distinções de sentido que se fazem, levando-se em consideração determinado contexto, são indispensáveis. Exemplo de dicionário desse tipo é o de J. I. Roquete e José da Fonseca — *Dicionário dos sinônimos — poético e de epítetos — da língua portuguesa*. Nele, além do rol de sinônimos, encontra-se também uma parte em que os autores mostram os matizes semânticos de inúmeras palavras. Já que estamos falando de dicionários, vá lá o seguinte verbete como ilustração:

> *Dicionário, vocabulário, glossário, elucidário*
>
> Para se acharem pronta e comodamente as palavras e dicções próprias de uma língua, sua significação, seu uso e sua correspondência com as de outra, se distribuem por rigorosa ordem alfabética, e a isto chamamos propriamente *dicionário*. Um dicionário, disse um literato francês, é o inventário da língua por ordem alfabética. — Por extensão se diz das vozes técnicas de qualquer ciência ou arte, e ainda de pessoas ilustres, terras, coisas notáveis, etc.
>
> A palavra *vocabulário* só significa catálogo de vozes de uma língua ou ciência, mas não se estende, nem deve estender a mais explicações que as matérias dos vocábulos.
>
> *Glossário* vem da palavra grega *glossa*, língua, linguagem; é às vezes idiotismo; se assemelha aos *dicionários* e *vocabulários* na colocação material dos seus artigos por ordem alfabética, e diferença-se em que trata de palavras e frases obscuras, difíceis, bárbaras, desusadas, em especial nas línguas mortas, viciadas no uso ou trazidas de línguas estranhas.
>
> *Elucidário* é um *glossário* talvez menos completo, porém mais difuso, que não só *elucida*, explica muitas palavras e frases, antiquadas e obsoletas, senão que examina usos, costumes antigos, e autoriza sua explicação com documentos, inscrições, etc. Tal é o do Pe. Santa Rosa, que, se não é tão completo como o *Glossário* de Du Cange, é por certo muito precioso para os portugueses pelas riquíssimas notícias que ali lhes dá de coisas antigas, que sem ele seriam desconhecidas aos modernos.
>
> (Roquete e Fonseca, 1949)

Como se vê, os quatro verbetes transcritos da segunda parte desse dicionário fogem às rígidas normas lexicográficas usuais, até na sua disposição tipográfica. Quanto à distinção entre "dicionário" e "vocabulário", conviria propô-la em termos mais atualizados, e partir daí para outras (breves) informações pertinentes, assunto do tópico seguinte.

5.3 Lexicologia e lexicografia: dicionário e léxico

Lexicologia[17] é o estudo teórico, ou científico, do vocabulário — vocabulário tomado aqui no sentido lato de "catálogo das palavras de uma língua"; distingue-se da *lexicografia*, que é a técnica da confecção de dicionários. A primeira é ciência moderna, mas a segunda já era praticada, desde a mais alta antiguidade. Uma e outra cuidam do *léxico*, que é o conjunto de vocábulos de um idioma, e, como tal, ordinariamente empregado como sinônimo de "dicionário", que é um repertório "aberto", quer dizer, capaz de se enriquecer sempre (com nelogismos, por exemplo). Mas, à luz de correntes linguísticas mais em voga, "léxico" pode até, em certo sentido, opor-se tanto a "dicionário" — quando compreende apenas o elenco das palavras usadas por um autor, uma ciência ou uma técnica — quanto a "vocabulário", pois o léxico, *lato sensu*, pertence à língua (*langue*), ao passo que o vocabulário pertence ao discurso (*parole*).

5.4 Dicionários da língua portuguesa mais recomendáveis

(Para as referências relativas a editor, local, edição e data, ver "Bibliografia").

1. Dicionários de definições e sinônimos

I – *Dicionário da língua portuguesa* — Antônio de Moraes Silva (em edição moderna, essa obra saiu com o título de *Novo dicionário compacto da língua portuguesa*);

II – *Novo dicionário da língua portuguesa* — Aurélio Buarque de Holanda Ferreira;

III – *Dicionário da língua portuguesa* — Antônio Houaiss;

---

[17] Gramáticos e filólogos luso-brasileiros de outras gerações (quantas?) entendiam a lexicologia (ou sua variante gráfica "lexiologia") como aquela "parte da gramática que trata das palavras consideradas em relação ao seu valor, à sua etimologia, à sua classificação e às suas formas ou flexões" — como a definia Ribeiro (1916:5); ou, como queria Said Ali: "a lexeologia (assim grafava a palavra o grande mestre) não examina os vocábulos um por um, como o faz o dicionário. Divide-os em um pequeno número de grupos ou categorias e registra os fatos comuns e constantes e os fatos variáveis e excepcionais" (Ali, [s. d.]b:15). A Nomenclatura Gramatical Portuguesa ignorou, como se sabe, a "lexicologia", incluindo-a implicitamente na "morfologia", no que parece ter seguido, aliás, a lição de Said Ali (cf. Ali, [s. d.]b:16).

IV – *Dicionário contemporâneo da língua portuguesa* — Caldas Aulete;
V – *Dicionário Unesp do português contemporâneo* — Francisco S. Barbosa (Org.);
VI – *Dicionário da língua portuguesa* — Cândido de Figueiredo;
VII – *Grande e novíssimo dicionário da língua portuguesa* — Laudelino Freire;
VIII – *Dicionário de sinônimos e locuções da língua portuguesa* — Agenor Costa;
IX – *Dicionário de sinônimos* — Antenor Nascentes;
X – *Dicionário dos sinônimos — poético e de epítetos — da língua portuguesa* — J. I. Roquete e José da Fonseca;
XI – *Dicionário de sinônimos e antônimos da língua portuguesa* — Francisco Fernandes.

2. Idem, enciclopédicos e/ou ilustrados

I – *Pequeno dicionário enciclopédico Koogan Larousse* — Antônio Houaiss (Dir.);
II – *Dicionário prático ilustrado da língua portuguesa* — Jaime Séguier (Dir.).

3. Dicionários analógicos

I – *Dicionário geral e analógico da língua portuguesa* — Arthur Bivar;
II – *Dicionário analógico da língua portuguesa* — Carlos Spitzer;
III – *Dicionário de ideias afins* — Eduardo Vitorino;
IV – *Dicionário analógico da língua portuguesa* — Francisco Ferreira dos Santos Azevedo.

4. Dicionários etimológicos

I – *Dicionário etimológico Nova Fronteira da língua portuguesa* — Antônio Geraldo da Cunha;
II – *Dicionário etimológico da língua portuguesa* (Tomo I: nomes comuns; Tomo II: nomes próprios) — Antenor Nascentes;
III – *Dicionário etimológico da língua portuguesa* — José Pedro Machado.

TERCEIRA PARTE

3. Par. — O parágrafo

1.0 O parágrafo como unidade de composição

1.1 Parágrafo-padrão

O parágrafo é uma unidade de composição constituída por um ou mais de um período, em que se desenvolve determinada ideia *central*, ou *nuclear*, a que se agregam outras, *secundárias*, intimamente relacionadas pelo sentido e logicamente decorrentes dela.

Trata-se, evidentemente, de uma definição, ou conceito, que a prática nem sempre confirma, pois, assim como há vários processos de desenvolvimento ou encadeamento de ideias, pode haver também diferentes tipos de estruturação de parágrafo, tudo dependendo, é claro, da natureza do assunto e sua complexidade, do gênero de composição, do propósito, das idiossincrasias e competência (*competence*) do autor, tanto quanto da espécie de leitor a que se destine o texto. De forma que esse conceito se aplica a um tipo de parágrafo considerado como padrão, e padrão não apenas no sentido de modelo, de protótipo, que se deva ou que convenha imitar, dada a sua eficácia, mas também no sentido de ser frequente, ou predominante, na obra de escritores — sobretudo modernos — de reconhecido mérito. Tal critério nos leva, por conseguinte, a resistir à tentação de... de... tentar sistematizar o que é assistemático, quer dizer, de procurar características comuns e constantes em parágrafos carentes de estrutura típica. Isso, todavia, não nos impede de apontar e/ou comentar exemplos tanto dos que, fugindo à norma, se distinguem pela eficácia dos recursos de expressão e do desenvolvimento de ideias, quanto dos que, também atípicos — mas atípicos por serem produto da inexperiência ou do arbítrio inoperante —, denunciam desordem de raciocínio (incoerências, incongruências, falta de unidade, hiatos lógicos, falta de objetividade e outros defeitos) e, por isso, revelam-se ineficazes como forma de comunicação.

1.2 Importância do parágrafo

Indicado materialmente na página impressa ou manuscrita por um ligeiro afastamento da margem esquerda da folha,[1] o parágrafo facilita ao escritor a tarefa de isolar e depois ajustar convenientemente as ideias principais da sua composição, permitindo ao leitor acompanhar-lhes o desenvolvimento nos seus diferentes estágios.

Como unidade de composição "suficientemente ampla para conter um processo completo de raciocínio e suficientemente curta para nos permitir a análise dos componentes desse processo, na medida em que contribui para a tarefa da comunicação" (Trainor e McLaughlin, 1963:422), o parágrafo oferece aos professores oportunidades didáticas de aproveitamento, sendo, em certa medida, mais eficaz do que todo o contexto de uma composição, pelas razões que apontaremos em tópicos subsequentes.

1.3 Extensão do parágrafo

Tanto quanto sua estrutura, varia também sua extensão: há parágrafos de uma ou duas linhas como os há de página inteira. E não é apenas o senso de proporção que deve servir de critério para bitolá-lo, mas também, principalmente, o seu núcleo, a sua ideia central. Ora, se a composição é um conjunto de ideias associadas, cada parágrafo — em princípio, pelo menos — deve corresponder a cada uma dessas ideias, tanto quanto elas correspondem às diferentes partes em que o autor julgou conveniente dividir o seu assunto (ver 7. Pl., 1.0).

É, pois, da divisão do assunto que depende, em grande monta, a extensão do parágrafo, admitindo-se, por evidente, que as ideias mais complexas se possam desdobrar em mais de um parágrafo.

É verdade, como já assinalamos, que idiossincrasias pessoais nem sempre levam em consideração esse critério, do que resulta, muitas vezes, uma paragrafação arbitrária: a ideia-núcleo fragmentada em grupos de linhas que do parágrafo só têm a disposição tipográfica, como se pode ver no seguinte exemplo:

---

[1] Nos códices não aparece esse espaço livre ("branco paragráfico" ou "alínea"), assinalando-se, entretanto, à margem a separação do trecho anterior por um signo tipográfico constituído por dois "SS" (abreviatura de *signum sectionis, i.e.,* sinal de separação ou de seção), que, dispostos, mais tarde, verticalmente, deram o sinal de parágrafo (§), tal como é conhecido hoje e empregado ainda nos códigos e leis, principalmente.

		Estávamos em plena seca.
	1	
	2	Amanhecia. Um crepúsculo fulvo alumiava a terra
	3	com a claridade de um incêndio ao longe.
	4	A pretidão da noite esmaecia. Já começava a se
1º	5	individualizar o contorno da floresta, a silhueta das
	6	montanhas ao longe.
	7	A luz foi pouco a pouco tornando-se mais viva.
	8	No oriente assomou o Sol, sem nuvens que lhe velassem
	9	o disco. Parecia uma brasa, uma esfera candente, suspensa
	10	no horizonte, vista através da ramaria seca das árvores.
	11	A floresta completamente despida, nua, somente
2º	12	esqueletos negros, tendo na fímbria aceso o facho que
	13	a incendiou, era de uma eloquência trágica!
	14	Amanhecia, e não se ouvia o trinado de uma ave,
	15	o zumbir de um inseto!
3º	16	Reinava o silêncio das coisas mortas.
	17	Como manifestação da vida percebiam-se os gemi-
	18	dos do gado, na agonia da fome, o crocitar dos urubus nas
	19	carniças.

(Rodolfo Teófilo apud Monteiro, 1939:85)

Consideremos, por ora, apenas as 10 primeiras linhas. Trata-se de um trecho descritivo, passível de nova disposição tipográfica, pois, na realidade, encontramos nele matéria para apenas um parágrafo e não cinco.

Se o núcleo do parágrafo de dissertação e de argumentação é uma *determinada ideia*, se o da narração é um *incidente* (episódio curto), o da descrição é ou deve ser um *quadro*, i.e., um fragmento de paisagem ou ambiente num determinado instante, entrevisto de determinada perspectiva.

Ora, o núcleo dessas 10 linhas é o amanhecer, entrevisto de certa perspectiva; esse é o seu *quadro*, a que, em princípio, deveria corresponder um só parágrafo, admitindo-se apenas que a primeira linha se isolasse das restantes como uma espécie de introdução posta em realce com o propósito de enunciar, de saída, o aspecto geral da paisagem. Na realidade, "Estávamos em plena seca" nada mais é do que uma espécie de subtítulo de toda a narrativa, a que o autor dá o nome de "O bebedouro".

Dando ao trecho essa disposição tipográfica em pequenos blocos, o autor fracionou o que já era um fragmento da paisagem, separando das ideias secundárias correlatas a ideia-núcleo de "amanhecer", cuja característica principal é o cambiar de cores e luzes (crepúsculo fulvo, claridade de incêndio, pretidão da noite, luz mais viva, assomo do Sol, ausência de nuvens) e o delinear-se gradativo do perfil da paisagem (contorno da floresta, silhueta das montanhas, ramaria seca das árvores).

Entretanto, as linhas 11, 12 e 13 correspondem realmente a um parágrafo, pois seu núcleo já não é o amanhecer, mas a "floresta despida", focalizada mais de perto, com outra perspectiva. Se nas "10 linhas iniciais, o que o autor pretendeu realçar foi a impressão visual da paisagem, a sua intenção nas três seguintes foi traduzir-lhe a repercussão emotiva: "a floresta completamente despida... era de uma *eloquência trágica*".

As restantes (14 a 19) deveriam por sua vez agrupar-se num só parágrafo: seu *quadro* ainda é o amanhecer, mas o propósito do autor é, agora, traduzir não as impressões visuais e sim as predominantemente auditivas (*trinado*, *zumbir*, *silêncio*, *gemidos*, *crocitar*).

Estamos vendo assim que não é apenas o núcleo (no caso da descrição, o *quadro*) que justifica a paragrafação, mas também a *perspectiva* em que se coloca o autor e a *prevalência das impressões* (*visual*, no primeiro parágrafo; *auditiva*, no último, de acordo com a estruturação que estamos propondo).

Em certos casos específicos, a brevidade do parágrafo decorre da própria natureza do assunto. É o que acontece nos diálogos, nas cartas comerciais, nos sumários, conclusões, instruções ou recomendações (parágrafos geralmente numerados), na redação oficial de um modo geral (ofícios, avisos, editais, etc.) e nos propriamente ditos parágrafos, itens e alíneas de leis e decretos.

1.4 Tópico frasal

Em geral, o parágrafo-padrão, aquele de estrutura mais comum e mais eficaz — o que justifica seja ensinado aos principiantes —, consta, sobretudo na dissertação e na descrição, de duas e, ocasionalmente, de três partes: a *introdução*, representada na maioria dos casos por um ou dois períodos curtos iniciais, em que se expressa de maneira sumária e sucinta a ideia-núcleo (é o que passaremos a chamar daqui por diante de *tópico frasal*),[2] o *desenvolvimento*, isto é, explanação mesma dessa ideia-núcleo; e a *conclusão*, mais rara, mormente nos parágrafos pouco extensos ou naqueles em que a ideia central não apresenta maior complexidade.

Constituído habitualmente por um ou dois períodos curtos iniciais, o tópico frasal encerra de modo geral e conciso a ideia-núcleo do parágrafo. É, como vimos em 2. Voc., 2.0 uma *generalização*, em que se expressa opinião pessoal, um juízo, se define ou se declara alguma coisa. É certo que nem todo parágrafo apresenta essa característica: algumas vezes a ideia-núcleo está como que diluída nele ou já

---

[2] "Tópico frasal" é uma tradução do inglês *topic sentence*, a que damos sentido mais amplo para nos permitirmos outras conclusões.

expressa num dos precedentes, sendo apenas evocada por palavras de referência (certos pronomes) e partículas de transição (ver 4.4.4). Mas a maioria deles é assim construída. Pesquisa que fizemos em muitas centenas de parágrafos de inúmeros autores permite-nos afirmar com certa segurança que mais de 60% deles apresentam tópico frasal inicial. Essa proporção vem sendo ainda confirmada praticamente todos os dias em nossas aulas, principalmente particulares, quando damos como exercício aos nossos alunos a tarefa de estudar a estrutura de parágrafos por eles mesmos escolhidos nas mais variadas fontes (livros, editoriais da imprensa diária, artigos de revista).

É provável que tal estrutura, predominante também em muitas línguas modernas, todas indo-europeias, todas marcadas pela herança greco-latina, decorra de um processo de raciocínio dedutivo. De fato, que é o tópico frasal, quando inicial, se não uma *generalização* a que se seguem as *especificações* contidas no desenvolvimento? Esse modo de assim expor ou explanar ideias é, em essência, o método dedutivo: do *geral* para o *particular*. Quando o tópico frasal vem no fim do parágrafo — e neste caso é, realmente, a sua *conclusão* —, precedido pelas *especificações*, o método é essencialmente indutivo: do *particular* para o *geral* (ver 4. Com., 1.5, "Métodos").

Se a maioria dos parágrafos apresenta essa estrutura, é natural que a tomemos como padrão para ensiná-la aos nossos alunos. Assim fazendo, haveremos de verificar que o tópico frasal constitui um meio muito eficaz de expor ou explanar ideias. Enunciando logo de saída a ideia-núcleo, o tópico frasal garante de antemão a objetividade, a coerência e a unidade do parágrafo, definindo-lhe o propósito e evitando digressões impertinentes. É isso que se vê no seguinte exemplo de Gilberto Amado:

> *O Brasil é a primeira grande experiência que faz na história moderna a espécie humana para criar um grande país independente, dirigindo-se por si mesmo, debaixo dos trópicos.* Somos os iniciadores, os ensaiadores, os experimentadores de uma das mais amplas, profundas e graves empresas que ainda se acharam em mãos da humanidade. Os navegadores das descobertas que chegaram até nós impelidos pela vibração matinal da Renascença, cumpriram um feito que terminava com o triunfo na luz da própria glória; belo era o país que descobriam, opulenta a terra que pisavam, maravilhoso o mundo que em redor se desdobrava; podiam voltar, contentes, que tudo para eles se cumprira.
>
> (Amado, 1963:332)

O primeiro período — grifado, aliás, pelo próprio autor, com a intenção de mostrar que se trata de ideia central do parágrafo — constitui o tópico frasal, que traduz uma declaração sobre o Brasil como país independente. O rumo das ideias a serem desenvolvidas já está aí traçado: seria desconcertante se o autor não explanasse, *especificando, justificando, fundamentando*, nas linhas seguintes, o que anunciou nas três primeiras. O seu propósito já está definido. Se o autor julgasse oportuno fazer digressões, o próprio tópico frasal o controlaria, impedindo-o de ultrapassar certos limites, além dos quais elas se tornariam descabidas, e forçando-o a voltar antes do fim ao mesmo rumo de ideias que tomara no princípio.

Na hipótese de o trabalho ser composto à base de um plano ou esquema, mais ou menos minucioso, pode o conteúdo do parágrafo já estar aí previsto como um dos seus itens, até mesmo na sua forma definitiva de tópico frasal, se não for muito extenso. Assim sendo, na redação final, poderá o autor limitar-se a desenvolver cada um desses itens do seu plano, com o que estará garantida a coerência entre as diferentes partes da composição. Demais, a presença do tópico facilita o resumo ou sumário, bastando para isso destacá-lo de cada parágrafo.

Por isso tudo, principalmente por ser um excelente meio de disciplinar o raciocínio, recomenda-se aos pricipantes que se empenhem em seguir esse método de paragrafação, até que maior desenvoltura e experiência na arte de escrever lhes deixem maior liberdade de ação.

1.4.1 Diferentes feições do tópico frasal

Admitindo-se como recomendável essa técnica de iniciar o parágrafo com o tópico frasal, resta-nos mostrar algumas das suas feições mais comuns. Há vários artifícios, que a leitura dos bons autores — contemporâneos de preferência — nos pode ensinar. Conhecê-los talvez contribua para abreviar aqueles momentos de indecisão que precedem o ato de redigir as primeiras linhas de um parágrafo, pois, com frequência, o estudante não sabe como começar. Ora, o tópico frasal lhe facilita a tarefa, porque nele está a síntese do seu pensamento, restando-lhe fundamentá-lo.

a) *Declaração inicial* — Esta é, parece-nos, a feição mais comum: o autor afirma ou nega alguma coisa logo de saída para, em seguida, justificar ou fundamentar a asserção, apresentando argumentos sob a forma de exemplos, confrontos, analogias, razões, restrições — fatos ou evidência, processos de explanação que veremos a seguir em 2.0.

> *Vivemos numa época de ímpetos.* A Vontade, divinizada, afirma sua preponderância, para desencadear ou encadear; o delírio fascista ou o torpor marxista são expressões pouco diferentes do mesmo império da vontade. À realidade substituiu-se o dinamismo; à inteligência substituiu-se o gesto e o grito; e na mesma linha desse dinamismo estão os amadores de imprecações e os amadores de mordaças (...)
>
> (Corção, 1958:84)

O autor abre o parágrafo com uma declaração sucinta, que, no caso, é uma generalização ("Vivemos numa época de ímpetos"), fundamentando-a a seguir por meio de exemplos e pormenores (*delírio fascista, torpor marxista, império da vontade, dinamismo, gesto e grito, imprecações* são termos que sugerem a ideia de *ímpeto*).

Às vezes, a declaração inicial aparece sob a forma negativa, seguindo-se-lhe a contestação ou a confirmação, como faz Rui Barbosa no trecho abaixo:

Generalização (tópico frasal)	*Não há sofrimento mais confrangente que o da privação da justiça.* As crianças
Especificação (desenvolvimento)	o trazem no coração com os primeiros instintos da humanidade, e, se lhes magoam essa fibra melindrosa, muitas vezes nunca mais o esquecem, ainda que a mão, cuja aspereza as lastimou, seja a do pai extremoso ou a da mãe idolatrada (...).

(Rui Barbosa apud Vianna Filho, 1953:95)

O primeiro período poderia servir de título ao parágrafo: é uma síntese do seu conteúdo.

b) *Definição* — Frequentemente o tópico frasal assume a forma de uma definição. É método preferentemente didático. No exemplo que damos a seguir, a definição é denotativa, *i.e.*, didática ou científica (ver 5. Ord., 1.3):

> *Estilo é a expressão literária de ideias ou sentimentos.* Resulta de um conjunto de dotes externos ou internos, que se fundem num todo harmônico e se manifestam por modalidades de expressão a que se dá o nome de *figuras*.
>
> (Magne, 1953:39)

c) *Divisão* — Processo também quase que exclusivamente didático, dadas as suas características de objetividade e clareza, é o que consiste em apresentar o tópico frasal sob a forma de divisão ou discriminação das ideias a serem desenvolvidas:

> O silogismo divide-se em silogismo *simples* e silogismo *composto* (isto é, feito de vários silogismos explícita ou implicitamente formulados). Distinguem-se quatro espécies de silogismos compostos: (...)
>
> (Maritain, 1962:246)

Via de regra, a *divisão* vem precedida por uma *definição*, ambas no mesmo parágrafo ou em parágrafos distintos.

1.5 Outros modos de iniciar o parágrafo

Além do tópico frasal, há outros — na verdade, inúmeros — meios de se iniciar o parágrafo, pois tudo depende das ideias que inicialmente se imponham ao espírito do escritor, das associações implícitas ou explícitas, da ordem natural do pensamento e de outros fatores imprevisíveis. Todavia, alguns deles podem ser devidamente caracterizados, como os seguintes, para servirem de exemplo aos principiantes, até a posse da autonomia de expressão, até atingirem sua maioridade estilística.

1.5.1 Alusão histórica

Recurso que desperta sempre a curiosidade do leitor é o da alusão a fatos históricos, lendas, tradições, crendices, anedotas ou a acontecimentos de que o autor tenha sido participante ou testemunha. É artifício empregado por oradores — principalmente no exórdio — e por cronistas, que, com frequência, aproveitam incidentes do cotidiano como assunto não apenas de um parágrafo mas até de toda a crônica.

No exemplo seguinte, Rui Barbosa tira grande partido da alusão a uma tradição americana — a do Sino da Liberdade — para tecer considerações sobre a importância da justiça e do Poder Judiciário na vida política de um povo:

> *Conta uma tradição cara ao povo americano* que o Sino da Liberdade, cujos sons anunciaram, em Filadélfia, o nascimento dos Estados Unidos, inopinadamente se fendeu, estalando, pelo passamento de Marshall. Era uma dessas casualidades eloquentes, em que a alma ignota das coisas parece lembrar misteriosamente aos homens as grandes verdades esquecidas (...).
>
> (Barbosa, 1952:41)

O padre Manuel Bernardes é, entre os clássicos da língua, quem talvez com mais habilidade e mais frequência se serve desse recurso. Em sua *Nova floresta*, obra cuja leitura é ainda hoje motivo de prazer, oferece-nos inúmeros e excelentes exemplos, como o seguinte:

> Orando uma vez Demóstenes em Atenas sobre matérias de importância, e advertido que o auditório estava pouco atento, introduziu com destreza o conto ou a fábula de um caminhante que alquilara [alugara] um jumento e, para se defender no descampado da força da calma [calor], se assentara à sombra dele, e o almocreve [condutor ou proprietário de bestas de carga para aluguel] o demandara para maior paga, alegando que lhe alugara a besta mas não a sombra dela.
>
> ("Curiosidade" [Bernardes, 1919])

Nesse trecho — que vem a calhar pois nele já se reconhece desde Demóstenes o mérito desse recurso à alusão —, a anedota, além de despertar a curiosidade do leitor, prepara-lhe também o espírito para o desenvolvimento das ideias que se seguem. Todo o parágrafo constitui uma espécie de introdução ao capítulo onde o autor condena o vício da curiosidade e a mania das novidades.

João Ribeiro, em *Floresta de exemplos* — obra em que, não só pelo título mas também pela técnica da narrativa, se nota clara influência da *Nova floresta* — favorece-nos com grande número de exemplos, muitos de imitar pelos principiantes. A maior parte das suas crônicas-narrativas abre-se com um parágrafo encabeçado por uma alusão histórica (anedota, lenda ou episódio real ou imaginário):

> Na floresta vizinha de Cenci Assisa, no tempo de São Francisco de Assis, tal foi a maravilha das prédicas do santo, que os animais, perdendo a ferocidade dos instintos, abraçavam as leis divinas que governavam o mundo.
> ("O novo Esopo", *Floresta de exemplos,* [Ribeiro, 1959])

Aqui também o autor usa o parágrafo, todo ele constituído pela alusão, como introdução à narrativa inspirada na tradicional astúcia da raposa.

1.5.2 Omissão de dados identificadores num texto narrativo

Não encontramos outra expressão menos rebarbativa para designar essa técnica de iniciar um parágrafo de tal modo que a atenção do leitor se mantenha suspensa durante largo tempo, técnica que consiste em omitir certos dados necessários a identificar a personagem e apreender a verdadeira intenção do autor. É um artifício, um truque, em geral eficaz nas mãos de um cronista ou contista hábil. Veja-se o exemplo:

> Vai chegar dentro de poucos dias. Grande e boticelesca figura, mas passará despercebida. Não terá fotógrafos à espera, no Galeão. Ninguém, por mais afoito que seja, saberá prestar-lhe essa homenagem epitelial e difusa, que tanto assustou Ava Gardner. Estará um pouco por toda parte, e não estará em lugar nenhum. Tem uma varinha mágica, mas as coisas por aqui não se deixam comover facilmente, ou, na sua rebeldia, se comovem por conta própria, em horas indevidas, de sorte que não devemos esperar pelas consequências diretas do seu sortilégio.
> (Carlos Drummond de Andrade [Andrade, 1957:121])

O autor anuncia um fato, de chofre, mas não nos fornece nenhuma indicação clara sobre a personagem de que se trata, mantendo o leitor na expectativa, não apenas até o fim do parágrafo, mas até o fim da própria crônica. É processo muito eficaz para prender a atenção, mas exige certa habilidade, sem a qual o autor acaba tentando, a seu modo, tapar o sol com a peneira ou esconder-se deixando o rabo de fora.

1.5.3 Interrogação

Às vezes, o parágrafo começa com uma interrogação, seguindo-se o desenvolvimento sob a forma de resposta ou de esclarecimento:

> Sabe você o que é manhosando? Bem, eu lhe explico, que você é homem de asfalto, e esse estranho verbo só se conjuga pelo sertão nordestino.
>
> Talvez o amigo nem tenha tempo para manhosar, ou quem sabe se dorme tanto, que ignora esse estado de beatitude, situado nos limites do sono e da vigília. O espírito está recolhido, mas o ouvido anda captando os sons, que não mais interferem, todavia, com a quietude, com a paz interior. Nesses momentos somos de um universo de sombras, em que o nosso pensamento flutua livre, imitando aquele primeiro dia de Criação, quando a vontade de Deus ainda era a única antes de separadas as trevas e a luz. (...)
>
> (Dinah Silveira de Queiroz, "Manhosando",
> *Quandrante 2* [Queiroz, 1963:109])

Como artifício de estilo, a interrogação inicial frequentemente camufla um tópico frasal por *declaração* ou por *definição*, como no exemplo supra. Seu principal propósito é despertar a atenção e a curiosidade do leitor. Se Dinah Silveira de Queiroz tivesse começado com a definição inicial de "manhosando", grande parte do interesse pelo parágrafo seguinte estaria prejudicada. Admitamos que dissesse: "Manhosar é ficar naquele estado de beatitude, situado nos limites do sono e da vigília." Seria uma definição meio didática, inadequada ao clima da crônica e, além de tudo, insatisfatória, pois, segundo a autora, "manhosar" é mais do que a sua simples definição nos pode sugerir. Então, lança ela mão desse artifício de interrogar primeiro o leitor para ir dando depois as respostas "aos pouquinhos" a fim de prender-lhe a atenção, espicaçada desde a primeira linha.

1.6 Tópico frasal implícito ou diluído no parágrafo

Conforme já assinalamos em 1.4, a maioria dos parágrafos tidos como padrão (cerca de 60% deles) se iniciam com uma declaração sumária, declaração de ordem *geral*, seguindo-se as especificações, os dados *particulares*, do que resulta uma estrutura que, em linhas gerais, reflete o processo de raciocínio dedutivo (do geral para o particular; ver 4. Com., 1.5.1 e 1.5.2, e 6. Id., 1.5.2.1). Quando ocorre o contrário (tópico frasal no fim), o desenvolvimento das ideias segue, também em linhas gerais, o método indutivo. Mas não são raros os casos em que o tópico frasal está implícito ou diluído no parágrafo, sendo este, então, constituído apenas pelo desenvolvimento (detalhes, exemplos, fatos específicos), e constituído de tal forma que se possa deduzir (ou induzir) claramente a ideia nuclear. É o que se observa no seguinte exemplo:

> O Grande São Paulo — isto é, a capital paulista e as cidades que a circundam — já anda em torno da décima parte da população brasileira. Apesar da alta arrecadação do município e das obras custosas, que se multiplicam a olhos vistos, apenas um terço da cidade tem esgotos. Metade da capital paulista serve-se de água proveniente de poços domiciliares. A rede de hospitais é notoriamente deficiente para a população, ameaçada por uma taxa de poluição que técnicos internacionais consideram superior à de Chicago. O trânsito é um tormento, pois o acréscimo de novos veículos supera a capacidade de dar solução de urbanismo ao problema. Em média, o paulista perde três horas do seu dia para ir e voltar, entre a casa e o trabalho.
>
> (De um editorial do *Jornal do Brasil*)

A ideia-núcleo desse parágrafo (o tópico frasal nele diluído ou implícito) não é "o Grande São Paulo... já anda em torno da décima parte da população brasileira", mas a série de fatos que refletem os seus *graves problemas urbanos*. Explicitado no início, o tópico frasal poderia assumir a seguinte feição: "Graves problemas urbanos enfrenta o Grande São Paulo". Posta no fim, essa declaração viria naturalmente introduzida por uma partícula conclusiva (portanto, assim, por conseguinte) ou frase de transição equivalente. ("Esses são alguns dos graves problemas urbanos que enfrenta o Grande São Paulo.")

2.0 Como desenvolver o parágrafo

Desenvolvimento é a explanação mesma da ideia principal do parágrafo. Há diversos processos, que variam conforme a natureza do assunto e a finalidade da exposição; mas, qualquer que seja ele, a preocupação maior do autor deve ser sempre a de fundamentar de maneira clara e convincente as ideias que defende ou expõe, servindo-se de recursos costumeiros tais como a enumeração de detalhes, comparações, analogias, contrastes, aplicação de um princípio, regra ou teoria, definições precisas, exemplos, ilustrações, apelo ao testemunho autorizado, e outros.

Os exemplos que a seguir comentamos talvez ajudem o estudante a estruturar o seu parágrafo de maneira mais satisfatória. Mas, advirta-se, nossos ocasionais comentários valem menos do que os modelos que apresentamos.

2.1 Enumeração ou descrição de detalhes

O desenvolvimento por enumeração ou descrição de detalhes é dos mais comuns. Ocorre de preferência quando há tópico frasal inicial explícito, como no exemplo já citado de Aluísio Azevedo (2. Voc., 2.0):

Tópico frasal	*Era um dia abafadiço e aborrecido. A pobre cidade de São Luís do Maranhão parecia entorpecida pelo calor.* Quase que se não
Desenvolvimento	podia sair à rua: as pedras escaldavam; as vidraças e os lampiões faiscavam ao sol como enormes diamantes; as paredes tinham reverberações de prata polida; as folhas das árvores nem se mexiam; as carroças d'água passavam ruidosamente a todo o instante, abalando os prédios; e os aguadeiros, em mangas de camisa e pernas [calças] arregaçadas, invadiam sem cerimônia as casas para encher as banheiras e os potes. Em certos pontos não se encontrava viva alma na rua; tudo estava concentrado, adormecido; só os pretos faziam as compras para o jantar, ou andavam no ganho.

(Azevedo, 1941)

É um parágrafo descritivo bastante bom. Note-se a ideia-núcleo, expressa no tópico frasal inicial (em itálico) e desenvolvida ou *especificada* através dos pormenores: as pedras, os lampiões, as paredes, as folhas, etc. São detalhes que tornam mais viva a *generalização* "era um dia abafadiço e aborrecido". (O trecho pode servir de modelo para exercícios do mesmo gênero: basta mudar o *quadro* da descrição e seguir o mesmo processo de desenvolvimento.)

Tópico { *A arte (...) é tudo o que pode causar uma emoção estética* [tópico frasal], tudo que é capaz de emocionar suavemente a

Desenvolvimento { nossa sensibilidade, dando a volúpia do sonho e da harmonia, fazendo pensar em coisas vagas e transparentes, mas iluminadas e amplas como o firmamento, dando-nos a visão de uma realidade mais alta e mais perfeita, transportando-nos a um mundo novo, onde se aclara todo o mistério e se desfaz toda a sombra, e onde a própria dor se justifica como revelação ou pressentimento de uma volúpia sagrada.

Conclusão { É, em conclusão, a energia criadora do ideal.

(Farias Brito apud Monteiro, 1939:91)

Observe-se como o autor, através de certos detalhes, consegue dar-nos uma ideia suficientemente clara do que ele considera como emoção estética, parte da declaração geral contida no tópico frasal.

2.2 Confronto

Processo muito comum e muito eficaz de desenvolvimento é o que consiste em estabelecer confronto entre ideias, seres, coisas, fatos ou fenômenos. Suas formas habituais são o contraste (baseado nas dessemelhanças), e o paralelo (que se assenta nas semelhanças). A antítese é, de preferência, uma oposição entre ideias isoladas. A analogia, que também faz parte dessa classe, baseia-se na semelhança entre ideias ou coisas, procurando explicar o *desconhecido* pelo *conhecido*, o *estranho* pelo *familiar* (ver 2.3, a seguir).

Exemplo clássico de desenvolvimento por confronto e contraste é o paralelo que A. F. de Castilho faz entre Vieira e Bernardes:

Lendo-os com atenção, sente-se que Vieira, ainda falando do céu, tinha os olhos nos seus ouvintes; Bernardes, ainda falando das criaturas, estava absorto no Criador. Vieira vivia para fora, para a cidade, para a corte, para o mundo, e Bernardes para a cela, para si, para o seu coração. Vieira estudava graças a louçainhas de estilo (...); Bernardes era como essas formosas de seu natural que se não cansam com alinhamentos (...) Vieira fazia a eloquência; a poesia procurava a Bernardes. Em Vieira morava o gênio; em Bernardes, o amor, que, em sendo verdadeiro, é também gênio (...).

(A. F. de Castilho apud Barreto e Laet, 1960:186)

É um parágrafo sem tópico frasal *explícito*, pois a ideia-núcleo é o próprio confronto entre Vieira e Bernardes. O autor poderia iniciar o parágrafo com um tópico frasal mais ou menos nestes termos: "Vejamos o que distingue Vieira de Bernardes" ou "Muito diferentes (ou muito parecidos) são Vieira e Bernardes". Mas seria inteiramente supérfluo, pois essa ideia está clara no desenvolvimento.

Exemplo, também muito conhecido, de parágrafo com desenvolvimento por *contraste* é o de Rui Barbosa sobre política e politicalha:

Política e politicalha não se confundem, não se parecem, não se relacionam uma com a outra. Antes se negam, se excluem, se repulsam mutuamente [*tópico frasal*]. A política é a arte de gerir o Estado, segundo princípios definidos, regras morais, leis escritas, ou tradições respeitáveis. A politicalha é a indústria de o explorar a beneficio de interesses pessoais. Constitui a política uma função, ou conjunto das funções do organismo nacional: é o exercício normal das forças de uma nação consciente e senhora de si mesma. A politicalha, pelo contrário, é o envenenamento crônico dos povos negligentes e viciosos pela contaminação de parasitas inexoráveis. A política é a higiene dos países moralmente sadios. A politicalha, a malária dos povos de moralidade estragada.

(Rui Barbosa apud Vianna Filho, 1953:32)

Vê-se logo pelo tópico frasal que se trata de um contraste, e não propriamente de um paralelo ou confronto (como no exemplo de Castilho), pois o que o autor ressalta entre política e politicalha é o seu antagonismo e não a sua identidade. Ora, o valor do contraste — de que a antítese é a figura típica — reside precisamente na sua capacidade de realçar certas ideias, pela simples oposição a outras, contrárias (rever 1. Fr., 1.6.7 a 1.6.7.3)

2.3 Analogia e comparação

A analogia é uma semelhança parcial que sugere uma semelhança oculta, mais completa. Na comparação, as semelhanças são reais, sensíveis, expressas numa forma verbal própria, em que entram normalmente os chamados conectivos de comparação (como, quanto, do que, tal qual), substituídos, às vezes, por expressões equivalentes (certos verbos como "parecer", "lembrar", "dar uma ideia", "assemelhar-se": "Esta casa *parece* um forno, de tão quente que é"). Na analogia, as semelhanças são apenas imaginárias. Por meio dela, se tenta explicar o *desconhecido* pelo *conhecido*, o que nos é *estranho* pelo que nos é *familiar*; por isso, tem grande valor didático. Sua estrutura gramatical inclui com frequência expressões próprias da comparação (como, tal qual, semelhante a, parecido com, etc. Rever 1. Fr., 1.6.8). Para dar à criança uma ideia do que é o Sol como fonte de calor, observe-se o processo analógico adotado pelo autor do seguinte trecho:

> O Sol é muitíssimo maior do que a Terra, e está ainda tão quente que é como uma enorme bola incandescente, que inunda o espaço em torno com luz e calor. Nós aqui na Terra não poderíamos passar muito tempo sem a luz e o calor que nos vêm do Sol, apesar de sabermos produzir aqui mesmo tanto luz como calor. Realmente podemos acender uma fogueira para obtermos luz e calor. Mas a madeira que usamos veio de árvores, e as plantas não podem viver sem luz. Assim, se temos lenha, é porque a luz do Sol tornou possível o crescimento das florestas.
>
> (Pessoa, 1963:35)

Sol tão quente, que é como uma enorme bola incandescente é, quanto à forma, uma comparação, mas, em essência, é uma analogia: tenta-se explicar o desconhecido (Sol) pelo conhecido (bola incandescente), sendo a semelhança apenas parcial (há outras, enormes, diferenças entre o Sol e uma bola de fogo).

No trecho seguinte, o autor torna mais clara a ideia de "paixão da verdade", estabelecendo uma analogia com a de "cachoeiras da serra":

ANALOGIA
- Descrição detalhada do elemento concreto e conhecido (*cachoeiras da serra*)

  A paixão da verdade semelha, por vezes, as cachoeiras da serra. Aqueles borbotões d'água, que rebentam e espadanam, marulhando, eram, pouco atrás, o regato que serpeia, cantando pela encosta, e vão ser, daí a pouco, o fio de prata que se desdobra, sussurrando, na esplanada. Corria murmuroso e descuidado; encontrou o obstáculo: cresceu, afrontou-o, envolveu-o, cobriu-o e, afinal, o transpõe, desfazendo-se em pedaços de cristal e flocos de espuma. A convicção

- Idem do elemento desconhecido e abstrato (*paixão da verdade*)

  do bem, quando contrariada pelas hostilidades pertinazes do erro, do sofisma ou do crime, é como essas catadupas da montanha. Vinha deslizando, quando topou na barreira, que se lhe atravessa no caminho. Então remoinhou arrebatada, ferveu, avultando, empinou-se, e agora brame na voz do orador, arrebata-lhe em rajadas a palavra, sacode, estremece a tribuna, e despenha-se-lhe em torno, borbulhando.

(Barbosa, 1952:77)

O tópico frasal (primeiro período) assume a forma gramatical de uma comparação, mas o desenvolvimento se faz por analogia. Na primeira parte do parágrafo, que vai até "espuma", o autor descreve, em linguagem parcialmente metafórica, os "borbotões d'água". Este é o primeiro termo da analogia, o termo conhecido, familiar, através do qual se vai tornar mais clara a ideia do segundo,[3] o desconhecido, o menos familiar: "a paixão da verdade", "a convicção do bem". Como se vê, a semelhança aparente é parcial, mas oculta uma outra mais completa, concebida apenas como abstração e não como realidade sensível. E é isso exatamente o que distingue a analogia da comparação, como já assinalamos. Note-se ainda que, entre o termo desconhecido e o conhecido, o autor aponta somente as semelhanças, e não os contrastes ou diferenças. Por isso é analogia. A esse tipo de analogia chamavam os retóricos "comparação oratória", que não se deve confundir com a "comparação poética" (metáfora, símile). São distinções mais ou menos bizantinas — é certo — pois, na realidade, comparação e analogia são em geral consideradas, se não como sinônimas, pelo menos como equivalentes.

No seguinte trecho, ainda de Rui Barbosa, não há, legitimamente, analogia nem comparação, nem contraste mas simples paralelo ou confronto:

> Oração e trabalho são os recursos mais poderosos na criação moral do homem. A oração é o íntimo sublimar-se da alma pelo contato com Deus. O trabalho é o inteirar, o desenvolver, o apurar das energias do corpo e do espírito, mediante a ação contínua sobre si mesmos e sobre o mundo onde labutamos.
>
> (Barreto e Laet, 1960:128)

Não há comparação porque lhe falta a estrutura gramatical peculiar (*como, parece, semelha*, etc.); não é analogia porque a aproximação entre "oração" e "trabalho" não se baseia numa semelhança, e, *ipso facto*, não há um termo *mais conhecido* com o qual se tenta explicar como *menos conhecido*; não ocorre tampouco nenhum contraste porque não se assinala qualquer oposição de sentido entre os dois termos. O que existe, portanto, é um paralelo ou confronto.

2.4 Citação de exemplos

Para sermos coerentes, deveríamos incluir este caso na categoria do desenvolvimento por analogia. Entretanto, a explanação *por exemplo(s)* pode assumir duas feições típicas: uma exclusivamente *didática*, e outra, digamos, *literária*. Na primeira,

---

[3] Por causa dessa função esclarecedora da analogia é que os lógicos a chamam também de *exemplum*. Raciocinamos por analogia ou por semelhança quando, para nos explicarmos melhor, juntamos um *exemplo*: "Pedro não sabe nada. *Por exemplo*, não foi capaz de dizer quais os afluentes do rio Amazonas". Exemplo é argumento por analogia.

a citação de exemplos não constitui, propriamente, o desenvolvimento, mas uma espécie de comprovante ou elucidante. Nesse caso, assume uma forma gramatical típica graças a certas partículas explicativas peculiares (*por exemplo, ex. g., v. g.*). É, como todos reconhecem, um processo eminentemente didático. Na maioria das vezes, segue-se uma *definição denotativa* (*i.e.*, didática ou científica, em oposição à *conotativa* ou metafórica, que não admite aposição de exemplo) à enunciação de um princípio, regra ou teoria, ou, ainda, a uma simples declaração pessoal. Vejamos um exemplo, didático e muito a propósito:

> *Analogia* é um fenômeno de ordem psicológica, que consiste na tendência para nivelar palavras ou construções que de certo modo se aproximam pela forma ou pelo sentido, levando uma delas a se modelar pela outra.
>
> Quando uma criança diz *fazi* e *cabeu*, conjuga essas formas verbais por outras já conhecidas, como *dormi* e *correu*.
>
> (Lima, 1956:94)

A definição de analogia restringe-se, como não podia deixar de ser, ao âmbito exclusivamente linguístico. O exemplo (*fazi, cabeu*), que o autor, para maior realce, deixou num parágrafo à parte, é tão evidente por si mesmo, que pode prescindir das partículas ou expressões próprias ("como, por exemplo"). Mas no trecho seguinte julgou oportuno fazê-lo, e no mesmo parágrafo:

> As consoantes *duplas*, *dobradas* ou *geminadas* constituíam, em Latim, dois sons distintos. Assim, uma palavra como, por exemplo, *gutta* pronunciava-se *gut-ta*; *carru* proferia-se *car-ru*; *ossu* lia-se *os-su*.
>
> (Lima, 1956:45)

No parágrafo abaixo, o autor desenvolve o tópico frasal (*resignação e sobriedade dos bandeirantes*) através de exemplos mais literários do que propriamente didáticos:

> Como as caravanas do deserto africano, a primeira virtude dos bandeirantes é a resignação, que é quase fatalista, é a sobriedade levada ao extremo. Os que partem não sabem se voltam e não pensam mais em voltar aos lares, o que frequentes vezes sucede. As provisões que levam apenas bastam para o primeiro percurso da jornada; daí por diante, entregues à ventura, tudo é enigmático e desconhecido.
>
> (Ribeiro, 1935:225)

O leitor sente a diferença entre os dois tipos de desenvolvimento: o exemplo que chamamos "literário" (por falta de melhor termo) raramente admite a introdução daquelas partículas que lhe são peculiares, como se pode ver no trecho de João Ribeiro.

Em muitos casos, a enumeração de exemplos confunde-se com a enumeração de detalhes. No trecho seguinte, em que Eça de Queirós evoca a virilidade física de Antero de Quental, o desenvolvimento da ideia-núcleo faz-se ao mesmo tempo por detalhes e por exemplos, não sendo muito fácil distinguir uns dos outros:

> Toda esta alma de Santo [Antero] morava, para tornar o homem mais estranhamente cativante, num corpo de Alcides [sobrenome patronímico de Hércules]. Antero foi na sua mocidade um magnífico varão [tópico frasal constituído por dois períodos de sentido equivalente]. Airoso e leve [detalhe], marchava léguas [exemplo geral], em rijas caminhadas [exemplo específico] que se alongavam até à mata do Bussaco: com a mão seca e fina, de velha raça [detalhe], levantava pesos [exemplo específico] que me faziam gemer a mim, ranger todo, só de o contemplar na façanha; jogando o sabre para se adestrar [exemplo] tinha ímpetos de Roldão [detalhe por comparação], os amigos rolavam pelas escadas, ante o seu imenso sabre de pau, como mouros desbaratados: — e em brigas que fossem justas o seu murro era triunfal [detalhe]. Conservou mesmo até a idade filosófica este murro fácil: e ainda recordo uma noite na rua do Oiro, em que um homem carrancudo, barbudo, alto e rústico como um campanário, o pisou, brutalmente, e passou, em brutal silêncio... O murro de Antero foi tão vivo e certo, que teve de apanhar o imenso homem do lajeado em que rolara...
>
> (Eça de Queirós, *Notas contemporâneas* [Simões, 1957:83])

Às vezes, a enumeração de exemplos não serve de esclarecer, mas de provar uma declaração, teoria ou opinião pessoal, como ocorre habitualmente nos estudos filosóficos, na análise estilística e em todo trabalho de pesquisa de um modo geral:

> Todo de antítese é o estilo do padre Antônio Vieira. Eis aqui três exemplos, com as antíteses sublinhadas:
> a) "Com razão comparou o seu evangelho a divina providência de Cristo a um tesouro escondido no campo. *Uma* coisa é a que todos veem na superfície; *outra*, a que se oculta no interior da terra, e, *onde menos* se imaginam as riquezas, *ali estão depositadas.* (...)";
> b) ....;
> c) ....
>
> (Oiticica, 1936:111)

Quando cada exemplo é muito extenso ou extensa é a série deles, e se lhes quer dar maior realce, é costume abrir-se parágrafo para cada um, como se faz no trecho citado, de que omitimos, por desnecessários à nossa argumentação, os exemplos (b) e (c) além de parte de (a), no qual, diga-se de passagem, o autor deixou de assinalar a antítese entre *superfície* e *interior* da terra.

2.5 Causação e motivação

Legitimamente, só os *fatos* ou *fenômenos físicos* têm *causa*; os *atos* ou *atitudes* praticados ou assumidos pelo homem têm *razões, motivos* ou *explicações*. Da mesma forma, os primeiros têm *efeitos*, e os segundos, *consequências*. Não cremos que seja linguagem adequada perguntar quais foram os *efeitos* de ato praticado ou atitude assumida por alguém; dir-se-á certamente "quais as *consequências* ou o(s) *resultados(s)*". É comum ouvir-se: "Está vendo o *resultado* do que você fez?" ou "Viu as *consequências* da sua atitude (ou do que você fez)?" Quem diria "efeito" ou "efeitos" em lugar de "consequências" ou de "resultado(s)"? Similarmente, dever-se-á perguntar qual foi o *motivo* ou *razão* (e não a causa) que levou alguém a agir desta ou daquela forma: "Qual o motivo (ou razão) da sua atitude?" Embora se possa dizer "qual a *causa* da sua atitude?", "sente-se" que não se deve, que, pelo menos, não é comum. Tampouco se dirá que "o *motivo* da dilatação dos corpos é o calor" ou que "*a razão* da queda dos corpos é a atração exercida pelo centro da Terra". Dir-se-á, sem dúvida, "causa", pois trata-se de fatos ou fenômenos físicos.[4] É certo, entretanto, que a palavra "causa", dado o seu sentido mais amplo e mais claro, se emprega também para explicar outros fatos que não apenas os da área das ciências exatas, das ciências naturais ou físico-químicas; as ciências ditas sociais ou humanas (história, sociologia, política e outras) dela se servem com a mesma acepção. É assim que se fala em "causas históricas" ou "causas políticas": "Quais foram as causas da Guerra do Paraguai?" "Quais são as causas do congestionamento das cidades modernas?"

Mas, além disso, é preciso estar alerta para não confundir "causa" (ou motivo) com "efeito" (ou consequência), tomando uma coisa pela outra. Dizer, por exemplo, que o analfabetismo de cerca de 30% dos brasileiros é a causa do subdesenvolvimento do Brasil é dar como causa o que é, na verdade, efeito. Tampouco se deve confundir causa com outras circunstâncias (simples antecedentes — *post hoc, ergo propter hoc* —, condições ocasionais, *casuais* ou propícias, mas não *causais*, o momento em que ocorre o fato com a causa desse fato). Seria absurdo dizer que a chegada de d. João VI ao Brasil em 1808 foi a causa da fundação da Imprensa Régia ou da criação da Biblioteca Nacional.

Há que se distinguir ainda as causas remotas ou subjacentes das imediatas. A Grande Depressão de 1929/30 teria sido uma das causas remotas ou subjacentes da Segunda Guerra Mundial. (Para outras informações a respeito de causa, ver 4. Com., 2.2.5.)

Baseados nessas distinções, que podem parecer ao leitor tão bizantinas quão sibilinas, mas na verdade não são, vamos mostrar a seguir como se desenvolve um

---

[4] Não estará aí um critério para distinguir as orações coordenadas explicativas das subordinadas causais? A questão, posto que irrelevante, aflige muitos alunos e professores.

parágrafo por apresentação de *razões* ou *motivos* e por indicação de *causas*. São dois processos muito comuns de desenvolvimento ou explanação de ideias, isto porque não apenas a curiosidade inata do espírito humano mas também o seu estado de permanente perplexidade em face do mundo objetivo o levam a querer saber sempre a causa ou o motivo de tudo quanto o cerca, cerceia, alegra ou aflige. Não será exagero dizer que o homem vive a maior parte dos seus dias querendo saber *por que* as coisas acontecem. O modo e o tempo dos atos e dos fatos parecem preocupá-lo menos do que a causa ou motivo deles.

2.5.1 Razões e consequências

O desenvolvimento de parágrafo pela apresentação de razões é extremamente comum, porque, não raro, as razões, os motivos, as justificativas em que se assenta a explanação de determinada ideia se disfarçam sob várias formas, nem todas explicitamente introduzidas por partículas explicativas ou causais, confundindo-se muitas vezes com detalhes ou exemplos.

No seguinte trecho, extraído de trabalho de aluno, as razões são indicadas de maneira explícita:

> Tanto do ponto de vista individual quanto social, o trabalho é uma necessidade, não só *porque dignifica* o homem e o provê do indispensável à sua subsistência, mas também *porque* lhe evita o enfado e o desvia do vício e do crime.

A declaração inicial, contida na primeira oração (que é o tópico frasal) seria inócua ou gratuita, porque inegavelmente óbvia, como verdade reconhecida por todos, se o autor não a fundamentasse, não a desenvolvesse, apresentando-lhe as razões na série das orações explicativas (ou causais?) seguintes.

Carlos Drummond de Andrade apresenta no trecho abaixo uma série de razões ou explicações para a sua declaração inicial, sem indicá-las expressamente como tais:

> É sina de minha amiga penar pela sorte do próximo, se bem que seja um penar jubiloso [tópico frasal]. Explico-me. Todo sofrimento alheio a preocupa, e acende nela o facho da ação, que a torna feliz. Não distingue entre gente e bicho, quando tem de agir, mas, como há inúmeras sociedades (com verbas) para o bem dos homens, e uma só, sem recurso, para o bem dos animais, é nesta última que gosta de militar. Os problemas aparecem-lhe em cardume, e parece que a escolhem de preferência a outras criaturas de menor sensibilidade e iniciativa (...)

(Andrade, 1957:178)

A declaração inicial fundamenta-se nas duas razões ou motivos que se lhe seguem: é sina de minha amiga penar pela sorte do próximo *porque* todo sofrimento alheio a preocupa, *porque* não distingue gente de bicho... As razões não estão suficientemente introduzidas por meio de partículas próprias (porque, em virtude de, por causa de...), mas são facilmente subentendidas como tais.

Mas o autor não expressa apenas os motivos: indica também as consequências; o período final "os problemas aparecem-lhe em cardume, e parece que a escolhem de preferência a outras criaturas..." enuncia certamente duas consequências (não seria cabível dizer aqui "efeitos" pois trata-se de atos, atitudes ou comportamento humano) do penar da amiga do poeta pela "sorte do próximo". É como se dissesse: "preocupa-se tanto com a sorte do próximo, *que os problemas lhe aparecem em cardume*". Normalmente, entretanto, os parágrafos desenvolvidos por apresentação de razões já têm enunciada(s) a(s) consequência(s) no tópico frasal.

Não é raro confundirem-se *razões* com pormenores descritivos, o que facilmente se explica. Se faço uma declaração a respeito de alguém ou alguma coisa e considero necessário justificá-la ou fundamentá-la para que mereça fé (ver em 4. Com., 1.2 — "Da validade das declarações"), apresento a seguir alguns detalhes característicos que justifiquem a minha opinião ou impressão. Querendo provar que a cidade do Rio de Janeiro continua a ser a capital do povo brasileiro, embora já não seja a capital oficial do país, Augusto Frederico Schmidt apresenta, após a declaração inicial em que expressa a sua opinião, uma série de pormenores que funcionam como razões convincentes:

> Esta Cidade já não é mais a capital oficial do País, mas continua sendo a capital do povo brasileiro, quer queiram, quer não. É a capital política, embora as Câmaras (alta e baixa) estejam em Brasília, de onde nos vêm, diluídos e distantes, amortecidos e mudados, os ecos das agitações parlamentares. Aqui funcionou o Brasil; aqui encontrou a sua síntese, o seu centro de gravidade, esse complexo que é o nosso País unificado e íntegro. Aqui, ainda hoje, está a capital brasileira, sensível, viva, martirizada, crivada de setas como o seu próprio padroeiro. Nas ruas, nas casas, nos locais de encontro concentra-se a mais politizada das populações brasileiras. Aqui se sente, em profundidade, o desabar das terras que os nossos maiores constituíram em Nação. Aqui se ouve mais nitidamente o ruído das raízes do Brasil irem sendo pouco a pouco arrancadas. É um singular, um constrangedor espetáculo. Todas as mudanças são tristes quando significam não apenas novas folhagens ou florações, mas a grande mudança do essencial, da alma, a transmutação do que deveria ser permanente em nós.
> (Schmidt, 1964:131)

Com exceção dos dois últimos períodos, os demais, a partir do segundo, são, de fato, razões com que o autor fundamenta a declaração de que o Rio de Janeiro continua sendo a capital do povo brasileiro.

A apresentação de razões é processo típico da *argumentação* propriamente dita, isto é, daquela variedade de composição em prosa ou de exposição oral, cuja finalidade é não apenas definir, explicar ou interpretar (dissertação) mas principalmente convencer ou persuadir. Ora, só convencemos ou persuadimos quando apresentamos *razões*. Se os fatos provam, as razões convencem. Mas os fatos quase sempre constituem as verdadeiras razões; é com eles que argumentamos mais frequentemente. Um folheto de propaganda que se limite a descrever o funcionamento de uma enceradeira faz apenas explanação ou descrição. Explica mas não convence. Só nos convence a partir do momento em que começa a mostrar as *vantagens* do objeto: o preço, as facilidades de pagamento, a facilidade do manejo, a resistência e a qualidade do material, o seu acabamento, etc. Isso são *fatos* e são *razões*, ou são *razões* porque são *fatos*. Grande parte do que escrevemos ou dizemos é essencialmente argumentação, pois, mesmo explicando, explanando ou interpretando, estamos sempre procurando convencer.

2.5.2 Causa e efeito

Parece ter ficado claro no tópico 2.5 que o desenvolvimento do parágrafo por apresentação de razões e consequências ocorre quando se trata de justificar uma declaração ou opinião pessoal a respeito de *atos* ou *atitudes do homem*, e que se deve falar em relação de causa e efeito, quando se procura explicar *fatos* ou *fenômenos*, quer das ciências naturais, quer das sociais.[5]

O seguinte parágrafo mostra-nos o que é desenvolvimento por indicação de causa e efeito, partindo deste para aquela:

> *Pressões nos líquidos* — A pressão exercida sobre um corpo sólido transmite-se desigualmente nas diversas direções por causa da forte coesão que dá ao sólido sua *rigidez*. Num líquido, a pressão transmite-se em todas as direções, devido à *fluidez*. Um líquido precisa de apoio lateral do vaso que o contém, porque a pressão do seu peso se exerce em todas as direções. Se um corpo for mergulhado num líquido, experimentará o efeito das pressões recebidas ou exercidas pelo líquido.
>
> (Irmãos Maristas, 1955:536)

Note-se que as causas estão claramente indicadas por partículas próprias (*por causa de, devido a, porque*), forma comum, posto que não exclusiva, desse processo de explicação ou de demonstração. A exposição nesse trecho faz-se a partir do efeito para a causa; no primeiro período, por exemplo, a transmissão desigual da pressão

---

[5] Leia-se a respeito de causa e efeito, Suberville [s. d.]:67-68, e Courault, 1957:168.

exercida sobre um corpo sólido é o *efeito* da forte coesão que dá ao sólido a sua rigidez. O período final, por sua vez, é uma inferência ou conclusão, vale dizer, uma generalização, decorrente dos fatos anteriormente indicados.

No exemplo a seguir, o desenvolvimento faz-se a partir da causa para o efeito:

> *Os foguetes* — Tais engenhos são movidos pela força da *reação* [*generalização, tópico frasal*]. Assim, quando um moleque solta um foguete-mirim ou um busca-pé em festas juninas, a pólvora química encerrada no tubo ou no cartucho queima rapidissimamente, praticamente num átimo. Da combustão de tal pólvora resultam gases que determinam pressão alta dentro do tubo. A força da *ação* atira continuamente os gases para fora do tubo. Então, uma força de *reação*, igual e oposta à ação, é exercida sobre o tubo pelos gases. Destarte o foguete-mirim sobe. É conceito *errado* pensar que os gases empurram o ar, produzindo a força. No vácuo, os foguetes funcionam melhor.
>
> (Irmãos Maristas, 1955:441)

Note-se: a combustão da pólvora provoca (causa) o aparecimento de gases, e estes determinam (causam) a pressão dentro do tubo; a pressão provoca (causa) a eliminação dos gases (ação); esta provoca (causa) uma força de *reação*, que, por sua vez, faz com que o foguete suba (causa a sua ascensão). A subida do foguete é efeito dessas causas.

No parágrafo abaixo, enuncia-se primeiro o efeito, enumerando-se em seguida as causas:

> Cinco ações ou concursos diferentes cooperaram para o resultado final [a abolição da escravatura]: 1º, a ação motora dos espíritos que criavam a opinião pela ideia, pela palavra, pelo sentimento, e que a faziam valer por meio do Parlamento, dos *meetings*, da imprensa, do ensino superior, do púlpito, dos tribunais; 2º, a ação coercitiva dos que se propunham a destruir materialmente o formidável aparelho da escravidão, arrebatando os escravos ao poder dos senhores; 3º, a ação complementar dos próprios proprietários [...]; 4º, a ação política dos estadistas [...]; 5º, a ação dinástica.
>
> (Nabuco, 1900:227)

O parágrafo poderia ter assumido feição mais banal ou mais didática, partindo do efeito — "a escravidão foi abolida pela ação motora... ou porque a ação motora... etc." — ou da causa: "as causas da abolição da escravatura foram: 1º..., 2º..., etc."

A indicação das causas ou razões antes dos efeitos ou consequências é em essência um processo de raciocínio dedutivo, ao passo que o inverso implica raciocínio indutivo (ver 4. Com., 1.5.1 e 1.5.2).

2.6 Divisão e explanação de ideias "em cadeia"

Frequentemente, o autor, depois de enunciar a ideia-núcleo no tópico frasal, divide-a em duas ou mais partes, discutindo em seguida cada uma de *per si*, para o que poderá servir-se de alguns dos processos já referidos, principalmente da enumeração de detalhes e exemplos e da definição (ver tópico seguinte), pondo tudo no mesmo parágrafo ou em parágrafos diferentes, se a complexidade e a extensão do assunto o justificarem.

Para nos dar ideia das manifestações concretas da vocação literária, Alceu Amoroso Lima adota o critério da divisão da ideia-núcleo em diferentes partes, definindo-as sucessiva e sucintamente no mesmo parágrafo:

> A vocação literária é sempre concreta. Manifesta-se como tendência, não só à atitude geral, mas ainda a este ou àquele gênero de atitude. Entre as inúmeras posições possíveis (e neste terreno as classificações chegam às maiores minúcias), há cinco a marcar bem nitidamente inclinações diferentes do gênio criador — o *lirismo*, a *epopeia*, o *drama,* a *crítica* e a *sátira*. O lirismo é a expressão da própria alma. A epopeia, a representação narrativa da vida. O drama, a representação ativa dela. A crítica, o juízo sobre a criação feita. E a sátira, a caricatura dos caracteres (...)
>
> (Lima, 1945:99)

No resto do parágrafo (omisso na transcrição), o autor retoma a mesma ideia-núcleo, dividindo-a, segundo novo critério, em lirismo, epopeia e crítica, e conclui com algumas considerações sobre os gêneros literários.

No exemplo seguinte, o mesmo autor destina um parágrafo à divisão e outros, sucessivos, mas não transcritos aqui, a cada uma de suas partes:

> De várias espécies são as condições susceptíveis de influir sobre a literatura. Podemos mencionar quatro ordens principais de condições desse gênero — *geográficas, biológicas, psicológicas e sociológicas.*

Esse parágrafo encerra apenas a ideia-núcleo, cuja complexidade justifica venha a ser desenvolvida em outros, um ou mais para cada uma das partes em que o autor a dividiu. Assim é que só as *condições geográficas* — como diz o autor — vão ser desenvolvidas em três longos parágrafos, ocorrendo o mesmo com as demais.

Esse processo de expor a ideia-núcleo num parágrafo isolado e fazer o desenvolvimento em outros, sucessivos, é muito comum nas explanações alongadas, pois juntar tudo num só não apenas prejudica a clareza mas também impede se dê o necessário relevo a outras ideias decorrentes da principal.

Portanto, se os fatos, exemplos, detalhes, razões que constituem o desenvolvimento merecem destaque, dada a sua relevância, é sempre recomendável destinar-lhes parágrafos exclusivos. Isso se faz tomando cada um desses elementos do desenvolvimento como tópico frasal de outros parágrafos. É o que nos mostra Amoroso Lima, ao tratar dos fatores sociológicos, por exemplo, incluídos no parágrafo anteriormente transcrito como uma das "condições susceptíveis de influir sobre a literatura":

> Os fatores *sociológicos*, enfim, influem de modo inequívoco sobre o movimento e as instituições literárias [*tópico frasal constituído pelo que era, no parágrafo da ideia-núcleo de toda a explanação, apenas um dos elementos do desenvolvimento*]. Foi Bonald, creio, o primeiro sociólogo a chamar formalmente a atenção sobre esse aspecto da literatura como "expressão da sociedade". Sendo a literatura atividade tipicamente humana e o homem um ser naturalmente social, não pode a literatura deixar de ter aspecto acentuadamente social. Manifesta-se esse societismo literário do modo direto e indireto. [*O autor prossegue mostrando esses dois modos de manifestar-se o societismo literário.*]
>
> (Lima, 1945:167)

Mas esse parágrafo sugere ainda outro, em que o autor mostra as diferentes espécies de fatores sociológicos:

> Esses fatores sociológicos, em sua dupla modalidade, são de quatro tipos principais: *históricos, culturais, políticos e econômicos.*
>
> (Id., ibid., p. 168)

Desencadeiam-se assim, pelo mesmo processo, novos parágrafos sugeridos pelo que contém a ideia-núcleo: o autor vai destinar um ou mais deles a cada um dos tipos de fatores sociológicos, começando por defini-los ou caracterizá-los:

> Os fatores históricos influem na literatura pelo simples fato de não existir esta fora do tempo [*tópico frasal cuja ideia-núcleo é uma das especificações indicadas no parágrafo anterior*]. Incorpora-se o passado no presente, como também o futuro, sob a forma de rememorações, tradições e aspirações. O artista vive no tempo, e o problema da herança é sempre um dos primeiros a se apresentar em seu esforço criador. [*Seguem-se outros detalhes e exemplos com que o autor justifica a sua declaração inicial.*]
>
> (Id., ibid., p. 168)

Esse é, sem dúvida, um processo muito eficaz — e, por isso, muito comum — de se desenvolver determinada ideia rica de implicações. O raciocínio *funciona* "em cadeia", as ideias se vão desenrolando umas das outras como que "em espiral", e a explanação se vai alargando e aprofundando cada vez mais. O método fertiliza a própria imaginação, fazendo com que de uma ideia surjam outras, numa espécie de explosão em cadeia.

Em suma: a explanação de ideias por esse processo consiste em tomar os fatos, detalhes, exemplos, razões contidos no desenvolvimento de um parágrafo e transformá-los, todos ou apenas alguns, de preferência na mesma ordem, em ideias-núcleos de outros, e assim sucessivamente.

2.7 Definição

O desenvolvimento por definição (ver 5. Ord., 1.3) — que pode envolver também outros processos, como a descrição de detalhes, a apresentação de exemplos e, sobretudo, confrontos ou paralelos — é muito frequente na exposição didática:

> Os dois tropos ou figuras de designação mais comuns — "as duas figuras polares do estilo", como as chama R. Jakobson — são a metáfora e a metonímia. A primeira consiste em dizer que uma coisa (A) é outra (B), em virtude de qualquer semelhança percebida pelo espírito entre o traço característico de A e o atributo predominante, o atributo por excelência, de B.
>
> A metonímia consiste em designar uma coisa (A) pelo nome de outra (B), em virtude de uma relação não de semelhança ou similaridade mas de contiguidade, de interdependência real entre ambas.

Se a clareza o recomenda, não é raro, no estilo didático pelo menos, alongar-se a definição em verdadeira descrição ou justaporem-se-lhe alguns exemplos.

Com frequência, a definição exerce o papel de justificativa, constitui uma razão de declaração expressa no tópico frasal. No seguinte exemplo, a definição conotativa de "martírio" e de "suicídio" poderia vir expressamente introduzida por uma conjunção explicativa (*pois, porque*):

> Na verdade, o mártir não despreza a vida. Ao contrário, valoriza-a de tal modo que a torna digna de ser oferecida a Deus. Martírio é oblação, oferecimento, dádiva; suicídio é subtração e recusa. O mártir é testemunha de Cristo; o suicida será testemunha de Judas.
>
> (Corção, 1958:248)

Aí, o tópico frasal, constituído pelo primeiro período — de que o segundo é apenas um reforço —, vem desenvolvido pelas definições (metafóricas) de "martírio", "mártir", "suicídio" e "suicida" e simultaneamente pelo contraste ou confronto entre esses quatro termos, dois a dois.

São esses os processos mais comuns de desenvolvimento do parágrafo. Haverá certamente outros, mais difíceis de distinguir e classificar, pois o raciocínio, ainda que sujeito a dois métodos básicos — a indução e a dedução —, não pode ser bitolado em moldes rígidos e esquemáticos. É certo, entretanto, que os outros processos ou são variantes desses ou resultam da conjugação de vários deles.

Mas o que nos parece incontestável — e a longa prática do magistério disso nos convenceu — é o valor didático do estudo do parágrafo como uma unidade de composição. Na realidade da sala de aula, onde se encontram por vezes mais de 40 alunos, é difícil corrigir e comentar ao mesmo tempo, com relativo proveito, mais de duas ou três composições, a menos que o professor se limite a assinalar apenas errinhos gramaticais de acentuação, grafia, regência e concordância. A estrutura da frase e a ordenação das ideias só podem ser ensinadas transcrevendo-se trechos no quadro-negro. Mas que trechos? Fragmentos apenas? Só os trechos que apresentem certo caráter de individualidade podem oferecer margem a comentários razoáveis no que respeita à organização das ideias e à sua expressão eficaz. Ora, o parágrafo, dada a sua relativa extensão e a sua feição de unidade de composição, permite-nos transcrição no quadro-negro para comentários adequados. Tomando-o como uma espécie de composição em miniatura, é possível ensinar aos alunos como fazer uma descrição ou dissertação (o parágrafo de narração tem outras características que devem ser exploradas de forma diversa; ver adiante 3.2). Pode haver descrições ou dissertações constituídas apenas por um parágrafo. Mas, ainda que assim o fosse, pode-se ensinar com relativa facilidade a ordenar os vários parágrafos de uma composição através de exercícios de planejamento (ver 7. Pl.).

Um dos exercícios de maior rendimento didático que conhecemos, e de que nos servimos habitualmente, consiste em tomar apenas o tópico frasal de determinado parágrafo e pedir aos alunos que o desenvolvam segundo determinado processo. Em seguida — tudo no quadro-negro — transcreve-se o desenvolvimento do parágrafo original para que os alunos façam o confronto. Variante desse processo é o que consiste em apresentar determinado modelo de parágrafo, principalmente de descrição, mostrar como se faz o seu desenvolvimento e, em seguida, dar outro tópico frasal para que seja desenvolvido da mesma forma; feito isso, o professor transcreve então no quadro-negro o restante do parágrafo. Do confronto entre o que os alunos fizeram e o que está transcrito no quadro resultam ensinamentos memoráveis. Se a sala dispõe de quadro-negro espaçoso, ou de mais de um, o melhor é que todo o exercício seja aí feito.

Esse é o método da amostragem mesclado com o da imitação, que se baseia num princípio didático de valor incontestável: *só se aprende a fazer fazendo o que se viu como se faz.* (Na parte prática deste livro — 10. Ex. — encontra-se uma série de exercícios desse tipo.)

3.0 Parágrafo de descrição e parágrafo de narração

3.1 Descrição literária

Descrição é a apresentação verbal de um objeto, ser, coisa, paisagem (e até de um sentimento: posso descrever o que *eu* sinto; cf. 5. Ord., 1.3 — "Definição"), através da indicação dos seus aspectos mais característicos, dos seus traços predominantes, dispostos de tal forma e em tal ordem (ver a seguir 3.1.2), que do conjunto deles resulte uma impressão singularizante da coisa descrita, isto é, do *quadro,* que é a *matéria* da descrição.

A exatidão e a minúcia não constituem sua primordial qualidade: podem até representar defeito. A finalidade da descrição (estamos nos referindo à descrição *literária*) é transmitir a impressão que a coisa vista desperta em nossa mente através dos sentidos. Ela é mais do que fotografia, porque é interpretação também, salvo quando se trata de descrição técnica ou científica (ver 8. Red. Téc.).

Descrição miudamente fiel é, como em certos quadros, uma espécie de natureza-morta. Portanto, o que é preciso é captar a alma das coisas, ressaltando aqueles aspectos que mais impressionam os sentidos, destacando o seu "caráter", as suas peculiaridades. É preciso saber selecionar os detalhes, saber reagrupá-los, analisá-los para se conseguir uma *imagem* e não uma *cópia* do objeto. É preciso mostrar as relações entre as suas partes para melhor compreendê-lo no seu conjunto e melhor senti-lo como impressão viva. Para conseguir isso é preciso saber observar, é preciso ter imaginação e dispor de recursos de expressão.

Mas recurso de expressão não significa obrigatoriamente vocabulário exuberante ou requintado. Pode-se dizer quase tudo com um acervo de palavras até mesmo corriqueiras (veja-se o exemplo de Machado de Assis), desde que se disponha de alguma imaginação para associações de ideias e sua expressão em linguagem figurada, sobretudo metáforas e metonímias, tropos que revivificam e multiplicam o vocabulário. Veja-se o que faz Eça de Queirós, servindo-se de um vocabulário rotineiro, mas com muito espírito de observação seletiva:

> O caminho para além da ponte alteava entre campos ceifados. As medas lourejavam, pesadas e cheias, por aquele ano de fartura. Ao longe dos telhados baixos dum lugarejo, vagarosos fumos subiam, logo desfeitos no radiante céu (...) Uma revoada de perdizes ergueu voo de entre o restolho. (...)

Em breve o caminho torceu, costeando um souto de sobreiros, depois cavado entre silvados com largos pedregulhos aflorando na poeira; — e ao fundo o sol faiscava sobre a cal fresca de uma parede. Era uma casa térrea, com porta baixa entre duas janelas envidraçadas, remendos novos no telhado e um quinteiro que uma escura e imensa figueira assombreava. Numa esquina pegava um muro baixo de pedra solta, continuando por uma sebe, onde adiante uma velha cancela abria para a sombra duma ramada. Defronte, no vasto terreiro que se alargava, jaziam cantarias, uma pilha de traves; passava uma estrada, lisa e cuidada, que pareceu a Gonçalo a de Ramilde. Para além, até a um distante pinheiral, desciam chãs e lameiros.

(Queirós, [s. d.]:356-357)

Nesses dois parágrafos não há um só traço supérfluo; todos concorrem para que a descrição se desdobre em imagens vivas aos olhos do leitor. Os pormenores singularizam essa paisagem rural de tal forma que ela não se confunde com nenhuma outra. No entanto, são traços que poderíamos dizer comuns; o que a torna inconfundível é o tratamento que lhes deu Eça de Queirós, inconfundível porque deles ressalta uma impressão dominante e peculiar.

3.1.1 Ponto de vista

O ponto de vista é de suma importância numa descrição, quer literária quer técnica. Não consiste apenas na *posição física* do observador, mas também na sua *atitude,* na sua *predisposição afetiva* em face do objeto a ser descrito.

3.1.2 Ponto de vista físico: ordem dos detalhes

O ponto de vista físico é a perspectiva que o observador tem do objeto, a qual pode determinar a ordem na enumeração dos pormenores significativos. Ao contrário da pintura, a descrição vai apresentando o objeto *progressivamente,* detalhe por detalhe, em ordem tal, que o leitor possa combinar suas impressões isoladas para formar uma imagem unificada. Não é, por exemplo, boa norma apresentar todos os detalhes acumulados num só período. Deve-se, ao contrário, oferecê-los ao leitor pouco a pouco, variando-se as partes focalizadas e associando-as ou interligando-as. No retrato de uma personagem, pode-se começar por uma apreciação sumária, seguindo-se depois os traços fisionômicos, mas não como se fosse uma aula de anatomia: o tom da voz, o gesto, a expressão do olhar, a cor dos olhos, o feitio dos lábios, contrastes evidentes, expressões que possam traduzir o estado d'alma, etc.

A ordem dos detalhes é, pois, muito importante (ver ainda 3. Par., 4.4.1). Não se faz a descrição de uma casa de maneira desordenada; ponha-se o autor na posição de quem dela se aproxima pela primeira vez; comece de fora para dentro, à medida que vai caminhando em sua direção e percebendo pouco a pouco os seus traços mais característicos com um simples correr d'olhos: primeiro, a visão de conjunto, depois, a fachada, a cor das paredes, as janelas e portas, anotando alguma singularidade expressiva, algo que dê ao leitor uma ideia do seu estilo, da época da construção. Mas não se esqueça de que percebemos ou observamos com *todos* os sentidos, e não apenas com os olhos. Haverá sons, ruídos, cheiros, sensações de calor, vultos que passam, mil acidentes, enfim, que evitarão se torne a descrição uma fotografia pálida daquela riqueza de impressões que os sentidos atentos podem colher. Continue o observador: entre na casa, examine a primeira peça, a posição dos móveis, a claridade ou obscuridade do ambiente, destaque o que chame de pronto a atenção (um móvel antigo, uma goteira, um vão de parede, uma mossa no reboco, um cão sonolento...). Continue assim gradativamente. Seria absurdo começar pela fachada, passar à cozinha, voltar à sala de visitas, sair para o quintal, regressar a um dos quartos, olhar depois para o telhado, ou notar que as paredes de fora estão descaiadas. Quase sempre a direção em que se caminha, ou se poderia normalmente caminhar rumo ao objeto, serve de roteiro, impõe uma ordem natural para a indicação dos seus pormenores. (Para a descrição de objetos e não de paisagem, ver 8. Red. Téc.)

3.1.3 Ponto de vista mental: descrição subjetiva e objetiva ou impressionista e expressionista

O ponto de vista mental ou psicológico tem igualmente grande importância para a eficácia de uma descrição. É o elemento subjetivo, aquele que determina a impressão pessoal, a interpretação do objeto. A predisposição psicológica do observador — sua simpatia ou antipatia antecipada, por exemplo — pode dar como resultado imagens muito diversas do mesmo objeto.

Desse ponto de vista mental, decorrem dois tipos de descrição: a *subjetiva* e a *objetiva*. Na primeira, reflete-se predominantemente o estado de espírito do observador, suas idiossincrasias, suas preferências, que fazem com que veja apenas o que *quer* ou *pensa* ver e não o que *está para ser visto*. O retrato que faça de uma paisagem não traduzirá a realidade do mundo objetivo, fenomênico, mas o seu próprio estado psíquico, onde se gravaram as impressões esparsas e tumultuadas captadas pelos sentidos, quase alheios ao crivo da razão ou da lógica. Ele assim não descreve o que *vê* mas o que *pensa ver*. O resultado dessas descrições marcadamente subjetivas ou impressionistas é, com frequência, uma imagem vaga, diluída, imprecisa, em penumbra, nebulosa como os quadros impressionistas dos fins do século passado, mas rica de conotações.

A descrição realista ou objetiva é exata, dimensional. Nela os detalhes não se diluem, não se esmaecem em penumbra, antes se destacam nítidos em forma, cor, peso, tamanho, cheiro, etc. É o que caracteriza a descrição técnica ou científica. Os realistas (Zola, Flaubert, Maupassant, Aluísio de Azevedo, o próprio Coelho Neto, o próprio Euclides da Cunha, Eça de Queirós em grande parte) deixaram-nos modelos de descrição desse tipo. Os autores de novelas policiais também se exercitam nessas descrições. Quem aprecia o gênero, como nós, encontrará em George Simenon e Graham Greene, para não falar no mestre de todos, Conan Doyle, modelos de descrição de ambientes e paisagens dignos de notar e imitar, apesar de não estarem incluídos nas *antologias nacionais*.

3.1.4 Descrição de personagens

Na prosa de ficção, a caracterização das personagens — sobretudo as mais complexas — em geral se vai delineando gradativamente, ao longo de toda a narrativa, pela acumulação dos traços físicos e psicológicos, revelados em breves e sumárias ou longas e detalhadas descrições da sua aparência física, dos seus gestos, atitudes, comportamento, sentimentos e ideias. Mas, com frequência, muitas dessas descrições — principalmente no discurso narrativo de feitio tradicional — se concentram num só parágrafo, ou em parte dele.

Os dois exemplos que oferecemos a seguir pertencem a autores bem diferentes quanto ao estilo, quanto à cultura, quanto ao temperamento, para não falar do momento histórico e do ambiente social em que se desenrola a narrativa das suas duas obras principais: Manuel Antônio de Almeida e Raul Pompéia. Mas justamente por serem diferentes é que os exemplos oferecidos se tornam instrutivos.

O autor de *Memórias de um sargento de milícias* é fácil retratista de costumes e tipos populares; por isso, muitos dos seus parágrafos poderão servir de modelo, se desprezarmos ocasionais incorreções gramaticais e certos moldes de construção desatualizados:

> As chamadas baianas não usavam de vestidos; traziam somente umas poucas saias presas à cintura, e que chegavam pouco abaixo do meio da perna, todas elas ornadas de magníficas rendas; da cintura para cima apenas traziam uma finíssima camisa, cuja gola e manga eram também ornadas de renda: ao pescoço punham um cordão de ouro, um colar de corais, os mais pobres eram de miçangas; ornavam a cabeça com uma espécie de turbante a que davam o nome de *trunfas,* formado por um grande laço branco muito teso e engomado; calçavam umas chinelas de salto alto e tão pequenas que apenas continham os dedos dos pés, ficando de fora todo o calcanhar; e, além de tudo isto, envolviam-se graciosamente em uma capa de pano preto, deixando de fora os braços ornados de argolas de metal simulando pulseiras.
>
> (Almeida, 1927, cap. XVII)

A ideia principal desse parágrafo descritivo é o trajo das baianas, enunciada logo na primeira linha à guisa de tópico frasal; "as chamadas baianas não usavam de vestidos".

Nos parágrafos descritivos, o propósito do autor deve ser primordialmente o de apresentar o objeto, pessoa ou paisagem através dos seus traços típicos, de tal forma que se permita ao leitor distinguir de outros semelhantes o objeto da descrição. Mas, como já vimos, os pormenores não são relevantes por si mesmos: é inútil descrever uma mesa, enumerando-lhe as partes componentes (pés, gavetas, tampo), se essas partes nada apresentarem de característico, isto é, se os seus aspectos forem idênticos aos de qualquer outra mesa (salvo se a intenção do autor é exatamente mostrar a vulgaridade do objeto). Na descrição de Manuel Antônio de Almeida, os pormenores tornam o trajo das baianas realmente inconfundível, revelando inclusive o que há nele de pitoresco. É uma representação viva do objeto feita por quem sabia observar e distinguir o detalhe expressivo da minúcia anódina.

Compare-se agora o retrato de Aristarco traçado pela pena irônica, quase sarcástica, de Raul Pompéia:

> Nas ocasiões de aparato é que se podia tomar o pulso ao homem. Não só as condecorações gritavam-lhe no peito como uma couraça de grilos: *Ateneu! Ateneu!* Aristarco todo era um anúncio; os gestos, calmos, soberanos, eram de um rei — o autocrata excelso dos silabários; a pausa hierática do andar deixava sentir o esforço, a cada passo, que ele fazia para levar adiante, de empurrão, o progresso do ensino público; o olhar fulgurante, sob a crispação áspera dos supercílios de monstro japonês, penetrando de luz as almas circunstantes — era a educação da inteligência; o queixo, severamente escanhoado de orelha a orelha, lembrava a lisura das consciências limpas — era a educação moral. A própria estatura, na imobilidade do gesto, na mudez do culto, a simples estatura dizia dele: aqui está um grande homem... não veem os côvados de Golias?!... Reforça-se sobre tudo isto um par de bigodes, volutas maciças de fios alvos, torneadas a capricho, cobrindo os lábios, fecho de prata sobre o silêncio de ouro, que tão belamente impunha como o retraimento fecundo do seu espírito — teremos esboçado moralmente, materialmente, o perfil do ilustre diretor [...]
>
> (Pompéia, [s. d.]:9-10)

A descrição é modelar. Note-se como, através dos traços físicos, distorcidos pela intenção caricatural, dosados mesmo de certo desdém, vai o autor delineando ao mesmo tempo, gradativamente, o retrato psicológico da sua personagem. Mesmo eliminada essa carga de ironia ou desdém, o que se grava no espírito do leitor é uma imagem viva e palpitante de Aristarco, graças aos pormenores expressivos e singularizantes: os gestos, o andar, o olhar fulgurante, os supercílios de monstro japonês, o queixo severamente escanhoado de orelha a orelha, a estatura, a imobilidade do gesto, o par de bigodes retorcidos — são traços inconfundíveis *dessa personagem* e não de *qualquer outra*. Mas, caso se limitasse ao desenho dos traços físicos, sem a sobrecarga expressionista, traduzida, em parte, em metáforas felicíssimas — irônicas, pejorativas, hiperbólicas —, muito mais pálida seria a imagem do diretor do Ateneu.

Estamos vendo assim o que é óbvio: não se descreve da mesma forma — ou, melhor, com a mesma atitude — a coisa inanimada e o ser vivo: Manuel Antônio de Almeida *descreve* os trajos das baianas, mas Raul Pompéia *retrata* a personagem Aristarco. Por isso, o parágrafo do primeiro é objetivo, exato, até certo ponto minucioso; o do segundo é vivo, sugestivo. O autor de *Memórias de um sargento de milícias* reproduz o que viu; o autor de *O Ateneu* retrata o que *quis ver* ou lhe *pareceu* ter visto. O primeiro é *impressionista;* o segundo, *expressionista* — já que, como ensinam Alonso e Lida (1956:159),

> o impressionista se refere ao motivo ou estímulo ocasional, o expressionista ao mundo interior; experiência objetiva e sua penetração subjetiva. Impressão é a percepção do objeto como tal; a expressão se refere ao que minha alma lhe empresta. De fora para dentro, de dentro para fora.

3.1.5 Descrição de paisagem

Outro exemplo de descrição, que também poderíamos dizer "impressionista", mas agora de *paisagem* e não de objetos ou pessoas, é a que nos oferece Coelho Neto. Censurado com frequência — e, até certo ponto, com razão — pelo seu preciosismo vocabular, pela sua afetação retórica, o autor de *Inverno em flor* revela-se, não obstante e não raras vezes, paisagista bastante apreciável, quando sua frase não peca pela falta de naturalidade, como se pode ver no trecho seguinte:

> Larga alameda de bambus, oscilando flexuosamente com estralejado sussurro, abobadava um caminho sereno, alfombrado de folhas. Na transparência do ar azulado cruzavam-se, de contínuo, libélulas e borboletas, e sempre, docemente, soava um esvaído e trêmulo murmúrio d'água. Sebes de cedro, tosadas à altura d'homem, muravam as trilhas, formavam tapigo à orla das rampas. Caramanchéis em cúpulas ou à feição de cabanas ofereciam, nas horas cálidas, agasalho e frescura, e, embaixo, rente com os espinheiros, desgrenhadas casuarinas desferiam gemidos eólios.
>
> (Coelho Neto, 1958, cap. I)

É o quarto parágrafo de uma série de 12 em que o autor descreve a casa da fazenda, e na qual focaliza de perto um fragmento de paisagem, representado aqui pela alameda e os caramanchéis, cujos traços, mais característicos a seu ver, apresenta ao leitor com certa mas comedida simpatia. Note-se que o parágrafo não está cumulado de pormenores insignificativos: é como se o autor usasse binóculos, para ver "mais de perto" os aspectos mais atraentes da paisagem, e não microscópio, como se estivesse examinando numa lâmina as nervuras de uma folha. Em suma, fora uma ou duas amostras de preciosismo vocabular (uma, pelo menos de gosto discutível: "gemidos eólios" é para o autor o que, com menos afetação, qualquer outro chamaria de "sussurrar do vento" ou "gemidos do vento") a descrição é suficientemente caracterizadora para deixar no espírito do leitor uma imagem satisfatória da cena focalizada.

Outro é o tipo de parágrafos descritivos que encontramos na obra de José de Alencar — este, sim, paisagista admirável. Os seus são, em geral, parágrafos curtos, soltos, encadeados mais pelo sentido do que por partículas de transição. Constam, na maioria dos casos, de períodos não muito extensos, como pode servir de exemplo o trecho antológico "A prece" (cap. VII da primeira parte de *O guarani,* se é que se pode chamar de "capítulo" cada uma das subdivisões das quatro partes do seu conhecido romance). As duas seções em que se divide esse trecho descritivo — a primeira, até "Era a Ave-Maria", e a segunda a partir daí até "Todos se descobriram" — são constituídas por uma série de pequenos parágrafos, que, isoladamente, não chegam a retratar um *quadro,* mas apenas um fragmento dele, a que se ajustam outros, sucessivos, como nesses quebra-cabeças infantis formados por recortes sinuosos que é preciso ajuntar para se ter uma paisagem. São inúmeros os exemplos dessa espécie na obra do romancista cearense.

Entretanto, o trecho que a seguir transcrevemos é representado por um parágrafo mais longo do que a maioria dos que distinguem a sua obra. Trata-se de um modelo no gênero (modelo que o estudante pode e deve mesmo imitar como bom exercício de estilo): descrição viva, pessoal, afetiva. Ao contrário do que se pôde sentir pelo exemplo de Coelho Neto, o autor de *Iracema* não é um observador frio, apressado ou distante, não é simples espectador turista, mas alguém que se deixou contagiar do próprio encanto da natureza, como que se integrando nela:

> Aí [três ou quatro léguas acima da sua foz], o Paquequer lança-se rápido sobre o seu leito e atravessa as florestas como o tapir, espumando, deixando o pelo esparso pelas pontas do rochedo e enchendo a solidão com o estampido de sua carreira. De repente, falta-lhe o espaço, foge-lhe a terra; o soberbo rio recua um momento para concentrar suas forças e precipita-se de um só arremesso, como o tigre sobre a presa.
> (Alencar, 1948b, quarta parte, cap. XI)

O núcleo do parágrafo é o ímpeto e arremesso do rio; mas, no seguinte, já é outro o *quadro* — o do Paquequer na sua mansidão:

Depois, fatigado do esforço supremo, se estende sobre a terra e adormece numa linda bacia que a natureza formou e onde o recebe como em leito de noiva, sob cortinas de trepadeiras e flores agrestes.

O ritmo e a fluência da frase, aliados a imagens e comparações expressivas, criam aquela atmosfera poética que caracteriza a maioria das descrições de José de Alencar. Observe-se, por exemplo, o ritmo e a medida de "como o tapir, espumando, deixando" e "o pelo esparso pelas pontas do rochedo" — um decassílabo galego-português (4-7-10) e um alexandrino moderno (4-8-12), com a aliteração em "p", a sugerir impetuosidade. Notem-se ainda as comparações adequadas ao ambiente selvagem: "como o tapir espumando", e "como o tigre sobre a presa". No segundo trecho, a ideia de mansidão está sugerida em imagens e comparações igualmente simples e espontâneas: "fatigado do esforço", "adormece numa linda bacia", "como em leito de noiva, sob cortinas de trepadeiras e flores agrestes".

Em suma: a descrição é tão animada, que o rio Paquequer parece comportar-se como ser vivo e atuante, graças a esses recursos de estilo em que José de Alencar é prodigalíssimo.

Essa, por assim dizer, comunhão com a natureza, insinuada numa linguagem carregada de afetividade, é que distingue o paisagismo poético de Alencar do paisagismo mais ou menos convencional de Coelho Neto. É como se o primeiro fosse cúmplice da natureza nos seus sortilégios, e o segundo, simples testemunha do seu espetáculo. Por outro lado — ou justamente por serem poéticas — as descrições do romancista cearense revestem-se de muitas das características da narrativa, como se o autor insuflasse um sopro de vida humana nos acidentes da natureza. É por isso que o leitor se afeiçoa à imagem do rio Paquequer como se fosse ele criatura humana em luta com os elementos.

3.1.6 Descrição de ambiente (interior)

Essa qualidade primeira da descrição — assinalar apenas os traços distintivos, típicos — marca também o estilo de outro grande escritor, Eça de Queirós, de quem damos abaixo mais um belo exemplo: o gabinete de Jacinto em *A cidade e as serras:*

> Mas na sala imensa, onde tanto filosofáramos considerando as estrelas, Jacinto arranjara um centro de repouso e de estudo — e desenrolara essa "grandeza" que impressionava o Severo. As cadeiras de verga da Madeira, amplas e de braços, ofereciam o conforto de almofadinhas de chita. Sobre a mesa enorme de pau branco, carpinteirada em Tormes, admirei um candeeiro de metal de três bicos, um tinteiro de frade armado de penas de pato, um vaso de capela transbordando de cravos. Entre

duas janelas, uma cômoda antiga, embutida, com ferragens lavradas, recebera sobre o seu mármore rosado o devoto peso de um Presépio, onde Reis Magos, pastores de surrões vistosos, cordeiros de esguedelhada lã se apressavam através de alcantis para o Menino, que na sua lapinha lhes abria os braços, coroado por uma enorme Coroa Real. Uma estante de madeira enchia outro espaço de parede, entre dois retratos negros com caixilhos negros; sobre uma das suas prateleiras repousavam duas espingardas; nas outras esperavam, espalhados, como os primeiros Doutores nas bancadas de um concílio, alguns nobres livros, um Plutarco, um Virgílio, a Odisseia, o Manual de Epicteto, as Crônicas de Froissart. Depois, em fila decorosa, cadeiras de palhinha, muito novas, muito envernizadas. E a um canto um molho de varapaus.

(Queirós, 1901, cap. IX)

O quadro aqui não é a paisagem externa mas o *ambiente:* a "sala imensa", onde Jacinto "arranjara um centro de repouso e de estudo". Trata-se, como se vê, de parágrafo iniciado por tópico frasal. Ao descrever a sala, o autor lhe assinala apenas os traços característicos — móveis e pertences —, mas sem se deter demoradamente em nenhum deles. Seria descabido alongar-se na descrição detalhada de cada uma das peças do mobiliário — da cômoda, por exemplo —, particularizando em demasia os seus aspectos em prejuízo do conjunto. Todavia, se o julgasse necessário, poderia fazê-lo em parágrafo à parte, pois a ideia-núcleo, expressa no tópico frasal, é a sala e não a cômoda. Os mais graves defeitos de estrutura de parágrafo decorrem, na maioria dos casos, dessa falta de equilíbrio e proporção entre as duas partes, dando-se realce ao que é secundário ou pondo-se no mesmo plano da ideia principal outra, subordinada. Eis aí a razão por que o autor não entrou em minúcias ao se referir à cômoda, anotando-lhe apenas um ou dois detalhes caracterizadores: "antiga, embutida, com ferragens lavradas" e "seu mármore branco". (Ver em "Redação Técnica, 1.3", outros aspectos da descrição.)

3.2 Narração

3.2.1 A matéria e as circunstâncias

A matéria da narração é o *fato.* Tal como o *objeto* (matéria da descrição), tem igualmente sentido muito amplo: qualquer acontecimento de que o homem participe direta ou indiretamente.

O relato de um episódio, real ou fictício, implica interferência de todos ou de alguns dos seguintes elementos (personagens, fato e circunstâncias; rever 1. Fr., 1.6.2):

o quê — o fato, a ação (enredo);
quem — personagens (protagonista(s) e antagonista(s));
como — o modo como se desenrolou o fato ou ação;
quando — a época, o momento em que ocorreu o fato;
onde — o lugar da ocorrência;
porquê — a causa, razão ou motivo;
por isso — resultado ou consequência.

Nem sempre todos esses elementos estão presentes, salvo *quem* e *o que*, sem os quais não há narração (ver ainda 3.3 a seguir).

Porque não lhe quis pagar [porquê] *uma garrafa de cerveja, Pedro da Silva,* [quem — protagonista] pedreiro, de trinta anos, residente na Rua Xavier, 25, Penha, *matou* [o quê] *ontem* [quando] em *Vigário Geral,* [onde] *com uma facada no coração,* [como] a seu colega *Joaquim de Oliveira* [quem — antagonista]

Está aí, em linguagem chã mas objetiva e clara, a essência de uma narrativa, com quase todos os seus ingredientes. Pode servir como germe de uma novela ou conto: basta pormenorizar cada um dos elementos básicos. Vá o estudante dando largas à sua imaginação:

Quem: imagine como seria Pedro da Silva, descreva-o, faça-lhe o retrato físico e moral: estatura, idade, traços fisionômicos, hábitos, tiques nervosos, gênio e temperamento; ponha-o a falar, reproduza-lhe as expressões de gíria habituais, imagine-o em casa, com a família, na rua, no trabalho, nos divertimentos... Continue: a imaginação às vezes funciona como uma espécie de moto-contínuo, a que basta dar o primeiro impulso. Faça o mesmo com Joaquim de Oliveira, confrontando os hábitos, o caráter de um e de outro: retrate um como *vilão,* rebelde, desordeiro, desajustado, mau filho, mau pai; apresente o outro como *mocinho,* bom filho, bom pai... Ou faça de ambos bons moços... Tire partido dos contrastes, mostre o conflito de interesses, imagine o encontro entre eles, ponha-os a discutir, reproduza-lhes o diálogo... A história está nascendo; pode resultar num dramalhão, como é provável, dada a qualidade desses ingredientes. Não importa: em outra experiência, a narrativa melhorará.

Onde e *quando:* imagine a hora em que se deu o crime, descreva o aspecto do dia, ou da noite, retrate o local do crime, as pessoas presentes, a posição dos protagonistas. Feche os olhos e imagine: um bar? em plena rua? na casa de um deles? Sirva-se de retalhos de lembranças de algum lugar conhecido e reajuste os aspectos à cena que vai se desenrolar.

O que e *como:* continue imaginando... O imprevisto da cena... Não conte tudo de um jato só; vá espicaçando a atenção do leitor, mantendo-o em suspenso...

Leve a narrativa a um ponto de saturação tal, que não seja mais possível adiar o desenlace ou desfecho... E... o gesto fatal... Imagine a faca ou punhal na mão do assassino, o gesto repentino de sacá-la, a violência do golpe... a queda... o sangue em borbotões (Puxa! até eu mesmo já estou ficando impressionado com essa tragédia!). Continue o estudante... o dramalhão está-se avolumando... É dramalhão, sim, mas em outras experiências, o principiante já terá apurado o gosto... O caminho é esse mesmo: só os contistas natos não conhecerão essa fase (nem passarão os olhos por estas páginas, que são para principiantes).

Mas falta o epílogo. É fácil começar uma narrativa; o difícil é chegar ao clímax e ao desfecho. Imagina o leitor a melhor maneira de terminar a narrativa, de forma que não se acrescente nenhum fato novo depois do desfecho. É o epílogo.

3.2.2 Ordem e ponto de vista

A *ordem* no relato dos fatos ou acontecimentos é, normalmente, a cronológica, *i.e.,* a da sua sucessão no tempo. Todavia, o propósito de ser original ou de despertar mais interesse no leitor ou de dar maior ênfase a certos incidentes ou pormenores, pode levar o autor a adotar outra, começando, por exemplo, por onde devia acabar, como se faz em muitos romances policiais (ver 4.4.1).

O *ponto de vista* tem, aqui também, como na descrição, importância primordial. Quem conta a história? Um observador neutro, distante, ou um coparticipante dos acontecimentos? Será uma personagem de primeiro plano ou uma figura secundária? Será um narrador onisciente e onipresente, uma espécie de testemunha invisível de tudo quanto ocorre, em todos os lugares e todos os momentos, capaz de nos dizer não só o que as personagens fazem mas também o que pensam e sentem? O autor escolherá naturalmente o ponto de vista que mais se adapte aos seus recursos técnicos e à sua imaginação criadora.

Quando o narrador se põe na pele de qualquer personagem, a narrativa é feita na primeira pessoa (eu, nós). Sendo apenas testemunha, serve-se o autor da terceira (ele, ela, eles). No primeiro caso relata apenas o que vê; no segundo, ele pode ser onisciente e onipresente.

3.2.3 Enredo ou intriga

O enredo (intriga, trama, história ou estória, urdidura, fábula) é aquela categoria da narrativa constituída pelo conjunto dos fatos que se encadeiam, dos incidentes ou episódios em que as personagens se envolvem, num determinado tempo e num determinado ambiente, motivadas por conflitos de interesse ou de paixões.

É, em si mesmo, um artifício artesanal, estruturado por um nexo de causa e efeito entre as peripécias que se *enovelam* e caminham para um desfecho. Enredo é, em suma, o que *acontece,* é a narrativa mesma.

Até os fins do século XIX e a primeira década do XX, quando escrever um conto, uma novela, um romance ainda era, acima de tudo, contar uma estória (tanto quanto possível interessante), estória em que os incidentes se encadeassem de maneira consequente, entrosando-se até com certo rigor, o enredo constituía a substância mesma do gênero de ficção, a sua categoria por excelência. O enredo era tudo, ou quase tudo (pelo menos até os últimos espasmos do realismo).

Mas depois veio Freud, veio a Primeira Grande Guerra, veio Kafka, veio Proust, veio Joyce, veio o surrealismo, veio a Segunda Grande Guerra. E estourou o estruturalismo. E veio o *"nouveau roman"* francês, esse "antirromance", esse "laboratório da narrativa", esse "romance do romance" (irmão gêmeo do "poema do poema") em que nada praticamente acontece, pois o tempo e o espaço (ou melhor: o objeto) constituem a única (ou a principal) obsessão do ficcionista, em que a descrição deixou de ser a *ancilla narrationis* (serva da narração), em que a análise psicológica desce a profundidades abismais.[6] O enredo, esse, passou à condição de total subalternidade, sendo mesmo encarado com certo desprezo. Mas ainda há os romances policiais, ainda se escrevem estórias que têm um começo, um meio e um fim e é nessas, de enredo clássico típico, que se podem distinguir, com maior ou menor nitidez, com maior ou menor frequência, três ou quatro estágios progressivos da intriga; a *exposição* (menos frequente), a *complicação*, o *clímax* e o *desenlace* ou *desfecho*.[7]

Na *exposição,* o narrador explica (ou explicava) certas circunstâncias da estória, situando-as em certa época e certa ambiência e introduzindo ou apresentando algumas personagens. A *complicação* é a fase em que se inicia propriamente o conflito, o choque de interesses entre o(s) protagonista(s) e o(s) antagonista(s). Salvo, evidentemente, o caso do *nouveau roman,* é por aí que em geral começam as narrativas não de todo desviadas do modelo tradicional. O *clímax* é o ápice da estória, o seu ponto de maior tensão, aquele estágio em que o conflito entre as personagens centrais chega a um ponto tal, que já não é possível procrastinar o desfecho. O *desfecho* ou *desenlace* é a solução mesma dos conflitos, é "o momento da grande destruição trágica, da morte, das revelações de identidade, da solução dos mistérios, da união dos amantes, da descoberta e morte dos vilões, etc."(Coutinho, 1965-1967, v. 1, p. XXIV).

---

[6] Sobre o "novo romance" recomenda-se a leitura de Robbe-Grillet (1963) e de Perrone-Moisés (1966).
[7] É evidente que estamos considerando apenas a narrativa de feitio tradicional; o leitor interessado em familiarizar-se com as novas perspectivas da análise estrutural da narrativa muito lucraria com a leitura do nº 8 da revista *Communications* — sobretudo os artigos de Barthes (1966), Todorov (1966c) e Genette (1966).

3.2.4 Tema e assunto

A matéria do enredo é o *tema,* que, por sua vez, resulta do tratamento dado pelo autor a determinado assunto. Por exemplo: a escravidão, como fonte de situação dramática, constitui um assunto, mas o seu aproveitamento no romance de Bernardo Guimarães (*A escrava Isaura*) e no de Harriet Beecher Stowe (*A cabana de Pai Tomás*) transforma-o em *tema,* pois diversa é a interpretação que lhe dá cada autor, diverso é o comportamento das personagens, diverso é o conflito entre protagonista e antagonista.[8]

3.2.5 Situações dramáticas

Em síntese, toda narrativa consiste numa sequência de fatos, ações ou situações que, envolvendo participação de personagens, se desenrolam em determinado lugar e momento, durante certo tempo. As circunstâncias e motivações da atuação das personagens e a configuração dos seus conflitos e antagonismos constituem *situações dramáticas.* Polti (1948), baseado no estudo do enredo de grande número de narrativas, identificou 36 situações dramáticas, de que damos aqui apenas as que nos parecem mais típicas: *crime praticado por vingança, peregrinação, regresso* (do herói), *empresa temerária, rapto, enigma, rivalidade, imprudência fatal, julgamento errôneo, vitória, derrota, libertação, autossacrifício, perda* e *reconquista* (de pessoa ou de coisa), *ambição, conflito íntimo, remorso,* etc. Antes dele, entretanto, já Vladimir Propp, em *Morfologia do conto* — estudo sobre o conto popular russo, cuja 1ª edição data de 1928, mas que, fora do círculo restrito dos especialistas, só se tornou conhecido no Ocidente através da 1ª ed. em inglês,[9] em 1958 — apontara 31 "funções" da narrativa (popular), algo equivalente mas não exatamente correspondente a essas situações dramáticas de Polti: *ausência, interdição, violação, decepção, submissão, traição, mediação, partida* (do herói), *regresso, prova, luta, vitória, peregrinação, libertação, empresa difícil, reconhecimento, revelação do traidor,* etc. As "funções" acabaram sendo o termo consagrado pelos adeptos da semântica estrutural, sobretudo Greimas e Todorov (cf. Greimas, 1966:172 e segs.; Todorov (1966c).

3.2.6 Variedades de narração

O fato relatado pode ser *real* ou *fictício.* A história do gênero humano, a biografia de um herói, a autobiografia, uma reportagem policial constituem relatos de

---

[8] Cf. Lewis 1958:101-102.
[9] *Morphology of the folktale* (Propp, 1958).

fatos reais. O romance, o conto, a novela, a anedota (no seu sentido vulgar) são algumas das espécies do gênero de ficção, e ficção (do latim *fingire* = fingir) é invenção, é "fingimento", é produto da imaginação.

O conto, a novela e o romance — principalmente este último — têm uma técnica especial, e tão complexa, que exige tratamento à parte, o que escapa à finalidade deste trabalho. Entretanto, após as características gerais expostas nos tópicos precedentes, o aluno poderá tentar algumas das espécies menores (incluindo-se aí o próprio conto), tais como a anedota, o incidente, o perfil, o esboço biográfico ou autobiográfico.

3.2.6.1 Anedota

Que, etimologicamente, quer dizer "inédito" (do gr. *an-ekdotos, i.e.,* não publicado), é uma particularidade pouco conhecida da história. O seu sentido usual, porém, é o de qualquer narrativa curta, picante, curiosa, divertida, epigramática e, com frequência, obscena. Muitas vezes aparece como uma espécie de "a propósito", sugerida por associação com outros fatos (ver "Alusão histórica", Par. 1.5.1).

3.2.6.2 Incidente

É também uma narrativa curta, real ou fictícia, cuja principal finalidade parece ser a de frisar traços do caráter de alguma personagem, do ambiente e até mesmo do narrador.

3.2.6.3 Biografia

É o relato da vida de personagem real (ver *autobiografia*).

3.2.6.4 Autobiografia

É a vida de uma personagem real contada por ela mesma. É o retrato do próprio narrador, um relato dos episódios em que esteve envolvido, uma descrição dos lugares que conheceu e dos costumes de sua época. São recordações, que nos mostram como se fez a sua educação, como se formou o seu caráter, que nos falam das influências que sofreu, que nos revelam os seus conflitos íntimos, as suas crenças políticas e religiosas, os seus interesses, ambições, idiossincrasias, conquistas, derrotas, frustrações, seu anseio de felicidade. Se o autor dá maior ênfase aos homens e costumes de seu tempo do que à sua própria pessoa, o que se tem são *memórias*.

3.2.6.5 Perfil

É uma variedade de biografia, dela se distinguindo não apenas por ser em geral mais curta, mas também por ser interpretativa e levemente irônica e humorística. São muito conhecidos os "perfis poéticos", com que membros de certos grupos ou classes costumam divertir-se, ironizando ou louvando alguns dos seus companheiros. Ao contrário da biografia, o perfil não tem qualquer propósito didático: é uma narrativa livre, ligeira, brejeira, em que se procura sublinhar os traços mais característicos da pessoa, com malícia às vezes, com simpatia quase sempre.

3.2.7 Dois exemplos de parágrafos de narração

O núcleo do parágrafo narrativo é — repitamos — o *incidente*, vale dizer, episódio curto ou fragmento de episódio.

Nele não há, via de regra, tópico frasal explícito, pois o seu conteúdo é um *fiat*, um *devenir*, um instante no tempo, e, portanto, teoricamente imprevisível, tecnicamente impossível de antecipar. Lembra um instantâneo de película cinematográfica com a máquina posta em repouso para permitir a análise dos detalhes da ação.

Em princípio, pelo menos, o que distingue a narração da descrição é a presença de personagens atuantes — homens ou animais. Pode não haver movimentação das personagens: basta que haja *tensão*. Veja-se o exemplo que nos oferece Rachel de Queiroz em seu romance *Caminho de pedras:* os protagonistas estão praticamente imóveis, em expectativa, mas tensos:

> Levou [Roberto] constrangido a mão ao cabelo, penteou-o com os dedos. Noemi sorriu. João Jaques, agora, olhava o teto, numa dessas abstrações que lhe eram frequentes. Roberto também se calara e estava ali, grave, mudo, sufocando ousadias. Lembrava um pouco o Roberto fugitivo e desligado dos primeiros tempos, mas Noemi bem via os olhos com que ele a olhava. Mesmo João Jaques talvez já sentisse aquele ar tenso e passional que abafava ali. E ela, no meio de ambos, imóvel, pobre pedaço de carne dolorosa, maltratada, cuja vida se esvaía aos poucos, enquanto os dois homens se defrontavam, prontos a disputá-la, prontos ambos a saltar um sobre o outro. Bastaria uma palavra, um movimento, para que toda a tranquila ignorância de João Jaques saltasse como uma rolha. E o outro, esse já estava à espreita, até lhe fazia medo com seus olhos amarelos, duros de desejo e de amor, que a fitavam implacavelmente. Noemi começou a se revolver no leito.
>
> (Queiroz, 1948:284)

A autora focaliza o instante em que se defrontam dois rivais junto ao leito onde a mulher de um deles repousa doente. É um momento de tensão e expectativa, um incidente que a narradora isola da urdidura ou intriga para poder focalizar de perto a reação das personagens. *Tudo ocupa um só parágrafo, e todo o parágrafo gira em torno desse único incidente:* eis o princípio básico que o narrador principiante deve ter sempre em mente. Nada impede, entretanto, que se fragmente ainda mais, ao infinito, uma determinada cena ou episódio. Mas — convém relembrar — a minúcia, aqui também, como na descrição, não é uma virtude em si mesma: não se deve particularizar o supérfluo, o irrelevante, mas captar apenas o instante expressivo, sintomático, que se ajuste, como num mosaico, ao conjunto da intriga.

Confronte-se agora o trecho de Rachel de Queiroz com o de Rebelo da Silva, que abaixo transcrevemos. No primeiro o movimento é lento, ou quase nenhum: as personagens como que se refreiam, dominando seu ímpeto agressivo. No segundo, a ação se desencadeia já em pura violência, em ímpeto incontido:

> O mancebo desprezava o perigo, e, pago até da morte pelos sorrisos que seus olhos furtavam de longe, levou o arrojo a arrepiar a testa do touro com a ponta da lança. Precipitou-se então o animal com fúria cega e irresistível. O cavalo baqueou trespassado, e o cavaleiro, ferido na perna, não pôde levantar-se. Voltando sobre ele, o boi enraivecido arremessou-o aos ares, esperou-lhe a queda nas armas, e não se arredou senão quando, assentando-lhe as patas sobre o peito, conheceu que o seu inimigo era cadáver.
>
> (Silva, 1960:207)

São ambos excelentes exemplos de parágrafos narrativos, cujo clima dramático diverso — ímpeto refreado ou expectativa no primeiro, e violência desencadeada no segundo — está denunciado por uma série de palavras e expressões bastante caracterizadoras. Compare-as:

RACHEL DE QUEIROZ *(palavras que sugerem ímpeto refreado)*	REBELO DA SILVA *(palavras que sugerem violência desencadeada)*
constrangido	arrojo
olhava o teto	arrepiar a testa do touro
calara	precipitou-se
grave	fúria cega e irresistível
sufocando ousadias	baqueou trespassado
fugitivo e desligado	voltando sobre ele
abafava	boi enraivecido
se defrontaram	arremessou
o teor do antepenúltimo período	esperou-lhe a queda
à espreita	assentando-lhe as patas
fitavam implacavelmente	

O parágrafo de Rebelo da Silva é, em essência, uma narrativa completa, em miniatura, com suas quatro fases nitidamente marcadas:

a) *exposição:* o primeiro período (até "ponta da lança");

b) *complicação:* o segundo e o terceiro períodos, períodos curtos, densos de dramaticidade (até "não pôde levantar-se");

c) *clímax:* as três primeiras orações do quarto e último período (até "a queda nas armas"); é o momento de maior tensão dramática;

d) *desfecho:* as quatro últimas orações (a partir de "e não se arredou...").

3.3 Roteiro para análise literária de obras de ficção

As lições contidas nos tópicos precedentes sobre o parágrafo de narração (3.2 a 3.2.7) encontram seu complemento e aplicação prática no presente *roteiro para análise literária de obras de ficção*.

A leitura de obras-primas da literatura de ficção (nacional ou universal), habitualmente ou esporadicamente feita por estudantes do ensino médio e das faculdades de letras, pode ser muito mais proveitosa quando devidamente orientada, isto é, quando precedida de uma espécie de questionário à guisa de roteiro como o que apresentamos a seguir.

Os professores que costumam recomendar a seus alunos leitura extraclasse limitam-se geralmente a pedir uma notícia biográfica do autor e um resumo da obra lida. Às vezes, exigem também um "ligeiro comentário". E é aqui que bate o ponto: "ligeiro comentário". Como fazê-lo o estudante, se não recebeu nenhuma orientação didática, clara e objetiva, capaz de mostrar-lhe os aspectos a encarar, as qualidades a sublinhar, as virtudes a ressaltar no que respeita à técnica da narrativa, sua estrutura, à caracterização das personagens, à linguagem ou estilo e outros aspectos? Sem essa orientação, as impressões da leitura resultam vagas, caóticas, difusas, traduzindo-se em apreciações infundadas ou desconexas.

O "Roteiro" que segue, adotado em minhas aulas, sobretudo particulares, deu resultados tão satisfatórios (alguns trabalhos se revelaram dignos de publicação), que me animo a incluí-lo aqui. O professor que dele se queira servir pode selecionar *ad libitum* os itens que mais se ajustem às características da obra recomendada ou à orientação adotada, dando evidentemente informação prévia sobre alguns deles. Importa, entretanto, recomendar (a) que leiam e releiam os tópicos do "Roteiro", (b) que façam a leitura de lápis na mão (da obra a ser analisada ou comentada) para assinalar na margem observações por eles sugeridas, (c) que resumam cada capítulo logo que acabem de lê-lo.

Roteiro

I – Dados sumários sobre o autor e a obra

1. O *autor:* nome completo, local e data de nascimento (e morte). — Dados biográficos essenciais. — Época, escola ou corrente literária (estilo da época).
2. A *obra:* romance, novela ou conto? — Local (cidade), editor e data da edição lida (ver 9. Pr. Or., 1.2.11).
3. Resumo ou resenha.

II – Estrutura (os elementos da narrativa)[10]

1. *Personagens*

1.1 *Quanto à variedade:* são individuais? típicas? caricaturais? Nomeie as mais importantes.

1.2 *Quanto à importância:* identifique primeiro o(s) protagonista(s) e o(s) antagonista(s), e, em seguida, se houver, as demais (as secundárias): a) confidentes, b) de contraste, c) narrador.

1.3 *Quanto à caracterização*

    1.3.1 O autor descreve-as fisicamente logo de início ou paulatinamente?

    1.3.2 A análise psicológica, se ocorre, é clara, penetrante? é superficial ou convencional? é demorada ou lenta, ou rápida e sumária?

    1.3.3 As personagens lhe parecem fiéis à realidade ou são imaginárias, fantásticas? São normais? mórbidas? patológicas? Que sentimento lhe despertam: simpatia, comiseração, repulsa? Algumas figuras parecem retratar vultos históricos ou figuras de certa notoriedade do contexto social descrito pelo autor? Será, assim, então *roman à clef*?

2. *Enredo* (intriga, estória, trama, urdidura)

2.1 Há *exposição* ou *apresentação*? Se há, onde termina?

2.2 Onde começa a *complicação* (capítulo ou cena ou episódio)?

2.3 Onde começa o *clímax* (auge, ápice, suspense)?

2.4 Em que trecho (episódio) ocorre a *solução*, isto é, o desenlace ou desfecho? Acha que o desfecho foi artificialmente protelado para manter o leitor em suspense (como acontece nas telenovelas)?

---

[10] Alguns itens desta parte (de 1. a 6.3) baseiam-se nas lições de Coutinho (1965-1967:XIX-XXX).

2.5 O enredo parece-lhe ser de pura invenção ou evidenciam-se nele traços autobiográficos do autor?

2.6 Há unidade e organicidade na narrativa, quer dizer, os fatos, episódios ou incidentes encadeiam-se naturalmente, mantendo certo nexo lógico entre si? ou, ao contrário, trata-se de uma série de episódios mais ou menos independentes, relacionados apenas pela presença de uma ou de outra personagem? Há *unidade de ação,* quer dizer, uma só intriga, ou duas ou mais, paralelas?

2.7 A intriga é complexa (abundância de episódios entrelaçados) ou extremamente simples (um *fiapozinho* de estória, quase ausência de enredo, como ocorre no "novo romance" francês, em que praticamente nada acontece)?

3. *Ambiente* (cenário, paisagem, situação)

3.1 Qual é o local dos acontecimentos? Há mais de um ou há *unidade de lugar?*

3.2 Qual é o tipo de ambiente predominante? *Físico* (a natureza, o campo, a cidade) ou *social* (algum agrupamento social específico, alguma parcela da comunidade: fábrica, colégio, clube, família)?

3.3 *Cor local e atmosfera:* nas descrições predominam os elementos físicos do ambiente (*cor local*), ou, ao contrário, sobressaem os de natureza emocional, intelectual ou psicológica (*atmosfera*)? Especifique, exemplifique.

3.4 Alonga-se o autor em descrições detalhadas do ambiente? Julga essas descrições condicionadas ou ajustadas à ação e ao comportamento das personagens? Considera-as indispensáveis ao desenrolar da estória? São descrições impressionistas ou expressionistas? São minuciosas? São convencionais? Constituem lugares-comuns do estilo da época ou escola literária? Há originalidade nessas descrições? Você costuma ler os trechos descritivos ou "passa por cima"? Você é capaz de transcrever um parágrafo e assinalar nele algumas das características apontadas nos tópicos 3.1 a 3.1.6 de 3. Par.?

4. *Tema* (assunto)

Trata-se de romance (conto, novela) de aventuras ou de ação? É narrativa policial ou de espionagem? É romance histórico? Seu tema é uma intriga amorosa? Há conflitos psicológicos? Será romance de costumes (urbanos, rurais, regionalistas)? Terá conotação social, política, religiosa? (ver a seguir item IV).

5. *Tempo*

5.1 A narrativa parece-lhe morosa ou lenta, quer dizer, há nela pouca ação e muita análise psicológica entremeada de descrições e reflexões ou comentários do autor? ou, ao contrário,

5.2 Parece-lhe rápida, acelerada, em virtude da sucessão contínua dos acontecimentos (incidentes), que reduz ao mínimo a análise psicológica, as descrições e comentários do autor?

5.3 A ordem da narrativa é cronológica ou do tipo *flashback* (recuo no tempo)?

5.4 Em que época se desenrola a narrativa? Qual a duração?

6. *Ponto de vista*

6.1 O narrador é também uma das personagens? Em que pessoa gramatical é feita a narrativa (na primeira — *eu* — ou terceira — *ele, eles*)?

6.2 É o narrador onisciente e onipresente, ou seu conhecimento da estória é muito restrito, limitando-se aos fatos de que ele diretamente participa? O narrador relata episódios ocorridos simultaneamente em lugares e/ou épocas diferentes e aos quais, por isso, não poderia assistir? Acompanha ele as personagens como simples espectador neutro, ou interfere, julgando, comentando, prevendo o comportamento delas?

6.3 Tem o autor o hábito de dirigir-se ao leitor? Exemplifique e comente.

III – Linguagem e estilo

1. O estilo do autor parece-lhe correto? É vivo, espontâneo, afetado, convencional, vulgar, retórico? Exemplifique.

1.2 Há traços estilísticos nitidamente individualizantes (preferência por certas estruturas de frase, certas palavras, expressões ou metáforas)?

1.3 Serve-se o autor com frequência de recursos metafóricos, ou sua linguagem é predominantemente não figurada? Exemplifique.

1.4 Há desleixos gramaticais graves? Exemplifique.

1.5 Há distinção entre o estilo (fala, diálogos, vocabulário) das personagens e o do autor? Há discurso indireto livre?

1.6 A fala das personagens ajusta-se à sua categoria social e/ou à realidade do cotidiano?

1.7 Há modismos estilísticos individuais ou coletivos ("cacoetes" de estilo do autor, gíria, regionalismos, vulgarismos, arcaísmos, neologismos)?

1.8 Há exemplos insofismáveis ou apenas vestígios daqueles tipos de frase de que tratamos em 1. Fr., 2.0 — "Feição estilística da frase"? Exemplifique.

1.9 Você é capaz de assinalar ou transcrever e comentar trechos representativos do estilo da época, corrente ou escola literária (classicismo, romantismo, realismo, impressionismo, modernismo em geral)?

IV – Ideias e concepções

1. *Ponto de vista filosófico*

Revela o autor uma concepção realista, fantasista, fatalista, pessimista ou otimista da vida e dos homens?

2. *Ponto de vista moral e religioso*

Tem a obra — no seu conjunto ou em alguma de suas partes — propósito moralizador? Revela o autor preocupação com o problema religioso? Há sinais de intolerância religiosa, de preconceitos de ordem moral, racial, social? Do ponto de vista moral, pode a obra ser considerada imprópria para menores? Por quê? Como encara o autor o problema do sexo e do amor em geral?

3. *Ponto de vista político e ideológico*

Deixa o autor perceber claramente suas tendências políticas? Parece-lhe um escritor "engajado ("comprometido") ou "alienado"? Representa a obra um testemunho ou depoimento sobre sua época e os problemas que afligem a humanidade ou uma parte dela? Faz o autor crítica social, propaganda ou proselitismo? Como? Justifique, ilustre, prove.

V – Outras impressões provocadas pela leitura

Gostou? Sentiu-se empolgado pela narrativa em si, pela psicologia ou comportamento ou destino de alguma personagem? pelo estilo? pelas reflexões do autor? A leitura o enriqueceu espiritualmente? culturalmente? provocou-lhe reflexões ou foi apenas um passatempo? Leu outras obras do mesmo autor? Leu obras de outros autores, cujo estilo, técnica de narrativa, tema e/ou enredo se assemelhem aos do livro que você acaba de ler e comentar?

Você seria capaz de fazer dele uma adaptação teatral ou dramática, quer dizer, uma peça ou roteiro cinematográfico?

4.0 Qualidades do parágrafo e da frase em geral

As observações precedentes talvez tenham ajudado o estudante a fazer uma ideia mais precisa da estrutura e da importância do parágrafo. Resta-nos agora falar de suas principais qualidades, que são, de modo geral, as mesmas da frase, tanto do simples período quanto de uma composição inteira: *correção, clareza, concisão, propriedade, coerência* e *ênfase*. Dada, entretanto, a orientação que vimos seguindo, vamos limitar-nos àquelas que dizem respeito mais de perto à ordenação, ao entrosamento e ao realce das ideias dentro do parágrafo: *unidade, coerência* e *ênfase*.

4.1 Unidade, coerência e ênfase

A correção gramatical é, sem dúvida, uma das mais importantes qualidades do estilo. Mas nem sempre *a* mais importante: uma composição pode estar absolutamente correta do ponto de vista gramatical e revelar-se absolutamente inaproveitável. Os professores topamos todos os dias com exemplos disso. É verdade que erros grosseiros podem invalidar outras qualidades do estilo. Mas a experiência nos ensina que os defeitos mais graves nas redações de alunos do curso fundamental — e até superior — decorrem menos dos deslizes gramaticais que das falhas de estruturação da frase, da incoerência das ideias, da falta de unidade, da ausência de realce. Quando o estudante aprende a concatenar ideias, a estabelecer suas relações de dependência, expondo seu pensamento de modo claro, coerente e objetivo, a forma gramatical vem com um mínimo de erros que não chegam a invalidar a redação. E esse mínimo de erros se consegue evitar com um mínimo de "regrinhas" gramaticais.

Isoladamente, unidade e coerência têm características próprias, mas quase sempre a falta de uma resulta da ausência da outra. A primeira — já assinalamos — pode ser em grande parte conseguida graças ao expediente do tópico frasal; a segunda depende principalmente de uma ordem adequada e do emprego oportuno das partículas de transição (conjunções, advérbios, locuções adverbiais, certas palavras denotativas e os pronomes).

Em síntese, a unidade consiste em dizer uma coisa de cada vez, omitindo-se o que não é essencial ou não se relaciona com a ideia predominante no parágrafo.

Evitem-se, portanto, digressões descabidas e indiquem-se de maneira clara as relações entre a ideia principal e as secundárias.

A falta de unidade do parágrafo seguinte decorre da ausência de conexão entre os seus dois períodos.

> Acabam de chegar a Cuba reforços militares da União Soviética para o regime comunista de Fidel Castro. A condecoração de "Che" Guevara, um dos colaboradores castristas, pelo ex-presidente Jânio Quadros, por afrontosa, escandalizou a opinião pública e contribuiu para a sua renúncia.
>
> (Redação de aluno)

Pergunta-se: qual é a ideia principal desse parágrafo? A chegada de reforços, a condecoração, o escândalo da opinião pública ou a renúncia do presidente? Se é a chegada de reforços, que relação há — ou mostrou seu autor haver — entre esse fato e os restantes? Há, sem dúvida, uma relação implícita, histórica, ocasional, entre as três personagens referidas, mas não entre suas ações indicadas no trecho. Falta, pois, ao parágrafo qualquer traço de unidade, coerência e ênfase. Para consegui-lo, seria necessário dar-lhe uma nova estrutura. Uma das versões possíveis seria esta:

> Acabam de chegar a Cuba reforços militares da União Soviética para o regime comunista de Fidel Castro. *Pois* foi a um dos colaboradores castristas — "Che" Guevara — que o ex-presidente Jânio Quadros condecorou, escandalizando a opinião pública e contribuindo para a sua própria renúncia.

A partícula de transição "pois" (conjunção conclusiva) e a expletiva "foi... que" já denunciam certa relação entre a chegada de reforços e o que se segue. Esse "pois" indica vestígios de um silogismo incompleto (ver 4. Com., 1.5.2 — "Método dedutivo"), cuja premissa maior está implícita. O raciocínio que teria levado a essa estrutura deve ter sido mais ou menos o seguinte:

> Acabam de chegar a Cuba reforços militares da União Soviética. Isso nos leva a admitir que o regime de Fidel Castro é comunista. Ora, os comunistas não devem ser condecorados sem que se escandalize parte da opinião pública de país não comunista. Pois esse escândalo provocou a condecoração de "Che" Guevara pelo ex-presidente Jânio Quadros, escândalo que foi, provavelmente, uma das causas da sua renúncia.

Note-se, porém, que na versão proposta a ideia principal é "condecorar"; portanto, a "chegada de reforços", sob a forma de tópico frasal, ilude o leitor, que supõe ver aí a ideia predominante do parágrafo. Sugere-se então nova estrutura, de forma que as ideias secundárias assumam feição gramatical mais adequada: oração subordinada ou adjunto adverbial:

Com a chegada a Cuba de reforços militares da União Soviética para o regime comunista de Fidel Castro, a condecoração de "Che" Guevara pelo ex-presidente Jânio Quadros — gesto que talvez tenha contribuído para sua renúncia — torna-se ainda mais afrontosa à opinião pública.

Sob a forma de adjunto adverbial, a "chegada de reforços" passa a ser uma ideia secundária, permitindo que se dê maior realce à contida na oração principal ("a condecoração... torna-se ainda mais afrontosa"). A terceira ideia desse parágrafo, por ser também irrelevante, assume uma feição de subalternidade sob a forma de aposto: "gesto que...".

Assim, nesta última versão estão mais ou menos razoavelmente evidenciadas as três principais qualidades do parágrafo (que no caso são também do período):

a) *unidade*: uma só ideia predominante;
b) *coerência*: relação (no caso, de consequência) entre essa ideia predominante e as secundárias;
c) *ênfase*: a ideia predominante não apenas aparece sob a forma de oração principal mas também se coloca em posição de relevo, por estar no fim ou próximo ao fim do período-parágrafo.

O seguinte trecho também peca pela falta de unidade e de coerência:

> Dizer que viajar é um prazer triste, uma aventura penosa, parece um absurdo. Imediatamente nos ocorrem as dificuldades de transportes durante a Idade Média, quando viajar devia ser realmente uma aventura arriscada e penosa.
>
> (Redação de aluno)

Ora, se *dizer que viajar é um prazer triste* parece um absurdo (subentende-se: na realidade *não* é um absurdo, viajar *não* é um prazer triste), como se explica a apresentação de um exemplo (viajar na Idade Média) que prova justamente o contrário? Falta de coerência. O desenvolvimento deveria ser feito com a apresentação de outro exemplo:

> Dizer que viajar é um prazer triste, uma aventura penosa, parece um absurdo, pois imediatamente nos ocorrem as inúmeras e tentadoras facilidades de transportes, o conforto das acomodações, enfim, todas as oportunidades e atrações que fazem da itinerância tudo menos um prazer triste.

As facilidades, a comodidade, a rapidez dos meios de transporte nos tempos modernos são ideias que só nos podem levar a admitir que viajar hoje em dia não é, como teria sido durante a Idade Média, um "prazer triste".

4.2 Como conseguir unidade

4.2.1 Use, sempre que possível, tópico frasal explícito

> *O parnasianismo exerceu tão drástica tirania com o seu tantã métrico, que, no espírito submetido a esse imperativo e por ele deformado, a frase poética era previamente modelada em dez ou doze sílabas. O cérebro de um parnasiano tornava-se, com o passar do tempo, semelhante a uma linotipo. O número dirigia a ideia, atraindo-a e reduzindo-lhe a extensão à calha métrica predeterminada. Originou-se disto um antagonismo, em razão do qual alguns poetas só escreviam facilmente em verso. Raimundo Correia, no Brasil, e Cesário Verde, em Portugal, eram desses "albatrozes" que, embora não possuíssem grandes asas, tinham dificuldade "de marchar" no chão vulgar da prosa...*
>
> (Gomes, 1958:235)

A unidade desse parágrafo resulta, principalmente, da declaração inicial contida no tópico (primeiro período): os detalhes e exemplos incluídos no desenvolvimento sempre se reportam à drástica tirania do tantã métrico no parnasianismo. Não ocorre nenhuma digressão impertinente, nenhum pormenor dispensável.

O tópico frasal, como já vimos, não precisa vir obrigatoriamente no início do parágrafo, mas o escritor inexperiente muito lucraria em assim fazer até adquirir maior desembaraço. Há autores (como Xavier Marques, por exemplo, nos seus excelentes *Ensaios*) que adotam esse critério quase que sistematicamente; o resultado é sempre um parágrafo uno, claro, coerente, objetivo, digno de imitar:

> O inconsciente da história vem dirigindo a atividade dos povos, desde as mais antigas civilizações, para os labores pacíficos que constroem a economia, o bem-estar, a felicidade coletiva [tópico frasal]. Essa atividade, porém, não se limitaria a satisfazer necessidades físicas. Nem só de pão vive o homem. O seu destino é ascender da materialidade à mais alta espiritualidade, ascender pela fé, que lhe revela a presença do Criador, pela ciência, que lhe desvenda os segredos da natureza, pela cultura das letras e das artes que lhe amenizam, com a doçura das emoções estéticas, a aspereza da luta pela existência.
>
> (Xavier, 1944, v. I, p. 87)

4.2.2 Evite pormenores impertinentes, acumulações e redundâncias

O assassínio do presidente Kennedy, *naquela triste tarde de novembro, quando percorria a cidade de Dallas, aclamado por numerosa multidão, cercado pela simpatia do povo do grande Estado do Texas, terra natal, aliás, do seu sucessor, o presidente Johnson,* chocou a humanidade inteira não só pelo impacto emocional *provocado pelo sacrifício do jovem estadista americano, tão cedo roubado à vida,* mas também por uma espécie de sentimento de culpa coletiva, *que nos fazia, por assim dizer, como que responsáveis por esse crime estúpido,* que a História, sem dúvida, gravará como o mais abominável do século.

(Redação de aluno)

Temos aí um exemplo de período prolixo e centopeico. Os pormenores em excesso (grifados no texto) são, na sua maioria, dispensáveis, pois em nada reforçam ou esclarecem a ideia-núcleo do período ("o assassínio do presidente Kennedy... chocou a humanidade inteira..."):

- *naquela triste tarde de novembro:* o fato que se comenta era ainda recente, e a indicação da data, portanto supérflua, embora se possa justificar a carga afetiva de "triste tarde de novembro";
- *quando percorria a cidade de Dallas:* também dispensável, pois, como a data, o nome da cidade onde ocorreu o crime estava ainda muito vivo na memória do leitor;
- *aclamado..., cercado pela simpatia do povo do grande Estado do Texas:* pormenores óbvios, dadas as circunstâncias. Talvez se justifiquem só por estabelecer um contraste emotivo com o assassínio;
- *terra natal, aliás, do seu sucessor, o presidente Johnson:* o presidente Johnson nada tem a ver com o crime nem com o comentário que dele se faz;
- *provocado pelo sacrifício do jovem estadista americano:* nenhum outro fato referido no trecho poderia ter provocado o impacto emocional;
- *tão cedo roubado à vida:* clichê ou lugar-comum que não diz nada de novo;
- *que nos fazia, por assim dizer, responsáveis por esse crime estúpido:* se o sentimento era de culpa *coletiva,* é claro que todos nos sentíamos como que responsáveis; redundância.

Eliminadas as excrescências e redundâncias, o período ganharia em concisão e unidade:

O assassínio do presidente Kennedy chocou a humanidade inteira, não só pelo impacto emocional mas também por uma espécie de sentimento de culpa coletiva por esse crime que a História gravará como o mais abominável do século.

O seguinte parágrafo revela os moldes habituais de redação no ensino médio:

Quando eu tinha quatro anos de idade e morava com uma tia viúva e já idosa, que passava a maior parte do dia acariciando um gatarrão peludo sentada numa velha e rangente cadeira de balanço, na sala de jantar da nossa casa, que ficava nos subúrbios, próxima ao Hospital São Sebastião, já era louco por futebol.

Parece que o propósito do autor era dizer que gostava de futebol desde a idade de quatro anos. Então, para que alongar-se em pormenores a respeito da tia velha e viúva ("que passava a maior parte do dia...") e da casa suburbana ("que ficava próxima ao Hospital..."), pormenores que nem indiretamente se relacionam com a preferência do autor por aquele esporte? Fale-se da tia em outro parágrafo ou pelo menos em outro período. Com a eliminação dessas excrescências, o trecho ganharia não apenas unidade mas também maior clareza, por mais se aproximarem a prótase e a apódose:

> Quando eu tinha quatro anos e morava com uma tia viúva e idosa, numa casinha dos subúrbios, já era louco por futebol.

4.2.3 Frases entrecortadas (ver 1. Fr., 2.3) frequentemente prejudicam a unidade do parágrafo; selecione as mais importantes e transforme-as em orações principais de períodos menos curtos

Original	Revisão
Saí de casa hoje de manhã muito cedo. Estava chovendo. Eu tinha perdido o guarda-chuva. O ônibus custou a chegar. Eu fiquei todo molhado. Apanhei um bruto resfriado.	Quando saí de casa hoje de manhã muito cedo, estava chovendo. Como tinha perdido o guarda-chuva e o ônibus custasse a chegar, fiquei todo molhado e apanhei um bruto resfriado.

As três ideias mais importantes são *estar chovendo, ficar todo molhado* e *apanhar um resfriado*: daí, a sua forma de orações independentes. Com essa nova estrutura, ganha o parágrafo maior unidade e coesão, embora a primeira versão seja perfeitamente aceitável como forma de expressão em língua falada.

4.2.4 Ponha em parágrafos diferentes ideias igualmente relevantes, relacionando-as por meio de expressões adequadas à transição

O Brasil de hoje empenha-se, com intenso esforço, na tarefa de vencer o seu subdesenvolvimento crônico. Muitos obstáculos, contudo, se opõem a esse propósito. Problemas inadiáveis, de importância fundamental, impedem o progresso do país. O crescimento industrial e a exploração de novas fontes de riqueza estão a exigir uma elite de técnicos capazes de realmente acionar o aproveitamento de nossas potencialidades econômicas em benefício do progresso nacional. As universidades vêm falhando lamentavelmente em virtude da sua incapacidade de prover a formação de técnicos em alto nível. Seus currículos desatualizados, a precariedade dos laboratórios, a ausência do espírito de pesquisa, o desamparo das autoridades, que se viciaram na rotina burocrática, e outros fatores constituem óbices ao preparo de profissionais capazes.

(Redação de aluno)

A ideia-núcleo dos três primeiros períodos é o empenho do Brasil em vencer o seu subdesenvolvimento crônico; a dos dois seguintes, a necessidade de uma elite de técnicos que as universidades se revelam incapazes de formar. O último período mostra mais detalhadamente o despreparo das nossas universidades. São essas as três principais ideias do trecho; juntando-as num só parágrafo, o autor não apenas reduziu a importância das duas últimas mas também deixou de indicar, de maneira explícita, as relações entre elas, o que seria fácil com uma simples partícula "ora", antes de "o crescimento industrial", e uma conjunção adversativa antes de "as universidades", com a qual marcaria o contraste entre a necessidade de uma elite de técnicos e a incapacidade das nossas universidades para formá-los. A seguinte versão do trecho, com ligeiras alterações, seria mais satisfatória:

> O Brasil de hoje empenha-se, com intenso esforço, na tarefa de vencer o seu subdesenvolvimento crônico. Entretanto, muitos obstáculos, representados por problemas inadiáveis, de importância fundamental, se opõem a esse propósito, dificultando o progresso do país.
>
> *Ora*, o crescimento industrial e a exploração de novas fontes de riqueza, com que nos livraremos do subdesenvolvimento, estão a exigir uma elite de técnicos capazes de realmente acionar o aproveitamento de nossas potencialidades econômicas. No *entanto*, as nossas universidades vêm falhando lamentavelmente na sua missão de formá-los, em virtude de vários fatores, tais como currículos desatualizados, precariedade dos laboratórios, ausência do espírito de pesquisa e desamparo das autoridades.

Eliminadas as redundâncias, ficaram distribuídas em dois parágrafos as duas ideias mais importantes: o empenho em vencer o subdesenvolvimento e a necessidade de técnicos que as universidades não estão em condições de formar.

4.2.5 O desenvolvimento da mesma ideia-núcleo não deve fragmentar-se em vários parágrafos

> Diversos fatores têm sido responsáveis pelas transformações que se estão verificando na região de colonização estrangeira.
>
> O rádio é um deles; o cinema, o outro; a facilidade de transportes, com estradas e veículos, igualmente.
>
> O rádio é utilizado no meio rural e nas cidades, e através dele divulgam-se notícias de todos os tipos, propaganda, transmissões de jogos e bailes, notícias de aniversários, etc.

O cinema, igualmente, vai penetrando mesmo nos meios rurais; cada vila tem o seu pequeno cinema, onde há projeções, uma vez por semana.
Nas cidades, o cinema está aberto todos os dias.[11]

(Diégues Júnior, 1960:367)

  O núcleo desses cinco pseudoparágrafos é um só: a declaração contida no primeiro, que é, verdadeiramente, o tópico frasal, sendo os demais apenas desenvolvimento dele. Fragmentada como está a ideia-núcleo (relembramos, para evitar falso julgamento, o teor da nota do rodapé), perde-se a noção de unidade; fica-se com a impressão de que o autor enunciou vários tópicos frasais mas não os desenvolveu.

  É certo que, por motivos não relacionados com o desenvolvimento lógico do parágrafo — propósito de ser mais claro ou de tornar a leitura mais fácil — muitos autores, principalmente jornalistas, atomizam seus parágrafos, reduzindo-os a poucas linhas sem levar em conta a íntima relação entre as ideias. Também a intenção didática pode justificar o desmembramento do que deveria ser um parágrafo longo em vários curtos. É o que faz sistematicamente Antenor Nascentes, e não apenas nos seus livros didáticos. No trecho abaixo transcrito, depois de se referir à influência francesa na cultura brasileira a partir do século XVIII, prossegue o autor:

> E continua a dominar a França intelectual e artística. Somos tributários da cultura francesa por intermédio do grande veículo que é a língua.
> Ainda hoje não são numerosos os que entre nós cultivam o inglês e o alemão.
> Línguas não latinas, muito diferentes da nossa, só despertam o interesse dos homens de ciência.
> O espanhol e o italiano, latinas e fáceis, não servem entretanto a uma cultura com a universalidade da francesa.
> Daí esta situação predominante da velha Gália.
> Uma vez afeitos aos moldes franceses, nunca mais deixamos de segui-los.
> Lá vêm naturalistas após românticos, mais tarde parnasianos, modernistas, etc.
>
> (Nascentes, 1939:16)

  A ideia-núcleo de todo o trecho está contida no primeiro parágrafo, e os seis restantes nada mais são do que o desenvolvimento dela. Numa paragrafação com características menos pessoais e mais de acordo com os nossos hábitos linguísticos em língua escrita, teríamos aí matéria para apenas um parágrafo, e não sete.

  É verdade igualmente que a intenção do autor, a sua atitude em face do tema, refletida num feitio de frase mais ou menos sentencioso, com tonalidade líri-

---

[11] Na sua forma original, o trecho corresponde, como deve, a um só parágrafo; que nos desculpe o autor a liberdade de fragmentá-lo para servir de ilustração.

co-filosófica, pode até mesmo aconselhar esse tipo de paragrafação fragmentada. É o que fazem, entre outros modernos, Álvaro Moreira e Aníbal Machado:

> Os miudinhos fincam, fincam, refincam os alfinetes na pele do gigante.
> E correm azafamados, fazendo combinações.
> Cada miudinho com sua miudinha.
> Os miudinhos-*niebelungen* cavam a terra, cavam o nariz e cavam na vida.
> E quando nada mais têm que cavar, beliscam o gigante.
> O gigante é o inacreditável *Outro*, o indevido gigante.
>
> (Machado, 1957:199)

José de Alencar, principalmente nos seus romances indianistas — e sobretudo em *Ubirajara*, onde praticamente todos os parágrafos são constituídos por um e no máximo dois períodos curtos, salvo algumas falas de personagens — abusa desse processo de desenvolvimento de uma ideia-núcleo numa série de parágrafos de extensão muito limitada.

Em outros casos e autores, a paragrafação fragmentada decorre de um critério pessoal arbitrário — uma espécie de cacoete estilístico — ou de injunções de um estilo de época, como aconteceu na fase inicial e tumultuária do modernismo, tanto no Brasil quanto alhures.

De qualquer forma, ressalvados os casos particulares, o desenvolvimento da mesma ideia-núcleo numa série de parágrafos breves ou não (não é sua extensão que se condena) é frequentemente sintoma de falta de organização ou planejamento, como se o autor estivesse pulando de um tópico frasal para outro sem desenvolver suficientemente cada um deles.

Em conclusão, para conseguir unidade através da estrutura do parágrafo, deve o estudante:

a) dar atenção ao que é essencial, enunciando claramente a ideia-núcleo em tópico frasal;
b) não se afastar, por descuido, da ideia predominante expressa no tópico frasal;
c) evitar digressões irrelevantes ou impertinentes, *i.e.*, que não sirvam à fundamentação das ideias desenvolvidas. São cabíveis apenas as intencionais, e não as que decorrem somente de associações de ideias num ludismo de palavra-puxa-palavra. Mas, de qualquer forma, nunca devem as digressões ser mais extensas do que o próprio desenvolvimento do pensamento central, a que o autor deve voltar logo, dentro do *mesmo* parágrafo, e não no seguinte;
d) evitar a acumulação de fatos ou pormenores que "abafem" a ideia-núcleo;

e) inter-relacionar as frases ou estágios do desenvolvimento por meio de conectivos de transição e palavras de referência adequados à coerência, da qual depende também, em grande parte, a unidade (ver 4.4, "Como obter coerência").

4.3 Como conseguir ênfase

Em tópicos anteriores (1. Fr., 1.4.1 e 1.5.3), já nos referimos a alguns dos recursos de que dispõe a língua para dar realce a determinada ideia. Vejamos agora outros de maneira mais especificada.

4.3.1 Ordem de colocação e ênfase

Como se sabe, a colocação das palavras na frase constitui um dos processos mais comuns e mais eficazes para dar relevo às ideias. Todas as línguas têm o seu sistema próprio de ordenar termos e orações dentro do período, mas em geral a disposição desses elementos está condicionada ao rumo do raciocínio, à sequencia lógica, à clareza e à ênfase. No que se refere ao português, a chamada *ordem direta* consiste, teoricamente pelo menos, em antepor-se o sujeito ao verbo e este aos seus complementos essenciais. Mas a própria gramática admite uma série de exceções, já que o

> uso, a rapidez, a concisão, o vigor, a harmonia do discurso, a impetuosidade das paixões e dos sentimentos que salteiam o espírito na enunciação das ideias e muitas vezes a clareza do pensamento e a perspicuidade do estilo, contrapondo-se a essa ordem analítica ou ordinária [direta], obrigam a linguagem a recorrer constantemente às inversões para com mais exação debuxar o mesmo pensamento de que é ela o transunto fiel.
>
> (Ribeiro, 1915:853).

À figura de construção com que se designa a alteração da ordem direta dão as gramáticas modernas o nome genérico de *inversão*; algumas continuam, entretanto, a servir-se daquela nomenclatura consagrada pela retórica dos velhos tempos: *anástrofe, hipérbato, prolepse e sínquise*, de distinção nem sempre fácil mas quase sempre inútil. O vernáculo *inversão* é mais simples e mais claro.

Diz-se que há *inversão* quando qualquer termo está fora da ordem direta, fora da sua posição normal ou habitual. A inversão pode dar à frase mais vigor e mais energia, o que é o mesmo que dizer: mais ênfase, realce ou relevo. Se, pela ordem direta, o objeto direto, o objeto indireto e o predicativo se pospõem ao verbo, basta antepô-los para que eles, por ocuparem uma posição insólita, ganhem maior relevo. Confrontem-se as duas versões seguintes:

Ordem direta: Deus fez o homem à sua imagem e semelhança.
Ordem inversa: O *homem*, fê-lo Deus à sua imagem e semelhança.

É evidente que a posição incomum de *homem* no início da segunda versão lhe dá maior realce do que o que lhe advém da colocação normal na primeira. Pode-se conseguir o mesmo efeito com os demais termos. Se se quisesse realçar "à sua imagem e semelhança", bastaria, no caso, a anteposição:

À sua imagem e semelhança, fez Deus o homem.

Se o propósito é fazer sobressair a ação, inicie-se a frase com o verbo:

Fez Deus o homem à sua imagem e semelhança.

Na seguinte frase de Rui Barbosa, maior ênfase ganha o objeto indireto "a mim", porque, anteposto ao verbo, com ele se inicia o período:

A *mim*, na minha longa, aturada e contínua prática do escrever, me tem sucedido inúmeras vezes, depois de considerar por muito tempo necessária e insuprível uma locução nova, encontrar vertida em expressões antigas mais clara, expressiva e elegantemente a mesma ideia.

Há no período outras inversões, que vão ressaltando, cada uma a seu modo, o sentido das expressões ou termos em que incidem. Posta na ordem direta, a frase assumiria feição menos satisfatória, e até mesmo desaconselhável quanto à posição do último adjunto adverbial:

Encontrar a mesma ideia vertida em expressões antigas mais clara, expressiva e elegantemente tem-me acontecido inúmeras vezes na minha prática longa, aturada e contínua do escrever depois de considerar necessária e insuprível uma locução nova por muito tempo.

Nesta versão, até onde for aceitável, a maior ênfase está no infinitivo "encontrar", que, com seu complemento, constitui o sujeito de "tem-me acontecido".
Na conhecida narrativa de Alexandre Herculano, transcrita em várias antologias sob o título de "O rei e o arquiteto", a resposta de Afonso Domingues, se construída em ordem direta, não chegaria a revelar toda a indignação de que se sentiu possuído o velho arquiteto cego por ter o rei dado a outro o cargo de mestre de obras do mosteiro de Santa Maria. Essa sobrecarga afetiva decorre em grande parte da ênfase resultante da anteposição dos predicativos "arquiteto" e "sabedor".

— *Arquiteto* do mosteiro de Santa Maria, já o não sou; Vossa Mercê me tirou esse encargo; *sabedor* nunca o fui, pelo menos assim o creem e alguns o dizem.

Note-se ainda que, quando se verifica a anteposição do objeto direto, objeto indireto e predicativo, é muito comum dar-se à oração um torneio pleonástico, repetindo-se esses termos nos pronomes átonos correspondentes (*o homem... fê-lo, a mim... me* tem acontecido, *arquiteto... já o* não sou).

Esse processo de iniciar orações, principalmente curtas, com o termo a que se quer dar maior ênfase, era comum no latim. Em *Alexander vicit Darium*, o que se salienta é a personalidade de Alexandre (sujeito); em *Darium Alexander vicit*, ressalta-se o sentido de Dario (objeto direto). Mas se é a ação de vencer, se é a vitória propriamente que se deseja pôr em primeiro plano, a frase assume outra feição: *Vicit Darium Alexander*. Essa liberdade de colocação só é possível, entretanto, nas línguas de declinações, como o latim e o grego. O português se vê até certo ponto tolhido, mas ainda assim dispõe de recursos bem numerosos, como veremos a seguir.

Em tese, todos os termos da oração podem ser deslocados para ganhar maior realce (e também por questão de clareza, ritmo e eufonia). Ao tratarmos do parágrafo de narração (3.2), demos como exemplo um tópico de reportagem policial em que a ênfase incide na circunstância de causa (*porque*), expressa como está no princípio do período. Variemos essa posição e consideremos os matizes enfáticos daí resultantes:

a) ênfase no "quem" referente ao protagonista:

Pedro da Silva, pedreiro, de trinta anos, residente na Rua Xavier, 25, Penha, matou ontem, em Vigário Geral, seu colega Joaquim de Oliveira, com uma facada no coração, porque este não lhe quis pagar uma garrafa de cerveja.

b) ênfase no "quem" referente ao antagonista:

Joaquim de Oliveira foi assassinado ontem, em Vigário Geral, com uma facada no coração, dada por seu colega Pedro da Silva, por se ter negado a pagar-lhe uma garrafa de cerveja.

c) ênfase no "como" (ou no "com quê"):

Com uma facada no coração, Pedro da Silva matou ontem seu colega Joaquim de Oliveira porque [...]

d) ênfase no "onde":

Em *Vigário Geral*, Pedro da Silva matou ontem seu colega [...]

e) ênfase no "quando":

Ontem, em Vigário Geral, Pedro da Silva matou [...]

São frases típicas do estilo jornalístico, em que a procura da ênfase através da posição das palavras no texto, nos títulos ou manchetes, constitui preocupação constante de redatores e repórteres.

Vejamos outro exemplo, sugerido também pelo noticiário jornalístico: a legenda que acompanha um clichê onde aparece, digamos, o sr. Joaquim Carapuça recebendo das mãos do reitor da Universidade de Jacutinga o seu diploma de bacharel em direito. Nesse caso, a ênfase não resulta apenas da posição mas também da função do termo, a qual por sua vez decorre do ponto de vista em que se coloca o autor da frase com o propósito de focalizar mais de perto determinado fato ou personagem. Os dizeres da legenda podem ser mais ou menos os seguintes:

a) O sr. Joaquim Carapuça recebe das mãos do magnífico reitor da Universidade de Jacutinga o seu diploma de bacharel em direito.

Esta seria a forma preferida pelo Joaquim Carapuça, pois nela seu nome encabeça a frase, funcionando ainda como sujeito do único verbo da legenda. Mas talvez não agradasse ao reitor, que preferiria vê-la redigida de outra maneira:

b) O magnífico reitor entrega ao sr. Joaquim Carapuça o seu diploma de bacharel em direito.

Se, entretanto, a Universidade de Jacutinga desejasse fazer a sua "promoção", a ordem dos termos e estrutura da frase seriam diversas:

c) Na Universidade de Jacutinga realizou-se ontem a solenidade de formatura dos seus bacharéis em direito. A foto fixa um momento dessa festividade.

Se o sr. Carapuça tivesse interferência na redação da legenda, haveria de querer se acrescentasse a "dessa festividade", a oração temporal "quando o sr. Joaquim Carapuça recebia o seu diploma". Posta assim na outra extremidade do período, essa oração daria ao nome de Joaquim Carapuça ênfase proporcional à que tem Universidade de Jacutinga.

Os adjuntos adnominais representados por adjetivos ou locuções adjetivas vêm, em geral, pospostos ao nome que modificam; mas aqui também o realce pode justificar a sua anteposição. É sabido, por outro lado, que certos adjetivos, em certos casos, exprimem caracterização concreta quando pospostos, e abstrata, quando antepostos: *homem grande* e *grande homem*, *homem pobre* e *pobre homem*, *período simples* e *simples período*. Os pronomes adjetivos (demonstrativos, possessivos, indefinidos) e também os numerais vêm, de regra, antes do nome, pospondo-se em casos excepcionais, por sutilezas estilísticas de ordem enfática.

Quanto aos adjuntos adverbiais, é de norma pô-los junto ao verbo, pospostos ou antepostos conforme a sequência lógica, a clareza, a ênfase e a harmonia da frase.

Se houver mais de um e a sequência lógica o permitir, é conveniente distribuí-los, pondo um ou uns antes e outro ou outros depois do verbo. A verdade, entretanto, é que não existe nenhum princípio rígido quanto à posição desse termo acessório, embora seja recomendável: 1. iniciar com ele ou eles a oração, caso se pretenda dar-lhes maior realce; 2. evitar deslocações que possam tornar a frase ambígua ou obscura.[12]

Observe-se a gradação enfática do adjunto adverbial "antes do jantar" nas diferentes posições que ocupa nas seguintes versões do mesmo período:

a) Eu, *antes do jantar*, costumo ler o jornal.

b) *Antes do jantar*, costumo ler o jornal.

c) Costumo ler o jornal *antes do jantar*.

d) Costumo ler, *antes do jantar*, o jornal.

e) Costumo, *antes do jantar*, ler o jornal.

Parece que a melhor versão é aquela em que o adjunto ganha maior relevo, colocado como está no princípio da oração. As intercalações nas versões (a), (d) e (e) aparentemente interrompem a cadência da frase, sobretudo em (d), onde os dois *grupos de força* — *costumo ler* e *antes do jantar* — têm uma extensão e uma cadência diversas do terceiro — *o jornal*. O período se tornaria mais harmonioso se fossem feitos isócronos ou similicadentes os três grupos de força, isto é, os três estágios rítmicos da frase, alongando-se o terceiro com um adjunto adequado:

Costumo ler, antes do jantar, o jornal *da tarde*.

em que cada grupo passaria a ter quase o mesmo número de sílabas (4, 5 e 6, respectivamente).

Conviria indagar se a segunda versão (b) é mais enfática por ser mais comum na corrente da fala ou se é mais comum por ser mais enfática. É possível que, ainda aqui, se aplique aquela norma de estruturação do período a que nos referimos em 1. Fr., 1.5 — a prótase de *antes do jantar* deixa em suspenso o sentido do resto da frase, sentido que só se vai completar com o termo *jornal*. Na terceira versão, o adjunto, elemento acessório da frase, está em posição de destaque mais adequada a termos essenciais (sujeito, verbo ou complementos). Desfeita a prótase, o sentido principal da oração se completa no objeto direto *o jornal*, antes, portanto, do fim. Assim, a posição que ocupa é a que, de preferência, deveria caber a um termo essencial, ou, no caso do período composto, à oração principal.

---

[12] Consulte-se, a propósito, Ali ([s.d.]b:198 e segs.), e também Jucá Filho (1933:164-165).

Vejamos um caso em que a posição de termos em fim de oração pode contribuir para a ênfase. Admitamos que se queira fazer uma declaração a respeito de Joaquim Carapuça, lançando-se mão dos seguintes elementos:

a) político de grande futuro;
b) meu melhor amigo;
c) pai da Estela.

Na primeira versão, o que se deseja é realçar a qualidade de "político de grande futuro":

> O meu melhor amigo, Joaquim Carapuça, pai da Estela (ou "que é pai da Estela"), é um *político de grande futuro*.

Confronte-se essa estrutura com aquela que se iniciasse pelo termo a que se pretendesse dar maior ênfase:

> É um político de grande futuro o Joaquim Carapuça, pai da Estela e meu grande amigo.

Como o sentido mais importante está completo na oração enunciada logo de saída, os termos secundários ou acessórios (os apostos *pai da Estela* e *meu melhor amigo*), ao invés de se destacarem, tornam-se quase supérfluos, já que o entendimento do essencial da comunicação deixa de depender deles.

Na versão seguinte, o que se ressalta em Joaquim Carapuça é a sua condição de "pai da Estela":

> O meu melhor amigo, Joaquim Carapuça, político de grande futuro, *é o pai da Estela*.

A terceira variante destacará em Joaquim Carapuça a sua condição de "meu melhor amigo":

> Joaquim Carapuça, pai da Estela e político de grande futuro, *é o meu melhor amigo*.

Note-se nas três versões: primeiro, a ideia mais importante está expressa nos termos essenciais da oração, e as secundárias, nos termos acessórios (os apostos); segundo, um dos termos essenciais dessa oração (no caso, o predicativo) deslocou-se para o fim da frase, cuja estrutura, mais complexa do que a do exemplo de Alexandre Herculano, não aconselharia sua anteposição.

Há uma infinidade de matizes semânticos e enfáticos nas frases seguintes, como decorrência da posição da partícula "só":

a) *Só* ele ganhou mil reais pela remoção do lixo acumulado durante duas semanas.
b) Ele *só* ganhou mil reais pela remoção do lixo acumulado durante duas semanas.
c) Ele ganhou *só* mil reais pela remoção do lixo acumulado durante duas semanas.
d) Ele ganhou mil reais *só* pela remoção do lixo acumulado durante duas semanas.
e) Ele ganhou mil reais pela remoção *só* do lixo acumulado durante duas semanas.
f) Ele ganhou mil reais pela remoção do lixo *só* acumulado durante duas semanas.
g) Ele ganhou mil reais pela remoção do lixo acumulado *só* durante duas semanas.
h) Ele ganhou mil reais pela remoção do lixo acumulado durante *só* duas semanas.
i) Ele ganhou mil reais pela remoção do lixo acumulado durante duas semanas *só*.

As nove posições diferentes da partícula "só" são perfeitamente cabíveis sem injúria à estrutura da língua. Poder-se-á preferir uma ou outra, segundo se deseje realçar esta ou aquela ideia, do que resultará também ligeira mudança de sentido:

a) ele apenas e mais ninguém ganhou mil reais; ou a quantia que ele ganhou foi muito considerável;
b) ele poderia ter ganho mais; merecia mais;
c) mais ou menos o mesmo sentido de (b);
d) o trabalho foi pouco para os mil reais que recebeu;
e) não tinha de remover mais nada: só o lixo;
f) a remoção não era de todo o lixo, mas apenas do acumulado durante as duas semanas;
(g), (h), (i) têm o mesmo sentido de (f).

É evidente que a liberdade de colocação encontra seus limites nas exigências da clareza e da coerência, qualidades que devem sobrepor-se à da ênfase, quando não é possível conciliar as três na mesma frase.

Por vezes, a simples deslocação de um adjunto adverbial torna as ideias obscuras ou incoerentes, como no seguinte período:

> O protagonista da história diz que não quer casar no *primeiro capítulo*, mas já concorda em fazê-lo *no quarto*.

A má colocação de "no primeiro capítulo" e "no quarto (capítulo)" dá à frase um sentido ambíguo e chistoso. Pelas mesmas razões, é igualmente ambíguo e incoerente no seguinte trecho:

> Estou pronto a discutir com você, quando quiser, esse assunto.

em que "esse assunto" não é, por certo, o complemento de "quiser", mas de "discutir"; nem mesmo as duas vírgulas que separam "quando quiser" eliminam totalmente a ambiguidade.

Casos como esses levam-nos a contrapor a regrinha da ênfase ("coloque em posição de destaque as palavras de maior relevância") às da clareza e da coerência: *aproxime tanto quanto possível termos ou orações que se relacionem pelo sentido*. Da aplicação equilibrada dessas duas diretrizes podem depender em grande parte as três qualidades primordiais da frase: a clareza, a coerência e a ênfase.

4.3.2 Ordem gradativa

A gradação, recurso de ênfase tanto quanto propriamente de coerência, consiste em dispor as ideias em ordem crescente ou decrescente de importância: "*Anda, corre, voa*, se não perdes o trem" (crescente); "Uma *palavra*, um *gesto*, um *olhar* bastava" (decrescente).

Alguns autores — como Vieira, Eça de Queirós e Rui Barbosa — parecem deliciar-se no apelo a esses recursos típicos da oratória clássica. São trechos antológicos os seguintes.

De Vieira:

Tudo cura o tempo, tudo faz esquecer, tudo *gasta*, tudo *digere*, tudo *acaba*.
Arranca o estatuário uma pedra dessas montanhas, *tosca, bruta, dura, informe*.

De Eça:

...é só relembrando, revivendo, ressofrendo as suas dores que a Alma *se corrige, se liberta, se aperfeiçoa, se torna mais própria para Deus*.

De Rui:

[O regato] corria murmuroso e descuidado; encontrou o obstáculo: *cresceu, afrontou-o, envolveu-o, cobriu-o* e, afinal, *o transpõe*...

Numerosos modelos desse gênero de gradação encontram-se em obras do século XVII, principalmente na oratória de Vieira, de quem citamos abaixo outro trecho também antológico, e dos mais conhecidos:

É a guerra aquele monstro que se sustenta das fazendas, do sangue, das vidas, e quanto mais come e consome tanto menos se farta. É a guerra aquela tempestade terrestre que leva os campos, as casas, as vilas, as cidades, os castelos, e talvez em um momento sorve os reinos e monarquias inteiras. É a guerra aquela calamidade composta de todas as calamidades, em que não há mal algum que ou não se padeça ou não se tema, nem bem que seja próprio e seguro: o pai não tem seguro o filho; o rico não tem segura a fazenda; o pobre não tem seguro o seu suor; o nobre não tem segura a sua honra; o eclesiástico não tem segura a imunidade; o religioso não tem segura a sua cela; e até Deus, nos templos e nos sacrários, não está seguro.

(Sermão Histórico e Panegírico nos anos da Rainha D. Maria Francisca Isabel de Saboia)

Todo o parágrafo é constituído por uma série de gradações ostensivas, a começar do primeiro período, onde os três substantivos — *fazendas, sangue* e *vidas* — se enfileiram em ordem crescente de importância: a perda das fazendas (bens materiais) é menos lastimável do que a do sangue, e a deste, menos do que a das vidas.

Nas três definições metafóricas de guerra (*É a guerra aquele monstro..., aquela tempestade..., aquela calamidade*) há outra gradação intensiva quanto ao significado, ainda mais viva porque o autor parte do concreto para o abstrato. No segundo período, a enumeração iniciada por "campos" é também crescente quanto à intensidade: os campos valem menos do que as casas, estas menos do que as vilas, as cidades e os castelos ("por natureza mais próprios para sua defesa"); os reinos, menos do que as monarquias ("compostos por vezes de vários reinos"). O mesmo sentido de progressão se observa na série iniciada após os dois pontos, passando do ambiente familiar (o pai não tem seguro o filho) para o social (os ricos, os pobres, os eclesiásticos, os religiosos) "até chegar ao universal e ultrassensível" (Deus, nos templos e nos sacrários).[13]

4.3.3 Outros meios de conseguir ênfase

4.3.3.1 Repetições intencionais

Se a repetição resultante da pobreza de vocabulário ou de falta de imaginação para variar a estrutura da frase pode ser censurável, a repetição intencional representa um dos recursos mais férteis de que dispõe a linguagem para realçar as ideias:

Tudo se encadeia, *tudo* se prolonga, *tudo* se continua no mundo...

(Olavo Bilac)

Vieram os horrores dantescos da ilha das Cobras. *Vieram* cenas trágicas do *Satélite*. *Vieram* os escândalos monstruosos da corrupção administrativa. *Vieram* as afrontas insolentes à soberania da justiça. *Vieram* as dilapidações orgíacas do dinheiro da nação.

(Rui Barbosa)

---

[13] Esse parágrafo final de interpretação é quase paráfrase de trecho de um excelente livrinho de F. Costa Marques (Marques, 1948:107). O texto está entre aspas, mas a ordem das ideias é do autor citado.

Os clássicos, notadamente os do período barroco, abusavam dessa figura, que a velha retórica se esmerava em esmiuçar em *reduplicação* (repetição seguida), *diácope* (com intercalação de outras palavras), *anáfora* (repetição no início de cada frase ou verso), *epanalepse* (no meio), *epístrofe* (no fim), *simploce* (no princípio e no fim), *anadiplose* (no fim de uma oração e no princípio da seguinte). Só mesmo parodiando a frase latina (*O tempora, o mores!*) para expressar nosso espanto diante dessa nomenclatura rebarbativa, com que até não faz muito tempo alguns mestres e gramáticos ainda se deliciavam: Ó *tempos, ó termos!* (Nos *tempos* modernos, críticos, linguistas, semiólogos deliciam-se com outros *termos*, igualmente rebarbativos. É a nova "retórica".)

Se à repetição se aliam ainda outros artifícios de estilo como a gradação (ascendente e descendente) e efeitos melódicos, a frase chega a saturar-se de intensificações, como o seguinte exemplo de Rui Barbosa:

Mentira de tudo, em tudo e por tudo (...) *Mentira* nos protestos. *Mentira* nas promessas. *Mentira* nos programas. *Mentira* nos projetos. *Mentira* nos progressos. *Mentira* nas reformas. *Mentira* nas convicções. *Mentira* nas transmutações. *Mentira* nas soluções. *Mentira* nos homens, nos atos, nas coisas. *Mentira* no rosto, na voz, na postura, no gesto, na palavra, na escrita. *Mentira* nos partidos, nas coligações, nos blocos.

Note-se a superabundância dos recursos oratórios de que se serve o autor para realçar as ideias: a repetição intencional da palavra-chave *mentira*, as aliterações *(protestos, promessas, programas, projetos, progressos)* os ecos (*convicções*, transmutações, soluções), as gradações ascendentes (clímax) das três fases finais constituídas pela enumeração dos adjuntos, a começar de "nos homens" até "nos blocos". Assinale-se ainda a estrutura nominal das frases e o seu feitio entrecortado ou asmático.

4.3.3.2 Pleonasmos intencionais

Quando resulta de descuidos ou de ignorância do verdadeiro sentido das palavras, o pleonasmo constitui defeito abominável. Entretanto, empregado com habilidade, realça sobremaneira a expressão das ideias. Os antigos, mais do que os modernos, recorriam a essa figura de construção, que Rui Barbosa chegou a defender com certo ardor na *Réplica*. Ainda há pouco (4.3.1) nos referimos a um dos casos mais comuns — o da repetição do objeto direto, do indireto e do predicativo. Também o sujeito, é verdade que mais raramente, pode ser pleonástico, como no exemplo de Mário Barreto (1921): "Os *medíocres*, esses deixam-se levar sem resistência na torrente das inovações." O assunto vem tratado em todas as gramáticas de nível fundamental, onde o leitor encontrará mais informações e maior número de exemplos do que os que julgamos sensato incluir neste tópico.[14]

4.3.3.3 Anacolutos

A interrupção da ordem lógica, como decorrência de um desvio no rumo do raciocínio, é o que as gramáticas chamam de *anacoluto*. Esta figura, estereotipada em construção do tipo "eu, quer-me parecer que não lhe sobram razões", é usual tanto na língua do povo quanto na obra dos bons escritores. Se é intencional, ou estereotipado como no exemplo supra, seu valor enfático pode ser considerável. Na maioria dos casos, entretanto, constitui um grave defeito de estilo, por traduzir desconhecimento de princípios elementares de estrutura sintática, ou resultar de distrações que redundam em fragmentos de frase muito comuns no estilo dos principiantes ou incautos. O emprego eficaz e expressivo do anacoluto exige assim muito cuidado; só o exemplo dos bons autores pode servir ao principiante como guia. Rui Barbosa, na *Réplica*, Júlio Ribeiro, na sua *Gramática*, Latino Coelho, em *Elogios acadêmicos*, fazem a louvação do anacoluto. Said Ali, no seu magistral livrinho — *Meios de expressão e alterações semânticas* (cuja 2ª edição é de 1961) — dedica-lhe todo um capítulo, rico de lucidíssimas explicações e exemplos.

4.3.3.4 Interrupções intencionais

Interromper bruscamente a frase, deixando-a em suspenso com o propósito de chamar a atenção para o que se segue, é outra maneira de enfatizar ideias. Machado de Assis é frequentemente reticencioso, sobretudo em *Memórias póstumas de Brás Cubas* (caps. XXVI e XXIX, respectivamente):

> Não entendo de política, disse eu depois de um instante; quanto à noiva... deixe-me viver como um urso, que sou.
> Ora, o Brasinho! Um homem! Quem diria, há anos... Um homenzarrão!

4.3.3.5 Parênteses de correção

Semelhante, pelos efeitos, a essas reticências intencionais, é o parêntese de correção, que permite se insinue no meio de uma frase uma ideia nova, uma observação marginal curta, uma ressalva, ou retificação: "Voltando-se depois o Senhor

---

[14] Consulte-se a propósito o excelente estudo de Galvão (1949:17-56).

(*não digo bem*), não se voltando o Senhor..." (Antônio Vieira). Às vezes, essas frases ou fragmentos incidentes vêm entre reticências, mas o seu efeito ou propósito é o mesmo: "Demais, a noiva e o parlamento são a mesma coisa... isto é, não... saberás depois..." (Machado de Assis). (Rever 1. Fr., 2.8 — "Frases parentéticas ou intercaladas".)

4.3.3.6 Paralelismo rítmico e sintático

Também, o paralelismo rítmico e sintático ou gramatical contribui para a ênfase (rever 1. Fr., 1.4.5 e 1.4.5.1).

4.4 Como obter coerência

A coerência (do latim *cohaerens, entis*: o que está junto ou ligado) consiste em ordenar e interligar as ideias de maneira clara e lógica e de acordo com um plano definido. Sem coerência é praticamente impossível obter-se ao mesmo tempo unidade e clareza. Ela é, por assim dizer, a "alma" da composição. Os organismos vivos, os próprios mecanismos, só *funcionam* quando suas partes componentes se ajustam, se integram numa unidade compósita. Podem-se reunir as mil e uma peças de um aparelho de televisão, mas o conjunto só funcionará quando todas estiverem adequadamente ajustadas e conectadas segundo o esquema de montagem. Onze excelentes jogadores de futebol, 11 Pelés, pouco rendimento obterão numa partida, se não se conjugarem as habilidades de cada um na sua posição e movimentação dentro do campo, segundo o plano do jogo e o objetivo do gol. Em outras palavras: assim como não basta encontrarem-se em campo 11 Pelés que não se entendam, que não se articulem, assim também não é suficiente dispor de excelentes ideias que não se ajustem, não se entrosem de maneira clara, harmoniosa e coerente (rever 1. Fr., 1.1.1).

Em geral, escrevemos à medida que as ideias nos vão surgindo: mas, como nosso raciocínio nem sempre é lógico, ocorrem lapsos, hiatos e deslocações extremamente prejudiciais à coerência e à clareza. Para evitar esse inconveniente, torna-se necessário planejar o desenvolvimento das ideias, *pondo-as numa ordem adequada* ao propósito da comunicação e *interligando-as por meio de conectivos e partículas de transição*. Ordem e transição constituem, pois, os principais fatores de coerência.

4.4.1 Ordem cronológica

No gênero narrativo, adota-se normalmente a ordem da sucessão dos fatos. Não se deve, assim, relatar *antes* o que ocorre *depois*, salvo quando se pretende conseguir o que, nos romances policiais e seus similares, se chama de *suspense*, em que o interesse da narrativa decorre muitas vezes da escamoteação provisória de certos incidentes ou episódios ou da antecipação de outros. São frequentes os romances policiais ou de mistério que se iniciam por onde deviam terminar — digamos, o relato sumário do crime —, reconstituindo-se depois, paulatinamente, os antecedentes (causas, motivos, circunstâncias) com a apresentação das personagens. É o que em técnica cinematográfica se chama de *flashback*.

Se, entretanto, a narrativa é, legitimamente, histórica, essa subversão da ordem cronológica se torna absurda, pois prejudica a clareza e a coerência. É verdade que, mesmo nesse caso, se pode subverter a ordem cronológica, mas somente nas cenas isoladas de intenso teor dramático, como, por exemplo, a de determinada fase de uma batalha.

A ordem dos fatos históricos no seguinte trecho é caótica: a inversão não visa aí, nem poderia visar, ao *suspense*:

> Uma das características do progresso efetuado pela Humanidade do século XIX é a facilidade crescente dos meios de comunicação. Em 1830 funcionou a primeira via férrea para transporte de passageiros, começada em 1828. Já em 1807, Fulton navegava em barco a vapor no Hudson, de Nova York a Albany. Stephenson criou a locomotiva propriamente dita, evitando a aderência das rodas em 1814. Em 1819, o *Savannah*, pequeno *steamer*, foi de Savannah a Liverpool, e daí a S. Petersburgo. O vapor, cuja força Papin já observara no século anterior, chegou, graças a Watt, Jouffroy, Fulton e Stephenson, a realizações admiráveis: máquinas, navegação e viação férrea.

O trecho deveria desdobrar-se em dois parágrafos: no primeiro, as ideias gerais correspondentes aos períodos inicial e final; no segundo, as especificações representadas pela série de inventos e experiências, historiando-se os fatos na ordem sugerida pelas datas (1807/1814/1819/1830), ou dispondo-os, também cronologicamente, em torno das duas ideias principais — "barco a vapor" e "locomotiva". É o que faz o autor, Jônatas Serrano:

Generalizações	Uma das características do progresso efetuado pela Humanidade no século XIX é a facilidade crescente dos meios de comunicação. O vapor, cuja força Papin já observara no século anterior, chegou graças a Watt, Jouffroy, Fulton e Stephenson, a realizações admiráveis: máquinas, navegação, viação férrea.
Especificações em ordem cronológica: "barco a vapor" (1807/1819), "locomotiva" è(1814/1830).	Fulton, em 1807, navegava em barco a vapor no Hudson, de Nova York a Albany. Em 1819, o *Savannah*, pequeno *steamer*, foi de Savannah a Liverpool, e daí a S. Petersburgo. Stephenson criou a locomotiva propriamente dita, evitando a aderência das rodas (1814); mas só em 1830 funcionou a primeira via férrea para transporte de passageiros, começada em 1828.

(Serrano, 1940:215)

4.4.2 Ordem espacial

Nas descrições é sempre aconselhável e, em certos casos, até mesmo imperioso, seguir a ordem em que o objeto é observado, isto é, a ordem por assim dizer imposta pelo ponto de vista: dos detalhes mais próximos para os mais distantes, ou destes para aqueles; de dentro para fora, da direita para esquerda, ou vice-versa, e assim por diante (rever Par., 3.1.2 e ver 8. Red. Téc.).

Note-se como Aluísio Azevedo descreve, em traços rápidos mas bastante identificadores, uma cama preparada para recém-casados. O observador tem primeiro uma visão de conjunto, a de quem acaba de entrar no quarto ("a cama estava imponente"). Em seguida, como que num movimento de natural curiosidade, o olhar se detém no cortinado, "descendo" até as suas extremidades, onde encontra as quatro colunas de que pendem laços de cetim. Daí passa para outros detalhes contíguos (a colcha auriverde), notando, por fim, em posição de destaque, o "imenso feixe de tinhorões e crótons":

> A cama estava imponente: descia-lhe da cúpula um enorme cortinado de labirinto, que a avó do Luís, quando moça, recebera como presente de uma senhora do Porto, a cujo filho amamentara antes de vir para o Brasil; arrepanhavam-no pelas extremidades, à base das quatro colunas, grandes ramos de flores naturais, donde pendiam laços de cetim azul, baratinho, mas muito vistoso. Por cima da famosa colcha auriverde com armas brasileiras figurava uma cerimoniosa cobertura de rendas, sobre a qual se desfolharam rosas e bogaris; e lá no alto, por fora do sobrecéu, esparralhado contra o teto, um imenso feixe de tinhorões e crótons.
>
> (Azevedo, 1951:177)

A coerência desse parágrafo de descrição decorre, em grande parte, do fato de todos os pormenores do quadro se encadearem numa ordem espacial sugerida pela própria observação do objeto, feita por quem, em atitude natural, parece contemplá-lo pela primeira vez.

4.4.3 Ordem lógica

Na dissertação, nas explanações didáticas, na exposição em geral, é importantíssima a ordenação lógica das ideias. Pode-se iniciar o parágrafo por uma generalização, acrescentando-se-lhe fatos ou detalhes que a fundamentem (método dedutivo), ou partir dos detalhes (especificação) para chegar à conclusão (método indutivo). Quando se estabelecem relações de causa e efeito, pode-se começar pela apresentação da primeira, enumerando-se depois as consequências, ou adotar processo inverso. Mas procure-se deixar sempre para o fim as ideias ou argumentos mais importantes.

No parágrafo que damos a seguir, a ordem lógica é evidente. Ele se inicia com uma generalização (tópico frasal), seguindo-se as especificações que a fundamentam, e termina por uma conclusão claramente enunciada, em que se amplia o sentido da declaração introdutória:

> A mocidade é essencialmente generalizadora. Os casos particulares não interessam. A análise, exigindo demora e paciência, repugna ao espírito imediatista da mocidade, que não *quer apenas* mas *quer* já. E quer em linhas gerais que tudo abranjam. Esse espírito de fácil generalização leva os moços a concluírem com facilidade e a julgarem de tudo e de todos com precipitação e vasta dose de suficiência. Tudo isso, porém, é utilíssimo para os grandes empreendimentos que exigem certa dose de temeridade para serem levados avante. A mocidade é naturalmente totalitária e as soluções parciais não lhe interessam ou pelo menos não a satisfazem.
>
> (Lima, 1958:72)

Todos os estágios do raciocínio do autor se encadeiam coerentemente, graças inclusive ao emprego de palavras de referência e transição ("esse espírito", "tudo isso", "porém"), e a insistência nas ideias centrais, como a de "mocidade generalizadora", por exemplo, que vem desenvolvida sob variantes adequadas: "os casos particulares não a interessam", "a análise repugna ao espírito imediatista", "quer em linhas gerais", "que tudo abranjam", "espírito de fácil generalização", "concluírem com facilidade", "julgarem com precipitação". A de "querer", que corre paralela à anterior, também se desdobra em variantes: "querer em linhas gerais", "dose de temeridade", "a mocidade é totalitária", "as soluções parciais não lhe interessam". Além disso, o enlace entre a introdução e a conclusão torna o parágrafo coerente.

Como se vê, pelo trecho citado, a ordem lógica depende em grande parte do encadeamento dos componentes da frase por meio da associação de ideias. Mas não é ordem apenas verbal ou sintática, pois implica substancialmente um processo de raciocínio dedutivo ou indutivo.

Não se acredite, entretanto, que só escreverão de maneira coerente os que tiverem compulsado manuais de lógica, embora se façam necessários exercícios práticos capazes de disciplinar o raciocínio. Há, por exemplo, uma ordem lógica de fatos ou eventos que está ao alcance até mesmo dos espíritos menos privilegiados: a que se baseia nas relações de causa e efeito. Qualquer indivíduo pode percebê-la pelo simples fato de estar vivendo. É a lógica dos acontecimentos, que nos força a uma resposta, a uma reação ou comportamento em determinado sentido, às vezes de maneira inevitável. A grande e constante perplexidade do homem em todos os tempos advém da ignorância da causa dos fatos ou eventos que o rodeiam, que o assaltam, que lhe condicionam o comportamento, mesmo no cotidiano e rotineiro. Descobrir a causa, saber o "porquê", perceber a verdadeira relação entre o fato e sua(s) consequência(s) é estabelecer uma ordem lógica.

Qualquer estudante do ensino fundamental que tenha recebido algumas lições elementares sobre fenômenos físicos estará em condições de explicar, em *ordem lógica*, por que chove, por que entre as extremidades dos trilhos das vias férreas fica sempre um pequeno intervalo ou por que um martelo, atirado de janela de apartamento, chega ao solo mais depressa do que uma folha de papel. Mostrada a relação de causa e efeito, ele estará habilitado a redigir um parágrafo coerente e lógico. Em plano mais elevado, é o que se faz nas pesquisas, nas dissertações, quer nas ciências quer na filosofia.

4.4.4 Partículas de transição e palavras de referência

A ordem de colocação é, assim, indispensável à coerência; mas não é suficiente. Urge cuidar também da *transição* entre as ideias, da *conexão* entre elas. Palavras desconexas são como fragmentos de um jarro de porcelana. É preciso "colá-las", interligá-las para se obter uma unidade de comunicação eficaz.

É certo que na língua falada ou escrita, quando se traduzem situações simples, a inter-relação entre as ideias pode prescindir das partículas conectivas mais comuns. Ao tratarmos da justaposição (1. Fr., 1.4.2), mostramos como o liame entre orações e períodos muitas vezes se faz implicitamente, sem a interferência desses conectivos: uma pausa adequada, uma entonação de voz podem ser suficientes para interligar e inter-relacionar ideias:

> Estou muito preocupado. Há vários dias que não recebo notícias de minha filha.

Temos aí dois períodos justapostos. A pausa e o tom da voz mostram que o segundo indica o motivo ou a explicação do primeiro. A ausência da conjunção explicativa (*pois, porque*) não impede que se perceba nitidamente essa relação.

Mas, em situações complexas, a presença dos conectivos e locuções de transição se torna quase sempre indispensável para entrosar orações, períodos e parágrafos.

Quanto mais civilizada é uma língua, quanto mais apta a veicular o raciocínio abstrato, tanto maior o acervo desses utensílios gramaticais. Alguns são legítimos *conectivos*: os *intervocabulares*, como, ocasionalmente, as conjunções aditivas e, sempre, todas as preposições; e os *interoracionais*, como todas as conjunções, os pronomes relativos e os interrogativos indiretos. Outros seriam mais apropriadamente chamados *palavras de referência*: os pronomes em geral, certas partículas e, em determinadas situações, advérbios e locuções adverbiais. (Em sentido mais amplo, até mesmo orações, períodos e parágrafos servem de transição no fluxo do pensamento.) A uns e outros englobamos aqui na dupla designação de *partículas de transição e palavras de referência*, que, na sua maioria, têm valor *anafórico* (quando no texto relacionam o que se *diz* ao que se *disse*) ou *catafórico* (quando relacionam o que se *diz* ao que se *vai* dizer).

Tal é a importância desses elementos, que muitas vezes todo o sentido de uma frase, parágrafo ou página inteira deles depende. Dois enunciados soltos, isto é, duas orações independentes e desconexas como "Joaquim Carapuça costuma vir ao Rio" e (ele) "Ganha muito dinheiro em São Paulo" assumem configuração muito diversa, conforme seja a conexão que entre eles se estabeleça:

Joaquim Carapuça costuma vir ao Rio { quando / enquanto / porque / se / embora } ganha muito dinheiro em São Paulo (ganhe)

Omitam-se as expressões de transição de um parágrafo ou de uma série deles, e o sentido se desfigura:

.... tivemos de ampliar as instalações do prédio.
.... fomos obrigados a admitir novos professores.
.... a Lei de Diretrizes e Bases tornou possível a reorganização dos currículos.
.... o colégio passou por transformações radicais.
.... todas as atividades prosseguiram normalmente.

As linhas pontilhadas correspondem a partículas ou expressões de transição (inclusive uma oração reduzida do infinitivo) que encadeiam de maneira coerente os cinco enunciados soltos:

Para atender ao crescente número de pedidos de matrícula, tivemos de ampliar as instalações do prédio.

Também, pela mesma razão, fomos obrigados a admitir novos professores.

Por outro lado, a Lei de Diretrizes e Bases tornou possível a reorganização dos currículos.

Em virtude desses fatores, o colégio passou por transformações radicais.

Não obstante, as atividades prosseguiram normalmente.

Assim inter-relacionados pelos elementos de transição, esses cinco períodos passam a constituir *realmente* um parágrafo coerente.

Na lista que damos abaixo, demasiadamente extensa, mas ainda assim incompleta, o estudante encontrará alguns advérbios ou locuções que talvez o deixem intrigado. O advérbio "hoje", por exemplo, não traz em si nenhuma ideia de referência ou de transição numa frase isolada como "Hoje não choveu". Mas não será assim num período composto em que se contraponha "hoje" a "ontem": "Ontem choveu muito, mas hoje não" — em que a ideia de oposição, indicada pela adversativa "mas", se junta à de referência a um fato passado. Em "Realmente, você tem razão", o advérbio "realmente" mostra de maneira clara a continuação de algo que terá sido anteriormente dito. É assim palavra de referência ou transição, de valor discretamente anafórico.

Os exemplos que acompanham alguns itens devem ser lidos com atenção, pois acumulam outras informações sobre o assunto.

As "cabeças" ou verbetes das alíneas encerram o sentido geral de cada grupo analógico.

a) *Prioridade, relevância*:

em primeiro lugar, antes de mais nada, primeiramente, acima de tudo, precipuamente, mormente, principalmente, primordialmente, sobretudo.

Em primeiro lugar, é preciso deixar bem claro que esta série de exemplos não é completa, *principalmente* no que diz respeito às locuções adverbiais.

b) *Tempo* (frequência, duração, ordem, sucessão, anterioridade, posterioridade, simultaneidade, eventualidade):

então, enfim, logo, logo depois, imediatamente, logo após, a princípio, pouco antes, pouco depois, anteriormente, posteriormente, em seguida, afinal, por fim, finalmente, agora, atualmente, hoje, frequentemente, constantemente, às vezes, eventualmente, por vezes, ocasionalmente, sempre, raramente, não raro, ao mesmo tempo, simultaneamente, nesse ínterim, nesse meio tempo, enquanto isso — e as conjunções temporais.

Finalmente, é preciso acrescentar que alguns desses exemplos se revelam *por vezes* um pouco ingênuos. *A princípio*, nossa intenção era omiti-los para não alongar este tópico: mas, *por fim*, nos convencemos de que as ilustrações são *frequentemente* mais úteis do que as regrinhas.

c) *Semelhança, comparação, conformidade*:

igualmente, da mesma forma, assim também, do mesmo modo, similarmente, semelhantemente, analogamente, por analogia, de maneira idêntica, *mutatis mutandis*, de conformidade com, de acordo com, segundo, conforme, sob o mesmo ponto de vista — e as conjunções comparativas.

No exemplo *anterior* (valor anafórico), o pronome demonstrativo "desses" serve *igualmente* como partícula de transição: é uma palavra de referência à ideia *anteriormente* expressa. *Da mesma forma*, a repetição de "exemplos" ajuda a interligar os dois trechos. *Também* o adjetivo "anterior" funciona como palavra de referência. "Também" expressa aqui semelhança. No exemplo *seguinte* (valor catafórico), indica adição.

d) *Adição, continuação:*

alémdisso,(a)demais,outrossim,ainda mais, ainda por cima, por outro lado, também — e as conjunções aditivas (e, nem, não só... mas também, etc.).

Além das locuções adverbiais indicadas na coluna à esquerda, *também* as conjunções aditivas, como o nome o indica, "ligam, ajuntando".

e) *Dúvida:*

talvez, provavelmente, possivelmente, quiçá, quem sabe? é provável, não é certo, se é que.

O leitor ao chegar até aqui — *se é que* chegou — *talvez* já tenha adquirido uma ideia da relevância das partículas de transição.

f) *Certeza, ênfase:*

de certo, por certo, certamente, indubitavelmente, inquestionavelmente, sem dúvida, inegavelmente, com toda a certeza.[15]

Certamente, o autor destas linhas confia demais na paciência do leitor ou duvida demais do seu senso crítico. A lista ao lado — *estará ele pensando com toda a certeza* — inclui advérbios ou locuções adverbiais em que é difícil perceber a ideia de transição. *Sem dúvida*, é o que parece. Quer a prova, leitor? Qual é a função desse "sem dúvida" se não a de desencadear neste exemplo os argumentos com que defendemos nosso ponto de vista?

g) *Surpresa, imprevisto:*

inesperadamente, inopinadamente, de súbito, imprevistamente, surpreendentemente.

h) *Ilustração, esclarecimento:*

por exemplo (*v.g., ex.g.* = *verbi gratia, exempli gratia*), isto é (*i.e.* = *id est*), quer dizer, em outras palavras, ou por outra, a saber.

Essas partículas, ditas "explicativas", vêm sempre entre vírgulas, ou entre uma vírgula e dois pontos.

i) *Propósito, intenção, finalidade:*

com o fim de, a fim de, com o propósito de, propositadamente, de propósito, intencionalmente — e as conjunções finais.

j) *Lugar, proximidade, distância:*

perto de, próximo a ou de, junto a ou de, dentro, fora, mais adiante, além, acolá — outros advérbios de lugar, algumas outras preposições, e os pronomes demonstrativos.

k) *Resumo, recapitulação, conclusão:*

em suma, em síntese, em conclusão, enfim, em resumo, portanto.

Em suma, leitor: as partículas de transição são indispensáveis à coerência entre as ideias e, *portanto*, à unidade do texto.

---

[15] Talvez valha apena lembrar que "certamente", "com certeza" e até mesmo "sem dúvida", com muita frequência insinuam "dúvida" mais do que "certeza". É uma situação contraditória semelhante à que se verifica em "pois não", que significa assentimento (apesar do "não") e "pois sim", que às vezes expressa negação, negação meio irônica ou desdenhosa.

l) *Causa e consequência*:

daí, por consequência, por conseguinte, como resultado, por isso, por causa de, em virtude de, assim, de fato, com efeito — e as conjunções causais, conclusivas e explicativas.

m) *Contraste, oposição, restrição, ressalva*:

pelo contrário, em contraste com, salvo, exceto, menos — e as conjunções adversativas e concessivas.

n) *Referência em geral*:

os pronomes demonstrativos "este" (o mais próximo), "aquele" (o mais distante), "esse" (posição intermediária; o que está perto da pessoa com quem se fala); os pronomes pessoais; repetições da mesma palavra, de um sinônimo, perífrase ou variante sua; os pronomes adjetivos último, penúltimo, antepenúltimo, anterior, posterior; os numerais ordinais (primeiro, segundo, etc.).

Este caso exige ainda esclarecimentos. Com referência a tempo passado (ano, mês, dia, hora) não se deve empregar *este*, mas "esse" ou "aquele". "*Este ano choveu muito.* Dizem os jornais que as *tempestades* e *inundações* foram muito violentas em certas regiões do Brasil." (A transição *neste último* exemplo se faz pelo emprego de sinônimos ou equivalentes de palavras *anteriormente* expressas (*choveu*): tempestades e inundações.)

"Em 1830 corria o primeiro trem de passageiros. A *invenção da locomotiva* a vapor data, entretanto, de 1814. *Nesse* ano, Stephenson construíra a locomotiva a vapor 'Blücher'." (A transição entre os períodos do último exemplo faz-se por meio da expressão "invenção da locomotiva", da conjunção "entretanto" e do demonstrativo "nesse".) (Repetição ou perífrase de palavra anteriormente expressa é também outra maneira de se estabelecer conexão entre ideias.)

4.4.5 Outros artifícios estilísticos de que depende a coerência e, em certos casos, também a clareza. (Pela redação dos tópicos e pelos exemplos comentados, o leitor verá quais deve empregar e quais deve evitar.)

4.4.5.1 Omissão do sujeito de uma subordinada reduzida gerundial ou infinitiva, quando ele não é o mesmo da principal

Saindo de casa, a porta fechou-se com ímpeto.

Dada a estrutura do período (e desprezada a evidência do contexto ou situação), o sujeito de "saindo" é "porta", por ser esta o de "fechou-se", pois, em princípio pelo menos, não havendo explicitação, o sujeito de uma reduzida de gerúndio ou de infinitivo é o da sua principal ou o da principal do período, fato que pode dar margem a uma frase incoerente, ambígua e até risível. Pode-se evitar esse risco: (a) explicitando-se o sujeito da reduzida: "Saindo *ele* (fulano) de casa, a porta fechou-se..."; (b) desenvolvendo a reduzida: "Quando *ele* saiu de casa, a porta fechou-se..." (Assim o leitor não rirá por você ter dito que a "porta saiu de casa...").

Mutatis mutandis, é o que ocorre, às vezes, com as reduzidas de infinitivo: "Ao mudar-se para o Rio, o trabalho de meu pai obrigou-o a frequentes viagens pelo Brasil." Pelas razões já expostas, o sujeito de "mudar-se" é o de "obrigou", o que é inadmissível. Evita-se o absurdo de dizer que... o trabalho mudou para o Rio, (a) explicitando-se o sujeito do infinitivo ("ao mudar-se *meu pai*...") e fazendo as devidas acomodações sintáticas no resto do período ("*seu* trabalho obrigou-o..."); (b) desenvolvendo a reduzida: "Quando meu pai se mudou..." (ver 10. Ex., 312).

4.4.5.2 Falta de paralelismo sintático (ver 1. Fr., 1.4.5)

Passei alguns dias junto à minha família e revendo velhos amigos de infância.

Pode-se evitar a incoerência:

a) omitindo-se a conjunção "e", que não deve coordenar "passei" a "revendo", formas verbais de estrutura e valor sintáticos diferentes; se a precisão o exigir, pode-se acrescentar um advérbio que expresse inclusão ou simultaneidade (*inclusive, ao mesmo tempo*):

Passei alguns dias junto à minha família, revendo ao mesmo tempo velhos amigos de infância.

b) tornando paralelas as duas orações ou partes delas:

Passei alguns dias junto à minha família e revi (ao mesmo tempo) velhos amigos de infância.

Passei alguns dias junto à minha família e a velhos amigos de infância.

4.4.5.3 Falta de paralelismo semântico (*falta de correlação e associação de ideias desconexas*)

a) Há uma grande diferença entre os candidatos a matrículas e as vagas nas escolas.

Não é possível estabelecer, dessa forma, relação de coordenação entre "candidatos" e "vagas"; diga-se: "diferença entre o *número* de candidatos e o (número) de vagas".

b) Enquanto os Estados Unidos se distinguem pelo seu alto padrão de vida, os nossos nordestinos vivem em condições quase miseráveis.

É incoerente o confronto entre *país* (Estados Unidos) e *indivíduos* (nordestinos), isto é, entre *um todo* e as partes de *um todo*.

c) Zulmira não estava na casa nem na varanda.[16]

É um dos princípios da lógica, um dos seus axiomas, que o maior compreende o menor, que a parte está compreendida no todo, que o específico está subentendido no geral. Se *casa* é o maior, é o todo, e se Zulmira não estava nela, não poderia, *ipso facto*, estar numa das suas partes, a varanda (ver 10. Ex., 311).

Na poesia moderna e, no caso do Brasil, sobretudo na de certa fase do Modernismo, são frequentes os exemplos de alogismo semântico, de associação ou coordenação de ideias desconexas, um dos aspectos que a vêm caracterizando desde que Mallarmé e outros investiram contra o logismo neoclássico dos parnasianos. Uma das inúmeras formas desse paralelismo alógico é também a enumeração caótica, em que se coordenam disparidades tais como o maior e o menor, o concreto e o abstrato, o geral e o específico, o todo e a parte e coisas heterogêneas de toda a ordem.

4.4.5.4 Falta de concisão (redundâncias)

A redundância estilística ou retórica é uma das mais comuns formas de prolixidade (rever 2. Voc., 4.2 — "Amplificação"). Confundindo-se às vezes com o pleonasmo típico, ela consiste não apenas em explicitar em demasia, em detalhar superfluamente, em acrescentar ideias já claramente expressas (pleonasmo propriamente dito) ou implicitamente subentendidas, logicamente deduzíveis, mas também em sobrecarregar a frase com adjetivos e advérbios, com acumulação de sinônimos e repetição de palavras sem qualquer efeito enfático. A seguinte frase, por exemplo, é abusivamente, ingenuamente redundante:

Conforme a última deliberação unânime de toda a Diretoria, a entrada, a frequência e a permanência nas dependências deste Clube, tanto quanto a participação nas suas ati-

---

[16] Invertida a ordem dos termos coordenados, isto é, antepondo-se a *parte* (varanda) ao *todo* (casa), a declaração torna-se logicamente indiscutível: Zulmira não estava na varanda nem na casa (*i.e.*, nem tampouco no resto da casa). Cf. "Nunca fui à Europa nem à França" e "Nunca fui à França nem à Europa". (Ver 10. Ex., 311.)

vidades esportivas, recreativas, sociais e culturais, são exclusivamente privativas dos seus sócios, sendo terminantemente proibida, seja qual for o pretexto, a entrada de estranhos nas referidas dependências do mesmo.

Impõe-se uma "poda em regra" nesta galhada seca de palavras supérfluas:

a) *Conforme a última deliberação unânime de toda a Diretoria*: em primeiro lugar, a informação é óbvia e desnecessária; em segundo, que é que o adjetivo "última" está fazendo aí? Nada. Omita-se. Em terceiro, se a deliberação é *unânime* tem de ser de *toda* a Diretoria. Pleonasmo. Elimine-se o "toda", ou o "unânime".

b) *Entrada, frequência e permanência*: não haverá *frequência* nem *permanência* se não houver *entrada*; basta *frequência*, ou *permanência*.

c) *Exclusivamente privativas*: em *privativas* já subjaz a ideia de exclusividade; advérbio supérfluo, redundante.

d) *Participação nas suas atividades*: se até a entrada já é privativa dos sócios, é óbvio que a participação nas atividades também o é. Além disso, que é que o adjetivo "suas" está fazendo aí?

e) *Atividades esportivas, recreativas, sociais e culturais*: que outras atividades "clubistas" poderia ainda haver para justificar a especificação? Se a "poda" preservasse esse "galho seco", bastaria, então, dizer apenas "atividades".

f) *Sendo terminantemente proibida, seja qual for o pretexto, a entrada de estranhos*: é óbvio, é lógico que, se a frequência já é *privativa* dos sócios, a entrada de estranhos tem de ser também, *ipso facto*, proibida. Mas ainda há outras superfluidades: se é "terminantemente proibida" a entrada, não se há de admitir qualquer *pretexto*. Redundância.

g) *Nas referidas dependências do mesmo*: em que outro lugar estaria o aviso proibindo a entrada de estranhos? no céu? no inferno? E esse "do mesmo", que é que está fazendo aí? De que outras dependências se trataria? Só do próprio clube. Redundância.

Feita a "poda" a frase ficaria reduzida ao essencial, sem prejuízo para a eficácia do aviso:

"É proibida a entrada (ou frequência, ou a permanência) de estranhos" ou "Só é permitida a entrada de sócios".

4.4.5.5 Falta de unidade

Acumulamentos e digressões impertinentes também concorrem para a incoerência da frase (rever 3. Par., 4.2.2).

4.4.5.6 Certas estruturas de frase difíceis de bem caracterizar

O tipo mais comum é aquele em que, no mesmo período, o sujeito, comum a várias orações, assume feição diversa: ora como agente (voz ativa) ora como paciente (voz passiva perifrástica ou analítica), ora como uma figura indeterminada ("se" na passiva pronominal).

> Íamos todos juntos, mas, à última hora, em virtude do mau tempo, desistiu-se da excursão.
> Dever-se-ia dizer: "íamos... mas... desistimos".
> Não sabemos se eles virão passar alguns dias conosco; mesmo assim a gente está preparado para recebê-los.

Diga-se: "não sabemos...; mesmo assim estamos preparados". A forma em que "a gente" fosse o sujeito das duas orações seria admissível em linguagem coloquial. A construção com o pronome "se" seria também correta, embora se ajuste mais ao verbo *saber* do que ao *preparar*, já que este se emprega também como reflexivo. Em "a gente está preparado", a concordância faz-se por silepse de gênero, quer dizer, pelo sentido e não pela forma: em "gente" se subentende um falante do sexo masculino.

QUARTA PARTE

4. Com. — Eficácia e falácias da comunicação

1.0 Eficácia

1.1 Aprender a escrever é aprender a pensar

Aprender a escrever é, em grande parte, se não principalmente, aprender a pensar, aprender a encontrar ideias e a concatená-las, pois, assim como não é possível dar o que não se tem, não se pode *transmitir* o que a mente não criou ou não aprovisionou. Quando os professores nos limitamos a dar aos alunos temas para redação sem lhes sugerirmos roteiros ou rumos para fontes de ideias, sem, por assim dizer, lhes "fertilizarmos" a mente, o resultado é quase sempre desanimador: um aglomerado de frases desconexas, malredigidas, mal-estruturadas, um acúmulo de palavras que se atropelam sem sentido e sem propósito; frases em que procuram fundir ideias que não tinham ou que foram *malpensadas* ou maldigeridas. Não podiam dar o que não tinham, mesmo que dispusessem de palavras-palavras, quer dizer, palavras de dicionário, e de noções razoáveis sobre a estrutura da frase. É que palavras não criam ideias; estas, se existem, é que, forçosamente, acabam corporificando-se naquelas, desde que se aprenda como associá-las e concatená-las, fundindo-as em moldes frasais adequados. Quando o estudante tem algo a dizer, porque pensou, e pensou com clareza, sua expressão é geralmente satisfatória.

Todos reconhecemos ser ilusão supor — como já dissemos — que se está apto a escrever quando se conhecem as regras gramaticais e suas exceções. Há evidentemente um mínimo de gramática indispensável (grafia, pontuação, um pouco de morfologia e um pouco de sintaxe), mínimo suficiente para permitir que o estudante adquira certos hábitos de estruturação de frases modestas mas claras, coerentes, objetivas. A experiência nos ensina que as falhas mais graves das redações dos nossos colegiais resultam menos das incorreções gramaticais do que da falta de ideias ou da sua má concatenação. Escreve realmente mal o estudante que não tem o que dizer porque não aprendeu a pôr em ordem seu pensamento, e porque não tem o que dizer, não lhe bastam as regrinhas gramaticais, nem mesmo o melhor vocabulário de que possa dispor. Portanto, é preciso fornecer-lhe os meios de disciplinar o raciocínio, de estimular-lhe o espírito de observação dos fatos e ensiná-lo a criar ou aprovisionar ideias: *ensinar, enfim, a pensar.*

Ora, a ciência das leis ideais do pensamento, a "arte que nos faz proceder, com ordem, facilmente e sem erro, no ato próprio da razão" é a lógica. Por consequência, se este capítulo tem a pretensão de ajudar o estudante a pensar com um pouco mais de clareza e objetividade, terá de invadir os domínios dessa ciência ou arte. Mas será uma *invasão pacífica,* ou melhor, uma "incursão meio turística", que permita ao principiante uma visão panorâmica, muito superficial e apressada, desse território da arte de pensar. As noções que se seguem sobre métodos ou processos de raciocínio, procuramos traduzi-las em linguagem acessível e, tanto quanto possível, amena. Por isso, não esperem os entendidos ver aí um "tratado" de lógica, mas apenas um escorço mais ou menos assistemático com finalidade exclusivamente prática.

1.2 Da validade das declarações

Declarações, apreciações, julgamentos, pronunciamentos expressam opinião pessoal, indicam aprovação ou desaprovação. Mas sua validade deve ser demonstrada ou provada. Ora, só os fatos provam; sem eles, que constituem a essência dos argumentos convincentes, toda declaração é gratuita, porque infundada, e, por isso, facilmente contestável. O pronunciamento "Fulano é ladrão" vale tanto quanto a sua contestação: "Não, Fulano não é ladrão". E nenhum dos dois convence. Limitando-se apenas a afirmar ou negar sem fundamentação, isto é, sem a prova dos fatos, que são, *grosso modo, especificações* em que se apoiam as *generalizações* traduzidas em pronunciamentos, os interlocutores acabam travando um "bate-boca" estéril da mesma ordem daqueles a que seriam levados se argumentassem apenas com palavras de sentido intensional (rever 2. Voc., 1.5). Nenhum dos dois convence porque ambos expressam opinião pessoal, certamente não isenta de prevenções ou preconceitos. Respeitável ou não, essa opinião ou julgamento terá de ser posta de quarentena... até que seja provado o que se nega ou se afirma. Sua validade é muito relativa; num caso como esse, nem se pode invocar aquilo que se costuma chamar de "testemunho autorizado", vale dizer, uma opinião abalizada, uma opinião de quem, pela reputação baseada no saber e na experiência, merecesse tal crédito, que a prova dos fatos se tornasse desnecessária ou supérflua. Nenhum dos interlocutores seria mais convincente se declarasse que "Fulano é ladrão porque Beltrano disse que é". Se, entretanto, afirmasse que "Fulano é ladrão porque foi preso em flagrante quando assaltava a Joalheria Esmeralda, na madrugada de anteontem", sua declaração teria muito maior grau de credibilidade, pois estaria apoiada num fato observado, comprovado ou comprovável. Isso é prova, isso é que constitui a evidência dos fatos. Só isso convence e põe fim ao pingue-pongue do "é ladrão", "não é ladrão".

Em suma: toda declaração (ou juízo) que expresse opinião pessoal ou pretenda estabelecer a verdade só terá validade se devidamente demonstrada, isto é, se apoiada ou fundamentada na evidência dos fatos, quer dizer, se acompanhada de *prova*. Mas há certas ordens de declarações que prescindem de prova:

I – quando a declaração expressa uma verdade universalmente aceita;

II – quando é evidente por si mesma (axiomas, postulados);

III – quando tem o apoio de autoridade (testemunho autorizado);

IV – quando escapa ao domínio puramente intelectual:

a) é de natureza puramente sentimental ("o amor desconhece outras razões que não as do próprio coração");

b) implica a apreciação de ordem estética, em que o que se discute ou afirma diz respeito à beleza e não à verdade ("gosto não se discute", "gosto porque gosto");

c) diz respeito à fé religiosa (não se provam dogmas; apresentam-se apenas "motivos de credibilidade". "*Credo quia absurdum*", creio porque é absurdo (ou ainda que seja absurdo).[1]

1.3 Fatos e indícios: observações e inferência

Fatos não se discutem; opiniões, sim. Mas que é *fato*? É a *coisa feita*, verificada e observada. Mas convém não confundir *fato* com *indício*. Os fatos, devida e acuradamente observados, levam ou podem levar à certeza absoluta; os indícios nos permitem apenas inferências de certeza relativa, pois expressam somente probabilidade ou possibilidade.

Inferir é concluir, é deduzir pelo raciocínio apoiado apenas em indícios. Dizer, por exemplo, que "Fulano é ladrão, porque, de repente, começou a ostentar um padrão de vida que seu salário ou suas conhecidas fontes de renda não lhe poderiam jamais proporcionar", é inferir, é deduzir pelo raciocínio a partir de certos indícios. O que assim se declara a respeito desse fulano é possível, é mesmo provável, mas não é certo porque não *provado*.

É evidente que o grau de probabilidade das inferências varia com as circunstâncias: há inferências extremamente *prováveis* e inferências extremamente *improváveis*. É extremamente provável que no verão chova com mais frequência do que no inverno; mas é improvável que a precipitação pluvial no mês de janeiro deste ano seja maior do que a do mês de janeiro do ano próximo. É o maior ou menor grau de probabilidade que condiciona o nosso comportamento diário e o nosso juízo em face das coisas e pessoas. Se o céu está carregado de nuvens densas que obscure-

---

[1] Cf. Cuvillier (1963, §61, 64, 317, 321 e 324; 1965:211-212).

cem o sol, é provável que chova: levo o guarda-chuva. Se o professor, que, durante anos, nunca faltou a uma aula, deixou de comparecer hoje, é provável que esteja doente: vamos visitá-lo ou telefonar-lhe. Se um aluno, durante a prova, se comunica com um dos colegas ou *parece* consultar caderno de notas sob a carteira, é provável que esteja colando: tomemos-lhe a prova e demos-lhe zero. Não obstante: pode não chover, o professor pode estar viajando, o aluno pode estar apenas pedindo ao colega que o espere após a prova, ou o caderno consultado pode não ter nenhuma relação com a matéria da prova. Nossa reação ou comportamento em face desses indícios foi de uma pura inferência; daí, os enganos em que verificamos ter incorrido, quando nos defrontamos com os *fatos:* não choveu (e o guarda-chuva se revela o trambolho ridículo que é em dia de sol), o professor não está doente (e a nossa visita ou telefonema podem significar perda de tempo, se bem que não lastimável) e o aluno não estava colando (a punição foi injusta). Agimos por *presunção,* porque inferimos, baseados apenas em indícios.

Posso provar que a água congela a 0°C: basta servir-me do termômetro. O congelamento é um fato que pode ser verificado, testado, medido. Por isso prova. Pode-se provar que Fulano matou Beltrano: o fato foi testemunhado por pessoas dignas de crédito e o exame de balística provou que a bala, encontrada no corpo da vítima, foi indiscutivelmente disparada pela arma em que o acusado deixara suas impressões digitais. Mas não se pode provar que o acusado tinha, realmente, a intenção de matar, pois os elementos disponíveis — como, por exemplo, saber a quem aproveitaria a eliminação da vítima — constituem apenas indícios, e não fatos ponderáveis e mensuráveis. Indícios podem persuadir, mas não provam. São argumentos persuasivos capazes de levar os jurados a presumir que o acusado é o criminoso; mas o grau de certeza desse julgamento é muito relativo: a sentença será possivelmente mas não certamente *justa*.

1.4 Da validade dos fatos

Mas os fatos em si mesmos às vezes não bastam: para que provem é preciso que sua *observação seja acurada* e que eles próprios sejam *adequados, relevantes, típicos* ou *característicos, suficientes* e *fidedignos.*

A simples leitura de uma reportagem sobre o crime supostamente praticado por Fulano não me pode permitir afirmar com certeza que o suspeito é de fato o criminoso: nessas circunstâncias não houve exame *acurado* dos fatos, não houve sequer observação direta, pois os dados disponíveis me vieram de segunda mão. Além disso — supõe-se — não sou entendido em direito penal ou processo criminal para chegar a uma conclusão válida e incontestável, baseado na observação *acurada* dos fatos.

O estrangeiro que passar uma semana nas areias de Copacabana não estará em condições de afirmar, *generalizando,* que no Rio de Janeiro todos andam de *short* ou de maiô: o número de fatos considerados não foi *suficiente* e, ademais, a área de observação foi muito restrita. São, pois, fatos *insuficientes*. Além disso, nem todo o Rio de Janeiro é constituído por praias arenosas povoadas de banhistas. Desprezadas essas condições, os fatos nada provarão por serem *inadequados*.

Se um correspondente de agência noticiosa estrangeira fizesse entre operários de salário mínimo um inquérito sobre suas condições de moradia, "armaria" o seu raciocínio da seguinte forma: José mora num barraco, João mora num barraco, Joaquim também mora num barraco, o Francisco, o Manuel, o Pedro também moram em barracos; logo, no Rio de Janeiro, todos moram em barracos. Os dados colhidos seriam insuficientes, constituindo o que se chama de *enumeração imperfeita* ou *incompleta*, porque a área (ou universo) da pesquisa não foi típica nem suficientemente ampla: o Rio de Janeiro não é habitado apenas por pessoas que ganham salário mínimo. A conclusão — vale dizer, a generalização — é falaciosa porque apoiada em fatos *insuficientes*. Isso é concluir do particular para o geral ou, como diz a lógica, *"ab uno disce omnes"*.

Quem alegasse como motivo para a abolição dos exames orais a intensidade do calor no mês de dezembro, estaria apresentando um fato irrelevante: o calor não constitui argumento "de peso"; nenhuma atividade importante cessa, no Brasil pelo menos, só por causa dele. Se recomendo a um amigo que não ande de bicicleta, porque, certa vez, ao fazê-lo, levei um bruto tombo, meu argumento é falho, pois as circunstâncias em que se veria meu amigo, se fizesse a experiência, poderiam ser bem diversas: diferença de idade, de hábitos esportivos, de senso de equilíbrio, e outras. Meu argumento não vale: os fatos que apresento como razões não são *adequados*.

O cabo eleitoral que, com veemência demagógica, exaltar as virtudes do seu candidato, certamente não fornecerá ao eleitor em potencial senão os dados abonadores, manejados a jeito para tentar convencer: não serão fatos *fidedignos*, isto é, não merecerão fé, pois é suspeita a fonte de onde provieram. Há interesse e pode haver malícia.

Se alguém nos tentasse convencer de que a fundação de Brasília foi apenas desperdício de dinheiro porque Goiânia ou Belo Horizonte, cidades também do interior, poderiam perfeitamente funcionar como capital do Brasil, não estaria apresentando como razões fatos *típicos* nem *característicos*.

Portanto, conclusões baseadas em fatos dessa ordem hão de ser forçosamente, ou provavelmente, falsas.

1.5 Métodos

Em linguagem vulgar, método é a melhor maneira de fazer as coisas. Quando se diz que alguém não tem método de trabalho, quer-se dar a entender que os meios de que se serve para realizar determinada tarefa não são os mais adequados nem os mais eficazes; por isso, perde tempo, desperdiça esforço e energia, faz, desfaz, refaz e não realiza a contento os propósitos colimados.

Etimologicamente, *método (meta* = através de, *odos* = caminho) é o caminho através do qual se chega a um fim ou objetivo. Do ponto de vista da lógica, é o conjunto dos meios ou processos empregados pelo espírito humano para a investigação, a descoberta e a comprovação da verdade. Método implica, assim, uma direção, um rumo, regularmente seguido nas operações mentais.

Distinguem-se primordialmente dois tipos de operações mentais na busca da verdade, vale dizer, dois métodos fundamentais de raciocínio: a *indução* (que vai do particular para o geral) e a *dedução* (que parte do geral para o particular):

> Mostrar como uma conclusão deriva de verdades universais já conhecidas (...) é proceder por via *dedutiva* ou *silogística (resolutio formalis)*. Mostrar como uma conclusão é tirada da experiência sensível, ou, em outras palavras, resolver uma conclusão nos fatos dos quais nosso espírito a extrai como de uma matéria *(resolutio materialis)* é proceder por via *indutiva*. (...) É neste sentido que Aristóteles e Sto. Tomás ensinam que nós temos somente dois meios de adquirir a ciência, a saber, o Silogismo, que procede a partir das verdades universais, e a Indução, que procede a partir dos dados singulares, dependendo formalmente todo o nosso conhecimento dos primeiros princípios evidentes por si mesmos, e tirando materialmente sua origem da realidade singular e concreta percebida pelos sentidos.
>
> (Maritain, 1962:251)

Mas há outros métodos, por assim dizer subsidiários ou não fundamentais, que também contribuem para a descoberta e comprovação da verdade, métodos que constituem o que se costuma chamar de *modus sciendi,* modo(s) de saber: a *análise,* a *síntese,* a *classificação* e a *definição* (ver 5. Ord., 1.1 a 1.3.1). Além disso, existem ainda os métodos particulares de algumas ciências, em que a indução e a dedução, sem desobedecer às leis imutáveis do conhecimento, adaptam o seu processo à natureza variável da realidade. Assim se pode dizer que cada ciência tem seu método próprio: demonstrativo, comparativo, histórico, normativo, etc.

1.5.1 Método indutivo

O que já dissemos a respeito da generalização e da especificação, da validade das declarações e dos fatos, pode ajudar o estudante a fazer uma ideia do que é o método indutivo. Pela indução, partimos da observação e análise dos fatos, concretos, *específicos,* para chegarmos à conclusão, *i.e.,* à norma, regra, lei, princípio, quer dizer, à *generalização.* Em outros termos: o processo mental busca a verdade partindo de dados *particulares conhecidos* para *princípios de ordem geral desconhecidos.* Parte do *efeito* para a *causa*. É um raciocínio *a posteriori*. Tentemos explicar isso em linguagem mais acessível.

Vejamos um fato específico, um caso particular: a substituição dos bondes pelos ônibus elétricos. Trata-se de chegar a uma conclusão, de descobrir o que é melhor — e filosoficamente, moralmente, o melhor é a verdade. Mas os caminhos que levam à verdade nem sempre são muito fáceis. A opinião pública está dividida: uns defendem a medida como solução ideal para o problema dos transportes coletivos, que os bondes já não atendem satisfatoriamente; outros a condenam de maneira taxativa. Na própria Assembleia Legislativa, a questão tem dado motivo a longos debates. Pois bem: que faria um repórter ou um assessor técnico, desejoso de "tirar a questão a limpo", como vulgarmente se diz? Sairia pelas ruas a colher dados concretos, exemplos, testemunhos, *fatos*, em suma, fatos capazes de provar a conveniência ou não da medida preconizada pelas autoridades: quantos passageiros conduzem os bondes em cada viagem, e quantos conduzirão os ônibus elétricos? quantas viagens pode fazer cada tipo de veículo num período de 24 horas? qual a duração do percurso de ida e volta de cada um deles? quanto tempo haverá de espera nas filas dos ônibus elétricos? quais as condições de conforto em uns e outros? qual dos dois tipos "atrapalha" menos o trânsito dos outros veículos? qual deles é mais barato?

Eis aí alguns dos fatos a serem observados, analisados, confrontados antes de se chegar a uma conclusão. Se os fatos observados forem típicos, adequados, suficientes, relevantes e fidedignos, a conclusão a que se chegue representará a melhor solução para o caso. O chefe de relações públicas da empresa concessionária (admitamos que a solução seja favorável aos ônibus elétricos) poderá, então, baseado nos *fatos* apurados pelo assessor técnico, fazer a *declaração:* "O ônibus elétrico é a solução para o grave problema dos transportes urbanos nesta luminosa cidade de São Sebastião do Rio de Janeiro", ou o jornal onde trabalhe o repórter-pesquisador poderá abrir sua manchete: "Os ônibus elétricos resolvem o problema dos transportes coletivos."

Agindo dessa forma, o assessor e o repórter teriam adotado o método indutivo, partindo, como partiram, dos fatos particulares ou *específicos* para a conclusão ou *generalização*. Partiram do que era *conhecido* (bondes *e* ônibus elétricos) para o *desconhecido* (*só* ônibus elétricos), isto é, a solução, a conclusão, o princípio ou norma ou diretriz, em suma: a verdade, que é sempre a melhor solução.

O estudante quer fazer um trabalho sobre... a reforma agrária? sobre a vida nas favelas? sobre a conveniência ou inutilidade dos exames orais? sobre os problemas de ordem sexual que obcecam os jovens dos nossos dias? sobre a coeducação? sobre as atividades das agremiações estudantis? sobre a prática dos esportes nas escolas do curso fundamental? sobre os atritos entre pais e filhos adolescentes? sobre os programas de televisão? sobre as novelas de rádio? sobre as oportunidades de divertimento de que dispõem os jovens de mesada que mal dá para os cigarros e a condução? sobre o que leem (se é que leem) os seus colegas? sobre a ONU? sobre a OEA? sobre estatização e iniciativa privada? sobre nacionalismo e entreguismo? sobre a crise do petróleo? sobre as concessões para a exploração de minérios por empresas privadas? sobre o transporte ferroviário ou rodoviário ou marítimo do Brasil? quer saber como funciona a nossa Assembleia Legislativa? como se fabrica sabão? como se faz uma lâmpada? como se criam galinhas?

Se pretende fazer trabalhos dessa ordem — sejam dissertações breves sejam monografias ou ensaios mais alentados — procure primeiro saber o que *há*, o que *é*, o que se *fez*, o que se *faz*, o que se *diz*; enfim, observe os fatos, colha os dados, analise-os, classifique-os, discuta-os e conclua.

1.5.1.1 Testemunho autorizado

Mas talvez não lhe seja possível, ou mesmo necessário, examinar todos os fatos "ao vivo", vale dizer, observá-los diretamente, pessoalmente *in loco*. Outros já podem tê-lo feito, em condições satisfatórias, tendo em vista outros propósitos, visando a outras conclusões. O estudante poderá aproveitar o resultado dessas pesquisas e acrescentar o das suas próprias.

A ciência — usemos o termo — não é obra exclusivamente individual, mas resultado de um esforço coletivo, ao longo do tempo, através de gerações, pelo acúmulo de pesquisas e conclusões parciais, provisórias ou definitivas. Quando, na pesquisa da verdade, nos baseamos em afirmações alheias dignas de crédito, nos servimos de testemunhos autorizados, estamos aplicando o que se chama de *métodos de autoridade*. Desde que o pesquisador não se submeta servilmente, cegamente, ao testemunho alheio, mas, ao contrário, o acolha com espírito crítico, o método de autoridade constitui processo de investigação da verdade indispensável ao progresso da ciência.

> A pretensão de Descartes e Bacon de impor ao pesquisador a regra de só admitir o que pode ser visto, ouvido ou verificado por si mesmo, sem levar em conta nenhuma autoridade, tornaria não somente a história impossível como também entravaria o desenvolvimento das ciências. Com efeito, desde que uma ciência atingisse certo grau de complexidade, o trabalho de verificação pessoal a ser exigido de cada cientista absorveria sua vida inteira. Isto representaria a estagnação de todas as ciências. Por outro lado, a prática científica não concorda absolutamente com o ponto de vista cartesiano. Cada geração de pesquisadores apela sempre para a autoridade dos seus predecessores, apoiando-se sobre os seus trabalhos para a realização de suas investigações.
>
> A autoridade, quando revestida de certas condições que a tornam legítima, desempenha, portanto, um papel de grande importância no progresso da ciência, pois os cientis-

tas, sob pena de se condenarem à paralisia intelectual, aceitam, a título de base histórica, devidamente controlada, todas as observações e experiências dos seus antecessores que eles não podem verificar por si mesmos.

(Santos, 1964:223)

Se, portanto, o estudante pretende colher material para um trabalho, sobre, digamos, a ONU, não precisará assistir aos debates dessa organização, nem percorrer suas instalações, nem entrevistar seus funcionários ou dirigentes, nem mesmo, talvez, consultar *in loco* seus arquivos: basta acolher o testemunho de outros pesquisadores, testemunho a que — convém frisar — deverá acrescentar a sua contribuição pessoal, as suas conclusões parciais (que talvez venham a servir a outros). Isso também é investigação da verdade, isto é pesquisa. Não é só nos laboratórios ou em contato com a realidade viva que se descobre a verdade: também nas bibliotecas se chega a ela, sobretudo quando se trata das ciências formais (como a matemática, a física teórica, a lógica matemática, etc.) e das ciências humanas (política, economia, sociologia, etc.; ver 6. Id., 1.3.0).

1.5.2 Método dedutivo

Se, pelo método indutivo, partimos dos fatos particulares para a generalização, pelo dedutivo, "caminhamos" em sentido inverso: do geral para o particular, da generalização para a especificação, do desconhecido para o conhecido. É método *a priori*: da causa para o efeito.

1.5.2.1 Silogismo

A expressão formal do método dedutivo é o *silogismo,* que é uma "argumentação na qual, de um antecedente que une dois termos a um terceiro, infere-se um consequente que une esses dois termos entre si" (Maritain, 1962:174). Ilustremos: o aluno Joaquim Carapuça, candidato a presidente do grêmio nas eleições do ano passado, foi acusado de fraudar as atas de votação. Aberto inquérito, ficou provado o seu crime. O método foi indutivo: chegou-se à conclusão — Joaquim Carapuça fraudou realmente as atas — pela análise dos fatos revelados durante o inquérito.

Ora, o mesmo Joaquim Carapuça teve a coragem, a desfaçatez, de candidatar-se novamente ao mesmo cargo nas eleições deste ano. Como raciocinará o eleitor consciente antes de depositar seu voto na urna? Raciocinará pelo método dedutivo, "armando", sem o saber talvez, um silogismo. O seu raciocínio "se resolverá", como se diz, da seguinte forma:

Todo candidato condenado por fraude é inelegível; ora, Joaquim Carapuça foi condenado por fraude; logo, Joaquim Carapuça é inelegível.

Das três *proposições* que constituem o *silogismo,* as duas primeiras chamam-se *premissas,* e a última, *conclusão.* A primeira premissa diz-se *maior,* a segunda, *menor.* Mas entre ambas deve haver uma ideia (ou termo) comum: *condenado por fraude* (no sujeito da primeira e no predicado da segunda). Esse é o *termo médio,* condição indispensável ao silogismo verdadeiro. Além disso, a premissa maior deve ser universal: *todo* ou *nenhum.* Não pode ser *alguns,* pois sua característica é a *universalidade.*

O silogismo pode ser *válido,* quanto aos seus aspectos formais, e *verdadeiro,* quanto à matéria, ou ser uma coisa sem ser outra. No exemplo dado, ele é uma coisa e outra: *válido* e *verdadeiro.* Por quê? Porque a conclusão só pode ser verdadeira, se as duas premissas também o forem. Vejamos. O fato de nenhum candidato acusado de fraude dever ser eleito é uma premissa verdadeira? Sem dúvida. Mas como se chegou a essa conclusão? Pelo método indutivo, pela observação de um número suficiente de casos ou fatos, de exemplos, pela experiência, enfim, de se ter verificado que outros candidatos nas mesmas condições sujeitos à mesma acusação, processados e condenados pelos mesmos motivos, se revelaram maus representantes ou maus presidentes de grêmios ou assembleias, função para a qual se exige, não apenas competência, mas, principalmente, integridade moral. Admitamos, portanto, que a premissa maior é verdadeira. E a menor? sê-lo-á? Ficou provado que sim, através do inquérito, no qual se manipularam fatos. Se as duas premissas são verdadeiras, a conclusão, que delas decorre naturalmente, é também verdadeira. Por conseguinte, o eleitor consciente não vota no Joaquim Carapuça...

Vejamos agora se Joaquim Carapuça é comunista porque lê as obras de Karl Marx:

Premissa maior: Todo comunista lê Karl Marx.
Premissa menor: Ora, Joaquim Carapuça lê Karl Marx;
Conclusão: logo, Joaquim Carapuça é comunista.

Pela forma do silogismo, parece que Joaquim Carapuça é realmente comunista. Mas examinemos as premissas: a maior, pelo menos, será verdadeira? Todo comunista lê, *realmente* Karl Marx? Sabemos que muitos, de Karl Marx, só conhecem o nome e, talvez, um *extracto* da sua doutrina. Mas, se de fato o leem, como prová-lo? Só pelo exame dos fatos: será necessário consultar, então, *todos* os confessadamente comunistas — ou pelo menos um número *suficiente* deles — para sabermos, com segurança e certeza, que *todos* leem Karl Marx. Será isso possível? Se não é possível, a nossa generalização — todo comunista lê Karl Marx — talvez não seja verdadeira, pois baseou-se no que se chama "enumeração imperfeita ou incompleta", vale dizer, na observação de um número insuficiente de fatos. E se não é verdadeira a premissa maior, não importa que o seja a menor (é possível provar que Joaquim Carapuça lê Karl Marx): a conclusão será falsa. O silogismo está bem *armado,* por isso é *válido* quanto à *forma,* mas é *falso* quanto à matéria. Há, evidentemente, outras condições necessárias à sua validez e verdade, mas seria descabido discuti-las num capítulo como este, cujo propósito é dar ao estudante noções de lógica apenas elementares e indispensáveis ao encaminhamento de outras questões.

Acabamos de ver, assim, que na prática a busca da verdade se faz ao mesmo tempo pela indução (dos fatos particulares para a generalização) e pela dedução (da generalização — premissa maior — para explicar ou compreender um fato particular). Raramente chegamos à descoberta da verdade apenas por via indutiva ou apenas por via dedutiva: os dois métodos conjugam-se para o mesmo fim.

1.5.2.2 Silogismo do tipo *non sequitur*

Ninguém, em são juízo, tentaria ou conseguiria convencer-nos de que o Rio de Janeiro é uma cidade só porque tem igrejas, armando um silogismo como o seguinte:

Toda cidade tem igrejas;
ora, o Rio de Janeiro tem igrejas;
logo, o Rio de Janeiro é uma cidade.[2]

Esse silogismo traz no bojo um sofisma (ver, a seguir, 2.2) do tipo *non sequitur* ("não se segue"); quer dizer, do fato de ter igrejas *não se segue* necessariamente, não se pode concluir obrigatoriamente que o Rio é uma cidade: pode haver cidades que não tenham igrejas assim como pode haver igrejas onde não existam cidades.

No entanto, dessa espécie de silogismo muita gente se serve a todo momento, por descuido ou por malícia. Defendendo a candidatura de Joaquim Carapuça, seu cabo eleitoral poderá tentar convencer-nos da conveniência da sua eleição, armando maliciosamente, isto é, falaciosamente, sofismando enfim, uma série de silogismos do tipo *non sequitur.*

Todo mineiro é hábil;
ora, Joaquim Carapuça é mineiro;
logo, Joaquim Carapuça é hábil.

---

[2] Normalmente separam-se por um ponto as proposições do silogismo; mas pode-se também adotar o ponto e vírgula, que é, aliás, mais cabível, pois se trata de três proposições (orações) que formam um só período.

Todo indivíduo hábil é bom político;
ora, Joaquim Carapuça é um indivíduo hábil;
logo Joaquim Carapuça é bom político.

Todo bom político é bom administrador;
ora, Joaquim Carapuça é bom político;
logo Joaquim Carapuça é (será) bom administrador.

Todo bom administrador merece ser eleito;
ora, Joaquim Carapuça é bom administrador;
logo Joaquim Carapuça merece ser eleito.

Temos aí uma série de silogismos em que a conclusão do primeiro serve de base à premissa maior do segundo, a conclusão do segundo passa a ser a maior do terceiro, e assim sucessivamente. É o que a lógica chama de *polissilogismo,* que pode ser falacioso ou não; no caso, é, pois incide num sofisma de *non sequitur:* o fato de ser indivíduo hábil não implica necessariamente a qualidade de bom político, da mesma forma como o ser bom político não significa que alguém seja ou venha a ser bom administrador. Pura presunção, e presunções, superstições, tabus, preconceitos não *funcionam* como argumentos válidos, não constituem princípios ou normas de que se possam tirar conclusões logicamente aceitáveis; em outras palavras: não podem servir como premissas, a menos que o raciocínio seja vicioso. Convém, portanto, evitar o emprego de silogismos desse tipo ou não se deixar iludir por eles.

1.5.2.3 Epiquirema: premissas munidas de prova

Outro tipo de silogismo também muito comum na vida prática é o chamado *epiquirema,* que se caracteriza por ter uma ou ambas as premissas seguidas ou *munidas de prova,* quer dizer, acompanhadas de uma proposição *causal* ou *explicativa,* ou adjunto equivalente:

Todos os professores devem saber um pouco de psicologia, *porque* o contato com mentalidades em formação exige deles certa capacidade de compreender o comportamento e as reações dos jovens para melhor orientá-los e educá-los.
Ora, você é professor; logo, precisa saber um pouco de psicologia...

Situações que provocam raciocínio silogístico dessa ordem são extremamente frequentes na vida cotidiana. A necessidade de provar ou justificar nossas opiniões ou declarações parece que faz parte da natureza mesma do espírito humano. A perplexidade do homem em face de realidade quase sempre se traduz em indagações, em perguntas de "que é?" e "por que é?". As primeiras resolvem-se em definições, as segundas em indicações de causas ou motivos. A bem dizer, nossa perplexidade cessa ou diminui a partir do momento em que ficamos conhecendo as respostas para essas duas perguntas.

Quando desejamos convencer, aconselhar ou sugerir determinada atitude, muitas vezes nos servimos de epiquiremas, sobretudo na linguagem coloquial, caso em que o silogismo nem mesmo se completa, limitando-se à premissa maior, que assume então, assim isolada, o seu papel de norma ou diretriz, de regra de conduta; mas o tom e a situação em que dele nos servimos são tais, que as duas outras proposições se tornam facilmente subentendidas. Assim falará, por exemplo, em tom conselheiro — em linguagem epiquiremática, poderíamos dizer — a mãe cuidadosa ao filho recalcitrante: "Meu filho: todo menino asseado escova os dentes pelo menos duas vezes ao dia, *porque* assim elimina os germes que provocam a cárie e... Como você sabe, a cárie..." — seguem-se, com certeza, algumas outras razões bem convincentes. Por menos inteligente que seja o menino, ele há de compreender ou subentender as duas outras proposições (Ora, você é um menino asseado: logo, trate de escovar os dentes, "seu" teimoso...).

1.5.2.4 O raciocínio dedutivo e o cotidiano: o entimema

O raciocínio dedutivo preside ou condiciona praticamente a totalidade do nosso comportamento diário. As mais simples ações, reações ou atitudes mentais tanto quanto as mais complexas — seja a compra de uma dúzia de laranjas, seja a demonstração de um teorema — implicam um raciocínio dedutivo.

Nem sempre, entretanto, temos consciência de se estar elaborando em *nós mesmos* um silogismo completo. Às vezes, o que aflora no plano da consciência é apenas a conclusão, traduzida em expressão verbal, em ações, impulsos ou comandos. Mas, antes dela, ou melhor, por baixo dela, subjaz como nos *icebergs* uma elaborada série de processos mentais, que chega a ser bem extensa quando inclui ainda a indução, que, como sabemos, fornece os elementos ou dados para a generalização que vai ser a premissa maior do silogismo dedutivo. É frequente omitir-se a premissa maior quando se aceita pacificamente, tacitamente, a regra ou norma que nela se contém. Resulta daí um silogismo truncado ou incompleto, a que a lógica dá o nome de *entimema*: "Joaquim Carapuça é acusado de fraude; logo, não deve ser eleito", "Joaquim Carapuça lê Karl Marx; logo, é comunista".

Não é preciso declarar expressamente que "nenhum indivíduo acusado de fraude deve ser eleito" ou que "todo indivíduo que lê Karl Marx é comunista" (relembrem-se as observações anteriores sobre a validade da premissa maior) para se chegar à conclusão. Na prática, às vezes nem mesmo a premissa menor é enunciada: vai-se logo à conclusão. Nesta hipótese, porém, quase sempre se impõe uma justificativa, isto é, a prova ou razão do que se declara. A justificativa ocorre espontaneamente ou resulta de pergunta do interlocutor, quando se trata da língua falada: "Por quê? Por que diz você que Joaquim Carapuça não deve ser eleito (ou que é comunista)?"

A vida cotidiana está cheia de situações que se "resolvem" em entimemas. Não é preciso dizer com todas as letras que os mentirosos não merecem crédito para não dar ouvidos ao que nos diz um mentiroso notório. Basta afirmar: Joaquim Carapuça *é um mentiroso* ("logo, não acredite no que ele diz" é uma conclusão tão espontânea, que se torna desnecessário formulá-la).

A experiência nos ensina que às pessoas nervosas ou irritadas convém ouvi-las com certa paciência ou tolerância. Se o nosso herói Joaquim Carapuça, por estar nervoso ou irritado, nos dirige impropérios, um amigo mais tolerante, "de cabeça mais fria", nos advertirá: "Ele está nervoso." A essa advertência não precisa seguir-se a recomendação "logo, tenha um pouco de paciência"; a conclusão é facilmente subentendida. De qualquer forma, nosso amigo serviu-se de um silogismo incompleto ou truncado, cuja finalidade mesma é persuadir e não propriamente demonstrar, como já ensinava Aristóteles (1959:21, 27), a quem se deve, aliás, a criação da palavra *enthymema (en* = em, *thymos,* espírito, pensamento). É um raciocínio de fácil manejo, mesmo entre os incultos. É pensando "entimematicamente" que, com frequência, agimos e reagimos em face de situações concretas do nosso dia a dia. E é nessa capacidade de o homem comum pensar, sem grande esforço, entimematicamente, que se inspiram os profissionais da propaganda comercial: legendas, *slogans* e cartazes publicitários são essencialmente entimemáticos — e também metonímicos. Ver, a respeito, Eco (1971:156-184).

Os exemplos que acabamos de apresentar são apenas algumas das variedades mais comuns de silogismo categórico; mas, além deste, há outros tipos — o expositório, o condicional, o apodítico, etc. — que, por sua vez, se revestem de formas as mais diversas: dizem os entendidos que há 64 espécies, das quais, entretanto, apenas 10 ou 12 são válidas.

Se são assim tão variadas as formas do silogismo, é fácil admitir que em quase tudo quanto fazemos ou dizemos haja sempre pelo menos vestígios ou resíduos de raciocínio dedutivo. Tentando mostrar como esse tipo de raciocínio é frequente na vida diária, Gorrell e Laird (1962:109-110) nos oferecem um exemplo tão interessante, que não resistimos à tentação de transcrever alguns trechos dele, pondo entre colchetes algumas informações para orientar o leitor:

> um estudante, pouco antes de começar uma das suas aulas, sente uma indisposição no estômago. Dirige-se então ao bar e pede um *milk shake* de chocolate. Provavelmente

nem sequer pensou no que fez. Se alguém lhe perguntasse porque pediu o *milk shake,* certamente responderia que o fez porque "teve vontade".

Na realidade, seu raciocínio foi muito mais complexo e essencialmente dedutivo. Deve ter sido mais ou menos assim: "Sinto uma estranha dor no estômago; já uma vez, quando experimentei sensação igual, estava com fome [premissas maior e menor reversas]; portanto, devo estar com fome. Quem está com fome deve comer alguma coisa. [Ora] eu estou com fome; logo, devo comer alguma coisa. Quem precisa comer alguma coisa apressadamente deve procurar algo que possa ser preparado e servido em alguns instantes [ora, *milk shake* pode ser preparado e servido em alguns instantes]; logo, *milk shake* é uma boa coisa para ser pedida ao garçom, se é que estou com pressa. Quem tem de estar na sala de aula dentro de sete minutos está com pressa; [ora] eu tenho uma aula de economia dentro de sete minutos; logo, estou com pressa. *Milk shake* de chocolate é servido nos bares; [ora], isto aqui é um bar: logo, *milk shake* deve ser servido aqui. Pode-se tomar *milk shake* quando se tem dinheiro; [ora] eu tenho dinheiro; logo, posso tomar *milk shake*. E assim por diante. A decisão de tomar um copo de *milk shake,* considerada mais atentamente, implica uma série tão elaborada de raciocínios dedutivos, que o estudante que começar a analisar seu pensamento acabará certamente por perder a aula de economia, para não falar do próprio *milk shake*".

2.0 Falácias

2.1 A natureza do erro

Ainda que cometamos um número infinito de erros, só há, na verdade, do ponto de vista lógico, duas maneiras de errar: erramos raciocinando *mal* com dados *corretos* ou raciocinando *bem* com dados *falsos*. (Haverá certamente uma terceira maneira de errar: raciocinando *mal* com dados *falsos*.) O erro pode, portanto, resultar de um vício de *forma* — raciocinar *mal* com dados *corretos* — ou de *matéria* — raciocinar *bem* com dados *falsos*.

Todavia, não se deve confundir o erro em si (a opinião falsa) com o raciocínio que o produziu. Não cabe à lógica investigar as causas do erro (isso é missão da psicologia, da metafísica, talvez, e das ciências), mas descrever-lhe as *formas*. As crendices, as superstições, os tabus são erros: não compete à lógica debatê-los, mas apenas mostrar que as falsas opiniões deles decorrentes tiveram como ponto de partida um raciocínio ilegítimo ou vicioso.

2.2 Sofismas

A esse raciocínio vicioso ou falacioso é que a lógica chama de *sofisma, i.e.*, falso raciocínio elaborado com a intenção de enganar.[3]

Bem, mas para que haja erro é preciso haver um julgamento, uma declaração, uma opinião expressa, que nega o que é e afirma o que não é. Erramos, pois, quando declaramos ou generalizamos apressadamente. Mas, quando dizemos: "Fulano é antipático" ou "Fulano só falou comigo uma vez e já me considera antipático", não há, propriamente, raciocínio; manifestou-se apenas uma impressão resultante daquilo que, em lógica, se chama "simples inspeção". É a simples inspeção (ausência de análise dos fatos ou análise superficial deles) que nos leva a pronunciamentos motivados por impulsos afetivos, a expressão de sentimentos e não a juízos pautados pela razão.

---

[3] Ao sofisma que não é intencionalmente vicioso, isto é, que não tem o propósito de enganar, chamam os lógicos *paralogismo*. O sofisma implica má-fé; o paralogismo pressupõe boa-fé (Cf. Liard, 1930:198).

Os lógicos dividem os raciocínios falazes, quer dizer, os *sofismas*, em *formais* (erro resultante de um vício de forma) e *materiais* (erro resultante de um engano da apreciação da *matéria*, vale dizer, dos *fatos*).

Os principais sofismas materiais (de que trataremos aqui preferentemente), as verdadeiras falácias do raciocínio são, segundo os entendidos: a *definição inexata*, a *divisão incompleta*, os *falsos axiomas*, a *ignorância* (ou desconhecimento) *da questão* (ou assunto), a *petição de princípio*, ou *círculo vicioso*, a *observação inexata*, a *ignorância da causa* (falsa causa), o *erro de acidente* e a *falsa analogia*, sendo alguns de indução e outros de dedução.

2.2.1 Falsos axiomas

Axioma é um princípio necessário, comum a todos os casos, evidente por si mesmo, não propriamente indemonstrável, mas de demonstração desnecessária, tal é a evidência do que se declara: o todo é maior do que a parte, duas quantidades iguais a uma terceira são iguais entre si. (São conhecidos, pelo menos de nome, os 12 axiomas de Euclides, número considerado excessivo pelo geômetra francês Legendre, que os reduziu a cinco, numa obra com o mesmo título da de Euclides: *Elementos de geometria*.) Embora o termo se aplique de preferência à matemática, é costume empregá-lo, por extensão, no sentido de qualquer proposição ou máxima geralmente aceita nas ciências ou na moral: "É um *axioma* geralmente admitido que, cedo ou tarde, se descobre a verdade" (J.-J. Rousseau).

Essa máxima de Rousseau será um verdadeiro ou falso axioma? E esta outra: "Tudo o que existe e tem limites no espaço os tem igualmente no tempo de duração?" (Maricá, 1958:3333). Muitas sentenças ou máximas assumem, às vezes, a imponência de axiomas, e aquele que tenta construir o seu raciocínio sobre essa aparência de verdade, ou verdade relativa, acaba... sofismando. Muito orador ou polemista ousado "arma" a sua argumentação com essas verdades aparentes, esses falsos axiomas, dando como evidente por si mesmo, dando como indemonstrável aquilo que é, apenas, o resultado da sua presunção, da sua ousadia, ignorância, malícia ou insuficiência de argumentação.

2.2.2 Ignorância da questão

Esta é uma das falácias mais comuns nas polêmicas ou debates, principalmente quando a veemência e a paixão nos desviam insensivelmente da *questão* em foco, até um ponto em que já não nos *lembramos do assunto discutido*, substituindo-o por outro ou outros não pertinentes, mas capazes de comover, irritar ou desesperar o ouvinte ou leitor. Fugimos aos *fatos*; ao raciocínio frio, como se diz, apelando para a emoção.

Que faz o advogado de defesa, em face das provas concludentes, irrefutáveis, de que o acusado praticou realmente o crime que lhe é imputado? Não podendo negar a evidência dos fatos, apelará para o "bom coração", para os "sentimentos de humanidade" dos jurados, dizendo que o acusado é um excelente chefe de família, um pai extremoso, trabalhador honesto, cidadão exemplar... O advogado de defesa "esqueceu" a questão, desviando-se, maliciosamente, falaciosamente, para outro terreno onde, com o apelo aos sentimentos, acompanhado, certamente, da teatralidade dos gestos, espera comover e convencer os jurados. Mas não provou nada: sofismou.

A *ignorância da questão* assume outros aspectos muito comuns nas assembleias políticas e nos comícios, assim como em certa imprensa, em que políticos e jornalistas demagógicos, por lhes falecerem argumentos válidos com que rebater a evidência dos fatos apresentados pelos oponentes, descambam para o insulto, o impropério, a calúnia: Fulano é ladrão. Fulano é entreguista. Fulano é comunista. Fulano é "gorila".

Argumentam? Não. Sofismam.

O administrador ou homem público acusado de não cumprir a lei que o obrigava a abrir concorrência para a pavimentação de certo trecho de estrada, poderá alegar que a simples tomada de preços trouxe economia de tempo e de dinheiro, e que os serviços prestados foram os mais satisfatórios. Sua resposta será uma defesa, uma alegação, uma desculpa, enfim. E desculpa não convence. O administrador não provou que tinha razão, não provou que suas providências eram legais; sofismou, ignorando a verdadeira questão.

2.2.3 Petição de princípio

É também argumento de quem... não tem argumentos, pois apresenta a própria declaração como prova dela, tomando como coisa demonstrada o que lhe cabe demonstrar, isto é, admitindo já como verdadeiro exatamente aquilo que está em discussão. Só por gracejo ou então com o propósito de "encerrar o assunto", diria alguém: "Fulano morreu de velho porque viveu muitos anos" ou "Fulano morreu pobre porque não tinha dinheiro". As orações de "porque", dadas como causa da declaração (morreu de velho, morreu pobre), são a própria declaração disfarçada em outras palavras. É a *petição de princípio*, também chamada *círculo vicioso*. Não é raro ouvirmos, ditas com tom de autossuficiência, coisas desta ordem: o fumo faz mal à saúde porque prejudica o organismo; os corpos pesados tendem sempre a cair porque são atraídos para o centro da Terra; estas crianças são muito mal-educadas porque nunca aprenderam boas maneiras; Machado de Assis é o maior escritor brasileiro porque nenhum outro jamais atingiu as mesmas alturas no que respeita à criação literária; por isso, sua obra é imortal: jamais será esquecida...

Isso, evidentemente, não é argumentar mas alinhavar palavras que nada acrescentam à própria declaração: não a fundamentam, não a justificam. Todo aquele que se inicia ou se exercita na arte de escrever deve evitar esse tipo de falsa argumentação, que a gramática chama ora de *tautologia* (dizer a mesma coisa com outras palavras), ora de *redundância* (repetir pormenores já implícitos em declaração prévia). Ao tratarmos da *concisão do parágrafo*, mostramos como "pegar pelo pescoço" esse tipo de sofisma e "torcê-lo", tal como nos recomenda Verlaine que façamos com a eloquência:

> Prends l'éloquence et tords-lui son cou!
>
> ("Art poétique", *Jadis et naguère*)

2.2.4 Observação inexata

O erro de julgamento resultante da *observação inexata* é antes um paralogismo do que um sofisma propriamente dito, a menos que se trate de "escamoteação" de fatos para falsear a conclusão. Nas suas experiências de laboratório, ou melhor, nas suas aulas práticas de ciências, o estudante incide, por vezes, em erro por não ter observado adequadamente as fases de uma reação química, por exemplo. Na *descrição de um processo* (funcionamento de aparelho ou máquina) ou de um *objeto*, o estudante, não raras vezes também, omite certos *estágios* ou certas *partes*, chegando assim a conclusões falsas ou a declarações incompletas, simplesmente porque não *observou os fatos* ou dados concretos (ver "Descrição técnica" 8. Red. Téc., 1.2).

2.2.5 Ignorância da causa ou falsa causa

O espírito humano não se contenta com a simples observação dos fatos: procura também a sua explicação, a sua razão de ser, a sua causa, enfim. Partindo da simples *observação*, criando *hipóteses*, *verificando* (testando), chega-se à *generalização*, à lei ou princípio científico. Observação, hipótese, verificação e generalização constituem, de fato, os estágios normais do método experimental. Nas ciências ditas experimentais ou da natureza (as físico-químicas, por exemplo), o observador (cientista, pesquisador) busca a *relação constante e geral* entre fenômenos (fatos) simultâneos ou sucessivos. Se descobre essa relação, descobre a *lei* ou *princípio científico*. Dos fenômenos observados, o que determinou o outro é *causa*; o determinado é o *efeito*. Estabelece-se assim uma relação de causa e efeito.

É verdade que nas ciências ditas morais e sociais, ou humanas (a história, a sociologia, a política, por exemplo) a descoberta das causas não se faz com a mesma segurança; por isso, muitos contestam serem elas verdadeiras ciências, já que as suas conclusões parecem simples opiniões pessoais mais ou menos plausíveis. Entretanto, os fenômenos que estudam, nem por serem distintos dos das ciências experimentais, deixam de ter as suas causas e suas leis, causas e leis que são ou indicam relações necessárias quer entre fatos quer entre atos. Suas conclusões podem ter assim um incontestável caráter de certeza, ainda que de outra ordem, diversa da das ciências experimentais.

É inegável que a característica predominante da natureza humana é querer saber sempre não apenas *o que* acontece mas também *por que* e *como* acontecem as coisas. Essa curiosidade, essa verdadeira ânsia de querer saber sempre a causa dos fatos, nos pode, entretanto, levar, não raro, a erros de julgamento, quando o nosso raciocínio é falho em qualquer dos seus estágios. Incidimos, por exemplo, em erro, quando, por falsa ou maliciosa observação e interpretação dos fatos, lhes atribuímos como verdadeira causa o que é simples aparência ou coincidência. Se, pouco antes de me deitar, tomo uma xícara de café e custo a conciliar o sono, sinto-me inclinado a admitir que a causa da minha insônia tenha sido a infusão, o que é provável, mas não certo. Se, à noite, cruzo com um gato preto na rua, e logo adiante tropeço e caio e admito que a causa da minha queda foi o encontro com o felino, estou raciocinando por indução, sim, mas incidindo em erro, ao crer que o que vem antes é a causa do que ocorre depois: *post hoc ergo propter hoc* ("depois disso, logo, por causa disso"). Maneira simplista de explicar os eventos, pois o que vem antes não é, necessariamente, a causa do que vem depois. No entanto, não é raro raciocinarmos assim, por preguiça ou por malícia, chegando a conclusões apressadas ou intencionalmente buscadas, por considerarmos como causa o que não é causa (*non causa pro causa*, como também é conhecida essa espécie de falácia ou sofisma).

Todavia, a busca da relação de causa e efeito caracteriza o mais eficaz e talvez o único método verdadeiramente científico. Em que se baseia, por exemplo, a previsão do tempo, se não na observação de certas condições atmosféricas (fatos), que a experiência provou serem a causa da chuva? Olho para o céu, vejo nuvens densas, "carregadas", venta com intensidade, troveja e relampeja, e sentencio: *Vai chover*. Estabeleci uma relação entre causa (verdadeira) e efeito. Mas quem nos garante que o aumento da população tem como causa única a existência de famílias prolíferas? ou que a causa da cabeça chata da maioria dos nordestinos é a rede onde dormem? ou que a causa da prolificidade é a subnutrição? ou que o desenvolvimento do Brasil tem como causa o temperamento latino ou a miscigenação?

Afirmações como essa são gratuitas, ou o são até que realmente se estabeleça a relação necessária entre o fato declarado e o que se considera como sua causa. Isso, entretanto, nem sempre é possível, pois, como vimos, os fenômenos de natureza espiritual, social, política, e até econômica (estudados pelas ciências humanas) não podem ser atribuídos a uma causa única, mas a um complexo delas, nem sempre identificáveis porque nem sempre constituem *fatos* materiais *mensuráveis* ou *ponderáveis*. Daí decorrem muitas generalizações falsas ou parcialmente falsas.

2.2.6 Erro de acidente

Erro de acidente é aquela falácia em que se toma o acidental como se fosse um atributo essencial, constante, do que resulta, evidentemente, uma generalização falsa. Certo político revelou-se desonesto; logo, raciocinando com *erro de acidente*, concluímos que todos os políticos são desonestos. Certo médico enganou-se no tratamento de um parente nosso; logo, a medicina é inútil, e todos os médicos são charlatães. Quem mete a faca na barriga de alguém é criminoso: ora, os cirurgiões fazem isso; logo, os cirurgiões são uns criminosos: silogismo sofístico por *erro de acidente*. Pois não é dessa ordem grande parte das "sentenças judiciosas" que ouvimos ou lemos todos os dias? Acautele-se, portanto, o estudante, evitando emiti-las ou não se deixando convencer por elas.

2.2.7 Falsa analogia e probabilidade

Analogia é semelhança: ela nos pode levar a uma conclusão pela indução, mas indução parcial ou imperfeita, "na qual o espírito passa de um ou de alguns fatos singulares (ou de uma enunciação universal) não a uma conclusão universal, mas a uma outra enunciação singular ou particular, que ele infere em virtude de uma semelhança" (Maritain, 1962:273).

É, assim, a analogia uma relação entre coisas ou entre procedimentos do espírito, em que o raciocínio conclui de certas semelhanças observadas para outras não observadas,[4] isto é, parte da coisa conhecida para explicar a desconhecida.

Quando queremos fazer-nos compreender melhor, servimo-nos frequentemente de um exemplo constituído por coisa, fato ou objeto mais familiar ao leitor ou ouvinte: "A Terra é uma espécie de bola, ou melhor de laranja, também achatada nos polos" — diríamos a uma criança curiosa, servindo-nos de uma analogia, no caso, de um exemplo. "Marte deve ser habitado (é uma hipótese, e a analogia cria hipóteses e não certezas), pois, como a Terra, também tem rotação e revolução, também tem uma atmosfera, além de se parecer com a própria Terra pela forma" — é uma conclusão tirada por analogia, por semelhança, mas uma conclusão *provisória*, uma *hipótese*, enfim, sujeita que está a confirmação resultante da observação de outros fatos. E, por ser uma hipótese, diz-se que o raciocínio por analogia é uma forma de *indução imperfeita*, já que parte de um caso singular para outro singular: do planeta Terra para o planeta Marte.

O cão do nosso vizinho coçava-se dia e noite e perdia o pelo. Seu dono, depois de lhe aplicar sem resultado mil e um preparados contra sarna, resolveu chamar o

---
[4] Cf. Lahr (1926:407).

veterinário, que diagnosticou como causa o ácido úrico, provocado por alimentação inadequada. Raciocinando por analogia, concluímos que nosso cão também tinha ácido úrico, pois os sintomas eram os mesmos e os mesmos preparados não surtiram efeito. Nosso vizinho nos forneceu (gentilmente) a receita, e nosso cão ficou bom sem precisar de veterinário. O cão sarou. Mas podia não ter sarado, pois só levamos em consideração as semelhanças entre os casos particulares — sintomas idênticos nos dois cães — sem termos em conta as possíveis diferenças que talvez recomendassem outro tratamento. Pode assim a analogia ser um processo falaz; não obstante, dela nos servimos a todo momento: "Sentes uma *dor do lado?* É fígado. Toma *Hepatolina*, que passa logo." (Às vezes, passa: de médico e louco todos temos um pouco...)

O raciocínio por analogia é uma indução parcial ou imperfeita, que conclui do particular (a sarna do cão do meu vizinho, a minha "dor do lado") para o particular (a sarna do meu cão, a "dor do lado" do meu amigo), apenas em virtude de uma semelhança:

> O cão do meu vizinho ficou bom com o preparado que o veterinário lhe receitou.
>
> Ora, meu cão apresentava sintomas semelhantes;
>
> logo, meu cão há de sarar com o mesmo preparado que curou a sarna do cão do meu vizinho.

ou

> Você sente uma dor do lado.
>
> Ora, eu também sentia uma dor semelhante, também "do lado", e fiquei bom com *Hepatolina*;
>
> logo, se você tomar *Hepatolina*, ficará bom também.

Mas a cura do cão e a cura do meu amigo são coisas prováveis, porque o raciocínio por analogia, embora exerça papel considerável na descoberta da verdade, só nos fornece probabilidades e não certezas. É assim uma forma de inferência a partir de um fato isolado para outro fato isolado. Porque só nos fornece probabilidades, é sempre preferível recorrer ao silogismo ou à indução de enumeração perfeita ou completa.

Comparações e exemplos constituem também formas elementares de raciocínio por analogia ou semelhança, destinadas não propriamente a chegar a uma conclusão mais ou menos provável, mas apenas a ilustrar ou esclarecer uma proposição ou declaração, tornando-a mais sensível pelo cotejo com outro fato particular, porém mais conhecido (rever 3. Par., "Desenvolvimento por analogia e comparação", 2.3).

Quinta parte

5. Ord. — Pondo ordem no caos

1.0 Modus sciendi

A *análise*, a *síntese*, a *classificação* e a *definição* constituem outros tantos processos de disciplina do raciocínio, de organização e ordenação de ideias com o propósito de sistematizar a pesquisa da verdade. São, assim, métodos ditos *sistemáticos*, embora a análise corresponda, em essência, à indução, e a síntese, à dedução. São também chamados *modus sciendi*, isto é, modo(s) de saber.

1.1 Análise e síntese

Todo método é, em essência, analítico ou sintético. Análise é a decomposição de um todo em suas partes, uma operação do espírito em que se parte do mais complexo para o menos complexo, ou, em outras palavras, do todo para suas partes.

Ora, a grande dificuldade do conhecimento científico decorre da natureza complexa das coisas. Para perceber as relações entre as ideias, fatos, fenômenos, seres ou objetos, a inteligência humana precisa discriminar, dividir, isolar as dificuldades para resolvê-las. Daí a necessidade de análise, método geral de que se servem todas as ciências. O espírito analítico caracteriza-se pelo senso do detalhe, da exatidão, preocupando-se mais com as diferenças entre os objetos do que com as suas semelhanças ou analogias. Mas a análise, por si só, não alcança toda a verdade dos fatos ou fenômenos. Nas operações mentais em busca da verdade, o espírito humano tem de servir-se também da síntese, que é a reconstituição do todo decomposto pela análise. Se, sem esta última, todo conhecimento é confuso e superficial, sem aquela, ele é, certamente, incompleto, ou, como diz Victor Cousin (citado por Santos, 1964:224), "síntese sem análise é ciência falsa, e análise sem síntese é ciência incompleta". O espírito sintético nos permite uma visão de conjunto, pois, ao contrário do analítico, apoia-se nas semelhanças ou analogias entre seres, fatos, fenômenos ou ideias.

Esses dois processos, inversos mas complementares, estão na base de todos os métodos científicos sem exceção, e sua aliança constitui, por assim dizer, o verdadeiro método geral de que se servem as ciências.

1.1.1 Análise formal e análise informal

Há dois tipos de análise: a *formal* (científica ou experimental) e a *informal* (racional ou mental). A primeira é peculiar às ciências matemáticas e físico-naturais ou experimentais. A segunda, que não pode ser completa nem caracterizar-se pela exatidão absoluta, consiste em discernir por vários atos distintos da atenção os elementos constitutivos de um todo, os diferentes caracteres de um objeto ou fenômeno. Este último tipo constitui a condição da abstração e da formação de ideias gerais.

Faz análise formal o naturalista que, para nos dar uma ideia do que são os seres vivos, divide (*i.e.*, analisa) as características gerais do seu comportamento, de acordo com a finalidade da exposição, levando em conta as diferenças entre elas:

> Para descobrirmos as características gerais dos seres vivos e verificar em que diferem eles de matéria bruta, vamos examiná-los sob os dez aspectos seguintes: 1. Composição. 2. Organização. 3. Metabolismo. 4. Coordenação. 5. Excitabilidade. 6. Reprodução. 7. Crescimento. 8. Hereditariedade. 9. Evolução. 10. Relações com o ambiente.
>
> (Pessoa, 1960:85)

É análise formal ou científica porque baseada nas relações constantes e invariáveis entre os seres e seu comportamento.

Faria análise informal o constitucionalista que, desejoso de estudar certo aspecto da estrutura governamental, assim discriminasse (*i.e.*, dividisse ou analisasse) o seu tema:

a) a constituição;
b) o governo federal;
c) o governo regional ou local;
d) a administração pública;
e) as funções econômicas e sociais do governo;
f) as instituições políticas consagradas.

(Cavalcanti, 1962:100)

1.1.2 Exemplo de análise de um tema específico

O aluno que quisesse fazer uma redação a respeito, digamos, das riquezas do Brasil, não poderia desenvolver o seu tema sem o trabalho preliminar da *análise*, tão numerosas e variadas são as ideias implícitas em "riquezas". Na prática, esse trabalho consistiria numa lista preliminar, mais ou menos caótica, de todos os "sinais" de riqueza que lhe fossem ocorrendo como consequência das suas leituras ou experiência. Arrolaria certamente as que mais importassem ou todas aquelas de que tivesse conhecimento. O resultado, *i.e.*, o rol desses dados (ou fatos) seria mais ou menos desta ordem: riquezas minerais — ferro, carvão, petróleo, café, solo fértil, cacau, babaçu, ouro, pedras preciosas, rios caudalosos, madeiras, matérias-primas, cana-de-açúcar, terra imensa, topografia acessível, clima ameno... A lista, por longa que fosse, ainda assim seria incompleta — ou talvez demasiadamente longa, pois tudo dependeria das dimensões do trabalho, do propósito dele e do tipo de leitor a que se destinasse. Na primeira hipótese — enumeração incompleta — o aluno poderia tomar cada um dos itens ou alguns deles e submetê-los a uma nova análise, decompondo-os, especificando-os cada vez mais. Sirva de exemplo o primeiro: *riquezas minerais*. Basta saber um pouco de geografia econômica do Brasil para enumerar sem esforço várias espécies delas e verificar, aliás, que algumas já estão incluídas na lista caótica. O segundo estágio da análise daria coisa mais ou menos assim:

I. Riquezas minerais:
a) ferro;
b) manganês;
c) cobre;
d) estanho;
e) cassiterita;
f) pedras preciosas, etc.

Se quisesse prosseguir, era só tomar o subtópico (f) e por sua vez também decompô-lo (as diferentes espécies de pedras preciosas). Fazendo a mesma coisa com os outros tópicos ou itens, o aluno acabaria dispondo de tanto material (ideias, fatos) que daria para um livro e não uma simples redação de 50 ou 100 linhas. Com isso, o plano se estaria delineando, mas ainda de maneira desordenada. O segundo estágio desse processo preliminar de elaboração mental, isto é, o segundo *modus sciendi* — a classificação — de que trataremos no tópico seguinte, levaria a uma disposição mais adequada da matéria.

1.2 Classificação

Se, pela análise, decompomos o todo em suas partes, pela classificação estabelecemos as relações de dependência e hierarquia entre essas partes. Em outras palavras: classificar é distribuir os seres, as coisas, os objetos, os fatos ou fenômenos de acordo com suas semelhanças e diferenças. Constitui essa operação uma das funções essenciais da inteligência humana. A formação de qualquer ideia geral é um ato de classificação, que tanto pode consistir num processo cômodo, prático mas arbitrário, que nos permita coordenar, esclarecer e transmitir nosso conhecimento, quanto representar realmente as relações intrínsecas, essenciais e invariáveis, a hierarquia, enfim, entre as ideias. No primeiro caso, a classificação se diz *artificial*, no segundo, *natural*, sendo esta própria de ciências tais como a zoologia e a botânica, por exemplo.

Mas análise e classificação ligam-se tão intimamente, que às vezes se podem confundir, pelo menos entre os leigos. Tanto isso é verdade, que, com frequência, os dois termos são empregados como sinônimos, imprecisão que se deve evitar: análise é decomposição, e classificação é hierarquização.

Quando o zoólogo divide (ou classifica) o reino animal em 12 *ramos* (um dos quais corresponde aos vertebrados), 44 *classes* (cinco das quais são subdivisões dos vertebrados: peixes, batráquios, répteis, aves e mamíferos), 80 *ordens* (12 das quais correspondem a subdivisões dos mamíferos), e prossegue, tomando, por exemplo, a principal ordem dos mamíferos — os primatas — e subdividindo-a em famílias ou *subordens*, e estas em *gênero e espécies* (macaco, homem) — quando assim age, está o zoólogo classificando os animais de acordo com seus caracteres ao mesmo tempo comuns e diferenciadores.

Mas, fora das ciências ditas naturais, a classificação pode consistir num processo *mais ou menos arbitrário*, em que se tomam os caracteres comuns e diferenciadores de maneira *mais ou menos convencional*, segundo os propósitos que se tenham em vista, ou uma série de fatores circunstanciais. Considere-se a seguinte lista de coisas e seres: relógio, bicicleta, arroz, sabiá, barbeador elétrico, motocicleta, batata, canário, ventilador, automóvel, feijão, galinha. Trata-se de uma enumeração caótica; só a classificação pode pôr-lhe ordem, classificação que se fará segundo as afinidades comuns entre os elementos da série:

MECANISMOS	VEÍCULOS	ALIMENTOS	AVES
relógio	bicicleta	arroz	sabiá
barbeador elétrico	motocicleta	batata	canário
ventilador	automóvel	feijão	galinha[1]

Os alunos de uma turma podem ter classificação segundo diferentes critérios: a cor dos cabelos, a idade, o aproveitamento, a religião, a aplicação, a disciplina, etc., tudo dependendo do propósito. As palavras, num dicionário comum, estão ar-

---

[1] Exemplo, adaptado, de Gorrell e Laird (1962:128).

roladas pela ordem alfabética; mas, num dicionário analógico, podem vir agrupadas pela afinidade de sentido. Nas gramáticas, elas estão classificadas (distribuídas em classes) em substantivo, adjetivo, artigo, numeral, pronome, verbo, advérbio, preposição, conjunção e interjeição.

1.2.1 Coordenação e subordinação lógicas

O mesmo se pode fazer com todos os fatos, fenômenos ou ideias, mas o que importa — e este é o princípio geral da classificação — é que se levem em conta duas relações básicas entre as unidades ou elementos: a *coordenação* e a *subordinação*. Retomemos a classificação do reino animal, de que tratamos há pouco: na ordem dos mamíferos encontramos os primatas, os insetívoros, os quirópteros, os carnívoros e outros. Como subdivisão, os primatas, os insetívoros, os quirópteros, os carnívoros são termos *subordinados* a mamíferos, mas *coordenados* entre si, pois têm caracteres básicos comuns. Assim também a classe de palavra *substantivo* subordina as suas variedades: próprio, comum, concreto, abstrato, simples, composto, primitivo, derivado. Estas variedades estão coordenadas entre si, porque são, de certo modo, paralelas, tendo relativamente a mesma extensão, mas extensão que é menos ampla do que a do conceito geral de *substantivo*.

1.2.2 Classificação e esboço de plano

Servindo-se do tema "riquezas do Brasil", ao correr os olhos pela lista caótica da fase preliminar do seu trabalho, verificaria o estudante que nem todos os itens têm a mesma extensão; quer dizer: uns são mais amplos, mais gerais, do que outros, mais específicos. Já teria verificado, como mostramos, que "riquezas minerais" inclui ferro, manganês, cobre, estanho, etc. Admitindo que "riquezas minerais" viesse a ser o primeiro tópico (a ordem dependeria da ênfase e do desenvolvimento que lhe fosse dado), o aluno numerá-lo-ia (algarismo arábico, de preferência), sotopondo-lhe os subtópicos (especificações), encabeçados por letras minúsculas, ou por algarismos romanos, se alguns deles ou todos viessem a ser subdivididos. Resultado:

    1. Riquezas minerais:
      a) ferro
      b) manganês, etc.
      ....
      ....
      ....
      f) pedras preciosas.

Mas, como "pedras preciosas" pode ser especificado, a nomenclatura dos tópicos passaria a ser:

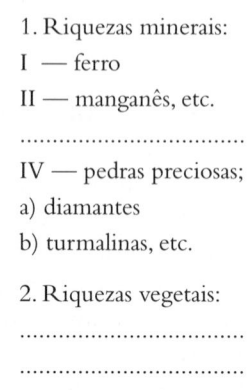

> 1. Riquezas minerais:
> I — ferro
> II — manganês, etc.
> ....
> IV — pedras preciosas;
> a) diamantes
> b) turmalinas, etc.
>
> 2. Riquezas vegetais:
> ....
> ....

Fazendo a mesma coisa para os demais itens ou tópicos, o aluno teria concluído a *classificação* e, *ipso facto*, teria delineado o *plano* ou *roteiro* ou *esquema* do seu trabalho (ver ainda a aplicação desse processo no preparo de plano de uma descrição, em 7. Pl., 1.0, e, quanto à disposição e numeração dos tópicos, "Observações", em 7. Pl., 2.4).

1.3 Definição

A definição, como *modus sciendi*, é um recurso de expressão de que nos servimos para dizer o que é que queremos dar a entender quando empregamos uma palavra ou nos referimos a um objeto ou ser. Como uma das categorias da lógica, traduz-se numa "proposição afirmativa que tem por fim fazer conhecer exatamente a extensão e a compreensão de um termo e da ideia correspondente". Consiste, assim, numa fórmula verbal através da qual se exprime a essência de uma coisa (ser, objeto, ideia). É, portanto, uma operação do espírito em que se determina a compreensão que caracteriza um conceito.[2]

A semiologia distingue duas espécies de definição: (a) a que se faz por referência à coisa denotada pelo signo (definição *denotativa*, *referencial* ou *ostensiva*); (b) a que se faz por meio de signos pertencentes a um sistema construído, a uma língua artificial ou metalíngua (definição *semântica* ou *metalinguística*; nos dicionários, essa definição se diz *lexicográfica*).

---

[2] Cf. Lalande (1962:209), verbete *définition*.

Nos dicionários, a definição é uma análise semântica da palavra-verbete, análise que, com frequência, se confunde com a descrição do próprio objeto, da coisa a que se refere. Portanto, podem-se definir palavras (definição metalinguística) como se podem definir (descrever) coisas.³

Mas, se todas as palavras podem ser definidas semanticamente, nem todas as coisas admitem definição, segundo os rigores da lógica. Só se definem as *classes*; as *espécies*, os indivíduos, as obras individuais, *lato sensu*, só podem ser *descritos* ou caracterizados. Definimos *o* homem (a *classe dos* homens): "é um animal racional"; mas não podemos definir *um* homem que se chama Joaquim Carapuça (uma espécie dentro da classe): este só podemos descrever, caracterizando-o, apontando nele os traços que o distinguem dos outros indivíduos da mesma classe. Posso definir *o* amor em geral, mas não uma determinada espécie de amor, aquele que levou Joaquim Carapuça a matar por ciúmes a sua querida Serafina. Na prática, entretanto, é usual empregar "definir" no sentido de *descrever, caracterizar, explicar*.

A definição é um dos mais eficazes e mais frequentes recursos da expressão de que nos servimos na exposição ou explanação de ideias. Nas ciências — sobretudo nas ciências exatas — dificilmente se pode dela prescindir. Não há, praticamente, uma só matéria — mesmo que seja geografia ou história, ciências essencialmente descritivas — em que o professor não se veja na contingência de definir algo. Definir é uma das contingências do cotidiano. É válido dizer que, *grosso modo*, toda nossa ânsia de saber, de conhecer — como todo nosso propósito de ensinar, de informar — se resolve, em última análise, em termos de definição. Viver é, em grande parte — ou é essencialmente — um indagar permanente, um perguntar a todo instante "que é isso?", é uma constante busca de respostas que, traduzidas em definições, saciam nossa curiosidade, esclarecem nossas dúvidas, informam-nos ou levam-nos a conhecer.

Ora, se é nas escolas que mais perguntas se fazem e mais respostas se dão — respostas que não são apenas a perguntas de "por quê?",⁴ de "como?" e de "quando?", mas sobretudo de "que é isso?" —, nada mais justificável do que ensinar a definir. A maioria dos testes e dos exames consistem em responder a "que é isso?" (ou era assim antes da obsessão dos de "múltipla escolha"), e responder com definições. Ora, muitos estudantes (só estudantes?) erram nas respostas não porque ignorem a matéria mas porque, na sua maioria, não sabem definir. Se assim é, leitor, a feição e o desenvolvimento do tópico seguinte estarão em parte justificados.

---

³ Cf. Dubois et al. (1973:136), verbete *définition*.
⁴ Sobre as modalidades das expressões de causa e de tempo — que respondem a "por quê?" e a "quando" —, ver 1. Fr., 1.6.1 a 1.6.5.5.1, e 10. Ex., 107 a 111.

1.3.1 Estrutura formal da definição denotativa

No que diz respeito à sua formulação lógica e à sua estrutura verbal, a definição traduz-se numa proposição, dita "predicativa", constituída por quatro elementos:

a) *termo* (*definiendum*) — a coisa a ser definida;
b) *cópula* = verbo *ser* (ou seu equivalente em estruturas menos rígidas, como, por exemplo, "consistir em", "significar");
c) *gênero* (*genus*) — a classe (ou ordem) de coisas a que pertence o termo;
d) *diferenças* (*differentiae*) — tudo aquilo que distingue a coisa representada pelo termo de outras coisas incluídas na mesma classe.[5]

A "fórmula" da definição que daí se pode tirar

$$T = G + d_1 + d_2 + ...d\eta$$

corresponde à própria estrutura da proposição predicativa, em que T = sujeito, G = predicativo, e d = adjunto(s) do núcleo do predicativo.[6] Exemplo:

Retângulo é um quadrilátero de ângulos retos e lados iguais dois a dois.

Sujeito = termo (T): *retângulo*

Verbo de ligação = cópula: *é*

Predicativo = gênero (G): *um quadrilátero*

Adjuntos = diferenças: *de ângulos retos* (d_1), *lados iguais* (d_2), *dois a dois* (d_3).

1.3.1.1 Requisitos da definição denotativa

Para ser exata, verdadeira e válida, a definição deve apresentar certos requisitos:

a) o termo deve *realmente* pertencer ao gênero (classe) em que vem incluído na definição: "mesa é um *móvel*" e não "uma ferramenta" ou "uma instalação" (ver item seguinte);

---

[5] (a) é o *definiendum* (o que *deve ser definido*); (c) e (d), o *definiens* (o *que define*).

[6] Para a semântica estruturalista, a definição (metalinguística) é a análise do significado de um signo, análise que se faz, decompondo-o nos seus *semas*. Assim, o sentido geral (*semema* — S) de uma palavra (*lexema*) inclui os elementos mínimos de significação (*semas* — $S_1, S_2, S\eta$. Então, o semema (S) *retângulo* compreende os semas S_1, (quadrilátero) + S_2 (de ângulos retos) + S_3 (de lados iguais) + S_4 (dois a dois). Como se vê, a moderna "fórmula" semântica de definição corresponde à sua tradicional "fórmula" lógica, ou seja:

$$S = T, e\ S_1 + S_2 + ...\ S\eta = G + d_1 + d_2 + ...d\eta$$

b) o gênero deve ser *suficientemente amplo* para compreender a espécie definida, e *suficientemente restrito* para que as características individualizantes possam ser percebidas sem dificuldade nem confusão com outras espécies. Segundo esse princípio — dito do "gênero próximo e diferença específica" —, não é admissível dizer que "mesa é um objeto de uso doméstico" (gênero *demasiadamente amplo*, pois inclui um grande número de outros "objetos" que nada têm a ver com a *mesa*), ou que "é um móvel de sala de jantar" (gênero *demasiadamente restrito*, pois exclui outras espécies de mesa, *mesa de cozinha, mesa de "centro", mesa de escritório*...);

c) deve ter uma *estrutura gramatical rígida* tal, que o termo (sujeito) e o gênero (predicativo) pertençam à mesma classe de palavras. Em virtude desse requisito — que é tanto imposição da gramática quanto da lógica —, é inaceitável uma definição do tipo da seguinte, muito comum no estilo dos colegiais (só colegiais?): "Madrugar é *quando a gente acorda muito cedo*", em que o gênero está expresso numa oração que não pode ser predicativa ("quando a gente acorda") pois não equivale a um nome e, portanto, não pode pertencer à mesma classe do termo sujeito "madrugar", forma nominal do verbo, equivalente a um nome. É, assim, uma definição (?) inadmissível, tanto do ponto de vista lógico (a oração temporal não representa o gênero) quanto gramatical (a conjunção "quando" não pode introduzir oração predicativa). Essa norma referente à rigidez gramatical não impede, entretanto, que, nas definições que visam a efeitos estilísticos, se possa adotar uma estrutura algo diferente. Isso ocorre, sobretudo, nas definições *conotativas* ou *metafóricas*, isto é, aquelas em que o gênero tem sentido metafórico;

d) deve ser obrigatoriamente *afirmativa*; não há, em verdade, definição, quando se diz que "triângulo não é prisma";

e) deve ser *recíproca* para não ser incompleta ou insatisfatória: "o homem é um ser vivo" não constitui definição suficiente porque a recíproca — "todo ser vivo é homem" — não é verdadeira (o gato é um ser vivo mas não é homem);

f) deve ser *breve* (contida num só período, ou proposição predicativa). Quando a definição — ou o que se pretenda como tal — é muito longa e constituída por uma série de períodos (ou mesmo parágrafos), passa a ser uma *descrição* do objeto, uma *explicação*, a que, então, se costuma dar o nome de "definição expandida" ou "alongada";

g) deve ser expressa em *linguagem mais simples*, mais familiar ao leitor ou ouvinte. Esta norma diz respeito principalmente ao *gênero*. Se, no caso da definição de *retângulo*, se admite que o gênero — *quadrilátero* — não é familiar ao leitor ou ouvinte, deve-se substituí-lo por outro mais claro: *figura plana de quatro lados*, ou *paralelogra-*

mo. Quando o gênero não é mais conhecido do que o termo, torna-se necessário defini-lo também;

h) não se pode usar no *gênero* o *termo* que se está definindo.

    Essas normas sobre a estrutura e os requisitos da definição não constituem, como se poderá objetar, simples bizantinices; são, ao contrário, segundo nos parece, indispensáveis à clareza, à precisão e à objetividade da comunicação, vale dizer, da exposição ou explanação de ideias ou da simples informação. Um estudante de ciências — sobretudo de ciências naturais — corre o risco de cometer graves erros, de revelar ignorância, apesar de ter o conhecimento da matéria, simplesmente porque desconhece a técnica da definição.

Sexta parte

6. Id. — Como criar ideias

1.0 A experiência e a pesquisa

Acabamos de ver como disciplinar o raciocínio, como ordenar e coordenar ideias para a descoberta da verdade. Mas onde e como encontrar ideias? Como criá-las, inventá-las ou produzi-las?

1.1 Experiência e observação

A experiência é, certamente, a fonte principal das nossas ideias — em certo sentido é mesmo a única, pois ela pode ser tão variada e multiforme, que acaba abrangendo toda a atividade humana, seja física, seja mental. A frase de Locke, já mais de uma vez aqui citada — *"Nihil est in intellectu quod prius non fuerit in sensu"* — é indubitavelmente válida (em que pese ao idealismo de Hegel, que a subverteu radicalmente, invertendo-lhe os termos: "Nihil est *in sensu* quod prius non fuerit *in intellectu*" — "nada nos chega *aos sentidos* sem ter antes passado *pelo espírito*"). Para Locke (1962, livro II, cap. I) e outros todas as ideias provêm da sensação (vale dizer: da experiência) e da reflexão. A alma humana é uma *tabula rasa* sem nenhuma ideia inata, pois todas lhe vêm da experiência, "que é o fundamento de todos os nossos conhecimentos". Também assim pensa David Hume, quando diz que "só pela experiência conhecemos, sem exceção alguma" (*Philosophical essays concerning human understanding,* seção V, citado por Serrão e Gracio, (1962:229).

Mas a experiência não é um fato isolado, arrolado, classificado, e sim uma situação global, que se integra em nós, pautando nosso comportamento, regrando nossas atitudes. Viver é adquirir experiência, e adquirir experiência é aprender, ou, como diz a sabedoria popular, "vivendo é que a gente aprende" (porque está aprendendo a pensar).

Adquirir experiência é observar. Mas o espírito é como uma caixa de ressonância: as impressões colhidas através da observação dos fatos, através da experiência, consubstanciam-se em ideias ou representações que, por sua vez, graças à imaginação e à reflexão, se associam, se entrecruzam, se multiplicam, se desdobram em outras. É evidente, portanto, que não estará em condições de escrever quem não dispuser de uma capacidade mínima de refletir, quer dizer, de selecionar, ordenar e associar impressões e ideias advindas da observação dos fatos. Isto porque "*la fonction vitale de l'esprit littéraire consiste à appréhendre le contenu concret pour le dissocier et l'informer en combinaisons imaginatives, selon un mécanisme individuel, un métabolisme psychique, si l'on peut dire*" (Duchiez e Jagot, 1963:94). Nossas abstrações inspiram-se sempre na justeza da observação. Quanto mais observamos, quanto maior for a acuidade de nossa observação, tanto maior será o acervo de nossas ideias. "*C'est donc aux faits qu'il faut revenir, c'est à la réalité qu'il faut puiser. (...) L'expérience est la loi, le Fiat Lux de tout savoir*" (Duchiez e Jagot, 1963:84).

Mas a experiência da vida é desordenada, indiscriminada: aprende-se o útil e o inútil, o bom e o mau, o agradável e o desagradável; de forma que, quando se visa a um objetivo imediato, distinto, específico, ela tem de ser provocada, regrada, dirigida, controlada pela atenção e pela observação acurada. Muitas vezes, entretanto, circunstâncias várias limitam as oportunidades de experiência pessoal. Neste caso, temos de servir-nos da alheia, o que, em síntese, consiste em saber o que outros observaram, fizeram, viram, sofreram, pensaram, sentiram. Ora, na realidade, parece que só há mesmo três modos de aproveitar a experiência alheia: o convívio, a conversa e a leitura.

Convivendo, estamos de qualquer forma assimilando hábitos, atitudes, formando conceitos e preconceitos, adquirindo padrões de comportamento, criando ou desenvolvendo ideias, enfim. Não é assim apenas contato físico, epidérmico, mas também intercâmbio de ideias. Constitui, portanto, uma forma híbrida de experiência: a nossa e a alheia.

A conversa é, talvez — como já assinalamos — o meio mais assíduo de aprendizado de palavras, e, *ipso facto,* de ideias. Mas, quando se tem em vista um propósito imediato, a simples conversa avulsa, desordenada, ocasional não nos pode prover daquelas ideias de que precisamos. Neste caso, há que criar uma *situação* que as canalize para o nosso objetivo; isso se consegue "dirigindo a conversa", transformando-a, por assim dizer, em *inquérito, interrogatório* ou *entrevista,* a fim de aproveitar a experiência alheia, traduzida em *depoimento* ou *testemunho.*

Suponhamos que o estudante queira fazer um trabalho — que neste caso será de pesquisa, *i.e.,* de coleta de dados (fatos) — sobre as condições de vida nas favelas do Rio de Janeiro. Caso se limite a generalidades em linguagem lírica ou, mesmo, de protesto, linguagem desapoiada dos fatos, sua redação poderá ficar muito "bonitinha", muito bem escrita, mas será apenas mais uma "redaçãozinha" anódina.

Para evitar isso, será preciso que o estudante (aprendiz de sociólogo, assistente social, repórter) tome papel e lápis e... suba às favelas para colher os fatos "ao vivo" ou através do testemunho alheio, vale dizer, do depoimento dos favelados. Ora, isso se faz da maneira mais simples, que é aquela de que a gente lança mão quando quer saber alguma coisa: *perguntando.* Mas perguntar a esmo é... bisbilhotar. Trata-se aqui de perguntar... sistematicamente, com vistas a um determinado fim. Para isso, é preciso planejar o questionário, é preciso saber previamente o que se vai indagar através dessa espécie de entrevista com os favelados, quer dizer, com aqueles cuja experiência se pretende aproveitar. Planejado o questionário e anotadas as respostas, o estudante talvez desça do morro com um acervo de dados (fatos, depoimentos) suficiente para o preparo de um trabalho que será, sem dúvida, aproveitável, que constituirá, certamente, uma contribuição apreciável, desde que — convém relembrar — se tenha certificado de autenticidade, da fidedignidade e da relevância dos testemunhos colhidos e anotados.

Mas a pesquisa não deve limitar-se apenas a essa coleta de dados; há outras fontes de testemunhos: os *entendidos,* quer dizer, pesquisadores (sociólogos, assistentes sociais, psicólogos, sanitaristas, urbanistas, etc.) que tiveram contato com os mesmos fatos, que se familiarizaram, em suma, com a questão. Sua experiência lhe será útil, e mesmo indispensável: consulte-os e anote seu testemunho, que será, neste caso, certamente... autorizado.

Colhidos assim os dados, arrole-os, classifique-os (ver "Classificação", 5. Ord., 1.2). Mas, se quer fazer coisa que se aproveite, ainda é cedo para começar a elaboração do trabalho propriamente dito (dissertação, ensaio, monografia, tese): o estudante talvez não se tenha assenhoreado ainda de todas as ideias (dados, fatos) necessárias. Urge recorrer a outra fonte: a *leitura.*

1.2 Leitura

Nem sempre é possível, por questão de tempo, espaço, e outras circunstâncias, entrevistar pessoalmente *todos* os entendidos cujo testemunho seja necessário à preparação do trabalho. É aí que entra a leitura,[1] vale dizer, a pesquisa bibliográfica propriamente dita. Desça então o estudante das favelas, dê por terminadas as entrevistas com os entendidos e... entre nas bibliotecas.

1.3.0 Pesquisa bibliográfica

1.3.1 Classificação bibliográfica

As grandes bibliotecas têm milhares de obras (a nacional, por exemplo, tem cerca de 3 milhões).[2] Já imaginou o estudante o que será a distribuição desses livros

---

[1] Consulte-se, a respeito, Penteado (1964:185-213) "Teoria e prática da leitura"; Tavares ([s.d.], 1ª parte).
[2] Segundo dados fornecidos em 1987, a Biblioteca Nacional tem atualmente mais de 5 milhões de peças, total que compreende toda espécie de impressos e manuscritos.

todos pelas estantes, distribuição feita de tal forma que seja possível, em breve prazo, localizar a obra desejada? Diria o leigo que basta numerar as estantes e os livros, e fazer uma lista disso. Sim, é mais ou menos o que acontece. Mas estarão eles distribuídos pelo seu tamanho, pela sua espessura, pela cor de sua lombada, pelo seu preço? Evidentemente que não. Estão *classificados* de acordo com o assunto.

Os sistemas de classificação bibliográfica mais conhecidos são o de Melvil Dewey (CDD = Classificação Decimal de Dewey), o da Biblioteca do Congresso, de Washington, e a Classificação Decimal Universal (CDU), baseada na de Dewey. No Brasil, a mais difundida é a primeira.

Diz-se que a CDD é decimal, porque, tomando o campo do conhecimento como a unidade, divide-o em 10 classes de um mínimo de três algarismos precedidos pelo ponto (ou vírgula) decimal (na prática, hoje em desuso), sendo as divisões subsequentes lidas também como números decimais. Vejamos uma amostra:

000	Obras gerais	500	Ciências puras
	010 Bibliografia		510 Matemática
	020 Biblioteconomia		520 Astronomia
	...		...
100	Filosofia		522.2 Telescópios
200	Religião		530 Física
300	Ciências sociais		...
	...		532 Hidrostática, hidráulica
	350 Administração		534.8 Acústica
	...		...
400	Linguística, filologia	600	Ciências aplicadas
	469 Língua portuguesa		Tecnologia
	...		610 Medicina
	620 Engenharia		830 Lit. alemã
	...		...
700	Belas-Artes		839.8364 (Hans Christian Andersen)
	...		...
	720 Arquitetura		841.45 (La Fontaine)
	...		...

	778 Fotografia	900	História, geografia
	...		...
	780 Música	920	Biografia
	...		...
800	Literatura	940.1	Europa medieval
	810 Lit. americana		...
	820 Lit. inglesa		

Sabendo em que consiste a classificação decimal, o estudante pode orientar-se satisfatoriamente não apenas para a organização da bibliografia mas também, até certo ponto, para a escolha do seu tema.

A classificação adotada pela Biblioteca do Congresso, de Washington, que é pouco difundida, mesmo nos Estados Unidos, emprega as letras do alfabeto para as classes maiores, e algarismos arábicos ou letras adicionais, para as subdivisões:

A	Obras gerais	N	Belas-Artes
B	Filosofia, religião	O	...
C	História, ciências auxiliares	P	Línguas e literaturas
		Q	Ciências
D	História e topografia	R	Medicina
E e F	História americana	S	Agricultura
G	Geografia, antropologia	T	Tecnologia
H	Ciências sociais	U	Ciências militares
I	...	V	Ciências navais
J	Ciências políticas	W	...
K	Direito	X	...
L	Educação	Y	...
M	Música	Z	Bibliografia, biblioteconomia

As classes correspondentes às letras I, O, W, X e Y estão ainda em branco para ulterior aproveitamento.

1.3.2 Obras de referência

Simulemos uma visita à biblioteca. Mesmo naquelas em que os livros ficam fora do alcance do leitor, há algumas obras, geralmente em estantes baixas, próximas às mesas de leitura, que ele pode consultar sem interferência do bibliotecário ou funcionário encarregado de atender ao público. São as chamadas *obras de referência*: dicionários, enciclopédias, catálogos e boletins bibliográficos.

Comece pelas enciclopédias, que podem ser gerais (a *Encyclopaedia Britannica*, a *Barsa*, a *Larousse*, a *Delta*, a *Mirador Internacional*)[3] e especializadas (a *Catholic Encyclopaedia*, a *Jewish Encyclopaedia*, e muitas outras sobre assuntos específicos, como ciências sociais, artes plásticas, etc.).

Consultando previamente as enciclopédias, o aluno pode ter uma ideia geral do assunto escolhido, uma visão sucinta que lhe permita orientação preliminar. Assim informado, ser-lhe-á talvez mais fácil delinear o plano do seu trabalho.

1.3.3 Catalogação

Mas o acervo das obras de uma biblioteca de grande porte — como a nacional ou a estadual — fica fora do alcance do leitor. De forma que ele tem de "pedir" o livro que lhe interessa. Neste caso, deve consultar antes o catálogo ou fichário, e listas ou boletins bibliográficos impressos.[4]

Em lugar de acesso imediato (na Biblioteca Nacional, fica à direita do saguão, no andar térreo), o estudante encontra uma fileira de fichários (estantes com "gavetinhas" cheias de fichas). Essas fichas, que constituem o catálogo, estão distribuídas (classificadas) em ordem alfabética por *autor* e por *assunto*.

Se o estudante ainda não sabe o nome do autor ou título da obra que lhe interessa, deve consultar o catálogo ou fichário por assunto, orientando-se pela classificação decimal. Admitamos que ele esteja preparando um trabalho sobre filologia portuguesa mas desconheça os livros que lhe possam ser úteis. Se recorrer

---

[3] Há anos vem sendo preparada, sob a égide do Instituto Nacional do Livro, a *Enciclopédia Brasileira*, mas, por enquanto, ao que parece, não saiu ainda dos planos.

[4] Exemplo de obras desse tipo é a *Pequena bibliografia crítica da literatura brasileira*, de Otto Maria Carpeaux, obra indispensável a quem pretenda estudar qualquer aspecto da literatura brasileira. Por exemplo: suponhamos que o estudante se aventure a um trabalho de certo fôlego a respeito de José de Alencar. Recorrendo ao índice onomástico, encontrará em *Alencar*, José de — remissão para a página 97 (ed. de 1964) onde se acham: (a) nome completo do autor, local e data do seu nascimento e morte; (b) lista das obras publicadas; (c) edições mais importantes ou mais recentes; (d) ligeira apreciação sobre o autor e a obra; (e) bibliografia (na 3ª edição, arrolam-se 72 títulos de trabalhos — livros, artigos, ensaios — sobre o autor de *Iracema*).

ao fichário por assunto, na Biblioteca Nacional, encontrará, numa das "gavetinhas" correspondentes à letra "F", aquela em que se acham as fichas sobre *Filologia portuguesa,* como, por exemplo, a seguinte:

FILOLOGIA PORTUGUESA

II-286, 4, 30

 Silva Neto, Serafim da, 1917-1960
 Introdução ao estudo da filologia portuguesa. São Paulo, Comp. Ed. Nac. [1956]
  221
 1. Filologia portuguesa. 2. Língua portuguesa. — História.
 252.725 — CL — 56

           469.09

 Sobreposta ao nome do autor, vem a indicação do assunto (Filologia portuguesa). O número à esquerda (II-286, 4, 30) é o "de chamada", isto é, aquele pelo qual o livro deve ser pedido. Abaixo do nome do autor vem o título completo da obra, seguido, nesta ordem, do local da publicação (São Paulo), do nome da editora (Comp. Ed. Nacional) e da data da publicação (1956).[5] Abaixo do título, o número de páginas da obra (221), acompanhado às vezes da indicação em centímetros da altura do livro (indicação ausente nessa ficha). O que se segue (1. Filologia portuguesa... etc.) é o que se chama de "pista do livro", quer dizer, outros nomes pelos quais a obra pode ser também localizada no fichário. O número à direita, 469.09, é o da classificação decimal, e o da esquerda — já não incluído em fichas mais recentes — o do registro do livro. (O CL indica que se trata de *contribuição legal,* isto é, doação do editor e não aquisição por compra; 56 (= 1956) é data da entrada da obra na biblioteca.

 Para pedir o(s) livro(s), o estudante deve preencher uma papeleta ou formulário com as referências indispensáveis à sua localização: número de chamada, título completo e nome do autor. Feito isso, sente-se à mesa que lhe for destinada, espere a obra e... mãos à obra.

---

[5] A respeito da técnica de citação e referências bibliográficas, ver "Preparação dos originais", 9. Pr. Or.

1.4.0 Como tomar notas

1.4.1 O primeiro contato com o livro

Se o leitor está interessado em colher apenas alguns dados sobre determinado assunto, pode ser que, no momento, não lhe interesse ou não lhe seja possível a leitura completa do livro. Neste caso, comece pelo índice geral (ou sumário) para ter uma ideia do que nele se contém. Se houver índice remissivo — também dito "analítico" —, isto é, índice por assunto distribuído em ordem alfabética com indicação das páginas onde são tratados os tópicos arrolados — corra os olhos por ele para localizar os itens que possam ter relação com o tema do seu trabalho. E vá tomando notas.

1.4.2 Notas

Saber tomar notas de leitura é coisa muito importante. Mas, primeiro, é preciso saber *o que* anotar, segundo, *como* anotar, terceiro, *onde* anotar.

Não se toma nota de tudo, evidentemente, mas apenas daquilo que possa interessar ao esquema do trabalho. Procure resumir as informações que lhe interessem; neste caso, convém ter presente ao espírito que a maioria dos parágrafos tem a sua ideia-núcleo expressa no tópico frasal. Se o tópico frasal for muito extenso, reduza-o a nominal (ver, a seguir, 7. Pl.). Mas, se pensar em aproveitar textualmente a opinião do autor, copie *ipsis verbis* (palavra por palavra), tendo o cuidado, sempre, de anotar de maneira precisa todas as indicações necessárias à localização do trecho transcrito (nome do autor, título completo da obra, local, editora, data e páginas; ver Pr. Or., 1.2.9 a 1.2.11).

1.4.3 Fichas

Muita gente toma notas em cadernos ou folhas avulsas. Processo desaconselhável, porque, com o acúmulo de anotações, o estudante vai-se ver depois em palpos de aranha para pôr seu material em ordem, de forma a dele poder servir-se no momento da elaboração do trabalho. Para evitar essa "atrapalhação", o melhor é tomar notas em fichas de cartolina de mais ou menos 15 cm × 10 cm (o formato-padrão é de 125 mm × 75 mm), que se encontram nas papelarias. Mas, como tais fichas estão agora pela hora da morte, é mais prático e mais econômico reduzir uma folha de papel de máquina, tipo ofício, a oito fichinhas de mais ou menos 11 cm × 8 cm, tamanho reduzido, sem dúvida, mas suficiente para a maioria das notas.[6]

1.4.3.1 Ficha de assunto

A primeira coisa que o leitor deve fazer é indicar sucintamente o assunto na cabeça da ficha, de maneira clara para facilitar a ordenação alfabética. Em seguida, resuma o que interessa ou transcreva *ipsis litteris,* se achar necessário.

Se na mesma ficha de assunto não couberem todas as notas referentes ao tópico, passe à outra (não escreva jamais no verso), repetindo a palavra-tópico e numerando no ângulo superior direito. No fim das fichas subsequentes, indique sempre, abreviadamente, a fonte, e junto a cada nota, a página. No caso de o mesmo tópico se alongar por mais de uma ficha com notas de mais de um autor, é aconselhável (assim fazemos nós, pelo menos) adotar uma sigla ou abreviatura convencional referente às fontes de cada anotação. Mas isso exige que, nas fichas bibliográficas — quer dizer, naquelas em que só se anota o título de determinada obra, o nome do autor, o local, o editor e data — se repita a sigla ou abreviatura. Exemplo de ficha desse tipo:

```
          Parágrafo                               (6)
             (Desenvolvimento)
          — por confronto ou comparação:
          — Eça, C. F. M., 76
          — Nabuco, M. F., 100, 101, 227
          — Rui, Oração, 33
          — A. Lins, A glória, 164, 165
          — M. Aires, Ref., 50
                — J. Rib., Est., 20, 29, 130
                — A. Meyer, M. de A., 129
                — Corção, Dez. 19, 61
```

Quando a fonte é uma só, basta soto-pôr ao tópico a sigla ou abreviatura convencionada da obra, seguindo-se as notas acompanhadas da página:

---

[6] Consulte-se, a respeito de fichas e pesquisas, Nascentes ([s. d.]:148-159) e Vera (1973).

> Adjetivação
> (Negativista e deformante)
>
> CDA, Faz. (1)
>
> — olho torto, 12
> — andaimes hirtos, 15, 17, 18
> — amor cachorro, 16
> — bandido trem, 16
> — janelas dolorosas, 18
> — cidade calada, entrevada, 19, 20
> — torto, torcido, paralítico, 21, 22, 23
> — bruto romance, 37
> — árvore banal, gorda, 38, 39
> — paralíticos sonhos, 40

Esse é um exemplo de ficha com material para um estudo que vimos preparando sobre a adjetivação negativista e deformante em Carlos Drummond de Andrade. As trinta e tantas fichas já preparadas sob o mesmo tópico comportam, cada uma, de 10 a 12 exemplos colhidos em *Fazendeiro do ar & poesia até agora,* cuja ficha bibliográfica é:

> ANDRADE, Carlos Drummond de (CDA, *Faz.*)
> *Fazendeiro do ar & poesia até agora*
> Rio, José Olympio, 1955
>   561 p.

Quando não se possui o livro, é sempre aconselhável indicar à esquerda da ficha, embaixo, o número de chamada e as iniciais da biblioteca onde ele foi consultado.

1.4.3.2 Fichas de resumo

Às vezes só interessa a essência do pensamento de um autor em determinada obra. Faz-se então ficha de resumo:

> Notas de leitura (q.v.)
> Kierzek, *M H B* (1)
> 1. condense o que é essencial, mas acuradamente;
> 2. não use aspas, a menos que pretenda citar textualmente;
> 3. cada tópico numa ficha;
> 4. titule as fichas e indique as fontes;
> 5. não anote no verso da ficha;
> 6. use, se possível, títulos que correspondam já às divisões ou cap. do seu trabalho.
> (p. 207)

A abreviatura "q.v." (*quod vide*) remete para a(s) ficha(s) encabeçada(s) pela palavra "leitura", onde outros aspectos do assunto podem ter sido anotados. Kierzek é o nome do autor, e MHB a sigla da obra constante de ficha bibliográfica onde se encontra: Kierzek, John M. *The Macmillan Handbook of English,* New York, The Macmillan Co., 1947. O "1" entre parênteses é o número-série das fichas desse tópico tiradas da mesma obra. De forma que, se o estudante não se lembrar do que significa MHB, basta recorrer a Kierzek, nas fichas bibliográficas.

Aí estão as normas elementares, sugeridas com o mínimo de tecnicismo pedante, que devem presidir à elaboração de qualquer trabalho de pesquisa. A prática e o método de trabalho podem sugerir "acomodações", mas esses princípios básicos não devem ser totalmente desprezados: eles, ao contrário do que parece, economizam tempo, trabalho e... "atrapalhações".

É certo que muitos chegam a ironizar essa... "cultura de fichário", como a denominou certa vez Matos Pimenta em crítica dirigida a Tristão de Ataíde. Mas a verdade é que, sem esse trabalho — trabalho quase braçal de anotar e fichar — pouca gente está em condições de realizar obra de relativo fôlego. Esta obra, por exemplo, vinha sendo pensada, mentada, há vários anos, mas só o trabalho de pesquisa, que se traduziu em mais de 3 mil fichas, nos absorveu durante três anos. Só os improvisadores ironizam o que chamam de "cultura de fichário". Mas às vezes eles e outros o fazem com razão, quando estigmatizam a erudição acumulada nas fichas pelo deleite e vaidade de... acumulá-la sem proveito, sem transmiti-la adiante com a pazinha da sua contribuição:

> Tem-se escarnecido com muita frequência desse método de fichas. E com muita razão, se o hábito de "fazer fichas" leva a dois ou três absurdos: fazer fichas a vida inteira sem jamais tirar disso qualquer proveito, anotar nas fichas as ideias alheias sem nunca ter

uma ideia própria, escrever obras inextricáveis em que se recopia confusamente uma infinidade de fichas... Entretanto, "fazer fichas" é simplesmente um meio cômodo de trabalhar melhor e de maneira mais rápida. Não é um substituto da reflexão, e sim um *recurso material* destinado a torná-la mais clara e mais fácil.

(Mornet, 1939:36-37)

A censura não se dirige, portanto, à acumulação de fichas mas à falta de propósito delas. Toma-se nota para algum fim, imediato ou remoto. Muitas notas tomadas hoje ficam esquecidas no fichário *toute sa vie*; mas outras nos vão servir quando menos esperamos. De qualquer forma, a intenção com que as tomamos não deve ser apenas a de acumulá-las para... exibi-las. Todos os que se especializam em algum assunto são levados, quase por instinto, a tomar notas que lhes pareçam relevantes e que, esperam, ou supõem, algum dia serão aproveitadas em trabalho apenas mentado ou já concretamente planejado.

1.5.0 Outros artifícios para criar ideias

Admitamos agora que o estudante se encontre diante da "página em branco", sentado diante da máquina ou de lápis em punho a esperar que as ideias lhe jorrem da mente com ímpeto proporcional à sua ansiedade. É um momento de transe a que estão sujeitos todos os que ainda não adquiriram o desembaraço natural advindo da prática diuturna do escrever (transe e aflição traduzidos em mordiscar a ponta do lápis ou em acender inúmeros cigarros). O assunto sobre que se propõe escrever é vago, não depende da pesquisa mas apenas da experiência e das vivências. Como iniciar o trabalho? De que artifícios servir-se para despertar as ideias?

Vejamos como conseguir isso, mas agora através da sábia lição do professor Júlio Nogueira: o trecho que da sua obra — *A linguagem usual e a composição* — a seguir transcrevemos, dadas as suas virtudes de clareza didática, passa a constituir a melhor parte deste capítulo:

> Eis-nos face a face com o assunto sobre que temos de discorrer, produzindo uma composição de trinta ou quarenta linhas, no mínimo. O assunto é um desses temas abstratos, que nos parecem áridos, avaros de ideias. Seja: *a amizade,* por exemplo.
>
> Que dizer sobre a *amizade?* Como encher tantas linhas, formulando períodos sobre períodos, se as ideias nos escapam, se a imaginação está inerte, se nada encontramos no cérebro que nos pareça digno de ser expresso de forma agradável e, sobretudo, correta? Qual a orientação que devemos seguir versando tal assunto até a conclusão, de maneira que nos desempenhemos dessa tarefa superior às nossas forças?

Agora a resposta, o remédio. Antes de tudo: se o nosso estado de espírito é de perplexidade, se nos domina essa preocupação pungente, esse desânimo de chegar a um resultado satisfatório, o que temos de fazer é — *não começar a tarefa imediatamente*. Em vez de lançar a esmo algumas exclamações, algumas frases inexpressivas sobre o papel, reflitamos; concentremo-nos. Empreguemos uma quarta parte do tempo de que dispomos em pensar, em metodizar o assunto, em dividi-lo nos pontos que ele comporta e em submetê-lo aos *coeficientes* amigos que aqui vamos enumerar e que nos darão mais que a matéria necessária. Esses *coeficientes* protetores não serão sempre os mesmos nem no mesmo grau para todos os assuntos, mas há-os para tudo. Chamam-se *definição, distinção, considerações gerais, antecedentes, tempo, lugar, comentários, narrações a propósito do tema* (fato conhecido, anedota, fábula), *consequências, discurso direto* e outros que o engenho de cada um poderá estremar. Vamos escolher aqui o que nos pode servir para o assunto dado: *a amizade*.

A *definição* nos dirá ser a amizade um sentimento que consiste em estimar a outrem, querer a sua presença, desejar-lhe todo o bem possível; sentimento que traz um grande encanto à vida. A *distinção* nos sugere que a amizade pode ser verdadeira ou apenas aparente. Nesta segunda classe estamos a ver os interesseiros, os que se dizem nossos amigos, pensando em obter vantagens e favores, e que, passada essa possibilidade, nos voltam as costas, nem nos reconhecem nos dias difíceis para nós. Por esse caminho virão também outras ideias. As *considerações gerais* serão no sentido de cada um semear amizade por toda parte, fazer-se estimar por todos, desarmar prevenções que, às vezes, sentimos contra certas pessoas em quem depois só reconhecemos bons predicados e a quem estendemos francamente a mão de amigo. Citemos a propósito o provérbio que diz: "Mais vale amigo na praça que dinheiro na caixa." O *tempo* nos poderia servir. É justo considerá-lo o cadinho da verdadeira amizade, a qual se perpetua, resistindo aos embates da vida. O *lugar* nos dirá que a distância não é nociva à verdadeira amizade. Os amigos, ainda separados, continuam a interessar-se pela sorte recíproca: correspondem-se, trocam notícias de caráter pessoal. Podemos recorrer a fatos históricos ou lendários que se apliquem à matéria. Aludamos ao caso de Dâmon e Pítias, que nos dará muitos pares de linhas. Se não o conhecemos, contemos um fato da vida real e, se não nos ocorre nenhum: *inventemo-lo!* Imaginemos alguém que chega de uma longa viagem, a quem dizem que um seu amigo está morrendo à míngua num casebre dos subúrbios, porque os negócios lhe correram mal e uma moléstia cruel o salteou, quebrando-lhe toda a atividade. Descrevamos o encontro dos dois; as medidas que o recém-chegado toma, transferindo para o conforto de sua residência o amigo enfermo: a chamada do médico, a compra de remédios e dieta necessária, e, por fim, o restabelecimento do amigo, que volta à atividade da vida e, ainda apoiado pelo outro, faz bons negócios e satisfaz os seus compromissos. Imaginemos agora o que aconteceria se não fosse esse ato de amizade.

Procedendo com este método ainda parecerá difícil a tarefa? Decerto que não! A dificuldade primacial estava na produção das ideias, mas os coeficientes *amigos* nos salvaram. Pensando nele, investigando a melhor maneira por que se podem aplicar ao assunto, facílimo será organizar o nosso *plano,* isto é, o arcabouço, as linhas gerais da nossa composição, antes do que não devemos absolutamente iniciar a tarefa. Falamos ou escrevemos quando temos alguma coisa que dizer. A ideia surge no cérebro e exterioriza-se pela palavra. No colóquio o apoio ou a contestação dos nossos ouvintes vai despertando novas ideias. O nosso cérebro por si só é que não há de fazer o trabalho. Por isso devemos separar todas as peças da nossa composição e procurar materiais por esses processos, uma vez que não tenhamos o dom de escrever de improviso, o que só é dado a raros indivíduos.[7]

(Nogueira, [s.d.]:161-163)

Adaptando esses "coeficientes amigos" do prof. Júlio Nogueira e alguns outros artifícios, poderíamos esboçar uma espécie de plano-padrão *passe-partout,* que pode ser fonte de sugestões para o desenvolvimento de ideias similares à que serviu de ilustração no trecho transcrito (a amizade).

1.5.1 Plano-padrão passe-partout ou plano-piloto

1. *Definição*

a) denotativa;

b) conotativa;

c) alongada.

    N.B.: Se o tema o permitir, usem-se os três tipos de definição (ver 5. Ord., 1.3 a 1.3.1.1), inclusive por citação. Se possível, ilustre também com exemplos ou "casos", provérbios, etc.

2. *Considerações gerais*

3. *Distinção*
Exemplo: as várias espécies de amizade (de curiosidade, de vaidade, etc.). Cite exemplos ou "casos".

4. *Comparação ou analogia*
N.B.: Este tópico pode vir isolado ou estar incluído no precedente ou no seguinte, mas vai aqui como lembrete, já que é sempre possível estabelecer comparações entre fatos ou ideias.

---

[7] Transcrição autorizada pelo autor.

5. *Contraste*
N.B.: Quase tudo, como as medalhas, tem duas faces: a ideia de amizade opõe-se à de ódio; à de curiosidade, à de indiferença ou apatia.

6. *Circunstâncias*
(Causa, origem, efeito; motivos, consequências; tempo, lugar, etc.).
N.B.: Nem todas as circunstâncias podem ser sempre aproveitadas; no caso da amizade, por exemplo, é possível referência a lugar (a amizade, a verdadeira, não depende da presença física) ou a tempo (ela resiste ao tempo. Não obstante, já diz o provérbio que "longe dos olhos, longe do coração").

7. *Ilustração real ou hipotética* (ver 7. Pl., 4.2.1)
Caso, exemplo histórico ou inventado, anedota, que se ajuste ao tema como ilustração.

8. *Conclusão*

1.5.2 Silogismo dedutivo, criação, planejamento e desenvolvimento de ideias

Já vimos sumariamente (4. Com., 1.5.2.1) o que é silogismo e como pode ele servir de teste da eficácia ou da falácia do raciocínio.

Vejamos agora se é possível aproveitá-lo também como uma espécie de esboço de plano ou roteiro que sirva ao mesmo tempo de fonte de sugestões para a criação e desenvolvimento de ideias.

O "artifício" consiste em tomar determinada declaração como tese ou tema para uma dissertação[8] em três partes ou estágios correspondentes, *grosso modo,* às três proposições do silogismo.

Portanto, a primeira coisa a fazer é armar o silogismo, e armá-lo de tal forma que a declaração — ou tópico assim desdobrado — venha a ser a *conclusão.* Exemplifiquemos.

Suponhamos que se queira fazer uma dissertação a respeito da leitura das histórias (ou estórias) em quadrinhos. O tópico (nominal) ou tema ou título do trabalho é:

As histórias em quadrinhos

---

[8] Servimo-nos aqui do termo "dissertação" por ser ele mais familiar ao leitor; o caso em pauta, entretanto, é de verdadeira argumentação, visto que seu propósito é convencer o leitor, é formar-lhe a opinião através do raciocínio dedutivo. Seria assim outra espécie de argumentação informal (ver 7. Pl., 4.0).

Desdobremos esse tópico numa declaração, isto é, numa frase ou sentença que expresse opinião favorável ou contrária (rever 4. Com., 1.2). Digamos que seja contrária e venha traduzida em termos claros e suficientes específicos para permitir uma tomada de posição:

A leitura das histórias em quadrinhos é prejudicial à formação do caráter dos jovens.

Essa declaração é a tese que se pretende defender ou sustentar com argumentos convincentes e de maneira coerente. Adotando-se o método dedutivo, arma-se o silogismo de tal modo que ela venha a ser a conclusão. Mas para isso é preciso "inventar" as duas premissas. Ora, a primeira ou maior, como já sabemos, consiste numa proposição que encerra — ou deve encerrar — uma verdade universal, incontestável, já provada ou aceita pacificamente (rever 4. Com., 1.5.2). O meio mais prático e mais eficaz de "inventar" a premissa maior, quando já se tem o teor da conclusão, consiste em encontrar razões, causas ou motivos (rever 1. Fr., 1.6.3 e 3. Par., 2.5) que tornem aceitável a declaração. Para isso, basta fazer a pergunta "por quê?" e dar a resposta. Exemplo:

Pergunta:

— Por que a leitura das histórias em quadrinhos é prejudicial à formação do caráter dos jovens?

Resposta (possível ou provável):

— Porque, em geral, elas consistem em narrativas, descrições ou dramatizações de cenas e peripécias marcadas pela extrema violência, pelo espírito de agressividade, pela explosão de instintos selvagens, pela exaltação de falsos heróis, ou pela caracterização de criminosos e marginais, o que, sem dúvida, vicia a imaginação dos jovens, deturpa-lhes a mente e os leva, por imitação, a reações e comportamento antissociais. Além disso...

É certo que nem todas as histórias em quadrinhos apresentam essas características condenáveis: algumas são cômicas, outras têm propósitos educativos, muitas são inócuas. Em vista disso, é indispensável, para evitar contestação ou ressalva do interlocutor ou leitor, restringir o sentido de "histórias em quadrinhos" ao âmbito das que tratam de crimes — homicídios, assaltos, roubos, chantagens —, ao âmbito, enfim, das típicas histórias de "mocinho contra bandido". Estas, sem dúvida, são em geral condenáveis. Feita a restrição — que, gramaticalmente, se expressa, via de regra, por meio de adjuntos adnominais (= restritivos) ou adverbiais —, as razões apresentadas na *resposta* tornam-se perfeitamente aceitáveis pelos nossos padrões morais, nossa experiência, cultura e tradições; expressam, portanto, a verdade. Se assim é, oferecem a condição mínima indispensável à formulação da premissa maior, que é a de ser verdadeira para que a conclusão possa também sê-lo, se a menor o for igualmente. A outra condição — a universalidade — é de natureza formal: *todo* ou *nenhum*. Ora, parece incontestável que *toda* história em quadrinhos cujos personagens são o mocinho e o bandido e cujo assunto é o crime, apresenta características de extrema violência e agressividade, além das outras arroladas na *resposta*.

Quanto à forma verbal das premissas, o respeito à estrutura rígida do silogismo exige seja cada uma delas constituída por uma só proposição. Se levássemos em conta esse preceito, teríamos de escolher uma das razões dadas na *resposta;* mas aqui essa rigidez formal não precisa ser assim tão severamente respeitada: bastam as condições mínimas da universalidade e da veracidade.

Maior:
Toda narrativa de peripécias marcadas pela extrema violência, pelo espírito de agressividade, pela exaltação de falsos heróis, etc., etc... é prejudicial à formação do caráter dos jovens.

No corpo da dissertação, é evidente que se podem admitir outras versões, incluindo-se outros detalhes, desde que se conserve em essência o mesmo teor da premissa.

A segunda premissa não oferece dificuldades:

Menor:
Ora, as histórias em quadrinhos do tipo "mocinho contra bandido" distinguem-se pela descrição de cenas ou narração de peripécias marcadas pela extrema violência... etc., etc. (Justifique-se a declaração com exemplos, fatos, casos, etc.)

A conclusão, já a conhecemos: é a própria declaração que serviu de tema: basta introduzi-la pela conjunção adequada:

Conclusão:
Logo, a leitura das histórias em quadrinhos do tipo "mocinho contra bandido" é prejudicial à formação do caráter dos jovens.

Aí está, em linhas gerais, o roteiro ou plano da dissertação. Resta agora desenvolver mais miudamente cada uma das três proposições. Esse desenvolvimento consiste em apresentar outros detalhes, em especificar, em ilustrar com exemplos ou casos concretos, em amplificar (rever "Amplificação", 2. Voc., 4.2, e 3. Par., 2.0), em abonar com citações de opinião de entendidos — sociólogos, psicólogos, educadores (testemunho autorizado). Para uma redação do tipo das que se fazem no curso secundário — 20 ou 30 linhas — bastariam três parágrafos, um para cada proposição, e talvez mais um como introdução. Além desse limite de linhas, é evidente que o número de parágrafos poderá ser maior.

Quanto à conclusão, é possível, e mesmo aconselhável e habitual, "alongá-la" em consequência de segundo plano, associando-a a um caso específico, a uma determinada situação, que haja provocado a defesa da tese. Nesta hipótese, o "alongamento" ou "desdobramento" da conclusão pode perfeitamente — e isso é usual — assumir a feição de conselho, de advertência, de lição prática ou de preceito moral. Exemplo:

> Por consequência, os pais e professores deveriam proibir, restringir ou selecionar a leitura das histórias em quadrinhos desse tipo. Cumpre-lhes orientar os jovens, proporcionando-lhes oportunidades de leitura mais saudáveis, etc., etc. Urge mesmo uma campanha da imprensa visando a esse propósito... As autoridades educacionais do país não podem fechar os olhos à influência maléfica desse gênero de publicações, que... etc., etc.

É claro, parece-nos, que esse esquema ou roteiro silogístico só oferece margem para desenvolvimento quando a declaração é argumentável (ver 7. Pl., 4.1), isto é, quando está sujeita a debates porque sujeita a divergências. Nos casos concretos, que apresentam *fatos,* não há possibilidade senão de armar o silogismo. Seu desenvolvimento seria descabido, tolo ou inútil. Como desenvolver, por exemplo, a declaração de que "esta laranja está (ou deve estar) azeda"? Arme-se o silogismo:

> *Pergunta:* Por que está (ou deve estar) azeda?
> *Resposta:* Porque está verde.

Tal resposta é aceitável porque a experiência assim me ensinou: tantas vezes chupei laranjas verdes que estavam azedas, que me é possível generalizar, formulando a premissa maior:

> Toda laranja verde é azeda.

O caminho que nos leva à generalização, isto é, à premissa maior é, como já sabemos, a indução. A premissa menor e a conclusão "brotam" com facilidade:

> Ora, esta laranja está verde.
> Logo, está (ou deve estar) azeda.

Foi fácil armar o silogismo mas não será fácil ou possível desenvolvê-lo numa dissertação, pois se trata de um fato concreto indiscutível: basta chupar a laranja, e a questão está encerrada. O mesmo não acontece com a tese das histórias em quadrinhos, como se viu; trata-se aí de uma declaração argumentável, que lida com imponderáveis tais como as ideias de "prejudicial" e "formação do caráter". Será possível ver, tocar, pesar, medir a deformação do caráter dos jovens como decorrência indiscutível da leitura das histórias em quadrinhos? Percebem-se, é certo, as suas manifestações, que, porém, tanto podem ser atribuídas a essa leitura quanto a outras influências (ambiente social, vícios de educação, temperamento, etc.). A psicologia já dispõe de meios e processos experimentais capazes de testar, até certo ponto pelo menos, questões dessa ordem; mas ainda assim os resultados são relativos, pois o espírito humano, como imponderável absoluto, não pode ser pacificamente pesado, medido, dosado pelo mesmo instrumental a que nos laboratórios se submete a matéria inerte e passiva.

1.5.2.1 Exemplo de parágrafos com estrutura silogística dedutiva

São frequentes, sobretudo na pena dos escritores mais hábeis, os parágrafos com estrutura silogística, tanto indutiva quanto dedutiva, como já assinalamos, de passagem, ao tratarmos do tópico frasal (3. Par., 1.4). Em princípio, quase todos os que se iniciam com a indicação de ideias ou fatos particulares (exemplos, detalhes, etc.) e terminam por uma apreciação, declaração ou conclusão assentada neles (caso de tópico frasal no fim do parágrafo) seguem o método indutivo. Por outro lado, os que apresentam logo de início uma ideia de ordem geral, um juízo, uma declaração sumária de feição ou teor universal (princípio, regra, lei, teoria, norma), seguindo-se casos, fatos ou ideias particulares que se ajustem à declaração inicial, prosseguindo ou não para uma conclusão explícita, pautam-se pelo padrão dedutivo.

Vejamos o seguinte exemplo, extraído do trabalho de um aluno a quem orientáramos quanto a esse processo de desenvolvimento, recomendando-lhe que desenvolvesse o tema pelo método dedutivo. Trata-se do parágrafo de introdução sobre o tema: "Dadas as circunstâncias da conjuntura internacional, até onde é possível o Brasil seguir uma política externa independente?"

> George Washington afirmou certa vez que não há países desinteressados: tudo aquilo que uma nação recebe de outra como favor terá de pagar mais tarde com uma parte de sua liberdade. Essa declaração foi feita quando seu país dependia ainda da ajuda econômica da Inglaterra. Ora, se (...) o Brasil dos nossos dias também depende de ajuda externa para se desenvolver, não será difícil deduzir que também tem pouca liberdade para seguir o seu próprio caminho no que tange à política internacional (...)

A transcrição é fiel, salvo no que respeita aos dois trechos omitidos por necessidade de economizar espaço, omissão que, entretanto, não prejudica absolutamente a estrutura silogística.

Desmontemos o mecanismo do parágrafo para lhe surpreendermos o arcabouço dedutivo.

A premissa maior está clara, formal e materialmente, no primeiro período, no trecho justaposto: "tudo aquilo que uma nação recebe de outra..." etc.:

> Tudo aquilo que uma nação recebe de outra como favor terá de pagar mais tarde com uma parte de sua liberdade.

Não nos interessa aqui discutir a validade ou veracidade da declaração de George Washington (testemunho, aliás, autorizado); aceitemo-la como verdadeira. Se é verdadeira — e parece que sim — é também válida do ponto de vista formal, já que apresenta a característica de universalidade (*tudo...*).

A premissa menor está igualmente clara na essência do período introduzido por "ora":

> Ora (...), o Brasil (...) também depende de ajuda [econômica] externa... [quer dizer, "recebe favor de outra nação", já que receber ajuda é receber favor].

A conclusão também está incluída no mesmo período em que se encontra a premissa menor: "não será difícil deduzir ('deduzir' é aqui o termo adequado) que também tem pouca liberdade para..." etc. — ou, formalmente:

> Logo, o Brasil terá de pagar mais tarde com uma parte de sua liberdade ("...tem pouca liberdade para seguir seu próprio caminho no que tange à política internacional").

Se a premissa maior e a premissa menor são verdadeiras, a conclusão se impõe também como tal.

Os demais parágrafos (cinco no total, cerca de 500 palavras), como, aliás, toda a redação, em bloco, seguem o mesmo processo, de tal forma que todas as conclusões dedutivas dos quatro primeiros parágrafos passam a ser a série de premissas em que se baseia a conclusão do último.

Mas nem sempre — e no caso em foco nem todos — os parágrafos apresentam essa nitidez — e também rigidez — formal do silogismo dedutivo. Isso, aliás, é muito mais comum. No seguinte exemplo, penúltimo parágrafo da dissertação em pauta, a estrutura silogística vem mais diluída. Depois de mostrar, no segundo e no terceiro parágrafos, outros fatos que corroboram a tese enunciada no de introdução, diz o autor:

Finalmente, o Brasil é presa de sua própria condição de país subdesenvolvido. Como tal, tem de aceitar as imposições daqueles que o auxiliam com técnica e capital. Por isso, se vê obrigado a agir no plano internacional de acordo com a orientação do bloco de nações que lhe prestam assistência e ajuda...

A premissa maior, em que se firma a conclusão final, está subjacente, ou melhor, oculta (rever 4. Com., 1.5.2.4, entimema): o aluno partiu do princípio (certo ou errado; não importa aqui discutir) de que todo país subdesenvolvido é presa da sua própria condição e deve aceitar as imposições daqueles que o auxiliam:

Premissa maior: Todo país subdesenvolvido tem de aceitar as imposições daqueles que o auxiliam.

Premissa menor: Ora, o Brasil é um país subdesenvolvido ("presa da sua condição de país subdesenvolvido").

Conclusão: Logo, o Brasil tem de aceitar as imposições daqueles que o auxiliam.

O resto do parágrafo encerra os corolários dessa conclusão: "Por isso, se vê obrigado a agir no plano internacional de acordo com a orientação do bloco de nações que lhe prestam assistência e ajuda..."

O que nos importa aqui é mostrar a estrutura cerrada do raciocínio dedutivo. A conclusão em si, do ponto de vista formal, é absolutamente válida. Quanto a ser verdadeira, isso depende da premissa maior: "*todos* os países subdesenvolvidos têm de aceitar as imposições daqueles que os auxiliam"? e da menor: "o Brasil é um país subdesenvolvido"? E os corolários? Essas "imposições" verificam-se também no plano da política internacional? Para confirmar a verdade do corolário, o aluno talvez tivesse de seguir agora o método indutivo, que consistiria em arrolar tantos casos particulares, tantos exemplos concretos de que o Brasil tem agido no plano da política internacional "de acordo com a orientação do bloco de nações que lhe prestam assistência e ajuda" — tantos exemplos — fidedignos, adequados e suficientes (rever 4. Com., 1.4 — "Da validade dos fatos") — que a conclusão se tornaria necessária, se imporia por si mesma.

Os comentários que acabamos de fazer parecem suficientes para mostrar a importância e a eficácia do raciocínio silogístico na explanação de ideias.

Sétima parte

7. Pl. — Planejamento

1.0 Descrição

As noções precedentes sobre análise, síntese, classificação e criação de ideias proveem o estudante das bases indispensáveis ao planejamento e à elaboração de qualquer tipo de composição. Vejamos agora, praticamente, como fazer um plano ou esquema. O primeiro exemplo, a seguir, é de uma descrição, mas descrição em que podem ocorrer trechos de narração, pois, como se sabe, esses dois gêneros frequentemente se permeiam.

Admitamos que o estudante se proponha fazer um trabalho sobre o colégio que frequenta. É um tema dos mais comuns no curso fundamental. Via de regra, o aluno, falho de orientação, limita-se a redigir meia dúzia de parágrafos sem consistência, sem coerência e sem objetivo determinado, contentando-se com generalidades. Embora pressinta que há muita coisa a dizer, não sabe como fazê-lo: as ideias lhe ocorrem de maneira esparsa, caótica, desordenada. Pois bem: se a elaboração do seu trabalho for precedida pela observação atenta, pela análise e classificação dessas ideias, seu plano se irá delineando, e ele acabará sabendo facilmente não apenas *o que* dizer mas também *como* fazê-lo. Vejamos.

Comece o aluno por fazer, mais ou menos a esmo, uma lista das ideias que lhe forem ocorrendo. É o estágio preliminar da *análise* ou *divisão*. Em seguida, procure arrumar essas ideias em ordem adequada, de acordo com as afinidades comuns, pondo no mesmo grupo as que se coordenam, e subordinando-as a um termo de sentido mais amplo. É o estágio da *classificação*. Meditando, pensando no seu assunto, o aluno acabará chegando a um esboço de plano mais ou menos como o seguinte:

1. A cidade, o bairro, a rua onde está situado o colégio.
2. Os edifícios, seu estado de conservação, seu estilo arquitetônico, suas acomodações, etc.
3. Cursos que oferece: fundamental e médio, etc.
4. Os alunos: sexo, condições sociais, econômicas, etc.
5. Data da fundação, o fundador, o nome; ligeiro esboço histórico.
6. Regime: internato, semi-internato, externato.
7. Horas vagas: recreios, biblioteca, jogos, etc.

8. Os professores: número de professores, qualificações e méritos.
9. As aulas: horários, duração, aulas teóricas, aulas práticas, etc.
10. Gosto (ou não gosto) do meu colégio porque...

A análise do assunto mostrou ao aluno a variedade, a fertilidade mesmo, das ideias nele implícitas. Mas os 10 tópicos desse esboço refletem ainda o caos. A classificação virá pôr-lhes ordem.

Tomemos o primeiro tópico ou item: "a cidade, o bairro, a rua onde está situado o colégio". Haverá, por acaso, uma ideia geral a que possam estar subordinados os elementos desse tópico? Cremos que sim. Vejamos: que significa "onde está situado"? A sua localização, a sua situação. E que há de comum entre "cidade, bairro e rua"? A ideia de situação. Logo, esta é a ideia geral, a que se *subordinam* as outras, específicas e *coordenadas* entre si. Temos assim a verdadeira estrutura do primeiro tópico do esboço do plano:

1. Situação:

a) a cidade;
b) o bairro;
c) a rua.

(Observe o aluno a gradação decrescente que existe entre os subtópicos (a), (b) e (c): de "cidade" para "rua", isto é, do termo de maior extensão para o de menor extensão. Mas pode-se preferir a ordem crescente (de *rua* para *cidade*).

Continue o aluno a examinar cada uma das partes em que a análise decompôs a ideia geral, que é o tema ou assunto. Mas atente sempre para a relação de igualdade (coordenação) e de desigualdade (subordinação) entre os tópicos e subtópicos. Tome o de nº 2, que compreende várias ideias. Que relação há entre elas? Qual delas tem maior extensão: edifícios ou estado de conservação? edifícios ou estilo arquitetônico? edifícios ou dependências? Edifícios, é claro. Então, este será o termo geral, o tópico *subordinante*, e os demais, específicos e *subordinados*:

2. Os edifícios:

a) estilo arquitetônico;
b) estado de conservação;
c) dependências.

Ora, descrevendo os edifícios estamos dando uma ideia de sua aparência, não? Podemos, portanto, ampliar ainda o *quadro* da descrição, servindo-nos de um termo de maior extensão: *Aspecto externo* não englobará, por acaso, as ideias de edifícios, sua aparência, seu estado de conservação, seu estilo arquitetônico, suas dependências? Pois será esse o tópico maior, cuja extensão é paralela à do primeiro (Situação). Mas como só temos em vista descrever os edifícios (e não jardins ou outras áreas), delimitamos o tópico por meio de um aposto:

3. Aspecto externo — os edifícios:

a) estilo arquitetônico;
b) estado de conservação;
c) dependências.

Prossiga o aluno no exame dos outros tópicos, para verificar se estão distribuídos em ordem lógica. Vejamos. O de nº 5 não lhe parece deslocado? Não é natural que, depois de falar da situação e do aspecto externo do colégio, se faça referência ao seu histórico (data da fundação, o fundador, o nome)? Então, o de nº 5 deve antepor-se ao de nº 3 (cursos). O de nº 4 trata dos alunos; é natural, portanto, que a referência aos professores dele se aproxime. O de nº 7 refere-se às horas vagas; ora, o mais lógico seria indicar primeiro as horas "não vagas". Neste caso, o de nº 9 deve antepor-se ao 7º.

O resultado dessa ordenação lógica — aliás, antes de bom senso do que de lógica — é o seguinte:

Plano

1. Situação:

a) cidade;
b) bairro;
c) rua.

2. Aspecto externo — os edifícios:

a) estilo arquitetônico;
b) estado de conservação;
c) dependências;
d) ...... (outros detalhes).

3. Histórico:

a) data da fundação;
b) o fundador;

c) origem do nome do colégio;
d) ...... (outros detalhes: fatos, episódios dignos de nota).

4. Cursos:

a) ensino fundamental;
b) ensino médio;
c) ...... (outros, se houver).

5. Corpo discente:

a) sexo e idade;
b) condições sociais e econômicas;
c) ...... (outros detalhes).

6. Corpo docente:

a) número de professores;
b) qualificação e méritos;
c) ...... etc.

7. Regime:

a) internato;
b) externato;
c) semi-internato.

8. Atividades curriculares:

a) número de aulas;
b) horário;
c) aulas práticas;
d) aulas teóricas.

9. Atividades extracurriculares:

a) recreativas;
b) esportivas;
c) culturais.

10. Conclusão: apreciações de ordem geral e impressões pessoais.

Pronto? Definitivo? Parece que ainda não. Repasse os olhos e procure descobrir falhas ou incoerências no plano: detenha-se, por exemplo, no exame do subtópico (c) do tópico 2: "dependências". Todas as dependências serão *externas*, para que se justifique a sua inclusão como subtópico de "aspecto *externo*"? Se o autor descrever ou mencionar salas de aula, laboratórios, biblioteca e outras dependências *internas*, estará fazendo um plano sem levar em conta uma classificação das ideias, pondo como subordinado a outro um termo (ideia) que, logicamente, materialmente, a ele não se subordina (rever 5. Ord., 1.2 a 1.2.2).

Observe ainda o leitor-aluno, aprendiz de escritor, que alguns tópicos foram ligeiramente alterados em relação à lista primitiva. Note, por exemplo, que o item ou tópico 10 aparece agora como *Conclusão* e que alguns termos específicos foram substituídos por outros, de sentido mais geral: "data da fundação" por "histórico"; "alunos" por "corpo discente"; "professores" por "corpo docente"; "aulas" por "atividades curriculares"; "horas vagas" por "atividades extracurriculares".

No decorrer da redação do texto e como consequência de imprevistas associações de ideias, podem impor-se novas alterações nesse plano primitivo, plano rascunho ou *plano provisório*, que, *servindo* preliminarmente *apenas ao autor*, não deve ser considerado como um leito de Procusto, como um molde rígido, mas sim como um roteiro maleável, remanipulável, sujeito a acomodações e reajustamentos ao texto. Só depois desse trabalho simultâneo — do plano para o texto e do texto para o plano —, quando a composição está concluída, é que o autor, então, elabora o *plano definitivo* ou *formal*, que, refletindo fielmente mas sumariamente as ideias centrais da composição, *vai servir ao leitor* para lhe dar uma visão de conjunto do teor do trabalho, da maneira como o autor desenvolveu o tema. Nas composições escolares, salvo exigência explícita do professor — o que ocorre às vezes —, não é costume virem elas acompanhadas de plano; isso, entretanto, pode acontecer, quando o trabalho, por ter implicado pesquisas demoradas e metódicas e por ter adquirido extensão e feição de monografia, se destinar a publicação.

Essa fase preliminar, representada pela procura e achamento das ideias, que vão sendo registradas na "lista caótica" — fase que a retórica clássica denominava *inventio* (invenção) — e a seguinte, que compreende a preparação do plano (*dispositio* = disposição) muito facilitam a tarefa da composição propriamente dita (*elocutio* = elocução), contribuindo para a sua unidade e coerência. Quando o plano é relativamente pormenorizado e a composição não muito extensa (digamos: cerca de 500 palavras), a cada um dos seus tópicos (seções primárias, indicadas pelos algarismos arábicos) pode corresponder um parágrafo no texto, do que resultarão cerca de 11, pois deverá haver pelo menos um destinado à introdução (ver, a seguir, 2.0 — "Narração", 2.2 e 2.3). Se tiverem estrutura de frase, poderão ser aproveitados quase que literalmente como tópicos frasais (rever 3. Par., 1.4) dos parágrafos correspondentes; se forem nominais, *i.e.*, constituídos — como está no plano proposto

— apenas por nomes (substantivos, adjetivos, pronomes, formas nominais do verbo), já encerrarão pelo menos as ideias nucleares dos períodos ou parágrafos respectivos.

É certo que a elaboração do plano (e o leitor-aluno já deve ter pensado nisso lá com os seus botões) toma algum tempo; mas não é tempo perdido: o que se gasta no elaborá-lo recupera-se, com juros, dividendos e correção (não monetária, evidentemente) no executá-lo. Se o aluno (agora autor) se servir da sua experiência, das suas lembranças, se tiver algum espírito de observação e um pingo de imaginação, e se tiver aproveitado as lições sobre a organização do período (rever 1. Fr., 1.5.0 a 1.5.3) e o desenvolvimento do parágrafo (3. Par., sobretudo 2.0 a 3.1.6), acabará fazendo uma descrição (entremeada provavelmente de trechos de narração; rever 3. Par., 3.2 a 3.2.7, e ver, a seguir, 2.0 — "Narração") bastante aceitável, algo — quem sabe? — que se aproxime do exemplo que oferecemos a seguir:

1.1 "O Ginásio Mineiro de Barbacena"

Introdução

Localiza-se na meia encosta da colina do Matinho, a 1.260 metros de altitude, à direita da linha férrea da Central do Brasil, entre as estações de Barbacena e Sanatório. Ocupava terreno espaçoso, de dez hectares.

Desenvolvimento

Estava, para a época, magnificamente instalado em edifício de proporções convenientes, constituído de alguns pavilhões, sendo de dois pavimentos em toda a extensão de sua frente, corpo principal voltado para a cidade. A parte central, provida de platibanda e de escadaria para acesso ao andar superior, dispunha de sala de visita, Gabinete do Reitor, Secretaria, sala de Congregação e Biblioteca.

Na ala direita, estavam: embaixo, o grande refeitório, com cozinha e suas diversas dependências, nos fundos; em cima, amplo dormitório dos alunos "maiores". Ligada a essa ala, perpendicularmente, achava-se a casa de residência do reitor.

O térreo, na ala esquerda,...
O "recreio grande", de forma quadrada,...
Na parte interna,...

A descrição continua ainda detalhando outros aspectos dos edifícios, por mais uma página e meia. Em seguida, terminado esse tópico (o aspecto externo: os edifícios), passa o autor ao histórico do colégio, iniciando essa parte com um pequeno parágrafo de transição:

Feita a descrição topográfica, passemos ao momento histórico.

O corpo antigo do prédio, de pés-direitos de madeira, paredes de pau a pique e ripas, sobre alicerces de pedra, foi construído pelo Padre João Ferreira de Castro que nele fundou, na segunda metade do século XIX, o antigo Colégio Providência. Foram seus alunos...

(Carvalho, 1961:7-32)

Nas páginas seguintes, em continuação ao histórico, o autor abre títulos para referência a alguns personagens mais importantes — "Reitores e professores; Soares Ferreira; O Dr. Remmers e o Barão Hugo von Kraus" — e algumas atividades curriculares e extracurriculares — "A banda; A educação física; As diversões; A formação cívica; Os clubes; Os companheiros" (p. 12-32).

2.0 Narração

Servindo-se dos mesmos recursos, há pouco mencionados — experiência, memória, espírito de observação e um *pingo mais grosso* de imaginação —, o aluno aprendiz de escritor pode elaborar o plano (esquema, roteiro) de uma narração (ou narrativa, como se prefere dizer hoje) inspirada em episódios, pequenos incidentes ou peripécias do dia a dia e, evidentemente, "temperada" com certa dose de fantasia. A crônica abaixo transcrita — que entremeia trechos de narração com outros de descrição (a primeira raramente prescinde da segunda: a descrição é a *ancilla narrationis*, serva da narração) — mostra como o autor, capitalizando lembranças e impressões do passado, pôde reconstituir cenas fragmentárias da sua infância. Observe o aprendiz de escritor a estrutura temática dessa crônica e tome-a como modelo:

2.1 "O cajueiro"

1   O cajueiro já devia ser velho quando nasci. Ele
2   vive nas mais antigas recordações de minha infância: belo,
3   imenso, no alto do morro atrás da casa. Agora vem uma
4   carta dizendo que ele caiu.
5   　　Eu me lembro do outro cajueiro que era menor, e
6   morreu há muito tempo. Eu me lembro dos pés de pinha,
7   do cajá-manga, da grande touceira de espadas-de-são-jor-
8   ge (que nós chamávamos simplesmente "tala") e da alta
9   saboneteira que era nossa alegria e a cobiça de toda a
10 meninada do bairro porque fornecia centenas de bolas
11 pretas para jogo de gude. Lembro-me da tamareira, e de
12 tantos arbustos e folhagens coloridas, lembro-me da par-
13 reira que cobria o caramanchão, e dos canteiros de flores
14 humildes, beijos, violetas. Tudo sumira; mas o grande pé
15 de fruta-pão ao lado da casa e o imenso cajueiro lá no alto
16 eram como árvores sagradas protegendo a família. Cada
17 menino que ia crescendo ia aprendendo o jeito de seu
18 tronco, a cica de seu fruto, o lugar melhor para apoiar o
19 pé e subir pelo cajueiro acima, ver de lá o telhado das casas
20 do outro lado e os morros além, sentir o leve balanceio na
21 brisa da tarde.

22   No último verão ainda o vi; estava como sem-
23 pre carregado de frutos amarelos, trêmulo de sanhaços.
24 Chovera: mas assim mesmo fiz questão de que Caribé su-
25 bisse o morro para vê-lo de perto, como quem apresenta a
26 um amigo de outras terras um parente muito querido.
27   A carta de minha irmã mais moça diz que ele caiu
28 numa tarde de ventania, num fragor tremendo pela riban-
29 ceira; e caiu meio de lado, como se não quisesse quebrar o
30 telhado de nossa velha casa. Diz que passou o dia abatida,
31 pensando em nossa mãe, em nosso pai, em nossos irmãos
32 que já morreram. Diz que seus filhos pequenos se assusta-
33 ram, mas depois foram brincar nos galhos tombados.
34   Foi agora, em fins de setembro. Estava carregado
35 de flores.

(Braga, 1956:320-322)

2.2 Análise das partes

a) *Introdução:* linhas 1 a 4;
b) *Desenvolvimento:* 1ª parte: linhas 5 a 21; 2ª parte: linhas 22 a 26; 3ª parte: linhas 27 a 33 (três partes, correspondentes a três parágrafos);
c) *Conclusão:* linhas 34 e 35.

1. Introdução (linhas 1 a 4):

a) apresenta a *ideia-núcleo* ou *ideia principal:* o cajueiro (linha 1) caiu (4);
b) sugere temas ou *ideias secundárias:*
   — "recordações de minha infância";
   — infância *remota:* "antigas" recordações;
c) sugere o *plano:* a carta com a notícia da queda do cajueiro;
d) sugere uma *atmosfera* afetiva: cajueiro *velho, belo, imenso;*
e) sugere a *situação:* "no alto do morro, atrás da casa";
f) cria condições para um *contraste dramático* entre a beleza e o viço do cajueiro (*belo, imenso*) e a sua queda e morte (*ele caiu*), que o autor vai desenvolver no penúltimo parágrafo.

2. Desenvolvimento (linhas 5 a 33):

A – Primeira parte (5 a 21):

I –   *Ideia principal:* evocações de peripécias da infância sugeridas pela notícia da queda do cajueiro.

II – *Ideias secundárias:*

a) sugestão de *ruína e abandono:* "Tudo sumira" (14);
b) sugestão de *solidão:* mas (apenas) o pé de fruta-pão e o cajueiro permaneciam (14-15);
c) sugestão de *espírito familiar e afinidade afetiva:* o cajueiro e o pé de fruta-pão "eram como árvores sagradas protegendo a família" (15-16);
d) sugestão de *comunhão* nos brinquedos infantis: "Cada menino que ia crescendo..." (16 a 21).

B – Segunda parte (linhas 22 a 26):

I – *Ideia principal:* última visão do cajueiro (22).

II – *Ideias secundárias:*

a) *caracterização:* viço e vigor do cajueiro: "carregado de frutos amarelos" (23);
b) *intervenção de personagem:* "fiz questão de que Caribé subisse o morro..." (24-25);
c) *afetividade* (animização do cajueiro): "como quem apresenta a um amigo de outras terras um parente muito querido" (25-26).

C – Terceira parte (linhas 27 a 33):

I – *Ideia principal:* "ele caiu numa tarde de ventania". Verdadeiro motivo de toda a crônica-narrativa; é o *desenlace* da *história,* apenas brevemente enunciado na introdução (ele caiu).

II – *Ideias secundárias:*

a) *dramaticidade* sugerida pelos pormenores caracterizadores: "tarde de ventania", "fragor tremendo", "pela ribanceira", a irmã "ficou abatida" (28-31);
b) *animização* do cajueiro: "como se não quisesse quebrar o telhado de nossa velha casa" (29-30);
c) sugestão de *tristeza:* "passou o dia abatida" (30) e "pensando em nossa mãe, em nosso pai, em nossos irmãos que já morreram" (31-32);
d) traços da *psicologia infantil:*
   — primeiro: *susto* ("seus filhos pequenos se assustaram") (32-33);
   — segundo: *indiferença* (as ocasionais aflições infantis não costumam ter ressonância prolongada: "mas depois foram brincar nos galhos tombados") (33).

3. **Conclusão***:* a *emoção* provocada no espírito do autor, emoção discreta e indiretamente sugerida por *palavras-signos* ou *signos de indício:*

a) *fato recente,* vivo ainda na memória do autor: "Foi agora" (34);
b) *contraste afetivo* entre a tristeza causada pela queda do cajueiro e o aspecto festivo da natureza na primavera (ideia sugerida por "em fins de setembro", (34) com o cajueiro "carregado de flores" (34-35) a denunciar ainda viço e vigor frustrados pela morte.

2.3 Função das partes

A *introdução* já vem definida desde Aristóteles: "é o que não admite nada antes e pede alguma coisa depois". O que sugere ou se apresenta na introdução deve ser (acrescido de outros pormenores) desenvolvido no núcleo ou miolo do trabalho, como se viu na análise da crônica. Sua extensão varia de acordo com a extensão do próprio trabalho. Varia também conforme a natureza do assunto. Mas é difícil estabelecer princípios rígidos. De qualquer forma, ela deve apresentar a ideia-diretriz, de modo que o leitor fique sabendo, de saída, o que se vai narrar, discutir ou descrever nos parágrafos (ou capítulos) subsequentes.

O *desenvolvimento,* no gênero narrativo, de que pode servir de exemplo a crônica de Rubem Braga, constitui o *entrecho,* o *enredo,* a *intriga,* a *urdidura* ou a *história* propriamente dita, onde a ideia principal é apresentada através de *peripécias, i.e.,* fatos ou acontecimentos. (Em outros gêneros de composição em prosa como a *dissertação* — que compreende a *explanação* e *argumentação* — o desenvolvimento se faz através de *argumentos,* fatos ou dados objetivos, isto é, através da *discussão* da ideia principal ou *tese.*)

A *história* ou *enredo* é apenas o suporte, o arcabouço, que, despertando a curiosidade do leitor, prendendo-lhe a atenção por mantê-la sempre em suspenso, na expectativa de episódios futuros, permite o desenvolvimento da ideia principal. No trecho comentado, a história é constituída por um *fiozinho* muito tênue, resumindo-se apenas na recepção da carta com a notícia da queda do cajueiro. Pois foi esse *fiozinho* de enredo que permitiu ao autor criar, através da reconstituição de *fiapos* do seu passado, o "clima dramático" da sua crônica-narrativa.

2.3.1 O que a "história" ou "estória" proporciona

a) a criação de uma *atmosfera psicológica,* moral ou afetiva (na crônica de Rubem Braga, saudade de infância, tristeza, ruína, abandono, morte);
b) *a situação* dos fatos ou episódios:
    ◆ no *espaço* — descrição do *ambiente* (cenário, paisagem): a casa da família, a localização do cajueiro, a paisagem, telhado das casas, os morros;
    ◆ no *tempo* — a época dos acontecimentos. Na crônica de Rubem Braga há dois planos temporais: o *atual* (o da queda do cajueiro) e o *remoto* ou *passado* (o da infância do autor);

c) a indicação de *causa* ou *circunstâncias* (se houver): a causa da queda do cajueiro terá sido a sua idade e a ventania;

d) a indicação de *consequências* (se houver): o abatimento da irmã (explícita) e a tristeza do autor (implícita);

e) a introdução de *personagens:* Caribé, amigo do narrador;

f) a invenção de *peripécias* significativas que permitam:

- *caracterização* das personagens, sua psicologia, suas reações, sua classe social, sua linguagem, etc.;
- *dramaticidade* (conflito entre personagens e situações);
- *descrição e caracterização* da paisagem ou ambiente;
- apresentação de circunstâncias ou fatores de ordem vária (social, política, econômica, etc.);
- artifícios que despertem a *curiosidade* do leitor e lhe prendam a atenção graças à *expectativa* ou *suspense* e à *surpresa.*

Na crônica de Rubem Braga, o *suspense* desfaz-se logo na terceira linha ("Agora vem uma carta dizendo que ele caiu"); não obstante, o leitor mantém-se ainda na *expectativa* dos pormenores dramáticos, o que só ocorre no penúltimo parágrafo.

A *conclusão* não é um *apêndice* à narrativa ou a qualquer gênero de composição; *não* é um *resumo* nem uma *nova ideia; não* é um pormenor que se acrescenta. *Não* é tampouco a *repetição da introdução.* Pode ser uma *apreciação sucinta,* um *comentário pessoal* do autor, uma *generalização,* tudo feito de tal modo que se sinta ser desnecessário, e até mesmo descabido, qualquer acréscimo. Como a introdução, já está também definida por Aristóteles: "O fim (conclusão) é o que pede alguma coisa antes e não admite nada depois".

2.4 Plano de "O cajueiro"

Vejamos agora como essa crônica de Rubem Braga "se traduz" no seu plano ou esquema:

A (Introdução) — *Recebimento da carta com a notícia da queda do cajueiro.*

B (Desenvolvimento) — *Evocações da infância e queda do cajueiro.*

I – *Paisagem e peripécias:*

a) o outro cajueiro;

b) outras árvores e plantas;

c) brinquedos infantis;

d) ruína causada pelo tempo: sobrevivência do cajueiro e do pé de fruta-pão.

II – *Última visão do cajueiro:*

a) a aparência do cajueiro;
b) a presença do amigo Caribé.

III – *A carta da irmã:*

a) a queda do cajueiro;
b) pormenores da queda;
c) repercussão do fato no espírito da irmã;
d) evocação de entes queridos;
e) a reação dos meninos.

C (Conclusão) — *A emoção do autor,* implícita na referência indireta à primavera — "fins de setembro" — e direta ao cajueiro, que, apesar de viçoso — "carregado de flores" —, tombou para morrer.

Observações:

1. As divisões maiores (introdução, desenvolvimento e conclusão) são geralmente assinaladas pelas maiúsculas (A, B, C) ou, mais raramente, por algarismos arábicos. As primeiras subdivisões são marcadas pelos algarismos romanos (I, II, III) e as últimas, as menores, devem ser sempre indicadas pelas minúsculas seguidas de parêntese de fechar; a), b), c)... Se houver necessidade de mais uma subdivisão, insiram-se entre A e I os algarismos arábicos 1, 2, 3, etc. Segundo essas normas, o *esqueleto* de um plano pode apresentar-se assim:

    A — .....
        1 — .....
            I — .....
                a) .....
                b) .....
            II — .....
        2 — .....
    B — .....
        etc.

2. Note-se a disposição de cada item ou tópico: os idênticos, *i.e.,* coordenados, levam o mesmo símbolo alfabético ou numérico, devendo ficar a igual distância da margem esquerda, mas de tal forma que o sinal de cada nova subdivisão fique logo abaixo da primeira letra do texto do tópico precedente.

3. Atente-se ainda para a conveniência de se adotar a mesma estrutura de tópico para os que se coordenam. Por exemplo: se (a) tem estrutura nominal, todos os demais a ele coordenados — (b), (c), (d), etc. — deverão ser igualmente nominais. Se I — é frasal, frasais deverão ser II, III, IV, etc.

3.0 Dissertação

Vejamos agora como planejar e elaborar uma dissertação que tampouco exija leitura ou pesquisa especializada, isto é, uma dissertação que pode ser feita — como acontece em exames e provas — com os conhecimentos gerais já de posse do estudante.

No trecho que abaixo se transcreve e que serve de introdução a todo um artigo-ensaio de cerca de 10 páginas, o autor mostra a unidade real do Brasil, para, em seguida (p. 378 a 388), assinalar, como contraste, a absurda falta de unidade "na vida política dessa esplêndida coletividade una".

Apesar de ser apenas parte de um todo, o trecho abaixo transcrito apresenta características de unidade e independência. De estrutura muito simples, mas harmoniosa e proporcionada, distingue-se principalmente pela sua construção paralelística: a segunda parte desenvolve, na mesma ordem, as ideias expostas na primeira (ver, a seguir, 3.2).

Convém observar atentamente o processo adotado pelo autor: o desenvolvimento da ideia geral baseia-se na *divisão* e *enumeração* de seus vários aspectos, seguindo-se a sua comprovação ou justificação.

3.1 "Meditações"

1 Diante de mim se estende em face do mar azul o
2 Brasil imenso, esse grande todo, esse continente unido. Na
3 contemplação dele vieram-me as seguintes reflexões.

4 O fato mais destacado que se impõe a quem estuda
5 o Brasil é o da esplêndida unidade do país. Unidade física
6 afirmada na admirável continuidade do território. Unidade
7 moral demonstrada pela religião, pela língua, pelos costu-
8 mes, pelas relações materiais; objetivada no conjunto de
9 elementos constitutivos da economia, da produção, do tra-
10 balho, indústria e comércio; e unidade intelectual expressa
11 na identidade da formação e da cultura. Unidade política
12 manifestada na comunidade de ideias, de sentimentos e de
13 interesses de sua população.

Nenhum país do mundo é mais uno do que o Brasil na sua aparência e na sua realidade, no seu corpo como na sua alma.

É este o primeiro característico da nossa pátria, o fato primordial que se assinala ao observador.

No seu aspecto exterior, na sua constituição geográfica, o Brasil é um todo único. Não o separa nenhum lago interior, nenhum mar mediterrâneo. As montanhas que se erguem dentro dele, em vez de divisão, são fatores de unidade. Os seus rios prendem e aproximam as populações entre si, assim os que correm dentro do país como os que marcam fronteiras.

Por sua produção e por seu comércio, é o Brasil um dos raros países que se bastam a si mesmos, que podem prover ao sustento e assegurar a existência dos seus filhos. De norte a sul e de leste a oeste, os brasileiros falam a mesma língua quase sem variações dialetais. Nenhuma memória de outros idiomas subjacentes na sua formação perturba a unidade íntima da consciência do brasileiro na enunciação e na comunicação do seu pensamento e do seu sentimento.[1]

Uma só religião disciplina os nossos corações e constitui o *substratum* espiritual da nação. Tradições as mesmas com pequenas diferenças locais, todas oriundas da mesma fonte, da sua unidade.

Se há um fenômeno social típico na face do planeta é esse da unidade incomparável do Brasil. Esse grande país, povoado hoje por mais de 42 milhões[2] de habitantes, é uma coletividade nacional una, um todo, material, moral, intelectual único. Não sendo um Estado integral, um Estado totalitário, para usar expressão do direito público moderno, é o Brasil uma nação integral, totalitária, como talvez não haja outra assim na terra. Seu povo é o mesmo em toda a extensão do seu território.

Não há distinções específicas que estremem um brasileiro do outro, pelos costumes, pela língua, pela religião, pela formação, pela cultura. A imigração de indivíduos de raças diferentes da primitiva raça colonizadora nenhuma influência teve como fator de diferenciação. Questão de raça não existe no Brasil. Os imigrantes perdem o caráter de origem logo à primeira geração. Na atmosfera brasileira em breve se apaga qualquer traço diferencial alienígena.

O Brasil apresenta-se, assim, como um país uno, como a unidade mesma.

(Gilberto Amado, "Meditações" *Três livros* [Amado, 1963:378-379])

---

[1] O aluno poderia deter-se na análise desse parágrafo (linhas 25-32) e comentá-lo à luz das lições contidas nos tópicos referentes à unidade e a coerência do parágrafo garantidas pelo enunciado do tópico frasal.

[2] O artigo-ensaio foi escrito há mais de 50 anos.

3.2 Análise das partes e plano de "Meditações"

1 – *Introdução* (linhas 1 a 3):

a) apresenta a *ideia-núcleo* ou ideia principal: o Brasil, "esse grande todo, esse continente unido" (2), servindo-se o autor de um fato circunstancial como ponto de partida: "Diante de mim se estende em face do mar azul o Brasil imenso" (1-2);

b) sugere o *plano:* "Na contemplação dele vieram-me as seguintes reflexões:" (2-3).

2 – *Desenvolvimento* (linhas 4 a 53): Desenvolvimento constituído de duas partes, seguidas respectivamente de dois parágrafos-sínteses (linhas 14 e 18), à guisa de arremate ou confirmação, com a inclusão de outras ideias secundárias:

I – *Primeira parte:* O autor *discrimina* os vários aspectos da unidade do Brasil (ideia-núcleo enunciada na introdução):

a) unidade física: "na continuidade do território" (6);

b) unidade econômica (9);

c) unidade moral: na língua, religião, costumes (7-8);

d) unidade intelectual: "na identidade da formação e da cultura" (11);

e) unidade política: "na comunidade de ideias, de sentimentos e de interesses" (12-13).

II – Dois parágrafos-sínteses:

1º unidade singular do Brasil: "*Nenhum* país do mundo é mais uno" (14);

2º a unidade do Brasil como característico primordial (17-18);

III – *Segunda parte:* O autor *fundamenta* com razões, provas, exemplos ou pormenores — quer dizer: fatos — a *declaração* da primeira parte, seguindo mais ou menos a mesma ordem de ideias:

a) unidade geográfica (19-24);

b) autossuficiência econômica (25-27);

c) unidade linguística (28-32);

d) unidade religiosa (33-34);

e) unidade de costumes e tradições (34-36).

IV – Parágrafos-sínteses:

1º:

a) a unidade do Brasil é um fenômeno social típico (37-38);
b) o Brasil é uma coletividade nacional (40);
c) o Brasil é uma nação integral (43).

2º:

a) não há distinções específicas entre os brasileiros (46-47);
b) a imigração de outras raças não é fator de diferenciação (48-50);
c) não existem questões de raças (50-51).

3 – *Conclusão* (linhas 54 e 55): "O Brasil apresenta-se, assim, como um país uno, como a unidade mesma."

   Trata-se de uma conclusão sucinta, marcada apenas pela partícula "assim", na qual o autor se limita a repisar a ideia-núcleo, generalizando-a na expressão "como a unidade mesma".
   O trecho cuja estrutura acabamos de analisar é o que, em linguagem didática, se poderia chamar *dissertação,* nome com que se designa a *exposição* ou *explanação* de ideias. Notam-se nele, entretanto, alguns traços de verdadeira *argumentação* na maneira como o autor procura convencer o leitor, formar-lhe a opinião, pela evidência dos fatos, quer dizer, pelas provas com que vai fundamentando suas declarações. Veremos, nos tópicos seguintes, o que é e em que consiste a argumentação.

4.0 Argumentação

Nossos compêndios e manuais de língua portuguesa não costumam distinguir a dissertação da argumentação, considerando esta apenas "momentos" daquela. No entanto, uma e outra têm características próprias. Se a primeira tem como propósito principal expor ou explanar, explicar ou interpretar ideias, a segunda visa sobretudo a convencer, persuadir ou influenciar o leitor ou ouvinte. Na dissertação, expressamos o que sabemos ou acreditamos saber a respeito de determinado assunto; externamos nossa opinião sobre o que *é* ou nos parece *ser*. Na argumentação, além disso, procuramos principalmente *formar a opinião* do leitor ou ouvinte, tentando convencê-lo de que a *razão* está conosco, de que nós é que estamos de posse da verdade.

Na dissertação podemos expor, sem combater, ideias de que discordamos ou que nos são indiferentes. Um professor de filosofia pode fazer uma explanação sobre o existencialismo ou o marxismo com absoluta isenção, dando dessas doutrinas uma ideia exata, fiel, sem tentar convencer seus alunos das verdades ou falsidades numa ou noutra contidas, sem tentar formar-lhes a opinião, deixando-os, ao contrário, em inteira liberdade de se decidirem por qualquer delas. Mas, se, por ser positivista, fizer a respeito da doutrina de Comte uma exposição com o propósito de influenciar seus ouvintes, de lhes formar a opinião, de convertê-los em adeptos de positivismo, com o propósito, enfim, de mostrar ou provar as vantagens, a conveniência, a verdade, em suma, da filosofia comtista — se assim proceder, esse professor estará *argumentando*. Argumentar é, em última análise, convencer ou tentar convencer mediante a apresentação de razões, em face da evidência das provas e à luz de um raciocínio coerente e consistente.

4.1 Condições da argumentação

A argumentação deve basear-se nos sãos princípios da lógica. Entretanto, nos debates, nas polêmicas, nas discussões que se travam a todo instante, na simples conversação, na imprensa, nas assembleias ou agrupamentos de qualquer ordem, nos parlamentos, a argumentação não raro se desvirtua, degenerando em "bate-boca" estéril, falacioso ou sofismático. Em vez de lidar apenas com ideias, princípios ou fatos, o orador descamba para o insulto, o xingamento, a ironia, o sarcasmo, enfim, para invectivas de toda ordem, que constituem o que se costuma chamar de argumento *ad hominem;* ou então revela o propósito de expor ao ridículo ou à execração pública os que se opõem às suas ideias ou princípios, recorrendo assim ao argumento *ad populum*. Ora, o insulto, os doestos, a ironia, o sarcasmo por mais *brilhantes* que sejam, por mais que irritem ou perturbem o oponente, jamais constituem argumentos, antes revelam a falta deles. Tampouco valem como argumentos os preconceitos, as superstições ou as generalizações apressadas que se baseiam naquilo que a lógica chama, como já vimos, *juízos de simples inspeção*.

A legítima argumentação, tal como deve ser entendida, não se confunde com o "bate-boca" estéril ou carregado de animosidade. Ela deve ser, ao contrário, "*construtiva* na sua finalidade, *cooperativa* em espírito e socialmente *útil*. Embora seja exato que os ignorantes discutem pelas razões mais tolas, isto não constitui motivo para que homens inteligentes se omitam em advogar ideias e projetos que valham a pena. Homens mal-intencionados discutem por objetivos egoístas ou ignóbeis, mas este fato deve servir de estímulo aos homens de boa vontade para que se disponham a falar com maior frequência e maior desassombro. O ponto de vista que considera a discussão como vazia de sentido e ausente de senso comum é não só falso, mas também perigoso, sob o ponto de vista social" (Penteado, 1964:233).

4.2 Consistência dos argumentos

A argumentação esteia-se em dois elementos principais: a consistência do raciocínio e a evidência das provas. Quanto ao primeiro, já fornecemos ao leitor algumas noções preliminares (cf. 4. Com. e 5. Ord.). Tratemos agora apenas do segundo.

4.2.1 Evidência (fatos, exemplos, dados estatísticos, testemunhos)

Evidência — considerada por Descartes como o critério da verdade — é a certeza manifesta, a certeza a que se chega pelo raciocínio (*evidência de razão*) ou pela apresentação dos fatos (*evidência de fato*), independentemente de toda teoria.

São cinco os tipos mais comuns de evidência: os *fatos* propriamente ditos, os *exemplos,* as *ilustrações,* os *dados estatísticos* (tabelas, números, mapas, etc.) e o *testemunho.*

Fatos — Os fatos — termo de sentido muito amplo, com que se costuma até mesmo designar toda a *evidência* — constituem o elemento mais importante da argumentação em particular assim como da dissertação ou explanação de ideias em geral.

Temos dito mais de uma vez que só os fatos provam, só eles convencem. Mas nem todos os fatos são irrefutáveis; seu valor de prova é relativo, sujeitos como estão à evolução da ciência, da técnica e dos próprios conceitos ou preconceitos de vida: o que era verdade ontem pode não o ser hoje. De forma que é indispensável levar em conta essa relatividade para que eles sejam convincentes, funcionem realmente como prova.

Os fatos evidentes ou notórios são os que mais provam. Provo a deficiência da previdência social citando o fato de contribuintes se verem forçados a recorrer a hospitais particulares para operações ou tratamentos de urgência, porque o instituto de previdência a que pertencem não os pode atender em condições satisfatórias.

Exemplos — Exemplos são fatos típicos ou representativos de determinada situação. O fato de o professor Fulano de Tal se ver na contingência de dar, em colégios particulares, 10 ou mais aulas diárias é um exemplo típico dos sacrifícios a que estão sujeitos os membros do magistério particular no Brasil.

Ilustrações — Quando o exemplo se alonga em narrativa detalhada e entremeada de descrições, tem-se a *ilustração*. Há duas espécies de ilustração: a *hipotética* e a *real*. A primeira, como o nome o diz, é invenção, é hipótese: narra o que poderia acontecer ou provavelmente acontecerá em determinadas circunstâncias. Mas, nem por ser imaginária, prescinde da condição de verossimilhança e de consistência, para não falar da adequação à ideia que se defende.

Sua introdução no corpo da argumentação faz-se com naturalidade, numa forma verbal típica: "Suponhamos que o leitor (ou ouvinte) seja professor particular. Seu dia de trabalho começa invariavelmente às 7 horas da manhã, com a sua primeira aula a uma turma de 40 ou mais alunos. Ao meio-dia já terá dado quatro ou cinco aulas. Depois de uma ou duas horas para o almoço..." E a narrativa prossegue com outros detalhes e peripécias capazes de, enfim, ilustrar a tese para tornar aceitável a conclusão.

O propósito principal da ilustração hipotética é tornar mais viva e mais impressiva uma argumentação sobre temas abstratos. É, ademais, um recurso de valor didático incontestável, capaz de, por si só, tornar mais clara, mais convincente, uma tese ou opinião. Entretanto, seu valor como *prova* é muito relativo, e, em certos casos, até mesmo duvidoso.

A ilustração real descreve ou narra em detalhes um fato verdadeiro. Mais eficaz, mais persuasiva do que a hipotética, ela vale por si mesma como prova. O que se espera da ilustração real é que, de fato, sustente, apoie ou justifique determinada declaração. Para isso, é preciso que seja clara, objetiva, sintomática e obviamente relacionada com a proposição. Sua feição dramática deve ser tanto quanto possível explorada, desde que o exagero não a transforme em dramalhão. Muitas vezes, a ilustração se faz por referência a episódios históricos ou a obras de ficção (romances-tese, romances de protesto, peças dramáticas de conteúdo social), cujo enredo se pode então ligeiramente resumir.

Dados estatísticos — Dados estatísticos são também fatos, mas fatos específicos. Têm grande valor de convicção, constituindo quase sempre prova ou evidência incontestável. Entretanto, é preciso ter cautela na sua apresentação ou manipulação, já que sua validade é também muito relativa: com os mesmos dados estatísticos tanto se pode provar como refutar a mesma tese. Pode ser falsa ou verdadeira a conclusão de que o ensino fundamental no Brasil é muito deficiente, porque este ano, só no Rio de Janeiro, foram reprovados, digamos, 3 mil candidatos às escolas superiores. Três mil candidatos é, aparentemente, uma cifra respeitável. Mas, quantos foram, no total, os candidatos? Se foram cerca de 6 mil, a percentagem de reprovação, com que se pretende provar a deficiência do nosso ensino médio, é de 50%, índice realmente lastimável. Mas, se foram 30 mil os candidatos? A percentagem de reprovados passa a ser apenas de 10%, o que não é grave, antes pelo contrário, é sinal de excelente resultado. Portanto, com os mesmos dados estatísticos, posso chegar a conclusões opostas.

Testemunho — O testemunho é ou pode ser o fato trazido à colação por intermédio de terceiros. Se autorizado ou fidedigno, seu valor de prova é inegável. Entretanto, sua eficácia é também relativa. Têm-se feito experiências para provar como o testemunho pode ser falho (refiro-me, evidentemente, ao testemunho "visual", e não ao "autorizado"): o mesmo fato presenciado por várias pessoas pode assumir proporções e versões as mais diversas. Entretanto, apesar das suas falhas ou vícios, o testemunho continua a merecer fé até mesmo nos tribunais. Sua presença na argumentação em geral constitui, assim, desde que fidedigno ou autorizado, valioso elemento de prova.

4.3 Argumentação informal

A argumentação informal está presente em quase tudo quanto dizemos ou escrevemos por força das contingências do cotidiano. Quase toda conversa — salvo o caso, aliás frequente, da exposição puramente narrativa ou descritiva — é essencialmente argumentação. Se é certo que muitas pessoas — sobretudo as mulheres — só sabem conversar "contando, narrando, descrevendo, inventando", isto é, relatando episódios ou incidentes do cotidiano, revivendo casos ou peripécias, não é menos certo que, toda vez que, em conversa, expressamos nossa opinião sobre fatos ou ideias, estamos, de qualquer forma, tentando convencer aquele pequeno auditório das "rodinhas", procurando fazê-lo aceitar nosso ponto de vista, fazê-lo, enfim, concordar conosco.

Toda argumentação consiste, em essência, numa declaração seguida de prova (fatos, razões, evidência). Argumento quando declaro com a maior naturalidade:

> Joaquim Carapuça está muito bem de vida [*declaração*], porque comprou um apartamento dúplex na avenida Atlântica e passou dois anos excursionando pela Europa [*razões = prova = evidência*].

Mas esse tipo de argumentação informal corre frequentemente o risco de ser falacioso, quando a declaração se baseia apenas em indícios. Se digo que "Fulano já deve ter recebido o salário do mês porque me pagou os mil reais que me devia", estou certo apenas quanto à declaração (ter-me pago os mil reais) mas posso estar errado quanto às razões (ter recebido o salário do mês), visto ser possível terem sido outros os motivos (acertou no jogo do bicho ou numa acumulada do jóquei, tirou a sorte grande, recebeu uma herança ou... pediu emprestados 2 mil reais para pagar os mil que me devia). Neste caso, houve apenas inferência, dedução pelo raciocínio, a partir de indícios e não de fatos.

4.3.1 Estrutura típica da argumentação informal em língua escrita ou falada

Quando a natureza da declaração implica desenvolvimento de ideias abstratas, a argumentação assume estrutura mais complexa, com uma "arquitetura" mais trabalhada. Embora seja mais comum na língua falada — o que talvez justifique a denominação *informal* — dela nos servimos também com muita frequência na linguagem escrita. Cremos que o conhecimento da sua estrutura pode ajudar grandemente o estudante a argumentar com segurança e objetividade. Vejamos um exemplo.

Suponhamos que alguém diz ser o castigo físico a melhor maneira de educar a criança. Trata-se de uma proposição argumentável, porque admite divergência. Portanto, pode-se:

a) provar a validade dessa declaração;
b) contestá-la.

Admitamos que se queira contestá-la, isto é, provar que o castigo físico não educa. O esquema, constituído por três ou quatro estágios, será, portanto, de uma argumentação por contestação da proposição:

PRIMEIRO ESTÁGIO

Proposição (declaração, tese, opinião)

Como se trata de contestar ou refutar, é evidente que a declaração deve ser atribuída a outrem, através de uma forma verbal do tipo:

> *Dizem* que (ou você diz que, Fulano declarou que, muitos acreditam que, é opinião generalizada que) só o castigo físico, a pancada, educa, só ele é realmente eficaz quando se deseja corrigir a criança, formar-lhe o caráter...

Segundo estágio

Concordância parcial

Na *concordância parcial* (não sabemos que outro nome dar ao segundo estágio deste tipo de argumentação informal), o autor, ou falante, reconhece que *em certos casos, excepcionais,* é possível que a pancada eduque, seja um bom corretivo, mas — frise-se bem— *só em certos casos, só em certa medida, só em condições muito especiais* e, assim mesmo, *em poções medicamentosas, homeopáticas...*

A concordância parcial (fique a denominação) reflete uma atitude natural do espírito em face de certas ideias ou teses, pois é incontestável que existem quase sempre "os dois lados da medalha"; muitas ideias admitem concordância parcial ou contestação parcial: basta encará-las do ponto de vista geral ou do ponto de vista particular, basta atentar em certas circunstâncias, em certos fatores.

Portanto, é natural admitir que, em *certos casos particulares*, a pancada seja aconselhável. Na argumentação, este estágio assume usualmente, ou mesmo invariavelmente, uma feição verbal semelhante às seguintes (de teor concessivo):

É verdade (é certo, é evidente, é indiscutível) que, em certos casos...
É possível que, em certos casos, você tenha razão...
Em parte, talvez tenham razão...

Em seguida, juntam-se as razões, provas, fatos, exemplos de casos particulares que parecem confirmar a tese, a qual se vai adiante contestar (criança muito rebelde, ineficácia de outros corretivos, reincidência provocadora, etc.). Mas, para dispormos de argumentos favoráveis à nossa tese, convém dosar bem ou restringir, sem "escamotear", o número de *casos excepcionais*. Sem essa cautela, corremos o risco de ser contraditórios ou de oferecer as melhores razões à parte contrária. Neste caso, nossa argumentação acaba... tiro pela culatra.

Entretanto, pode não haver, ou é possível que não encontremos, razões para uma concordância parcial; então, passamos diretamente da proposição à contestação, que é o

Terceiro estágio

Contestação ou refutação (é o "miolo" desse tipo de argumentação)

Aqui também a forma verbal assume feição típica; quase sempre — já que se trata de *opor* aos argumentos favoráveis precedentes, ou à proposição toda, outros, *contrários* — o período ou parágrafo, ou o trecho da fala na língua oral, que lhe correspondam, se iniciam com uma conjunção adversativa ou expressão equivalente:

Mas, por outro lado...
Entretanto, na maioria dos casos... a pancada não educa, é um método de educação condenável, *porque...*

Seguem-se então a essa frase inicial da contestação as razões expressas em orações encabeçadas geralmente por conjunções explicativas ou causais:

...porque humilha, revolta, cria complexos...

É claro que a série de razões deste terceiro estágio deve ser mais numerosa e, principalmente, mais ponderável, pois é evidente que não se contesta com provas mais frágeis do que aquelas com que se justificou a concordância parcial.

Em conjunto, esses dois estágios expressam um pensamento essencialmente concessivo, resultante do enlace semântico entre os enunciados introduzidos, respectivamente, por "é verdade", "é certo", e por uma oração adversativa. É evidente que a ideia de concessão — que se filia à de oposição e de ausência de condição (rever 1. Fr., 1.6.7 e 1.6.7.2) — advém da presença da oração adversativa, tendo "é verdade que", "é certo que..." a função, primeiro, de indicar em que termos ou extensão se concorda com o que está declarado antes, e, segundo, de preparar o espírito do leitor, ou ouvinte, para a restrição (contestação, discordância, objeção parcial), que se vai enunciar a seguir (a partir da oração adversativa). Tanto é pensamento concessivo, que se pode, aproveitando a tese proposta, construir um simples período em que entre uma oração de "embora" ou equivalente: "Embora o castigo físico possa, em certa medida, ser eficaz, na maioria dos casos, entretanto [esse 'entretanto' é, aqui, pleonástico, mas aceitável como reforço ou ênfase e, por isso, habitual nessas estruturas concessivas], na maioria dos casos, ele é condenável, é antipedagógico, porque..."

Quarto estágio

Conclusão

Não existe argumentação sem conclusão, que decorre naturalmente das provas ou argumentos apresentados. As principais partículas típicas da conclusão são, como se sabe, "logo", "portanto", "por consequência" e, até mesmo, "de forma que". Tais partículas encabeçam períodos ou parágrafos em que negamos (argumentação por refutação) ou confirmamos o teor da proposição:

Logo (por consequência, portanto, de forma que) não se devem espancar as crianças...

Muitas vezes, principalmente na língua falada, a argumentação é provocada por uma situação real (fato, incidente); no caso do castigo físico, por exemplo, um pai que espanca o filho diante de nós, ou que defende em conversa a conveniência da pancada. Nesses casos, é comum reportar-se a conclusão à situação que a criou:

> Portanto, não acho que você deva espancar seu filho como acaba de fazer...

Na língua escrita, esse tipo de argumentação pode reduzir-se a um simples parágrafo (correspondente na oral a uma só *fala* não interrompida pelo interlocutor), ou a vários deles, tudo dependendo da maior ou menor complexidade das ideias postas em discussão. No primeiro caso, a proposição será verdadeiramente o tópico frasal, e os demais estágios, o desenvolvimento. Entretanto, a complexidade do assunto, o teor da proposição, pode exigir, como acontece com mais frequência, maior número de parágrafos: quatro pelo menos, um para cada estágio. Muitas argumentações alongam-se por várias páginas.

Essa é a estrutura típica da argumentação informal, tanto na língua falada quanto na escrita. Em alguns casos, ela se faz por *contestação* ou *refutação*, com ou sem *concordância parcial*, quando se procura negar tese ou opinião alheia; em outros, por confirmação.

4.4 Normas ou sugestões para refutar argumentos

Whitaker Penteado, na sua excelente obra já citada, arrola algumas sugestões para refutar ideias ou argumentos. Depois de dizer que a maneira de contestar argumentos depende de fatores pessoais e de circunstâncias várias, o autor apresenta-nos as seguintes sugestões:

1º Procure refutar o argumento que lhe pareça mais forte. Comece por ele.
2º Procure atacar os pontos fracos da argumentação contrária.
3º Utilize a técnica de "redução às últimas consequências", levando os argumentos contrários ao máximo de sua extensão.
4º Veja se o opositor apresentou uma evidência adequada ao argumento empregado.
5º Escolha uma autoridade que tenha dito exatamente o contrário do que afirma o seu opositor.
6º Aceite os fatos, mas demonstre que foram mal-empregados.
7º Ataque a fonte na qual se basearam os argumentos do seu opositor.
8º Cite outros exemplos semelhantes, que provem exatamente o contrário dos argumentos que lhe são apresentados pelo opositor.
9º Demonstre que a citação feita pelo opositor foi deturpada, com a omissão de palavras ou de toda a sentença que diria o contrário do que quis dizer o opositor.

10º Analise cuidadosamente os argumentos contrários, dissecando-os para revelar as falsidades que contêm.

(Penteado, 1964:242)

4.5 Argumentação formal

A argumentação formal pouco difere, em essência, da informal: até sua estrutura e desenvolvimento podem ser, em parte, os mesmos. Mas a formal exige outros cuidados.

4.5.1 Proposição

A *proposição,* por exemplo, deve ser clara, definida, inconfundível quanto ao que afirma ou nega. Além disso, é indispensável que seja... *argumentável,* quer dizer, não pode ser uma verdade universal, indiscutível, incontestável. Não se pode argumentar com ideias a respeito das quais todos, absolutamente todos, estão de acordo. Quem discutiria a declaração ou proposição de que o homem é mortal ou um ser vivo? Quem discutiria o valor ou a importância da educação na vida moderna? Se argumentar é convencer pela evidência, pela apresentação de razões, seria inútil tentar convencer-nos daquilo de que já estamos... convencidos. Argumentação implica, assim, antes de mais nada, divergência de opinião. Isto leva a crer que as questões técnicas fogem à argumentação, desde que os fatos (experiências, pesquisas) já tenham provado a verdade da tese, doutrina ou princípio. Fatos não se discutem.

Por outro lado, a proposição deve ser, de preferência, afirmativa e suficientemente específica para permitir uma tomada de posição contra ou a favor. Como argumentar a respeito de generalidades tais como *a previdência social, a propaganda, a democracia, a caridade, a liberdade?* Proposições vagas ou inespecíficas que não permitam tomada de posição só admitem dissertação, *i.e.,* explanação ou interpretação. Para submetê-las à argumentação é necessário delimitá-las e apresentá-las em termos de opção: previdência social, sim, mas em que sentido? Trata-se de mostrar a sua importância? Quem o contestaria? Trata-se de assinalar as suas falhas ou virtudes em determinado instante e lugar? Sim? Então, é possível argumentar, pois deve haver quem discorde da existência de umas ou de outras. Nesse caso, a proposição poderá configurar-se como: *Porque a previdência social oferece (ou não) aos trabalhadores toda a assistência que dela se deve esperar* ou *Deficiências da assistência médica prestada pelo Instituto X no ano tal no estado tal.* Posta em termos semelhantes, a proposição torna-se argumentável, já que admite divergências de opiniões.

4.5.2 Análise da proposição

A análise da proposição, que não costuma aparecer na argumentação informal, principalmente na língua falada, constitui na formal estágio da maior importância. Antes de começar a discutir é indispensável definir com clareza o sentido da proposição ou de alguns dos seus termos a fim de evitar mal-entendidos, a fim de impedir que o debate se torne estéril ou inútil, sem possibilidade de conclusão: os opositores, por atribuírem a determinada palavra ou expressão sentido diverso, podem estar de acordo desde o início, sem o saberem. Urge, portanto, definir com precisão o sentido das palavras (rever, a propósito, 5. Ord., 1.3 a 1.3.1.1, a respeito da definição). Se a proposição é, por exemplo, "A democracia é o único regime político que respeita a liberdade do indivíduo", torna-se talvez necessário conceituar ou definir primeiro, pelo menos, "democracia" e "liberdade", palavras de sentido intencional, vago, abstrato, e por isso sujeitas ao malabarismo das múltiplas interpretações.

Além da definição dos termos, importa que o autor ou orador defina também, logo de saída, a sua posição de maneira inequívoca, que declare, em suma, o que pretende provar.

4.5.3 Formulação dos argumentos

A formulação dos argumentos constitui a argumentação propriamente dita: é aquele estágio em que o autor apresenta as provas ou razões, o suporte das suas ideias. É aí que a coerência do raciocínio mais se impõe. O autor deve lembrar-se de que só os fatos provam (fatos no sentido mais amplo: exemplos, estatísticas, ilustrações, comparações, descrições, narrações), desde que apresentem aquelas condições de quantidade suficiente (enumeração perfeita ou completa), fidedignidade, autenticidade, relevância e adequação (rever 4. Com., 1.4).

Além disso, é de suma importância a ordem em que as provas são apresentadas; o autor deve escolher a que melhor se ajuste à natureza da sua tese, a que seja mais capaz de impressionar o leitor ou ouvinte. Quase sempre, entretanto, ao contrário do que se faz na *refutação,* adota-se a ordem gradativa crescente ou climática, isto é, aquela em que se parte das provas mais frágeis para as mais fortes, mais irrefutáveis.

Outro recurso de convicção consiste em manter o leitor como que em *suspense* quanto às conclusões, até um ponto de saturação tal, que, várias vezes iminentes mas não declaradas, elas acabem impondo-se por si mesmas: esse é o momento de enunciá-las. Mas deve lembrar-se da paciência e da resistência da atenção do leitor para não cansá-lo nem exasperá-lo, mantendo-o por tempo demasiado na expectativa da conclusão.

Existem ainda outros artifícios de que o argumentador pode servir-se para convencer, para influenciar o leitor ou ouvinte.

Muitos são comuns também à dissertação: confrontos flagrantes, comparações adequadas e elucidativas, testemunho autorizado, alusões históricas pertinentes, e até mesmo anedotas.

Por fim, cabe ainda lembrar dois outros fatores relevantes. O primeiro diz respeito à conveniência de o autor frisar, nas ocasiões oportunas, os pontos principais da sua tese, pontos que ele, sem dúvida, englobará na conclusão final, de maneira tanto quanto possível enfática, se bem que sucintamente. O segundo refere-se à necessidade de se anteciparem ou se preverem possíveis objeções do opositor ou leitor, para refutá-las a seu tempo.

4.5.4 Conclusão

A conclusão "brota" naturalmente das provas arroladas, dos argumentos apresentados. Sendo um arremate, ela não é, entretanto, uma simples recapitulação ou mero resumo: em síntese, consiste em pôr em termos claros, insofismáveis, a essência da proposição. Sua estrutura verbal é, como aliás em toda conclusão explícita, semelhante à da argumentação informal.[3]

4.5.5 Plano-padrão da argumentação formal

1. Proposição
   (afirmativa, suficientemente definida e limitada; não deve conter em si mesma nenhum argumento, isto é, prova ou razões)

2. Análise da proposição

3. Formulação dos argumentos (evidência):
a) fatos;
b) exemplos;
c) ilustrações;
d) dados estatísticos;
e) testemunho.

4. Conclusão

---

[3] Referindo-se ao sermão, que é, em essência, argumentação, já dizia o padre Antônio Vieira, em 1655, no seu conhecido *Sermão da Sexagésima:* "Há de tomar o pregador uma só matéria, há de defini-la para que se conheça, há de dividi-la para que se distinga, há de prová-la com a Escritura, há de declará-la com a razão, há de confirmá-la com o exemplo, há de amplificá-la com as causas, com os efeitos, com as circunstâncias, com as conveniências que se hão de seguir, com os inconvenientes que se devem evitar; há de responder às dúvidas, há de satisfazer as dificuldades, há de impugnar e refutar com toda a força da eloquência os argumentos contrários, e depois disso há de colher, há de apertar, há de concluir, há de persuadir, há de acabar".

OITAVA PARTE

8. Red. Téc. — Redação técnica

1.0 Descrição técnica

1.1 Redação literária e redação técnica

Os compêndios e manuais adotados no curso fundamental ensinam que há três gêneros principais de composição em prosa: a descrição, a narração e a dissertação. É a classificação tradicional, que leva em conta, precipuamente ou exclusivamente, o feitio artístico da composição. Seguindo esses moldes, os professores vimos ensinando como fazer descrições de "pôr do sol", de "praias de banho", narrações de "passeios ao campo", de "piqueniques", de "minhas férias", dissertações sobre "meus colegas", a "amizade", o "dever" e temas quejandos. São evidentemente exercícios úteis e indispensáveis, que servem, além do mais, como "abertura de caminhos para outros rumos", propiciando a revelação de vocações literárias. Mas tais revelações são raras, e, ainda que o não fossem, os que as têm acabam mais tarde "abrindo caminho" por si mesmos. E os outros, os que não serão literatos, mas profissionais de quem se exige preparo mais prático?

Esses outros, futuros técnicos em geral, quer de nível universitário — engenheiros, médicos, economistas, pesquisadores — quer de nível médio — mecânicos, eletricistas, desenhistas —, terão de fazer outras espécies de composição, das quais nem sequer ouviram falar nas salas de aula, tanto do curso fundamental quanto do universitário: descrição de peças e aparelhos, de funcionamento de mecanismos, de processos, experiências e pesquisas, redação de artigos científicos, relatórios e teses, de manuais de instrução, de sumários e resenhas científicas e outros tipos de redação técnica ou científica.

Os únicos exercícios de composição não literária propriamente dita que se fazem no curso fundamental (de humanidades ou de comércio) são os de "redação oficial" e de "correspondência comercial e bancária", que poderiam ser englobadas na denominação genérica de "correspondência administrativa". Apesar de apresentarem ambas certa feição cabalística, que exige treinamento especial, com muitas das suas variedades todos nos familiarizamos facilmente, tanto é certo que existe em cada um de nós, nos quatro cantos deste Brasil imenso, um funcionário público em estado de latência como sinal da nossa brasílica vocação burocrática.

Ora, há muito tempo, felizmente, que o Brasil deixou de ser essencialmente terra de bacharéis e funcionários públicos; há muito tempo que seu futuro já não depende exclusivamente da habilidade amanuense de redigir minutas de decretos, ofícios e requerimentos. Hoje — um "hoje" que já não é recente —, as atividades de iniciativa privada se avolumaram de tal forma e tal complexidade atingiram, que já não tem cabimento limitarem-se as nossas escolas e compêndios ao ensino exclusivo de descrições de "pôr do sol" ou de redação de ofícios. Urge, portanto, ensinar também aos nossos jovens coisas menos líricas ou menos burocráticas, com o duplo objetivo de lhes ensejar melhores oportunidades de trabalho e de atender à crescente demanda de pessoal especializado, que é enorme nas empresas privadas.

1.2 O que é redação técnica

Por essa introdução, pode o leitor pensar que redação técnica é algum bicho de sete cabeças. Não é. Na verdade, os princípios básicos em que se assenta são os mesmos de qualquer tipo de composição (clareza, correção, coerência, ênfase, objetividade, ordenação lógica, etc.), embora sua estrutura e seu estilo apresentem algumas características próprias.

Na definição sumária de Margaret Norgaard, redação técnica é "qualquer espécie de linguagem escrita que trate de fatos ou assuntos técnicos ou científicos", e cujo estilo "não deve ser diferente de outros tipos de composição". Ressalte-se, entretanto, como faz a própria autora, a relevância da clareza, da lógica e da precisão, qualidades que não excluem a imaginação. A autora acrescenta que

> a redação técnica é necessariamente objetiva quanto ao ponto de vista, mas uma objetividade completamente desapaixonada torna o trabalho de leitura penoso e enfadonho por levar o autor a apresentar os fatos em linguagem descolorida, sem a marca da sua personalidade. Opiniões pessoais, experiência pessoal, crenças, filosofia da vida e deduções são necessariamente subjetivas, não obstante constituem parte integrante de qualquer redação técnica meritória.
>
> (Norgaard, 1959:6)

A bem dizer, toda composição que deixe em segundo plano o feitio artístico da frase, preocupando-se de preferência com a objetividade, a eficácia e a exatidão da comunicação, pode ser considerada como redação técnica. Nesse caso, a redação oficial, a correspondência comercial e bancária, os papéis e documentos notariais e forenses constituem redação técnica. Entretanto, parece conceito pacífico o de que tal expressão designa apenas aquelas formas de comunicação escrita de incontestável caráter científico, e especialmente da área das ciências experimentais. É nesse sentido restrito que passamos a empregar as expressões equivalentes *redação técnica* ou *redação científica*.

1.2.1 Tipos de redação técnica ou científica

Há diversos tipos de redação técnica: as descrições e narrações técnicas propriamente ditas, os manuais de instrução, os pareceres, os relatórios, as teses e dissertações científicas (monografias em geral) e outros. Alguns não chegam a ter individualidade própria, já que são sempre parte de outros, como as duas primeiras citadas e mais o sumário científico. O mais importante de todos, entretanto, é o relatório, não só porque há dele várias espécies mas também porque, dada a sua estrutura, nele se pode incluir um grande número de trabalhos de pesquisas usualmente publicados em revistas científicas sob a denominação genérica "artigos".

O estudo da estrutura e das características formais dos diferentes tipos de redação técnica exigiria um desenvolvimento que esta obra já não pode comportar, pois, além das prescrições de ordem geral, seria indispensável apresentar certo número de modelos comentados. Em virtude disso, vamos limitar-nos à descrição técnica, que está presente em todos os tipos de redação científica, e ao relatório.

1.3 Descrição de objeto ou ser

A descrição técnica apresenta, é claro, muitas das características gerais da literária, porém, nela se sublinha mais a precisão do vocabulário, a exatidão dos pormenores e a sobriedade de linguagem do que a elegância e os requisitos de expressividade linguística. A descrição técnica deve esclarecer, convencendo; a literária deve impressionar, agradando. Uma traduz-se em objetividade; a outra sobrecarrega-se de tons afetivos. Uma é predominantemente denotativa; a outra, predominantemente conotativa.

A descrição técnica pode aplicar-se a *objetos* (sua cor, forma, aparência, dimensões, peso, etc.), a *aparelhos* ou *mecanismos*, a *processos* (funcionamento de mecanismos, procedimentos, fases de pesquisas), a *fenômenos, fatos, lugares, eventos*. Mas nenhum desses temas lhe é exclusivo; eles podem sê-lo também da literária. O que, então, distingue essas duas formas de composição é o *objetivo* e o *ponto de vista*: a descrição que Eça de Queirós faz da sala de Jacinto — segundo o exemplo que oferecemos em 3. Par. 3.1.6 — é bem diversa, quanto ao *objetivo*, da que faria um policial encarregado de um inquérito, se na mesma sala tivesse ocorrido um crime de morte. Muito diversas hão de ser, pelo mesmo motivo, as descrições de uma borboleta feitas por um romancista em cena bucólica e por um entomologista debruçado sobre o microscópio.

O *ponto de vista* é tão importante quanto o *objetivo*; dele dependem a forma verbal e a estrutura lógica da descrição: *qual* é o objeto a ser descrito (definição denotativa)? que *parte* dele deve ser ressaltada? de que *ângulo* deve ser encarado? que *pormenores* devem ser examinados de preferência a outros? que *ordem* descritiva deve ser adotada? (lógica? psicológica? cronológica?) a *quem*, a que espécie de leitor se destina? a um leigo ou a um técnico?

Assim, uma vitrola ou uma máquina de lavar roupa podem ser descritas do ponto de vista: (a) do possível comprador (legenda de propaganda); (b) do usuário (o jovem ou dona de casa que de uma ou de outra se vão servir); (c) do técnico encarregado da sua montagem ou instalação; (d) do técnico que terá eventualmente de consertá-la. São fatores que precisam ser levados em conta, pois deles dependem a extensão, a estrutura e o estilo da descrição técnica.[1]

O seguinte exemplo pode dar-nos uma ideia do que deve ser esse tipo de composição:

> O motor está montado na traseira do carro, fixado por quatro parafusos à caixa de câmbio, a qual, por sua vez, está fixada por coxins de borracha na extremidade bifurcada do chassi. Os cilindros estão dispostos horizontalmente e opostos dois a dois. Cada par de cilindros tem um cabeçote comum de metal leve. As válvulas, situadas nos cabeçotes, são comandadas por meio de tuchos e balancins. O virabrequim, livre de vibrações, de comprimento reduzido, com têmpera especial nos colos, gira em quatro pontos de apoio e aciona o eixo excêntrico por meio de engrenagens oblíquas. As bielas contam com mancais de chumbo-bronze e os pistões são fundidos de uma liga de metal leve.
>
> *Manual de instruções* (Volkswagen)

Trata-se de parágrafo de descrição que tem em vista o usuário — em geral, leigo —, pois o emprego de termos técnicos está reduzido ao mínimo indispensável ao seu esclarecimento.

A descrição tipicamente científica, descrição de campo ou de laboratório, consiste muitas vezes numa enumeração detalhada das características do objeto ou ser vivo. Neste caso, ela se caracteriza por uma estrutura de frases curtas, em grande parte nominais, como no seguinte exemplo, em que o autor faz a descrição de um holótipo de *Hyla rizibilis*. A ordem da descrição é a lógica: o autor começa pela cabeça (suas dimensões em relação ao corpo), e vai detalhando: os olhos, o tímpano, as narinas, os dentes, a língua, os membros superiores e inferiores, etc. O último parágrafo da descrição é destinado a indicar a aparência do conjunto, destacando o colorido dorsal. O seguinte fragmento é ilustrativo:

---

[1] O exemplo é de Norgaard (1959:164).

Membros anteriores curtos e robustos; o antebraço mais desenvolvido do que o braço. Dedos longos e robustos, os externos unidos por uma membrana vestigiária. Discos do tamanho do tímpano, o do polegar um pouco menor. Polegar com prepólex rudimentar; calos subarticulares e carpais bem desenvolvidos.

(Bokermann, 1964:431)

Note-se: vocabulário de sentido exclusivamente denotativo ou extensional, frases curtas, muitas delas nominais, ausência de afetividade linguística.

Steel (1950:33) dá-nos um exemplo muito ilustrativo de descrição de objeto — um relógio de parede, daqueles antigos. Como o trecho é muito extenso, limitamo-nos apenas ao plano, suficiente por si mesmo como orientação:

Plano da descrição de um relógio de parede[2]

1. Visão de conjunto:

a) função ou finalidade: marcar o tempo;

b) modo de operação ou funcionamento (pêndulo);

c) aparência: alto, de madeira, com tais e tais dimensões, etc.;

d) partes componentes: a caixa, o mostrador, etc.

2. Descrição detalhada das partes:

a) a caixa;

b) o mostrador;

c) o mecanismo.

3. Conclusão

1.4 Descrição de processo

Quando o propósito é mostrar o funcionamento de aparelho ou mecanismo ou os estágios de um procedimento (como, por exemplo, as fases da fabricação de um produto, de um trabalho de pesquisa, de uma investigação ou sindicância), tem-se a *descrição de processo*, a que Gaum (1952:61) dá o nome de *exposição narrativa,* cujas características principais são:

---

[2] A transcrição do plano foi feita com ligeiras adaptações na tradução.

a) exposição em ordem cronológica;
b) objetividade: nada de linguagem abstrata ou afetiva;
c) ênfase na ação, que deve ser suficientemente detalhada;
d) indicação clara das diferentes fases do processo;
e) ausência de *suspense*: ao contrário da narração literária, o interesse da descrição de processo não deve depender da expectativa ou *suspense*.

O núcleo, miolo ou corpo de quase todos os relatórios técnicos é, em essência, uma descrição de processo, uma exposição narrativa.

Esse tipo de descrição é, talvez, o mais difícil por exigir do autor não apenas conhecimento completo e pormenorizado do assunto, mas também muito espírito de observação e senso de equilíbrio: se ela sai por demais detalhada, pode tornar-se confusa; se muito simplificada, pode revelar-se incompleta ou inadequada. Por isso é que quase toda descrição de processo vem acompanhada de ilustração (desenho, mapas, diagramas, gráficos, etc.), não apenas como esclarecimento indispensável mas ainda como meio, por assim dizer, de "dosar" os detalhes.

O seguinte parágrafo pode servir como amostra de descrição de processo:

> *Transmissão de um programa de rádio*
>
> Os sons que se produzem dentro do campo de ação do microfone são por estes captados e transformados em corrente elétrica equivalente. Estas correntes, devido ao fato de serem extremamente fracas, são conduzidas a um *pré-amplificador de microfone*, que as amplifica convenientemente, depois do que são transferidas para um amplificador de grandes dimensões, chamado *modulador*. Existe no equipamento transmissor um circuito gerador de alta frequência, que fornece a onda a ser irradiada pela Estação. Esta onda de R.F. (alta frequência) será misturada com as correntes de som amplificadas pelo modulador, e transmitidas no espaço por meio de uma *antena transmissora*. A figura 79[3] mostra-nos resumidamente todo o processo acima descrito.
>
> (Martins, 1955:127)

Note-se:

a) o *propósito* (transmissão de programa de rádio);
b) os *estágios sucessivos* do processo (1º, sons captados; 2º, transformados; 3º, correntes elétricas conduzidas e 4º, amplificadas; 5º, transferidas a um amplificador de grandes dimensões; 6º, onda de R.F. misturada com as correntes amplificadas e, por fim, 7º, transmitidas pela antena);

---

[3] Omitimos a ilustração da fig. 79, referida no texto.

c) as *partes componentes* (microfone, pré-amplificador, modulador, etc.); e, por último,
d) o *resultado* (transmitidas no espaço por meio de uma antena).

O relato de experiência de laboratório é uma descrição de processo, como se vê no seguinte exemplo:

> *Oxidação com permanganato em meio peridínico*
>
> Dissolveram-se 0,5g de ciantolina em 500ml de piridina, em ebulição, e adicionaram-se com pequenos intervalos 2g de permanganato de potássio. A mistura foi refluxada durante 7 horas e deixada em repouso por um dia. Após esse período, aqueceu-se mais uma hora e filtrou-se o líquido peridínico a quente. Destilou-se a maior parte da piridina, recolhendo-se ao esfriar 0,3g da ciantolina cristalizada com P. F. 278-279°C. O resíduo do filtro foi lavado com 20ml de água quente (80°C), quatro vezes, e o total dos líquidos, depois de frio, acidificado com ácido clorídrico ao vermelho Congo. Precipitou-se o ácido orgânico, com aspecto gelatinoso, que foi, por centrifugação, separado e lavado várias vezes, secando-se a seguir em um dessecador a vácuo. Obtiveram-se 0,086g (13,5%) do ácido I, fundindo-se a 368-372°C. Depois do tratamento com água acidulada (aproximadamente pH 4; HCl), em ebulição, e ulterior cristalização em dioxano etanol (1:1), o seu ponto de fusão elevou-se a 375-378°C (decomposição).
>
> (Martins Filho e colaboradores, 1963:192)

Note-se que, apesar do vocabulário técnico, a descrição se faz de maneira clara e objetiva: a cada fase ou estágio da experiência corresponde um período sucinto (o mais extenso deles tem apenas três orações) com escassa subordinação. Note-se ainda o feitio impessoal da exposição narrativa: "dissolveram-se...", "a mistura foi refluxada...", "aqueceu-se...", etc., em vez de "dissolvemos", "refluxamos" ou "aquecemos", isto é, voz passiva e não ativa.

1.5 Plano-padrão de descrição de objeto e de processo

Apoiados nesses elementos básicos (estrutura, características, objetivo e ponto de vista), podemos esboçar o seguinte plano-padrão para a descrição técnica de objeto e de processo, de modo geral:

A – *Objeto*

1. Qual é o objeto?
2. Para que serve?

3. Qual é a sua aparência (forma, cor, peso, dimensões, etc.)?

4. Que partes o compõem?

   a) ....(descrição detalhada);
   b) .... (idem);
   etc.

B – *Processo* (funcionamento)

1. Princípio científico em que se baseia.
2. Normas a seguir para pô-lo em funcionamento.
3. Fases ou estágios do funcionamento.

C – *Conclusão* (p. ex.: apreciação das qualidades, visão de conjunto, aplicações práticas, etc.)

2.0 Relatório administrativo

O relatório é um dos tipos mais comuns de redação técnica, dada a variedade de feições que assume: muitos artigos publicados em revistas científicas, muitos papéis que circulam em repartições públicas ou empresas privadas, contendo informações sobre a execução de determinada tarefa ou explanação circunstanciada de fatos ou ocorrências, pesquisas científicas, inquéritos e sindicâncias, nada mais são do que relatórios. É verdade que só recebem essa designação aqueles documentos que apresentam certas características formais e estilísticas próprias: título, "abertura" (origem, data, vocativo, etc.) e "fecho" (saudações protocolares e assinatura). Algumas vezes, consiste numa exposição rápida e informal de caráter pessoal; outras, assume formas mais complexas e volumosas, como os relatórios de gestão, quer do serviço público quer de empresas privadas.

O relatório, seja técnico seja administrativo, engloba variedades menores de redação técnica propriamente dita: descrição de objeto, de mecanismo, de processo, narrativa minuciosa de fatos ou ocorrências, explanação didática, sumário, e até mesmo a argumentação, que, entretanto, não é um gênero menor.

Há várias espécies de relatório. Beltrão ([s.d.]:167) nos dá uma lista bem numerosa deles: de *gestão* (relatórios empresariais periódicos), de *inquérito* (administrativo, policial e outros), *parcial,* de *rotina*, de *cadastro*, de *inspeção* (ou de viagens), de *pesquisa* (ou científico), de *tomada de contas*, de *processo*, *contábil*, e o *relatório-roteiro* (elaborado com base em modelo ou formulário impresso).

São, como se vê, variedades especiais, que só a prática pode ensinar. Entretanto, quase todos têm certas características comuns de que o leitor se poderá assenhorear. É o que pretendemos proporcionar-lhe nas páginas seguintes, distinguindo apenas o relatório administrativo do técnico propriamente dito.

2.1 Estrutura do relatório administrativo

O relatório administrativo é uma exposição circunstanciada de fatos ou ocorrências de ordem administrativa: sua apuração ou investigação para a prescrição de providências ou medidas cabíveis. Sua estrutura compreende, além da "abertura" e do "fecho":

1. *Introdução* — indicação do fato investigado, do ato ou da autoridade que determinou a investigação e da pessoa ou funcionário disso incumbido. Enuncia, portanto, o *propósito* do relatório.

2. *Desenvolvimento* (texto, núcleo ou corpo do relatório) — relato minudente dos fatos apurados, indicando-se:

a) a data;
b) o local;
c) o processo ou método adotado na apuração;
d) discussão: apuração e julgamento dos fatos.

3. *Conclusão* e recomendações de providências ou medidas cabíveis.

Todo relatório propriamente dito, seja administrativo seja técnico ou científico, tem uma "abertura" e um "fecho", cuja forma e disposição variam de acordo com as praxes adotadas nas empresas ou repartições públicas. Mas, em geral, na primeira vem a indicação do local ou origem, da data, da repartição ou serviço, às vezes a ementa ou sumário, e o vocativo. No segundo, as formas protocolares usuais. Em certos casos, quando o relatório é muito extenso, como costumam ser os de gestão, relatórios periódicos destinados a publicação, esses elementos costumam vir em separado, constituindo uma espécie de carta ou ofício de "encaminhamento", ou de apresentação, a que os americanos dão o nome de *letter of transmittal*.

Alguns relatórios costumam incluir ainda material ilustrativo: diagramas, mapas, gráficos, desenhos, etc., que podem vir incorporados no texto ou sob a forma de apêndice e anexos.

Silva (1954:16-17) apresenta na sua monografia *Publicidade administrativa* os critérios recomendados na organização de relatórios, critérios que resultaram de uma sondagem da opinião pública feita nos Estados Unidos em 1927 pela *National Municipality Review*. No que respeita à composição ou estrutura, lá se recomenda a inclusão dos seguintes elementos:

a) *Sumário* — Um sumário no início do relatório facilita enormemente as consultas.
b) *Organograma* — Os organogramas dos serviços prestados por cada órgão, se colocados no início do relatório, auxiliam o leitor a compreender melhor o que se segue.
c) *Ofício de apresentação* — Abrir o relatório com um pequeno ofício de apresentação, do qual constem um resumo das realizações mais notáveis e as recomendações para o futuro.
d) *Realizações e recomendações* — Uma comparação das recomendações passadas com o progresso feito na execução das mesmas serve como indício das realizações anuais.

e) *Extensão* — No máximo 50 páginas.
f) *Estilo* — Além de claro e conciso, o texto deve refletir a necessária atenção à gramática, sintaxe e propriedade de expressão.
g) *Disposição* — As partes referentes às várias repartições ou serviços devem corresponder à estrutura do governo ou seguir algum outro critério lógico.
h) *Equilíbrio na distribuição da matéria* — O material exposto deve perfazer uma pintura completa, ocupando cada atividade espaço proporcional à sua importância.
i) *Estatísticas* — Aconselha-se a inclusão de estatísticas, mas, quando indicado, devem as mesmas ser completadas por diagramas ou gráficos simples.
j) *Dados comparativos* — As realizações do ano em curso devem ser comparadas com as dos anos anteriores, tomando-se, porém, em consideração todos os fatores ocorrentes.
k) *Demonstrações financeiras* — Incluir três ou quatro demonstrações financeiras que indiquem a importância despendida e os meios de financiamento relativos a cada função e órgão.
l) *Propaganda* — A inclusão de matéria para exaltação de pessoas, repartições ou serviços é considerada contrária à ética e de mau gosto. Retratos de autoridades, especialmente de administradores em exercício, ficam inteiramente deslocados num relátorio oficial.[4]

Como se vê, trata-se de recomendações aplicáveis à preparação de relatórios públicos e periódicos, assunto que tem merecido também a atenção dos nossos poderes públicos, tanto assim que já existe, de longa data, legislação especial, como é o caso dos Decretos nº 5.808, de 13 de junho de 1940, e nº 13.565, de 1º de outubro de 1943, este último acompanhado de uma exposição de motivos do Dasp com "Normas para relatório anual".

O modelo que se transcreve abaixo, apesar de muito simples, dá ao leitor uma ideia da estrutura dos relatórios mais comuns:

Rio de Janeiro, 28 de outubro de 1946

Senhor Diretor

Tendo sido designado para apurar a denúncia de irregularidades ocorridas no Departamento dos Correios e Telégrafos, submeto à apreciação de V. Sª, para os devidos fins, o relatório das diligências que, nesse sentido, efetuei.

---

[4] A transcrição é feita *ipsis litteris*, salvo no que respeita ao emprego das minúsculas para a enumeração dos tópicos.

2. Em 10 de setembro de 1946, dirigi-me ao chefe da Seção "A", para inquirir os funcionários X e Y, acusados do extravio de valores endereçados à firma S e L, desta praça.

3. Ambos negaram a autoria da violação da mala da correspondência, conforme termos constantes das declarações anexas.

4. No inquérito a que se procedeu, ressalta a culpabilidade do funcionário X, sobre quem recaem as mais fortes acusações.

5. O segundo, apesar de não se poder considerar mancomunado com o primeiro, tem parcela de responsabilidade, pois agiu por omissão, sendo negligente no exercício de suas funções. Como chefe de turma, devia estar presente, na ocasião da abertura da mala em apreço — o que não ocorreu, conforme depoimento de fls. ...

6. Do exposto conclui-se que somente o inquérito policial poderá esclarecer o crime perpetrado com a violação da mala de correspondência da Seção "A".

7. Impõe-se instauração imediata de processo administrativo. É o que me cumpre levar ao conhecimento de V. Sª.

Aproveito a oportunidade para apresentar-lhe protestos de minha distinta consideração.

a)..........
(Ney, [s.d.]:163)

3.0 Dissertações científicas: teses e monografias

3.1 Nomenclatura das dissertações científicas

Na categoria das chamadas "dissertações científicas" precipuamente destinadas a publicação em periódicos especializados, inclui-se uma grande variedade de trabalhos, com frequência, genérica e sumariamente designados "artigos" (às vezes, "estudos", às vezes, "ensaios"). Ultimamente, entretanto, em consequência sobretudo da nossa "explosão universitária", vêm-se generalizando entre nós denominações mais específicas para esses tipos de trabalhos que não se corporificam em alentados volumes de centenas de páginas. Além das já longamente consagradas "memória", "monografia", "tese" (esta, quando universitária, não necessariamente destinada a publicação em periódicos) e de outros gêneros menores ("recensão", "resenha", "resumo", "sinopse"), tornaram-se também frequentes denominações tais como "memória científica", "informe científico" e "relatório de pesquisa", para citar apenas as das espécies mais importantes.

Ao que parece, não se firmou ainda critério satisfatório para a caracterização e classificação inconfundíveis dos principais tipos dessas dissertações científicas, apesar de várias tentativas nesse sentido. Já em 1960, em comunicação apresentada à XXVI Conferência Geral da FID (Federação Internacional de Documentação), G.-A. Boutry, depois de se referir à grande variedade de trabalhos científicos publicados em milhares de periódicos do mundo inteiro (dados de 1958: mais de 1 milhão de artigos ou memórias em mais de 26 mil periódicos), mencionava a proposta levada a discussão pelo Conselho Internacional das Uniões Científicas (Icsu) no sentido de se recomendar aos editores e redatores-chefes de publicações a distinção clara entre estas três categorias: (a) *mémoires* (ingl. *papers, memórias*); (b) *nouvelles* (ingl. *news, notícias*); (c) *rapports de mise au point* (ingl. *progress reports, relatórios de trabalhos em progresso*). Também preocupada com a questão, a ABNT propôs, em 1967 (P-TB-49), uma "identificação e classificação de 122 espécies de documentos" técnico-científicos "agrupados em 11 gêneros". No gênero "documentos científicos" estão incluídos, entre outros, o *ensaio*, o *informe científico*, a *tese*; entre os "documentos genéricos" arrolam-se o *artigo*, a *monografia*, o *relatório* e mais nove espécies. Posteriormente a ABNT cancelou essa norma e editou outras, como, por exemplo, a NBR 6021, de 2003, que define os requisitos para apresentação dos elementos que constituem a estrutura de organização física de uma publicação periódica científica impressa; a NBR 14724, de 2005, que trata de trabalhos acadêmicos; a NBR 15287, também de 2005, relativa a projetos de pesquisa; a NBR 6029, de 2006, que trata da apresentação de livros e folhetos, e, mais recentemente, em 2009, a NBR 10719, que fixa as condições exigíveis para a elaboração e a apresentação de relatório técnico ou científico. Alguns autores também têm tratado do assunto. Délcio Vieira Salomon, por exemplo, no seu excelente livro *Como fazer uma monografia* (Salomon, 1973:161), propõe uma classificação das dissertações científicas, distribuindo-as em cinco "níveis": (a) o da tese e da monografia; (b) o dos relatórios de pesquisa e dos informes científicos; (c) o da divulgação científica; (d) o da recensão crítica; (e) o da recensão ou dos resumos.

Seja como for, a maioria das dissertações ditas "científicas" (excluídos os "gêneros menores" mencionados no 1º parágrafo deste tópico), que, *para fazerem jus ao nome, devem implicar certa dose de pesquisa* (de campo, de laboratório ou simplesmente bibliográfica), são, em geral, elaboradas com algum — e às vezes com extremo — *rigor metodológico, apresentam aparato bibliográfico segundo as normas vigentes da documentação* e, mesmo que se denominem "memórias científicas", "informes científicos", "monografias", "teses" (sobretudo acadêmicas ou universitárias, pois há outras, como, por exemplo, as apresentadas a congressos, que podem ser elaboradas segundo critério muito pessoal), ou simplesmente "artigos" — a maioria dessas dissertações científicas, dizíamos, muito se assemelham a relatórios (técnicos ou científicos), pois *relatam* experiências ou pesquisas, seguem explicitamente determinado *método*-padrão, *discutem resultados* e propõem *conclusões*.

Trabalhos dessa natureza e com essas características apresentam geralmente uma estrutura mais ou menos rígida, mais ou menos padronizada, preconizada ou já consagrada por instituições competentes (no caso do Brasil, a ABNT) e, em se tratando de teses universitárias, estabelecida, com pequenas variantes, pelas principais universidades brasileiras, que, no seu conjunto, se inspiram nos modelos adotados por congêneres estrangeiras, sobretudo americanas.

3.2 Estrutura típica das dissertações científicas

A palavra "monografia" (estudo pormenorizado de determinado assunto relativamente restrito) costuma ser empregada, em sentido lato, para designar indistintamente os gêneros maiores das dissertações científicas, e, em sentido restrito, especificamente, as teses acadêmicas.[5] Tanto num sentido quanto no outro, essas

---

[5] O Parecer nº 977/65 do Conselho Federal de Educação distingue a *tese*, a que se obrigam os candidatos ao grau de *doutor*, da *dissertação*, exigência a que estão sujeitos os candidatos ao *mestrado*.

monografias apresentam — ou costumam apresentar — uma idêntica estrutura do texto propriamente dito, embora possam divergir no que se refere a alguns elementos preliminares e pós-liminares (apêndices, anexos, índices, referências bibliográficas, etc.), conforme seja o trabalho divulgado em periódicos, coletâneas, miscelâneas, anais de congresso e outros, ou tenha publicação avulsa sob a forma de folhetos (mínimo de quatro e máximo de 48 páginas), opúsculos, ou volumes mais alentados.

A – Capa

A capa é geralmente de apresentação livre, desde que dela constem, evidentemente e obrigatoriamente, o nome do autor, o título (e o subtítulo, se houver), a indicação do editor e do local (cidade) e a data (ano) da publicação. Se for o caso, inclui também a classificação do trabalho como *dissertação* de mestrado ou *tese* de doutorado, além do nome do departamento (e) da universidade a que o trabalho é apresentado. Se a publicação se faz por conta de ou sob o patrocínio de empresa, instituição ou repartição pública, é de praxe mencionar tal fato.

B – Folha de rosto

Semelhante à capa, a folha de rosto deve incluir os dados essenciais à identificação bibliográfica do trabalho. É óbvio, gritantemente óbvio, que, a exemplo da capa, só se pode falar em folha de rosto, quando se trata de publicação avulsa (ou que pretenda sê-lo). Para outros elementos materiais da apresentação de livros e folhetos, consulte-se **ABNT/NBR 6029**, de 2006.

C – Dedicatória

Havendo dedicatória, ela deve vir após a folha de rosto, geralmente no pé da página seguinte e, tanto quanto possível, em linguagem sóbria.

D – Agradecimentos

É de norma, nos trabalhos de pesquisa, expressar o autor seus *agradecimentos* a instituições (fundações, bolsas de estudo) ou pessoas (colegas, outros pesquisadores e, no caso das teses, o professor orientador) que, de uma forma ou de outra lhe prestaram ajuda ou colaboração discreta.

E – Sumário

O *sumário* — que, segundo a NBR 6027, de 2003, não deve confundir-se com *índice* (alfabético, analítico, remissivo de autores, de assuntos, etc.) nem com *lista* (cronológica, de ilustrações, de exemplos, de tabelas, etc.) — é a "enumeração das divisões, seções e outras partes de uma publicação, na mesma ordem e grafia em que a matéria nele se sucede". Sua localização é — ainda segundo a mesma fonte — no início do documento, inserido "como último elemento pré-textual",[6] embora muitos autores prefiram incluí-lo logo após os agradecimentos, a epígrafe ou, mesmo, após o resumo. A norma recomenda ainda que, no caso de volumes, seja incluído o sumário de toda a obra em todos eles, de forma que se tenha conhecimento do conteúdo, independentemente do volume consultado.

Nas obras científicas, didáticas ou de erudição, o sumário — dito também "quadro (ou tábua) da matéria" (fr. *table des matières,* ingl. *contents*) — pode vir precedido por um *plano sucinto* da obra ("sumário reduzido"), em que se arrolam as divisões ou seções maiores (partes ou capítulos), inclusive os elementos preliminares[7] (dedicatória, nota do editor — se houver — prefácio, nota sobre a edição, etc.) e os pós-liminares (bibliografia, índices analítico ou de assuntos, onomástico ou de nomes próprios referidos no texto, além de tabelas, anexos, etc.) — tudo, evidentemente, com a indicação das páginas correspondentes no texto. (Ver, como exemplo, o *Plano sucinto da obra* estampado na página 16 deste livro. Detalhes sobre a localização do sumário em publicações periódicas podem ser encontrados na NBR 6027.)

Todos os títulos das seções (*primárias, secundárias, terciárias, quaternárias, quinárias* — raramente se vai além destas últimas) devem ser numerados e titulados no sumário na mesma forma como o são no corpo do trabalho, adotando-se — de preferência, como querem a ABNT e muitas universidades brasileiras, como a PUC (1976:6), do Rio de Janeiro, por exemplo — o sistema de numeração progressiva (quanto ao texto propriamente dito e exclusivamente considerado, muitos autores ainda preferem o sistema alfanumérico). Pelo sistema progressivo, as seções ditas "primárias" (geralmente as divisões principais do trabalho) são numeradas consecutivamente a partir de "1". As secundárias, terciárias, quaternárias, etc., o são igualmente, segundo a ordem natural dos números inteiros.[8] Tiremos um exemplo da "Primeira parte" desta obra (1. Fr.):

1.0   Estrutura sintática da frase 32 *(i.e., p. 32)*
1.1   Frase, período, oração 32

....

1.4.0   Processos sintáticos 42

....

1.4.5   Coordenação, correlação e paralelismo 52
1.4.5.1   Paralelismo rítmico ou similicadência 59

---

[6] A respeito dos elementos pré-textuais, consulte-se a NBR 14724.
[7] Nesta obra, por motivos de ordem didática e outros, tais elementos constam apenas do "Plano sucinto" (p. 15).
[8] Cf., para informações minudentes sobre esse sistema de numeração progressiva, a NBR 6024, de 2003.

2.0   Feição estilística da frase 123
2.1   Estilo 123

3.0   Discursos direto e indireto 147

Os algarismos iniciais 1, 2 e 3 indicam as seções primárias correspondentes a três dos quatro capítulos em que se divide essa primeira parte da obra. (O zero ["0"] que os segue — não explicitamente prescrito pelas normas da ABNT — visa a advertir o leitor dessa característica por assim dizer "capitular".) Nos tópicos subsequentes, o segundo algarismo indica seção secundária; o terceiro, terciária, e assim sucessivamente. As subdivisões devem representar, evidentemente, subordinação lógica de primeiro, segundo e terceiro graus em relação a 1.0, 2.0 e 3.0 respectivamente (rever 5. Ord., 1.2.1). Assim, em 1.4.5.1, o último algarismo indica que a seção em causa é a quaternária da terciária nº 5, da secundária nº 4, da primária nº 1.

F – RESUMO

O resumo — sinonimizado pelos dicionários como *sinopse, síntese, sumário, epítome* — é definido por norma da ABNT (NBR 6028, de 2003) como "apresentação concisa dos pontos relevantes de um documento". Corresponde, na área de documentação bibliográfica, ao fr. *analyse* ou *compte-rendu analytique* e ao ingl. *abstract*.

Esse elemento, quando se trata de monografia-tese (tese acadêmica), precede o texto e é sempre redigido pelo próprio autor; mas quando se trata de monografia-artigo pode sê-lo por outrem, e em geral o é, sobretudo se apresenta versão em alguma(s) das principais línguas indo-europeias (fr. *resumé*, ingl. *abstract* ou *summary*, esp. *sumario*, al. *Zusammenassung*). Neste último caso, costuma vir posposto ao texto.

A supracitada norma da ABNT, na seção 2, distingue três espécies de resumo, conforme transcrevemos a seguir:

> 2.3 *Resumo crítico*: Resumo redigido por especialistas com análise crítica de um documento. Também chamado de resenha. Quando analisa apenas uma determinada edição entre várias, denomina-se recensão.
> 2.5 (*sic*) *Resumo indicativo*: Indica apenas os pontos principais do documento, não apresentando dados qualitativos, quantitativos, etc. De modo geral, não dispensa a consulta ao original.
> 2.6 *Resumo informativo:* Informa ao leitor finalidades, metodologia, resultados e conclusões do documento, de tal forma que este possa, inclusive, dispensar a consulta ao original.

Quanto à extensão, diz ainda a referida norma, os resumos devem ter:

a) de 150 a 500 palavras os de trabalhos acadêmicos (teses, dissertações e outros) e relatórios técnico-científicos;
b) de 100 a 250 palavras os de artigos de periódicos;
c) de 50 a 100 palavras os destinados a indicações breves.

Os resumos críticos, por suas características especiais, não estão sujeitos a limite de palavras.

Em suma, o resumo deve:

I – apresentar as ideias mais relevantes do original, indicando sucintamente:

a) o assunto e o propósito do trabalho;
b) o aparato, ou aparelhagem, de que, se for o caso, se serviu o autor nas suas pesquisas e experiências;
c) o método adotado;
d) os resultados e as conclusões;

II – ser constituído de frases afirmativas e concisas, sendo recomendável o uso de parágrafo único;

III – ser redigido em linguagem objetiva e impessoal, sem qualquer juízo ou apreciação crítica sobre o mérito ou as falhas do trabalho (isto compete às recensões críticas); é recomendado o uso do verbo na voz ativa e na terceira pessoa do singular. As palavras-chave, definidas como aquelas representativas do conteúdo do documento e escolhidas preferencialmente em vocabulário controlado, devem figurar logo abaixo do texto, precedidas da expressão "Palavras-chave:", separadas entre si e finalizadas por ponto;

IV – ser inteligível por si mesmo, como se fosse uma peça autônoma, evitando-se assim expressões tais como "o autor deste trabalho...", "o assunto desta tese..." e outras equivalentes;

V – evitar, tanto quanto possível, a repetição de frases íntegras do original — o que não impede a citação entre aspas de uma ou outra expressão típica —, o uso de símbolos e contrações que não sejam de uso corrente, de fórmulas, equações, diagramas, etc.;

VI – destacar com a devida ênfase a contribuição pessoal do autor (fatos novos, novas teses, interpretações e conclusões);

VII – ser feito, enfim, de tal forma que, oferecendo ao leitor uma visão sucinta do assunto, possa levá-lo, caso se interesse por informações mais detalhadas, à leitura do original.

G – Listas

Alguns trabalhos costumam apresentar também, precedendo o texto, lista(s) de ilustrações, de tabelas, abreviaturas e símbolos. É recomendável que sejam preparadas listas separadas por tipo, numeradas com algarismos arábicos de acordo com a ordem de apresentação no texto; cada item deve ser designado por seu nome específico, acompanhado do respectivo número da página. As listas de abreviaturas e siglas devem constituir relações alfabéticas das abreviaturas e siglas utilizadas no texto, seguidas das palavras ou expressões correspondentes grafadas por extenso.

H – Texto[9]

O texto, que encerra a exposição da matéria, é a essência mesma do trabalho. Nas dissertações científicas elaboradas com o rigor metodológico recomendado por instituições competentes (entre outras, as já mencionadas FID, o ICSU, a nossa ABNT e algumas universidades), o texto apresenta a seguinte estrutura padronizada:

1. (ou I —) *Introdução*
   Além dos requisitos básicos da introdução — dar ao leitor uma ideia clara e concisa do assunto, delinear sucintamente o plano do trabalho e indicar-lhe o propósito —, é de praxe, é mesmo, às vezes, uma injunção fazer-se referência ao que se costuma chamar *status quaestionis* (estado da questão), *i.e.,* mencionar outros estudos, pesquisas e conclusões relacionados com o assunto em pauta. Também, nas dissertações científicas, é comum declarar na introdução se os resultados e conclusões são definitivos ou se constituem apenas subsídios para ulteriores estudos.

---

[9] Sob a denominação "elementos textuais" a NBR 14724, no seu item 4.2, define:
"**4.2.1 Introdução**
Parte inicial do texto, onde devem constar a delimitação do assunto tratado, objetivos da pesquisa e outros elementos necessários para situar o tema do trabalho.
4.2.2 Desenvolvimento
Parte principal do texto, que contém a exposição ordenada e pormenorizada do assunto. Divide-se em seções e subseções que variam em função da abordagem do tema e do método.
4.2.3 Conclusão
Parte final do texto, na qual se apresentam conclusões correspondentes aos objetivos ou hipótese.
Nota – É opcional apresentar os desdobramentos relativos à importância, síntese, projeção, repercussão, encaminhamento e outros".

2. (ou II —) *Método(s)*

   O método compreende não apenas a indicação dos processos adotados na apuração e análise dos fatos mas também a própria descrição ou exposição narrativa da experiência ou pesquisa e da aparelhagem e do material empregados. Consiste essencialmente numa típica descrição de processo, feita em ordem lógica ou cronológica. Quase sempre o parágrafo inicial dessa parte enuncia o método sem rodeios: "O método adotado consistiu em...".[10]

3. (ou III —) *Resultados*

   Indicado o método e descrita a experiência, expõem-se os "resultados", *i.e.,* aquilo que se apurou, se observou, e que vai, a seguir, ser analisado e discutido.

4. (ou IV —) *Discussão*

   A "discussão" é a interpretação mesma dos "resultados", a indicação da sua importância, dos seus corolários e consequências; é, em suma, uma análise judicatória do que se apurou. Também aqui, o parágrafo inicial apresenta geralmente feição típica, sem rodeios: "O principal interesse (significação, importância) dessas experiências (pesquisas, sondagens, levantamento) reside no fato de que..." ou "A interpretação dos fatos permite admitir que... ou confirma a tese de que...". O estilo dessa parte é essencialmente argumentativo: trata-se de provar e comprovar com os fatos apurados, com a análise e interpretação deles, no sentido de convencer o leitor da consistência e validade da tese defendida pelo autor.

   "Métodos", "Resultados" e "Discussão" constituem o *desenvolvimento,* parte substancial de qualquer tipo de exposição — seja científica seja literária —, que, entre a introdução e a conclusão, representa o "miolo" do trabalho. Entre as suas características formais, deve o autor ter em mente sobretudo as seguintes:

a) esclarecer devidamente o leitor quanto ao ponto de vista em que se coloca o autor;

b) apresentar os fatos de maneira objetiva, sem rodeios, de modo que constituam fundamentos insofismáveis para as conclusões e recomendações finais;

c) distinguir-se pela exatidão das definições (rever 5. Ord., 1.3 a 1.3.1.1) e das descrições (de objeto, de processo; rever 8. Red. Téc., 1.0 a 1.5);

d) ordenar, encadear as ideias de maneira clara, objetiva e coerente, atentando para as partículas e expressões de transição entre período e parágrafos;

e) evitar raciocínio falacioso (rever 4. Com., 2.0 a 2.2.7);

---

[10] Os franceses usam às vezes expressão "Technique" em vez de "Méthode", e alguns autores são mais explícitos, adotando a denominação "Material e métodos".

f) demarcar nitidamente os estágios sucessivos da apuração dos fatos (pesquisas, experiências, sondagens, levantamentos);
g) documentar adequadamente, mencionando sempre, e de acordo com as normas vigentes (ver 9. Pr. Or., 1.2.8 a 1.2.10), as fontes bibliográficas, cuidando o autor em não apresentar, como suas, ideias alheias;
h) ilustrar, se necessário, com mapas, gráficos, tabelas, etc., fazendo-se sempre no texto chamadas ou remissões, mesmo que tais elementos venham em apêndices ou anexos.

5. (ou V —) *Conclusão* (ou *Conclusões*)

A conclusão depende do enfoque dado aos tópicos (ou seções) precedentes. Não obstante, é possível indicar alguns dos seus requisitos básicos; no caso das dissertações científicas, ela pode consistir:

a) numa série de inferências a partir dos fatos apresentados, discutidos e interpretados, caso em que assume uma forma verbal típica: "Conclui-se, assim (portanto, em vista do exposto...) que: 1º,.....; 2º,.....; 3º..... etc.";
b) no enlace das conclusões parciais a que se possa ter chegado nos diferentes estágios da pesquisa e da discussão.

Em alguns trabalhos, a conclusão inclui, às vezes, uma espécie de previsão ou profecia a respeito do resultado de futuras pesquisas ou estudos decorrentes de fatos novos: "Posteriores estudos mostrarão ou provarão que...").

I– Apêndice(s) e anexo(s)

Muitos trabalhos apresentam, após o texto, matéria suplementar, constituída por mapas, gráficos, ilustrações, tabelas, dados estatísticos e outros tipos de documentação, além dos que possam ter sido inseridos no próprio texto. São identificados por letras maiúsculas consecutivas, travessão e pelos respectivos títulos. Excepcionalmente utilizam-se letras maiúsculas dobradas na sua identificação quando esgotadas todas as letras do alfabeto.

J – Bibliografia (ou Referências bibliográficas)

Segundo as já citadas *Normas para apresentação de teses e dissertações,* preparadas pela PUC-Rio,

> reserva-se o uso do cabeçalho "Referências Bibliográficas" para denominar a lista completa, particularizada e sistemática das fontes usadas diretamente na elaboração

do trabalho e citadas no decorrer do mesmo. [...] O cabeçalho "Bibliografia" será usado apenas para denominar a lista exaustiva da documentação existente sobre determinado assunto.

(Pontifícia Universidade Católica do Rio de Janeiro, 1976:9)

No primeiro caso, deve pospor-se a cada capítulo; no segundo, pospõe-se ao texto (ou aos apêndices e anexos, se houver). Essa distinção, ainda que aconselhável, nem sempre é levada em conta pela maioria dos autores, que preferem o termo "bibliografia" sem distinções, como fazemos nesta obra.[11] Quanto ao critério para notas, citações e referências bibliográficas, ver, a seguir, 9. Pr. Or. — "Preparação dos originais".

K — Índice

O índice (dito ainda às vezes "remissivo", expressão que muitos condenam, alegando que todo índice é remissivo, já que sempre "remete" o leitor para o texto) é definido pela NBR 6034 como "relação de palavras ou frases, ordenadas segundo determinado critério, que localiza e remete para as informações contidas num texto". Ainda segundo a mesma norma, pode ser apresentado em ordem alfabética, sistemática, cronológica, numérica ou alfanumérica, devendo ser organizado de acordo com um padrão lógico e facilmente identificável pelos usuários.

O título do índice deve definir sua função e/ou conteúdo. Exemplos: índice de autores, índice cronológico, índice de assuntos, índice onomástico (dos nomes próprios, seguidos da(s) respectiva(s) página(s) em que são mencionados no texto) — este último também denominado, "analítico", sobretudo se ele engloba os assuntos e os nomes próprios. (Ver esses índices no fim desta obra.)

Essa é a ossatura habitual das dissertações científicas feitas a rigor. É evidente que o autor pode ajustá-la quer aos seus propósitos quer às peculiaridades do assunto, delineando, então, um plano a seu talante, sobretudo do texto propriamente dito. Mas, convém advertir, sempre que há pesquisa sistemática de campo ou de laboratório — e não apenas bibliográfica —, dificilmente se podem ignorar os elementos 2, 3 e 4 (métodos, discussão e resultados), admitindo-se, é claro, como indispensáveis a introdução e as conclusões.

---

[11] Para outras informações referentes à preparação e apresentação de teses (papel, formato, paginação, tiragem, distribuição, normas sobre matrícula, prazos e defesa da tese, etc.), consulte-se a mencionada obra preparada pela PUC do Rio de Janeiro e a NBR 14724, da ABNT. Ver também, a seguir, 9. Pr. Or. — "Preparação dos originais".

3.3 Amostras de sumário de dissertações científicas

Na impossibilidade de, por questão de espaço, se transcrever, à guisa de exemplo, o texto integral de dissertações científicas, apresenta-se ao estudante apenas o *sumário* de dois trabalhos dessa natureza: um (A) da área das ciências experimentais e outro (B) da das ciências humanas. Ambos apresentam estrutura idêntica, embora o primeiro tenha sido elaborado como artigo para publicação em periódico especializado, e o segundo como tese de mestrado.

(A) "Studies on the proteins of human bronchial secretions"[12] [Estudos sobre as proteínas das secreções bronquiais humanas]

Table of contents [= sumário]

Summary [= resumo = *abstract*]..
1. Introduction ....
2. Material and Methods ....
3. Results ....
4. Discussion ....
[5. Conclusion]

Obs.: No original, a *conclusion* não vem explicitamente titulada, se bem que claramente enunciada nos dois últimos parágrafos; além disso, o período final encerra a "previsão" do que poderá resultar de ulteriores pesquisas ou informações: *Pending further information it would therefore seem that...*

6. Aknowledgements [Agradecimentos]

7. References [Referências bibliográficas]

(B) *Autoconceito e "locus" de controle em estudantes brancos e negros de universidades americanas*[13]

SUMÁRIO

Pág.

Lista de tabelas..
1.   *Introdução* ....
1.1 Apresentação do problema ....

---

[12] Cf. Masson e colaboradores (1965:416).
[13] Cf. Garcia (1974). A tradução do trecho citado é da autora.

1.2   Revisão da literatura pertinente [*status quaestionis*] ....
1.2.1 Estudos sobre etnicidade e autoconceito ....
1.2.2 Estudos sobre repressão e autoconceito.......................................
1.2.3 Estudos sobre *locus* de controle ....
1.3   Objetivo do trabalho

2.   *Métodos*..
2.1   Sujeitos da pesquisa ....
2.2   Instrumentos ....
2.2.1 Escala Tennessee de autoconceito ....
2.2.2 Escala Levenson de *locus* de controle ....
2.2.3 Inventário de atitudes ....
2.3   Procedimento ....
2.4   Análise estatística ....

3.   *Resultados*..
3.1   Hipóteses relativas a autoconceito e repressão ....
3.2   Hipóteses relativas a *locus* de controle ....
3.3   Hipóteses relativas às interações entre variáveis para estudantes pretos ....
3.4   Hipóteses relativas às interações entre variáveis para estudantes brancos.........

4.   *Discussão*...
4.1   Nível socioeconômico ....
4.2   Sexo ....
4.3   Diferenças étnicas: autoconceito e repressão ....
4.4   Diferenças étnicas: *locus* de controle ....
4.5   Diferenças étnicas: outras variáveis ....
4.6   Interações entre variáveis ....

5.   *Conclusão*..
5.1   Sugestões para pesquisas futuras ....
Referências bibliográficas ....
Apêndices ....

  Obs.: No modelo A, o resumo (*summary* ou *abstract;* rever 3.2, F) não está arrolado no sumário, e os agradecimentos pospõem-se ao texto propriamente dito. No modelo B, o resumo (*abstract*) e os agradecimentos vêm em páginas anteriores à do sumário e, *ipso facto,* não incluídos nele. Trata-se de dois critérios diferentes mas igualmente aceitos.

Na amostra B, a numeração dos tópicos é progressiva, norma preferida modernamente. Alguns autores (poucos) adotam um sistema alfanumérico, que, entretanto, só se aplica ao texto; baseado no modelo B, esse esquema apresentaria a seguinte "ossatura":

A – *Introdução*
I – Apresentação do problema ....
II – Revisão da literatura ....
a) Estudos sobre etnicidade ....
b) Estudos sobre repressão ....
    etc.

B – *Métodos*
I – Sujeitos da pesquisa ....
II – Instrumentos ....
a) Escala Tennessee de ....
b) Escala Levenson de ....
etc.
III – Procedimento ....
IV – Análise estatística ....

C – *Resultados*
I – Hipóteses relativas (etc.) ....
II – Hipóteses relativas (etc.) ....
    etc.

D – *Discussão*
I – Nível socioeconômico ....
    etc.

E – *Conclusão* — Sugestões para pesquisas futuras

    Observe que, no sistema alfanumérico — ou qualquer outro que não o progressivo —, quando um tópico só tem um subtópico, este deve vir como aposto daquele — como se vê no exemplo supra, da "conclusão" —, e não em linha isolada, encabeçada pela letra, ou algarismo, que lhe sirva de índice, pois "a)" ou "1" ou "I" fazem prever "b)" ou "2" ou "II".

NONA PARTE

9. Pr. Or. — Preparação dos originais

1.0 Normalização da digitação e da bibliografia

1.1 Normalização da documentação

Chegamos finalmente à última fase da composição: o preparo dos originais, a mecânica do texto.

A exemplo do que ocorre há muito tempo em outros países, também no Brasil se vêm fazendo, continuamente, esforços no sentido de sistematizar praxes ou convenções relativas à documentação de um modo geral, aí incluída a apresentação material dos originais para impressão. Dessa tarefa se têm incumbido o atual Instituto Brasileiro de Informação em Ciência e Tecnologia (Ibict)[1] e a Associação Brasileira de Normas Técnicas (ABNT),[2] através de boletins e publicações especiais.

No que respeita, entretanto, à simples preparação do texto original, subsiste ainda certa falta de uniformidade, embora alguns órgãos federais — como o Departamento Administrativo do Serviço Público (Dasp) e o Ministério das Relações Exteriores — e a própria ABNT tenham, em ocasiões diversas, prescrito normas sobre o assunto.

Todavia, as publicações dessas instituições e órgãos federais circulam em âmbitos tão restritos, que quase só os especialistas têm delas conhecimento. De forma que os estudantes em geral, especialmente os universitários, e todos os que se iniciam em trabalhos destinados à publicação, desconhecem muitas normas comezinhas referentes ao assunto. Daí o presente capítulo, cujas principais fontes são:

a) *NBR 6023* (ABNT 2002a);
b) *NBR 6025* (ABNT 2002b);
c) *NBR 10520* (ABNT, 2002c);
d) *NBR 6024* (ABNT, 2003a);

---

[1] Até 1976 denominado Instituto Brasileiro de Bibliografia e Documentação (IBBD).
[2] O Comitê de Documentação da ABNT (ABNT/CB-14 Informação e Documentação) corresponde à TC-46 (Technical Comission, 1946), da Organização Internacional de Normalização (International Standards Organization — ISO) da Unesco.

e) *NBR 6028* (ABNT, 2003b);

f) *NBR 14724* (ABNT, 2006);

g) *Normas para catalogação de impressos* (Biblioteca Apostólica Vaticana, 1962);

h) *Manual de serviço* (Brasil. Ministério das Relações Exteriores, 1957);

i) *Elementos de bibliologia* (Houaiss, 1967).

Além disso, no que se refere principalmente à uniformização da digitação, recorremos ainda ao testemunho de vários entendidos para chegar a uma média das preferências. Mesmo assim, salvo aquilo que já está firmado nas publicações do Ibict (antigo IBDD) e da ABNT, o que se segue é apenas uma *tentativa* de uniformização sujeita a discordâncias (por razões de ordem pessoal) ou a variações decorrentes de padrões definidos pelo editor.

1.2 Uniformização da digitação

Embora muita gente ainda rascunhe à mão (há mesmo quem não saiba pensar "em cima da máquina"), cremos que ninguém hoje em dia teria coragem de encaminhar à impressão um texto manuscrito. Portanto, as normas seguintes levam em conta apenas o texto digitado e restringem-se aos casos mais comuns e menos complexos. Com relação às demais situações, remete-se o leitor para a obra de Houaiss (1967) e, sobretudo, para as fontes citadas da ABNT.

1.2.1 Papel

Usar papel branco, no formato A-4 (210 mm x 297 mm), com impressão na cor preta, exceto para as ilustrações. Utilizar apenas um lado da folha (apenas em documentos notariais e forenses — certidões, escrituras, etc. — usa-se o verso). O tamanho de fonte recomendado é 12, exceto para citações de mais de três linhas, notas de rodapé, legendas das ilustrações e paginação, nos quais deve ser usado tamanho 10. O texto deve ser justificado.

1.2.2 Margens

a) *superior e lateral esquerda*: 3 cm;

b) *inferior e lateral direita*: 2 cm;

c) *parágrafo*: 2,5 cm a partir da margem esquerda;

d) *citações (com mais de três linhas)*: 4 cm de recuo da margem esquerda, com texto justificado.
e) *folha de rosto e folha de aprovação*: natureza do trabalho, objetivo, nome da instituição a que será submetido e área de concentração devem ser alinhados do meio da mancha para a margem direita.

1.2.3 Espaçamento

O texto deve ser digitado com espaço 1,5. As citações de mais de três linhas, as notas, as referências, as legendas das ilustrações e tabelas devem ser digitadas em espaço simples, assim como, na folha de rosto e na folha de aprovação, informações referentes à natureza do trabalho, ao objetivo, ao nome da instituição a que será submetido e à área de concentração. As referências ao final do trabalho devem ser separadas entre si por espaço duplo. Os títulos das subseções, do mesmo modo que as citações de mais de três linhas, devem ser separados do texto que os precede ou sucede por dois espaços 1,5.

1.2.4 Numeração das páginas

Todas as folhas do trabalho, a partir da folha de rosto, devem ser contadas sequencialmente, mas não numeradas. A numeração deve aparecer a partir da primeira folha da parte textual, em algarismos arábicos, no canto superior direito da folha. No caso de o trabalho ser constituído de mais de um volume, manter uma única sequência de numeração das folhas, do primeiro ao último volume. Havendo apêndice e anexo, as suas folhas devem ser numeradas de maneira contínua e sua paginação dar seguimento à do texto principal.

1.2.5 Numeração das seções

Para evidenciar a sistematização do conteúdo do trabalho, deve-se adotar a numeração progressiva para as seções do texto e, de forma idêntica, para o sumário. Os títulos das seções primárias devem iniciar em folha distinta. O indicativo numérico de uma seção precede seu título, alinhado à esquerda, separado por um espaço. A partir dele, destacam-se gradativamente os títulos das seções, utilizando-se os recursos de negrito, itálico ou grifo e redondo, caixa alta ou versal, e outros, conforme NBR 6024.

Para numerar as seções de um trabalho, devem ser usados, preferencialmente, algarismos arábicos, evitando-se o excesso de subdivisões (recomenda-se não ultrapassar a subdivisão quinária). Os títulos sem indicativo numérico, como lista de ilustrações, sumário, agradecimentos, resumo, referências e outros devem ser centralizados.

1.2.6 Alíneas e subalíneas

Quando for necessário enumerar os diversos assuntos de uma seção que não possua título, esta deve ser subdividida em alíneas, indicadas por uma letra minúscula (sempre mantendo a ordem alfabética) seguida de parêntese, ou por um símbolo previamente convencionado (marcador).

Quando as alíneas forem cumulativas ou alternativas, pode ser acrescentada, após a penúltima, a expressão *e/ou*, conforme o caso.

A disposição gráfica das alíneas obedece às seguintes regras:

a) o trecho final do texto correspondente, anterior às alíneas, termina em dois pontos;
b) as letras indicativas das alíneas são reentradas em relação à margem esquerda;
c) o texto da alínea começa por letra minúscula e termina em ponto e vírgula, exceto a última, que termina em ponto; nos casos em que se seguem subalíneas, estas terminam em vírgula;
d) a segunda e as seguintes linhas do texto da alínea começam sob a primeira letra do texto da própria alínea.

As subalíneas (quando houver) devem começar por um hífen, colocado sob a primeira letra do texto da alínea correspondente, dele separadas por um espaço. As linhas seguintes do texto da subalínea começam sob a primeira letra do próprio texto.

1.2.7 Uso de itálico, negrito e versal

A utilização de itálico, negrito e versal depende, em geral, do estilo definido pelo editor para destaque das seções (primárias, secundárias, terciárias, etc.). É consenso, entretanto, o uso de itálico para grafar palavras estrangeiras, títulos de livros, revistas e jornais, programas de rádio e TV, além de obras de arte em geral.

1.2.8 Citações

De acordo com a NBR 10520 da ABNT (2002), que disciplina o assunto, citação direta é a transcrição textual de parte da obra do autor consultado, e citação indireta pode ser entendida como um texto baseado na obra de um outro autor. Tanto numa como noutra devem ser informados o autor, o ano de edição e a página da obra consultada, de forma a estabelecer um vínculo com as referências bibliográficas (todas as obras citadas devem, necessariamente, estar presentes nestas últimas). Nas citações indiretas, a indicação da(s) página(s) consultada(s) é opcional.

As citações de até três linhas feitas de forma direta no texto devem estar contidas entre aspas duplas; citações incluídas em outras citações já aspeadas levam aspas simples.

As citações diretas, no texto, com mais de três linhas, devem ser destacadas com recuo de 4 cm da margem esquerda, com letra menor que a do texto (rever, a propósito, 9. Pr. or., 1.2) e sem as aspas.

Supressões, interpolações, comentários, ênfase ou destaques devem ser indicados do seguinte modo:

a) supressões: [...] — embora, não raro, encontremos autores que preferem usar parênteses (...);
b) interpolações, acréscimos ou comentários: [ ];
c) ênfase ou destaque: grifo ou negrito ou itálico, com a expressão, entre parênteses, "grifo nosso" ou "grifo do autor" (esta última quando o destaque já fizer parte da obra consultada).

As citações devem ser indicadas no texto por um sistema de chamada: numérico ou autor-data.

No sistema numérico, a indicação da fonte é feita por uma numeração única e consecutiva, em algarismos arábicos, remetendo à lista de referências ao final do trabalho, do capítulo ou da parte, na mesma ordem em que aparecem no texto. Não se inicia a numeração das citações a cada página.

Já no sistema autor-data a indicação da fonte é feita:

a) pelo sobrenome de cada autor ou pelo nome de cada entidade responsável até o primeiro sinal de pontuação, seguido(s) da data de publicação;
b) pela primeira palavra do título seguida de reticências, no caso das obras sem indicação de autoria ou responsabilidade, seguida da data de publicação do documento e da(s) página(s) da citação, no caso de citação direta, separados por vírgula e entre parênteses.

1.2.9 Notas de rodapé

As notas de rodapé visam primordialmente a:

a) indicação de fontes de trechos citados;[3]
b) explanações marginais não cabíveis no texto;
c) ocasionais remissões para outros capítulos ou partes da obra, de outras obras e autores relacionados com o assunto.

Digitadas dentro das margens, em espaço simples e corpo 10, as notas são separadas do texto por um filete de 3 cm de comprimento a partir da margem esquerda.

---

[3] Havendo lista bibliográfica (no fim da obra, da parte ou do capítulo) a indicação, simplificada, das fontes pode também ser feita no texto, entre parênteses, após o trecho citado.

Sua numeração, em algarismos arábicos sobrescritos (evitar, tanto quanto possível, o uso de asteriscos), deve ser sequencial crescente para toda a obra, parte ou capítulo, estabelecendo-se a relação entre a chamada (no corpo da obra) e a nota de rodapé. Esse número deve ser sobrescrito e separado do texto da nota por um espaço.

1.2.10 Referências e listas bibliográficas

A referência pode aparecer no rodapé; no fim de texto ou de capítulo (sobretudo quando se trata de obras em que os capítulos têm autorias diversas); antecedendo resumos, resenhas e recensões ou em lista de referências, sendo esta última a forma mais comum de apresentação.

As referências bibliográficas devem ter as indicações necessárias à perfeita identificação da obra. Se, entretanto, a obra onde se faz a citação inclui lista de referências, final ou capitular, tais indicações podem limitar-se — para não sobrecarregar o texto — ao § sobrenome do autor, seguido da data (ano) da edição da obra e da página de onde foi extraída a citação; p. ex.: Nabuco, 1910, p. 18 *ou* Nabuco, 1910:18.

Ao preparar uma lista de referências é importante observar os seguintes critérios:

a) as referências são alinhadas somente à esquerda e de forma a se identificar individualmente cada documento, digitadas em espaço simples e separadas entre si por espaço duplo. Quando aparecerem em notas de rodapé, deverão ser alinhadas, a partir da segunda linha da mesma referência, abaixo da primeira letra da primeira palavra, de forma a destacar o expoente — nesta hipótese, não haverá espaço entre elas;

b) a pontuação segue padrões internacionais e deve ser uniforme para todas as referências, assim como o devem ser as abreviaturas utilizadas;

c) o recurso tipográfico (negrito, grifo ou itálico) utilizado para destacar o elemento título deve ser uniforme em todas as referências de um mesmo documento;

d) as referências constantes em uma lista padronizada devem obedecer aos mesmos princípios. Ao optar pela utilização de elementos complementares, estes devem ser incluídos em todas as referências daquela lista.

Neste momento vamos nos ater às regras gerais de apresentação dos elementos essenciais e complementares de uma referência bibliográfica em monografia, elementos esses que devem ser apresentados em sequência padronizada. Informações mais detalhadas poderão ser obtidas na própria norma que disciplina o assunto: a NBR 6023.

1.2.10.1 Autor

Indica(m)-se o(s) autor(es), de modo geral, pelo último sobrenome, em maiúsculas, seguido do(s) prenome(s) e outros sobrenomes, abreviado(s) ou não.

Recomenda-se, tanto quanto possível, o mesmo padrão para abreviação de nomes e sobrenomes usados na mesma lista de referências. Os nomes de diferentes autores devem ser separados por ponto e vírgula, seguido de espaço.

>   LEITE, J. F. Marques; CINTRA, G. Uchoa. *Manual de redação e estilo*. São Paulo: Cia. Editora Nacional, 1954.

Quando existirem mais de três autores, indica-se apenas o primeiro, acrescentando-se a expressão et al. (= e outros).

>   SILVA, Rebeca Peixoto da et al. *Redação técnica*. Porto Alegre: Formação, 1975.

Quando houver indicação explícita de responsabilidade pelo conjunto da obra, em coletâneas de vários autores, a entrada deve ser feita pelo responsável, seguida da abreviação, no singular, do tipo de participação (organizador, compilador, editor, coordenador, etc.), entre parênteses.

>   HOUAISS, Antônio (Dir.). *Pequeno dicionário enciclopédico Koogan-Larousse*. Rio de Janeiro: Larousse do Brasil, [1979].

Outros tipos de responsabilidade (tradutor, revisor, ilustrador entre outros) podem ser acrescentados após o título, conforme aparecem no documento.

>   ULMANN, Stephen. *Semântica*. Tradução: J. A. Osório Mateus. Lisboa: Fundação C. Gulbenkian, 1967.

As obras de responsabilidade de entidade (órgãos governamentais, empresas, associações, congressos, seminários, etc.) têm entrada, de modo geral, pelo seu próprio nome, por extenso.

>   ASSOCIAÇÃO BRASILEIRA DE NORMAS TÉCNICAS. *NBR 10520*: informação e documentação: citações em documentos: apresentação. Rio de Janeiro, 2002.

1.2.10.2 Título

O título deve ser grafado em itálico e o subtítulo (se for usado), em redondo, separados por dois pontos. Ambos devem ser reproduzidos tal como figuram no documento e estar separados do nome do autor por meio de um ponto, sinal que também o separa do local de edição.

>   SILVA, Joaquim. *Minha formação*: perguntas e respostas. Rio de Janeiro: Garnier, 1910.

O título de partes de obras, de colaborações em obras coletivas (coletâneas, miscelâneas, antologias) e de artigos de periódicos deve vir em redondo, mencionando-se a seguir, introduzido pela preposição latina "in", o organizador (ou compilador, editor, coordenador, etc.) da obra em que aparece. No final da referência, deve-se informar a paginação ou outra forma de individualizar a parte referenciada.

ANDRADE, Carlos Drummond de. A contemplação do Arpoador. In: MIRANDA, Murilo (Org.). *Quadrante 2*. Rio de Janeiro: José Olympio, 1963. p. 129.

Salvo, evidentemente, o caso dos nomes próprios, só se usa inicial maiúscula na primeira palavra do título, como se viu no exemplo supracitado.

Em títulos e subtítulos demasiadamente longos, podem-se suprimir as últimas palavras, desde que não seja alterado o sentido. A supressão deve ser indicada por reticências.

1.2.10.3 Edição

Quando houver uma indicação de edição, esta deve ser transcrita utilizando-se abreviaturas dos numerais ordinais e da palavra edição, ambas na forma adotada na língua do documento.

ASSIS, J. M. Machado de. *Memórias póstumas de Brás Cubas*. 4. ed. Rio de Janeiro: Garnier, 1899.

Indicam-se emendas e acréscimos à edição, de forma abreviada.

CUNHA, A. G. *Dicionário etimológico Nova Fronteira da língua portuguesa*. 2. ed. rev. e aum. [Rio de Janeiro]: Nova Fronteira, 1987.

1.2.10.4 Local de publicação

O local de publicação (cidade) vem separado do título por um ponto. Se o local é presumido, faz-se a menção entre colchetes: [Rio de Janeiro]. No caso de homônimos de cidades, acrescenta-se a sigla do estado, o nome do país, etc. Não sendo possível determinar o local, utiliza-se a expressão *sine loco*, abreviada, entre colchetes [s.l.].

CAVALCANTI, Thiago. *O menino Quilinho*. Viçosa, MG: UFV, 2010.

1.2.10.5 Editora

O nome da editora deve ser indicado tal como figura no documento, abreviando-se os prenomes e suprimindo-se palavras que designam a natureza jurídica ou comercial, desde que sejam dispensáveis para identificação.

AMADO, Jorge. *Os pastores da noite*. São Paulo: Martins, 1964.

Quando a editora não puder ser identificada, deve-se indicar a expressão *sine nomine*, abreviada, entre colchetes [s.n.].

1.2.10.6 Data da edição

A data da edição, sempre em algarismos arábicos, vem também separada da editora por vírgula. Por se tratar de elemento essencial para a referência, sempre deve ser indicada uma data, seja da publicação, distribuição, do copirraite, da impressão, da apresentação (depósito) de um trabalho acadêmico, ou outra.

Se nenhuma data de publicação, distribuição, copirraite, impressão, etc., puder ser determinada, o recomendado é registrar-se uma data aproximada entre colchetes, conforme indicado:[4]

[1971 ou 1972] um ano ou outro
[1969?] data provável
[1973] data certa, não indicada no item
[entre 1906 e 1912] use intervalos menores de 20 anos
[ca. 1960] data aproximada
[197-] década certa
[197-?] década provável
[18--] século certo
[18--?] século provável

Em caso de publicação periódica, indicam-se os nomes do autor e do artigo (este último em redondo e sem aspas). Em seguida vem o nome do periódico (em itálico), a cidade, volume e número (abreviados), sequência de páginas, mês (abreviado no idioma original da publicação) e ano, como no exemplo que se segue.

BOKERMANN, Werner C. A. Uma nova espécie de Hyla da Serra do Mar em São Paulo. *Revista Brasileira de Biologia*, Rio de Janeiro, v. 24, n. 4, p. 21-25, dez. 1964.

---

[4] Contrariando a recomendação da norma técnica, na prática a maior parte dos autores opta, nesses casos, pela indicação [s.d.] = sem data.

1.2.10.7 Indicação de páginas

Ao indicar a sequência das páginas inicial e final de uma referência, mantêm-se os números completos das páginas, como indicado a seguir:

p. 52-57; 83-93; 1208-1643; 12195-12197.

Para indicar páginas não sequenciais, usa-se vírgula entre os números:

p. 25, 37 e 42.

Obs.: Já não se usa "pp." quando a citação abrange mais de uma página; estão igualmente em desuso as abreviaturas "pág." ou "págs."

1.2.10.8 Ordenação

As referências dos documentos citados em um trabalho devem ser ordenadas de acordo com o sistema utilizado para citação do texto, conforme NBR 10520 (ver 1.2.8 — "Citações"). Os mais utilizados são: alfabético (ordem alfabética de entrada) e numérico (ordem de citação no texto).

No sistema alfabético, que é o mais usual, as referências devem ser reunidas no final do trabalho, do artigo ou do capítulo, em uma única e rigorosa ordem alfabética.

O(s) nome(s) do(s) autor(es) de várias obras referenciadas sucessivamente, na mesma página, pode(m) ser substituído(s), nas referências seguintes à primeira, por um traço sublinear (equivalente a seis espaços) e ponto. Nessa hipótese, deve-se obedecer a uma ordem cronológica crescente (da obra mais antiga para a mais atual).

Quando forem referenciadas várias obras de um mesmo autor editadas no mesmo ano, acrescentam-se letras minúsculas ao ano, seguindo a ordem alfabética, para que seja possível identificar a obra referida no texto (1965a, 1965b, 1965c, e assim por diante).

1.2.11 *Expressões latinas usuais*

Nas referências bibliográficas, adotam-se algumas expressões latinas[5] de que damos a seguir as principais:

♦ *apud* (de acordo com..., segundo..., citado por...) — Esta preposição (abreviada às vezes em *apu.* ou *ap.*) serve para indicar que o trecho transcrito não foi colhido diretamente na obra do autor citado, mas na de um terceiro:

---

[5] Sempre foi praxe universalmente respeitada grafar todas essas abreviaturas e expressões latinas em itálico. Entretanto, a NBR 6023, da ABNT, estabelece que sejam escritas em tipo redondo.

Quintino Bocaiúva, apud WERNECK, Eugênio. *Antologia brasileira*. Rio de Janeiro: Francisco Alves, 1932.

- *idem* (o mesmo) — Pronome latino com que se indica que o trecho citado vem do mesmo autor a que se fez referência na mesma página. Aparece mais comumente abreviado: *id*. Não é recomendável usar quando a repetição de autoria ocorre em página diferente, pois isso obrigaria o leitor a retroceder para saber de quem se trata;
- *ibidem* (aí mesmo, no mesmo lugar) — O trecho citado foi extraído da mesma obra e autor já referidos. *Id., ibid.*, vêm geralmente juntos, seguidos do número da página;
- *in* (em) — Usa-se para citações extraídas de obras coletivas, seguida por dois pontos, conforme recomenda a NBR 6023. (Ver 1.2.10.2);
- *ipsis litteris, ipsis verbis* (com as mesmas letras, com as mesmas palavras) — Expressão empregada para frisar que a citação se faz fielmente;
- *loc. cit.* (*loco citato*, no ablativo, ou *locus citatus*, no nominativo = no lugar citado) — Indica que o trecho citado faz parte de obra já mencionada: Nogueira, *loc. cit.*, p. 373. Seu uso deve ser evitado, pois também obriga o leitor a retroceder para identificar a obra referida — o que se tornará inviável caso já tenham sido citadas várias obras do mesmo autor — e dificulta o vínculo com a lista de referências;
- *op. cit.* (*opere citato* ou *opus citatum* = na obra citada) — O mesmo que *loc. cit.*;
- *op. laud.* (*opere laudato* ou *opus laudatum* = na obra louvada ou citada) — O mesmo que *loc. cit.*;
- *passim* ou *et passim* (aqui e ali, a cada passo) — Substitui a referência à página, quando a citação não é textual, não é *ipsis verbis*, mas apenas conceitual; quer dizer, quando se aproveita em síntese o pensamento do autor expresso ao longo de toda uma obra ou de algumas de suas páginas. Pospõe-se ao título da obra;
- *sic* (assim, assim mesmo) — Pospõe-se, entre parênteses, à palavra cuja transcrição exata se quer frisar. É comum o seu emprego quando a palavra tem grafia incorreta ou desatualizada, ou o seu sentido parece inadequado ao contexto ou surpreendente nele.

1.3 Revisão de originais e provas

A ABNT, através da NBR 6025, publicada em 2002, define dois tipos ou categorias de revisão:

a) *revisão de originais ou copidesque,* como sendo a "normalização ortográfica, gramatical, literária e de padrões institucionais, aplicando-se as técnicas editoriais e marcações para uniformizar o texto como um todo";

b) *revisão de provas, como* "aguçado confronto do original, que apresenta todas as marcações feitas na revisão de originais, com as provas compostas, em que o revisor assinala, com os símbolos e sinais convencionados, aquilo que difere do original".

A marcação dos erros, sempre em uma cor diferente da utilizada no original, deve ser feita de forma clara, preferencialmente na margem direita. A cada marcação feita no texto deve corresponder um sinal de correção na margem, seguindo-se a orientação da esquerda para a direita (quando houver mais de uma marcação na linha) e utilizando-se barras verticais para indicação de erro.

Transcrevemos a seguir, com permissão da ABNT, as tabelas de códigos previstos na norma em pauta e um exemplo de sua aplicação.

1.3.1 Códigos de correção de texto

Sinal	Ação indicada
⌢	Unir
X ou ϕ	Suprimir letras[1]
⊢―――⊣	Suprimir palavras ou trecho
⌓	Suprimir espaço
# ou ⊐⊏	Separar letras ou palavras[1]
⌇ ou ⌇	Retirar e unir[1]
∨	Inserir
⊔⎵ ⊓⎴	Transpor letra, palavra ou trecho
⊇ ⊆	Transpor linhas
1₃ 2 5₄	Transpor (para várias palavras consecutivas)
(v.o) ou (ver orig)	Salto de trecho (ver original)[1]
⌐ ou ⁀	Subscrever caractere[1]
⌐ ou ⁀	Sobrescrever caractere[1]
↗	Colocar a palavra ou texto no ponto indicado pela seta
?	Há dúvida (revisor deve resolver com autor)
/	Substituir letra
/ ⌐ F ⌐ |	Variações da barra de atenção (para muitos erros na mesma linha)
(vale) ou -----	Correção indevida (permanece o texto anterior)[1]

[1] Deve-se optar por um único sinal.

1.3.2 Códigos de correção tipológica e visual

Sinal	Ação indicada
[ou]	Abrir parágrafo[1]
⤶	Recorrer texto
[ ]	Centralizar texto
⊢	Alinhar texto à esquerda
⊣	Alinhar texto à direita
⟶✕	Abrir entrelinha
⟵⟋ ou ⟵✕	Diminuir entrelinha
(fonte)	Alterar tipologia
(it.)	Alterar para itálico
(neg) ou (bold)	Alterar para negrito[1]
(red) ou (rom)	Alterar para estilo normal ou redondo[1]
(CA)	Usar caixa alta
(Cb)	Usar caixa baixa
(Cab)	Usar caixa alta e baixa
(Vv)	Usar versal versalete
⧣	Evitar brancos entre as linhas do texto
⟩	Evitar sequência de brancos no final de linha
⟨ ou ⟩	Evitar sequência de hifens nos finais de linha (não quebrar palavras)[1]
☐	Evitar palavra ou trecho repetido em linhas seguidas
⊥⊥⊥⊥⊥⊥⊥⊥	Descondensar texto

[1] Deve-se optar por um único sinal.

1.3.3 Exemplo de aplicação dos sinais de correção

A marcação dos erros deve ser clara, bem localizada no texto, sem apagar as partes a que se refere. A toda marcação feita no texto deva corresponder um sinal de correção na margem. Quando existir mas de um ~~tro~~ n~~a~~ mesma linha, pode-se variar as formas da barra de atenção. Para suprimir letras, basta cortar a letra acrescentada e indicar o sinal "deleatur" ou "x" na margem; no caso de palavras inteiras ou grupo de palavras, o vocábulo deve ser cortado por um traço horizontal entre dois traços verticais.

Para reduzir o espaço entre duas letras ou sílabas de uma palavra, emprega-se o sinal de união. Para aumentar o espaço entre palavras unidas indevidamente, usa-se o sinal de separação; se as letras de uma palavra estiverem muito unidas, utiliza-se o sinal de descondensar.

Quando faltar uma ou mais palavras, usa-se o sinal V forma de "V". às vezes, omite-se uma ou mais frases inteiras; nesse caso, assinala-se no texto o ponto de omissão e na margem remete-se para o original.

É comum a inversão de letras ou palavras; para corrigir, sinal usa-se o de transposição. Mas, quando a inversão maior um número afeta de elementos, indica-se a ordem certa.

Sempre que houver a localização incorreta de uma palavra ou trecho, deve-se circular o Texto ou vocábulo sinal de transposição deslocado e indicar o no local correto onde deve ser inserido o trecho. Corrige-se também uma divisão silábica feita indevidamente, indicando a(s) letra(s) As que devem ser reunidas (na própria linha ou na linha seguinte). Em unidades de medida Como km² ou em fórmulas como H_2SO_3, em que é preciso usar sobrescritos ou subscritos, deve-se indicar essa forma quando for necessário, na margem.

Sempre que não for possível corrigir o texto por permanecer uma dúvida, deve-se indicar o fato com interrogação na margem e resolver a questão com o autor antes de enviar o texto para emendar. Para substituir letra ou acrescentar sinal, deve-se marcar o local com a barra e na margem indicar a forma a ser adotada.

Às vezes, são feitas correções indevidas. É preciso, então, indicar que o texto original ~~permanece~~: isso é feito com a anotação "vale" e pelo tracejado que destaca o local. Há também sinais próprios para indicar que deve ser aberto parágrafo. Muitas vezes é preciso recorrer o texto; para isso usa-se o sinal apropriado. Da mesma forma, deve ser indicado quando é preciso

[centralizar o texto,]
alinhar o texto à direita, ou
alinhar o texto à esquerda.

Sempre deve ser indicado, com os sinais adequados, que estilo deve ser alterado, isto É, palavras que devem ser grafadas em negrito, itálico ou em estilo normal, também conhecido Como redondo, no jargão editorial. Da mesma forma, devem ser corretamente indicadas as partes onde é necessário aplicar caixa alta (todas em maiúsculas), caixa baixa (TODAS em minúsculas) ou ambas as formas (letras maiúsculas iniciais e minúsculas no restante da palavra); além disso, deve-se indicar quando o padrão gráfico a ser usado é o Versal versalete (forma em que todas as letras são maiúsculas, mas apenas a inicial tem altura maior).

Faz parte do trabalho de revisão, também, indicar quando há brancos pelo meio do texto, formando claros indesejáveis, o que faz a página perder em facilidade de leitura, e o mesmo tempo criando espaços que não têm nenhuma função de comunicar. Às vezes, por causa da diagramação da página, aparecem locais onde as palavras se repetem; às vezes, então, é preciso indicar para que isto seja alterado. Outro detalhe que o revisor às vezes, percebe são as entrelinhas do texto diferentes; isto deve ser cuidadosamente verificado e indicada a correção (abrir ou fechar entrelinha) para que haja equilíbrio e uniformidade na apresentação e na marcha da página. Deve-se evitar excesso de hífens no final de várias linhas em sequência, marcando-se o local onde isto ocorre com o sinal adequado.

DÉCIMA PARTE

10. Ex. — Exercícios

100 — A frase

Frases de situação, frases nominais e fragmentárias

101 Sublinhe os fragmentos de frase, as frases nominais e as frases de situação, escrevendo à margem as abreviaturas correspondentes, respectivamente Fg, Fn e Fs. Diga em seguida se as estruturas adotadas se justificam ou não como recursos estilísticos:

I – "A perspectiva europeia consistia em observar no Brasil aquilo que era diferente dela. Estava seduzida pelo exótico. Valorizava o índio e a selva. Mas, por serem agentes do exotismo, por serem discrepantes. Mesmo José de Alencar incorreu nesta falha de perspectiva. Mesmo Gonçalves Dias" (Portella, 1963:37).

....

II – "Eles [os epígonos do professor Alceu de Amoroso Lima] repetiram debilmente o seu impressionismo. Quando o que deviam fazer era continuar, era fortalecer, o seu lúcido e antecipado expressionismo. Os anos sucessivos de 30 iniciaram um declínio que culminaria por 45. Durante esse estado de coisas que prefiro chamar *instrumentalismo*" (Portella, 1963:59).

....

III – "— A tarde refrescou. Não acha?

— É verdade, mas na sala faz ainda muito calor, disse-me ela.

— É verdade que aqui é muito quente? A senhora deve saber: não mora aqui?

— Há poucos anos; dois, creio.

— Gosta?

— Alguma coisa; mas tenho saudades da minha cidade" (Barreto, 1956:117).

....

IV – Cada terra com seu uso, cada roca com seu fuso.

....

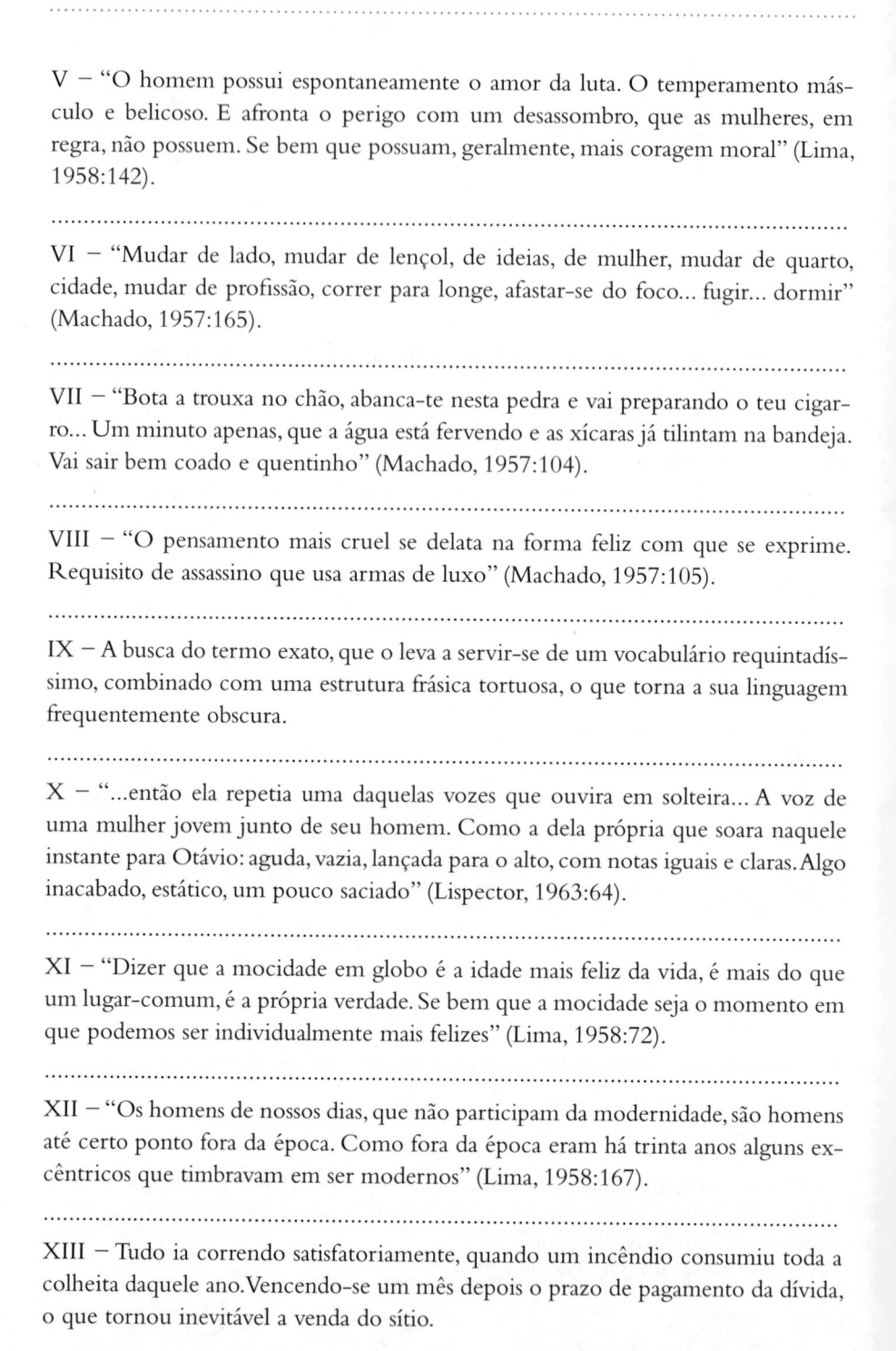

V – "O homem possui espontaneamente o amor da luta. O temperamento másculo e belicoso. E afronta o perigo com um desassombro, que as mulheres, em regra, não possuem. Se bem que possuam, geralmente, mais coragem moral" (Lima, 1958:142).

VI – "Mudar de lado, mudar de lençol, de ideias, de mulher, mudar de quarto, cidade, mudar de profissão, correr para longe, afastar-se do foco... fugir... dormir" (Machado, 1957:165).

VII – "Bota a trouxa no chão, abanca-te nesta pedra e vai preparando o teu cigarro... Um minuto apenas, que a água está fervendo e as xícaras já tilintam na bandeja. Vai sair bem coado e quentinho" (Machado, 1957:104).

VIII – "O pensamento mais cruel se delata na forma feliz com que se exprime. Requisito de assassino que usa armas de luxo" (Machado, 1957:105).

IX – A busca do termo exato, que o leva a servir-se de um vocabulário requintadíssimo, combinado com uma estrutura frásica tortuosa, o que torna a sua linguagem frequentemente obscura.

X – "...então ela repetia uma daquelas vozes que ouvira em solteira... A voz de uma mulher jovem junto de seu homem. Como a dela própria que soara naquele instante para Otávio: aguda, vazia, lançada para o alto, com notas iguais e claras. Algo inacabado, estático, um pouco saciado" (Lispector, 1963:64).

XI – "Dizer que a mocidade em globo é a idade mais feliz da vida, é mais do que um lugar-comum, é a própria verdade. Se bem que a mocidade seja o momento em que podemos ser individualmente mais felizes" (Lima, 1958:72).

XII – "Os homens de nossos dias, que não participam da modernidade, são homens até certo ponto fora da época. Como fora da época eram há trinta anos alguns excêntricos que timbravam em ser modernos" (Lima, 1958:167).

XIII – Tudo ia correndo satisfatoriamente, quando um incêndio consumiu toda a colheita daquele ano. Vencendo-se um mês depois o prazo de pagamento da dívida, o que tornou inevitável a venda do sítio.

Paralelismo gramatical

102 Na construção dos seguintes períodos não se levou em conta o paralelismo gramatical; alguns são toleráveis, pelo menos do ponto de vista gramatical; outros, entretanto, repugnam à índole da língua. Melhore ou corrija a estrutura dos que lhe parecerem estilística ou gramaticalmente condenáveis e justifique a construção dos demais:

I – Tanto na sala de aula quanto ao brincar no recreio, Alberto está sempre implicando com algum colega.

II – Fiquei decepcionado com a nota que obtive na prova de matemática e quando o professor me disse que eu nem sei o que é uma equação de segundo grau.

III – Ao romper da aurora e quando os pássaros começam a cantar é que a natureza se mostra mais aprazível.

IV – Embora todos o conheçam e apesar de conviverem com ele há longo tempo, ninguém sabe se é casado.

V – Ouvimos um ruído e alguém forçar a porta dos fundos.

VI – Passei alguns dias com minha família revendo velhos amigos de infância.

VII – Depois da descoberta do avião, o mundo nos dá a impressão de ter ficado menor, não no sentido próprio, mas sim que as distâncias são mais rapidamente vencidas.

VIII – "O caráter brasileiro dessa periodização literária é tanto mais fundamental porque sabemos dispor de uma literatura com características ostensivamente próprias."

IX – Peço-lhe que escreva a fim de informar-me a respeito das atividades do Grêmio e se a data do concurso de oratória já está marcada.

X – Dispondo de poucos produtos de exportação e como os preços das matérias-primas no mercado internacional são muito baixos, os países subdesenvolvidos estão sempre carentes de meios para elevar o seu padrão de vida.

XI – O governador negou estar a polícia de sobreaviso e que a visita da oficialidade da PM do estado tivesse qualquer sentido político.

XII – Pouco importa saber o que dizem esses estrangeiros ou a impressão que lhes causamos.

XIII – Não vinham os colonizadores com espírito pioneiro, vale dizer, a fim de se estabelecerem no Novo Mundo.

XIV – Não importa qual seja o tamanho da sua casa ou se há uma cozinha moderna e espaçosa.

XV — "A psicologia tende, atualmente, a se constituir como ciência independente, isto é, tendo objeto e métodos próprios."

XVI — "Os métodos de sistematização são muitas vezes ou históricos ou vão procurar suas bases nas doutrinas clássicas..."

Da coordenação para a subordinação — organização de períodos

103 Os seguintes grupos de frases não mostram, com a necessária clareza e ênfase, a verdadeira relação de sentido entre os períodos que os compõem. Dê-lhes nova estrutura, fazendo as necessárias adaptações para reduzir cada grupo a um só período. Justifique os casos que lhe parecerem estilisticamente recomendáveis:

I — O presidente do Grêmio encontrou-se ontem com o diretor. Ele apresentou ao diretor o relatório das atividades durante o primeiro semestre.

II — Meu irmão gosta muito de matemática. Eu prefiro literatura.

III — Nós temos um cão policial. Chama-se Flash. É um animal muito inteligente.

IV — Ricardo só tem sete anos. Ele dá respostas ou faz perguntas de "gente grande".

V — Ele não veio jantar. E também não telefonou para avisar.

VI — O professor chegou atrasado e ainda "deu" prova de matemática. Mas o tempo foi insuficiente. Muitos alunos não puderam responder nem à metade das questões. As notas foram muito baixas.

VII — O Flamengo está sempre bem-colocado na disputa dos campeonatos da cidade. Este ano é um dos últimos. O Bonsucesso é dos times mais fracos. Este ano está entre os primeiros.

VIII — Carlos reformou o apartamento. Ele comprou um carro novo também. Ficou cheio de dívidas.

IX — Este candidato fala muito bem. Ele convence qualquer auditório. É um pouco demagógico.

X — Eles se conhecem. São também muito amigos. Raramente se encontram.

XI — Moramos no mesmo edifício. Então nos encontramos frequentemente. Mal nos cumprimentamos.

XII — Moramos no mesmo edifício. Raramente nos vemos. Saio sempre muito cedo.

XIII — Eu recobrei os sentidos. Estava num escaler de marinheiros. Eles remavam para a terra.

XIV — O comandante era um belo homem. Pelas suas faces vermelhas caíam-lhe os cabelos crespos. A velhice já lhe alvejava alguns fios.

XV — O incenso só recende depois de queimado. A glória dos grandes homens refulge sem eclipse depois de mortos.

XVI — A chuva amolece a terra. O pranto da mulher abranda o coração dos homens.

XVII — Nossa casa estava situada na várzea. A 300 metros dela ficava uma pequena lagoa. Era aí que costumávamos pescar.

XVIII — Esse livro foi premiado pela Academia; chama-se *Heróis na retaguarda* e foi escrito por J. S. Ribeiro. É uma história muito divertida. O estilo não é grande coisa.

XIX — A festa estava muito divertida. Ele saiu muito cedo. Tinha outro compromisso.

XX — Os dois soldados afastaram-se. Então o caboclo saiu do esconderijo. Ele veio ver o pobre rapaz. O rapaz estava muito ferido.

XXI — Os jesuítas tinham-se estabelecido no Maranhão no século XVII. Então começaram as disputas entre eles e os colonos. O motivo dessas disputas era o cativeiro dos índios.

XXII — A escravidão dos índios era proibida por lei de 1574. Essa lei permitia apenas a escravidão do indígena feito prisioneiro.

XXIII — Os colonos do Maranhão rebelaram-se contra a lei que proibia o cativeiro dos índios. Pretendiam tornar geral a escravidão do indígena. Contra isso se opuseram os jesuítas. Os interesses destes últimos vieram a ser amparados por lei de 1652. Essa lei proibia terminantemente a escravidão dos índios. Ela considerava todos eles libertos.

XXIV — O choque entre os dois veículos foi muito violento. Um dos passageiros foi atirado a distância. Ele fraturou o crânio.

XXV — Foi tremenda a violência do furacão. Até automóveis foram arrastados pela sua fúria.

XXVI — A casa foi construída há muito tempo. O forro e o assoalho estão em ruínas. Isso me obrigará a fazer uma reforma de grandes proporções.

XXVII — Ele foi muito gentil conosco. Ficamos até constrangidos.

XXVIII — Dispúnhamos de pouco tempo. Não nos foi possível concluir a tarefa a contento. Isso provocou reclamações dos interessados.

XXIX — O comportamento da turma foi imperdoável. O inspetor não teve outro remédio senão pedir a suspensão dos culpados.

104 Forme períodos compostos com os seguintes enunciados soltos, servindo-se de conectivos adequados às relações e funções sugeridas pelo sentido deles.

I — *Com indicações do valor das orações*

1.

a) A raposa lembra os despeitados (ideia mais importante).
b) [Ela] desdenha as uvas (atributo do sujeito de *a*).
c) Não se pode alcançar (causa de *b*).
d) Fingem-se superiores a tudo (atributo de *despeitados*).

2.

a) Os ratos lembram os frívolos (ideia mais importante).
b) Advertem-nos da presença do inimigo (fim ou propósito de *c*).
c) Resolvem em conselho atar um guizo ao pescoço do gato (atributo do sujeito de *a*).
d) Não ousam [os ratos] aproximar-se dele [gato] (oposição a *c*).
e) No momento de pôr em prática essa ideia genial (circunstância de tempo em relação a *d*).

3.

a) A rã nos lembra as pessoas muito vaidosas (ideia mais importante).
b) Ela invejava o tamanho do boi (causa de *d*).
c) Ela queria igualar-se ao boi (outra causa de *d*).
d) Ela inchou muito (atributo do sujeito de *a*).
e) Acabou arrebentando (consequência de *d*).
f) Desejam mais do que podem (atributo do objeto direto de *a*).

4.

a) A formiga nos lembra as pessoas muito previdentes (ideia mais importante).
b) [As pessoas previdentes] fazem suas reservas para os dias difíceis (atributo do objeto direto de *a*).
c) [A formiga] trabalha incessantemente durante o verão (atributo do sujeito de *a*).
d) Ela provê-se de alimentos para poder enfrentar o inverno (fim ou propósito de *c*).

5.

a) O lobo nos lembra os poderosos sem escrúpulos (ideia mais importante).
b) [Os poderosos] se servem de qualquer pretexto (atributo do objeto direto de *a*).

c) [O lobo] provocou o inocente cordeiro (atributo do sujeito de *a*).
d) [Os poderosos sem escrúpulos] satisfazem sua ambição (fim ou propósito de *b*).

II – *Sem indicações do valor das orações*

1. Os aventureiros executavam os trabalhos de defesa. Eles eram dirigidos por d. Antônio. Eles tornaram o rochedo mais inacessível. Nesse rochedo estava a casa.

2. Uma noite destas eu vinha da cidade para o Engenho Novo. Então encontrei no trem da Central um rapaz aqui do bairro. Eu conheço esse rapaz de vista e de chapéu.

3. Voltou as costas. Levantou os olhos ao céu para evitar o rosto da selvagem. A selvagem acompanhava a sua vista como certas flores acompanham a rotação aparente do sol.

4. Houve uma festa no céu. Todos os bichos compareceram. Nos dois primeiros dias, o cágado não pôde comparecer. Ele andava muito devagar.

5. A Quinta da Boa Vista é um belo parque. Esse parque fica no bairro de São Cristóvão. Foi em São Cristóvão que eu nasci. Ainda hoje moro aí.

6. Eduardo Prado era filho mais moço do dr. Martinho da Silva Prado. Ele nasceu em São Paulo em 1860. Cursou por algum tempo as aulas do Seminário Episcopal. Matriculou-se na Faculdade de Direito. Formou-se em 1881. Iniciou no ano seguinte as longas e repetidas viagens ao estrangeiro.

7. Cabral partiu de Belém numa segunda-feira, 9 de março. Ele se destinava à Índia. Ele comandava uma esquadra de 13 navios.

8. Gonçalves Dias nasceu no Maranhão. Era filho de um comerciante português. Seu pai vivia maritalmente com uma mestiça. Depois, ele se casou com uma jovem de boa família. Essa jovem chamava-se Adelaide Ramos de Almeida.

9. Ele era acanhado. Não interrogava ninguém. Deleitava-se com ouvir alguma palavra de apreço. Então criava novas forças e arremetia juvenilmente ao trabalho.

10. O novo general, marquês de Barbacena, quis aproveitar os serviços do ilustre barão do Cerro-Largo. Ele já o conhecia de nome e muito o respeitava. Antes de partir para Santana do Livramento, teve com ele uma larga conferência. Por essa ocasião, manifestou-se toda a estima e veneração que lhe votava.

105 Os seguintes períodos constituem versões diferentes das mesmas ideias. Um deles, em cada série, corresponde à forma original do autor; se você a identificar, terá, provavelmente, escolhido a melhor, o que não significa que todas as

outras sejam inaceitáveis, pois, na maioria dos casos, a diferença entre elas decorre da escolha da oração principal:

1. Texto original de José de Alencar:

a) Os aventureiros que, dirigidos por d. Antônio, executavam os trabalhos de defesa, tornaram ainda mais inacessível o rochedo em que estava situada a casa.

b) D. Antônio dirigia os aventureiros que executavam os trabalhos de defesa para tornar ainda mais inacessível o rochedo onde estava situada a casa.

c) Os aventureiros tornavam ainda mais inacessível o rochedo onde estava situada a casa, executando os trabalhos de defesa, dirigidos por d. Antônio.

d) D. Antônio dirigia os trabalhos de defesa que os aventureiros executavam para tornar ainda mais inacessível o rochedo onde estava situada a casa.

2. Texto original de Machado de Assis:

a) Encontrei uma noite destas, quando vinha da cidade para o Engenho Novo no trem da Central, um rapaz que é aqui do bairro e que eu conheço de vista e de chapéu.

b) Uma noite destas, vindo da cidade para o Engenho Novo, encontrei no trem da Central um rapaz aqui do bairro, que conheço de vista e de chapéu.

c) Uma noite destas, eu vinha da cidade para o Engenho Novo, quando encontrei no trem da Central um rapaz aqui do bairro, o qual eu conheço de vista e de chapéu.

d) Eu conheço um rapaz aqui do bairro, de vista e de chapéu, que encontrei uma noite destas no trem da Central, quando vinha da cidade para o Engenho Novo.

3. Texto original de José de Alencar:

a) Levantando os olhos ao céu, voltou as costas para evitar o rosto da selvagem, a qual acompanhava a sua vista como certas flores acompanham a rotação aparente do sol.

b) Voltando as costas, levantou os olhos para o céu para evitar o rosto da selvagem, que acompanhava a sua vista como certas flores acompanham a rotação aparente do sol.

c) Evitando o rosto da selvagem, que acompanhava a sua vista como certas flores acompanham a rotação aparente do sol, ele voltou as costas, levantando os olhos ao céu.

d) Para evitar o rosto da selvagem, que acompanhava a sua vista como certas flores acompanham a rotação aparente do sol, ele levantou os olhos ao céu, voltando as costas.

4. Versão original, adaptada, de Sílvio Romero:

a) Todos os bichos foram a uma festa que, certa vez, houve no céu; mas o cágado, por andar muito devagar, não pôde comparecer nos dois primeiros dias.

b) Houve, certa vez, uma festa no céu a que compareceram todos os bichos, menos o cágado, que anda muito devagar e por isso não pôde chegar nos dois primeiros dias.

c) Uma vez houve uma festa no céu; todos os bichos lá foram; mas nos dois primeiros dias o cágado não pôde ir, por andar muito devagar.

d) Por andar muito devagar, o cágado não pôde ir a uma festa que certa vez houve no céu, à qual compareceram todos os bichos.

5. Versão original do autor:

a) A Quinta da Boa Vista é um belo parque, situado em São Cristóvão, bairro onde nasci e ainda hoje resido.

b) Situada em São Cristóvão está a Quinta da Boa Vista, que é um belo parque; foi em São Cristóvão que eu nasci e é aí que ainda resido.

c) Nasci e ainda resido no bairro de São Cristóvão, onde está situada a Quinta da Boa Vista, que é um belo parque.

d) A Quinta da Boa Vista, que é um belo parque, está situada em São Cristóvão, bairro onde nasci e ainda resido.

e) Nasci e ainda resido em São Cristóvão, onde está situada a Quinta da Boa Vista, que é um belo parque.

Obs.: O aluno deve ter notado que esses cinco grupos de períodos correspondem a algumas das possíveis versões pedidas no exercício 104, II, precedente.

Subordinação enfadonha

106 Nos seguintes períodos há excesso de orações subordinadas, do que resultam enfadonhas repetições de "ques"; altere a estrutura das expressões condenáveis, substituindo, sempre que possível:

a) as orações desenvolvidas (*i.e.*, introduzidas por conjunções) adverbiais por adjuntos ou reduzidas equivalentes;

b) as substantivas desenvolvidas por substantivas ou reduzidas de infinitivo;

c) as adjetivas (*i.e.*, introduzidas por pronome relativo) por adjetivos, locuções adjetivas ou apostos (ver 1. Fr., 1.4.1).

Em seguida, dosando equilibradamente essas variantes, dê a cada período a estrutura que lhe pareça mais satisfatória:

I — Quando chegaram, pediram-me que devolvesse o livro que me fora emprestado por ocasião dos exames que se realizaram no fim do ano que passou.

II — Solicitei-lhe que repetisse o recado que me transmitia por telefone, mas ele desligou sem que me desse maiores explicações.

III — Espero que me respondas a fim de que se esclareçam as dúvidas que dizem respeito ao assunto que está sendo discutido.

IV — É indispensável que se conheça o critério que se adotou para que sejam corrigidas as provas que se realizaram ontem, a fim de que se tomem providências que forem julgadas necessárias.

V — Urge que se ultime o inquérito que se instaurou para que se apliquem aos culpados as penalidades que a lei impõe.

VI — Camões, que é o autor do maior poema épico que já se escreveu em língua portuguesa, deixou também uma série de sonetos que são considerados como obras-primas no gênero.

VII — Depois que ele saiu, concluímos o trabalho que havíamos interrompido quando ele chegou.

VIII — O diretor determinou que a prova fosse adiada até que se apurassem as irregularidades que o inspetor denunciara.

IX — Muitos candidatos revelaram que desconheciam totalmente a matéria que constava dos programas que foram organizados pela banca que os examinava.

X — Convém que recapitulemos toda a matéria que foi dada no primeiro semestre e que o professor disse que incluirá na prova que se realizará no mês que vem.

Indicação das circunstâncias

107 Sublinhe todas as expressões de circunstâncias, sejam adjuntos sejam orações, indique-lhes o sentido (causa, fim, consequência, etc.) e substitua-as pelo maior número possível de variantes equivalentes, assinalando a forma que lhe pareça mais adequada. Se julgar necessário, mude a ordem dos termos ou das orações.

MODELO:
Logo que terminem os exames orais, partirei para São Paulo a fim de gozar as minhas férias.
a) Terminados os exames orais, partirei para São Paulo em gozo de férias.

b) Após os exames orais, partirei para São Paulo em gozo de férias.
c) Depois que (assim que, quando) terminarem os exames orais, partirei para São Paulo...
d) Mal terminem os exames orais, partirei para São Paulo.

I — Tudo corria normalmente até que ele chegou.

II — Não me interrompa quando eu estiver dando aula.

III — Ele fazia comentários ao mesmo tempo que lia os poemas.

IV — Não foi possível continuar a viagem porque a chuva era muito forte.

V — Como consequência da greve dos gráficos, nenhum jornal circulou hoje.

VI — "Como andava com tanta diligência, em poucos dias corria muita terra."

VII — "Depois de haverem transposto as montanhas, os invasores assenhorearam-se da cidade..."

VIII — Ao findar o mês, poucos veranistas ainda lá permaneciam.

IX — Quando completei 18 anos, ainda não conhecia o Rio de Janeiro.

X — Quase não o reconheci, tão envelhecido estava.

XI — Ele se casou, apesar da oposição dos pais.

XII — Em virtude da falta d'água, suspenderam-se as aulas.

XIII — Com a proximidade dos exames finais, os alunos vão ficando cada vez mais impacientes.

XIV — Para o desenvolvimento do Brasil, torna-se necessária a implantação de várias indústrias de base.

XV — Ainda vai todos os dias ao escritório, não obstante haver já completado 80 anos de idade.

XVI — Só ficarei sossegado depois da assinatura do contrato.

XVII — Para a aprovação nos exames, é necessário obter nota superior a cinco.

XVIII — "Tinha-se adiantado o arcebispo, segundo era seu costume."

XIX — "Era sobretudo ao anoitecer que a aldeia se animava."

XX — "Correndo a mão pela cabeça das crianças, ralhando com umas, afagando outras, [o vigário] informara-se de tudo..."

XXI — Quando os dias eram mais quentes, era certo ver o prior passear pelo pomar quando a tarde caía.

XXII — "Ferido no seu posto, um soldado intrépido elevou o espírito, abençoou a enfermidade, e, bem com Deus e com os homens, ao terceiro dia adormeceu para sempre."

XXIII — "No dia seguinte, quando surgem os primeiros clarões da aurora, ele recomeça a caminhada."

XXIV — "Com a partida de Nassau para a Europa, ficaram as rédeas do Brasil holandês confiadas a três negociantes obscuros..."

108 Procure nas frases do exercício precedente aquelas em que há prótase a apódose, e justifique ou condene a sua construção, tendo em vista a ênfase resultante da escolha e da posição da oração principal (rever 1 Fr., 1.5.1 a 1.5.3).

Causa, consequência, conclusão

109 Preencha as lacunas ou sublinhe o termo adequado:

I — A razão de um fato ou fenômeno é a sua causa, explicação, motivo ou pretexto?

II — A razão invocada para justificar ou explicar um ato ou atitude é o seu...... ou......

III — A razão *íntima* de um ato ou atitude é o seu móvel, motivo, pretexto, causa, explicação ou origem?

IV — Quando a verdadeira razão de um ato ou atitude não se identifica com o motivo invocado como justificação, o que se tem é um móvel, pretexto ou causa?

V — Ao invadir a Tchecoslováquia, Hitler alegou como ...... a proteção das minorias alemãs dos sudetos, mas o seu verdadeiro ...... era o domínio da Europa.

VI — A ociosidade é a ...... de todos os vícios.

VII — O trabalho é a ...... de toda a riqueza.

VIII — Muitos tratados de paz já contêm o ...... de futuras guerras.

IX — Para os demagogos, a miséria do povo é quase sempre apenas um ...... para suas arengas.

X — Os livros são verdadeiramente a única ...... de cultura.

XI — A antropologia se esforça por desvendar o mistério da ...... do homem.

XII — Na Bahia estão ...... da nacionalidade.

XIII — São Paulo é ...... de grandes patriotas.

XIV — O fim da guerra foi ...... de grandes comemorações.

XV — A miséria e a fome são ...... de revoluções.

XVI — Na conhecida fábula de Fedro, o lobo, para devorar o cordeiro, apresentou razões, motivos, desculpas, pretextos, causas ou explicações?

110 Forme dois ou três períodos com cada um dos grupos de enunciados que se seguem: na primeira versão, estabeleça relação de causa ou motivo; na segunda, de consequência, pelo processo subordinativo; na terceira, de conclusão, pelo processo coordenativo. Varie sempre que possível a expressão dessas circunstâncias.

MODELO:
a) *Causa ou motivo*: O aluno foi expulso porque escreveu uma carta muito desaforada ao professor.
b) *Consequência* (subordinação): O aluno escreveu ao professor uma carta tão desaforada, que foi (ou acabou sendo) expulso.
c) *Conclusão* (coordenação): O aluno escreveu ao professor uma carta muito desaforada; portanto (por consequência), foi expulso.

I – Chovia torrencialmente. Não pudemos sair.

II – O pai era extremamente severo. O filho tornou-se tímido e complexado.

III – Suas pretensões são descabidas. Não posso atendê-lo.

IV – Os estudantes amotinaram-se. O diretor os suspendeu.

V – O Brasil é um país com milhares de quilômetros de litoral. É indispensável contar com uma poderosa frota naval.

VI – O Brasil tem um grande potencial hidráulico. Ele está destinado a ser, em futuro próximo, uma grande potência industrial.

VII – A Alemanha invadiu a Polônia em 1939. A Inglaterra declarou-lhe guerra.

VIII – Não foram ainda publicados os proclamas. Não podem casar-se.

IX – Estava muito preocupado. Não pôde prestar atenção ao que diziam.

X – A leitura é a melhor maneira de formar o estilo. Muitos professores exigem que seus alunos leiam pelo menos um livro por mês.

111 Responda às seguintes perguntas, variando tanto quanto possível a estrutura frasal das expressões de causa ou de consequência, e indicando a forma que melhor se ajuste ao contexto:

MODELO: *Por que foi o Brasil dividido em capitanias?*
a) O Brasil foi dividido em capitanias porque a Coroa portuguesa não dispunha de recursos suficientes para empreender por si mesma a exploração de tão extenso território.
b) Como não dispunha (ou dispusesse) de recursos suficientes para empreender... etc.
c) Em vista da (em virtude da, em consequência da) falta de recursos para empreender... etc.

d) A causa (a principal causa, uma das causas, razões ou motivos) da divisão do Brasil em capitanias foi a insuficiência (falta, escassez) de recursos da Coroa portuguesa para empreender por si mesma... etc.
e) Dada a falta (escassez, insuficiência) de recursos da Coroa portuguesa para empreender... etc.
f) Não dispondo a Coroa portuguesa de recursos suficientes para empreender por si mesma a exploração do Brasil, viu-se obrigada (forçada, levada) a dividi-lo em capitanias.
g) Tendo em vista a escassez de recursos... etc.
h) Por não dispor de recursos... etc.
i) Foi por causa da falta de recursos da Coroa portuguesa ... que o Brasil foi dividido em capitanias.

I – Por que Pedro Álvares Cabral se desviou do caminho das Índias e acabou descobrindo o Brasil?
II – Por que Anchieta é o Apóstolo do Brasil?
III – Por que é o São Francisco chamado o "rio da unidade nacional"?
IV – Por que d. Pedro abdicou?
V – Por que diz Euclides da Cunha que o sertanejo é, antes de tudo, um forte?

Oposição (contrastes ou antíteses)

112 Preencha as lacunas com palavras que deem à frase feição antitética (as lacunas entre parênteses correspondem aos conectivos):

I – Os charlatães e os velhacos têm o condão de agradar aos tolos, (.........) os homens .... e .... são destituídos daquela imprudência e desembaraço que atraem tanto a sua confiança (Maricá, 1958 [1259]).
II – A fortuna sem virtudes é mais desastrosa do que a .... (Maricá, 1958 [1285]).
III – A paixão dos moços é desfazer e destruir, a dos .... [é] .... e .... (Maricá, 1958 [1433]).
IV – A reflexão é fecunda de verdades; a imaginação, de .... e .... (Maricá, 1958 [1487]).
V – A alegria do sábio e do justo é interior e serena; a do .... e .... é .... e .... (Maricá, 1958 [1286]).
VI – A modéstia é econômica; a .... [é] .... (Maricá, 1958 [1382]).

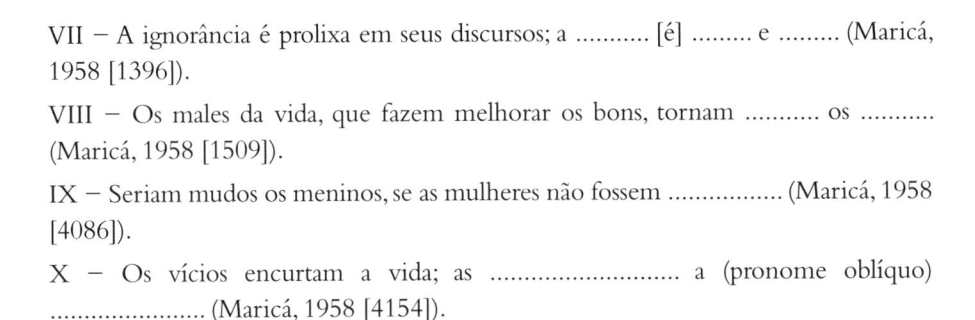

VII – A ignorância é prolixa em seus discursos; a .... [é] .... e .... (Maricá, 1958 [1396]).
VIII – Os males da vida, que fazem melhorar os bons, tornam .... os .... (Maricá, 1958 [1509]).
IX – Seriam mudos os meninos, se as mulheres não fossem .... (Maricá, 1958 [4086]).
X – Os vícios encurtam a vida; as .... a (pronome oblíquo) .... (Maricá, 1958 [4154]).

113 Das 10 máximas do exercício precedente, apenas a primeira indica oposição pelo processo subordinativo; reescreva as demais, servindo-se de todas as estruturas capazes de indicar a ideia de oposição, seja pelo processo coordenativo, seja pelo subordinadivo. Obs.: Atente para a pontuação (vírgula ou ponto e vírgula, conforme o caso).

Frase centopeica (desdobramento de períodos)

114 Os seguintes trechos constituem exemplos de frases centopeicas, isto é, de períodos caudalosos que devem ser desmembrados em outros mais curtos e mais claros, sem que se altere o sentido da forma original:

I – "Nos países onde o elemento da liberdade forma a base do seu poder político, onde o cidadão, qualquer que seja a sua hierarquia social, zela os direitos que tem, por condição preexistente a todas as formas de governo e a todas as instituições sociais, onde cada indivíduo, como membro do Estado, exercita a parte de poder que lhe pertence e assume francamente a responsabilidade de suas opiniões e de seus atos, aí a literatura, como a expressão ideal dessa liberdade, aí o romance e o teatro, como os mais diretos e ativos representantes do progresso intelectual do povo, expandem-se livremente também, e, como da sociedade que representam exprimem logicamente a segurida e o bem-estar moral de cada um, nada tendo que intervir na luta das questões sociais, visto que esta tarefa é também livre àqueles que dela se incumbem especialmente, entregam-se à pintura das paixões e dos costumes, aos artifícios da imaginação com que procuram, em verso e em prosa, nas epopeias, nos dramas ou na história, glorificar as virtudes e os nobres impulsos do coração humano, apoteosar as altas ações morais e civilizadoras daqueles homens que se criam heróis pela força do seu talento, pela nobreza de seu caráter, pela delicadeza do seu sentir ou pela generosidade dos seus instintos."

(Quintino Bocaiúva apud Werneck, 1932:287)

II — "Quando, ao contrário, os legisladores ou os governos procuram monopolizar em suas mãos todo o poder, resumir em si todas as faculdades que constituem a soberania popular, entorpecendo a livre manifestação do pensamento, bem como a livre expansão da força e do poder individual, aí não só a imaginação, como todas as faculdades intelectuais do povo reprimidas, opressas, cerceadas, abafadas, desde que acha cerrada a esfera da livre discussão das opiniões e das causas que diretamente influem sobre o seu destino, lançam-se a procurar na ficção e nos artifícios literários, não só o desenvolvimento de que carece todo o espírito progressista, mas ainda a representação colorida e disfarçada das verdades e das opiniões, que não pode produzir com liberdade."

(Quintino Bocaiúva apud Werneck, 1932)

III — "(O povo, vexado pelo pesado tributo, acudiria ao alarme e apoiaria a revolução). Acudiria ao tumulto o tenente-coronel Francisco de Paula à frente da tropa, e, como parte dos oficiais e soldados não era estranha ao movimento, segundo a fácil credulidade do Tiradentes, o tenente-coronel daria tempo a que o alferes fosse a Cachoeira, à casa de campo do governador, onde se achava o general visconde de Barbacena, para conduzi-lo com toda a sua família até à serra, onde lhe diria que fizesse muito boa jornada e dissesse em Portugal que já se não precisava de generais na América, ou então, que sacrificá-lo-iam, levando a sua cabeça a Vila Rica para com ela impor ao povo o respeito pela nova república."

(Joaquim Norberto apud Werneck, 1931:351)

IV — "Médico que nunca clinicou, professor que poucas aulas deu, filho de um português de aristocrática linhagem, Domingos José Gonçalves de Magalhães — Barão e depois Visconde de Araguaia, com grandeza, pela graça imperial a que, honra lhe seja feita, tanto e fielmente serviu aqui e no estrangeiro, aqui formado no circunspecto areópago palaciano, secretariando com pena eficiente a espada pacificadora de Caxias no Maranhão e no Rio Grande do Sul, engrossando como deputado geral o rebanho liberal do Imperador, que mantinha também o seu rebanho conservador, e que ao súdito intelectual pagava com atenciosa e admirativa moeda, lá fora como diplomata no Reino das Duas Sicílias, no Piemonte, na Rússia, na Espanha, na Áustria, nos Estados Unidos, na Argentina e na Santa Fé — Domingos José Gonçalves de Magalhães, conquanto a poesia fosse a sua fascinação, a sua incurável doença, não nos legou uma alta obra poética:"

(Marques Rebelo, *Discurso de posse* na Academia Brasileira de Letras)

Períodos curtos e intensidade dramática

115 Desdobre os seguintes períodos em outros mais curtos e mais adequados a traduzir a intensidade dramática da narrativa; em seguida, compare a sua versão

com a do original — "Última corrida de touros em Salvaterra", de Rebelo da Silva (Silva, 1960), narrativa que se encontra em várias antologias:

I – Como não é nosso propósito descrevermos uma corrida de touros, porque todos têm assistido a elas e sabem, de memória, o que o espetáculo oferece de notável, diremos só que a raça dos bois era apurada e que os touros se corriam desembolados, à espanhola.

II – Depois de se picarem alguns bois, abriu-se a porta do curro, e um touro preto, que era um verdadeiro boi de circo, de armas compridas e reviradas nas pontas, de pernas delgadas e nervosas, o que é indício de grande ligeireza, e de movimentos rápidos e bruscos, o que é sinal de força prodigiosa, apenas tocara o centro da praça, estacou como deslumbrado, sacudiu a fronte e, escarvando a terra impaciente, soltou um mugido feroz no meio do silêncio que sucedera às palmas e gritos dos espectadores.

III – O marquês de Marialva assistira a tudo do seu lugar e, revendo-se na gentileza do filho, seus olhos seguiam-lhe os movimentos, brilhando radiosos a cada sorte feliz, mas, logo que entrou o touro preto e o conde dos Arcos saiu a farpeá-lo, carregou-se de uma nuvem o semblante do ancião, suas feições se contraíram e sua vista não se despregou mais da arriscada luta.

IV – De repente, o velho soltou um grito sufocado e cobriu os olhos, apertando depois as mãos na cabeça, pois seus receios se haviam realizado, já que cavalo e cavaleiro rolavam na arena, e a esperança pendia de um fio tênue.

V – O pai angustiado ajoelhou junto ao corpo do filho, pousou-lhe um ósculo na fronte, desabrochou-lhe depois o talim, cingiu-o, levantou-lhe do chão a espada, correndo-lhe a vista pelo fio e pela ponta de dois gumes, e, passando depois a capa no braço, cobriu-se e, decorridos alguns instantes, estava no meio da praça, devorando o touro com a vista chamejante e provocando-o para o combate.

VI – Enquanto o combate se demora, a vida dos espectadores resume-se nos olhos, sem que nenhum ouse desviar a vista de cima da praça, onde a imensidade da tragédia imobiliza todos.

VII – Clamores uníssonos saudaram a vitória, quando o marquês, que tinha dobrado o joelho com a força do golpe, se levantava mais branco do que um cadáver e, sem fazer caso dos que o rodeavam, tornou a abraçar-se com o corpo do filho, banhando-o de lágrimas e cobrindo-o de beijos.

200 — O vocabulário

O geral e o específico — o concreto e o abstrato

201 Relacione pelo menos cinco detalhes que permitam distinguir de maneira inconfundível:

- sua sala de aula;
- um dos seus professores;
- um colega tímido;
- um jantar em família;
- a esquina da rua onde mora;
- o bar que costuma frequentar;
- um objeto de estimação;
- um mentiroso contumaz;
- um megalomaníaco;
- um demagogo em vésperas de eleições;
- o que se descortina da janela do seu quarto.

202 Feita a relação dos detalhes, como se pede no exercício precedente, redija agora um parágrafo de oito ou 10 linhas, introduzindo-o com um tópico frasal adequado.

203 Redistribua as seguintes palavras, partindo do mais geral para o mais específico:

- mecânico, operário, trabalhador, torneiro;
- gado, animal, vaca, Mimosa, quadrúpede, mamífero;
- casa, cidade, continente, bairro, rua, estado, país;
- Chevrolet, veículo, carro, Opala;
- navio de guerra, embarcação, Humaitá, submarino;
- raça, povo, humanidade, multidão, indivíduo;
- seção, departamento, divisão, serviço, ministério;
- poesia, literatura, lirismo, poema, soneto;
- árvore, planta, pinho-de-riga, madeira para construção;

- geografia, potamografia, geografia física, afluentes do Amazonas, rio Negro;
- homem, ser vivo, mamífero, jovem, adolescente, Joaquim.

204 Dê os termos específicos abrangidos pela área semântica das seguintes palavras:

a) verbos: dizer, acusar, aborrecer, estar (= encontrar-se alguma coisa em algum lugar), alegrar-se, ver, negar, ordenar, pedir, correr, gritar, cansar-se;
b) substantivos e adjetivos: velho (pessoa ou coisa), jovem, coragem, medo, comovente, erro, rude, calmo, cômico, feio, pálido, alegre, triste, econômico.

205 Substitua os adjetivos por expressões ou locuções de sentido mais específico e, se possível, metafórico:

Edifício alto, história interessante, dia bonito, pessoa simpática, sala ampla e confortável, casa humilde, livro interessante, viagem interessante, pai carinhoso, rapaz de futuro, professor dedicado, brisa rumorejante, córrego sussurrante, criança levada, poeta inspirado, voz melodiosa, menino robusto, caráter impoluto, cena pitoresca, festa animada.

206 O seguinte trecho carece de originalidade e expressividade, dada a feição generalizadora da sua linguagem. Substitua as palavras grifadas por outras de sentido mais específico ou lhes acrescente, através de adjuntos, pormenores caracterizadores, servindo-se inclusive do discurso direto, para reproduzir a *conversa* sobre o *assunto* (*in fine*):

Era uma sala muito *ampla,* onde *várias pessoas conversavam.* Quando entrei *aproximou-se* de mim um *indivíduo* que me perguntou o que eu desejava. Respondi-lhe que procurava um *amigo. O estranho mandou-me sentar e afastou-se.* Enquanto esperava, corri os olhos pela sala *ricamente mobiliada. Viam-se* pelas paredes *alguns quadros.* Sobre uma das mesas *via-se* um jarro com *flores.* Ao meu lado, *encontrava-se uma estante de livros.* Mais adiante, um *sofá* onde estavam *sentados* dois *cavalheiros* e uma *senhora.* Naquele *ambiente estranho,* sentia-me *constrangido.* Afinal, chegou meu *amigo,* com quem conversei sobre o *assunto que ali me levara.*

207 Escolha na relação abaixo o adjetivo que melhor caracterize as ações, movimentos, gestos ou atitude de:
- dançarino, ginasta, roda-gigante, lebre, investida de um touro, prestidigitador, bêbado, criança levada, cavalo novo, cavalo respirando de cansaço, queda de árvore frondosa, serpente, respiração de pessoas idosas, torneira pingando, bandeira hasteada exposta ao vento, vela de embarcação, sangue nas veias.

(lépido, cadenciado, impetuoso, ágil, ritmado, compassado, giratório, cambaleante, irrequieto, fogoso, violento, resfolegante, tremulante, ofegante, entufado, arquejante, coleante, latejante, gotejante.)

208 Escolha o advérbio adequado à caracterização das seguintes ações ou comportamentos:

- agir como um fanfarrão, de maneira às vezes ridícula, sem o senso da realidade ou com exagerado cavalheirismo;
- viver em grande fausto, como um milionário perdulário;
- agir sem cuidado, sem interesse;
- fazer alguma coisa de maneira clara, evidente;
- agir com cuidado, medindo as consequências;
- fazer as coisas de modo disciplinado e ordeiro;
- fazer as coisas pouco a pouco;
- fazer as coisas sem chamar a atenção, sem dar na vista.

(metodicamente, discretamente, quixotescamente, paulatinamente, displicentemente, nababescamente, ostensivamente, sensatamente.)

Conotação (ver também exercícios 508 e 509)

209 Complete os seguintes fragmentos de frase por meio de comparações ou desenvolva-os em metáforas, exemplos ou analogias. Evite o emprego de clichês (expressões estereotipadas, lugares-comuns, metáforas surradas):

O céu estrelado lembrava ...... Os picos montanhosos pareciam ...... O córrego era como ...... As águas da cascata (verbo de sentido metafórico) ...... O casarão no alto da colina dava-me a impressão de ...... Aquela palmeira isolada no fim da alameda era como ...... As nuvens que (verbo de sentido metafórico) ...... no céu de fundo azul eram como ...... As águas do riacho (verbo de sentido metafórico) ...... entre as pedras, lembravam-me ...... A chuva (verbo de sentido metafórico) ...... no peitoril da janela, ... (verbo de sentido metafórico). As pradarias verdejantes eram ...... No alto do Corcovado, ... (verbo de sentido metafórico) o Cristo Redentor como ...... Vista à noite do Pão de Açúcar, a cidade parece ......

210 Substitua as frases ou expressões de sentido conotativo por outras de sentido denotativo; em outras palavras, explique:

- Não há rosas sem espinhos.
- Água mole em pedra dura tanto bate até que fura.
- É pescador de águas turvas.
- A cavalo dado não se olha a idade.
- Um dia é da caça, outro, do caçador.
- Tanto vai o cântaro à bica, que um dia fica.
- É preciso separar o joio do trigo.
- É de pequenino que se torce o pepino.
- Para olhos perspicazes a mentira é diáfana.
- De noite, todos os gatos são pardos.
- Quando os olhos veem com amor, o corvo é branco.
- Atirar pérolas aos porcos.
- Segredo de polichinelo.

211 As palavras grifadas têm sentido denotativo (ou referencial); construa frases em que elas apareçam com teor conotativo (ou metafórico):

Entardecer de verão:..........................
A *torrente* de um rio: ....
O *calor* do sol: ....
Frutos das árvores: ....
O *peso* da balança: ....
A *cortina* da sala: ....
A *face* do rosto: ....
Pureza da água: ....
Flor dos jardins: ....
Tronco das árvores: ....
Raiz da árvore: ....
Braços do corpo humano: ....

Alicerces do prédio: ....
Pérolas cultivadas: ....
Noite estrelada: ....
A lenha pegou *fogo*: ....
Árvore frondosa: ....
Tempestade marítima: ....
Fonte de água mineral: ....
Cauda dos animais: ....
Berço de criança: ....
Lago sereno: ....
Aurora polar: ....
Entardecer de verão: ....

212 Dê um substantivo, adjetivo ou locução capazes de traduzir o sentido dos seguintes nomes de animais, quando empregados metaforicamente:

Cão: ....   Raposa: ....   Leão: ....   Rato: ....
Hiena: ....   Chacal: ....   Víbora: ....   Gambá: ....
Boi: ....   Vaca: ....   Rouxinol: ....   Burro: ....
Águia: ....   Toupeira: ....   Coruja: ....   Lesma: ....
Cágado: ....   Lebre: ....   Gavião: ....   Camaleão: ....

213 Complete as seguintes comparações ou analogias com termos adequados; em seguida, renove as que lhe parecerem vulgares:

- Julgam-se os homens pelos seus atos, assim como .... pelos seus ....
- Um exército sem chefe é como um .... sem ....

♦ O mau exemplo é contagioso como ....

♦ A leitura é para o espírito o que .... é para o corpo.

♦ A calúnia é como a ...., que se avoluma à medida que rola.

♦ O sangue é para o corpo o que .... é para a árvore.

♦ O vício é para a alma o que .... é para o corpo.

♦ A calúnia ataca as melhores reputações assim como o .... os melhores frutos.

♦ As sementes são em terra fértil o que os .... são para uma inteligência viva.

♦ Quem fala sem refletir é como o caçador que .... sem ....

214 Que significam as seguintes expressões?

Espada de Dâmocles
Asno de Buridan
Caminho de Damasco
Caixa de Pandora
Suplício de Tântalo
Fio de Ariadne
Nó de Alexandre

Tonel das Danaides
Ovo de [Cristóvão] Colombo
Pedra de Sísifo
Besta do Apocalipse
Olhos de Argos
Pomo da discórdia
Túnica de Nesso

215 A relação abaixo inclui nomes de coisas, plantas e seres empregados geralmente como símbolos das ideias arroladas a seguir; numere convenientemente:

1. paz, 2. vitória, 3. pureza de sentimentos, 4. modéstia, 5. luto e morte, 6. amizade fiel, 7. egoísmo, 8. inconstância nas opiniões, 9. fidelidade conjugal, 10. trabalho e perseverança, 11. abundância, 12. concórdia e aliança, 13. comércio, 14. prudência, 15. eternidade.

( ) camaleão, ( ) caduceu, ( ) duas mãos enlaçadas, ( ) cornucópia cheia de frutos, ( ) abelha e formiga, ( ) pomba, ( ) narciso, ( ) ramo de oliveira, ( ) cipreste, ( ) lírio, ( ) violeta, ( ) hera, ( ) as serpentes do caduceu, ( ) serpente mordendo a própria cauda, ( ) coroa de louro.

216 Escolha na relação abaixo o nome da entidade mitológica ou personagem histórica a que se referem as seguintes perífrases antonomásticas:

a) o pai da história, o legislador de Atenas, o historiador da natureza, o pai da medicina, o legislador dos hebreus, o vencedor de Austerlitz, o cavaleiro da triste figura, o cantor da Trácia, o vencedor do Minotauro, o vencedor da Esfinge.

(Édipo, d. Quixote, Sólon, Napoleão, Orfeu, Buffon, Moisés, Heródoto, Teseu, Hipócrates)

b) deuses: das riquezas, da guerra, dos sonhos, das artes, do comércio, dos infernos, dos ventos; deusas: da sabedoria, do amor, da caça.

(Éolo, Marte, Plutão, Apolo, Diana, Pluto, Mercúrio, Morfeu, Minerva, Vênus)

217 Sublinhe as palavras ou expressões de sentido conotativo ou metafórico:

a) "Era a grande, a inexplorada selva primitiva, a venerável floresta das eras bárbaras, templo augusto das tribos."

(Afrânio Peixoto)

b) "Cálido, o estio abrasava. No esplendor cáustico do céu imaculado, o sol, dum brilho intenso de revérbero, parecia girar vertiginosamente, espalhando raios em torno. Os campos amolentados, numa dormência canicular, recendiam a coivaras (...)"

(Coelho Neto)

c) "Ao cair da tarde, esmaecendo a luz em laivos de sangue e ouro sobre a fímbria do ocaso, as cigarras entravam a chichiar respondendo-se, em concerto, dum ponto e doutro (...)"

(Coelho Neto)

d) "E o incêndio temeroso, doudejante, ensanguentado, galopa, voa e vai queimando, queimando... As altas chamas enoveladas afastam-se, chofram-se, investem furentes, rabeiam, baralhando-se, destramam-se lambendo as folhagens encarquilhadas e os troncos resinosos que estalam e atroam, fumarando (...)"

(Gustavo Barroso)

e) "Amor é ave, que, se as asas solta,
não torna mais ao primitivo ninho."

(Belmiro Braga, "Relíquias")

f) "O amor é uma árvore ampla e rica
De frutos de ouro e de embriaguez:
Infelizmente frutifica
apenas uma vez..."

(Olavo Bilac, "Requiescat")

g) "As árvores do campo, enroupadas de neve
sob o látego da invernia que corta,
são esqueletos que, de braços levantados,
vão pedindo socorro à primavera morta."

(Francisca Júlia, "Inverno")

h) "Os coqueiros tremulantes
   são ventarolas gigantes:
   é deles que vem a brisa,
   que desliza."

   (Antônio Sales, "Na avenida")

i) "Estes lábios — casulo escalarte de beijos..."

   (Goulart de Andrade, "Depois da morte")

j) "Tuas mãos são como
   dois alvos lírios na haste dos teus braços."

   (Guilherme de Almeida, "Cântico dos cânticos")

k) "Teus olhos, Risália amada,
   me recordam dois ladrões
   sob a pálpebra rosada
   tocaiando corações."

   (Belmiro Braga, "Olhos")

l) "Cha-mi-né.
   Torre nova de igreja sem fé,
   canhão monstruoso de tijolos,
   vomita, ameaça,
   pragueja dia e noite a praga escura da fumaça..."

   (Augusto Meyer, "A chaminé")

m) "O céu apaga em sua forja a velha chama.
   Há lágrimas de luz na longa fila dos candeeiros
   e uma cordeona soluçando."

   (Augusto Meyer, "Elegia para uma rua em São João")

n) "A tarde pobre fica, horas inteiras
   A espiar pelas vidraças, tristemente,
   O crepitar das brasas na lareira...
   Meu Deus... o frio que a pobrezinha sente!"

   (Mário Quintana, "Triste encanto...")

Famílias etimológicas

218 Junte os radicais latinos da relação A com os da relação B para formar tantos compostos quantos cada um deles permitir; em seguida, dê o sentido dos vocábulos assim formados:

Relação A

ali-(asa)
alti-(alto)
angui-(cobra)
anguili-(enguia)
api-(abelha)
aque-(água)
armi-(arma branca)
auri-(ouro)
avi-(ave)
bene-(bem)
bi-(dois)
carni-(carne)
celi-(céu)
centi-(cem)
centri-(centro)
dulci-(doce)
esteli-(estrela)
fratri-(irmão)
fumi-(fumo, (fumaça)
fungi-(fungo, cogumelo)
gemi-(germe)
herbi-(erva)
homi-(homem)
igni-(fogo)
infanti-(criança)
lani-(lã)
lapidi-(lápide, pedra)
magni-(grande)
male-(mal)
matri-(mãe)
meli-(mel)
morti-(morte)
multi-(muito)
nocti-(noite)
nubi-(nuvem)
ovi-(ovo)
ovi-(ovelha)
parri- = patri- (pai)
pulcri-(belo)
silvi-(selva)
siri-(bicho-da-seda)
soni-(sono)
sui-(de si mesmo, a si mesmo)
tri-(três)
triti-(trigo)
undi-(onda)
uxori-(esposa)
via-(caminho)
veloci-(veloz)
vermi-(verme)

Relação B

ambulo (que anda)
cida (que mata)
cola (que habita)
como (cabeleira)
cultura (ato de cultivar)
duto (que conduz)
— fero (que leva, contém, produz)
fico (que faz ou produz)
fluo (que escorre ou flui)
forme (que tem a forma de)
fugo (que foge, que repele)
gero (que contém ou produz)
loquo, loquente (que fala)
mano (mão)
paro (que produz ou se reproduz)
pede (pé)
sono (que soa)
vago (que anda ou vagueia)
volo (que quer)
vomo (que expele ou vomita)
voro (que come)

Obs.: Note-se que o primeiro elemento desses compostos de origem latina termina quase sempre em -*i*, ao passo que os de origem grega o fazem geralmente em -*o*, como se pode ver nos exercícios que se seguem.

219 Como o exercício precedente, mas agora com radicais gregos:

Relação A

aero-(ar)
ameno-(vento)
antropo-(homem)
arqueo-(antigo)
biblio-(livro)
bio-(vida)
caco-(mau)
cali-(belo)
cosmo-(mundo)
crono-(tempo)
da(c)tilo-(dedo)
demo-(povo)
etno-(raça)
farmaco-(medicamento)
filo-(amigo)
fisio-(natureza)
fono-(voz, som)
foto-(luz)
geo-(terra)

hetero-(outro, diferente)
hidro-(água)
hipo-(cavalo)
ictio-(peixe)
iso-(igual)
lito-(pedra)
macro-(grande)
mega(lo)-(grande)
micro-(pequeno)
melo-(canto)
miria-(dez mil, numeroso)
miso-(inimigo)
necro-(morto)
neuro = nevro-(nervo)
odonto-(dente)
oftalmo-(olho)
onomato-(nome)
oro-(montanha)

orto-(direito, reto)
paleo-(antigo)
pan-(tudo, todo)
piro-(fogo)
pluto-(riqueza)
poli-(muito)
psico-(alma, espírito)
quiro-(mão)
rino-(nariz)
rizo-(raiz)
taqui-(rápido)
tecno-(arte)
tele-(longe)
termo-(calor)
tipo-(figura, marca)
topo-(lugar)
xeno-(estrangeiro)
zoo-(animal)

Relação B

agogo (que conduz)
algia (dor)
astenia (debilidade)
cardia (coração)
cefalo (cabeça)
cracia (governo)
doxo (que opina)
dromo (lugar onde se corre)
fagia (ato de comer)
fobia (ódio, temor)
fonia (som, voz)
gino (mulher)
grafia (escrita)
grama, gramat(o) (peso, escrito, letra)
logia (discurso, ciência)

mancia (adivinhação)
metro (medida)
nomia (regra, lei)
patia (sentimento, doença)
peia (ato de fazer)
podo (pé)
pole (cidade)
potamo (rio)
scopia (ato de ver)
sofia (sabedoria)
teca (lugar onde se guarda)
teísmo (relativo a Deus)
terapia (cura)
tono (tensão, tom)

Áreas semânticas

Vocabulário das sensações

I – *Visão*

220 Sublinhe as palavras ou expressões entre parênteses que mais se ajustem ao contexto:

"Uma (fina, delgada, tênue) mancha de claridade (argêntea, prateada, plúmbea) (recorta, desenha, delineia, traça) (em laca, em ocra, em vermelho) a linha (corrugada, ondulada, arredondada) das colinas (verdes, virentes, verdejantes, esverdeadas). Pouco a pouco, uma poeira (de ouro, dourada, de ocra, laqueada) (translúcida, transparente, diáfana), que se (esbate, se espalha, se alarga) para o alto, cobre todo o horizonte, e o sol (surge, reponta, desponta, aparece, nasce) (luminosamente, deslumbradoramente, ofuscantemente) como uma gema de ouro (flamejante, flamante, brilhante). Vapores (diáfanos, transparentes, translúcidos) (diluem-se, dissolvem-se, esmaecem) lentamente, em meio dos listrões vivos que (avermelham, purpureiam, ruborizam) o (nascente, oriente, levante, horizonte)."

(Virgílio Várzea)

221 Escolha na segunda coluna o adjetivo que melhor caracterize a cor, a forma, a aparência ou a natureza das coisas designadas pelos substantivos ou expressões arrolados na primeira:

( ) palidez (muito acentuada)   1. níveos
( ) teclas brancas do piano   2. liriais
( ) neve   3. cristalino
( ) pombos brancos   4. sombrio
( ) dentes   5. carmesim
( ) mãos alvas e delicadas   6. marmóreo
( ) luar   7. alabastrino
( ) cabelos de pessoa idosa   8. alvinitente
( ) água de fonte ou cascata   9. ebúrneo
( ) juba de leão   10. alvo
( ) sol de verão   11. opalino, opalescente
( ) céu onde se reflete clarão 12. lactescente
    de incêndio   13. fulvo
( ) lábios pintados   14. esbraseado, rubro
( ) colo ou fronte de mulher   15. purpurino
    branca e jovem   16. prateado
( ) céu em dia de chuva   17. acinzentado

222 Como o exercício precedente:

1. funil
2. lápis
3. cano
4. bola de borracha muito cheia
5. terra fendida pelo calor do Sol
6. montanha ou elevação talhada a pique
7. teto de túnel
8. capota de automóvel
9. lua crescente
10. nariz semelhante ao bico da águia
11. lábios muito grossos e salientes
12. água de pântano
13. rio de águas mansas
14. ponte que se ergue
15. objeto sem peso
16. coisa fora de uso
17. quantidade que não pode ser medida
18. estrada cheia de curvas
19. mola de relógio
20. figura plana com quatro ângulos retos iguais dois a dois
21. substância de cobre
22. lugar que não pode ser alcançado
23. caminho que não pode ser percorrido
24. coisa que não pode ser tocada
25. dado (substantivo)

( ) vultoso
( ) remansoso
( ) estagnado
( ) levadiço
( ) imponderável
( ) aquilino
( ) unguiforme
( ) imensurável
( ) obsoleto
( ) abobadado
( ) abaulado
( ) cônico
( ) sinuoso
( ) cilíndrico
( ) espiralado
( ) tubular
( ) túrgido, túmido
( ) gretado
( ) alcantilado
( ) cúbico
( ) intangível
( ) inacessível
( ) cúprico
( ) retangular
( ) intransitável

223 Como o exercício precedente:

1. moeda
2. roda de engrenagem
3. lâmina de barbear
4. ponta de lápis
5. coisas que não se podem enumerar
6. objeto que pode ser carregado na mão
7. orelha saliente

( ) portátil
( ) afunilado ou cônico
( ) denteado
( ) delgado
( ) inumerável
( ) circular
( ) de abano

224 Modos de ver: numere a primeira coluna de acordo com a segunda.

( ) entrever
( ) relancear
( ) avistar
( ) perceber
( ) divisar
( ) descortinar
( ) notar
( ) lobrigar
( ) vigiar
( ) apreciar
( ) assistir
( ) espreitar
( ) inspecionar
( ) presenciar
( ) esquadrinhar
( ) examinar
( ) perlustrar
( ) contemplar
( ) testemunhar
( ) vislumbrar

1. ver rapidamente
2. ver ao longe
3. ver indistintamente, a custo
4. ver panoramicamente
5. observar secretamente
6. observar minuciosamente
7. observar com prazer
8. olhar com admiração e embevecimento
9. percorrer com a vista, examinando
10. ver de perto
11. ver através, ao longe
12. observar atentamente
13. vigiar com cuidado

N.B.: Algumas definições da segunda coluna aplicam-se a mais de um verbo da primeira. Consulte o dicionário.

II – *Audição* (*e fala*)

225 Escolha na relação abaixo a palavra adequada a cada uma das lacunas do seguinte trecho:

Assim, enquanto no recesso da mata [amazônica] tudo é silêncio e obscuridade, vai lá por cima uma agitação constante. São ramos que vergam ao peso de animais; araras e tucanos que .... sementes duras; flores que ..... tocadas pelos beija-flores; ..... agudos, ... álacres, ... de asas, ... de penas. Era o que eu observava agora, ouvindo ao longe os ..... tristes dos guaribas, ... com as outras muitas vozes que me cercavam: ..... flébeis, ..., ..., e até o ..... de algumas cigarras e a ..... dos primeiros sapos.

(Gastão Cruls)

(tilintam, tricolejam; farfalham, esfarfalham, rumorejam; pios, gritos, pipilos; chilros, chilreados; rumores, frêmitos, ruídos; ruge-ruge, roçar, bater; concerto, coro, sinfonia; harmonizando, concertando; chilreios, assobios, chilidos; apitos, rechino, pio, canto; coaxar, coaxação).

226 Consulte a lista de verbos no *Manual de português* (2º vol., 1964, p. 292), de Celso Cunha, e forme orações que tenham como sujeito nome de animal (ver lista abaixo), incluam um adjunto adverbial expressivo e/ou venham acompanhadas de outra oração, mas subordinada:

♦ cisne, pombo, serpente, ovelha, elefante, onça, leão, baleia, cigarra, cascavel, rato, sapo, corvo, cegonha, pato, andorinha, peru, javali, cavalo, burro, mocho, raposa, lobo, serpente.

227 Sublinhe com um traço os sons agradáveis, e com dois os desagradáveis:

♦ roufenho, estentórico, sussurrante, uníssono, estrepitoso, estridente, cacofônico, modulado, argentino, vociferante, cavernoso, ululante, estridulante, marulhoso, entoado, compassado.

228 *Vozes humanas: verbos de elocução* — Os verbos seguintes encerram a ideia geral de "elocução"; reagrupe-os nas subáreas correspondentes, indicadas abaixo:

♦ afirmar, declarar; gritar, berrar, bradar, clamar, vociferar, deblaterar; proferir, proclamar; discorrer, dissertar, explanar, esclarecer, elucidar; debater, polemizar, indagar, inquirir, interrogar, questionar, replicar, retrucar, retorquir, redarguir; nomear, denominar; alcunhar, cognominar; sussurrar, segredar, balbuciar; tartamudear, tartamelar; rejeitar, indeferir, recusar.

Subáreas:

1. de dizer simplesmente;
2. de discutir;
3. de chamar;
4. de gaguejar;
5. de negar;
6. de apelidar;
7. de murmurar;
8. de perguntar;
9. de responder;
10. de exclamar com veemência;
11. de explicar;
12. de expor;
13. de negar;
14. de pronunciar em voz alta.

229 Reagrupe em subáreas, de acordo com a maior afinidade de sentido:

◆ loquaz, altiloquente, verboso, rodeio, linguarudo, palavroso, conciso, sermão, louvação, eloquente, verborrágico, circunlóquio, parolagem, prolixo, oração, panegírico, fecundo, taciturno, gárrulo, perífrase, copioso, discurso, catilinária, caladão, tagarela, tautológico, lenga-lenga, comunicativo, lacônico, homília, filípica, prática, sóbrio.

230 Complete com o verbo adequado, escolhido na lista abaixo:

Os canhões .... ou .... ou .... ou ....Vozes .... ou .... ao longe. O mar .... ou .... A campainha .... Um portão velho .... Os sinos .... ou .... ou .... Quando pisadas, folhas secas .... ou .... Quando tangidas pelo vento, as folhagens das árvores .... O riacho .... ou .... Os dentes .... ou .... de frio ou de raiva. Gravetos no fogo .... ou ....Taças que se tocam .... O foguete, ao subir, ... ou .... Os tambores....... As asas das aves em voo .... O vento .... ou ....

(sibiliar, silvar, assobiar, estalar, estralejar, estrincar, reboar, ribombar, atroar, retumbar, estrondear, estrugir, farfalhar, rumorejar, tilintar, repicar, tanger, esfuziar, badalar, ranger, crepitar, estalar, sussurrar, ressoar, repercutir, rufar, ruflar).

231 Escolha o advérbio mais adequado às seguintes maneiras de falar ou expressar-se:

Afirmar alguma coisa de maneira sentenciosa e autoritária .... Afirmar de maneira terminante e decisiva .... Falar sem refletir .... Falar sem sofrer castigo ou punição .... Expor ideias de maneira superficial e apressada .... Dizer com as palavras absolutamente necessárias ...., com o mínimo de palavras necessárias ...., com excesso de palavras ...., com palavras que admitem duplo sentido ...., com palavras que não expressem as ideias de maneira clara .... Expressar-se com ardor e entusiasmo .... Falar com o respeito semelhante ao que se deve às coisas sagradas, aos eclesiásticos e às pessoas idosas .... Concordar sem dizer palavra .... Falar sem cuidado, sem interesse .... Falar com humildade ou submissão .... Falar com orgulho ou insolência ....

(tacitamente, insensatamente, displicentemente, submissamente, servilmente, dogmaticamente, impunemente, peremptoriamente, perfunctoriamente, reverentemente, concisamente, veementemente, laconicamente, ambiguamente, prolixamente, redundantemente, arrogantemente, obscuramente, solenemente, sibilinamente).

232 Os verbos que se seguem exprimem a ideia geral de *afirmação*: reagrupe-os de acordo com as especificações a seguir:

- afirmar, assegurar, garantir, asseverar, ratificar, validar, comprovar, confirmar, testemunhar.

Sentido específico de:

a) afirmar simplesmente:
b) afirmar com convicção:
c) afirmar com provas ou testemunho:
d) reforçar uma afirmação:

233 Explique o sentido de:

- *homologar* um concurso, *sustentar* uma opinião, *defender* uma tese, *validar* um documento, *sancionar* uma lei, *autenticar* documentos, *ratificar* uma declaração, *corroborar* uma opinião, *referendar* uma lei, *subscrever* um parecer, *lavrar* uma sentença, *documentar* uma tese, *abonar* com exemplos.

234 Defina o sentido dos adjetivos grifados:

- opinião *controversa*, opinião *dogmática*, opinião *irrefutável*, declaração *incontestável*, argumentação *frágil*, opinião *suspeita*, manuscritos *apócrifos*, denúncia *anônima*, atitude *cética*, atitude *suspicaz*, declaração *plausível*, afirmação *cautelosa*, palavras *verazes*, palavras *cáusticas*, verdade *insofismável*, linguagem *mistificadora*, linguagem *verrinosa*, opinião *abalizada*.

235 *Aquiescência ou aceitação* — Os verbos ou locuções seguintes encerram a ideia geral de aquiescência ou aceitação; reagrupe-os de acordo com o sentido de:

a) simples ideia de concordar;
b) ideia de aquiescer em face de provas ou razões;
c) ideia de aquiescer por benevolência ou tolerância;
d) ideia de aquiescer por falta de firmeza ou timidez.

- render-se à evidência dos fatos, tolerar, admitir, participar do mesmo ponto de vista, fazer coro com a opinião geral, ser "maria vai com as outras", aprovar, condescender, conceder, convir, deferir, aceder, aceitar os fatos, opinar favoravelmente, sancionar, submeter-se às ordens de, aderir, acatar.

236 *Confidência, relato, confissão* — Os seguintes verbos encerram a ideia geral de *relatar* ou *contar*; reagrupe-os de acordo com o sentido específico de:

a) confidenciar ou revelar discretamente um fato;

b) fazer uma revelação indiscreta;

c) fazer revelação pública e ruidosa.

- confidenciar, segredar, cochichar, murmurar, sussurrar, espalhar, propagar, proclamar, divulgar, aludir, trair, insinuar, soprar, referir-se a, publicar, proferir em altas vozes, irradiar.

237 *Negação, recusa, rejeição, inobservância* — Os seguintes verbos grifados encerram todos a ideia geral de *negar, recusar* ou *rejeitar*; dê o sentido específico de cada um:

- *contestar* uma opinião, *denegar* um direito, *ab-rogar* títulos ou privilégios, *denunciar* um tratado, *rescindir* contrato, *refutar* um argumento, *romper* vínculos conjugais, *vetar* uma lei, *revogar* uma lei, *indeferir* um requerimento, *violar* um tratado, *infringir* regulamentos, *transgredir* uma ordem.

238 A ideia de negação é frequentemente expressa por meio de prefixos negativos ou privativos. Explique o sentido exato das seguintes expressões, a maioria das quais, convém advertir, nada tem que ver com a área semântica da audição ou da fala, a que pertencem os exercícios precedentes:

Prefixos gregos

inseto áptero
homem abúlico
indivíduo apático
pessoa anêmica
animal anuro
animal acéfalo
substância amorfa
sal anídrico
remédio anódino
carta anônima
orador afônico
pessoa afásica
animal ápode

tratamento asséptico
membro atrofiado
sílaba átona
pão ázimo
figura assimétrica
substância antídota
regiões antípodas
expressões antitéticas
opiniões antagônicas
substâncias antígenas
princípios antinômicos
palavras antilógicas

Prefixos latinos

tráfico ilícito
toalha imaculada
fisionomia impassível
imperecível
conduta impecável
propósitos ímpios
desejo imoderado
substância imponderável
direito imprescritível
direito inalienável
céu inclemente
gênios incompatíveis
linguagem incoerente
coisa inaudita
direito inquestionável
prazer inefável
labirinto inextricável
desastre irremediável

argumento irretorquível
falta irremissível
decisão irrevogável
questão indubitável
atitude intransigente
atitude injuriosa
reputação inatacável
reputação ilibada
parecer irrefragável
linguagem despudorada
exigência descabida
indivíduo desajustado
pessoa desinsofrida
anedota desopilante
argumento despiciendo
gesto desprendido
linguagem desprimorosa
atitude insólita

239 *Ordem, comando, manifestação de vontade* — A relação que se segue inclui palavras que encerram a ideia geral de ordem, imposição, comando ou apelo; preencha com elas as lacunas das frases abaixo:

(alvará, *habeas corpus,* mandado de segurança, regimento, estatutos, discricionário, decreto, déspota, testamento, ultimato, prescrições, draconiano, mandato, injunções, bula, breve, arresto, edital, édito (e edito), aviso, postura, dogma, ditadura, tirania, força).

I – A China enviou à Índia um .... para a retirada das suas trocas da zona fronteiriça.

II – As .... médicas devem ser cumpridas religiosamente.

III – O .... é uma autorização que alguém confere a outrem para, em seu nome, praticar certos atos. Exemplo: .... parlamentar.

IV – Por .... das circunstâncias, ele teve de abrir mão de certos privilégios.

V – A .... dos papas é uma carta patente que contém .... pontifício.

VI — O .... dos bens do devedor é a garantia de dívida cuja cobrança foi ou vai ser ajuizada.

VII — .... é um ato escrito oficial que contém determinações de ordem administrativa; seus sinônimos mais comuns são .... e ....

VIII — A ordem judicial que se faz pública por meio de avisos ou editais chama-se ....

IX — O .... é um ato pessoal, unilateral, gratuito, solene e irrevogável, pelo qual alguém, com observância da lei, dispõe de seus bens.

X — Os decretos pontificiais chamam-se também .... ou .... ou ....

XI — Atos .... não conhecem outras condições ou restrições que não a vontade de quem os pratica.

XII — É nos seus .... ou .... que instituições ou associações estabelecem normas gerais de seu funcionamento.

XIII — O .... é um documento passado por autoridades judiciárias ou administrativas a favor de alguém, aprovando, confirmando ou autorizando atos ou direitos.

XIV — O .... é uma garantia constitucional para proteger direito individual líquido e certo, não amparado por ...., e contra ilegalidade ou abuso do poder.

XV — Muitos parlamentares tiveram seu .... cassado por .... de ordem política.

XVI — Questões fundamentais e indiscutíveis de uma doutrina religiosa ou sistema filosófico chamam-se ....

XVII — A .... é uma forma de governo autoritário e discricionário, ao passo que a .... é, além disso, opressora, cruel e violenta.

XVIII — .... é também o nome que se dá aos governantes tirânicos, opressores e cruéis.

XIX — Dizem-se .... as leis excessivamente severas.

240 Atenue as formas imperativas, servindo-se de expressões de polidez:

(*Formas de polidez com que se atenuam ordens ou apelos:* pretérito imperfeito do indicativo, futuro simples do pretérito, optativo, locuções adverbiais (por favor, se possível, etc.), verbos específicos de apelo ou comando atenuado (rogar, solicitar, suplicar, desejar, esperar, ansiar por, almejar, aspirar a, querer, acreditar que, estar certo de que, ter a esperança de, etc.)

Fale mais alto. Atenda ao meu pedido. Aceite minhas desculpas. Entre. Cale-se. Afaste-se. Apresente-se ao diretor. Requeira em termos.

241 Escreva bilhetes, cartas, ofícios, requerimentos, avisos ou editais, servindo-se, se for o caso, de expressão de polidez e justificando razoavelmente o apelo ou a ordem:

- inscrição em exame vestibular;
- cancelamento de matrícula;
- exame de segunda época;
- adiamento de prestação de serviço militar;
- convocação de membros de agremiação;
- convocação para prestação de exames ou provas;
- reconsideração de punição imposta por superior hierárquico;
- retificação de notícia publicada em jornal;
- desculpa por não ter comparecido à solenidade a que tenha sido convidado;
- informações a respeito de pessoa ou fatos;
- recomendações de ordem geral sobre atividades funcionais;
- convites.

III – *Olfato*

242 Sublinhe as palavras mais adequadas ao contexto:

Os pântanos (exalam, emanam, desprendem) mau cheiro. Não se deve (inalar, cheirar, respirar, aspirar, inspirar) gases tóxicos. Substâncias putrefatas (trescalam, tresandam, recendem). O miasma é uma emanação (odorífera, mefítica, recendente). Em linguagem poética cheiro é (emanação, eflúvio, fragrância). O sândalo (se evola, recende, evapora).

243 Dê o adjetivo que caracterize o cheiro de:

- charco, carniça, enxofre, cloaca, miasmas, vinho, limão, éter, amônia, gás.

(ácido, acidulado, doce, suave, mefítico, pestilencial, fétido, nauseabundo, capitoso, sufocante, inebriante, penetrante, acre, almiscarado.)

IV – *Tato*

244 Sublinhe o adjetivo mais adequado a expressar a sensação tátil, a consistência ou a natureza de:

Pele dura e áspera: friável, maleável, coriácea. O giz é: friável, fragmentário, farináceo. Os metais são: elásticos, plásticos, maleáveis. Uma lâmina de aço fina é:

dúctil, elástica, flexível. O ouro é essencialmente: dúctil, elástico, maleável, amoldável. O ferro em brasa é: candente, incandescente, cálido. As folhas de um livro são: manejáveis, manipuláveis, manuseáveis. O carvão é: comburente, combustível, combustor. As substâncias que não transmitem calor são: isolantes, isotérmicas, isócronas. O que produz fogo é: ignescente, ignífero, ignígeno. O que se derrete ao calor é: fusível, fuzil, fundível.

245 Escolha na lista abaixo o adjetivo adequado à natureza, consistência ou aparência de:

◆ manteiga, graxa, óleo, pelo de gato, pele de sapo, tronco de árvore, goma de mascar, bola de bilhar, mingau, éter.

(rugoso, nodoso, aveludado, maciço, viscoso, untuoso, acetinado, pastoso, volátil.)

V – *Paladar (e também olfato)*

246 Disponha numa coluna os adjetivos relativos ao paladar, e na outra os que se referem ao olfato; em seguida, ajunte a cada um deles um nome ajustado a tais adjetivos:

◆ acre, oloroso, redolente, picante, aromático, salobro, acético, fragrante, nidoroso, ácido, miasmático, empestado, balsâmico, recendente, almiscarado, capitoso, pestilencial, fedegoso, bafiento, acidulado, melífero, engulhento, ácrido, chilro, travado, bolorento, râncido.

Obs.: com relação ao *cruzamento de sensações*, observe que, muitas vezes, o mesmo adjetivo caracteriza sensações diversas: *doce*, por exemplo, que é da área semântica do paladar, pode aplicar-se a sensações *auditivas* (voz doce), *olfativas* (cheiro doce). É o que se chama de *sinestesia* (etimologicamente "sensações simultâneas"), recurso de expressão muito frequente na poesia, principalmente a partir do simbolismo (ver 1. Fr., 1.6.8.7).

247 Escolha substantivos que possam ser simultaneamente caracterizados por alguns dos seguintes adjetivos:

◆ amargo, agudo, fino, cortante, aveludado, macio, metálico, claro, acre, azedo, delicioso, sutil, suave, discreto, capitoso, inebriante, dolente, cativante, picante, luminoso, extasiante, grosseiro, rubro, gritante.

VI – *Várias sensações*

248 Preencha as lacunas com palavras escolhidas na lista abaixo, levando em consideração não apenas o sentido do texto mas também o ritmo e a rima dos versos:

Pelas corolas .... de orvalho
Suspirava um ...., carinhoso,
Com invisíveis mãos, pulsando, leve,
Doce .... ou bandolim ....; (rima com o segundo verso)
    De cada .... galho
    Caía um ....
Pingo d'água, um ...., uma gema ....
E enlaçavam-se em .... capelas,
Dos matagais sobre a .... coma,
As .... flores da Quaresma, ó Ema!
(Raimundo Correia, "Missa da Ressureição")

(opulenta, aljôfar, favônio, túmidas, alaúde, móbil, mavioso, luminoso, roxas, róridas.)

249 Como o exercício precedente:
.... a luz na areia: o granito ....
.... e quase estala à luz .... do dia;
Rolam pedras na encosta .... da estria
Da chuva encarquilhando o bloco ....
A terra .... O capim seco, murcho, queimado
.... na várzea. Os magros bois ....
Vão . ... a ...., tristes uns, outros lentos
Buscar o taquaral anguloso, ...
Glorioso, ..., o sol, no .... manto,
.... a rendilhada e luminosa ....
Excessivo calor .... a terra, enquanto
Morre o .... boi, ... a luz na areia.
(João Ribeiro, "Sob o Equador")

(chamejante, retine, erriçada, rubra, flameja, crispado, arte, chama-se, sedentos, troteando, mugir, sedento, teia, comprime, retine, emalha, altivo, abobadado, espelhante.)

Obs.: rima de algumas das palavras omitidas: *-ante, -anto; -entos, -ado; -eia.*

Vocabulário mediocrizado

250 O seguinte trecho vem transcrito com parte de seu vocabulário "mediocrizado": procure restaurar a forma original, substituindo as expressões grifadas por outras que mais se ajustem ao contexto e ao ritmo do verso; em seguida, confronte a sua versão com a original:

Era a hora em que a tarde *se inclina*
Lá do *alto* das serras mais *distantes*...
E da araponga o canto que *chora*,
Desperta os *sons* nas *escuras* grotas;
Quando sobre a lagoa que se *encobre*
Passa o bando selvagem das gaivotas...
E a onça sobre as *pedras* assalta *berrando*,
Da *serra* os *aspectos* estremecendo.

(Castro Alves, "A tarde")

(Rima: ababab cc = -uça, -otas, e -ando, pela ordem)

251 Como o exercício precedente:

Avermelha o Ocidente na agonia
O sol... Aves em *grupos separados,*
Por céus *dourados* e *avermelhados* raiados,
Fogem... *Fecham-se os olhos* do dia.

Desenham-se além *das serras*
Os *cumes* de chama *coroados,*
E em tudo, em torno, *espalham-se* derramados
Uns tons *doces* de *tristeza*...

Uma *porção* de vapores no ar *se espalha*...
Como uma informe *mancha, se avoluma* e cresce
A sombra *à medida que* a luz recua...

A natureza *indiferente desmaia*...
Gradativamente, entre as árvores, a lua
Aparece trêmula, trêmula... Anoitece.

(Raimundo Correia, "Anoitecer")

(Rima: abba, abba, cdc, dcd = -ia, -ados (nas quadras) e -ua, -ece (nos tercetos))

252 Como o exercício precedente:

Lua, *pálida* Lua,
Ai magoado de luz *lactescente,*
Saudade *desconhecida* que pelo ar *paira,*

Imprecisa lembrança de um sol *luminoso* e *quente*.
Tristeza do céu, lâmpada de doente!
Lua, *machadinha* tétrica da morte,
Bruxa dominadora do mar forte,
Branca flor de polares primaveras...

(Goulart de Andrade, "Lunar")

(Rima: ababbccd)

300 — O parágrafo

Tópico frasal, desenvolvimento, resumo, titulação e imitação de parágrafos

301 Leia com atenção os parágrafos dados a seguir e:

a) assinale o tópico frasal;
b) indique o tipo de desenvolvimento;
c) sintetize-os;
d) dê-lhes um título sugerido pelo seu conteúdo;
e) imite-os, substituindo os dados do desenvolvimento.

I – "O brasileiro de hoje tem consciência da sua terra e sabe quanto é digna dela a sua gente. Como já tive ocasião de assinalar, nenhuma nação nas condições geográficas em que vivemos realizou obra que se comparasse à nossa. Corra-se o planisfério e procure-se à altura de Pernambuco, isto é, no Congo, nas Índias Neerlandesas ou na Nova Guiné, alguma coisa igual pela cultura, pelo progresso, a Pernambuco; à altura de São Paulo, isto é, no sudoeste africano, em Madagascar ou na Nova Caledônia, uma réplica, sequer parecida, de São Paulo."

(Amado, 1963:335)

II – "O Imperador D. Pedro II tinha grande prestígio nos Estados Unidos. O seu amor à liberdade, o seu espírito aberto a todas as novidades do século, a sua atividade, a singeleza da sua pessoa, impressionaram sempre os americanos, que de um rei só faziam a ideia de um homem rodeado de fausto, de um defensor do passado, contra o espírito renovador. Os discursos pronunciados no Senado americano, quando se discutiu o reconhecimento da República Brasileira, consistiram, quase que exclusivamente, não no elogio dos vencedores, mas na exaltação das virtudes do grande vencido. O Governo americano foi o último de todos os governos do novo continente, que reconheceu a república do Brasil, e se inspirou, decerto, para essa demora, na frieza, na quase hostilidade com que a imprensa recebeu a revolução."

(Prado, 1959:95)

III – "No que tange ao agricultor, podemos enumerar nele uma psicologia própria, talhada pelas influências ecológicas e sociais do meio ambiente: conservadorismo exacerbado com o consequente apego à rotina e desconfiança à técnica; insulamento dentro de sua propriedade e de seus conhecimentos, associado a localismo acentuado; individualismo e ausência de traquejo social; educação inferior, agravado o nível mental pela permanente fuga dos elementos mais capazes para os centros urbanos; comércio e indústria em estágios absolutamente primários; condições higiênicas precárias; baixa densidade demográfica; predomínio dos contatos primários entre os parentes ou companheiros mais chegados, por força do trabalho; maior resistência moral; hospitalidade; fecundidade; ausência de espírito de competição; insensibilidade ao espírito de classe; apatia política; sedentarismo."

(Cavalcanti, 1959:17)

IV – "...a arte é mais fiel que a religião. Esta guarda dos fatos o que eles têm de falso, e se faz idolatria. A arte mantém-se mais perto da origem, mais perto do espírito, da tradição. Fala a religião de Júpiter, a arte, de Prometeu. Dobra-se a religião aos instintos, aos erros, às paixões de cada cidade e de cada indivíduo. A arte conserva-se mais universal. A religião diverte o pagão com faunos e sátiros. Mantém-se a arte como que à parte, menos infiel à dor antiga e à antiga esperança da humanidade."

(Figueiredo, 1958:92)

V – "O sistema econômico e a estrutura social do Brasil não eram, em 1930, muito diversos do que haviam sido no século anterior. A economia do país continuava a apoiar-se na exportação de uns poucos produtos primários, principalmente café, e o Estado continuava a financiar-se principalmente com impostos arrecadados sobre o comércio exterior. A produção, seja de café, açúcar, de cacau, etc., estava organizada em fazendas, que continuavam sendo a instituição econômica e social básica do país. Cerca de quatro quintas partes da população do país viviam nos campos, organizadas econômica e socialmente nessas fazendas, cujas dimensões eram algumas vezes consideráveis, abrigando muitos milhares de pessoas. Também cerca de quatro quintas partes da população estavam formadas por analfabetos, e estes, então como hoje, estavam constitucionalmente destituídos de direitos públicos. As pessoas que tinham participação efetiva no processo eleitoral representavam pouco mais de um por cento da população do país. Para a grande massa da população, o Estado existia apenas através de alguns de seus símbolos mais ostensivos, como a figura do Presidente da República, que substituiu a do Imperador. As autoridades locais, mesmo quando eram parte integrante da burocracia federal, estavam sob controle dos grandes senhores proprietários de terras. O voto era ostensivo e o controle dos votos era feito por pessoas da confiança dos senhores locais. Por último, havia um mecanismo por meio do qual os resultados das eleições podiam ser alterados pelas autoridades centrais. Desta forma, aqueles que estavam no poder dispunham de todos os meios para nele permanecer."

(Furtado, 1965:135)

VI – "O que faz a grandeza do educador, além do amor das crianças e da intuição psicológica, é o poder de moldar as almas segundo uma concepção íntima do Homem. Neste sentido, o grande educador é sempre um humanista (falo do humanismo íntimo, que é amor e conhecimento do humano). Não se concebe que o educador ignore, ou não procure conhecer cada vez melhor, as necessidades e as virtualidades físicas e morais do homem. Nada do que é humano lhe pode ser alheio. Não se concebe um artista que não domine inteiramente, pela inteligência e pelo coração, o material em que trabalha."

(Coelho, 1944:6)

VII – "Enquanto os políticos se agitam e lutam pelo poder; enquanto os nacionalistas tramam em favor de nossa volta ao estado de colônia, enquanto os róseos e vermelhos manobram no escuro — empobrece o Brasil, empobrecem os brasileiros, agrava-se a situação do povo. Na verdade é de cortar o coração verificar-se a situação de pauperismo a que todos estamos atingindo. Nas regiões desabrigadas do Nordeste, todos nós sabemos o que acontece há muito tempo, mas a pobreza — a metástase da miséria — invade tudo, dilacera e corrói tudo e instala-se vitoriosamente e cada vez mais nas cidades. Basta olhar a multidão na rua, aqui mesmo no Rio de Janeiro, para ter-se uma ideia das privações e dificuldades por que passa um povo dos mais gentis e resignados do mundo."

(Schmidt, 1964:54)

VIII – "Estamos em Babel. Na confusão de línguas. Um longo, paciente trabalho, incansavelmente levado a efeito para desorientar o julgamento dos brasileiros, está frutificando neste momento. Somos um povo que desconhece o seu destino. Os que deveriam, por todas as razões, constituir-se em defensores de posições claras, de bom senso, de interesses autênticos, aparecem nesta hora turva como arautos do advento do reino da desordem e da inquietação. Verifica-se uma incessante faina de destruir. Assiste o País às mais estranhas intervenções — todas elas com o objetivo de massacrar, arruinar e empobrecer a Nação. Impede-se a exportação indispensável ao surto do desenvolvimento — pois sem exportar o que temos não podemos comprar os equipamentos necessários à nossa industrialização forçada. O envenenamento da opinião pública — obra de maliciosos táticos-ideológicos e de cavadores de votos — estrangula as possibilidades de fazer-se atuar fatores que poderiam ser decisivos para uma reação em favor da prosperidade. Em torno do petróleo e dos minérios, para dar exemplos correntes e conhecidos, formam-se círculos de opressão que impedem soluções realistas. Mas a regra é geral, e onde houver uma saída para as dificuldades desta pobre pátria enraíza-se logo o câncer da obtusa incompreensão, da tendenciosidade. Quem pensar fora dos moldes de um falso nacionalismo (porque existe o verdadeiro) expõe-se a toda sorte de calúnias e perseguições."

(Schmidt, 1964:15)

IX – "A cada época, na marcha da civilização, correspondem processos novos da educação para uma adaptação constante às novas condições da vida social e à satisfação de suas tendências e de necessidades. As ideias e as instituições pedagógicas são essencialmente 'o produto de realidades sociais e políticas'. À medida que os meios de ação se multiplicam à volta dos homens, pondera C. Bouglé, 'eles reclamam satisfações multiplicadas para as suas necessidades não mais somente do seu corpo, mas também do seu espírito. O seu organismo refinado complica as suas exigências; e elas se apresentam logo às suas consciências, como expressões de outras necessidades vitais'. Ora, não podia permanecer inalterável um aparelho educacional, a cuja base residia uma velha concepção da vida, na sua rigidez clássica, numa época em que a indústria mecânica, aumentando a intensidade, transformou as maneiras de produção e as condições de trabalho, e, criando esse fenômeno novo da urbanização precipitada da sociedade, acelerou as modificações nas condições e nas normas da vida social a que correspondem variações nas maneiras de pensar e de sentir e nos sistemas de ideias e de conceitos. Era preciso, pois, examinar os problemas de educação do ponto de vista, não de uma estática social (que não existe senão por abstração), mas de uma sociedade em movimento; não dos interesses da classe dirigente, mas dos interesses gerais (de todos), para poder abraçar, pela escola que é uma instituição social, um horizonte cada vez mais largo, e atender, nos sistemas escolares, à variedade das necessidades dos grupos sociais."

(Azevedo, 1937:27)

X – "Os séculos passados viram as ondas de todas as invasões bater inutilmente às muralhas dessas duas fortalezas: a floresta e o sertão. Os colonizadores ficaram, 'como caranguejos arranhando a praia'... As bandeiras paulistas e outras, que dilataram as fronteiras nacionais, não semearam cidades: o que ficou de sua passagem, das estradas ao sertão foi a solidão, que encontraram, interrompida, a espaços, por pequenos agrupamentos humanos. A civilização brasileira não penetra ainda a floresta e o sertão. Toda a política do país seria agora uma luta organizada das cidades contra os campos. Dir-se-ia que a cidade industrial, para os ruralistas, é um grande ciclope, um desses fabulosos monstros de muitos braços, lançando incessantemente os seus tentáculos sobre o campo, alongando as ventosas até as suas populações e atraindo-as à boca de suas oficinas... E sempre, segundo eles, esse estranho e impressionante movimento de êxodo da população rural que leva alimento ao Vulcano da cidade tentacular, no seu trabalho alarmante de absorção mecânica, com esses movimentos rígidos que têm o ar de uma caricatura sinistra da vida, e com essa matemática de ferro e essa organização implacável de altos-fornos, de usinas, de chaminés e de máquinas aperfeiçoadas e incompreensíveis. A cidade seria, para eles, uma imensa bomba de sucção, aplicada sobre o campo; um mundo à Wells, de carvão e de aço, manejado por algum mecânico genial e delirante, com a cabeça cortada de visões angulosas, de interseções súbitas e de planos entrosados, e com os gigantescos membros articulados de suas máquinas e de suas indústrias."

(Azevedo, 1937:49)

Reestruturação de parágrafos para confronto

302 Cada um dos trechos abaixo compreende vários parágrafos que foram englobados num só; veja se os restaura, procurando o tópico frasal correspondente a cada um deles, e depois confronte a sua versão com a do original, indicada entre parênteses:

I – "Ouvia-se o murmúrio discreto das pequenas ondas no cascalho e o flabelar dos coqueiros, cujas palmas verdes, de um frescor insidioso, chamavam os inimigos como mãos de gigantes. Fora desses acenos, nenhuma vida se acusava. Dir-se-ia a costa de um rochedo só habitado por aves do oceano. A custo, quem a observasse de largo descobriria sobre as terras cegas de algumas quebradas, entre as moitas e os barrancos dos outeiros, um ou outro vulto incerto que depressa desaparecia. O golfo brilhava em todo o seu vasto âmbito, com reflexos móveis de espelhos. Com o sol acima do horizonte, Barros Galvão saiu do quartel de Amoreiras, montou seu cavalo russo crinalvo e desceu à bateria. Ao contato do ar ainda fresco, tinha as mãos e o rosto coloridos de púrpura; a farda de miliciano azul-ferrete, agaloada de prata, apertava-lhe o peito amplo. Deu um lance d'olhos à barraca onde se escondia o paiol; repetiu algumas ordens, olhou para a linha dos vasos inimigos e passava às trincheiras, quando uma barca e um lanchão, destacando-se da esquadra, se aproximaram a reconhecer os pontos."

(Marques, 1932:94)

II – "Ao levar [o hóspede] à boca uma colherada, surpreendeu à porta da saleta o olhar aceso com que lhe comiam o estendal de notas (que o hóspede pusera a secar numa peneira) a velha portuguesa, que o servia, e o marido, que entrava com uma garrafa de vinho. Tão cobiçoso era o olhar de ambos, que coou na alma do rapaz um frio de medo e um clarão de pressentimento. Logo, ali mesmo, resolveu acautelar-se, arrependido da imprudência de ter mostrado tanto dinheiro. Acabando de cear, declarou que muito cedo, ao romper do dia, seguia para Alfenas, e por isso deixava paga a hospedagem; deram-lhe boa noite, e ele recolheu, com uma vela de sebo, ao quarto do Joaquim."

(Mendonça, 1932:122)

III – "A velha considerou a rapariga com espanto; depois, rapidamente, correu ao catre, sumiu as mãos trigueiras nos rasgões da enxerga e atirou punhados de moedas, vertiginosamente, para o regaço da moça estupefacta. Teus irmãos estão nus? Toma, vai comprar agasalho para eles! Têm fome? Dá-lhes pão... muito pão... Toma! Toma! Toma! Vai para junto deles, boa irmã. Vai com Deus! A moça aparava aquelas moedas inesperadas num delírio de felicidade; a velha deu-lhe tudo, tudo; depois empurrou-a violentamente para fora, fechou-se por dentro e começou a chorar. Como haveria ela agora de comprar o sino de ouro e construir a sua alta torre rutilante? Teria de começar pelo primeiro vintém... e as costas doíam-lhe tanto... tanto! Ao menos nessa noite poderia dormir sobre o seu colchão... O que a fazia tremer eram aquelas cobrinhas de gelo que andavam a passear pela sua espinha... a cabeça estalava-lhe. Era a febre! Maria Matilde debateu-se toda a santa noite, com os lábios secos, os olhos em fogo, as roupas, ainda alagadas da chuva, unidas aos membros doloridos."

(Almeida, 1932:131)

IV – "O jornalismo era ainda então planta quase exótica entre nós. Durante os três séculos coloniais, não se publicara no Brasil um só jornal ou periódico, nem mesmo um livro, um folheto qualquer. Não havia tipografias. As próprias publicações holandesas do tempo, datadas do Recife, eram feitas na Europa. Com a vinda de D. João VI é que se estabeleceu a Imprensa Régia e foram aparecendo outras oficinas tipográficas na corte e nas províncias. Datam daí os primeiros passos do jornalismo no Brasil. Nos dias da independência e do primeiro imperador, tomou ele certo incremento. Eram, porém, tempos de grandíssima agitação, os partidos agrediam-se terrivelmente, e a linguagem jornalística era a linguagem grosseira de espíritos bulhentos, que se insultavam. Nada de doutrina e de apreciação calma de princípios."

(Romero, 1932:231)

Redação de parágrafos baseada em modelos

303 Leia atentamente os modelos de parágrafos que se seguem, observando bem o processo adotado pelos respectivos autores. Note que isolamos sempre a

generalização (= tópico frasal) da especificação (desenvolvimento): você poderá, se quiser, fazer a mesma coisa, quando aproveitar os trechos que vêm, após os modelos, como tópicos frasais para desenvolver, servindo-se da sua experiência e da sua imaginação. Evidentemente, você não está obrigado a descrever, por exemplo, o "delicioso Jacinto" (primeiro tópico para desenvolvimento) como Eça de Queirós o fez. O que lhe cabe é imaginar alguém cujas características se ajustem ao tópico. Note ainda que nos "modelos" de (a) a (f) a *generalização* (tópico frasal) é, verdadeiramente, a introdução do parágrafo.

MODELOS de (a) a (f)

a) *Tipos* (retratos):

Generalização: "O Sr. Brito é um dos homens mais notáveis da cidade. Eu é que sei. No entanto, ninguém lhe dá importância.

Especificação: Tem uma obesidade caída, um desânimo balofo, um desacoroçoado jeito de velho funcionário pobre que se desespera em casa com as meninas. As meninas querem vestidos, precisam frequentar a sociedade, consomem-lhe todo o ordenado. Ultimamente, deram para um furor de luxo que não tem medida. E o Sr. Brito, triste, cogitativo, anda sempre assim, de fazer dó: os braços cheios de embrulhos, o paletó-saco poeirento, os cabelos grisalhos esvoaçando-lhe pelas orelhas, sob o chapéu de palha encardida."

(Ribeiro Couto, *Baianinha e outras mulheres*, apud Coutinho, 1965-1967:248)

b) *Cenas dramáticas:*

Generalização: "Raramente chove no vale. Mas, quando chove, sobretudo à noite, o vale se transforma.

Especificação: O vento engrossa o voo, as árvores beijam o chão, e a terra se converte em lama. As cobras, assustadas, invadem a estrada. No canal, o lodo movediço rola ao peso da água. Fechados em casa, os homens escoram as paredes com os corpos. O mundo sem estrelas, totalmente negro, não permite que vejamos a mão posta diante dos olhos. Andar, nestas condições, é andar para a morte. Enlouquecidas, as serpentes mordem as raízes descobertas e embrulham-se na luta e na lama como se fossem um nó. Cair no canal, como meu pai, é ser absorvido pelo visgo. O vale, nestes instantes, é pavoroso."

(Adonias Filho, 1961:28)

c) *Paisagem urbana:*

Generalização: "Comprida, tortuosa, ora larga, ora estreita, a Rua do Siriri se estende desde o Alto de São Cristóvão até a Avenida Barão de Maroim. Mas o seu trecho principal, porque mais habitado, vai da Rua das Laranjeiras até a da Estância.

Especificação: Aí, não há mais casas de palha. São de taipa ou de tijolo, cobertas de telha. Às vezes pequeninas, porta e janela apenas, sem reboco, pouco mais altas que um homem. Outras, melhores, são largas, acaçapadas, com grandes beirais. Aqui e ali, uma construção mais nova, de platibanda e enfeitada de cornijas, dá ao local um tom mais elegante e mais alegre."

(Fontes, 1937:15)

d) *Ambientes:*

Generalização: "O salão de visitas era no primeiro andar.

Especificação: Mobília antiga um tanto mesclada; ao centro, grande lustre de cristal, coberto de filó amarelo. Três largas janelas de sacada, guarnecidas de cortinas brancas, davam para a rua; do lado oposto, um enorme espelho de moldura dourada e gasta inclinava-se pomposamente sobre um sofá de molas; em uma das paredes laterais, um detestável retrato a óleo de Mme. Brizard, vinte anos mais moça, olhava sorrindo para um velho piano, que lhe ficava fronteiro; por cima dos consolos, vasos bonitos de louça da Índia, cheios de areia até a boca."

(Azevedo, 1940:94)

e) *Paisagens ou ambientes com figuras*:

Generalização: "Naquela segunda-feira, o Café Rio Branco parecia até quarto de doente grave. O Flamengo tinha perdido de cinco, e logo para o Vasco.

Especificação: Flávio estava de cara amarrada, o queixo encostado no peito, não abria a boca para nada. Os garçons andavam nas pontas dos pés, carregando as bandejas com o cuidado de quem pega em menino de colo. Em outros dias, as xícaras dançavam nos pires, equilibrando-se: era um chocalhar de vidros, alegre, de pressa. Naquela segunda-feira não se ouvia um rumor de louça. Ouvia-se, de quando em quando, um suspiro saído do fundo do peito de alguém. Os suspiros, também, não perturbavam o silêncio de pesar que tomara conta do Rio Branco. Pelo contrário, entravam no silêncio; ficavam fazendo parte dele. Os suspiros tornavam maior o silêncio, o silêncio tornava mais profundos os suspiros. E havia no Rio Branco a gente de sempre. Ninguém deixara de vir, como se todos fossem empregados de uma repartição pública onde é obrigatória a assinatura do ponto."

(Mário Filho, "O Flamengo das horas más"
apud Bandeira e Andrade, 1965:215)

f) *Dissertações:*

Generalização: "O problema da nacionalidade literária foi colocado, dentro da atmosfera do Romantismo, em termos essencialmente políticos.

Especificação: Os nossos historiadores literários encaram a autonomia literária conforme essa orientação, tendo Sílvio Romero estabelecido a capacidade de expressão nacional com critério valorativo de excelência literária. Misturadas no Romantismo literatura e política, a autonomia política transferia-se para a literatura, e confundiram-se independência política e independência literária. A literatura era usada pela política nas campanhas em prol da independência nacional e da abolição da escravatura, ou como arma de excitação do espírito guerreiro (Guerra do Paraguai, campanha de Canudos) e da propaganda republicana. Os gêneros de atividade intelectual mais difundidos eram a oratória, o jornalismo, o ensaio político, a polêmica, e os homens de letras típicos do tempo eram os lutadores, os que reuniam as letras e a política ou a ação pública. A literatura exercia assim uma função cívica, como força de expressão nacionalista."

(Coutinho, 1964:39)

Agora, seguindo os modelos, desenvolva os seguintes tópicos:

I – *Tipos* (retratos)

a) "Este delicioso Jacinto fizera então vinte e três anos, e era um soberbo moço em que reaparecera a força dos velhos Jacintos rurais" (Eça de Queirós).

b) Apesar de já entrado em anos, conservava ainda o espírito jovial dos seus tempos de estudante boêmio.

c) "Seu Gatti é um italiano atarracado, cabeludo, muito vermelho" (Joel Silveira).

II – *Paisagem urbana*

a) "A praça agora é uma babel pequena e ondulante, duelando suas vozes e cantigas, seus rifões de venda." (Homero Homem)

b) "Sábado, de tarde, na cidade, da janela de um vigésimo andar, a gente descobre essa vida inesperada e humilde dos terraços." (Rubem Braga)

III – *Paisagem provinciana*

"Ali estava a cidade. As mesmas ruas, o mesmo casario triste, as mesmas árvores..." (José Condé)

IV – *Ambiente com figuras* (festa)

A sala era imensa. A multidão dos convivas tagarelava em grupos por todos os cantos.

V – *Ambiente sem figuras* (fim de festa)

Quando saiu o último conviva, a impressão que se tinha era a de que houvera ali um terremoto.

VI – *Cenas dramáticas*

a) "Começara a queima. O fogo erguera-se e lambia num anseio satânico os troncos das árvores." (Graça Aranha)

b) "Lufadas impetuosas de vento destruíam os colmados, arrancavam ou quebravam as árvores, abalavam as serras..." (Felício dos Santos)

VII – *Paisagem campestre* **(floresta tropical)**
"A floresta tropical é o esplendor da força na desordem. Árvores de todos os tamanhos e de todas as feições..." (Graça Aranha)

VIII – *Dissertações*

a) As aplicações práticas da eletrônica vêm exercendo influência cada vez mais considerável na evolução dos costumes e ideias da sociedade contemporânea.
b) A lição dos exemplos vale mais do que a dos preceitos.
c) Importa menos o êxito do que o esforço.
d) "Não são as ideias e sim os ideais que governam a adolescência..."
e) "O adolescente detesta ser tratado como criança, mas adora ser tratado como homem."

Tópicos frasais (descrição, narração e dissertação) para desenvolvimento e confronto com o original

304 Os trechos a seguir são tópicos frasais de parágrafos de dissertação; procure desenvolvê-los pelo processo que lhe pareça mais adequado e em seguida confronte a sua versão com a do original:

1. "Nenhuma língua primitiva do mundo, nem mesmo o sânscrito, ocupou tão grande extensão geográfica como o tupi e os seus dialetos."

(Magalhães, 1960:87)

2. "De todas as artes a mais bela, a mais expressiva, a mais difícil é sem dúvida a arte da palavra."

(Coelho, 1960:213)

3. "Chama-se, com razão, a América o Novo Mundo, porque em si tem tanto quanto pode adivinhar a fantasia, apetecer a ambição."

(Id., ibid., p. 214)

4. "Portugal foi a grande nação, assinalada na História Universal pelo seu incansável empenho e heróica solicitude em dilatar os breves horizontes do mundo conhecido."

(Id., ibid., p. 217)

5. "É uma injustiça reconhecer nas revoluções políticas dos povos a influência exclusiva das paixões e dos crimes individuais."

(Mont'Alverne, 1960:244)

305 Como o exercício precedente; mas agora trata-se de parágrafos de descrição, cuja forma original se encontra na *Antologia brasileira*, de Eugênio Werneck.

1. (*Primeiro dia de aula*) "Na segunda-feira, voltou o menino, armado com a sua competente pasta a tiracolo, a sua lousa de escrever e o seu tinteiro de chifre; o padrinho o acompanhou até a porta." (Obs.: Note os detalhes — "pasta a tiracolo", "lousa de escrever" e "tinteiro de chifre" —, que indicam tratar-se da época passada. O desenvolvimento deve ajustar-se a esses detalhes.)

(Almeida, 1932:20)

2. (*Tarde sertaneja*) "Correm as horas; vem o sol descambando; refresca a brisa, e sopra rijo o vento. Não ciciam mais os buritis (...) É a tarde que chega."

(Taunay, 1932:37)

3. (*Anoitecer — Os pirilampos*) "Os primeiros vaga-lumes começavam no bojo da mata a correr suas lâmpadas divinas... No alto as estrelas miúdas e sucessivas principiavam também a iluminar."

(Aranha, 1932:111)

306 Como o exercício precedente:

"Ao ser descoberto, era o Brasil habitado por uma gente da mais ínfima civilização..." (Desenvolvimento por meio de exemplos e pormenores característicos.)

(Ribeiro, 1960:28)

"A princípio, supôs-se que eram todos os índios do Brasil da mesma estirpe; mas dentro de pouco tempo se percebeu que se distinguiam muito, uns dos outros..." (Desenvolvimento como o do tópico precedente.)

(Id., ibid., p. 29)

"Há dois países no mundo formados pelo homem: a Holanda e o Egito." (Desenvolvimento por comparação de aspectos.)

(Prado, 1959:30)

"Das classes populares saem, não só absolutamente, mas também relativamente, a maior parte dos criminosos." (Desenvolvimento por apresentação de razões e de exemplos.)

(Herculano, 1964:96)

"A ambição dos homens por uma parte, e pela outra a vaidade, têm feito da terra um espetáculo de sangue." (Desenvolvimento: razões e exemplos históricos.)

(Aires, 1962:36)

307 Como o exercício precedente, mas sem possibilidade de confronto:

"Na paz, não menos do que na guerra, há ocasiões para a prática de atos heroicos." (Desenvolvimento por exemplos.)

"A vida é como uma excursão pelas ruas de uma cidade desconhecida." (Desenvolvimento por comparação.)

"Antes de mais nada, convém deixar claro o que se entende por democracia." (Desenvolvimento por definição.)

Transição e coerência

308 Substitua os conectivos de transição e palavras de referência (conjunções, advérbios, locuções adverbiais, pronomes) que sejam inadequados às relações de ideias que pretendem estabelecer:

I – Levantei-me às 6 horas, pois me tinha deitado às 3h30min; dormi, aliás, pouco mais de três horas.

II – Não nos entendíamos, embora falássemos línguas diferentes.

III – Posso esperá-lo sem preocupação, conquanto não tenha nenhum compromisso para hoje.

IV – O cão ladra e não morde.

V – O livro é muito volumoso, porquanto é muito interessante.

VI – A empregada foi despedida, posto que se tivesse negado a ir à feira em consequência da chuva.

VII – As crianças devem ser castigadas se bem que se revelem desobedientes.

VIII – O tempo passa, e o povo terminará por perder a fé nos seus governantes, contanto que se faça alguma coisa para melhorar suas condições de vida.

IX – Ele mora em São Paulo há mais de 10 anos, ao passo que não conhece ainda o Butantã.

X – Quando eu era criança, ganhei de meu avô um violino; de fato, eu não tinha nenhuma vocação musical.

XI – Os maus, e também os bons, têm sempre por fim o seu maior bem; com efeito, os primeiros esperam consegui-lo brevemente com dano dos outros; ainda que os segundos visem ao mesmo fim para zelar e promover o bem comum.

XII – O livro que o professor recomendou a leitura já está esgotado visto que foi publicado há menos de um mês.

309 Preencha as lacunas com o conectivo adequado e pontue:

I – Telefonou-me várias vezes .... não conseguiu comunicar-se comigo ...., eu estava fora, de férias.

II – .... me tivesse telefonado várias vezes, não conseguiu comunicar-se comigo .... eu estava fora, de férias.

III – Ele estudou com afinco .... ao verificar que tinha sido reprovado, ficou muito abatido.

IV – Não foram publicados os proclamas .... não podem ainda casar-se.

V – Estava muito preocupado .... não podia prestar atenção ao que se dizia.

VI – Ele é muito estudioso .... tira sempre notas baixas.

VII – As dificuldades de estacionamento no centro da cidade são cada vez maiores .... muita gente que tem carro já prefere ir de ônibus ou táxi.

VIII – Os jovens são inexperientes mas ousados .... os velhos, por terem mais experiência, são mais comedidos.

IX – Em virtude das más condições da vida rural, os campos se despovoam .... as cidades se congestionam cada vez mais.

X – Ele é sabidamente um rapaz pobre .... ostenta um padrão de vida que dá para a gente desconfiar.

XI – No século XVI liam-se novelas de cavalaria .... hoje leem-se histórias em quadrinhos.

XII – Não há razão para que te queixes .... te preveni das consequências.

XIII – Não voltarei para jantar .... não precisam esperar por mim.

XIV – Só podem entrar os convidados .... você não foi convidado .... não pode entrar.

XV – Ele não confessará .... o matem.

XVI – É aluno excelente .... um pouco indisciplinado.

XVII – .... nada mais temos a tratar, é melhor dar a reunião por encerrada.

XVIII – .... não me cumprimentou, acredito que não me tenha visto .... esteja zangado comigo.

XIX – Aceito sua decisão .... não me pareça justa.

XX – .... o tempo passava, mais aflitos ficávamos.

XXI – .... ninguém se dispõe a fazer o trabalho, faço-o eu.

XXII – Nada conseguirás .... te esforces.

Parágrafos incoerentes

310 Os seguintes parágrafos são incoerentes, ou porque os conectivos de transição (conjunções, locuções adverbiais ou prepositivas) são inadequados às relações que se pretendia estabelecer, ou porque o que se diz no desenvolvimento não se concilia com o que está expresso no tópico frasal; assinale a causa da incoerência e procure reestruturar os parágrafos de maneira mais satisfatória:

I – Na verdade, a televisão é um passatempo mortificante, pois, além de proporcionar às famílias alguns momentos de distração, reduz-lhes o tempo que poderiam dedicar à conversa, que cada vez se torna mais rara entre pais e filhos (Redação de aluno).

II – Imenso tem sido o progresso no século XX. A técnica, posta a serviço do homem, fornece-lhe meios eficazes para enfrentar a vida e amenizar-lhe as asperezas. Somos forçados a reconhecer que uma série de males passaram a afligir a humanidade (Idem).

III – Os problemas decorrentes do desquite ou do divórcio vêm suscitando polêmicas entre os que se interessam por essas questões. A instabilidade econômica e social dos nossos dias muito tem contribuído para agravar a situação das famílias da classe média (Idem).

IV – O problema do desajustamento conjugal é um dos mais graves que a sociedade vem enfrentando no século atual. O homem tem-se mostrado capaz de, pela ciência e pela técnica, domar a natureza e aproveitá-la em benefício próprio. Entretanto, não conseguiu ainda resolver os inúmeros problemas de ordem moral que o vêm afligindo (Idem).

V – A iniciativa privada é uma das principais características dos países democráticos. Dela depende mesmo a preservação da democracia. Nos países comunistas não existe liberdade de expressão nem mesmo de crença (Idem).

VI – Desde os mais remotos tempos, o homem se sente fascinado pelo mar. Na antiguidade, muitos povos singraram o Mediterrâneo em expedições, para a época, muito arrojadas. Foram eles os primeiros que se serviram das vias marítimas para trocas comerciais ou incursões de conquistas (Idem).

Unidade e coerência: paralelismo semântico

311 As seguintes frases (parágrafos ou simples períodos), extraídas, ou adaptadas, de redações de alunos, carecem de unidade e coerência, por falta de paralelismo semântico, por associação de ideias desconexas (palavras de extensão semântica diferente), por ausência ou inadequação das partículas de transição ou por acumula-

mentos de informações. Identifique em cada uma delas a causa da falta de unidade e de coerência, e em seguida reestruture-as:

I – Para se ter uma ideia da disparidade de costumes entre os povos, confronte-se a vocação mística e espiritualista dos hindus com os burgueses materialistas do Ocidente.
II – A França é um país de grandes poetas e pintores, ao passo que os alemães sempre se destacaram como músicos e filósofos.
III – Não se deve falar mal dos ausentes nem adquirir maus hábitos capazes de prejudicar a saúde.
IV – Ela cozinha muito bem, e seu marido se queixa de que passa a maior parte do tempo ao telefone.
V – A casa é muito espaçosa, mas os móveis são todos de jacarandá.
VI – Os países da Europa e do mundo comunista estão separados pela cortina de ferro.
VII – A história de *O Ateneu* se desenrola num internato para meninos, ao passo que José Lins do Rego escolheu para ambiente de seu romance *Menino de engenho* uma fazenda da zona açucareira do Nordeste.
VIII – Após a guerra civil espanhola, a liberdade de expressão do pensamento, garantida pela Constituição a todos os brasileiros, se viu sujeita a severas restrições.
IX – O professor, apesar de haver escrito vários livros didáticos, chega frequentemente atrasado para dar as suas aulas.
X – A América Latina afirmar-se-á, em futuro próximo, como fator de grande influência no panorama mundial, tornando realidade o sonho de Bolívar: "um por todos e todos por um". É preciso evitar os óbices a esse advento. Subsistem ainda estruturas arcaicas. Urge reformá-las. A aristocracia rural e latifundiária não tomou ainda consciência da necessidade de promover, ela mesma, como integrante das classes dirigentes, as reformas indispensáveis à melhoria das condições de vida da maior parte da população. Cumpre assinalar que o povo do Nordeste já tomou consciência da sua situação. É preciso começar a procurar o caminho certo. O Nordeste apresenta um forte potencial revolucionário. Ele está sendo aproveitado por politiqueiros inescrupulosos e por criptocomunistas simulando vocação messiânica.
XI – Depois da Segunda Guerra, de que o Brasil também participou em consequência do torpedeamento de alguns navios mercantes que singravam os mares em missão pacífica, o mundo ficou dividido em duas zonas de influência, virtualmente antagônicas e hostis.
XII – Para acabar com as barreiras ao comércio regional da América Latina, constituída por povos de grande afinidade espiritual, dada a sua origem ibérica, sete países assinaram, em 18 de fevereiro de 1960, numa solenidade de grande pompa, o Tratado de Montevidéu.

Clareza e coerência

312 Faça o que for necessário para evitar a incoerência e/ou ambiguidade dos seguintes períodos:

I – Chegado à estação, já o trem partia.
II – Olhando do alto do Corcovado, a baía da Guanabara constitui um espetáculo deslumbrante.
III – Depois de esperar longo tempo, o ônibus chegou finalmente, mas vinha repleto.
IV – Falando sinceramente, a vida é uma fonte de tédio.
V – Chegando a casa, a chuva começou a cair.
VI – Saindo de casa, o fogão ficou aceso.
VII – Para não ser mordido, o cão teve de ficar acorrentado.
VIII – O telefone tocou ao entrar no quarto para apanhar a chave.
IX – Caminhando pela calçada, o caminhão derrapou e colheu o operário quando entrava na barbearia.
X – Por me ter posto como aluno interno, meu colega pensou que meu pai me estivesse punindo por ter sido reprovado.
XI – Desde os três anos, meu pai já me ensinava a ler.
XII – Quando criança, meu avô sempre me entretinha recordando episódios de sua infância.
XIII – Baseando-se na análise da situação nacional, as injustiças sociais decorrem, em grande parte, da sobrevivência de estruturas arcaicas.
XIV – Depois do exame, o médico lhe disse que estava esperando bebê.
XV – Passando em frente ao cinema, os cartazes me chamaram a atenção.
XVI – Ouvindo sua resposta, o ônibus parou e ele saltou sem que eu pudesse replicar-lhe.
XVII – Carlinhos, personagem principal, contava quatro anos de idade, quando o pai, desequilibrado mental, matou sua mãe.

Ordem de colocação, ênfase e clareza

313 Na sua forma original, é diversa a posição de alguns termos e orações dos seguintes períodos; tente restabelecê-la, tendo em vista a ênfase e, ocasionalmente, o ritmo e a clareza (alguns trechos levam indicação das fontes para possível confronto).

I – A felicidade que depende dos outros e não tem sua origem em nós mesmos é muito precária (Maricá, 1958 [2183]).

II – Os homens não poderiam conhecer nem avaliar as coisas e sucessos deste mundo sem os contrastes que a Natureza apresenta (Maricá, 1958 [2870]).

III – Nunca saberíamos avaliar os bens da vida sem os males que os contrastam com a inteligência limitada que temos (Maricá, 1958 [2972]).

IV – Todos hão de ser o que são e o que têm sido sem alteração importante ou essencial, enquanto o mundo não mudar de estrutura e os homens, de organização (Maricá, 1958 [3049]).

V – Vieira sem contradição é guapíssimo mestre de nossa língua, e o mesmo Bernardes assim o conceituava; nem indica, porém, nem consta nem se pode com indução plausível suspeitar que o propusesse a si como exemplar (...) Ainda falando do céu, sente-se que Vieira tinha os olhos nos seus ouvintes, lendo-os com atenção; Bernardes estava absorto no Criador ainda falando das criaturas (Barreto e Laet, 1960:186).

VI – A Corte chamara a Salvaterra uma tourada real (Silva, 1960:203).

VII – Parece que se espiritualizam para se entregarem as coisas a nós assim que as imaginamos (Aires, [s.d.]:72).

VIII – Sr. Leonardo, eu vos confessarei uma coisa, que os portugueses são homens de língua ruim, disse D. Júlio (Barreto e Laet, 1960:280).

IX – Não reinaria tanta calma nos descuidosos vasos [de guerra] e pronto soaria o toque de alarma em todos eles, se o olhar experimentado do nauta pudesse descortinar o que ali se passava por entre as árvores gigantescas e emaranhadas silvas da margem correntina, aos primeiros albores da manhã, porque um grande perigo os ameaçava (Barreto e Laet, 1960:75).

X – Parte das guarnições vogara para terra, concluída a faina da baldeação em busca de lenha com que suprir a escassez de carvão... (Barreto e Laet, 1960:76).

XI – Pedro Afonso e Maia conquistam imorredoura glória para o exército que representam, depois de completamente mutilados, sucumbindo e batendo-se a ferro frio (Barreto e Laet, 1960:82).

XII – Aquele sepulcro ainda estava orvalhado de lágrimas ao despontar do sol... (Barreto e Laet, 1960:191).

XIII – Carregou-se de uma nuvem o semblante do ancião, logo que entrou o touro preto (Barreto e Laet, 1960:208).

XIV – Meneou tristemente a cabeça, levando por ato instintivo a mão ao lado para arrancar a espada (Barreto e Laet, 1960:209).

XV – As tábuas da mesa gemeram quando os rapazes se sentaram em bancos vindos do Ateneu de propósito, e um gesto do Diretor ordenou o assalto (Pompéia, [s.d.]:182),

XVI – As garrafas perfilavam-se pretas, desarrolhadas, guarnecendo os assados. (Pompéia, [s.d.]).

XVII – O colégio alinhou-se como bem pôde, debaixo do aguaceiro que não cessava (Pompéia, [s.d.]:187).

XVIII – Ninguém pode tirar a vida ao homem a não ser Deus.
XIX – Lealdade e franqueza são as maiores virtudes a meu ver.
XX – O prejuízo causado pela enchente foi de grande monta.
XXI – A vida nos causa surpresas muito frequentemente.
XXII – A vida oferece inúmeras oportunidades só aos que se esforçam.
XXIII – Fizemos uma prova muito difícil ontem.
XXIV – Ele não é descortês, quaisquer que sejam os seus defeitos.
XXV – A tese de que só se aprende fazendo não é nova.
XXVI – Tem sido nosso propósito levar nossos alunos a aprenderem por si mesmos sempre.
XXVII – Um gemido agudo, composto de soluços e choro, caiu sobre o cadáver como uma lágrima de fogo, quando o mancebo exalava a vida antes de tocar o chão, dobrado no ar (Barreto e Laet, 1960:207).
XXVIII – Vi o sol surgir da janela do meu quarto no horizonte.
XXIX – Vi a lua surgir no horizonte, viajando de avião pela primeira vez.
XXX – Oferecemos um exemplar de *Os Lusíadas* ao professor encadernado em couro.
XXXI – Durante o namoro, Carlos pediu que Maria se casasse com ele várias vezes.
XXXII – Quase sempre passo uma semana com meus tios de férias.
XXXIII – Estive em São Paulo logo que me casei duas vezes.
XXXIV – Quando contemplo o sol ao pé do leito de minha irmã que ilumina além do horizonte (...), agradeço à Providência esses breves instantes de suaves repousos que me concede, e sinto-me feliz antes de abrir-me as portas do túmulo.
XXXV – Alugam-se quartos a cavalheiros com banheiro anexo no terceiro andar.
XXXVI – Ele escreveu um ensaio sobre a arquitetura brasileira que não vale nada.
XXXVII – Trouxe de Teresópolis uma caixa de pêssegos para seu pai que está na geladeira.
XXXVIII – Observo que o Rio não causou em mim o mesmo deslumbramento produzido por Belo Horizonte em 1917, chegando ao fim do capítulo.
XXXIX – Muitos alunos se sentem extremamente cansados depois de cinco aulas seguidas.

Pleonasmo enfático

314 Na sua forma original, as seguintes frases apresentam pleonasmos enfáticos; procure restaurá-los, mudando, se necessário, a ordem das palavras:

I – Não peço nada ao avarento (Francisco Rodrigues Lobo).
II – Não atalho a fúria ao doido (Idem).

III – Não devo ao pobre (Francisco Rodrigues Lobo).
IV – Não peço ao rico (Idem).
V – Não gabo nem repreendo o vão (Idem).
VI – Umas vezes, os anjos, e outras, os corvos sustentavam Elias no deserto (João Francisco Lisboa).
VII – Que aproveita ao homem ser senhor de todo o mundo? (Antônio Vieira).
VIII – Se alguém não cair em pecado, é varão perfeito [pleonasmo do sujeito] (M. Bernardes).
IX – A mente pura do poeta cria o mundo das visões (Alexandre Herculano).
X – Deus deu ao homem inteligência para conhecê-lo.
XI – Ele era bondoso, mas também nunca deixou de ser severo.
XII – Quem não vê a lei deve estar fora da grei [provérbio, com pleonasmo do sujeito].
XIII – Ao homem do sertão afiguram-se tais momentos incomparáveis.
XIV – O zelo pelo serviço d'Aquele que nunca fez também esperar os desvalidos ocasionou a última doença do padre Vigário.

400 — Eficácia e falácias do raciocínio

Fatos e inferência

401 Distinga o que é fato do que é inferência; mas, antes, lembre-se de que fato é a coisa feita, provada, verificada, testada, ao passo que inferência é a dedução pelo raciocínio, dedução baseada apenas em indícios, e não em fatos. Inferência é opinião.

I – Joaquim Carapuça é político muito sagaz.
II – Machado de Assis nasceu no Rio de Janeiro, em 1839.
III – Fernando Pessoa é considerado o maior poeta português depois de Camões.
IV – Joaquim Carapuça está usando uma aliança no dedo anelar esquerdo: deve ter-se casado.
V – O calor está insuportável: o termômetro marca 38°C.
VI – O Rio de Janeiro é ainda uma cidade maravilhosa, apesar das enchentes, que deixam as ruas enlameadas e esburacadas, da falta d'água e das dificuldades de transporte.
VII – São Paulo, segundo o último recenseamento, é a maior cidade do Brasil.
VIII – Rio de Janeiro é a cidade mais linda do mundo.
IX – Joaquim Carapuça entrou numa casa de móveis para comprar um berço: seu primeiro filho já deve ter nascido.
X – Ele fez um curso na Sorbonne: é o nosso maior sociólogo.

Identificação de sofismas

402 Identifique os sofismas, numerando a primeira coluna de acordo com a segunda:

( ) O Cristianismo foi a causa da decadência do Império Romano, pois a precedeu de poucos séculos.

( ) Joaquim Carapuça é mau estudante porque se dedica aos esportes.

(1) Generalização falsa porque baseada em enumeração incompleta ou imperfeita.
(2) Ignorância da questão.
(3) Sofisma do tipo *non sequitur*.

( ) Joaquim Carapuça devia a um colega R$ 20 mil. Quando este se viu sem dinheiro, pediu ao devedor que lhe pagasse a dívida. Joaquim Carapuça, em vez de pagar, saiu-se com esta resposta: — Não pago. Se você fosse mais previdente, mais metódico nas suas finanças, não estaria agora precisando de dinheiro.

( ) Ele é um homem de grande cultura, pois é diplomata e conhece vários países.

( ) Depois de observar que três ou quatro alunos de sua turma, naturais de certo Estado, eram pouco aplicados, o professor declarou: — Os estudantes naturais do Estado X são todos uns ignorantes, uns analfabetos, incapazes de aprender a primeira declinação latina.

( ) A um amigo que sofria fortes dores abdominais Joaquim Carapuça aconselhou: — Tome Pepsolina, que passa. Eu também tinha umas dores iguais às suas; tomei Pepsolina e fiquei bom em três tempos.

( ) Certo aluno considerou injusta a nota zero que tirara numa prova, alegando que nunca faltava às aulas nem deixava de fazer os exercícios.

( ) Os cariocas são uns boas-vidas: só pensam em carnaval, futebol, samba e praia.

( ) Não é preciso conhecer matemática para vencer na vida: meus conhecimentos dessa matéria não vão além das quatro operações e das frações ordinárias; no entanto, tenho um salário maior do que o de muitos engenheiros.

( ) O esporte de caça submarina faz muito mal à saúde porque prejudica o organismo.

(4) Petição de princípio.
(5) Falsa analogia.
(6) Falsa causa (*post hoc, ergo propter hoc*).

Identificação de falácias

403 Diga por que são falaciosas as seguintes declarações e faça em seguida as

alterações ou acréscimos capazes de torná-las aceitáveis, se for possível:

I – É perigoso viajar em carro dirigido por mulher.
II – Quem tem automóvel é rico, pois mesmo os carros nacionais estão custando uma fortuna.
III – Filho de "papai rico" não precisa fazer força para vencer na vida.
IV – Os moços que se destacam na prática dos esportes são maus estudantes.
V – Os médicos são todos uns charlatães: consultei dois ou três para ver se curava a minha úlcera, e não adiantou nada. Fiquei até pior depois que os procurei.

404 Aponte a falácia das seguintes declarações e diga se ela resulta de: polarização, polissemia, preconceitos, generalizações apressadas ou falsas premissas:

I – Este jornal é "entreguista" porque publica anúncios das companhias estrangeiras de petróleo.
II – Este jornal é "comunista" porque defende o monopólio estatal do petróleo.
III – Aquele sujeito é ignorante porque não aprecia a pintura moderna.
IV – O ensino médio é inútil porque todos os candidatos às escolas superiores precisam frequentar os "cursinhos" se pretendem passar nos exames vestibulares.
V – A análise sintática é inútil porque, ensinada durante todo o curso secundário, não leva ninguém a escrever bem.
VI – O voto também é inútil, pois não contribui para elevar o padrão de vida do povo.
VII – Joaquim Carapuça será um mau governador, se eleito, porque em casa quem manda é a mulher dele.
VIII – Detesto os alemães porque são racistas.
IX – A mulher não pode ser diplomata porque não sabe ser discreta e só age intuitivamente.
X – Os países de população mestiça situados nas zonas tropicais jamais deixarão de ser subdesenvolvidos.
XI – O carioca é um gozador da vida, que não quer nada com o trabalho.
XII – Se você passou no exame, deve ser muito inteligente.
XIII – Ele deve ser extremamente antipático e esnobe, pois só frequenta "rodas" de grã-finos.
XIV – Ele não pode ser bom administrador: é um técnico, e os bons administradores têm de ser bons políticos.

Indução, dedução e teste de silogismo

405 Diga se é indução ou dedução:

I – Ao longo da história da humanidade, tem sido verificado que, mais cedo ou mais

tarde, todos os homens acabam morrendo. Não houve até agora nenhuma exceção. Tal fato nos permite dizer que o homem é mortal. *Dedução ou indução?*
II – As leis científicas, regras, normas, princípios, teorias, generalizações enfim, resultam de um processo de raciocínio dedutivo ou indutivo?
III – Quando se aplica um princípio (teoria, regra) a um caso particular, o processo de raciocínio é dedutivo ou indutivo?
IV – Se você observar a pontuação adotada em relação às orações subordinadas adverbiais antepostas à principal e concluir que elas vêm sempre seguidas de vírgula, seu raciocínio foi indutivo ou dedutivo?
V – Mas, se, ao fazer a sua redação, você puser uma oração concessiva (embora...) antes da principal e lhe acrescentar uma vírgula, raciocinou por indução ou por dedução?
VI – Você está lendo um livro e observa que muitas palavras oxítonas terminadas em "i" e "u" tônicos ora vêm acentuadas ora não. Confrontando-se, verifica que o "i" e o "u" dessas palavras oxítonas só levam acento agudo quando precedidos por outra vogal. Você chegou a essa conclusão pelo método indutivo ou dedutivo?
VII – Agora, você está diante da palavra "urubu": põe-lhe acento ou não? Quando se decidir, que método de raciocínio terá seguido?
VIII – Ao ouvir a sirena de um carro do Corpo de Bombeiros que passa a grande velocidade pela sua rua, você conclui, infere, deduz, induz ou verifica que está havendo algum incêndio nas proximidades?
IX – Para chegar à generalização de que toda laranja verde é azeda, você armou um silogismo indutivo ou dedutivo?
X – Se, ao sair de casa pela manhã, você leva o guarda-chuva apesar de não estar chovendo, o raciocínio que condicionou sua decisão foi dedutivo ou indutivo? Explique por quê.

406 Assinale com um V o(s) silogismo(s) válido(s), com F o(s) falso(s) e com dois VV o(s) válido(s) e verdadeiro(s):

I – Alguns brasileiros são católicos; ora, você é brasileiro; logo, você é católico.
II – Todo brasileiro é católico; ora, você é brasileiro; logo, você é católico.
III – Alguns professores secundários são diplomados por faculdade de filosofia; ora, você é professor secundário; logo, você é diplomado por faculdade de filosofia.
IV – Todo aluno de escola superior tem curso fundamental completo; ora, você é aluno da Faculdade de Direito; logo, você tem curso fundamental completo.
V – Somente os ricos têm automóvel; ora, você tem automóvel; logo, você é rico.
VI – Quem fuma sofre do coração; ora, você sofre do coração; logo, você fuma.
VII – Ninguém é imortal; ora, você não é ninguém; logo, você não é mortal.
VIII – Muitos brasileiros já foram à Europa; ora, eu nunca fui à Europa; logo, eu não sou brasileiro.
IX – As pessoas de grande sensibilidade são infelizes; ora, os poetas são pessoas de grande sensibilidade; logo, os poetas são infelizes.

X – Tudo quanto ofende a Deus deve ser odiado; ora, a mentira ofende a Deus; logo, algumas mentiras devem ser odiadas.
XI – Se o mundo existe, Deus existe; ora, o mundo existe; logo, Deus existe (silogismo condicional).
XII – Toda planta é ser vivo; ora, o animal é ser vivo; logo, todo animal é planta.

"Invenção" de premissa maior para desenvolvimento de ideias pelo método silogístico

407 "Invente" declarações de ordem geral que sirvam de premissas maiores (falsas ou verdadeiras) e junte-lhes premissas menores (verdadeiras) a fim de armar silogismos cujas conclusões sejam as seguintes proposições (rever 6. Id., 1.5.2):

I – Este livro é muito bom.
II – O ensino do latim deve ser excluído do currículo secundário.
III – Serafim sofre do fígado.
IV – Os analfabetos devem votar.
V – Ele é um ignorante.
VI – Ela acha que "dá" para professora.
VII – O ensino do xadrez deve ser incluído no curso secundário.
VIII – As leis são inúteis.
IX – A inflação é sinal de riqueza.
X – Joaquim Carapuça é político muito hábil.
XI – O morcego é ave.
XII – O Brasil será em breve uma grande potência.
XIII – O serviço militar deve ser obrigatório.
XIV – A democracia é o único regime político digno de povos civilizados.
XV – O Brasil é um país pobre porque não tem carvão.
XVI – O progresso do Brasil só será possível com uma reforma agrária.
XVII – Só a liberdade do comércio assegura a prosperidade das nações.
XVIII – Os pais são os culpados da delinquência juvenil.
XIX – O castigo físico é causa de sérios traumas psíquicos.
XX – A ONU tem (ou não tem) condições para manter o mundo em paz.

408 Dos silogismos armados segundo as prescrições do exercício precedente, escolha aqueles que se prestem a dissertação (seguindo o modelo proposto em 6. Id., 1.5.2) ou a argumentação (conforme sugestões de 7. Pl., 4.0).

500 — Pondo ordem no caos

Análise e classificação

501 Supondo-se que você queira fazer uma dissertação ou explanação a respeito de qualquer dos temas a seguir indicados, tente primeiro a análise e a classificação das ideias neles implícitas, discriminando-as sob a forma de plano ou esquema (se não estiver bastante informado quanto ao assunto, recorra a compêndios ou enciclopédias):

1. As artes
2. A literatura
3. Os gêneros literários
4. A poesia lírica
5. Os poemas de forma fixa
6. As figuras ditas de significação (tropos)
7. O romance
8. As escolas ou movimentos literários do século XVI ao século XX
9. O gênero dramático
10. Versos, estrofes e rimas
11. As ciências
12. A física
13. A química
14. Os vertebrados
15. Os mamíferos
16. A gramática
17. A fonética
18. As figuras ditas de sintaxe ou de construção
19. As orações coordenadas e subordinadas
20. Os termos da oração

502 Agora procure definir denotativamente cada um dos itens ou tópicos que aparecem na classificação do exercício precedente.

503 Faça um plano-roteiro para a biografia de algum vulto das ciências, das letras ou das artes em geral, seguindo a ordem cronológica.

504 Esboce o plano de um conto ligeiro, seguindo as sugestões de 3. Par., 3.2 a 3.3 e 7. Pl., 2.0.

Definição denotativa ou didática

505 Toda pergunta de "que é isto ou aquilo" tem como resposta uma definição denotativa. Aproveite seus conhecimentos e, depois de recordar as características da definição em 5. Ord., 1.3, responda às seguintes perguntas (ou a outras que lhe possam ocorrer):

1. Que é o calor?
2. Que é a eletricidade?
3. Que é um metal?
4. Que é um mamífero?
5. Que é a inércia?
6. Que é o classicismo?
7. Que é poesia lírica?
8. Que é metáfora?
9. Que é estilo barroco?
10. Que é soneto?

506 Dê como resposta às perguntas precedentes uma definição alongada (5. Ord., 1.3 e 1.3.1).

507 Procure definir denotativamente:

a) Sentimentos: amizade, saudade, amor, ciúme, ódio.
b) Aspectos do caráter humano: a avareza ou o avarento; a timidez ou o tímido; o egoísmo ou o egoísta; a arrogância ou o arrogante; o esnobismo ou o esnobe; o cabotinismo ou o cabotino; a vaidade ou o vaidoso; a mentira ou o mentiroso; a curiosidade ou o curioso.

c) Termos de conotação política, literária ou filosófica: democracia, ditadura, comunismo, liberalismo, imperialismo, determinismo, livre-arbítrio, evolucionismo, mercantilismo, *laissez faire, laissez passer,* dadaísmo, surrealismo ou super-realismo, cepticismo, dúvida metódica, farisaísmo, reacionário, carismático, nacionalismo, xenofobia, arte participante.

Definição conotativa ou metafórica

508 Procure "traduzir" em metáforas, tanto quanto possível originais, os seguintes substantivos, ou então lhes acrescente um adjetivo de sentido metafórico, pitoresco ou não:

- dinheiro, automóvel, livro, rio, mar, lua, céu, noite enluarada, sol quente, ônibus cheio, estrada vista de um avião, chuva, alvorada, crepúsculo vespertino;
- pátria, família, trabalho, jovem, soldado;
- olhos, lábios, cabelos da mulher amada;
- a vida, a morte, o sono;
- amor, ciúme, saudade.

509 As seguintes palavras entram numa infinidade de locuções (frases feitas, séries fraseológicas, clichês metafóricos, etc.); procure lembrar-se do maior número possível (exclua as simples catacreses *q.v.*) e em seguida explique-lhes o sentido:

a) Partes do corpo: mão(s), pé(s), língua, coração, dedo(s), boca, olho(s), papo, queixo, tripas, nariz, sangue, pele, ventre, barriga, calcanhar, dente, testa, rabo, cauda, fígado, bofes, ouvido(s), orelha, cara, costa(s), cabeça, unha, bico, pena(s).

b) Alimentos: pão, carne-seca, marmelada, sopa, café pequeno, queijo, banana, fruto(s), uva, abacaxi, batata, chuchu, arroz com casca, angu, linguiça, mel, chá.

Exemplo: Meter os pés pelas mãos (perturbar-se, atrapalhar-se, confundir-se, proferir dislates).

600 — Exercícios de redação: temas e roteiros

601 O que se segue é uma lista de temas sob a forma de declarações ou de simples tópicos nominais.

Antes de iniciar a sua redação — seja um simples parágrafo, seja uma série deles —, faça uma lista mais ou menos caótica das ideias ou argumentos (fatos, razões, exemplos, pormenores) que lhe forem ocorrendo. Essa é a fase da *análise* (rever 5. Ord., 1.1 e 1.1.1).

Em seguida, releia atentamente essa lista para verificar se as ideias dela constantes estão numa ordem que lhe pareça lógica, se alguns tópicos ou itens, dada a possível relação com outros, devem ou não mudar de posição. Observe ainda a relação de dependência entre eles: uns talvez sejam aspectos particulares de outros, aos quais devem estar subordinados como subtópicos (rever 7. Pl., 1.0). Essa é a fase da *classificação* (ver 5. Ord., 1.2), e quando você começa a classificar, está começando a planejar.

Numere agora os tópicos e subtópicos, seguindo as recomendações contidas em 7. Pl., e seu plano estará pronto. Mas talvez não definitivamente pronto, pois é provável que, ao elaborar o trabalho, lhe ocorram outras ideias capazes de justificar alterações no plano, o qual vai, então, assim, servindo ao mesmo tempo de teste e de "espelho" das qualidades indispensáveis a qualquer composição: ordem, coerência, unidade, clareza e consistência.

Agora, mãos à obra. Seguindo as sugestões supramencionadas, faça o que se pede a seguir:

I – Assinale os itens que podem ser tomados como:

a) proposições para argumentação (ver 7. Pl., 4.1);
b) declarações ou tópicos para dissertação;
c) temas para descrição;
d) idem para narração.

II – Quanto à argumentação:

a) dê aos tópicos escolhidos uma feição tal, que lhe permita desenvolvê-los por contestação, incluindo o estágio da "concordância parcial" (ver 7. Pl., 4.3.1);

b) dê à proposição de outros uma estrutura verbal que lhe permita fazer uma argumentação informal, sem o estágio da "concordância parcial";

c) esboce o plano de uma e de outra.

III – Quanto à dissertação:

a) relacione primeiro (*análise* das ideias = lista caótica) os fatos ou argumentos (exemplos, provas, razões, pormenores, etc.) capazes de fundamentar a sua tese;

b) em seguida, faça o plano (*classificação* das ideias = ordenação, coordenação e subordinação entre elas) de forma que nele estejam previstos: um parágrafo de introdução, um de conclusão, além de outros correspondentes a cada um dos demais tópicos.

IV – Quanto à descrição: escolhido o item da lista, dê-lhe a feição de tópico frasal de um parágrafo a ser desenvolvido por indicação de aspectos ou detalhes característicos.

V – Quanto à narração:

a) esboce a intriga ou enredo (3. Par., 3.2.3);

b) considere as circunstâncias, a ordem e o ponto de vista (3. Par., 3.2.1 e 3.2.2);

c) delineie previamente os traços do caráter das personagens, principalmente do protagonista e do antagonista (3. Par., 3.2.1).

A — Temas

1. Só a democracia defende e respeita os direitos do cidadão.
2. Apenas o desejo não é suficiente para a realização dos nossos propósitos.
3. Os pais devem dar aos filhos os meios para aumentar e não para malbaratar o patrimônio que lhes leguem.
4. Nem sempre as boas ações aproveitam a quem as pratica.
5. Segundo Augusto Comte, a tríplice função da ciência consiste em "saber para prever a fim de prover".
6. Os exames orais são pura perda de tempo.
7. De que depende primordialmente o desenvolvimento do Brasil?
8. A televisão é um passatempo mortificante.
9. Por que a leitura das histórias em quadrinhos deve ser (ou não) condenada.

10. Por que sou contra o (ou a favor do) divórcio.
11. Por que sou a favor da (ou contra a) iniciativa privada.
12. Por que a liberdade de cátedra é indispensável ao exercício do magistério.
13. As organizações estudantis constituem verdadeira escola de aprendizado democrático.
14. Qualidades primordiais do verdadeiro professor.
15. Os jovens devem receber, no lar ou na escola, orientação honesta a respeito das questões sexuais.
16. O teatro é mais educativo do que o cinema?
17. No Brasil, o futebol é o ópio do povo.
18. Por que o homem só se deve casar depois dos 25 (30) anos.
19. Explosão demográfica, países subdesenvolvidos e métodos anticoncepcionais: pontos de vista.
20. Quanta coisa desagradável me aconteceu esta semana!
21. Infeliz é o homem que se sente solitário no meio da multidão.
22. Governar é abrir estradas ou abrir escolas?
23. A verdadeira arte de fazer amigos.
24. Nada me lembra mais um círculo vicioso do que a inveja.
25. É o homem escravo da máquina, ou a máquina escrava do homem?
26. É o homem senhor do seu destino?
27. Nunca me senti em situação tão embaraçosa como naquele dia em que...
28. O analfabeto deve (ou não deve) ter o direito do voto.
29. Apesar das suas imensas riquezas, o Brasil é um país pobre.
30. A liberdade não é um conceito absoluto.
31. Causas do subdesenvolvimento dos países da América Latina.
32. Da doutrina de Monroe à Aliança para o Progresso: origens, sucessos e vicissitudes do pan-americanismo.
33. Os três "Ds": desenvolvimento, descolonização e desarmamento.
34. Oriente *vs*. Ocidente: conflito ou coexistência?
35. Está o liberalismo em agonia?
36. O maior estadista do nosso século.
37. Os três (ou quatro, ou cinco) problemas fundamentais do Brasil contemporâneo.
38. Não há democracia sem liberdade.

39. Um episódio pitoresco.
40. Uma cena dramática.
41. Fim de festa.
42. Ainda me lembro do meu primeiro dia de aula no ginásio.
43. A verdadeira hierarquia é a do mérito e do talento.
44. O patriarcalismo rural e a reforma agrária no Brasil.
45. O sertanejo como o viu Euclides da Cunha e como o vemos na realidade dos nossos dias.
46. O brasileiro: homem cordial.
47. A juventude do nosso tempo: rebeldia, incompreensão ou desamor?
48. Tem a ONU condições para manter o mundo em paz?
49. Paz = desarmamento + desnuclearização.
50. Autorretrato.
51. O crepúsculo de um dia de verão (no campo, na cidade, à beira-mar).
52. Casa velha, em ruínas.
53. Retrato de um professor.
54. A Igreja Católica e os problemas do nosso tempo.
55. O homem não se deve envergonhar de falar daquilo que Deus não se envergonhou de criar.
56. A missão da universidade no Brasil contemporâneo.
57. A técnica e o homem moderno.
58. Todos os homens são iguais; portanto...
59. Diálogo entre pai aflito e filho rebelde.
60. Sou contra (ou a favor) a pena de morte.
61. Uma estranha coincidência.
62. Eu vi a morte de perto.
63. Há ou não há discriminação racial no Brasil?
64. O machismo e o espaço que a mulher vem conquistando na sociedade moderna.
65. O direito de greve.
66. Será que sou fatalista?
67. Sou um indivíduo otimista.
68. São os homens de hoje menos cavalheiros do que os de outrora?
69. Aspectos de paisagem que me despertam evocações da infância.

70. Causas da angústia do nosso tempo.
71. Influências do clima e das condições geográficas no comportamento e nas realizações de um povo.
72. Retrato psicológico de personagens (ou tipos) de ficção, baseado em frases a eles atribuídas ou em referências a eles feitas pelo autor.
73. Os pais devem dar aos filhos liberdade bastante para que se tornem bastante responsáveis.
74. A severidade do pai é melhor ou pior do que a tolerância e o carinho da mãe para a formação do caráter dos filhos?
75. O mundo torna-se cada vez menor.
76. O mar: fonte ou veículo de civilização, progresso e cultura.
77. O mar na literatura.
78. De todas as paixões, a avareza é a que mais avilta e serviliza o homem.
79. A felicidade só se traduz em termos de total integração com o outro sexo?
80. O homem é sexo, afeição e inteligência, mas só esta última se torna desnecessária à busca ou conquista da felicidade.
81. Os gênios são uns torturados.
82. Os grandes artistas refugiam-se na arte e nela se transfiguram.
83. Causas da delinquência juvenil.
84. O dinheiro é a mola do mundo.
85. A história do dinheiro.
86. O mundo é pequeno para quem sonha.
87. A sorte só ajuda os audazes.
88. Pragas da sociedade: o parasita, o intolerante, o prepotente, o...
89. Nada tem sido mais funesto para a humanidade do que a ambição do poder.
90. Os maus nunca têm êxito: o crime não compensa.
91. Homem feliz não é o que tem mais riquezas, mas o que tem menos desejos ou ambições.
92. O tempo é um grande consolador.
93. Feliz é o homem que não tem remorsos.
94. O momento mais triste (ou mais feliz, ou mais divertido, ou mais embaraçoso) de minha vida.
95. O meu primeiro (cigarro, vestido de baile, namoro, castigo, desastre de automóvel).
96. Colonialismo é anacronismo.

97. Só a liberdade de comércio assegura a prosperidade das nações.
98. Quando mais da metade da população de um país é constituída por analfabetos, que representam as eleições?
99. A história do papel e do livro.
100. Conceito e projeção internacional do Brasil no século XX.
101. Nunca, no curso da História, os homens dispuseram de tantos e tão sofisticados meios de comunicação como nos dias de hoje; no entanto, nunca se entenderam tão pouco.
102. Nunca, no curso da História, as grandes nações foram tão poderosas e ao mesmo tempo tão impotentes como nos dias de hoje.
103. Enquanto os campos se despovoam, as cidades se congestionam.
104. A América Latina e os seus golpes de Estado.
105. Sexo e violência: signos do nosso tempo.
106. Verso e reverso da tecnologia: progresso e poluição.
107. "A verdadeira ciência nunca ultrapassa o andaime que o homem constrói sobre o que vê para atingir aquilo que nunca poderá ver."
108. "Aqueles que veem apenas os males da tecnologia deixam de reconhecer que nossa situação seria muito pior se fosse interrompida a busca de novas soluções tecnológicas."
109. "O que importa não é a quantidade dos nossos bens mas a qualidade da nossa vida."
110. "O triunfo da tecnologia está ameaçando desumanizar as personalidades, rebaixando-as a meras coisas."
111. "Educação é o melhor patrimônio que podemos legar aos nossos descendentes."
112. O impacto do desenvolvimento das comunicações na diplomacia contemporânea.
113. Maiorias e minorias no século XX.
114. O progresso técnico, a produção em massa e o indivíduo: benefícios e malefícios.
115. Urbanização e convivência na sociedade contemporânea.
116. "A educação nacional como fator de desenvolvimento."
117. "A língua como fator de unidade nacional."
118. Civilização ocidental: herança greco-latina e judaico-arábica.
119. Democracia: utopia?
120. O papel da imprensa nas relações internacionais.
121. Imprensa e moralidade pública.

122. Guerra-fria e *détente*: tensão e distensão?

123. Política externa do Brasil: pragmatismo responsável?

124. O capitalismo internacional e as multinacionais.

125. A América para os americanos; e a África, para quem?

602 Temas para argumentação formal ou informal (defesa ou contestação):

1. A mulher casada e mãe de filhos menores não deve trabalhar fora de casa.
2. Os países subdesenvolvidos que enfrentam o problema da explosão demográfica devem adotar uma política realista de contenção da natalidade, através do incentivo de métodos anticoncepcionais.
3. Os responsáveis pelos desatinos da juventude transviada são os próprios pais.
4. A lei da estabilidade do trabalhador protege ou não protege os assalariados?
5. O celibato dos padres católicos deve ou não deve ser abolido?

603 Argumentação sob a forma de carta, abaixo-assinado, memorial, exposição de motivos (consulte prontuários ou manuais de redação oficial para saber a forma dos três últimos tipos de redação):

1. Você mora numa pensão de estudantes: escreva uma carta ao "velho" com o propósito de convencê-lo da necessidade de aumentar-lhe a mesada. Argumente com *fatos*, se não...
2. Redija uma espécie de exposição de motivos, sob a forma de abaixo-assinado dos seus colegas, com o intuito de convencer o diretor do seu colégio a concordar com algumas das seguintes pretensões:

a) aquisição de uma mesa de pingue-pongue;

b) cessão de uma sala para a sede de um grêmio que acabam de fundar;

c) permissão para sair da sala de aula quando falta algum professor ou quando, por qualquer motivo, ocorra hora vaga;

d) permissão para organizar uma festa dançante ou esportiva com o fim de angariar recursos para a formatura;

e) revogação de determinada(s) medida(s) considerada(s) prejudicial(...ais) aos alunos;

f) substituição de algum professor considerado incapaz ou incompatibilizado com a turma;

g) reconsideração de punição imposta a determinado aluno ou turma;

h) ....

3. Redija um memorial ao governador, prefeito ou qualquer outra autoridade, pleiteando providências ou medidas de interesse coletivo (da sua rua, seu bairro, sua cidade).

4. Escreva uma carta a colega que esteja indeciso quanto à escolha da profissão liberal; procure convencê-lo de que, dado o temperamento ou as inclinações dele, a melhor carreira é, a seu ver, a....

5. Considere-se corretor de imóveis e tente convencer um comprador em potencial, mas indeciso, das vantagens de comprar determinada casa ou apartamento em determinado bairro ou cidade de veraneio.

6. Escreva um bilhete a seu colega com o propósito de persuadi-lo a matricular-se no próximo ano no mesmo colégio que você frequenta.

7. Escreva uma carta ao diretor de um jornal contestando notícia considerada falsa ou caluniosa.

8. Argumente com o propósito de convencer um amigo de que o melhor carro ainda é o da marca X.

604 Descrição/narração de processos

Diga como:

1. Preparar um prato culinário (feijoada, vatapá, *soufflé*, pão de ló).
2. Fazer café para seis pessoas.
3. Fazer uma instalação elétrica doméstica.
4. Fazer flores artificiais.
5. Preparar um jantar de cerimônia para 12 pessoas em homenagem a um hóspede ilustre.
6. Limpar ou polir baixelas de prata.
7. Fazer um enxerto de roseiras.
8. Fazer curativos de emergência num acidentado.
9. Fazer algum dos exercícios ou práticas das aulas de trabalhos manuais.
10. Fazer uma experiência de laboratório na aula de química ou de física.

605 Narração/descrição/diálogo

1. Você acaba de chegar de um passeio com sua(seu) namorada(o). Descreva ou narre:

a) o momento do encontro;

b) o local;

c) a impressão que lhe causou no primeiro instante (o traje, os gestos, o olhar, o aparente estado de espírito: satisfação? constrangimento? ansiedade?);

d) as primeiras palavras trocadas (diálogo vivo, breve, informal, omitidas as saudações convencionais);

e) os lugares onde estiveram; o percurso;

f) a volta, a despedida; a impressão que lhe ficou do seu (dele ou dela) estado de espírito.

2. Redija página de diário imaginário em que você retrate seu estado de espírito em determinado dia ou momento.

3. Idem, em que você expresse opinião a respeito de pessoas ou fatos.

4. Tente uma crônica à Rubem Braga, à Fernando Sabino, à Elsie Lessa, à Carlos Drummond de Andrade ou qualquer cronista de sua preferência (releia alguma(s) dela(s) para captar o tom e o estilo do autor).

5. Tente um conto à Machado de Assis.

6. Reconstitua certo instante de sua vida pregressa (experiência divertida, embaraçosa, surpreendente, penosa).

606 Comparações, confrontos ou contrastes

I – Redija apenas um parágrafo iniciado por um tópico frasal que permita desenvolvimento por comparação, confronto ou contraste dos seguintes temas:

1. O trabalho e o divertimento.
2. O político e o estadista.
3. Democracia e demagogia.
4. Política e politicalha.
5. Ateísmo e misticismo.
6. Tímidos e cínicos.
7. O campo e a cidade.
8. A poesia e a prosa.
9. Romantismo e classicismo.
10. Romantismo e realismo (ou parnasianismo).
11. Pessimistas e otimistas.

12. O avarento e o pródigo.
13. O soldado e o operário.
14. Curiosos e apáticos.
15. A paz e a guerra.
16. Jovens e velhos.
17. Extremistas da "direita" e da "esquerda".
18. Iniciativa privada e estatização.
19. A Europa e a América.
20. O trabalho manual e o intelectual.
21. O pai e a mãe.
22. O capital e o trabalho.
23. Comunismo e capitalismo.
24. Escola pública *versus* escola particular.
25. Presidencialismo e parlamentarismo.
26. O sertanejo e o gaúcho.
27. Apolíneos e dionisíacos.
28. *Esprit de finesse et esprit de géometrie.*
29. A floresta e o mar.
30. O litoral e o sertão.

II – Confrontos líricos, poéticos ou filosóficos, com interpolação de diálogos à maneira das fábulas ou apólogos:
1. O vaga-lume e o beija-flor.
2. A aurora e o crepúsculo.
3. A cigarra e a formiga.
4. A linha e a agulha.
5. O rochedo e o mar.

Bibliografia*

ADAM, Jean-Michel; GOLDENSTEIN, Jean-Pierre. *Linguistique et discours littéraire*. Paris: Larousse, 1976.

ADONIAS FILHO. *Memória de Lázaro*. Rio de Janeiro: Civilização Brasileira, 1961.

_____. *Corpo vivo*. Rio de Janeiro: Civilização Brasileira, 1962.

AIRES, Matias. In: KURY, Adriano da Gama; MASI, Pedro Luiz (Orgs.). *Matias Aires:* trechos escolhidos. Rio de Janeiro: Agir, 1962. (Coleção Nossos Clássicos, v. 62).

_____. *Reflexões sobre a vaidade dos homens*. São Paulo: Cultura, [s.d.].

ALBALAT, Antoine. *Comment il ne faut pas écrire*. Paris: Plon, 1921.

ALENCAR, José de. *Iracema*. São Paulo: Martins, 1948a.

_____. *O guarani*. São Paulo: Martins, 1948b.

_____. *Ubirajara*. São Paulo: Martins, 1948c.

ALI, M. Said. *Meios de expressão e alterações semânticas*. Rio de Janeiro: Simões, 1951.

_____. *Gramática histórica*. 5. ed. São Paulo: Melhoramentos, [s.d.]a.

_____. *Gramática secundária da língua portuguesa*. 6. ed. São Paulo: Melhoramentos, [s.d.]b.

ALMEIDA Júlia Lopes de. O sino de ouro. In: WERNECK, Eugênio. *Antologia brasileira*. Rio de Janeiro: Francisco Alves, 1932.

ALMEIDA, Manuel Antônio de. *Memórias de um sargento de milícias*. Rio de Janeiro: Jornal do Brasil, 1927.

_____. Primeiro dia de aula. In: WERNECK, Eugênio. *Antologia brasileira*. Rio de Janeiro: Francisco Alves, 1932.

ALMEIDA, Renato de. *Inteligência do folclore*. Rio de Janeiro: Livros de Portugal, 1957.

ALONSO, Amado; LIDA, Raimundo. El impresionismo linguístico. In: BALLY et al. *El Impresionismo en el lenguaje*. Buenos Aires: Universidad de Buenos Aires, 1956.

ALVES, Antônio de Castro. *Poesias completas*. Rio de Janeiro: Aguilar, 1960.

---

* Agradeço o zelo e a competência da querida amiga Maria Emília de Melo e Cunha a revisão e a atualização do aparato bibliográfico da edição original desta obra.

AMADO, Gilberto. *História da minha infância*. Rio de Janeiro: José Olympio, 1954.

_____. *Três livros*. Rio de Janeiro: José Olympio, 1963.

AMADO, Jorge. *São Jorge dos Ilhéus*. São Paulo: Martins, 1944.

_____. *Os pastores da noite*. São Paulo: Martins, 1964.

ANDRADE, Carlos Drummond de. *A rosa do povo*. Rio de Janeiro: José Olympio, 1945.

_____. *Claro enigma*. Rio de Janeiro: José Olympio, 1951.

_____. *Fazendeiro do ar & poesia até agora*. Rio de Janeiro: José Olympio, 1955.

_____. *Fala, amendoeira*. Rio de Janeiro: José Olympio, 1957.

_____. A contemplação do Arpoador. In: MIRANDA, Murilo (Org.). *Quadrante 2*. Rio de Janeiro: Editora do Autor, 1963.

ANDRADE, Oswald de. *Os condenados*. Porto Alegre: Globo, 1941.

_____. *Memórias sentimentais de João Miramar*. São Paulo: Difusão Europeia do Livro, 1964.

ANJOS, Ciro dos. *Abdias*. São Paulo: Saraiva, 1956.

ANTOINE, Gérard. *La coordination en français*. Paris: D'Artrey, 1958. 2 v.

APRESJAN, Julius. Analyse distributionnelle dês significations et champs sémantques structurés. *Langages*, n. 1, p. 44, mars 1966.

ARANHA, Graça. Anoitecer. In: WERNECK, Eugênio. *Antologia brasileira*. Rio de Janeiro: Francisco Alves, 1932.

ARISTÓTELES. *Arte retórica e arte poética*. Rio de Janeiro: Difusão Europeia do Livro, 1959.

ARNTSON, Dorothy Horine. *Beginning college writing*. Chicago: Scott, Foresman and Co., 1961.

ASSIS, J. M. Machado de. *Papéis avulsos*. Rio de Janeiro. Lombaerts & Cia., 1882.

_____. *Memórias póstumas de Brás Cubas*. 4. ed. Rio de Janeiro: Garnier, 1899.

_____. *Poesias completas*. Rio de Janeiro: Garnier, 1902.

_____. *Esaú e Jacob*. Rio de Janeiro: Garnier, 1904.

_____. *Relíquias de casa velha*. Rio de Janeiro: Garnier, 1906.

_____. *D. Casmurro*. Rio de Janeiro: Garnier, 1924.

_____. *Quincas Borba*. Rio de Janeiro: Garnier, 1926

_____. *Memorial de Aires*. Rio de Janeiro: W. M. Jackson, 1946.

ASSOCIAÇÃO BRASILEIRA DE NORMAS TÉCNICAS (ABNT). *Normalização da documentação no Brasil*. Rio de Janeiro: Instituto Brasileiro de Bibliografia e Documentação, 1964.

_____. *NBR 6023*: informação e documentação: referências: elaboração. Rio de Janeiro, 2002a.

_____. *NBR 6025*: informação e documentação: revisão de originais e provas. Rio de Janeiro, 2002b.

_____. *NBR 10520*: informação e documentação: citações em documentos: apresentação. Rio de Janeiro, 2002c.

_____. *NBR 6024*: informação e documentação: numeração progressiva das seções de um documento escrito: apresentação. Rio de Janeiro, 2003a.

_____. *NBR 6028*: informação e documentação: resumo: apresentação. Rio de Janeiro, 2003b.

_____. *NBR 6021*: informação e documentação: publicação periódica científica impressa: apresentação. Rio de Janeiro, 2003c.

_____. *NBR 6027*: informação e documentação: sumário: apresentação. Rio de Janeiro, 2003d.

_____. *NBR 6034*: informação e documentação: índice: apresentação. Rio de Janeiro, 2004.

_____. *NBR 14724*: informação e documentação: trabalhos acadêmicos: apresentação. Rio de Janeiro, 2005a.

_____. *NBR 15287*: informação e documentação: projeto de pesquisa: apresentação. Rio de Janeiro, 2005b.

_____. *NBR 6029:* informação e documentação: livros e folhetos: apresentação. Rio de Janeiro, 2006.

_____. *NBR 10719*: informação e documentação: relatório técnico ou científico: apresentação. Rio de Janeiro, 2009.

AULETE, Caldas. *Dicionário contemporâneo da língua portuguesa*. 5. ed. Rio de Janeiro: Delta, 1970. 5 v.

AZEVEDO, Aluísio. *Casa de pensão*. Rio de Janeiro: Briguiet, 1940.

_____. *O mulato*. Rio de Janeiro: Briguiet, 1941.

_____. *O homem*. Rio de Janeiro: Briguiet, 1951.

AZEVEDO, Fernando de. *Educação e seus problemas*. São Paulo: Cia. Editora Nacional, 1937.

AZEVEDO, Francisco Ferreira dos Santos. *Dicionário analógico da língua portuguesa*. São Paulo: Cia. Editora Nacional, 1950.

AZEVEDO FILHO, Leodegário A. de. *Didática da língua portuguesa*. Rio de Janeiro: Cades, 1961.

BACHELOR, Joseph M. et al. *Current thinking and writing*. New York: Appleton-Century, 1960.

BALLY, Charles. Le style indirect libre en français moderne. *Germanisch-Romanische Monatsschrift*, Heilderberg, 1912.

_____. *Précis de stylistique française*. Paris: Masson & Cie., 1946.

_____. *Traité de stylistique française*. Paris: Klincksieck, 1951. 2 v.

BANDEIRA, Manuel; ANDRADE, Carlos Drummond de. *Rio de Janeiro em prosa & verso*. Rio de Janeiro: José Olympio, 1965.

BARBOSA, Rui. O Partido Republicano Conservador. *Obras completas de Rui Barbosa*. Rio de Janeiro: Ministério da Educação e Saúde, 1952.

BAR-HILLEL, Yeoshua. Syntaxe logique et sémantique, *Langages*, Paris, n. 2, 1966.

BARRETO, Afonso Henrique de Lima. *Vida e morte de M. J. Gonzaga de Sá*. São Paulo: Brasiliense, 1956.

_____. *Triste fim de Policarpo Quaresma*. São Paulo: Brasiliense, 1959.

BARRETO, Fausto; LAET, Carlos de. *Antologia nacional*. Rio de Janeiro: Francisco Alves, 1960.

BARRETO, Mário. *Novos estudos da língua portuguesa*. Rio de Janeiro: Francisco Alves, 1921.

_____. *Factos da língua portuguesa*. Rio de Janeiro: Simões, 1954.

BARTHES, Roland. Introduction à l'analyse structurale de récits. *Communications*, Paris, n. 8, 1966.

BECHARA, Evanildo. *Estudo sobre os meios de expressão do pensamento concessivo em português*. Rio de Janeiro: [s.n.], 1954.

_____. *Lições de português*. Rio de Janeiro: Fundo de Cultura, 1961.

_____. *Moderna gramática portuguesa*. São Paulo: Cia. Editora Nacional, [s.d.].

BELTRÃO, Odacir. *Correspondência*. 9. ed. São Paulo: Atlas, [s.d.]

BENVENISTE, Émile. *Problèmes de linguistique générale*. Paris: Gallimard, 1972. 2 v.

_____ et al. *Problèmes du langage*. Paris: Gallimard, 1966.

BERNARDES, Manuel Pe. *Nova floresta*. Paris: Bertrand, 1919.

_____. *Como passam mil anos diante de Deus*. Coimbra: Coimbra Editora, 1964. Texto comentado por Jesus Bello Galvão.

BESSON, Robert. *Guide de rédacion*. Paris: André Casteilla, 1966.

BILAC, Olavo. *Tarde*. [s.l.: s.n.], 1919.

BIVAR, Artur. *Dicionário geral e analógico da língua portuguesa*. Porto: Ouro, 1948-1958. 3 v.

BOKERMANN, Werner C. A. Uma nova espécie de *Hyla* da Serra do Mar em São Paulo. *Revista Brasileira de Biologia*, Rio de Janeiro, v. 24, n. 4, dez. 1964.

BOUSOÑO, Carlos. *Teoría de la expresión poética*. Madrid: Editorial Gredos, 1952.

BRAGA, Rubem. *Cem crônicas escolhidas*. Rio de Janeiro: José Olympio, 1956.

BRANCO, Camilo Castelo. *Amor de salvação*. São Paulo: Saraiva 1962.

_____. *Amor de perdição*. São Paulo: Saraiva, [s.d.].

BRANDÃO, Cláudio. *Sintaxe clássica portuguesa*. Belo Horizonte: [s.n.], 1963.

BRASIL, Assis. *Faulkner e a técnica do romance*. Rio de Janeiro: Leitura, 1964.

BRASIL. Ministério das Relações Exteriores. *Manual de serviço*. Rio de Janeiro, 1957.

BRÜGMANN, Karl. *Abrégé de grammaire comparée des langues indo-européennes*. Tradução do francês de J. Bloch. Paris: Klincksieck, 1905.

BUENO, Francisco da Silveira. *A arte de escrever*. São Paulo: Saraiva, 1962.

BÜHLER, Karl. Teoría del lenguaje. Madrid: *Revista de Occidente*, 1950. 489 p.

CAL, Ernesto Guerra da. *Lengua y estilo de Eça de Queiroz*. Coimbra: Acta Universtatis Conimbrigesis, 1954.

CALLADO, Antônio. *Assunção de Salviano*. Rio de Janeiro: Civilização Brasileira, 1960.

CÂMARA JR., J. Matoso. Estilo indireto livre em Machado de Assis. In: *Miscelânea de estudos em honra de Antenor Nascentes*. Rio de Janeiro: [s.n.], 1941.

_____. *Uma forma verbal portuguesa*. Rio de Janeiro: Acadêmica, 1956a.

_____. *Dicionário de fatos gramaticais*. Rio de Janeiro: MEC/Casa de Rui Barbosa, 1956b.

_____. *Princípios de linguística geral*. Rio de Janeiro: Acadêmica, 1959.

_____. *Manual de expressão oral e escrita*. Rio de Janeiro: J. Ozon, 1961.

CAMPOS, Paulo Mendes. Suite italiana há 13 anos. In: MIRANDA, Murilo (Org.). *Quadrante 2*. Rio de Janeiro: Editora do Autor, 1963.

CARNAP, R. Signification et synonymie dans les langues naturelles. *Langages*, Paris, n. 2, p. 109-123, 1966.

CARPEAUX, Otto Maria. *Pequena bibliografia crítica da literatura brasileira*. Rio de Janeiro: Letras e Artes, 1964.

CARRETER, Fernando Lazaro. *Diccionario de términos filológicos*. Madrid: Gredos, 1953.

CARVALHO, Daniel de. *De outros tempos*. Rio de Janeiro: José Olympio, 1961.

CAVALCANTI, Coutinho. *Um projeto de reforma agrária*. Rio de Janeiro: Instituto Nacional do Livro, 1959.

CAVALCANTI, Themístocles Brandão. A metodologia na ciência política. *Revista do Instituto de Ciências Sociais*, Rio de Janeiro, v. 1, n. 2, jul./dez. 1962.

CHASSANG, A.; SENNINGER, C. *La dissertation littéraire générale*. Paris: Hachette, 1955.

CHOMSKY, Noam. *Aspects de la théorie syntaxique*. Paris: Seuil, 1975.

COELHO, Jacinto do Prado. *A educação do sentimento poético*. Coimbra: Coimbra, 1944.

COELHO, Latino. A palavra. In: BARRETO, Fausto; LAET, Carlos de. *Antologia nacional*. Rio de Janeiro: Francisco Alves, 1960.

COELHO NETO, Henrique. *Rei negro*. Rio de Janeiro: Aguilar, 1958. (Obras Completas).

COHEN, Jean. *Structure du langage poétique*. Paris: Flammarion, 1966.

COHEN, Marcel. *Grammaire et style*. Paris: Sociales, 1954.

COMMISSION ON SECONDARY SCHOOL CURRICULUM. *Language in general education*. New York: Appleton-Century, 1940.

COMMUNICATIONS. Paris, Seuil, n. 8, 1966; n. 15, 1970.

CONY, Carlos Heitor. *Tijolo de segurança*. Rio de Janeiro: Civilização Brasileira, 1960.

CORÇÃO, Gustavo. *Dez anos*. Rio de Janeiro: Agir, 1958.

CORONADO, Mariano. *Aspectos psicológicos de la comunicación*. San José da Costa Rica: Escuela Superior de Administración Pública de América Central, 1960.

CORREIA, Raimundo. *Poesias*. Rio de Janeiro: São José, 1958.

COSTA, Agenor. *Dicionário de sinônimos e locuções da língua portuguesa*. Rio de Janeiro: Bibl. Luso-Brasileira, 1960. 2 v.

COURAULT, M. *Manuel pratique de l'art d'écrire*. Paris: Hachette, 1957. 2 v.

COUTINHO, Afrânio. *Introdução à literatura no Brasil*. Rio de Janeiro: São José, 1964.

_____. *Antologia brasileira de literatura*. Rio de Janeiro: Distribuidora de Livros Escolares, 1965-1967. v. 1.

CROUZET, Paul; DESJARDINS, Jacques. *Méthode française*. Toulouse: Privat e Didier, 1942. 3 v.

CUNHA, A. G. *Dicionário etimológico Nova Fronteira da língua portuguesa*. 2. ed. rev. e aum. [Rio de Janeiro]: Nova Fronteira, 1987.

CUNHA, Celso. *Manual de português* (3ª e 4ª séries). Rio de Janeiro: São José, 1964.

CURTIUS, Ernest Robert. *Literatura europeia e Idade Média latina*. Rio de Janeiro: INL/MEC, 1957.

CUVILLIER, Armand. *Nouveau précis de philosophie*. Paris: Armand Colin, 1963. v. I.

_____. *La dissertation philosophique*. Paris: Armand Colin, 1965.

DELAS, Daniel; FILLIOLET, Jacques. *Linguistique et poétique*. Paris: Larousse, 1973.

DIAS, Antônio Gonçalves. *Poesias completas*. Rio de Janeiro: Aguilar, 1959.

DIÉGUES JUNIOR, Manuel. *Regiões culturais do Brasil*. Rio de Janeiro: Centro Brasileiro de Pesquisas Educacionais/Inep, 1960.

DIMNET, Ernest. *L'art de penser*. Paris: Bernard Grasset, 1930.

DOURADO, Autran. *A barca dos homens*. Rio de Janeiro: Editora do Autor, 1961.

DUBOIS, Jean et al. *Rhétorique générale*. Paris: Larousse, 1970.

_____. *Dictionnaire de lingüística*. Paris: Larousse, 1973.

DUCHIEZ, F; JAGOT, Paul-Clément. *L'éducation du style.* Paris: Dangles, 1963.

DUMONCEAUX, Pierre. *La composition française.* Paris: Presses Universitaire de France, 1956.

ECO, Umberto. *A estrutura ausente.* Tradução Pérola de Carvalho. São Paulo: Edusp; Perspectiva, 1971.

FERREIRA, Aurélio Buarque de Holanda. *Enriqueça o seu vocabulário.* 2. ed. Rio de Janeiro: Civilização Brasileira, 1965.

_____. *Novo dicionário da língua portuguesa.* [Rio de Janeiro]: Nova Fronteira, [1975].

_____; LINS, Álvaro. *Roteiro literário de Portugal e Brasil.* Rio de Janeiro: José Olympio, 1956. 2 v.

FIGUEIREDO, Cândido de. *Dicionário da língua portuguesa.* Lisboa: Bertrand; Rio de Janeiro: Mérito, [1949]. 2 v.

FIGUEIREDO, Jackson. Cristianismo e poesia. In: MENEZES, José Rafael de (Org.). *Jackson de Figueiredo:* trechos escolhidos. Rio de Janeiro: Agir, 1958. (Coleção Nossos Clássicos, v. 25).

FLESH, Rudolf; LASS, A. H. *The way to write.* New York: McGraw-Hill, 1955.

FÓNAGY, Ivan. Le langage poétique: forme et fonction. In: BENVENISTE, Émile et al. *Problèmes du langage.* Paris: Gallimard, 1966.

FONTES, Armando. *Os corumbas.* Rio de Janeiro: José Olympio, 1933.

_____. *Rua do Siriri.* Rio de Janeiro: José Olympio, 1937.

FRANCIS, W. Nelson. *The structure of American English.* New York: Ronald Press, 1958.

FREIRE, Laudelino. *Grande e novíssimo dicionário ilustrado da língua portuguesa.* Rio de Janeiro: A Noite, 1939-1945. 5 v.

FRYE, Northrop. *Anatomia da crítica.* São Paulo: Cultrix, 1973.

FUNK, Wilfred; LEWIS, Norman. *30 days to a more powerful vocabulary.* New York: Washington Square Press, 1942.

FURTADO, Celso. Obstáculos políticos ao crescimento econômico do Brasil. *Revista Civilização Brasileira,* v. 1, n. 1, mar. 1965.

GALVÃO, Jesus Bello. *O pleonasmo e mais dois estudos da língua portuguesa.* Rio de Janeiro: [s.n.], 1949.

_____. *Subconsciência e afetividade na língua portuguesa.* Rio de Janeiro: Simões, 1954.

GARCIA, Claudia Amorim. *Self-concept and locus of control in black and white college students.* Tese (Mestrado em Psicologia) — Texas A & M University, Galveston, TX, 1974.

GARCIA, Othon M. *Esfinge clara.* Rio de Janeiro: São José, 1955.

_____. *Cobra Norato, o poema e o mito.* Rio de Janeiro: São José, 1962.

GAUM, Carl G. et al. *Report writing.* New York: Prentice Hall, 1952.

GENETTE, Gérard. Frontières du récit. *Communications,* Paris, n. 8, 1966.

_____. *Figuras*. Tradução Ivonne Floripes Mantonelli. São Paulo: Perspectiva, 1972.

GOMES, Eugênio. *Visões e revisões*. Rio de Janeiro: Instituto Nacional do Livro, 1958.

GORRELL, Robert M.; LAIRD, Charlton. *Modern English handbook*. New York: Prentice Hall, 1962.

GRAY, Louis. *Foundations of language*. New York: Macmillan, 1939.

GRAY, Martha; HACK, Clarence W. *English for today*. Chicago: J. B. Lippincott, 1955.

GREIMAS, Algirdas J. *Sémantique structurale*. Paris: Larousse, 1966.

GUERRA, Abel. *Elementos de composição literária*. Porto: Apostolado da Impressa, 1960.

GURREY, Perceval. *The teaching of written English*. London: Longmans Green, 1959.

HARD, Frederick et al. *Writing and reading English prose*. New York: Farrar Rinehart, 1944.

HAYAKAWA, S. J. *Language in thought and action*. London: George Allen & Unwin, 1952.

HERCULANO, Alexandre. In: SILVA, Maria Beatriz Nizza da (Org.). Rio e Janeiro: Agir, 1964. v. 76. (Coleção Nossos Clássicos).

HERRICK, Robert; DAMON, Lindsay Todd. *Composition and rhetoric for schools*. Chicago: Scott, Foresman & Co., 1905.

HOEPFNER, Theodore C. *Manual on thesis writing*. Auburn, AL: Alabama Polytechnic Institute, 1949.

HOUAISS, Antônio. *Elementos de bibliologia*. Rio de Janeiro: Instituto Nacional do Livro, 1967. 2 v.

_____ (Dir.). *Pequeno dicionário enciclopédico Koogan-Larousse*. Rio de Janeiro: Larousse do Brasil, [1979].

HUBBELL, George Shelton. *Writing term papers and reports*. New York: Barnes & Noble, 1959.

HUISMAN, Denis. *L'art de la dissertation philosophique*. Paris: Sedes, 1965.

_____; PLAZOLLES, Louis Robert. *L'art de la dissertation littéraire*. Paris: Sedes, 1965.

HUMPHREY, Robert. *Stream of consciousness in the modern novel*. Los Angeles: University California Press, 1959.

IRMÃOS MARISTAS. *Física*. São Paulo: FTD, 1955. v. 1.

JAKOBSON, Roman. *Linguística e comunicação*. Tradução de Isidoro Blikstein e José Paulo Paes. São Paulo: Cultrix, 1969.

_____. *Essais de linguistique générale*. Paris: Editions de Minuit, 1974.

JEPSON, R. W. *Teach yourself to express yourself*. London: English University Press, 1955.

JESPERSEN, Otto. *The philosophy of grammar*. London: George Allen & Unwin, 1929.

JOICE, James. *Ulysses*. New York: The Modern Library, 1961.

JUCÁ FILHO, Cândido. *O fator psicológico na evolução sintática.* Rio de Janeiro: [s.n.], 1933.

KAYSER, Wolfgang. *Fundamentos da interpretação e da análise literária.* Coimbra: Armênio Amado, 1948. 2 v.

KIERZEK, John M. *The Macmillan handbook.* New York: Macmillan, 1947.

KONRAD, Edwig. *Étude sur la métaphore.* Paris: Librairie J. Vrin, 1958.

LAHR, Ch. *Manuel de philosophie.* Paris: Gabriel Beauchesne, 1926.

LALANDE, André. *Vocabulaire technique et critique de la phylosophie.* Paris: Presses Universitaires de France, 1962.

LAPA, M. Rodrigues. *Estilística da língua portuguesa.* Lisboa: Seara Nova, 1945.

LAUSBERG, Heinrich. *Manual de retórica literária.* Tradução de José Péres Riesco. Madrid: Gredos, 1936. 3 v.

LEITE, J. F. Marques; CINTRA, Geraldo Uchoa. *Manual de redação e estilo.* São Paulo: Cia. Editora Nacional, 1954.

LEWIS, C. Day. *The poetic image.* London: Jonathan Cape, 1958.

LIARD, Louis. *Lógica.* São Paulo: Cia. Editora Nacional, 1930.

LIMA, Alceu Amoroso. *Estética literária.* Rio de Janeiro: Améric-Edit, 1945.

_____. *Idade, sexo e tempo.* Rio de Janeiro: Agir, 1958.

LIMA, C. H. da Rocha. *Português no colégio* (1º ano). São Paulo: Cia. Editora Nacional, 1956.

_____. *Gramática normativa da língua portuguesa.* Rio de Janeiro: Briguiet, 1960.

_____; CÂMARA JR., J. Mattoso. *Antologia* (3ª e 4ª séries). Rio de Janeiro: Briguiet, 1948.

LIPS, Marguerite. *Le style indirect libre.* Paris: Payot, 1926.

LISPECTOR, Clarice. *Perto do coração selvagem.* Rio de Janeiro: Francisco Alves, 1963.

_____. *Legião estrangeira.* Rio de Janeiro: Editora do Autor, 1964.

LOCKE, John. *An essay concerning human understanding.* In: SERRÃO, Joel; GRÁCIO, Rui. *Teoria e lógica do conhecimento.* Lisboa: Sá da Costa, 1962.

LOPES, Bernardino Costa. *Plumário.* [s.l.: s.n.], 1905.

MACHADO, Aníbal. *Cadernos de João.* Rio de Janeiro: José Olympio, 1957.

_____. *João Ternura.* Rio de Janeiro: José Olympio, 1965.

MACHADO, Antônio de Alcântara. *Cavaquinho e saxofone* (solos). Rio de Janeiro: José Olympio, 1940.

MACHADO, José Pedro. *Dicionário etimológico da língua portuguesa.* [Lisboa]: Confluência, [1956-1959]. 2 v.

MAGALHÃES, José Vieira Couto de. *A língua tupi.* In: BARRETO, Fausto; LAET, Carlos de. *Antologia nacional.* Rio de Janeiro: Francisco Alves, 1960.

MAGNE, Augusto. *Princípios elementares de literatura.* São Paulo: Cia. Editora Nacional, 1953.

MARICÁ, Marquês de. *Máximas.* Rio de Janeiro: Casa de Rui Barbosa, 1958. Edição dirigida e anotada por Souza da Silveira.

MARITAIN, Jacques. *Lógica menor.* Rio de Janeiro: Agir, 1962.

MAROUZEAU, Jules. *Précis de stylistique française.* Paris: Masson, 1946.

MARQUES, F. Costa. *Problemas de análise literária.* Coimbra: Gonçalves, 1948.

MARQUES, Oswaldino. *Teoria da metáfora & renascença da poesia americana.* Rio de Janeiro: São José, 1956.

MARQUES, Xavier. O sargento Pedro. In: WERNECK, Eugênio. *Antologia brasileira.* Rio de Janeiro: Francisco Alves, 1932.

_____. *Ensaios.* Rio de Janeiro: Imprensa Nacional, 1944. 2 v.

MARTINET, André. *La linguistique* — guide alphabétique. Paris: Denoel, 1969.

MARTINS FILHO, Guilherme et al. Síntese de derivados p-substituídos de cafeína. *Anais da Academia Brasileira de Ciências,* Rio de Janeiro, v. 5, n. 2, 1963.

MEILLET, Antoine, *Linguistique historique et linguistique générale.* Paris: Champion, 1921.

MEIRELES, Cecília. Chuva com lembranças. In: MIRANDA, Murilo (Org.). *Quadrante 2.* Rio de Janeiro: Editora do Autor, 1963.

MELO, Gladstone Chaves de. *Novo manual de análise sintática.* Rio de Janeiro: Acadêmica, 1959.

MELO, Mário Viana de. *Desenvolvimento e cultura.* São Paulo: Cia. Editora Nacional, 1963.

MELO NETO, João Cabral de. *Duas águas.* Rio de Janeiro: José Olympio, 1956.

MENDONÇA, Lúcio de. O hóspede. In: WERNECK, Eugênio. *Antologia brasileira.* Rio de Janeiro: Francisco Alves, 1932.

MENZEL, Donald H. et al. *Writing a techinical paper.* New York: McGraw-Hill, 1961.

MEYER, Augusto. *Poesias* (1922-55). Rio de Janeiro: São José, 1957.

MIDDENDORF, John H.; GRIFFIN, Ernest G. *Manual of English prose composition.* New York: Rinehart & Co., 1956.

MONT'ALVERNE, Francisco José de Carvalho. A causa das revoluções. In: BARRETO, Fausto; LAET, Carlos de. *Antologia nacional.* Rio de Janeiro: Francisco Alves, 1960

MONTEIRO, Clóvis. *Nova antologia brasileira.* Rio de Janeiro: Briguiet, 1939.

MONTELO, Josué. *A décima noite.* São Paulo: Martins, 1960.

MORAES SILVA, Antonio de. *Diccionario da língua portuguesa.* 6. ed. Lisboa: Typographia de Antônio José da Rocha, 1858.

_____. *Novo dicionário compacto da língua portuguesa.* [10. ed. corr. e aum.]. Lisboa: Confluência, [1961].

MOREAU, Jean. *La contraction de texte aux examens et concours*. Paris: Fernand Nathan, 1967.

MOREL, Maurice. *La composition française au bacalauréat*. Paris: Fernand Nathan, [s.d.].

MORNET, Daniel. *Comment préparer et rédiger une dissertation*. Paris: Boivin et Cie., 1939.

MOUSNIER, Roland; HUISMAN, Denis. *L'art de la dissertation historique*. 2. ed. Paris: Sedes, 1956.

NABUCO, Joaquim. *Minha formação*. Rio de Janeiro: Garnier, 1900.

NASCENTES, Antenor. *Estudos filológicos*, 1ª série. Rio de Janeiro: Civilização Brasileira, 1939.

_____. *Dicionário etimológico da língua portuguesa*. Rio de Janeiro: Francisco Alves, 1932-1952. (t. 1, nomes comuns; t. 2, nomes próprios.)

_____. *Dicionário de sinônimos*. Coimbra: Atlântica, 1957.

_____. Métodos de estudo e de pesquisa em matéria de filologia portuguesa. *Revista da Universidade de Minas Gerais,* Belo Horizonte, n. 9, [s.d.].

NAYLOR, John S. *Information writing*. New York: Macmillan, 1942.

NEWSON, N. William; WALK, George E. *Form and standards for thesis writing*. Scranton, PA: International Textbook Co., 1950.

NEY, João Luís. *Prontuário de redação oficial*. Rio de Janeiro: Dasp, [s.d.].

NOGUEIRA, Júlio. *A linguagem usual e a composição*. 12. ed. Rio de Janeiro: Freitas Bastos, [s.d.].

NORGAARD, Margaret. *A technical writer's handbook*. New York: Harper & Brothers, 1959.

OITICICA, José. *Manual de estilo*. Rio de Janeiro: Francisco Alves, 1936.

_____. *Teoria da correlação*. Rio de Janeiro: Simões, 1952.

OLIVEIRA, Célia Therezinha. Semântica/histórico. *Revista de Cultura Vozes,* Petrópolis, v. 44, n. 7, set. 1970.

OLIVEIRA, Cleófano Lopes de. *Flor do Lácio*. São Paulo: Saraiva, 1961.

PASSOS, Alexandre. *Arte de pontuar*. Rio de Janeiro: Pongetti, 1955.

PENA, Cornélio. *Fronteira*. Rio de Janeiro: Ariel, 1935.

PENTEADO, J. R. Whitaker. *A técnica da comunicação humana*. São Paulo: Pioneira, 1964.

PERRONE-MOISÉS, Leyla. *O novo romance francês*. São Paulo: Desa, 1966.

PESSOA, Osvaldo Frota. *Biologia na escola secundária*. Rio de Janeiro: Centro de Pesquisas Educacionais/Inep, 1960.

_____. *Iniciação à ciência*. Rio de Janeiro: Fundo de Cultura, 1963.

POLTI, Georges. *The thirty-six dramatic situations*. Tradução de Lucille Ray. Boston: The Writer Inc., 1948.

POMPÉIA, Raul. *O Ateneu*. 7. ed. Rio de Janeiro: Francisco Alves, [s.d.].

PONTIFÍCIA UNIVERSIDADE CATÓLICA DO RIO DE JANEIRO. *Normas para apresentação de teses e dissertações*. Rio de Janeiro: PUC-Rio, 1976.

PORTELLA, Eduardo. *Literatura e realidade nacional*. Rio de Janeiro: Tempo Brasileiro, 1963.

PÓVOA JR., Hélio. Lipídeos no sêmen. *Arquivos Brasileiros de Endocrinologia e Metabologia*, Rio de Janeiro, v. 13, n. 3, 1964.

PRADO, Eduardo. In: CASASANTA, Mário (Org.). *Eduardo Prado*: trechos escolhidos. Rio de Janeiro: Agir, 1959. (Coleção Nossos Clássicos, v. 39).

_____. *A ilusão americana*. São Paulo: [s.n., s.d.].

PROPP, Vladimir. *Morphology of the folktale*. Tradução de Laurence Scott. Indiana University Research Center in Anthropology, Folklore and Statistics. Bloomington: Indiana University Press, 1958.

QUEIRÓS, J. M. Eça de. *A cidade e as serras*. Porto: Lello, 1901.

_____. Notas contemporâneas. In: SIMÕES, João Gaspar (Org.). *Eça de Queirós*: trechos escolhidos. Rio de Janeiro: Agir, 1957. (Coleção Nossos Clássicos, v. 9).

_____. *A ilustre casa de Ramires*. Porto: Lello, [s.d.].

QUEIROZ, Dinah Silveira de. Manhosando. In: MIRANDA, Murilo (Org.). *Quadrante 2*. Rio de Janeiro: Editora do Autor, 1963.

QUEIROZ, Rachel de. *Três romances*: O quinze. João Miguel. Caminho de pedras. Rio de Janeiro: José Olympio, 1948.

RAMOS, Graciliano. *Vidas secas*. São Paulo: Martins, 1965.

RAMOS, João de Deus Nogueira. *Campos de flores*. Lisboa: Bertrand, 1922.

READ, Herbert. *Collected essays in literary criticism*. London: Faber & Faber, 1951.

REBELO, Marques. *Marafa*. São Paulo: Cia. Editora Nacional, 1935.

_____. Crônica sem título. In: BANDEIRA, Manuel; ANDRADE, Carlos Drummond de. *Rio de Janeiro em prosa & verso*. Rio de Janeiro: José Olympio, 1965.

REGO, José Lins do. *Banguê*. Rio de Janeiro: José Olympio, 1934.

RIBEIRO, Ernesto Carneiro. *Serões Grammaticaes*. 2. ed. Salvador: Estabelecimentos dos Dois Mundos, 1915.

RIBEIRO, João. *Frases feitas*. Rio de Janeiro: Francisco Alves, 1908.

_____. *História do Brasil*. Rio de Janeiro: Francisco Alves, 1935.

_____. *Floresta de exemplos*. Rio de Janeiro: São José, 1959.

_____. Brasil primitivo — a terra e os habitantes. In: LEÃO, Múcio (Org.). *João Ribeiro*: trechos escolhidos. Rio de Janeiro: Agir, 1960. (Coleção Nossos Clássicos, v. 49).

RICARDO, Cassiano. *O indianismo de Gonçalves Dias*. São Paulo: Conselho Estadual de Cultura, 1964.

RICHARDS, I. A. *The philosophy of rhetoric*. New York: Oxford University Press, 1950.

_____. *Principles of literary criticism*. London: Routledge & Kegan Paul, 1952.

ROBBE-GRILLET, Alain. *Pour un nouveau roman*. Paris: Les Éditions de Minuit, 1963.

ROMERO, Sílvio. Evaristo da Veiga. In: WERNECK, Eugênio. *Antologia brasileira*. Rio de Janeiro: Francisco Alves, 1932.

RÓNAI, Paulo. Útil ainda brincando. In: FERREIRA, Aurélio Buarque de Holanda. *Enriqueça o seu vocabulário*. 2. ed. Rio de Janeiro: Civilização Brasileira, 1965.

ROQUETTE, J. I.; FONSECA, José da. *Dicionário dos sinônimos — poético e de epítetos — da língua portuguesa*. Porto: Lello, 1949.

SABINO, Fernando. *Encontro marcado*. Rio de Janeiro: Civilização Brasileira, 1956.

SÁ-CARNEIRO, Mário de. *Poesias*. Lisboa: Ática, 1953.

SALOMON, Délcio Vieira. *Como fazer uma monografia*. Belo Horizonte: Interlivros, 1973.

SANTOS, T. Miranda. *Manual de filosofia*. São Paulo: Cia. Editora Nacional, 1964.

SAUSSURE, Ferdinand de. *Cours de linguistique générale*. Paris: Payot, 1931.

SCHAFF, Adam. *Introdução à semântica*. Tradução de Célia Neves. Rio de Janeiro: Civilização Brasileira, 1968.

SCHEFER, Jean-Louis. L'image: le sens investi. *Communications*, Paris, n. 15, 1970.

SCHMIDT, A. Frederico. *Prelúdio à Revolução*. Rio de Janeiro: Ed. do Val, 1964.

SCHUTTE, William M.; STEINBERG, Erwin R. *Communication in business and industry*. New York: Holt, Reinehart and Winston, 1962.

SÉGUIER, Jaime de (Dir.). *Dicionário prático ilustrado da língua portuguesa*. Lisboa: Lello, 1949.

SERRANO, Jônatas. *História da civilização*. Rio de Janeiro: Briguiet, 1940.

SERRÃO, Joel; GRÁCIO, Rui. *Lógica e teoria do conhecimento*. Lisboa: Sá da Costa, 1962.

SILVA, Benedicto. *Publicidade administrativa*. Rio de Janeiro: FGV, 1954. (Coleção Cadernos de Administração Pública, n. 3).

SILVA, L. A. Rebelo da. Última corrida de touros em Salvaterra. In: BARRETO, Fausto; LAET, Carlos de. *Antologia nacional*. Rio de Janeiro: Francisco Alves, 1960.

SILVA, Rebeca Peixoto da et al. *Redação técnica*. Porto Alegre: Formação, 1975.

SILVEIRA, A. F. de Sousa da. A linguagem nacional e o seu estudo. *Revista da Língua Portuguesa,* Rio de Janeiro, n. 9, p. 17-32, 1921.

SOUCHÉ, A.; Lamaison, F. *La grammaire nouvelle et le français*. Paris: Fernand Nathan, 1953.

SOUZA, João da Cruz e. *Poesias completas*. Rio de Janeiro: Zélio Valverde, 1944.

SPITZER, Carlos. *Dicionário analógico da língua portuguesa*. Porto Alegre: Globo, 1936.

STEEL, Eric M. *Readable writting*. New York: Macmillan, 1950.

SUBERVILLE, Jean. *Théorie de l'art et des genres littéraires*. 4. ed. Paris: L'Ecole, [s.d.].

TAUNAY, Visconde de. Tarde sertaneja. In: WERNECK, Eugênio. *Antologia brasileira*. Rio de Janeiro: Francisco Alves, 1932.

_____. *Inocência*. 15. ed. São Paulo: Cia. Editora Nacional, [s.d.].

TAVARES, Hênio. *Técnica de leitura e redação*. Belo Horizonte: Bernardo Álvares, [s.d.].

THOMPSON, W. *Fundamentals of communication*. New York: McGraw-Hill, 1957.

THORPE, Clarence Dewitt; WELLS, Carlton F. *College composition*. New York: Harper & Brothers, 1949.

TODOROV, Tzvetan. Recherches sémantiques. *Langages*, n. 1, 1966a.

_____. Les anomalies sémantiques. *Langages*, n. 1, 1966b.

_____. Les categories du récit littéraire. *Communications*, Paris, n. 8, 1966c.

_____. APRESJEAN, J.; LOUNSBURY, F. G. Recherches sémantiques. *Langages*, Paris, Didier-Larousse, n. 1, mars 1966.

TRAINOR, Francis X.; MCLAUGHLIN, Brian K. An inductive method of teaching composition. *The English Journal*, v. 3, n. 6, 1963.

TRIBOULLOIS, E. *Apprenons à rédiger*. Paris: Delagrave, 1936.

ULMANN, Stephen. *Language and style*. Oxford: B. Blackewell, 1964.

_____. *Semântica*. Tradução de J. A. Osório Mateus. Lisboa: Fundação C. Gulbenkian, 1967.

UMAN JR., Joseph N. *Relatório técnico*. Volta Redonda: Companhia Siderúrgica Nacional, 1957.

UNIVERSITY OF CHICAGO. *A manual of style*. Chicago: University of Chicago Press, 1937.

VALERY, Paul. *Varieté* III. Paris: NRF, 1953.

VENDRYÈS, Joseph. *Le langage*. Paris: La Renaissance du Livre, 1921.

VERA, Armando Asti. *Metodologia da pesquisa científica*. Tradução de Maria Helena Guedes Crespo e Beatriz Marques Magalhães. Porto Alegre: Globo, 1973.

VERÍSSIMO, Érico. *Olhai os lírios do campo*. Porto Alegre: Globo, 1939.

_____. *Música ao longe*. São Paulo: Cia. Editora Nacional, 1953.

_____. *Clarissa*. Porto Alegre: Globo, 1956.

VIANA, M. Gonçalves. *A arte de redigir*. Porto: Figueirinhas, 1945.

VIANA FILHO, Luís. *Antologia* (de Rui Barbosa). Rio de Janeiro: Casa de Rui Barbosa, 1953.

VIEIRA, Antônio Pe. *Sermões e lugares seletos*. Seleção, introdução e notas de Mário Gonçalves Viana. Porto: Educação Nacional, 1941.

_____. *Sermões*. Seleção, introdução e notas de Eugênio Gomes. Rio de Janeiro: Agir, 1957. (Coleção Nossos Clássicos, v. 2).

VITORINO, Eduardo. *Dicionário de ideias afins*. Rio de Janeiro: [s.n.], 1948.

WELLEK, René; WARREN, Austin. *Teoria literária*. Madrid: Gredos, 1953.

WERNECK, Eugênio. *Antologia brasileira*. Rio de Janeiro: Francisco Alves, 1932.

WILFRED, Funk; LEWIS, Norman. *30 days to a more powerful vocabulary*. New York: Pocket Books, 1952.

WILSON JR., E. Bright. *An introduction to scientific research*. New York: McGraw-Hill, 1952.

WISE, J. Hooper et al. *College English*. New York: Harcourt, Brace Co., 1952.

WYKROFF, George S.; SHAW, Harry. *The Harper handbook*. New York: Harper & Row, 1962.

ZAGURY, Eliane. Estrutura e tipologia do símile em "Histórias de Alexandre". *Revista de Cultura Vozes*, n. 7, set. 1970.

Índice de assuntos

A

acumulação e redundância, 270
agradecimentos, 407
alegoria, 112
alíneas e subalíneas, 424
alusão, 226, 227
ambiente, 264
    descrição de, 253
    com figuras, 486
    sem figuras, 487
ambiguidade, exercícios para evitar, 494
ambitus verborum, 33, 73
amplificação, 203, 355
    expressão redundante e, 204, 205, 206
    inábil, 205, 206
    na poesia bíblica, 205
    vocabulário, 206
anacoluto, 286
    aparente, 57
    intencional, 286
anadiplose, 285
anáfora, 285
análise, 327, 328, 364
    formal, 328
    informal, 328
    decomposição, 330
    exercícios, 506
análise literária
    de obras de ficção, roteiro para, 262 a 266
análise sintática, abuso da, 29
    indicação de circunstâncias, 75
    método irradiante de, 76
    praticada como meio, 75
analogia, 232, 233, 234, 323, 352
    comparação e, 232
    falsa, 323, 327
    semelhança e, 327

anástrofe, 276
anedota, 259
animismo, 113
anomalia semântica, 61
antítese, 99, 100, 101, 232
    oposição e contrastes, 452
    variantes, 101
    exercícios, 452
antonomásia, 121, 122
apêndices e anexos, 413
apódose, 72, 73, 74, 131
apólogo, diálogo à maneira de, 515
área semântica, 77
    de causa, vocabulário da, 78
    de consequência, fim e conclusão, 81
    vocabulário, 86, 87
    de oposição, vocabulário da, 104
    de tempo, vocabulário da, 95
    exercícios, 465
argumentação, 236, 311, 379, 380
    condições da, 380
    contestação e, 385, 386
    dissertação e, 379
    elementos da, 381
    formal, 388, 389, 390
    informal, 383, 384, 385, 387
    plano-padrão de, 390
    sermão e, 390
    exercícios, 506, 507
argumento
    ad hominem, 381
    ad populum, 381
    consistência do, 381
    formulação de, 389
    refutação de, 385
aspecto
    acomodativo, 91
    aparencial, 91

aspecto (cont.)
    benefectivo, 91
    causativo ou factivo, 90
    cessativo ou concluso, 89
    comitativo, 91
    conativo, 90
    conceito de, 88
    cursivo, 89
    desiderativo, volitivo ou intencional, 89
    distributivo, 91
    durativo, 89
    efectivo, perfectivo ou transicional, 89
    iminente, 91
    incoativo ou inceptivo, 89
    inferente ou putativo, 91
    obrigatório, 90
    perífrases verbais denotadoras de, 89
    permissivo, 90
    potencial, 90
    progressivo, 89
    resultativo, 91
    tempo e, 88
Associação Brasileira de Normas Técnicas, 409, 421, 422, 424, 427
assunto
    ficha de, 347, 348
    tema e, 258
autobiografia, 259
autor, 426, 427
autoridade do testemunho, 310
axioma, 319

B

biografia, 259
branco paragráfico, 220

C

campo associativo, 196, 197
catacrese, 111, 112
    metáfora natural e, 111, 112
catalogação, 344, 345
    ficha de, 346
catálogo ou fichário, 344
catástrofe, ver apódose
causa, 77, 78, 79, 80, 81, 87
    área semântica de, 77, 78

causa (cont.)
    circunstâncias de, 78, 80
    efeito e, 237, 239, 240, 241, 321
    exclusão de, 81
    falsa, 319
    fim e, 81
    gradação, 81
    notória, 81
    vocabulário, 78
causação, 90
    motivação e, 237
causa e consequência, 81, 82, 87
    modelos, 451, 452
    exercícios, 451
cenas dramáticas, 485, 487, 488
cessação ou terminação, 89
círculo vicioso, 318
circunstâncias, 75, 76, 353
    conceito de, 76
    de causa, 78
    indicação de, 75
    exercícios, 450
citações, 424, 425
clareza, ver coerência e ênfase
    exercícios, 494, 495
classificação, 329, 330, 331, 332
    artificial e natural, 330
    bibliográfica, 341, 342
    decimal de Dewey, 342
    decimal universal, 342, 343
    esboço de plano e, 331
    hierarquização e, 330
    exercícios, 503, 504
clichê, 113
    metafórico, 113
clímax, 257
códigos,
    de correção de texto, 432
    de correção tipológica, 433
coerência, 267, 268, 269
    artifícios estilísticos, 105, 106
    como obter, 287
    no parágrafo e na frase, 267, 268, 269
    ordem cronológica, 287, 288
    ordem espacial e, 289
    ordem lógica e, 289, 290
    unidade, ênfase e, 267
    exercícios, 490, 491

coleta de dados; ver pesquisa
comparação, 99, 324, 352
    analogia e, 232, 233
    gramatical, 105
    metafórica, 105
    oratória, 234
    parábola e, 112
    propriamente dita, 105
    símile, 105
    exercícios, 514, 515
complicação, ver enredo
composição, 219
    de tema colegial, exemplo de, 357
    em prosa, principais gêneros, 393
    não literária, 393
comunicação
    eficácia da, 301, 303, 304, 305, 498
    falácias da, 301, 318, 319, 498
    linguagem e, 33
conação, 91
concisão
    falta de, 297
    do parágrafo, 321
conclusão, 81, 353, 355, 358, 372, 375, 386, 413
    consequência, fim e, 81
    do artigo-relatório, 413
    na argumentação formal, 390
    no parágrafo, 223
    exercícios, 450, 451
concomitância, 103
concordância, 385, 386
concreto e abstrato, 185, 186, 187, 188, 189
condição, 97, 98
    ausência de, 98
condicionante, 72
conexão de ideias, 291, 292, 295
confirmação, 387
confronto, 231
    desenvolvimento por, 231
    com interpolação de diálogos, 515
    exercícios, 512, 514
conjunções
    aditivas ou aproximativas, 43
    adversativas, 43
    alternativas, 43
    alternativas-concessivas, 43
    conclusivas, 44
    condicionais típicas, 97

conjunções (cont.)
    coordenativas, 42
    explicativas, 44
    proporcionais, 95
    restritivas, 44
    subordinativas, 42
conotação, 178, 179
    denotação e, 178, 179
    metaforização e, 180
    exercícios, 459
consequência, 81, 82, 84
    causa e, 81, 82, 86
    fim, conclusão e, 81, 86
    exercícios, 450, 451
consequência, fim e conclusão, 81
    área semântica de, vocabulário, 86
considerações gerais, ver plano
contaminação sintática, ou cruzamento, 54
contestação ou refutação, 385, 386
contexto
    ad hoc, 178
    grau de generalização e, 186
    palavras e, 176
    polissemia e, 175
conto; ver narração
contraste, 353
    confronto e, 231
    desenvolvimento por, 231
    exercícios, 451, 452, 514, 515
conversa dirigida, 340
coordenação, 52, 53, 123
    assindética, 49
    conjunções coordenativas e, 42
    correlação, paralelismo e, 52
    encadeamento e, 42
    ênfase e, 51
    falsa, 48, 49
    gramatical, 48
    lógica, 331
    período composto por, 52
    relação causal e, 80
    relação de igualdade e, 364
    sem paralelismo, 57
    subordinação e, 42, 44, 50, 51, 52
    exercícios, 442
correlação, 42, 52, 72
    coordenação, paralelismo e, 52
    semântica, falta de, 60

correspondência
  administrativa, 393
  comercial e bancária, 393
cruzamento, 54
  contaminação sintática ou, 54
  de sensações, 475

D

dados, ver pesquisa
  coleta de, 340
  estatísticos, 383
declaração, 353, 384
  que prescinde de prova, 304
  validade da, 304
dedução, 308, 313, 319
  indução e, 500, 501
  exercícios, 500, 501
definição, 246, 308, 323, 327, 332, 333, 351, 352
  conotativa ou metafórica, 504
  desenvolvimento por, 244
  incorreta, 319
  inexata, 319
  modus sciendi e, 332
  semântica, metalinguística ou lexicográfica, 332
  exercícios, 505
definição conotativa
  estrutura formal da, 334
  referencial ou ostensiva, 332
  requisitos da, 334
  exercícios, 504
denotação, 178
  conotação e, 178
  na semântica estrutural, 178
dependência semântica, 47
depoimento, 340
descrição
  de ambiente (interior), 253
  de campo ou de laboratório, 396
  de objeto ou processo, plano-padrão de, 399
  de objeto ou ser, 395
  de paisagem, 251
  de processo, 397, 398
  de personagens, 249
  finalidade da, 246
  literária, 246
  objetiva, realista ou expressionista, 248, 249

descrição (cont.)
  ordem dos detalhes na, 247
  parágrafo de, 246
  plano de, 396
  qualidade primeira da, 253
  subjetiva ou impressionista, 248
  técnica, 393, 394
  técnica, ponto de vista e objetivo na, 395
  tipicamente científica, 396
desenlace ou desfecho, 256, 257
desenvolvimento, 230, 374
  da ideia-núcleo, 273, 371
  do parágrafo, 222, 230
  do relatório, 405
  por analogia e comparação, 324
  por causa e efeito, 240
  por citação de exemplos, 234
  por confronto e contraste, 231, 232
  por definição, 244
  razões e consequências no, 238
  exercícios, 479, 488
desinência, 195
diácope, 285
diálogo, 147
  exercícios, 511, 512, 513
dicionário(s), 176, 209, 215, 216, 332, 333
  analógico ou de ideias afins, 209, 211, 216, 331
  classes de, 208
  de definições, 208, 215
  de língua portuguesa mais recomendáveis, 215, 216
  de sinônimos, 208, 210, 214, 215, 216
  enciclopédia e, 208
  especializado ou técnico, 208
  etimológico, 216
  popular, 209
  uso do, 209, 210
discurso
  limites gramaticais do, 33
  misto, 147
  verbos e pronomes no, 153, 154
discurso direto, 147, 149, 153, 154, 164
  indireto dentro do, 157, 158
  personagem e, 149
  pontuação no, 161
discurso indireto, 147, 149, 153, 154, 155, 156, 157, 158, 164
  dentro do direto, 157, 158

livre, características do, 165
ou semi-indireto, 165, 167
técnica do, 166, 169
discussão da ideia principal, 373
dissertação, 353, 355, 373, 376, 379, 380, 388, 390, 393
argumentação e, 380
científica, 405, 406
como planejar e elaborar a, 376
roteiro ou plano de, 355
exercícios, 485, 486, 506
dissertações científicas, 405
amostra de sumário de, 415
bibliografia nas, 413, 414
estrutura típica das, 406, 407
índice nas, 414
nomenclatura das, 405
sumário nas, 415
distinção, 351, 352
divisão
análise ou, 363
em "Meditações", 376
incompleta, 319
incorreta, 319
documentação, 421
duração, ver aspecto

E

edição, 428
data da, 429
editora, 429
eficácia
da comunicação, 301, 303
do raciocínio, 353
do raciocínio silogístico, 353
expressiva dos provérbios, 73
exercícios, 498
elucidário, 209, 214
emblema, 120
ementa, 402
encadeamento
coordenação e, 42
hierarquização e, 42
enciclopédia, 208, 344
ênfase, 51, 267, 268, 269, 276, 280, 281
clareza, coerência e, 282
como conseguir, 276
gradação e, 283

ênfase (cont.)
ordem de colocação e, 276
outros meios de conseguir, 284
no parágrafo, 267
"regrinha" da, 283
exercícios, 494
enlace correlato, 55
enredo, 263
clímax e, 256, 257
complicação e, 257
desfecho ou desenlace, 257
estágios do, 257
exposição e, 257
intriga ou, 256, 373
tema e assunto no, 258
entimema, 315, 316
entrecho, 373
entrevista, 340
enumeração, 230
em "Meditações", 376
imperfeita ou incompleta, 307
não caótica, 39
perfeita, 324
epanalepse, 285
epiquirema, 314
epístrofe, 285
epítese, 73
erro
de acidente, 319, 323
de julgamento, 321
natureza do, 318
escrever e pensar, 303
ensinar a, 303
espaçamento, 423
estilo, 123
defeitos a evitar, 276
estertorante ou convulsivo, 128
indireto livre, 164
jornalístico, 279
moderno, 125
picadinho, 127
prolixo, 203
qualidades do, 267
estrutura
ausente, 178, 182
da narrativa, 263
de frase, 299
do raciocínio dedutivo, 359

estrutura (cont.)
    do silogismo, 355
    formal da definição denotativa, 334
    silogística dedutiva no parágrafo, 357
estrutura sintática
    da frase, 29, 32, 33
    e feição estilística, 30, 32
    opositiva ou concessiva, 102
Euclides, 319
evidência, 381
    tipos de, 381
exemplos, ver desenvolvimento
exemplum, 234
exercícios, 439 a 515
experiência
    e observação, 339, 340, 370
    e pesquisa, 339
explanação, 379
    argumentação e, 373
    em cadeia, 242, 243
explicação, 75
exposição, 257, 379
    narrativa, características da, 397, 398
expressão
    luta pela, 210
    pensamento e, 173
    redundante na amplificação, 203, 204
expressividade
    no estilo de Euclides da Cunha, 191
    normas de, inspiradas pela lógica, 71
expressões latinas usuais, 430

F

fala, 33
falácias
    da comunicação, 301, 318
    do raciocínio, 353
    identificação de, 499
    exercícios, 498
famílias de palavras, 195, 196
fato, 254, 381
    fidedigno, 307
    indício e, 305, 306
    inferência e, 498
    suficiente e insuficiente, 306, 307
    típico ou característico, 306
    validade do, 306
    exercícios, 498

feição estilística da frase, 29, 30, 31, 123 a 146
fichas
    bibliográficas, 346, 347
    de assunto, 347, 348
    de resumo, 348
fichário, 344, 345
fim, consequência e conclusão, 81, 82
flashback, 288
fluxo de consciência, 138, 139, 140, 141, 142, 167
frase, 32
    brevidade da, 125
    caótica, 30, 130, 138, 139, 140, 141, 142, 143
    centopeica, 131, 453
    complexa, 33
    curta modernista, 126
    de arrastão, 30, 123, 124
    de estrutura difícil de caracterizar, 299
    de ladainha, 30, 129, 130, 131, 140
    de situação ou de contexto, 38, 135
    entrecortada, 30, 125, 127, 128, 132
    entrecortada prejudicial, 272
    estrutura sintática e feição estilística da, 29, 30, 32, 33, 123
    expressividade máxima da, 71
    fragmentária, 135 a 140
    gramaticalidade e inteligibilidade da, 33, 34, 35
    inarticulada, 38
    labiríntica, 131
    nominal, 38
    oração subordinada e fragmento de, 135
    parentética ou intercalada, 144, 145, 146
    período, oração e, 32
    picadinha, 127
    pós-modernista, 139
    qualidades do parágrafo e da, 267
    sem verbo, 40
    simples, 33
    soluçante, 127, 128, 132
    exercícios, 437

G

generalização e abstração, 186
generalização e especificação, 185, 186, 192, 193, 194, 231, 288, 290, 304, 308, 311, 321, 356
    nas ciências experimentais, 187
    no estilo literário, 188
    no método dedutivo, 311

generalização e especificação (cont.)
    no método indutivo, 308
    valor expressivo de, 194
"geração de 45", 129
glossário, 209, 214
gradação, 283
    decrescente, 364
    enfática, 280
gramática e gramaticalidade, 33, 34

H

hierarquização, 42, 44
hipérbato, 276
hipotaxe, 44
hipótese, 321, 323

I

ideia(s)
    análogas ou afins, 77
    associação natural de, 75
    central e secundária no parágrafo, 219
    circunstâncias e outras relações entre, 75
    como criar, 337, 350, 366
    criação, planejamento e desenvolvimento de, 353, 502
    em cadeia, 242
    explanação de, 359
    geral, subordinadas e coordenadas, 370, 371, 372
    núcleo, desenvolvimento sem fragmentação, 273
    principal, discussão e desenvolvimento da, 380
    relevantes em parágrafos diferentes, 272
    transição e conexão de, 291
    exercícios, 469, 470, 502
ignorância de causa ou questão, 319, 320, 321
ilustração, 353, 381, 382
imagem, 110, 111
    metáfora e, 110
    poética, 110
imantação semântica, 197
iminência, ver aspecto
impertinência semântica, 61
incidente, 259
incoação, 89
inconsequência, 61

índice, em relatórios ou artigos, 413
indício, 305
indução, 308, 313, 315, 319, 322
    dedução e, 500
    de enumeração perfeita, 324
    parcial ou imperfeita, 323, 324
    exercícios, 500, 501
inferência, 305
    fato e, 305
    indício e, 305
    observação e, 305
    presunção e, 306
    provável e improvável, 305
    exercícios, 501
inquérito, 340
Instituto Brasileiro de Bibliografia e Documentação (IBBD), 421, 422
intelligence quotient (I.Q., ou Q.I.), 174
intensidade dramática no período curto, 454
interrogação
    direta, 148, 154
    indireta, 148
    parágrafo começado com, 228
interrogatório, 340
interrupção intencional, 286
intriga, 256
    estágios progressivos da, 257
introdução, 374
    extensão da, 382
    no parágrafo, 221
    no relatório, 402
    segundo Aristóteles, 373
invenção de premissas, 502
inversão, 276
Irmãos Maristas, 240
isocronismo, 59, 101
    similicadência e, 59
itálico, 424
iteração, 89

J

juízo de simples inspeção, 381
justaposição, 42, 48
    casos de, 48
    relação causal e, 80

L

leitura, 341
letter of transmittal, 402

lexema, 108
linguagem
    comunicação e, 33
    concreta, nos provérbios, 188
    ideal, 176
    precisa, clara e pitoresca, 186
    sistema de símbolos, 175
listas bibliográficas, 426
livro, primeiro contato com o, 346
local de publicação, 428
locuções verbais, 89
lógica, 313

M

margens, 422, 423
    axioma e, 319
    frase característica de, 38
"Meditações" de Gilberto Amado, 376
análise das partes e plano de, 378
metáfora, 77, 99, 106, 244
    antitética, 100
    estética ou estilística, 109, 111
    imagem e, 110
    linguística, 109
    morta, 111
    motivações da, 106
    natural, 111
    planos da, 107, 108
    tropo e, 107
método, 307, 308
    de autoridade, 308
    dedutivo, 311, 354
    de raciocínio, 308
    de trabalho, 307
    experimental, 321
    indutivo, 308
    silogístico, 502
    sistemático, 327
metonímia, 77, 110, 114, 115, 116, 191, 244
    contiguidade na, 114
    de sentido concreto, 192
    relações reais de ordem qualitativa na, 115
Modernismo
    advento do, 138
    heranças do, 139
modos de saber, 327
modus sciendi, 309, 327, 329
monografia, 405, 406

monólogo, 138
    de fluxo de consciência, 139
    interior, 139, 140, 141, 142, 143
    diálogo e, 161
    solilóquio e, 138
motivação e causação, 237
motivo, 76

N

narração, 393
    de processo, 513
    em primeira e terceira pessoas, 256
    enredo ou intriga na, 256
    epílogo da, 256
    matéria e circunstâncias da, 254
    ordem e ponto de vista na, 256
    parágrafo de, 246, 260, 363, 367, 368
    variedades de, 258, 259
    exercícios, 507, 513
negação e afirmação, 98
    exercícios, 471
negrito, 424
normalização, 421
notas, como tomar, 346, 347
nouveau roman, 257
novela, 259
numeração
    das páginas, 423
    das seções, 423

O

obrigação, compromisso e necessidade, 90
observação, 321
    acurada, 306
    experiência e, 339, 368
    inexata, 319, 321
    inferência e, 305
"O cajueiro" de Rubem Braga, 370
    análise das partes de, 371
    funções das partes de, 373
    plano de, 374
"O Ginásio Mineiro de Barbacena" de Daniel de Carvalho, 368
oposição
    concessão e, 99
    tempo, progressão e, 95
    vocabulário da área semântica de, 104

oposição (cont.)
    exercícios, 452
oração(ões)
    adverbiais, 46, 64
    articulação de, 71
    coordenação de, 42
    correlação de, 42
    dependentes e independentes, 44, 45
    deslocamento dos termos da, 264, 265
    falsa coordenação de, 48, 49
    frase, período e, 32
    hierarquização de, 44
    justaposição de, 42
    parentéticas, 144
    principal, escolha da, 66
    principal, ideia predominante na, 66
    principal, posição da, 71
    principal, relevância da, 63
    proposição e, 32
    subordinação de, 41, 42
    subordinada e fragmento de frase, 135, 136
    subordinadas adjetivas, 46
    subordinadas condicionais, 96
    subordinadas, famílias de, 45
    subordinadas, funções das, 45
    subordinadas substantivas, 45
    exercícios, 443, 444, 447
oratio obliqua, 148
oratio recta, 147
ordem
    cronológica, coerência e, 287
    direta e inversa, 276, 277
    dos detalhes, 247, 248
    dos fatos narrados, 256
    espacial, 289
    gradativa, 283
    lógica, 289, 290, 365
    exercícios, 474, 475
originais, preparação dos, 419
oximoro, 101, 102

P

paisagem
    campestre, 488
    com figuras, 486
    descrição de, 251

paisagem (cont.)
    provinciana, 487
    urbana, 487
palavra(s)
    abstratas e ideias confusas, 186
    contexto e, 175, 176, 177, 178
    de referência ou transição, 291
    famílias de, 195
    famílias etimológicas de, 195
    famílias ideológicas de, 196
    formação de, 195
    ideias e, 173
    sentidos das, 173, 178, 179
palavra-puxa-palavra, 197
papel, 422
parábola, 112
paradoxo, 99, 101
paráfrase, 200, 201, 202
    e resumo, 201, 202
parágrafo, 219
    causa e efeito no, 240
    começado por interrogação, 228
    com estrutura silogística dedutiva, 357
    como desenvolver o, 230
    como unidade de composição, 219, 245
    concisão do, 321
    de dissertação, núcleo do, 221, 222
    de narração, 246, 260, 261
    descritivo, 191, 246, 250, 252
    desenvolvimento do tópico frasal no, 245
    razões e consequências
    no desenvolvimento do, 238
    extensão do, 220
    importância do, 220
    incoerente, 492
    introdução, desenvolvimento e conclusão no, 222, 223
    justificação do, 223
    omissão de dados no, 227
    modos de iniciar o, 226
    principais qualidades do, 267
    redação com modelos, 484
    tópico frasal implícito no, 228
    unidade, coerência e ênfase do, 267
    valor didático do estudo do, 245
    exercícios, 479, 483, 484, 492
parágrafo-padrão, 219, 222
    estrutura do, 222

paralelo, 231
paralelismo, 52 a 63
   falta de, 57
   gramatical, 54, 55, 56, 57, 58, 60, 62
   implicações didáticas do, 62
   isométrico ou isocrônico, 101
   métrico, 101
   partícula e, 58
   rítmico e sintático, 287
   rítmico e similicadência, 59
   semântico, 60
   semântico, falta de, 296
   semântico, ruptura de, 60, 61
   sintático, falta de, 296
   exercícios, 441, 492
paralogismo, 318, 321
par alternativo, 47
parataxe, 42
par correlato, 54, 95, 104
   enlace correlato ou, 55
parêntese de correção, 286
partículas
   a partícula "pois", 81
   de transição, 291
   explicativas, 58
pensamento e expressão, 173
pensar e escrever, 303
perfil, 260
perífrase, 89, 122
período, 32
   agrupamento de orações, 33
   caudaloso, 453
   clássico, 125
   composto, 32, 33, 42
   composto por coordenação, 52
   curto e intensidade dramática, 454
   frouxo ou lasso, 71, 73
   híbrido, 41
   núcleo significativo do, 72
   organização do, 63, 71
   posições mais enfáticas no, 69
   tenso, 71, 73, 75, 131
   exercícios, 442, 450
personagem, 249
personificação, 113
perspectiva semântica, 65
pesquisa
   bibliográfica, 341
   experiência e, 339

petição de princípio
   círculo vicioso ou, 319
   declaração e, 320
phrase coupée, 127
planejamento, 361
plano
   classificação e esboço de, 331
   de composição, modelo de, 370 a 374
   desenvolvimento de, 374
   de dissertação, 355
   de "Meditações", 376
   "esqueleto" de um, 375
   real e imaginário na metáfora, 107
   roteiro ou esquema, 332
plano-padrão
   de argumentação formal, 390
   de descrição de objeto ou processo, 399
   passe-partout ou plano-piloto, 352
pleonasmo
   enfático, 496
   intencional, 285
polarização, 182
   e polissemia, 183
polissemia, 183
   contexto e, 175
polissilogismo, 314
polissíndeto, 60
ponto de vista, 63, 64, 247, 265
   físico, 247
   mental, 248
   na narração, 256, 265
pontuação, 163
   no discurso direto, 161
possibilidade e capacidade, 90
premissa, 358, 359
   maior e indução, 356
   menor e conclusão, 356
   exercícios, 502
preparação dos originais, 419
preposição "a" e paralelismo, 56
processo
   descrição de, 397, 398
   sintático, 42
progressão, 95
   simultaneidade na, 95
prolepse, 276
pronomes, 157, 158
   nos discursos direto e indireto, 153, 158

proposição, 388
    frase e, 32
    na argumentação formal, 388
prótase, 72, 73, 131, 132
    atenuada, 74
prova, 381, 382
    revisão de, 431
provérbios
    construções paralelísticas nos, 40, 73
    eficácia expressiva dos, 73
    frase característica dos, 38
    o verbo nos, 40

R

raciocínio, 71, 136, 219, 224, 290
    consistência, 381
    dedutivo, 76, 87, 188, 223, 228, 241, 358
    dedutivo e cotidiano, 315
    falácias do, 319
    métodos fundamentais de, 308
    por analogia, 234, 323, 324
    silogismos como teste de, 359
    silogístico, importância do, 359
radical(is)
    família etimológica e, 195
    latinos e gregos, 463, 464
    exercícios, 463, 464
realce, 278
realismo mágico, 61
recomendações, no relatório, 410
redação
    colegial, falhas da, 303
    importância da, 200
    literária, 393
    oficial, 393, 394
    técnica, 393, 394, 395, 401
    técnico-científica, 395
    exercícios, 506, 507
redundância, 321
    acumulação e, 270
    estilística ou retórica, 297
reduplicação, 285
referência
    bibliográfica, 413, 424, 426, 430
    obras de, 344
    palavras de, 290, 291
    transição ou, 290, 291

refutação ou contestação, 385, 386
relatório, 395, 401
    abertura e fecho do, 402
    administrativo, 401, 402, 403
    anual, 404
    apêndices e anexos do, 413
    desenvolvimento do, 411
    espécies de, 401
    introdução de, 411
    "recomendações" em, 411, 412
    referências bibliográficas em, 416
    roteiro, 401
    técnico, núcleo do, 398
    técnico, plano padrão de, 414, 415
repetição, 284
resolutio formalis e resolutio materialis, 308
resultado, 91
resumo, 409
    ficha de, 348, 349
    sumário e, 409, 415
    exercícios, 479
revisão de originais e provas, 431
rima, 476
rodapé, 425
romance, 259
roteiro
    para análise de obras de ficção, 262 a 266
    tema e, 506

S

sema, 109, 178
Semana de Arte Moderna (1922), 129, 138
semântica, 77, 78, 86, 95, 104, 108, 135, 149, 178, 201, 208, 286, 333
semantema, 176
    dependência, 47
    constelação, 197
    imantação, 197
semelhança, 323, 324
semema, 109
semiologia, 332
sensações
    cruzamento de, 475
    exercícios de vocabulário, 465 a 468, 473 a 476
sentido
    afetivo ou conotativo, 178
    afinidades de, 467

sentido (cont.)
    específico, 185
    geral, 185
    geral e abstração, 186
    intensional e extensional, 181
    referencial ou denotativo, 177, 178
    exercícios, 468, 469
sermão e argumentação, 390
significado, 176
significante, 176
signo
    convencional, 120
    linguístico e não linguístico, 117
    signo-símbolo, 117
signum sectionis, 220
silogismo, 311, 312, 313, 314, 315, 316, 323, 353, 354, 355, 356
    como teste de raciocínio, 353
    completo e incompleto, 313
    dedutivo, 313, 353
    em série, 313
    falso e verdadeiro, 312, 313
    non sequitur, 313
    pontuação no, 313
    por erro de acidente, 319, 323
    termo médio no, 312
    tipos de, 313, 314, 316
    exercícios, 500, 501
símbolo, 117
simetria, 53
símile, 105, 106
similicadência, 59
simploce, 285
sinais de correção, 434
sinédoque, 77, 114
    causalidade na, 114
    relações de ordem quantitativa na, 116
sinestesia, 114, 475
sinônimos
    dicionários de, 216
    encadeamento de, 206
sinopse, 409
sintagma, 42
síntese, 327, 363
situações dramáticas, 258
sofisma, 318, 318, 319
    formal e material, 319
    identificação de, 498

solilóquio, 138 a 141
    dramático, 139, 140, 141
stream of consciousness, 142
subordinação
    coordenação, 42, 50, 51, 52, 66
    enfadonha, 447
    hipotaxe ou, 44
    lógica, 331
    psicológica, 46
    relação de desigualdade e, 364
    exercícios, 442
sujeito, omissão de, 295
sumário, 407
    maneira de fazer, 408
    resumo e, 409, 450, 451
suspense, 287

T

tautologia, 321
tema e assunto, 258, 264, 364
    exercícios, 506, 507
tempo
    aspecto e, 87, 88
    da narrativa, 258
    partículas denotadoras de, 94
    oposição, progressão e, 95
    vocabulário da área semântica de, 95
tempos verbais, 87 a 94
    fundamentais, 87
    tonalidades aspectuais dos, 92
tese, 373, 385
    acadêmica, 406
testemunho, 340
    autorizado, 310, 383
    falho, 383
títulos, 423
    no parágrafo, 479
tópico, 353
    subtópico e, 364
tópico frasal, 222, 223, 228, 229, 230, 231, 234, 235, 238, 239, 377
    desenvolvimento do, 243
    diferentes feições do, 224, 225
    explícito, 232, 270
    generalização e, 223
    implícito ou diluído, 228, 229
    no fim do parágrafo, 229

tópico frasal (cont.)
    exercícios, 479, 488
topic sentence, 222
transição
    coerência e, 490
    entre ideias, 291
    partículas de, 291
    exercícios, 490
translatio, 111
travessão, 144, 161, 162, 163
tropo, 107, 111

U

unidade, 267, 268, 269
    como conseguir, 270
    exercícios, 492
uniformização da digitação, 422
    citações, 424
    espaçamentos, 423
    expressões latinas usuais, 430
    itálico, negrito e versal, 424
    listas bibliográficas, 426
    margens, 422
    notas de rodapé, 425
    numeração de páginas, 423
    numeração das seções, 423
    papel, 422
    referências bibliográficas, 426
    títulos e subtítulos, 427
urdidura, 373

V

verbo(s)
    auxiliar aspectual, 91
    declarandi, dicendi, sentiendi, 148, 149, 151
    nos discursos direto e indireto, 153
    tempos dos, 87 a 94
verbo *dicendi* ou de elocução
    anteposição do, 161
    funções do, 141, 148, 149, 150, 151
    omissão do, 151
    posição do, 158, 160, 161
    separação do, 161
versal, 424
vocabulário, 171 a 184
    amplificação e, 203
    ativo e passivo, 199, 213
    como enriquecer o, 200
    concreto e abstrato, 185, 456
    das sensações, 465
    de leitura e de contato, 199
    dicionário e, 209
    geral e específico, 456
    glossário ou elucidário ou, 209, 214
    importância do, 174, 175
    mediocrizado, 476
    nível mental e, 174
    paráfrase e, 200
    pobreza de, 198
    por áreas semânticas, 465
    redação e, 200, 456, 465
    tipos de, 195, 199
    exercícios, 206, 456, 465
volição, 90

Índice onomástico

A

Adonias Filho, 485
Aiken, Conrad, 143
Aires, Matias, 133, 134, 489, 495
Albalat, Antoine, 183
Alencar, José de, 49, 125, 126, 133, 152, 153, 160, 161, 252, 253, 275, 344, 439, 446
Ali, M. Said, 38, 47, 63, 92, 94, 215, 280, 286
Allais, Alphonse, 150
Almeida, Guilherme de, 462
Almeida, José Américo de, 161
Almeida, Júlia Lopes de, 484
Almeida, Manuel Antônio de, 161, 249, 250, 251, 489
Almeida, Renato de, 134
Alonso, Amado, 251
Alves, Antônio de Castro, 43, 108, 121, 477
Amado, Gilberto, 136, 223, 376, 377, 479
Amado, Jorge, 49, 134, 149, 163
Andrade, Carlos Drummond de, 61, 63, 102, 114, 181, 227, 238, 348, 486, 514
Andrade, Goulart de, 462, 478
Andrade, Oswald de, 33, 126
Anjos, Ciro dos, 147, 152
Antoine, Gérard, 47
Apresjan, Julius, 77
Aquino, Tomás de, Santo, 308
Aranha, J. P. Graça, 487, 488
Aristóteles, 100, 187, 308, 316, 373, 374
Assis, J. M. Machado de, 61, 83, 91, 115, 126, 144, 145, 146, 149, 152, 161, 167, 246, 286, 287, 320, 428, 446, 498, 514
Associação Brasileira de Normas Técnicas, 11, 405 a 409, 411, 421, 422, 424, 430, 431, 432
Ataíde, Tristão de, v. Lima, Alceu de Amoroso
Aulete, Caldas, 216
Azevedo, Aluísio de, 6, 126, 190, 230, 249, 288, 482
Azevedo, Fernando de, 482
Azevedo Filho, Leodegário de, 201
Azevedo, F. F. Santos, 212, 216

B

Bacon, Francis, 310
Bally, Charles, 164, 169, 212
Balzac, Honoré de, 160
Bandeira, Manuel, 486
Barbosa, Rui, 6, 43, 65, 74, 84, 94, 121, 126, 132, 205, 225, 226, 232, 233, 234, 277, 283, 284, 285, 286
Bar-Hillel, Yeoshua, 182
Barreto, A. H. de Lima, 148, 150, 154, 162, 439
Barreto, Fausto, 52, 232
Barreto, Mário, 29, 30, 285
Barroso, Gustavo, 461
Barthes, Roland, 257
Bechara, Evanildo, 49, 83, 103
Bernardes, Manuel, 6, 60, 73, 133, 177, 226, 231, 232, 495, 497
Bentham, J., 186
Bergson, Henri, 183
Bilac, Olavo, 109, 284, 461
Bivar, Arthur, 216
Bocaiúva, Quintino, 453
Bokermann, Werner C. A., 397
Bolívar, Simón, 121, 493
Bonifácio, José, 121
Bopp, Raul, 113
Braga, Belmiro, 461, 462
Braga, Rubem, 371 a 374, 487, 514
Branco, Camilo Castelo, 73, 93, 155, 158
Brandão, Cláudio, 92 a 95
Brasil, Assis, 143
Brügmann, Karl, 90
Bühler, Karl, 107, 108, 176

C

Cal, Ernesto Guerra da, 59, 93, 109
Callado, Antônio, 140, 143
Câmara Jr., J. Matoso, 37, 72, 89, 148, 149, 167, 168, 169, 176
Camilo, v. Branco, Camilo Castelo
Camões, Luís de, 43, 90, 92, 101, 164, 198, 204, 448, 498
Campos, Paulo Mendes, 41
Cardoso, Lúcio, 141
Carnap, R., 182
Carpeaux, Otto Maria, 344
Carreter, F. Lázaro, 115
Carvalho, Daniel de, 369
Casares, Julio, 212
Castilho, A. F. de, 73, 84, 231
Cavalcanti, Coutinho, 480
Cavalcanti, Themistocles Brandão, 328
César, Caio Júlio, 40, 116
Chomsky, Noam, 34, 35, 53, 58
Cícero, Marco Túlio, 33, 40, 116
Coelho, Jacinto Prado, 481
Coelho, Neto, H. M., 73, 126, 249, 251, 252, 253, 461
Cohen, Jean, 32, 33, 61
Cohen, Marcel, 40
Comte, Auguste, 380, 507
Condé, José, 487
Cony, Carlos Heitor, 150, 152
Corção, Gustavo, 224, 244, 347
Correia, Raimundo, 122, 270, 476, 477
Costa, Agenor, 216
Courault, M., 100, 240
Cousin, Victor, 327
Coutinho, Afrânio, 257, 263, 485, 487
Couto de Magalhães, 488
Couto, Rui Ribeiro, 485
Cruls, Gastão, 467
Cruz e Souza, 39, 40
Cunha, Celso, 196, 468
Cunha, Euclides da, 6, 191, 193, 249, 452, 509
Cuvillier, A., 305

D

Darwin, Charles Robert, 185
Demóstenes, 116, 226, 227
Descartes, René, 310, 381

Deus, João de, 151, 204
Dewey, Melvil, 342
Dias, A. Gonçalves, 84, 121, 204, 439, 445
Diégues, Jr., Manuel, 274
Dourado, Waldomiro Autran, 128, 141, 142, 143
Doyle, A. Conan, 249
Dubois, Jean, 37, 178, 333
Du Cange, Charles, 214
Duchiez, F., 340

E

Eco, Umberto, 179, 182, 316
Euclides, 319
Evangelhos, 112

F

Farias Brito, 231
Faulkner, William, 139, 141, 143
Ferreira, Aurélio Buarque de Holanda, 133, 174, 177, 206, 210, 215
Figueiredo, Cândido de, 216
Figueiredo, Jackson de, 480
Flaubert, Gustave, 160, 164, 165, 249
Fonseca, José da, 214, 216
Fontes, Amando, 161, 486
Francis, W. Nelson, 38
Freire, Laudelino, 84, 95, 176, 180, 216
Freud, Sigmund, 257
Fry, Roger, 182
Furtado, Celso, 481

G

Galeno, 118
Galvão, Jesus Belo, 177, 286
Garcia, Cláudia Amorim, 415
Garcia, Othon M., 113
Gaum, Carl G., 397
Genette, Gérard, 117, 257
Gomes, Eugênio, 270
Góngora, Luís de, 99
Gorrell, Robert M., 316, 330
Gracio, Rui, 339
Gray, Luis, 90, 91
Greene, Graham, 249
Greimas, A. J., 258
Guilhade, Joan Garcia de, 201

Guimarães, Bernardo, 258
Gurrey, P., 173, 182

H

Hayakawa, S. I., 181, 182
Hegel, G. W. F., 339
Herculano, Alexandre, 73, 125, 205, 277, 281, 489, 497
Herder, J. G. von, 174
Hipócrates, 118, 122, 461
Homem, Homero, 487
Houaiss, Antônio, 142, 143, 215, 246, 422, 424, 427
Humphrey, Robert, 139, 141
Hugo, Victor, 40, 99, 192
Hume, David, 339
Huxley, Aldous, 142

I

Instituto Brasileiro de Bibliografia e Documentação (IBBD), 421

J

Jagot, P. C., 340
Jakobson, Roman, 34, 90, 115, 244
Jespersen, Otto, 148
Joyce, James, 139, 141, 142, 143, 257
Jucá Filho, Cândido, 280
Júlia, Francisca, 461

K

Kafka, Franz, 257
Kierzek, John M., 349
Konrad, Hedwig, 105, 109

L

Laet, Carlos de, 52, 53, 232
La Fontaine, Jean de, 164, 342
Lahr, Charles, 323
Laird, Charlton, 316, 330
Lalande, André, 110, 332
Lapa, M. Rodrigues, 113, 114
La Rochefoucauld, 101
Latino Coelho, J. M., 286, 488
Lausberg, Heinrinch, 114, 121

Leal, Henriques, 125
Lessa, Pedro, 131
Lewis, Cecil Day, 110, 258
Lewis, Norman, 174
Liard, L., 318
Lida, Raimundo, 251
Lima, Alceu de Amoroso, 86, 242, 243, 290, 439, 440
Lima, C. H. da Rocha, 10, 43, 47, 164, 235
Lins, Álvaro, 133, 347
Lips, Marguerite, 165, 169
Lisboa, João Francisco, 67, 497
Lispector, Clarice, 140, 149, 150, 162, 440
Lobato, J. B. Monteiro, 189
Lobo, Rodrigues, 73, 496
Locke, John, 106, 187, 339

M

Macedo, José Agostinho de, 198
Machado, Aníbal M., 85, 130, 131, 275, 440
Machado, Antônio de Alcântara, 126, 127
Magne, Augusto, 114, 225
Mallarmé, Stéphane, 297
Maricá, marquês de, 99, 101, 103, 319, 452, 453, 494
Mário Filho, 486
Maritain, Jacques, 225, 308, 311, 323
Marouzeau, Jules, 38, 150
Marques, F. Costa, 284
Marques, Oswaldino, 105, 110
Marques, Xavier, 270, 483
Martinet, André, 32, 182
Martins Filho, Guilherme, 399
Martins, O. N., 398
Marx, Karl, 312, 313, 315
Mateus, 112
Maupassant, Guy de, 249
McLaughlin, Brian K., 220
Meillet, Antoine, 90
Meireles, Cecília, 41, 161
Melo Neto, João Cabral de, 181
Mendonça, Lúcio de, 484
Meyer, Augusto, 39, 40, 462
Mill, J. Stuart, 178
Mont'Alverne, F. de, 488
Monteiro, Clóvis, 221, 231
Montelo, Josué, 141, 162, 168
Moraes Silva, Antônio, 43, 215
Moreira, Álvaro, 275

Mornet, Daniel, 350
Murray, J. Middleton, 110

N

Nabuco, Joaquim, 43, 241
Nascentes, Antenor, 197, 216, 274, 347
Ney, João Luís, 404
Nogueira, Júlio, 350, 352, 431
Norberto, Joaquim, 454
Norgaard, Margaret, 394, 396

O

Ogden, C. K., 175, 176
Oiticica, José, 42, 84, 127, 138, 236
Oliveira, Cleófano Lopes de, 189
Oliveira, José Carlos, 129

P

Passos, Alexandre, 132
Paul, Hermann, 107
Peixoto, Afrânio, 461
Pena, Cornélio, 139, 140, 159
Penteado, J. R. Whitaker, 183, 184, 341, 381, 387
Perrone-Moisés, Leyla, 257
Pessoa, Oswaldo Frota, 233, 328
Pimenta, Matos, 349
Pinto, Fernão Mendes, 133
Platão, 160
Plauto, 40
Polti, Georges, 258
Pompéia, Raul, 52, 74, 75, 126, 249, 250, 251, 495
Portella, Eduardo, 439
Prado, Eduardo, 445, 479, 489
Propp, Vladimir, 258
Proust, Marcel, 132, 257

Q

Queirós, J. M. Eça de, 59, 93, 101, 109, 151, 153, 159, 160, 236, 246, 247, 249, 253, 254, 283, 395, 485, 487
Queiroz, Dinah Silveira de, 161, 228
Queiroz, Rachel de, 137, 160, 161, 167, 168, 260, 261
Quental, Antero de, 236

Quiller-Couch, Arthur, 187
Quintana, Mário, 462

R

Rabelais, François, 164
Ramos, Graciliano, 129, 141, 165
Ramos, Guerreiro, 184
Read, Herbert, 110
Rebelo, Marques (Edy Dias da Cruz), 149, 190, 454
Rego, José Lins do, 141, 161, 493
Reverdy, Paul, 110
Ribeiro, Ernesto Carneiro, 215, 276
Ribeiro, João, 113, 227, 235, 476, 489
Ribeiro, Júlio, 286
Ricardo, Cassiano, 84
Richards, I. A., 108, 110, 175, 176
Robbe-Grillet, Alain, 257
Romero, Sílvio, 447, 484, 486
Rónai, Paulo, 14, 174, 185
Roquete, J. I., 214, 216
Rousseau, Jean-Jacques, 319

S

Sabino, Fernando, 141, 166, 514
Sá-Carneiro, Mário de, 39, 40
Sales, Antônio, 462
Sand, George, 160
Santa Rosa, padre, 214
Santos, Theobaldo Miranda, 311, 327
Saussure, Ferdinand de, 117, 175
Schaff, Adam, 173
Schefer, Jean-Louis, 110
Schmidt, Augusto Frederico, 239, 481
Séguier, Jaime de, 216
Serrano, Jônatas, 288
Serrão, Joel, 339
Silva, Benedicto, 402
Silva, L. A., Rebelo da, 65, 73, 261, 262, 455
Silveira, Joel, 487
Silveira, Souza da, 197
Simenon, George, 249
Sousa, Luís de, frei, 73
Spitzer, Carlos, 211, 212, 216
Stanford-Binet, 174
Steel, Eric M., 397

Stein, Gertrude, 180
Stendhal, 160
Stowe, Harriet Beecher, 258
Suberville, Jean, 76, 240

T

Taunay, Alfredo d'Escragnolle (visconde), 159, 162, 489
Tavares, Hênio, 206, 341
Teófilo, Rodolfo, 221
Thibaudet, Albert, 164
Todorov, Tzvetan, 34, 61, 182, 257, 258
Trainor, Francis X., 220

U

Ullmann, Stephen, 117

V

Valéry, Paul, 181
Várzea, Virgílio, 465
Vasconcelos, Francisco de, 101
Vega, Lope de, 99

Vendryes, J., 88, 176
Vera, Armando Asti, 347
Veríssimo, Érico, 32, 39, 128, 142, 149, 151, 152, 161
Verlaine, Paul, 321
Vianna Filho, Luís, 74, 225, 232
Viana, Mário Gonçalves, 59, 60, 100
Vieira, Antônio, Pe., 29, 59, 60, 67 a 71, 73, 92, 93, 95, 99, 100, 132, 188, 193, 194, 231, 232, 236, 283, 287, 390, 495, 497
Vigny, Alfred de, 160
Vitorino, Eduardo, 216

W

Wellek, René, e Warren, Austern, 110, 115
Werneck, Eugênio, 453, 489
Wilfred, Funk, 174
Woolf, Virginia, 139, 143

Z

Zagury, Eliane, 105
Zola, Émile, 164, 249